제5판

전략적 기술경영

정선양

박영사

제5판 머리말

　기술은 기업의 경쟁우위 확보·유지·발전에 핵심적이다. 그런데 기술 혹은 기술혁신보다 더 중요한 것은 기술의 목적 지향적인 활용, 즉 '기술의 경영'이다. 기술이 새로운 혹은 더 나은 제품, 공정, 서비스를 창출하여 기업에 가치를 제공하여야 하기 때문이다. 여기에서 이렇게 중요한 기술경영을 어떻게 할 것인가의 핵심적 문제가 대두된다.

　이 같은 배경 하에 본서는 "기업이 기술경영을 어떻게 할 것인가?"에 관한 기술경영 분야의 국내 최초의 교과서로서 2007년 발간되었다. 본서는 기술혁신은 전략경영의 핵심콘텐츠가 되어야 하며, 이에 따라 기술경영은 최고경영자의 주도로 이루어져야 함을 강조하며, 그 세부적 방안을 체계적이고 포괄적으로 제시하였다. 그리하여 본 저자는 책의 제목을 '전략적 기술경영(SMT: strategic management of technology)'이라고 명명하였고, 계속되는 개정판에서 그 내용을 지속적으로 쇄신, 확대해 왔다. 초판이 발간된 이후 본서는 국내 기술경영 분야의 가장 대표적이고 권위적인 교과서로 자리를 잡았고, 많은 학생과 실무자의 사랑을 받아왔다. 본 저자는 이에 늘 감사하는 마음을 가져왔으며, 이제 제5판을 출간하는 바이다.

　이번에 새롭게 펴내는 제5판에서는 무엇보다도 각 장의 뒤에 실무적 사례 및 이슈를 제시하였다. 그 이유는 기술경영을 포함한 경영학은 대단히 실무지향적 학문이기 때문이다. 본 저자는 본서가 '전략적 기술경영'의 전반적 측면을 모두 포괄하고 책의 내용 속에 많은 단편적 사례를 제시하고는 있으나 전반적으로 이론에 치우쳐 있다는 아쉬운 마음을 늘 가지고 있었다. 이제 새롭게 제시하는 종합적인 실무적 사례 및 이슈가 이론적 측면에 주안점을 두어왔던 본 교과서에 큰 활력을 불어넣고 독자로 하여금 이론과 실무의 연계를 통해 학습의 효과를 높이는 데 도움을 줄 것으로 기대하는 바이다. 아울러 제5판에서는 그동안 남아있던 본서의 논리적 부자연스러움과 오·탈자의 문제를 더욱 보완하였다. 또한, 기술경영 관련 국내외 통계를 최신 통계로 업데이트하여 독자에게 기술경영의 최신 동향을 이해하는 데 도움을 줄 수 있도록 하였다.

최근 급변하는 기술경제환경으로 인해 기술경영의 이론과 실무도 많이 변하고 있다. 이는 평생 기술경영을 공부해 온 저자에게도 대단한 도전이 아닐 수 없다. 그런데 이같은 환경변화는 저자에게 학문적 호기심과 도전정신을 더욱 그리고 지속해서 자극한다는 즐거움도 있다. 그리하여 본 저자는 더욱더 개방된 마음과 글로벌 시각을 가지고 기술경영의 학문적, 실무적 발전을 위해 더 한층 열심히 공부할 것을 다짐해 본다.

2023년 3월 1일
봄이 오는 곤지암 우거에서

저 자 정 선 양 씀

제4판 머리말

'전략적 기술경영(SMT: strategic management of technology)' 초판이 나온 지 어언 9년이 지났다. 이 책은 기술경영 분야의 불모지나 다름없는 우리나라에서 처음 발간된 교과서로서 그동안 많은 학생들과 실무자들의 사랑을 받아왔다. 기술경영은 매우 역동적인 학문분야로서 급변하는 기술경제환경에 따라 학문적으로나 실무적으로 대단한 변화를 겪어왔다. 이 책은 이와 같은 환경변화에 대응하여 그동안 여러 번의 개정을 거쳐 왔고, 이번에 제4판을 발간하게 되었다.

기술경영에 대해서는 여러 접근방법이 있을 수 있다. 이 책은 기술경영이 기업의 경쟁우위 확보 · 유지 · 발전에 가장 핵심적이라는 점을 강조하고, 이 점에서 성공적인 기술경영을 위해서는 기업의 최고경영자(top management)가 기술경영을 주도하여야 할 것임을 강조한다. 즉, 이 책은 기술경영에 대한 최고경영자 주도의 전략적 접근방법을 따르고 있다. 일반적으로 기업의 경쟁우위의 문제를 다루는 학문과 실무적 분야를 '전략경영'이라고 부른다. 그러나 그동안 전략경영에서는 기업 경쟁우위의 확보 · 유지 · 발전에 있어서 최고경영자의 중요성을 강조하지만 구체적으로 '어떻게 이를 달성할 것인가'에 관한 콘텐츠는 제시하지 않는다는 문제점이 있다.

이 책은 기업의 경쟁우위의 확보 · 유지 · 발전에 있어서 구체적인 콘텐츠로서 기술(technology) 혹은 기술혁신(technological innovation)의 중요성을 강조한다. 많은 전문가들은 기술 혹은 기술혁신이 기업 및 국가의 경쟁우위 달성에 가장 핵심적이라는 데 동의하고 있다. 1987년 노벨경제학상을 수상한 Robert Solow는 실증연구를 통하여 20세기 초반 50여 년 동안 미국 경제성장의 87.5%가 기술혁신에 의해 이루어졌음을 강조하였다. 20세기 초반도 그러했는데 100여 년이 지난 현재의 지식기반사회에서는 기업의 경쟁우위 및 국가의 경제발전에 있어서 기술혁신의 중요성은 아무리 강조해도 지나치지 않다. 이처럼 기업의 경쟁우위에 기술혁신이 중요하다면 경쟁우위 확보를 다루는 학문적·실무적 분야인 전략경영의 핵심 콘텐츠는 기술혁신이어야 할 것이다. 이 점에서 현대의 전략경영은 '전략적 기술경영(SMT: strategic management of technology)'이 되어야 할 것이다. 이와 같은 배경 속에서 저자는 9년 전 이 책의 초판 발간 당시 제목을 '전략적 기술경영'으로 정하였다.

이번에 출간하는 제4판은 이와 같은 '전략적 기술경영'의 근본 취지에 더욱 충실하려고 노력하면서, 무엇보다도 다음과 같은 세 가지의 중요한 보완을 하였다.

- 먼저, 전략적 기술경영에서 핵심적인 역할을 수행하는 최고경영자의 역할과 이들이 추구하는 기업전략(corporate strategy)에 대해 보다 풍부한 서술을 하였다. 기술 혹은 기술혁신이 기업의 흥망성쇠에 그렇게 중요하다면 기술전략은 기업전략의 핵심이 되어야 할 것이다. 그러나 많은 전략경영 문헌에서는 경쟁전략 혹은 사업전략에 관해서는 많은 논의가 있으나 기업전략은 거의 다루고 있지 못하다. 제4판에서는 이같은 문제의식에 따라 기업전략과 최고경영자의 역할에 관해 충분히 서술하였다. 이를 위하여 제4판에서는 '기술과 전략경영'이라는 별도의 장(2장)을 만들어 보다 체계적인 서술을 하였다.

- 둘째, 전략적 기술경영은 기업이 꾸준히 추구해야 하는 '끝없는 여행'과도 같다. 이 점에서 기업의 기술경영은 선택의 사항이 아니라 필수적인 것이며, 여기에 기술경영에 관한 학습(learning)과 체화(routinization)의 필요성이 대두된다. 기술경영의 학습과 체화는 전략적 기술경영 과정의 마지막 단계로서 대단히 중요한 과정이 아닐 수 없다. 이에 따라, 제4판에서는 마지막 장(제13장)에 기술경영의 학습과 체화를 보다 심

충적으로 서술하였다. 세부적으로 여기에서는 기술경영감사, 기술경영의 학습 및 체화의 문제를 다루고 있다.

- 셋째, 제 4 판에서는 그동안 수정되지 않았던 논리적 전개의 오류와 오탈자 문제를 세심하게 수정하였다. 그 결과 제 4 판은 논리적 흐름이 보다 좋아졌으며, 각 문단마다 독자들이 기억하여야 할 핵심용어(core terminologies)를 영어로 제시하여 독자들의 학습효과 제고에 노력하였다. 그럼에도 불구하고 남아 있을 수도 있는 문법적 오류들은 모두 저자의 책임이 아닐 수 없다.

'전략적 기술경영(SMT: strategic management of technology)'은 기업의 선택사항이 아니라 필수사항이라는 점에서 모든 기업들이 명시적이고 적극적으로 도입하여야 할 것이다. 제 4 판의 마지막 부분에서 강조하였듯이 '전략적 기술경영'은 기업들에게 혁명(revolution)이 아닐 수 없다. 많은 기업들이 '전략적 기술경영'을 체계적으로 도입하고 체화할 때 혁명은 완수될 것이다. 이 점에서 우리나라의 많은 기업들이 '전략적 기술경영' 제 4 판을 학습하고 실천하여 스스로의 경쟁우위를 보다 효율적으로 확보·유지·확대할 수 있기를 기대하는 바이다. 아울러 기술경영뿐만 아니라 다양한 전공을 하는 학생들도 이 책을 통하여 이처럼 새롭고 매력적인 학문분야로 들어설 수 있기를 기대해 본다. 본 저자가 30여 년 전 독일에서 기술경영 분야를 처음 접하고 떨리는 가슴으로 이 분야와 인연을 맺어 오늘날에 이른 것처럼, 많은 학생들이 이 책을 통하여 기술경영 분야에 입문하여 스스로의 인생을 적극적으로 개척할 수 있을 것이다. 이것은 학생들 개인에게도 혁명(revolution)적인 일이 될 것이다.

2016년 2월
눈 내린 곤지암 우거에서...

저자 정 선 양 씀

제3판 머리말

최근 세계화된 기술경제환경 속에서 기업들 간의 경쟁이 점점 치열해지고 있다. 전 세계 기업들이 기술혁신능력을 통해 근본적인 경쟁력을 확보하여 경쟁에서 승리하고자 부단히 노력하고 있다. 이에 따라, 기술경영의 중요성이 점점 더 중요하게 되었다. 이 책에서 항상 강조하였듯이 기업에 경쟁우위를 가져다주는 것은 기술 그 자체가 아니라 기술경영이기 때문이다.

이와 같은 추세를 반영하여 전 세계적으로 많은 기술경영 교육 프로그램들이 운영되고 있으며, 최근 우리나라에서도 기술경영 교육 프로그램들이 속속 설립되고 있다. 그러나 그동안 우리나라에서는 기술경영을 체계적으로 교육할 교과서가 많지 않았다. 그런 가운데 4년 전 이 책이 출간되어 기술경영분야의 학자들과 실무자들에게 많은 사랑을 받게 되었다. 이 자리를 빌려 저자는 독자들에게 깊은 감사를 드린다.

저자는 항상 체계적인 기술경영 교육의 필요성을 느껴 왔으며, 그 결과 지난 2008년 3월 건국대학교에 부임하여 1년여간의 세심한 준비 끝에 2009년 3월 「밀러MOT스쿨」을 설립하였다. 「밀러MOT스쿨」은 건국대학교 경영대학 내에 설치되었으며, 학부 기술경영학과, 대학원 기술경영학과, 기술경영MBA프로그램(MOT-MBA)으로 구성되어 있다. 이 점에서 「밀러MOT스쿨」은 전 세계에서도 전례가 찾아보기 힘든 종합적인 기술경영 프로그램으로 발전해 나가고 있다. 특히 학부 기술경영학과는 국내 최초로 설치되었으며, 대학원 기술경영학과 및 기술경영MBA프로그램도 국내 최초의 정규 '경영학' 석·박사학위를 수여하는 프로그램이다. 또한 대학원 기술경영학과는 기술혁신경영, 벤처기술경영, 국가기술경영의 세 전공으로 구성하여 다양한 차원에서의 기술경영을 교육하며 시너지를 창출하고 있다.

이 책의 초판이 발간된 이후 기술경제환경은 물론 기술경영 교육환경도 많이 변화하였다. 이에 따라, 제 3 판은 그동안의 이 같은 환경변화를 충분히 반영하여 대폭적인 개정을 수행하였다. 특히 저자는 그동안 학부 기술경영학과와 대학원 기술경영학과의 '기술과경영,' '기술전략,' '기술경영론,' '기술혁신경영세미나' 등 제반 과목들과 매주 토요일 오후 관심 있는 대학원생, 학부생들과 추진해 온 '기술경영 토요세미나'에서 기술경영분야의 최신 이슈에 대하여 심도 있게 공부해 왔다. 또한 저자는 지난 3~4년간에도 국내·외의 다양한 프로젝트를 주도적으로 수행하면서 기술경영분야의 연구를 활발히 수행해 왔다. 이번에 발간되는 제 3 판은 이와 같은 저자의 최근의 교육과 연구 결과를 바탕으로 개정된 것으로, 개정된 주요 내용은 다음과 같다.

먼저, 제 3 판은 최근 기술경영분야에서 대두되는 새로운 이슈들을 보강하였다. 예를 들어, 과학기술적 결과의 사업화에 대한 국내·외의 관심이 많은 점을 감안하여 별도의 장(제11장)으로 '기술 사업화'에 관해 논의하고 있다. 또한 최근 이슈가 되고 있는 '기술혁신으로부터의 수익창출,' '개방형 혁신' 등 여러 현안 문제도 심층적으로 다루고 있다.

둘째, 기술전략의 문제를 보다 심층적으로 다루었다. 이 책은 전략적 기술경영을 다루는 책으로서 최고경영자 주도의 기술전략의 합리적 수립 및 집행을 강조하고 있다. 이에 따라, 제 3 판에서는 핵심역량, 전략적 의지, 기술전략과 사업전략 간의 연계, 기술혁신과 조직혁신과의 연계 등 기술전략의 다양한 이슈들을 심층적으로 다루고 있다.

셋째, 기술경영분야에서 연구개발관리는 독립된 책으로 다루어야 할 만큼 충분히 중요한 주제이다. 이에 따라, 제 3 판에서는 연구개발관리에 대한 논의를 확대하여, 이를 연구개발관리(제 7 장)와 연구개발 자원관리(제 8 장)로 나누어 논의하고 있다.

넷째, 제3판은 그동안 초판과 제2판에서 충분하게 서술하지 못한 다양한 내용들을 보다 심층적으로 서술하였다. 이 책의 모든 분야에 있어서 기술경영분야의 새로운 조류에 입각하여 그동안 부족한 내용들을 보충하였다.

마지막으로, 그동안 간헐적으로 나타난 서술상·문법상의 오류를 수정하는 데 많은 노력을 기울였다. 그 결과 제3판은 보다 완성도가 높은 교과서로 탄생할 수 있었다.

이와 같은 노력을 기울이다 보니 제3판은 지면이 크게 증대되었으며, 이는 독자들에게 충분한 지식을 제공해 줄 수 있을 것이다. 아무쪼록 제3판도 그동안 초판과 제2판이 그러했듯이 기술경영을 교육하는 학자들은 물론 실무자들에게 좋은 지침이 되고 더욱 충실한 기본서가 되기를 바라는 마음이 가득하다. 더 나아가 이 책이 우리나라 기업 및 국가의 경쟁우위 제고에 조금이라도 공헌할 수 있기를 소망해 본다.

기술경영의 학문적·실무적 환경은 지속적으로 변화되고 있고, 앞으로는 더욱 빠르게 변화할 것이다. 이에 따라, 저자는 앞으로도 기술경영 교육 및 연구에 더욱 매진하면서 보다 새롭고 좋은 내용을 이 책에 포함하도록 노력할 것이다. 학문과 진리 탐구는 끝이 없다. 새 학기가 시작되는 3월을 맞이하면서 지금보다 더한층 열심히 학문에 정진할 것을 굳게 다짐해 본다.

2011년 3월
봄이 오는 아차산 자락의
책과 차 향기로 가득한 서재에서

저자 씀

제 2 판 머리말

최근 우리 사회에 기술경영의 중요성이 크게 확산되고 있다. 이는 점점 복잡해져가고 급변하는 환경 속에서 많은 기업들이 경쟁우위 확보와 부의 창출을 위해서 기술혁신을 효율적으로 경영하여야 함을 인식하고 있음을 나타내 주는 것이다. 이에 발맞추어 이와 같은 기술경영을 체계적으로 교육할 프로그램들이 국내외 대학에 많이 만들어지고 있다.

이 책은 저자가 20여 년 전 기술경영분야에 처음 입문하여 국내외 여러 학교와 기관에서 교육·연구한 결과를 바탕으로 집필되었다. 특히 이 책은 기업의 경쟁우위 확보·유지·제고에 있어서 최고경영자의 적극적인 개입의 필요성을 강조하면서 전략경영의 핵심요소로서 기술경영을 설명하였다. 이것이 이른바 '전략적 기술경영(Strategic Management of Technology)'이며, 이와 같은 전략경영의 관점에서의 기술경영 교과서는 이 책이 국내에서는 처음이고 해외에서도 매우 드물다.

그 결과 이 책에 대한 사회적인 수요가 너무 많아 제1판이 출판된 지 불과 1년여밖에 되지 않았음에도 불구하고 제2판을 발간하게 되었다. 이는 이 책이 우리나라 기술경영의 교육 및 실무에 상당한 공헌을 하였음을 나타내 주는 것이다. 제1판은 저자가 미국 University of California-Berkeley, Haas School of Business의 기술경영 프로그램(MOT Program)에서 초빙교수로 재직 중에 발간한 관계로 논리적 미흡성과 오탈자 등의 문제가 있었다. 이와 같은 완성도 미흡은 모두 저자의 부족한 탓이었으며, 제2판에서는 이들 문제점들을 수정·보완하였다.

또한 제2판의 발간은 본 저자에게 큰 의미가 있다. 저자는 2008년 3월 우리나라 기술경영 교육의 새로운 토대를 마련하고자 '건국대학교 기술경영학부'를 만들며 자리를 옮겼다. 저자는 이곳에서 그동안의 교육과 연구의 경험을 충분히 활용하여 세계적 관점(global perspectives)에서 기술경영의 교육 및 연구에 매진할 것이다. 제 2 판은 이와 같은 저자의 새로운 출발을 기념하는 의미도 크다.

기술경영은 아직 역사가 짧은 새로운 학문분야이며, 특히 우리나라에는 아직도 기술경영의 체계적인 교육을 위한 교과서가 거의 없는 실정이다. 이와 같이 기술경영의 불모지나 다름없는 현 상황 속에서 '전략적 기술경영'의 제 2 판을 발간하게 된 것을 매우 기쁘게 생각하는 바이다. 아무쪼록 이 책이 우리나라 기술경영의 교육과 실무에 많은 공헌을 할 수 있기를 기대해 본다.

2008년 3월
건국의 아름다운 캠퍼스에
새로 꾸민 연구실에서……

저자 씀

머리말

　현대의 기업들은 세계화된 경제환경 속에서 경쟁우위를 확보하기 위해 끝없는 노력을 기울이고 있다. 이와 같은 기업의 노력에 있어서 가장 핵심적인 역할을 하는 것이 기술이다. 기술은 급변하는 경제환경 속에서 기업이 의존할 수 있는 가장 확실한 경쟁무기이다. 실제로 우리가 알고 있는 세계의 초우량 기업들은 기술을 바탕으로 경쟁우위를 확보해 온 대표적인 기업들이다.

　이와 같이 기술을 통한 기업의 경쟁우위의 확보 및 부의 창출을 다루는 분야가 기술경영(MOT: Management of Technology)이다. 기술이 기업의 경쟁우위에 핵심적인 역할을 담당한다면 기술은 최고경영자의 관심과 후원하에 전략적으로 경영되어야 할 것이다. 즉, 기술경영에 있어서 전략경영적 접근이 절실히 필요한데 이를 이른바 전략적 기술경영(Strategic Management of Technology)이라고 부른다.

　그동안 우리나라에서는 이와 같이 중요한 기술경영분야가 비중 있게 다루어지지 않았다. 특히 대학에서 기술경영을 체계적으로 교육하는 프로그램 및 과목이 개설되어 있지 않았다. 그 결과 우리나라에는 기술경영의 문제를 공부할 수 있는 좋은 지침서가 거의 없어 왔다. 이에 따라, 이 책은 기술경영에 입문하는 학부생 및 대학원생, 기업에서 기술경영 업무를 담당하는 실무자들에게 체계적인 지침서를 제공할 목적으로 집필되었다. 이 책은 기업 차원의 기술경영 문제를 심층적으로 다루는 우리나라의 첫 교과서로 생각되어진다.

　기술경영에 대해서는 다양한 접근을 할 수 있다. 이 책에서는 특히 기술경영이 전략경영의 핵심임을 강조하면서 전략경영의 관점에서 기술경영을 논의하고 있다. 그동안 전략적 기술경영에 대한 강조는 많이 되어 왔음에도

불구하고 전략경영의 체계에 충실하게 기술경영을 다룬 것은 전 세계적으로
도 이 책이 처음이 아닐까 생각한다. 이 책은 총 5부 10장으로 구성되어 전
략적 기술경영의 제반요소들에 대해서 체계적으로 설명하고 있다.

　　제1부는 전략적 기술경영의 개관이다. 제1장의 전략적 기술경영의 필
요성 및 제반개념에서는 기술경영의 배경, 필요성, 관련 개념 등에 대해 설
명하고 있다. 제2장의 전략적 기술경영의 체계에서는 전략경영의 개념, 기
술과 경쟁우위, 전략적 기술경영의 모델 등을 설명하고 있다.

　　제2부는 기술환경분석과 기술지향적 환경분석을 다룬다. 제3장의 기
술환경분석에서는 기술전략 수립의 토대가 되는 기술조망, 기술예측, 기술수
명주기분석 등을 설명하고 있다. 제4장의 기술지향적 환경분석에서는 기술
지향적 외부환경 분석, 기술지향적 내부환경 분석, 이를 바탕으로 한 기술포
트폴리오 분석 등을 다루고 있다.

　　제3부는 기술전략의 수립을 다룬다. 제5장의 기술전략의 수립에서는
기술전략의 중요성과 유형, 기술전략과 사업전략의 연계의 문제 등을 설명
하고 있다. 제6장의 기술기획에서는 기술전략을 구체적으로 집행하기 위한
기술기획의 과정과 방법 등을 설명하고 있다.

　　제4부는 기술전략의 집행의 문제를 다룬다. 제7장의 연구개발관리에
서는 기업이 필요한 기술을 내부적으로 확보하기 위한 연구개발과정, 연구
개발자원, 연구개발관리 등을 설명하고 있다. 제8장의 기술협력에서는 기술
을 외부에서 조달하기 위한 기술협력의 필요성, 유형, 과정 등을 다루고 있
다. 제9장의 기술과 조직구조에서는 기술혁신에 적합한 조직구조, 연구개발
조직, 기술혁신 문화 등을 설명하고 있다.

　　제5부는 이 책의 마지막 부로서 기술경영의 평가와 통제를 다룬다. 제
10장의 기술경영의 평가와 통제에서는 기술경영의 평가와 측정, 벤치마킹,

통제 등을 설명하고 있다.

이 책은 20여 년이 넘는 저자의 기술경영에 관한 연구와 교육의 경험을 바탕으로 집필되었다. 특히 저자는 국내·외의 저명 연구기관에 근무하면서 기술경영의 체계적 교육의 필요성을 절감하였다. 이에 따라, 2000년 초 세종 대학교 경영대학으로 자리를 옮겨 학부 및 대학원에 다양한 기술경영 관련 과목들을 개설하고, 대학원에 기술경영 프로그램을 설치·운영해 오고 있다. 또한 기술경영의 체계적인 연구를 위하여 「기술혁신연구소(ITI: Institute for Technological Innovation)」를 설립하여 활발한 연구를 수행해 오고 있다.

이 책을 발간하는 데에는 많은 분들의 도움이 있었다. 우선, 저자에게 기 술경영을 체계적으로 가르쳐 주신 저자의 은사이신 Frieder Meyer-Krahmer 교 수님께 진심으로 감사드린다. Meyer-Krahmer 교수님은 기술경영분야의 최고 의 학자로서 오랫동안 세계적인 기술경영연구소인 「프라운호퍼 시스템 및 혁신 연구소(ISI: Fraunhofer Institut für System-und Innovationsforschung)」의 소장 으로 계시다가 지난 2005년 1월부터 독일 연방교육연구부(BMBF)의 차관으 로 재직하고 계신다. Meyer-Krahmer 교수님의 명성은 대단하여 인접국가인 프랑스 Strasbourg 대학교의 기술경영 교수로도 초빙되어 계신다. 또한 저자 가 ISI에 근무하면서 매우 강도 높은 토론을 같이하였던 ISI의 현 소장이신 Hariolf Grupp 교수님, 그리고 Knut Koschatzky 교수님과 그 밖의 동료들께 도 깊은 감사를 드린다.

우리 한국에서도 실로 많은 분들의 지도를 받았다. 무엇보다도 여러 모 로 부족한 저자를 최연소 정회원으로 받아 국가발전에 더 한층 기여할 수 있게 해준 「한국과학기술한림원(KAST)」에 깊은 감사를 드린다. 특히 저자가 가까이에서 가르침을 받은 제1대 조완규 원장님, 제2대 고 전무식 원장님, 제3대 한인규 원장님, 그리고 현재 제4대 한림원 원장으로 계시는 정근모

원장님께 깊은 감사를 드리며, 현 정책담당 부원장이시며 과학기술연합대학원대학교(UST) 총장이신 정명세 박사님, 전 정책연구부장이셨던 KAIST의 김호기 교수님, 현 정책연구부장이시며 한국계면공학연구소 소장이신 문광순 박사님의 많은 지도편달에 깊은 감사를 드린다. 또한 한림원의 부원장을 역임하시고 현재 초대 의학한림원 원장으로 계시는 지제근 교수님께도 깊은 감사를 드린다.

이 책을 발간하는 데 수많은 선배, 동료, 후배들의 도움이 많았다. 특히 권혁동 교수님, 김갑수 박사님, 김정흠 교수님, 민철구 박사님, 박중구 교수님, 송종국 박사님, 오준근 교수님, 이병민 교수님, 이장재 박사님, 이종일 박사님, 임덕순 박사님, 조성복 박사님, 현병환 박사님께 특별한 감사를 드린다. 저자는 2003년부터 「국가의 미래를 생각하는 모임」이라는 공부모임을 운영해 왔는데, 매월 이 모임에 참석하여 기술혁신을 통한 기업과 국가의 발전방안에 관해 활발한 토론을 해주신 모든 회원들께 깊은 감사를 표하고 싶다. 또한 저자가 오랜 기간 근무하면서 학문적인 토론을 하여 왔던 「과학기술정책연구원(STEPI)」과 「한국과학기술기획평가원(KISTEP)」의 옛 동료들께도 감사드린다. 아울러 이 책의 발간을 위해 많은 지원을 아끼지 않으신 박영사의 안종만 회장님, 조성호 차장님, 허유협 선생님과 직원들에게도 감사드린다.

물론 이 책을 발간하는 데에는 「세종대학교 기술경영 프로그램」의 학부와 대학원에서 저자의 수업을 들은 많은 학생들의 도움이 컸다. 이들은 나의 학생들이기 전에 스승이기도 하였다. 특히 세종대학교 「기술혁신연구소(ITI)」에서 연구원으로 재직하면서 저자의 연구를 도와주며 조교를 해 왔던 김기동 군, 김정화 양, 박상인 군, 박정수 군, 박현아 양, 이종민 군, 이진희 양, 임상현 군, 황두희 양에게 많은 고마움을 표하고 싶다. 특히 김기동, 박정수, 이종민, 임상현 제군들은 이 책의 교정을 꼼꼼하게 보아 주었다. 또한 매 주말 「세종기술혁신연구회」에 참여하여 활발한 발표와 토론을 해준 연구회의 여러 멤버들에게도 고마움을 표하고 싶다.

그러나 저자의 가장 큰 고마움은 항상 가족들의 몫이다. 그동안 저자는 강의와 연구에 여념이 없다보니 가족들과 함께하는 시간이 너무나 부족하였다. 가족들의 인내와 사랑에 그저 감사할 따름이다. 그동안 훌륭히 자라 토론 상대로 손색이 없는 지윤, 과학기술에 관심이 많아 어려운 질문으로 종종 당황하게 만드는 미래의 과학도 창윤, 눈부신 지성으로 부족한 저자를 이끌어 주는 아내 김경희 님에게 깊은 사랑과 감사의 마음을 전하고 싶다. 특히 아내의 희생과 사랑이 없었다면 저자는 학문의 길로 들어설 수 없었을 것이며 이 책도 발간될 수 없었을 것이다. 이에 따라, 그동안의 희생과 사랑에 대한 조그만 보답으로서 이 책을 아내에게 바친다.

학문의 길은 끝이 없는 것 같다. 저자는 지금 세계적인 기술경영 프로그램을 운영하고 있는 University of California-Berkeley의 Haas School of Business에서 초빙교수로 연구년을 보내고 있다. 이곳에서의 연구와 강의의 경험은 향후 저자의 교육과 연구에 많은 도움이 될 것으로 확신하는 바이다. 낯선 이역 땅에서 저자의 연구와 생활에 어려움이 없게 배려해 준 버클리 기술경영 프로그램(MOT Program)의 소장이신 Andrew Isaacs 교수님과 David Dornfeld 교수님, 그리고 David Teece 교수님께 감사를 드린다. 이곳 버클리에서의 연구와 교육의 경험을 바탕으로 향후 보다 좋은 연구와 더욱 생생한 강의를 할 것을 스스로에게 다짐해 본다.

2006년 12월
버클리의 연구실에서……

저자 씀

차 례

제2장   기술과 전략경영_45

제2부 기술환경의 분석과 기술지향적 기업환경분석

제4장   기술환경의 분석_143

제5장 기술지향적 기업환경분석_183

제3부 기술전략의 수립

제6장　기술전략_233

제7장   기술기획_283

제4부 기술전략의 집행

제8장   연구개발관리_331

제9장 연구개발 자원관리_383

제10장　　기술과 조직구조_417

제11장　기술협력_467

제5부 기술경영의 평가와 통제

제12장　기술의 사업화_523

제 1 부

전략적
기술경영의 개관

제1장

전략적 기술경영의 필요성과 제반개념

··· 제1절 전략적 기술경영의 개념과 필요성 ···

1. 전략적 기술경영의 개념

기술은 기업의 경쟁우위 확보 및 부의 창출에 핵심적인 요소이다. 기술은 새로운 제품과 서비스를 창출하여 새로운 시장을 창출할 뿐만 아니라 원가절감 및 차별화를 통하여 기업의 경쟁우위 확보를 가능하게 한다. 그러나 기술 자체가 기업의 부의 창출에 공헌하는 것이 아니라 기술의 목적 지향적 경영, 즉 전략적 기술경영(SMT: strategic management of technology)이 이를 가능하게 하는 것이다. 이 점에서 기술의 전략적 경영의 필요성은 자명한 일이며, 기술경영은 기업의 경쟁우위(competitive advantage), 즉 부(wealth)의 창출·유지·확대를 목표로 하고 있다.

전략적 기술경영은 기업이 기술혁신을 통하여 어떻게 경쟁우위, 즉 부를 창출·유지·확대할 것인가에 관한 학문적·실무적 분야로 정의할 수 있다. 좀 더 세부적으로 표현하여 전략적 기술경영은 기술혁신을 통한 기업의 목표달성과 관련된 계획, 조직화, 지휘, 통제의 체계적인 과정을 의미한다. 근본적으로 기술경영(technology management)은 기술과 경영이라는 서로 다른 분야를 연계하고 있다는 점에서 매우 학제적이고 융합적인 분야이다. 또한 기술은 매우 다양한 분야로 나누어질 수 있으며 근본적으로 대단히 빠르게 변화하는 속성이 있다는 점에서 기술경영은 매우 동적이고 복잡한 분야이며, 이에 따라 매우 세심한 노력이 필요하다. Miller & Morris(1999)는 그들의 저명한 저서 '제 4 세대 혁신'의 서문에서 오늘날 기업이 당면하고 있는 문제 중 가장 중요하고 어려운 이슈가 기술혁신(technological innovation)에 대한 경영이며, 이에 따라 수많은 기업들이 기술혁신에 막대한 자원을 투입하지만 충분한 효익을 창출하지 못해왔다면서 이 현상을 '위기의 기술혁신'(innovation in crisis)이라고 규정하고 있다. 이에 따라, 기술혁신은 체계적이고도 세심한 경영이 필요하며 여기에 전략적 기술경영의 중요성이 있다고 하겠다. 기업의 경쟁우위 확보 및 부의 창출에 있어서 전략적 기술경영이 중요한 이유를 좀 더 세부적으로 살펴보면 다음과 같다.

첫째, 기술혁신은 막대한 자원(resources)의 투입을 필요로 한다. 그동안 기술혁신의 선형모형(linear model)에 힘입어 많은 기업들이 기술혁신에 대한 수많은 자원을 투입하였다. 기술혁신 선형모형은 기술혁신이 기초연구 – 응용연구 – 개발연구 – 상업화로 이어지는 일련의 과정으로서 기초연구에 대한 투자는 자연스럽게 상업화로 이어진다는 논리이다. 그 결과 1980년대 이후 전 세계의 기업들은 연구개발에 막대한 투자를 해오고 있으며 이 같은 투자는 지속적으로 증가하고 있다. 그러나 이와 같은 기술혁신에 대한 투자에 비하여 기술혁신에서의 성공은 그다지 많지 않은 편이다. 따라서 증가되는 기술혁신자원을 보다 효율적으로 활용하기 위해서 기술혁신의 전략적 경영이 필요하다. 특히 상대적으로 자원과 능력이 취약한 중소기업의 경우에는 기술혁신자원의 효율적 관리를 통해 중견기업 및 대기업으로 성장하여야 할 것이다. 이 점에서 중소기업 및 벤처기업들에게도 기술경영이 매우 필요하다.

둘째, 기술의 동적인 측면을 나타내는 기술혁신은 근본적으로 효율적인 경영을 필요로 한다. 혁신(innovation)은 이벤트적으로 창출되는 발명(invention)과는 달리 일정한 과정을 통해서 창출·활용되어진다. 이를 이른바 기술혁신과정(innovation process)으로 부르는데, 기술혁신은 기초연구 – 응용연구 – 개발 – 상업화로 이어지는 일련의 과정으로서 각 과정에 있어서의 세심한 경영과 효율적인 학습이 이루어져야만 성공적인 기술혁신이 창출된다. 이와같은 기술혁신의 과정적인 근본 속성상 기술은 경영되어야 할 것이다. 특히, 기업을 둘러싼 동태적인 환경에 대응하여 기업경영의 복잡한 과정을 다루는 가장 효과적인 개념은 전략경영(strategic management)인바, 이와 같은 전략경영의 관점에서 기술혁신을 효과적으로 경영하여야 할 것이다.

    셋째, 기술혁신과 관련하여 그 효율성(efficiency)에 있어서 기업 간에 많은 차이가 있다. 기술혁신에 투자하는 모든 기업들이 반드시 성공적인 기술혁신을 창출하여 경쟁우위를 확보하는 것은 아니다. 기술혁신에 대한 투자가 시장에서의 성공으로 이어지는 효율성에 있어서 기업들 간에 상당한 차이가 있는데, 효율성이 뒤지는 기업들은 앞선 기업을 따라잡기 위해서라도 기술혁신을 효율적으로 경영하여야 할 것이다. 기술경영 선도기업들의 경우에도 급변하는 기술경제환경을 감안하여 지속가능한 경쟁우위를 확보하기 위해 기술경영능력을 꾸준히 제고시킬 필요가 있다. 여기에 체계적인 기술경영이 필요한 것이다. 기업경영의 효율성의 차이는 기업외적인 요인도 중요하지만 기업이 기술혁신을 얼마만큼 체계적으로 경영하는가가 보다 근본적인 원인이 된다.

    넷째, 성공적인 기업들의 경우에도 기술경영에 있어서 어려움을 겪고 있다. 성공했던 기업들도 효과적인 기술경영을 지속적으로 하지 못하면 시장에서 고전을 면치 못하며 심지어 시장에서 도태되기도 한다. 실제로 기술경영의 취약성으로 인해 어려움을 겪은 기업의 사례는 전 세계적으로 다양한 업종에서 많이 찾아볼 수 있다. 특히, 한번 성공한 기업은 기존의 경영 패러다임에 젖어 있어 새로운 기술혁신을 창출하는 데 상대적으로 많은 어려움을 가지고 있다. Christensen(2000)은 이를 '혁신자의 딜레마'(innovator's dilemma)라고 부른다. 즉, 최근의 급변하는 기술경제환경 속에서 성공적인 경영자의 논리적이고 강력한 의사결정이 과거의 기업성공에는 핵심적인 역할을 수행하였지만 현재 그리고 앞으로 기업의 실패로 이어질 수 있는 원인을 제공해 준다는 것이다. 이 점에서 성공적인 기업의 경우에도 보다 공세적인 기술경영을 통하여 기업의 혁신능력을 지속적으로 제고하여야 할 것이다.

2. 기술경영과 최고경영자

기술혁신 및 기술능력이 기업의 경쟁력을 강화하고 미래 성장을 위한 기회를 제공하는 데 핵심적이라면 최고경영자(top management)는 기술경영(MOT: management of technology)에 깊은 관심을 가져야 할 것이다. 즉, 기술경영은 최고경영자에 의해 전사적으로 추진되는 전략적 기술경영(strategic management of technology)의 형태로 추진되어야 할 것이다. 이는 어느 산업, 어느 국가의 벤처기업 및 중소기업에서 거대 초우량기업에까지 모든 기업에 해당되는 것이다. 기업의 최고경영자가 기술의 중요성을 충분히 인식하고 기술경영에 대단한 관심을 가지며 자회사 및 사업부들에게 기술혁신을 더욱 추진하고 기술을 보다 효과적으로 사용하라고 독려하는 것보다 효과적인 기술경영은 없을 것이다. 이처럼 최고경영자가 기술경영에 충분히 관여하여야 할 이유를 세부적으로 살펴보면 다음 세 가지를 들 수 있다.

첫째, 기업의 성장은 경영자의 기술선택(technology choice)에 달려 있다는 점이다. 그동안 성공적인 기업들의 사례를 살펴보면 이들은 대단한 기술발전을 상업적으로 실현한 기업들이다. 그러나 이들 기업이 기술의 상업적 성공을 달성하는 데에는 많은 시간이 걸렸으며 단지 좋은 기술의 선택뿐만 아니라 다른 많은 요인에 의해 영향을 받았다. 이에 따라, 성공적인 기업들은 경영자들이 묵시적이든 명시적이든 기술경영을 조직에 체화(routinization)하여 기술역량을 새로운 전략적 방향과 미래를 위한 가치창출에 사용하였다는 특징을 가지고 있다(Pascale, 1996; Tidd & Bessant, 2013). 최고경영자의 적극적인 참여 및 이를 바탕으로 한 전사적 참여 없이는 성공적인 기술혁신과 시장에서의 성공은 보장받기 어렵다. 기술혁신은 최고경영자 및 기업 전체의 장기적이고도 충분한 지원이 있어야 가능하다. 더 나아가 혁신적인 제품들이 시장을 형성하려 할 때에도 최고경영자의 참여는 기업의 성공에 근본적인 영향을 미친다. 기술은 기업의 전략적 대안을 창출하고, 경쟁우위의 가능성을 제공함으로써 기업성장의 초석을 제공하지만, 이와 같은 기술의 개발 및 활용은 대단히 위험하고 많은 비용이 소요되며 심지어 기업을 파산으로 이르게도 한다. 이 점에서 최고경영자의 기술경영에 대한 체계적인 노력과 합리적인 의사결정이 필요하다.

둘째, 기술혁신을 위한 투자(investment)의 규모는 매우 크기 때문에 이를 지지하는 수단으로서 최고경영자의 기술경영에 대한 참여는 필수적이다. 대부분의 기술개발에 있어서, 기초연구에서 개발 및 상업화로 이어질수록 소요되는 비용은 매우 큰 폭으로 증가한다. 아울러 경영자들은 종종 이미 시작된 연구 프로젝트들의 중단을 망설이는 경향이 많은데, 특히 프로젝트가 점점 진행될수록 이를 철회하는 데 더욱더 주저하게 된다. 최고경영자는 연구개발 프로젝트가 진행되면서 비용이 많이 들수록 더 많은 관심과 시간을 투입하는데 이는 프로젝트의 기회비용을 더욱 증가하게 한다. 또한 연구개발과제를 책임지는 연구개발부서의 경영자들은 해당 프로젝트에 대한 과도한 애정으로 인하여 객관적인 의사결정을 내리기가 어렵다. 그 결과 이들 부서장은 성공가능성이 희박한 프로젝트의 경우에도 지속적으로 추진하는 성향도 있다. 이 같은 상황을 비추어 보면 최고경영자의 기술혁신과정 초기에 대한 관여는 대단히 중요하다. 왜냐하면 기술경영에 있어서 잘못된 의사결정은 기업을 파산시킬 수도 있기 때문이다. 대규모의 프로젝트가 일정한 시간이 지나 대단히 많은 자원이 투자된 이후에 중단을 한다면 이는 기업의 재무상태에 치명적인 손실을 입힐 수 있다.

셋째, 최고경영자의 기술경영에 대한 적극적인 참여는 기술혁신 관련 시너지(synergy) 효과의 창출에 대단히 중요하다. 최고경영자의 참여는 기술의 기업에 대한 효익이 개별 사업부(division)에 대한 효익 전체를 합친 것보다 훨씬 크게 할 수 있다. 많은 기업이 기술개발과 자금지원을 사업부들에 위임하는 경향이 많은데 이것이 꼭 전사적인 차원에서 효과적인 것은 아니다. 일반적으로 사업부들은 내부지향적이기 때문에 기업 전체보다는 자기 사업부의 효익을 위해 자원을 배분하는 경향이 크다. 이들 사업부는 자신들의 업무에 직접적으로 도움이 되지 않는 다른 사업부들과의 기술관련 중장기적 협력(collaboration)을 기피하는 경향이 많다(Prahalad & Hamel, 1990). 이 점에서 최고경영자는 기업 전체의 차원과 미래지향적인 관점에서 사업부들에게 기술경영에 대한 지침과 주안점을 제시하여야 한다. 최근의 많은 기업이 분권화의 방향으로 조직을 운영하는 경향이 많은데 이 같은 분권화는 기업운영에 있어서 장점도 많이 있지만 기술혁신과 관련하여 시너지 창출을 방해할 수도 있다. 이에 따라, 기술경영에 있어서는 최고경영층의 적극적인 관여를 통하여 여러 사업부들 간의 다양한 형태의 긴밀한 협력을 창출하고, 이를 바탕으로 사업부의 경쟁우위를 확보·유지·확대는 물론 기업 전체의 경쟁우위를 향상시켜야 할 것이다.

이에 따라, 이 책은 기업 전체 차원의 '전략적 기술경영'의 체계를 제시하고 구체적인 기술경영 방안을 제시하는 것을 목표로 하고 있다. 여기에서 '전략적'이라는 것은 이 책이 기업의 최고경영자가 부의 창출(wealth creation) 및 경쟁우위(competitive advantage)의 확보에 있어서 기술을 어떻게 개발·활용할 것인가에 초점을 맞춘다는 것이다. 이 책에서는 기술이 기업의 생존, 번영, 경쟁우위, 부의 창출에 정말로 중요하다면 기업의 최고 책임자로서 최고경영자가 전사적 차원에서 기술경영을 추진하여야 할 것을 강조한다. 즉, 기술은 전략경영의 핵심요소로서 다루어져야 할 것이며, 이것이 이른바 전략적 기술경영(strategic management of technology)인 것이다. 그동안의 기술경영에 관한 많은 문헌과 저서는 주로 미시적인 관점에서 연구개발부서장의 입장에서 어떻게 기술경영을 할 것인가에 주안점을 두어왔다. 이와 같은 미시적인 접근방법도 상당한 의미가 있으나 기술이 기업의 생존 및 부의 창출에 필수적인 작금의 현실 속에서 기술경영은 최고경영자의 주도로 이루어져야 할 것이다.

실제로 경영의 현실을 살펴보면 일세를 풍미했던 초우량기업들도 '전략적 기술경영'의 실패로 인하여 경쟁의 무대에서 사라지는 경우가 허다했으며, 아주 작은 벤처기업으로 출발한 소규모 기업이 세계적인 초우량기업으로 성장하는 경우도 많았다(Christensen, 1997). 이와 같은 기업의 흥망성쇠의 배경에는 최고경영자의 리더십(leadership)이 매우 중요하게 작용하였으며, 특히 기술과 관련된 최고경영자의 강력한 리더십 여부가 핵심적인 역할을 수행하였다. 이 점에서 이 책에서는 급변하는 기술경제환경 속에서 최고경영자가 기업의 경쟁우위의 확보·유지·제고를 위하여 기술을 효율적으로 경영하는 방안을 제시하는 데 목표를 두고 있다. 이에 따라, 이 책은 일반적 전략경영의 측면에서 기술경영을 어떻게 할 것인가를 심층적으로 다루게 될 것이다.

이 문제는 전 세계 모든 기업들이 업종과 규모에 상관없이 핵심적인 과제라는 점에서 이 책에서 제시하는 '전략적 기술경영 모델'은 모든 기업들에게 필요한 '본원적 모델(generic model)'이 될 수 있을 것이다. 이 점에서 이 책은 전 세계 기술경영 분야의 학계와 실무계에 상당한 공헌을 할 수 있을 것으로 기대된다.

··· 제 2 절 기술경영의 배경[1]   ···

기업이 최고경영자의 관점에서 전략적 기술경영을 수행하여야 하는 근본배경에는 기업을 둘러싼 환경이 대단히 복잡하고 급변한다는 점이 있다. 현재 우리를 둘러싸고 있는 환경은 대단히 급변하고 있다. 특히, 1980년대 이후 불어 닥친 세계화(globalization)의 물결 속에서 기업, 지역, 산업, 국가 모두 변화의 물결에 동참하거나 이를 창조하지 않으면 도태되는 상황에 처하게 되었다. 최근에 와서는 '오직 확실한 것은 변한다는 사실이다'라는 말이 실감난다. 그런데 문제는 이와 같은 환경변화의 속도가 21세기에 접어들면서 점점 더 빨라질 것이라는 점이다. 이와 같은 환경변화를 제대로 예측하고 이에 대한 효과적인 전략적 대응의 필요성이 어느 때보다도 절실하다. 이와 같은 환경변화의 대표적 모습을 세계화, 기술변화, 시장변화, 네트워킹 시대의 도래로 나누어 살펴보기로 한다(<그림 1-1> 참조).

---

1) 이 절은 정선양, 「기술과 경영」, 경문사, 2006, 9-19면을 수정·보완하였음.

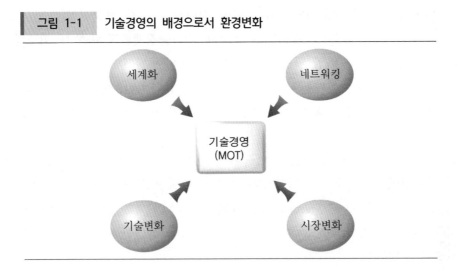

그림 1-1   기술경영의 배경으로서 환경변화

1. 세 계 화

1980년대 말 이후 새로운 세계적 경쟁(global competition)이 본격적으로 시작되었다. 산업화는 지난 세기 중반까지는 서방국가들의 전유물이었으나, 제2차 세계대전 후 일본, 1970년대 이후 우리나라를 포함한 아시아의 네 마리 용(dragons), 1990년대 이후에는 중국, 최근에는 전 세계의 거의 모든 국가들이 산업화와 경쟁의 대열에 참여해 오고 있다. 그동안 많은 후발국가들은 선진국들의 산업화 경험의 모방(imitation)을 통하여 산업화 기반을 구축하였고, 이들 중 일부 국가들은 이를 바탕으로 자체적 혁신(innovation)의 단계에 도달하였다. 이와 같은 대표적인 국가가 우리나라이다(Kim, 1996; Mazzoleni & Nelson, 2007). 이에 따라, 기업·지역·산업·국가들은 그동안의 일부 산업화된 국가차원의 경쟁에서 이제는 전 세계적인 극심한 경쟁환경에 놓여 있게 되었다. 이와 같은 경쟁환경에서 승리하기 위해서 근본적 경쟁력(basic competitiveness)을 확보하는 것이 절대적으로 필요하게 되었으며, 이와 같은 경쟁력의 근간으로서 기술능력(technological capabilities)이 매우 중요하다.

그러나 세계화(globalization)는 최근에 와서 중요하게 대두된 것이 아니라,

역사를 통해 살펴보면 여러 번 세계화의 물결이 있었다. 역사적으로 세계화의 물결을 제대로 파악하고, 순응하며, 변화를 창출하는 기업과 국가는 번영해 왔으나 그렇지 못한 기업과 국가는 쇠퇴해 왔다. 이 같은 역사적 번영에 있어서 항상 기술혁신능력의 확보·관리·활용, 즉 기술경영은 항상 핵심적인 역할을 담당해 왔다. 역사적으로 볼 때 인류는 적어도 세 차례에 걸친 세계화를 경험하였던 것으로 파악할 수 있다.

1) 제1의 세계화

역사상 첫 번째의 세계화(the first globalization)는 동서양이 각각 서로 다른 세계화의 물결을 탔으며, 동서양 간의 만남이 없었다는 점에서 절반의 세계화(half globalization)로 이해할 수 있다. 기원전 동양에서는 진나라가 세계화를, 서양에서는 로마제국이 세계화를 달성하였다. 이들의 세계화에는 기술과 이를 활용하는 시스템 능력이 근본 바탕이 되었으며 이를 통하여 두 나라는 동양과 서양을 지배할 수 있었다. 이들 두 제국은 강력한 기술력과 이를 체계화하는 경영능력을 바탕으로 막강한 군사력을 확보하였으며 이를 바탕으로 막대한 국부를 창출할 수 있었다. 특히, 동양의 진나라는 도량형과 문자의 통일, 군사력의 강화 등을 바탕으로 중국 및 동양의 발전 기틀을 마련하였으며 그 이후 산업혁명 이전까지 동양의 과학기술능력과 경제력이 서양에 앞서게 하는 기반을 마련하였다. 실제 동양과 서양의 역사를 살펴보면 산업혁명 이전까지 동양의 과학기술력이 서양의 과학기술력을 앞서온 것으로 알려져 있다.

2) 제2의 세계화

인류역사상 두 번째의 세계화(the second globalization)는 동양과 서양이 진정으로 만난 15세기경에 이루어졌다. 이 시기에 포르투갈의 바스코 다 가마(Vasco da Gama: 1469~1524)는 1498년 역사상 처음으로 아프리카의 희망봉을 돌아 인도 및 동양에 다다르는 항해에 성공하였으며 그 이후 3차례 더 항해를 하여 동양으로부터 과학기술적 지식을 서양으로 이전하는 계기를 마련하였다. 이에 의해 서양은 동양의 높은 과학기술적 지식을 흡수하여 막대한 부를 창출하기 시작하였다. 포르투갈은 이 같은 지식을 바탕으로 세계의 열강이 되었으며, 이어서 스페인, 영국이 세계화의 물결에 뛰어들었다. 서구 열강들은 이 물결 속에서 동양의 과학기술적 지식을 산업화 및 군사력 강화에 활용하였으며, 그 결과 서양에서 산업혁명(Industrial Revolution)이 발생하였고, 국부에 있어서 서양이 동양을 앞지르게 되었다.

그러나 15세기경의 동양은 서양에 비해 훨씬 높은 기술력을 가지고 있었다. 예를 들어, 중국 명(明)나라 영락제 시기에 정화(鄭和: 1371~1435)라는 장군은 300여 척의 전함을 이끌고 1405년의 첫 출항 이후 일곱 번에 걸쳐 베트남, 인도 등을 거쳐 아프리카에 도달하였다. 일부 학자는 이들 함대 중 일부가 희망봉을 돌아 아프리카 서부해안을 따라 포루투갈 근처에 도착하였으며 콜럼버스의 항해노선을 따라 카리브 해에 도착하여 미국 동부해안까지 다다랐다고 주장도 한다(Menzies, 2004). 정화의 함대는 대단한 조선능력, 지도, 나침판과 같은 선진 기술능력을 바탕으로 긴 항해를 쉽게 할 수 있었던 것이다. 정화의 첫 항해는 콜럼버스(Columbus: 1451~1506)의 1492년 신대륙 발견보다 87년, 전술한 바스코 다 가마의 첫 항해보다 93년이나 앞선 항해이다. 그러나 이 같은 동양의 항해는 중국 명나라의 영락제 사망 이후 쇄국정책을 고수한 역대 황제들로 인하여 상업적인 성공, 즉 국부의 창출로 이어지지는 않았다. 여기에 국가차원의 기술경영에 있어서 지도자의 역할이 중요하다고 할 수 있겠다.

3) 제3의 세계화

세 번째의 세계화(the third globalization)는 20세기 후반에 시작되어 현재에 이르는 세계화를 의미한다. 18세기 산업혁명 이후 서구의 일부 선진국에 의해 지배되던 세계 경제가 1960년대는 일본이, 1970년대는 아시아의 네 마리 용이, 1980년대는 중국이, 1990년대는 상당히 많은 개발도상국가들이, 2000년대에 들어서면서 전 세계의 거의 모든 국가들이 세계화의 물결 속에

서 승리하기 위해 치열한 경쟁을 벌이고 있다. 특히, 이 시기의 정보통신기
술의 발달은 지리적 경계를 뛰어넘는 치열한 경쟁을 가져오게 하였다. 세계
의 모든 기업, 지역, 국가는 세계를 대상으로 경쟁을 하여야 하며, 이와 같
은 상황은 이들로 하여금 기술능력에 기초를 둔 근본적 경쟁력(basic com-
petitiveness)의 확보·유지·제고에 전략적 주안점을 두게 하였다.

　　이상과 같은 세계화에 있어서 승리의 원동력은 기술능력(technological
capabilities)이었으며 이를 효율적으로 확보·활용하는 기업과 국가는 번영하였
으며, 이 같은 번영을 구가하였어도 지속적인 기술혁신능력을 확보하지 못한
기업 및 국가는 역사의 무대에서 사라져 갔다. 물론 아예 기술혁신능력을 확
보하지 못한 기업 및 국가는 역사에 등장하지도 못하였다. 여기에 기술혁신능
력의 창출 및 활용, 즉 전략적 기술경영의 중요성이 있다고 할 수 있겠다.

2. 기술의 변화

　　최근 기술변화(technological change)는 눈이 부시다. 최근 기술변화의 속
도(speed)는 과거에는 상상할 수 없을 정도로 빠르고 그 영향의 폭(magnitude)
도 대단히 넓다. 이제 기술은 기업발전, 경제발전, 국가번영의 가장 중요한
요소로 인정받게 되었다. 기술은 몇 십 년 전에는 상상할 수 없을 정도로
우리의 세상을 바꾸어 가고 있다. 기술은 기업의 경쟁우위에만 영향을 미치
는 것이 아니라 새로운 산업을 창출하고 국가의 흥망성쇠를 가져오고 있다
(정선양, 2006).

　　이와 같은 기술의 빠른 변화를 이른바, "기술변화율(rate of technological
change)이 지수함수적으로(exponentially) 증대하고 있다"고 말한다. 기술변화
의 속도와 영향의 폭은 이제 국가도 이를 따라잡기 어려울 정도로 확대되고
있다(<그림 1-2> 참조). 기술은 경제적 부의 창출에 대한 기여 뿐 아니라 고
용 및 사회적 변화에 큰 영향을 미치고 있다. 20세기 초반 대부분의 산업국
가에 있어서 거의 모든 인구가 농업에 종사하였으나 최근 선진국의 경우 농
업은 3% 정도만을 고용할 뿐인데도 농업의 생산량은 지난 세기 초반에 비

| 그림 1-2 | 기술변화율 |

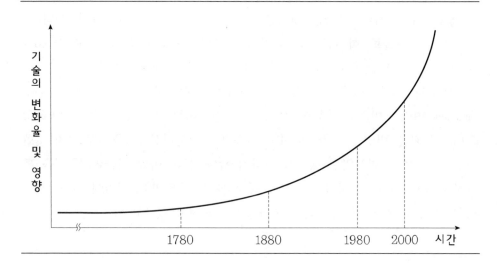

하여 비교할 수 없을 정도로 많이 이루어지고 있다. 제조업의 경우에도 1950년대에는 대부분 산업국가에 있어서 전체 인구의 60~70%를 고용하였으나 최근에는 20% 미만을 고용할 뿐인데 이들 국가의 제조업 생산액은 50여 년 전보다 훨씬 많다. 아울러 지난 세기 후반 이후에 새로운 산업으로 다양한 종류의 서비스업이 크게 증가하여 산업국가의 60~70%의 노동력이 서비스업에 종사하게 되었다. 즉, 지난 세기 동안 세계의 대부분의 국가들은 새로운 산업구조와 사회변화를 경험하게 되었다.

이와 같은 산업구조 및 사회변화의 원인은 무엇인가? 이는 기술의 진보에 의해 비롯된 것이다. 기술진보(technological progress)는 농업, 제조업에 있어서 종사하는 인력을 대폭적으로 줄였는데도 불구하고 이들 분야의 생산량을 대폭적으로 증대시키는 가장 큰 원동력이 되었으며, 제조업에 있어서 기술의 진보는 첨단생산기술의 폭넓은 활용으로 이어져 제조업에 종사하는 인력의 대폭적인 감축을 가져와 최근에는 무인공장도 일반화되고 있는 추세이다. 아울러 새로운 서비스업의 창출 및 기존 서비스업의 증대도 정보통신기술의 광범한 확산에 기인하고 있다. 이처럼 기술은 기업뿐만 아니라 한 국가의 산업구조 및 사회의 변화에 핵심적인 역할을 담당하고 있는 것이다.

이에 따라, 국가차원 혹은 기업차원에서 기술을 바탕으로 한 경쟁은 세계시장(global marketplace)에서 더 이상 '선택의 문제'가 아니라 '생존의 문제'가 되었다. 이처럼 기술이 급속하게 변화하는 현 상황에서 조직의 어떤 차원이든 - 즉, 기업, 지역, 산업, 국가 - 성공적인 경영자는 이와 같은 기술변화를 감싸 안아 자신의 조직에 효익이 돌아가게 하는 경영자일 것이다. 조직의 리더는 '기술을 가지고 경영'을 하여야 할 뿐만 아니라, 기술혁신의 과정(innovation process)을 효율적으로 경영하여야 할 것이다.

3. 시장의 변화

기술의 급속한 변화와 연계하여 시장에 있어서도 변화가 심각하다. 최근 들어 전 세계의 모든 시장에서 기업들 간 경쟁이 점점 더 치열해지고 있다. 그 결과 시장의 변화속도가 점점 빨라지면서 제품과 지식의 진부화가 매우 빠르게 진행되고 있으며, 그 결과 산업의 진부화도 빠르게 진행되고 있다. 이처럼 산업의 진부화가 빠르게 진행되면서 산업의 구성요소인 공급자, 소비자, 경쟁자 간의 역학관계가 빠르게 변화하고 있으며, 전혀 새로운 산업의 창출이 이루어지고 있다. 이제는 과거 Thurow(1992) 등이 주장한 바와 같이 세계화된 산업 및 시장에서 경쟁자와 전면적(head to head)으로 경쟁하는 것이 아니라, 경쟁과 협력의 중첩, 즉 경쟁협력(co-opetition)이 일상화되고 있다(Afuah, 2003). 이제는 기업경영 및 기술혁신 활동에 있어서 경쟁전략(competitive strategy)만 중요한 것이 아니라 협력전략(cooperation strategy)도 경영에 있어서 중요해졌다(Dussauge & Garrette, 1999; Wheelen & Hunger, 2006).

과거에는 기업의 경쟁전략(competitive strategy)이 저원가 및 차별화를 바탕으로 추진되었으나(Porter, 1980, 1985) 최근의 산업환경은 이것으로는 부족하다. 이제는 저원가, 차별화뿐만 아니라 제품의 다양성, 시간적 요소도 중요한 경쟁요소(competitive factors)가 되었다. 전 세계 시장의 고객들은 높은 품질의 다양한 제품을 가능한 저렴한 가격으로 가능한 빨리 충족하기를 원한다. 특히, 현대의 고객들은 규격화된 제품을 싫어하며, 자신의 특정한 수요 및 필요를 충족시킬 수 있는 제품을 선호한다. 그러나 이와 같은 다양한 경쟁요인을 동시에 충족시키는 것은 생산주체인 기업의 입장에서 쉬운 일이 아니다. 즉, 기업의 입장에서 양질의 제품을 생산하기 위해서는 더 많은 원가가 들어가고 시장에 출하하는 시간이 늦어질 수밖에 없다. 반대로 어떤 제품을 저원가로 시장에 빨리 출하하기 위해서는 기업은 품질의 제고를 기대하기가 어렵다.

그러나 최근에 와서는 이들 경쟁요인들의 동시적 달성이 가능해졌는데, 이를 가능하게 하는 것은 '기술에 있어서의 진보', 즉 기술혁신 덕분이다. 과거에는 규모의 확대를 통한 원가절감을 목표로 하는 규모의 경제(economies of scale)와 차별적 제품의 제공을 통한 다양한 고객의 수요 충족을 목표로 하는 범위의 경제(economies of scope)는 양립할 수 없는 것으로 인식되어 왔다. 그러나 최근에는 이들 두 요소가 양립되어 통합의 경제가 가능하게 되었다. 그러나 진정한 통합의 경제는 규모(scale)와 범위(scope)뿐만 아니라 저원가 혹은 차별화된 제품을 경쟁자들보다 보다 빨리 시장에 출하하여야 하는 속도의 경제(economies of speed)까지도 포괄하여야 할 것이다. 즉, 규모(scale)와 범위(scope), 그리고 속도(speed)를 포함한 세 가지의 S 요소들을 동시

그림 1-3   진정한 통합의 경제

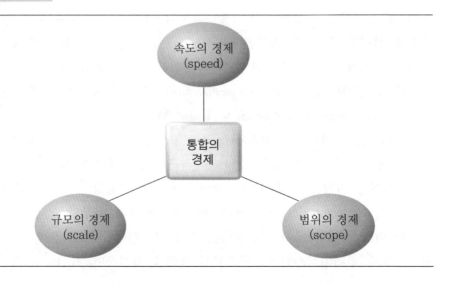

에 충족시키는 것이 '진정한 통합의 경제'(genuine economies of integration)이다 (<그림 1-3> 참조). 이와 같은 통합의 경제는 기술의 진보로 인해 가능해졌다. 대표적으로 컴퓨터통합생산시스템(CIM: computer integrated manufacturing)과 유연생산시스템(FMS: flexible manufacturing system) 등 생산자동화 기술들은 통합의 경제를 가능하게 하였다. 이에 따라, 기업이 경쟁우위를 확보·유지·확장하기 위해서는 기술능력을 확보하여야 할 것이며 여기에 기업차원의 기술경영의 필요성이 대두된다. 아울러 산업차원, 지역차원, 국가차원에서도 해당 차원에서 높은 기술능력을 가진 기업들을 육성·발전시키는 적극적인 기술경영을 추진하여야 할 것이다(정선양, 2006).

4. 네트워킹 시대의 도래

현재 기업환경의 중요한 요소 중 하나는 기업의 네트워크화가 활발하게 진행되고 있다는 점이다. 기업이 네트워크(network)를 형성하게 되는 주요 동인은 기업이 점점 스스로의 핵심역량(core competence)에 대해 자문하고, 이에 따라 적절한 네트워크를 구성한다는 것이다. 세계적으로 유수한 기업인 GE, NIKE, Dell 등은 기업의 구조를 네트워크의 이점을 살릴 수 있도록 변환시켜오고 있다. 기업은 이제 핵심적인 활동만 담당하며 비핵심적인 활동은 외부에서 조달하며, 그 결과 현대의 기업은 다양한 활동의 조정자 역할을 담당하게 되었다. 그동안 급속하게 발전하는 정보통신기술은 이와 같은 기업의 다양한 형태의 네트워킹을 가능하게 해주었다.

이와 같은 환경의 변화는 기업의 기술혁신활동에도 지대한 영향을 미쳤다. 기업은 연구개발활동과 관련하여 외부의 다양한 주체들 – 예를 들어, 기업, 대학, 공공연구소 – 과 협력을 활성화해 오고 있다. 이제는 협력(cooperation)과 연구개발(R&D)이 조화를 이루어야 하는 협력개발(C&D: cooperation and development)의 시대로 변환하고 있는 것이다. Chesbrough(2003)는 이러한 변화를 개방형 혁신(open innovation)이라고 명명하고 기술혁신 및 지식의 실질적인 창출, 확보, 활용에 있어서 외부와 연계의 필요성을 강조하고 있다. Proctor &

Gamble(P&G)도 기술경영의 효율성을 제고하기 위해 전 세계의 종업원과 관련 조직의 네트워크를 연계하여 제품을 개발하는 연계개발(C&D: connect and develop) 개념을 도입하여 많은 성과를 거두었다(Huston & Sakkab, 2006).

과거의 기술혁신활동은 아이디어를 행동으로 실천하는 영웅적 개인들의 분야로서 인식되었다. 또한 20세기에 들어서면서 조직화된 연구개발활동(organized R&D activities)의 중요성이 증대되어 기업연구소(corporate R&D institute)의 시대가 도래하였으며, 그 결과 수많은 기업들이 기업연구소를 설립·운영해 오고 있다. 그러나 21세기에 들어서면서 게임의 흐름은 또다시 변화하기 시작하였다. 이제 기업은 기술혁신을 혼자서 수행할 수 없으며 다양한 네트워크를 활용하여야 한다. 이제 기술혁신은 기술투입(technology push) 및 시장견인(market pull)의 이분법적인 사고를 떠나 다양한 요소의 영향을 받으며 수행되어야 하는 상호작용적 과정(interactive process)으로 인식되고 있다. 이에 따라, 기술혁신에 있어서 네트워크적 접근의 필요성이 대두된 것이다. 이제는 기술혁신활동에 있어서 다기능적 팀, 핵심의 확장, 외부기업과의 연계 등이 중요해졌다.

이러한 기술혁신 및 기업활동의 네트워크 구성 및 운영에 있어서도 시스템적 접근이 필요하다. 즉, 다양한 기업의 네트워크에 대한 참여는 시너지를 창출하여야 한다. 기술혁신활동과 관련하여 기업이 추진하는 외부와의 연계를 이른바 혁신 네트워크(innovation network)라고 부른다. 혁신 네트워크에 대한 참여는 어느 산업에서나 기업들이 새로운 아이디어와 창조적 자원의 결합에 많은 도움을 준다. 네트워크를 통한 새로운 아이디어 및 접근방법의 활용은 때로는 놀라운 결과를 이끌어 낼 수 있다. 기술혁신에 있어서 네트워킹의 또 다른 장점은 네트워킹이 참여자들의 공유된 학습(shared learning)을 지원해 준다는 것이다. 예를 들어, 많은 공정혁신(process innovation)은 어디에서 창출된 그 무엇을 조합·조정하는 것이기 때문에 많은 기업이 외부와의 네트워크를 통해 더 나은 공정혁신을 창출하려고 노력하고 있다. 그러나 이러한 네트워크는 적절한 관리 및 조정 비용을 수반한다는 점에서 체계적으로 구축, 관리, 운영되어야 한다.

네트워크는 자발적으로도 구성될 수 있지만 정부의 지원에 의해 구성될 수도 있다. 자발적인 네트워크는 기업들이 스스로의 필요에 의해 네트워크

를 구성하는 것이다. 대부분 기업 내 구성원 개인차원의 네트워크는 이 같
은 자발적인 네트워크가 될 것이다. 그러나 최근 네트워크를 통한 기술혁신
창출의 중요성으로 인하여 많은 나라가 이와 같은 네트워크의 구축 및 네트
워크에 대한 참가자들 간의 학습을 창출하기 위한 정책을 추진해 오고 있
다. 이와 같은 정책의 대표적인 사례가 연구조합 및 협회의 설립 지원, 산-
학-연 협력 활성화, 지역혁신체제 및 국가혁신체제의 구축 및 활성화 지원
등을 들 수 있다.

　　이와 같은 네트워크는 특히 기술혁신과 관련하여 장점을 가지고 있다.
최근의 기술은 빠르게 변화하며, 근본적으로 위험성이 높고, 시스템적인 성
격을 가지고 있으며, 기술혁신을 창출하기 위한 연구개발에 많은 자원이 소
요된다. 그 결과 개별 기업은 기술혁신활동에 있어서 성공가능성을 확신할
수 없고 근본적으로 위험한 연구개발 프로젝트에 대해 희소한 자원을 배분
하는 데 주저할 수밖에 없다. 그러나 네트워킹(networking)은 참가자로 하여금
위험을 공유하고 자원을 공동으로 조달하여 개별기업 혼자서는 불가능했던
기술혁신을 시도할 수 있게 한다. 이 점에서 네트워킹은 기업의 활동영역을
확장해 주는 역할을 담당한다. 네트워킹은 특히 정보와 자원이 희소한 중소
기업들에게 매우 유용하다. 중소기업들은 네트워크에 참여함으로써 양질의
기술·시장정보를 획득할 수 있으며, 연구개발활동에 대한 도움은 물론 제품
의 판로개척에도 많은 도움을 받을 수 있다. 또한 장기적으로 지속되는 혁
신 네트워크는 기술적 변화와 경제발전의 중요한 흐름에 편승할 수 있는 역
량을 창출하게 할 수 있다. 그 결과 많은 국가가 혁신 클러스터(innovation
clusters)의 구축과 같은 보다 지속가능한 네트워크의 구축에 노력하고 있다.
미국의 실리콘밸리, 우리나라의 대덕연구개발특구 등이 이에 대한 대표적인
사례이다.

··· 제 3 절   기술경영의 관련 개념 ···

1. 기술의 개념

1) 기술의 개념

　기술(technology)이라는 용어는 이제 기업실무는 물론 경영학, 경제학, 정책학의 문헌에도 자주 등장하게 되었다. 그러나 기술이라는 용어는 다양한 의미로 쓰이며 이에 대한 근본적인 이해를 하지 못하는 경우가 많다. 오늘날 기술은 실제적 문제의 해결, 즉 제품 및 공정의 개발에 활용되어지는 자연과학적, 기술적 관계에 관한 지식으로 이해되고 있다. 이에 따르면 기술은 자연과학적 순수설명지식, 즉 인지지식(Kennenwissen: shall-knowledge)[2] 및 구체적인 활용지식, 즉 능력지식(Könnenwissen: can-knowledge)으로 파악한다. 그러나 Zahn(1995)은 기술이라는 개념은 이 같은 두 형태의 지식에 경영자의 기술전략 혹은 기술집약적인 사업 비전과 같은 의지지식(Wollenwissen: will-knowledge)이 포함되어야 한다고 주장하면서 기술관리 혹은 기술경영(technology management)은 이 같은 '지식을 경영하는 것'으로 이해하여야 한다고 주장한다.

　기술을 인지지식, 능력지식, 의지지식의 총합으로 파악하게 되면 기술경영에 있어서 세 가지 형태의 학문분야가 중요함을 알 수 있다.

① 기술을 순수설명지식, 즉 인지지식으로 이해하면 기술의 창출에 있어서 자연과학(natural science)이 중요하다.

② 기술을 응용지식, 즉 능력지식으로 파악하면 기술의 응용에 있어서 공학(engineering)이 중요하게 대두된다.

---

2) 이와 같은 자연과학적 지식은 절대자에 대해 태초부터 창출되었고 인간은 인지만 할 뿐이라는 점에서 이와 같이 명명하였다. 아울러 이 유형의 지식은 인간은 이에 대해 추정만 할 수 있다는 점에서 추정지식(Sollenwissen: shall-knowledge)이라고 명명할 수 있을 것이다.

③ 기술은 의지지식의 성격을 많이 가지고 있기 때문에 기술의 창출 및 활용에는 사회과학(social science)의 중요성을 간과할 수 없다. 기술이 근본적으로 응용되어져 새로운 제품, 공정, 서비스의 형태로 변환되어 기업의 부가가치의 창출에 공헌하기 위해서는 사회과학의 도움을 받아야 한다. 이 점에서 일부 학자는 기술을 심지어 사회기술(social technology)의 개념으로 파악하기도 한다.

위의 세 가지 지식 중에서 중요한 것은 의지지식이다. 의지지식은 인지지식과 능력지식을 조직의 목적을 달성하는 데 사용하는 지식을 의미한다. 이 같은 의지지식을 다루는 학문분야가 기업차원에서는 경영학(business/management)이며 국가차원에서는 정책학(policy science)이다. 이상과 같은 기술에 대한 이해는 기술이 부가가치의 창출에 공헌을 하기 위해서는 경영학 및 정책학의 도움이 필요하다는 점을 나타내 준다. 국가와 기업의 진정한 경쟁력은 기술을 바탕으로 확보할 수 있으며, 이 같은 노력에 있어서 기술의 개발능력보다는 기술의 경영능력이 더욱 중요한 경우가 많기 때문에 최근에는 '기술경영학' 및 '기술정책학'이 중요하게 대두되어 실질적으로 정상학문(normal science)으로 급성장하고 있다. 기술의 중요성이 점점 증가함에 따라 이론적·실무적 측면에서 기술경영은 기업의 차원과 국가적인 차원을 분리하여 다룰 것이 아니라 양자를 포괄하여야 효과적인 기술혁신전략이 창출된다(정선양, 2006).

2) 기술의 분류

기술은 여러 차원에서 분류할 수 있다. 아래에는 기술경영에서 가장 많이 분류되는 기술의 개념을 살펴보기로 한다.

(1) 신기술과 구기술

신기술(new technology)은 기업이 제품을 생산하거나 서비스를 제공하는 방법에 명시적인 영향을 미치는 새롭게 도입 혹은 활용된 기술을 의미한다.

이 기술은 반드시 세계적으로 새로울 필요는 없으며, 해당 기업에만 새로움을 가지면 된다. 이와 같은 신기술은 생산성의 향상 및 기업 경쟁력 향상에 대단한 영향을 미친다. 구기술(old technology)은 신기술이 시간이 지남에 따라 구식화된 기술로서 더 이상 시장에서 활용될 수 없고 대체될 예정인 대체기술을 의미한다. 이 점에서 구기술은 대체기술과 유사한 개념이다. 대체기술(substitution technology)은 신기술에 의해 대체되었거나 대체될 예정인 기술을 의미한다. 대체기술은 그동안 기업의 경쟁우위에 상당한 공헌을 하였거나 공헌도가 떨어지는 기술로서 기업의 전략적 판단에 의해 대체되는 기술이다. 기업은 지속적인 경쟁우위를 확보하기 위해서 새로운 기술로의 적절한 이전, 즉 기술대체(technology substitution)의 문제를 세심하게 계획하여야 한다.

(2) 고급기술과 저급기술

고급기술(high technology)은 첨단기술이라고도 부르며 매우 진보되고 정교한 기술을 의미한다. 일반적으로 이 기술은 변화율이 대단히 빠르며 기술의 개발에 상당히 많은 자원을 필요로 한다. 이 기술은 기업의 급속한 성장에 활용할 수 있는 높은 잠재력을 가지고 있으나 다른 경쟁기술의 출현으로 인해 위협을 받을 수도 있다. 고급기술은 나름대로의 특징을 가지고 다양한 산업에서 활용되는데, 일반적으로 고급기술을 사용하는 기업을 첨단기업이라고 부른다. 이에 반하여 저급기술(low technology)은 인간사회의 다양한 세부분야에 이미 침투되어 있는 기술을 의미한다. 이 기술은 변화율이 작으며 안정적이고, 개발에 있어서 낮은 연구개발비용을 수반한다. 저급기술에 의해 창출되는 제품들은 대체적으로 인간의 기초수요, 즉 의식주를 충족시키는 재화인 경우가 많다. 고급기술과 저급기술의 중간에는 중급기술(medium technology)이 있다. 중급기술은 고급기술과 저급기술의 중간에 위치하는 폭넓은 기술로서, 이들은 기술이전을 하기가 쉬운 성숙기술(mature technology)을 의미하는 경우가 많다.

(3) 제품기술과 공정기술

제품기술(product technology)은 새로운 제품을 창출하거나 기존제품의 성능을 크게 제고하는 기술을 의미한다. 이 기술은 고객에게 제공될 가치를 창출하는 기술로서 후술할 공정기술에 비하여 혁신성의 정도가 상대적으로 높은 기술이다. 일반적으로 제품기술은 기업의 차별화 전략에 많이 활용되는 기술이다. 이에 반하여 공정기술(process technology)은 새로운 공정의 도입이나 기존공정의 개선을 목표로 하는 기술이다. 이 기술은 제품성과의 제고에 크게 기여하지만 제품의 성과를 직접적으로 구성하지 않는다. 이 기술은 생산공정의 효율화를 통하여 제품의 원가를 절감하는 데 많이 사용된다.

(4) 핵심기술과 주변기술

핵심기술(core technology)은 기업과 제품의 핵심역량(core competence)을 형성하는 기술이다. 이 기술은 제품 그 자체에 체화되는 기술로서 제품 경쟁력의 핵심이 된다. 기업은 경쟁우위 확보를 위하여 핵심기술의 확보에 대단한 노력을 기울여야 한다. 이 같은 특성으로 인해서 핵심기술을 key technology라는 용어로 쓰기도 한다. 이에 반하여 주변기술(peripheral technology)은 기업 및 제품의 핵심역량을 형성하는 기술이 아니라 제품의 효용을 증대시키는 보조기술이다. 이 유형의 기술은 제품 자체보다는 시장 및 사업부에서 이미 활용하는 성숙되고 대체가능한 기술인 경우가 많다. 이 기술은 핵심기술과 연계되어 제품의 효용 창출에 간접적인 기여를 한다.

(5) 공유기술과 특정기술

공유기술(generic technology)은 기술의 특성상 많은 산업에서 공통적으로 활용가능한 기술이다. 이에 따라, 이 기술은 다양한 산업의 경쟁우위에 핵심적인 기술로서 이에 대한 기술능력의 확보는 기업으로 하여금 다양한 산업에서 경쟁우위를 창출·확보할 수 있게 해준다. 이 기술은 또한 다른 여러 세부기술의 기초가 되는 기술이다. 이에 반하여 특정기술(specific technology)은 특정한 산업 혹은 제품에서만 활용할 수 있는 기술이다. 특정기술은 전술한 공유기술에 비하여 혁신성이 높지 않으며 개발 및 활용에 있어서 많은 자원이 들어가지 않는 기술이다.

2. 연구개발

1) 연구개발의 개념

연구개발(R&D: research and development)은 기업이 자연과학적, 공학적 지식을 획득하거나 이와 같은 지식을 기업에 의해 직간접적으로 상업화되는 제품 혹은 생산공정에 새롭게 활용하기 위해 기업이 내부적으로 추진하거나 외부 기관을 통해 수행하는 체계적 활동을 의미한다(Brockhoff, 1994: 35-37; Specht & Beckmann, 1996: 15-17; Gerpott, 1999: 28). 연구개발활동은 기업의 다른 활동에 비하여 대단히 높은 신규성, 복잡성, 불확실성, 비정형성의 특징을 가지고 있다.

기업의 연구개발활동은 기업의 자연과학적, 기술적 문제를 해결하기 위한 기술적 지식의 축적 및 활용을 목표로 하고 있다. 이와 같은 문제의 해결은 기업으로 하여금 경쟁우위의 근본이 될 수 있는 새로운 제품, 서비스, 공정으로 변환될 수 있다. 그 결과 세계적으로 대부분의 기업은 기술능력 향상을 위한 연구개발에 많은 노력을 기울이고 있다. 기업의 연구개발노력의 지표는 연구개발자원(R&D resources), 즉 연구개발인력과 연구개발투자로 나타난다. 세계의 각국은 이 같은 연구개발투자와 연구개발인력에 대한 통계를 지속적으로 집계해 오고 있다. 이와 같은 연구개발자원은 기업의 규모와 업종에 따라 달라진다. 일반적으로 대기업의 경우 중소기업보다 더 많은 연구개발비를 지출하고 첨단산업의 경우 전통산업보다 더 많은 연구개발자원을 확보·활용하는 것으로 나타난다.

2) 연구개발의 유형

기업의 연구개발활동은 활동의 특성에 따라 기초연구, 응용연구, 개발의 세 단계로 나누어 볼 수 있다. 이들은 서로 관련성이 높으며 연구개발결과의 상업적 활용성에 따라 구분된다. 기초연구(basic research)는 구체적인 상업적 활용과 관련이 없는 자연과학적 지식의 창출 및 확장을 목표로 한다. 응용연구(applied research)는 구체적인 상업적 활용을 목적으로 하는 자연과학적, 기술적 지식의 창출 및 확장을 목표로 하고 있다. 개발(development)은 기업의 경제적 성공에 직접적으로 공헌할 수 있는 새로운 제품 혹은 공정의 창출을 위한 자연과학적, 공학적 지식의 활용을 목표로 하고 있다.

기업의 입장에서는 이들 세 연구개발 유형 중에서 기초연구보다는 개발과 응용연구에 더 많은 관심을 가지고 있다. 기업이 기초연구에 관심을 적게 가지는 이유는 다음과 같다(Gerpott, 1999: 34). 첫째, 기초연구를 과학기술적, 경제적 목적 달성에 활용하는 것은 대단히 높은 불확실성이 존재한다는 것이다. 둘째, 기초연구는 그 결과의 확보에 있어서 기업 전략경영의 시간적 범위를 훨씬 넘어선다는 어려움이 있다. 셋째, 기초연구의 결과는 독점적인 활용이 불가능하고 다른 기업에 의해서 활용이 가능하다는 측면이 많다. 넷째, 기초연구는 기업의 제품, 시장, 사업영역에 미치는 영향이 약하기 때문에 기업 내부에서 그 정당성을 확보하기 어려운 점이 많다.

그럼에도 불구하고 많은 기업은 기초연구가 기업의 미래 경쟁력을 확보할 수 있다는 점에서 상당한 정도의 기초연구를 수행하고 있다. 특히, 세계시장을 앞서가는 선도기업의 경우에는 기초연구에 많은 투자를 하고 있다. 기업이 매우 새롭고, 급진적인 기술이나 차세대 주력제품을 개발·출시하기 위해서는 기초연구를 적극적으로 수행하여야 한다.

3. 기술혁신

1) 기술혁신의 개념

기술혁신(technological innovation)은 기술발전의 동태적 측면을 나타내는 개념이며 경제주체들에 의한 기술의 개발 및 활용 측면을 강조한다.[3] 기술혁신이라는 용어는 오스트리아 출신의 경제학자 Schumpeter(1911)가 포괄적인 의미에서 혁신(innovation)이라는 용어를 사용한 이후 보편적으로 사용되

---

3) 기술혁신은 기술의 동태적인 측면을 나타내나 이 책에서는 두 개념을 서로 호환적으로 사용하기로 한다.

었다.[4] Schumpeter는 기술혁신을 포괄적으로 '생산자원의 새로운 결합'으로 정의하고 보다 구체적으로 새로운 제품, 공정, 투입물, 조직, 시장의 창출 및 활용으로 정의하고 있다.

Schumpeter는 주류경제학인 신고전학파(neo-classical economists)의 경제이론이 경제성장의 방향 및 정도를 충분히 설명해 주지 못한다고 주장하면서 경제성장에 관한 새로운 이론을 구축할 필요가 있음을 강조하였다. 그는 기술혁신은 경제성장에 있어서 핵심적인 역할을 수행하고 있다고 강조하면서 현대 산업사회의 발전은 기술을 바탕으로 추구하여야 한다는 새로운 방향을 제시하였다. 이 점에서 Schumpeter는 경제성장의 문제와 기술혁신 및 기술변화의 문제를 접목시켰던 첫 번째 학자였다.[5]

Schumpeter의 기술혁신이론의 출발점은 자본주의 경제의 발전에 있어서 기업이익(business profits)의 역할이었다. 그는 기업의 이익추구를 국가경제 발전의 원동력으로 보았던 것이다. 그는 이익은 기업가(entrepreneur)에게 혁신할 수 있는 미끼의 역할을 담당하며, 이를 통하여 기업은 투입물의 새로운 조합을 만들고, 생산비용을 절감하며, 전혀 새로운 제품을 만들어 내는 기술혁신활동을 수행한다고 주장한다. 따라서 이익은 기업가 정신 (entrepreneurship)의 대가이며, 이것이 없으면 자본주의 성장 및 경제성장은 이루어지지 않는다고 보는 것이다. 기술혁신을 통하여 기업들은 독점적인 위치(monopoly position)를 차지할 수 있다. 그러나 여기에서 이익과 이로 인한 독점적인 지위는 순간적인 것이며 새로운 기술혁신으로 무장한 새로운 경쟁자들이 대두되어 이익을 잠식하게 된다. 이 점에서 Schumpeter의 이론은 근본적으로 동적인 속성을 가지고 있다.

일반적으로 많은 학자들은 기술혁신을 Schumpeter의 정의에 따라 기술

---

4) 많은 전문가가 Schumpeter가 기술혁신이론을 1934년에 주장한 것으로 오해하는 것은 1911년 독일어로 출판된 「경제발전의 이론(*Theorie der wirtschaftlichen Entwicklung*)」 제3판이 1934년에 처음으로 영어판으로 번역되었기 때문이다. 그러나 Schumpeter는 100여 년 전인 1911년에 기술혁신의 중요성을 설파한 '혁신의 선지자'이다.

5) 이 점에서 최근의 많은 학자들은 Schumpeter를 '혁신의 예언자(*Prophet of Innovation*)'라고 칭송하고 있다(McGraw, 2007). 경영학의 대가인 Peter Drucker도 현대경제를 이해하기 위하여 Schumpeter를 학습할 것을 강조하면서, Schumpeter를 '현대의 예언자(Modern Prophet)'로 명명하였다(Drucker, 1985, 1986).

에 있어서의 변화가 처음으로 도입·활용되는 것을 의미하는 것으로 파악하고 있다. 실제로 Schumpeter는 기술의 상업화적 관점에서 기술혁신을 파악하였다. 그러나 현대 산업사회가 복잡해져가고, 상당한 문제점을 현시해 주고 있다는 점을 감안하면 기술혁신의 개념을 비단 기업 생산자원의 새로운 결합의 개념에서 자본주의를 구성하고 있는 다양한 주체들이 '새로운 무엇을 창출·개선·활용하는 것'으로 확대하여야 할 필요가 있다. 이 같은 광의의 기술혁신 개념은 현대사회의 동태적 측면을 포괄적으로 잘 반영해 주기 때문에 이 책에서는 이처럼 포괄적인 측면에서 과학기술 및 혁신의 문제를 논의하기로 한다.

2) 기술혁신의 유형

(1) 제품혁신과 공정혁신

기술혁신은 혁신의 대상과 관련하여 제품혁신(product innovation)과 공정혁신(process innovation)으로 나누어 볼 수 있다. 전자는 제품에 있어서의 새로운 변화 및 새로운 제품의 도입을 의미하며 후자는 생산공정에 있어서의 새로운 변화 및 새로운 공정의 도입을 의미한다. 제품혁신은 시장성과의 혁신을 나타내는 데 반하여 공정혁신은 생산요소 결합의 변화를 가져오는 것이다. 일반적으로 제품혁신이 공정혁신에 비하여 혁신의 정도가 높은 것으로 이해되고 있다.

(2) 급진적 혁신과 점진적 혁신

기술혁신은 혁신의 정도와 관련하여 분류하는 것이 가장 일반적인데, 이에 따르면 기술혁신을 급진적 혁신(radical innovation)과 점진적 혁신(incremental innovation)으로 나눌 수 있다. 급진적 혁신은 혁신의 정도가 매우 높고 빠른 혁신을 나타내며, 점진적 혁신은 혁신의 정도가 낮고 느린 것을 나타낸다. 일반적으로 전자는 후자에 비하여 기업성과 및 사회에 훨씬 더 많은 영향을 미친다.

(3) 주요혁신과 부차혁신

기술혁신은 중요한 정도에 따라 주요혁신(major innovation)과 부차혁신(minor innovation)으로 분류할 수 있다. 주요혁신은 조직에 있어서 중요성이 높은 혁신이며, 부차혁신은 그 중요성이 상대적으로 낮은 혁신을 의미한다. 그 결과 많은 조직들은 주요혁신의 창출 및 활용에 더 많은 주안점을 두게 된다. 이 같은 중요성은 전술한 혁신의 정도를 반영하기도 한다. 즉, 주요혁신은 혁신의 정도가 높고 부차혁신은 혁신의 정도가 낮은 것으로 인식되어 '주요혁신 대 부차혁신'은 '급진적 혁신 대 점진적 혁신'의 개념과 호환적으로 사용되기도 한다.

(4) 연속적 혁신과 불연속적 혁신

기술혁신은 과거의 혁신과 연속적이냐 혹은 단절적이냐에 따라서 연속적 혁신(continuous innovation)과 불연속적 혁신(discontinuous innovation)으로 나누어 볼 수 있다. 일반적으로 연속적 혁신은 점진적이며 기존의 하부구조 내에서 발생한다. 이는 기업의 기본적 전략 혹은 가정에 도전함이 없이 기존시장 내의 기존지식에 근거하여 창출된다. 즉, 연속적 혁신은 미래의 경쟁요건이 기존의 산업구조 및 경쟁구조 내에서 충족될 수 있을 경우에 작동한다. 이에 반해, 불연속적 혁신은 기존시장의 밖에서 발생하는 경향이 높으며, 성공하면 새로운 가능성을 제시하면서 시장을 크게 확장하거나 재정의한다. 이를 창출하기 위해서는 다양한 사람들의 집합적 사고를 필요로 하며 정의된 경계 밖을 고찰하여야 한다. 불연속적 혁신은 극적인데, 고객의 수요가 기존 역량체계 속에서는 충족될 수 없을 경우에 발생하게 되며, 시장수요와 기술능력의 양자와 관련된 새로운 지식의 발견과 활용으로 특징지어진다. 많은 경우 불연속적 혁신은 산업에 새로운 경쟁규칙(new rules of game)을 가져와 새로운 것을 창출함으로써 기존의 기업 및 산업을 쓸모없게 만드는 효과를 수반하기도 한다.

(5) 파괴적 혁신과 비파괴적 혁신

기술혁신은 조직의 경쟁우위 및 사회에 미치는 영향에 따라 파괴적 혁신

(disruptive innovation)과 비파괴적 혁신(non-disruptive innovation)으로 나눌 수 있다. 파괴적 혁신은 혁신의 정도가 매우 높고 그 영향력이 매우 크고 광범위하여 기존산업을 파괴하여 새롭게 정의하고 새로운 산업을 창출하는 등 사회경제적 영향력이 매우 큰 혁신을 의미한다. 이 유형의 혁신은 일반적으로 어떤 제품의 산업 및 사회에 새로운 도입을 의미한다는 점에서 불연속적 혁신인 경우가 많다. 이에 반하여 비파괴적인 혁신은 그 영향의 정도가 그다지 파괴적이지 않고 기존의 산업에 약간의 영향을 미치는 것을 의미한다. 이 점에서 이 유형의 혁신은 혁신의 정도가 높지 않고 일반적으로 기존의 산업구조 내에서 기존 기술혁신과의 연결선상에서 창출된다는 점에서 연속적 혁신인 경우가 많다. Christensen 등은 비파괴적인 혁신은 기존의 기술혁신능력을 연장시킨다는 점에서 이를 지속적 혁신(sustaining innovation)이라고도 명명하였다. 이들은 다양한 산업에서 많은 선도기업들이 파괴적 혁신의 중요성을 인식하지 못하여 경쟁의 대열에서 탈락하는 경향이 많다고 주장하면서 파괴적 기술 및 혁신의 효과적인 경영의 필요성을 강조하고 있다(Bower & Christensen, 1995; Christensen, 2000).

··· 제 4 절   기술경영의 개념 및 적용범위[6)]   ···

1. 기술경영의 정의

기술경영의 개념, 범위, 접근방법에 대해서는 여러 견해가 있다(Gerpott, 1999: 58-68; Khalil, 2000: 7-18; Rastogi, 1995: 29-40; 정선양, 2006). 그러나 이 책은 기업차원의 기술경영으로서 기업의 경쟁우위 확보·유지·확장에 있어서 기술을 어떻게 창출하고 활용할 것인가의 문제를 다룬다. 기술이 기업 경쟁력에 핵심적인 역할을 수행한다면 최고경영자는 반드시 기술경영에 충분히 관

---

6) 이 절은 정선양, 「기술과 경영」, 경문사, 2006, 38-49면을 수정·보완하였음.

여하여야 할 것이다. 즉, 기술은 전략경영의 핵심적 대상으로 다루어져야 할 것이다. 이에 따라, 이 책은 전략경영의 관점에서 기술경영의 방안을 제시하는 전략적 기술경영(SMT: strategic management of technology)을 다루고자 한다. 아래에서는 이 같은 전략경영의 관점에서 기술경영의 제반개념, 범위, 접근방법을 살펴보기로 한다.

1) 기술경영의 정의

기술경영(MOT: management of technology)은 조직의 경쟁우위 및 부의 창출의 핵심요소로서 기술의 창출·획득·활용에 관한 시스템의 경영을 의미한다(정선양, 2006). 기술경영은 기술을 바탕으로 조직의 목적을 달성하기 위한 전략경영의 문제를 다루는 것이다. 기술경영의 목표는 기술경영을 수행하는 조직의 부의 창출(wealth creation)이다. 부의 창출은 근본적으로 각 조직의 경쟁력(competitiveness) 혹은 경쟁우위(competitive advantage)에서 비롯된다는 점에서 기술경영은 조직의 기술 경쟁력 확보를 통한 부의 창출을 목표로 하고 있다. 부의 창출은 기술경영의 목적을 화폐적으로 표현한 것이고 경쟁력은 기술경영의 목적을 추상적으로 표현한 것으로 이해할 수 있다. 또한 경쟁력은 부의 창출에 비하여 기술경영의 목적으로서 보다 단기적인 표현으로 이해할 수 있을 것이다. 이 점에서 기술경영은 단기적으로는 조직의 경쟁력 제고를 통해 중장기적으로는 부의 창출을 목표로 하고 있다.

기술경영을 수행하는 조직의 단위는 거시적으로는 국가, 중간적 차원에서는 산업 및 지역, 미시적 차원에서는 기업이 될 수 있다(정선양, 2006). 그러나 이 책은 기업차원에서의 기술경영, 즉 기업의 전략적 기술경영을 다루기로 한다. 기업차원에서 기술경영의 개념을 살펴보면 <그림 1-4>와 같다. 기술이 기업의 경쟁우위에 중요한 영향을 미치고 기술경영이 기업의 부의 창출·획득·관리를 다루는 분야라면 기술경영은 다음 세 가지의 구성요소를 가져야 할 것이다.

그림 1-4   기술경영의 개념

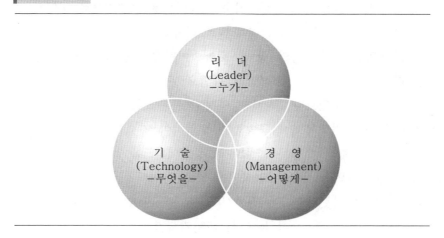

　　첫째, 기술경영의 주체로서 "누가 기술경영을 담당할 것인가?"의 문제가
대두된다. 기술경영은 일반적으로 모든 경영자들이 담당한다고 할 수 있을
것이다. 그러나 기술의 전략경영의 측면을 고려한다면 포괄적 의미에서 기
술경영은 조직의 리더(leader), 즉 최고경영자(top management)가 담당하여야 할
것이다. 최고경영자는 기술의 전략적 중요성을 충분히 인식하고 기술혁신을
통해 자기 조직의 경쟁우위 확보·유지·확대에 선도적인 역할을 담당하여야
할 것이다. 물론 최근의 전략경영론에서는 전략경영의 몫이 최고경영자의
전유물이 아니라는 주장도 있지만 기술경영의 주체로서 조직 리더의 역할은
매우 중요하다. 최고경영자의 전략적 기술경영이 전제되어야 중간경영자와
하위경영자가 역할에 맞는 기술경영을 할 수 있을 것이다.
　　둘째, 기술경영의 대상으로서 "무엇을 경영할 것인가?"의 문제가 대두된
다. 기술경영의 대상은 기술(technology)로서, 기술경영은 기술을 통해 기업의
전략적 목표를 어떻게 달성할 수 있을 것인가를 다루는 것이다. 이 책에서
기술은 기본적으로 지식의 총합으로 이해한다는 점에서 기술경영의 객체는
포괄적 의미에서 지식(knowledge)이고, 기술경영은 '지식을 경영하는 것'으로
파악할 수 있을 것이며, 이 점에서 기술경영은 지식경영(knowledge manage-
ment)으로 이해할 수 있을 것이다. 또한 이 책에서는 기술이 자연과학적 지식,

즉 인지지식을 포함한다는 점에서 일반적으로 이해하는 과학(science)을 포괄하는 것으로 파악한다. 이와 같은 기술을 지식으로 포괄적으로 파악하는 것은 서비스업의 기술경영에 있어서 더욱 많은 타당성을 가진다.

마지막으로, 기술경영의 방법으로서 "어떻게 기술을 경영할 것인가?"의 문제이다. 이 책에서는 기술경영의 방법으로서 기술에 대한 경영학(management)적인 접근, 무엇보다도 전략경영적 접근을 강조한다. 기술경영은 다양한 기술에 대해 경영학적 접근방법을 도입하여 기술을 통하여 조직의 전략적 목표를 달성하려는 실무적, 학문적 분야이다. 특히, 그동안 기술의 문제는 과학기술자들의 전유물로 인식되어 왔고 경영학자는 기술의 문제를 중요하게 인식해 오지 못하였다는 점에서(Rosenberg, 1982; 정선양, 2006) 이와 같은 학제적 시각이 매우 필요하다. 이제 과학기술자들은 물론 경영자들도 기술을 경영하는 법을 알아야 할 것이다. 이 점에서 기술경영은 기술에 경영학적 방법론을 접목시키는 학제적 분야라고 할 수 있을 것이다.

2) 기술경영의 학제성

기술경영이라는 용어는 기본적으로 기술과 경영의 합성어로서 학제성(interdisciplinarity)을 전제로 하고 있다. 기술은 매우 폭넓은 스펙트럼을 가지고 있다는 점에서 기술경영은 다양한 분야의 융합을 다루는 복잡한 분야이다. 기본적으로 학문적인 입장에서 기술경영의 학제성은 <그림 1-5>와 같이 나타낼 수 있을 것이다. 정선양 등(2014)은 21세기 지식기반사회에는 융합형 인재(convergence-type talent)의 필요성을 강조하면서 과학기술 분야들 간의 융합을 미시적 융합, 과학기술 분야와 인문사회 분야 간의 융합을 거시적 융합으로 표현하고 있다. 이 점에서 기술경영은 거시적 융합의 대표적인 분야이다. 또한 기술경영은 이 같은 기술과 경영분야의 학문적 접근과 실무적 접근을 모두 포괄하는 학제성을 가지고 있는 특징이 있다.

기술경영의 학제성을 학문적 측면에서 살펴보면 기술경영은 경영학, 경제학, 사회과학과 자연과학, 공학의 융합분야를 다루는 학제적 학문이다. 기술경영은 우리 사회에 대단한 영향을 주는 기술의 문제를 다룬다는 점에서 경영학, 경제학 등 사회과학적 지식의 적용이 매우 필요하다. 특히, 기술경영은 조직 경쟁력 확보·유지·제고를 위한 기술의 전략적 경영이 필요하다는 점에서 경영학적인 지식이 매우 필요하다. 아울러 기술경영은 과학기술 분야의 모든 분야를 포괄한다는 점에서 자연과학과 공학적 지식의 접목이 필요하다. 기술경영의 대상으로는 과학기술분야별, 산업별로 매우 다를 것이다. 이처럼 다양한 분야의 지식을 필요로 한다는 점에서 기술경영은 학문적 연구에서나 실무적인 차원에서 매우 어려우며 세심한 노력을 필요로 한다. 또한 기술경영의 중요성이 우리 사회에 인식된 지 얼마 되지 않아 이에 대한 체계적 교육 역시 얼마 되지 않았다. 그 결과 실무에서는 그동안 기술경영이 체계적으로 추진되어 오지 못하였다는 문제점이 있다. 기술경영은 결국 이를 공부하고 훈련을 받은 인력에 의해 이루어진다는 점에서 기술경영교육(MOT education)이 매우 중요한데, 어떤 면에서는 이는 기술경영 그 자체보다 중요할 수 있다.[7]

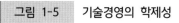

그림 1-5   기술경영의 학제성

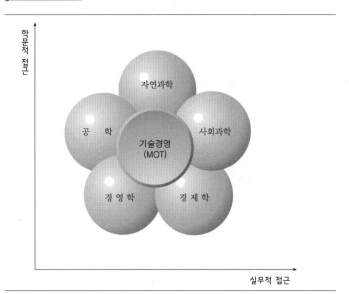

---

7) 기술경영의 교육에 관한 체계적 논의는 정선양(2012)의 「기술과 경영」 제2판의 제9장과 정선양 (2007a, 2007b)을 참조할 것.

1980년대 후반 들어서 이와 같은 기술경영의 문제를 연구하는 학회들이 국내·외적으로 많이 생겨나고 있는데 이들 학회들은 기술경영의 최신 조류를 다루고 있다는 점에서 이들이 다루고 있는 세부분야를 살펴보는 것은 기술경영의 이해에 많은 도움이 될 것이다. 대표적인 기술경영 관련 학회로는, 국제학회로서 International Association of Management of Technology(IAMOT), Portland International Conference on Management of Engineering and Technology(PICMET), R&D Management Conference 등이 있고, 국내학회로는 「기술경영경제학회」, 「한국기술혁신학회」, 「혁신클러스터학회」 등이 있다. 이들 국내·외 기술경영학회에서 다루고 있는 기술경영의 대표적인 세부분야들을 살펴보면 다음과 같다.

1) 기술전략
2) 과학기술정책
3) 기술혁신과정
4) 연구개발관리
5) 연구개발 인프라 및 기술변화
6) 기업가 정신 및 벤처기업경영
7) 제품 및 공정의 수명주기
8) 기술예측 및 기술기획
9) 기술이전 및 기술수용
10) 국제기술이전 및 다국적기업의 기술경영
11) 기술위험분석 및 기술영향평가
12) 기술과 경제성장
13) 기술과 인간, 사회, 문화
14) 기술경영의 교육훈련
15) 제조업의 기술경영
16) 서비스업의 기술경영
17) 기술과 마케팅의 연계
18) 기술변화와 조직구조

19)   프로젝트 관리

20)   기술과 재무의사결정

21)   기술과 품질 및 생산성

22)   기술경영의 방법론

23)   기술과 환경 및 지속가능한 발전

24)   기술 사업화

25)   기술혁신과 지역발전

이와 같은 기술경영의 학제성은 기술경영의 분야가 매우 다양함을 나타내 주는 것이다. 기술경영은 과학기술의 분야가 대단히 많고, 다양한 사회과학분야의 지식이 필요한 만큼 정말로 다양한 분야를 다루고 있다. 그 결과 우리 사회는 많은 분야에서 기술경영 분야의 인력을 많이 필요로 하고 있다. 학문적으로도 대단히 많은 연구원들과 학자들이 기술경영분야에 종사하여야 할 것이다. 기술경영 분야에 대한 수요를 감안할 때 올바른 기술경영 인력을 양성하는 것이 매우 중요하다. 또한 기술경영의 실무에서는 모든 분야를 포괄하는 기술경영에 대한 통일된 접근방법은 존재할 수 없다. 본 저서에서 다루는 기술경영의 기본적 체계 및 지식을 바탕으로 기술경영을 수행하는 조직의 산업적, 기술적 특성을 감안하여 자신의 상황에 맞는 합리적인 기술경영(efficient MOT)에 관한 지식을 점진적으로 확보·축적해 나가는 것이 무엇보다도 중요할 것이다.

2. 기술경영의 영역

기술경영은 과학기술과 경영의 이론과 실무를 통합하는 학제적 영역이다. 그 주안점은 기업, 지역, 산업, 국가의 부를 창출하는 핵심요소로서 기술의 효율적인 경영방안에 두고 있다. 여기에서 부의 창출(wealth creation)은 단순히 돈을 번다는 것을 뛰어넘으며, 지식의 증대, 지적 자본의 축적, 자원의 효율적 활용, 자연자원의 보전 등의 요소를 포괄하고, 생활수준 및 삶의 질

| 그림 1-6 | 기술경영의 영역 |

을 제고시키는 데 공헌하는 제반요소들을 포함한다. 결국 기술경영은 기업, 지역, 산업, 국가의 부를 창출하는 데 핵심요소로서 기술의 창출·획득·활용을 가능하게 하는 시스템의 경영을 의미한다. 이에 따라, 넓은 의미에서의 기술경영은 이들 여러 차원에서의 기술의 창출·획득·활용을 관리하는 것으로 파악하여야 할 것이다(정선양, 2006).

그러나 이 책에서는 기업차원의 기술경영을 다루며, 기업의 기술경영을 매우 포괄적인 개념으로 해석한다. 그동안 여러 문헌들에서 기술경영과 유사한 개념으로서 연구개발경영(R&D management)과 혁신경영(innovation management)이 많이 사용되어 왔다. 그러나 이들 간의 경계에 대해서는 학자들마다 다른데 이는 기술, 연구개발, 혁신과 관련한 인식의 차이에서 비롯하는 것이다. 전략적 기술경영의 측면에서 논의하고 있는 학자는 Floyd(1997), Wolfrum(1991), Khalil(2000) 등을 들 수 있고, 혁신경영의 관점에서 논의하고 있는 학자는 Afuah(2003), Tidd 등(2005), Pleschak & Sabisch(1996), Bielerfelder (1989), Ettlie(2000), Betz(1998) 등을 들 수 있다. 연구개발경영의 관점에서 논의하는 학자는 Brockhoff(1994), Miller & Morris(1999), Specht 등(2002), Weule (2001), 이종옥·정선양 등(2005), 정선양(2021)을 들 수 있다. 기술과 혁신을 통합하여 사용하고 있는 학자들로는 Schilling(2005), Gerpott(1999) 등을 들 수 있다.

　이 책에서는 기술경영의 영역을 <그림 1-6>과 같이 포괄적으로 파악하여 기술경영은 연구개발경영, 혁신경영을 모두 포괄하는 개념으로 이해한다. 이 책에서 기술경영을 이처럼 포괄적으로 해석하는 이유는 이상의 세 가지 개념들 중에서 기술경영이 가장 일반적으로 사용되는 개념이기 때문이다. 기술경영은 기술의 획득 측면에서 기술의 외부적 획득, 자체개발, 외부이전을 다룰 뿐만 아니라 기술혁신과정의 측면에서 기술의 자체연구개발에서 상업화로 이르는 과정을 모두 포괄하는 것으로 파악하여야 할 것이다.

　기업이 기술을 창출하고 활용하는 데 있어서 연구개발(R&D)은 매우 중요한 요소이다. 따라서 연구개발경영(R&D management)은 기술지식의 내부적 획득과정을 관리하는 것으로서 기술경영의 핵심적 구성요소이다. 그러나 부의 창출에 있어서 더욱 중요한 것은 기술의 활용 혹은 상업화이다. 기술의 효용이 실현되는 것은 기술이 고객과 연결이 되고 난 뒤이다. 이와 같은 관점은 기술경영의 한 분야로서 '협의의' 혁신경영(innovation management)의 개념을 도출한다. 경우에 따라서는 혁신경영을 확대 해석하여 연구개발경영과 협의의 혁신경영을 포함하는 것으로 파악하기도 한다. 그 결과 '광의의' 혁신경영은 연구 – 개발 – 상업화에 이르는 기술혁신의 전 과정을 경영하는 개념으로 파악한다. 그러나 기술경영(MOT: management of technology)은 가장 포괄적인 개념으로서 연구개발경영과 혁신경영을 모두 포괄할 뿐만 아니라 외부로부터의 기술도입 및 외부로의 기술확산 문제까지 포괄하게 된다.

　기술경영은 기업의 '부의 창출' 시스템에 있어서 기술을 종자(seed)로 취급하며, 종자가 적절한 자양분 공급 및 좋은 환경의 조성으로 건강한 나무로 자라게 하는 것이다. 이 점에서 기술경영은 기업차원의 미시적인 시각뿐만 아니라 국가 전체 차원의 거시적인 시각도 필요로 한다(Khalil, 2000; 정선양, 2006). 이에 따라, <그림 1-6>의 기술경영의 영역은 미시적 차원의 기업뿐만 아니라 거시적 차원의 국가에게도 해당되는 문제이다. 즉, 기술경영은 거시적 차원, 중간적 차원, 미시적 차원으로 나누어 볼 수 있는데, 거시적 차원(macro level)은 국가차원, 즉 정부차원의 기술경영을 의미하고 이는 국가 기술경영 혹은 과학기술정책을 형성하며 국가의 경쟁우위 확보방안을 다룬다. 미시적 차원(micro level)은 기업차원의 기술경영으로서 기술혁신을 통한 기업의 지속가능한 경쟁우위의 창출 방안을 다룬다. 아울러 중간적 차원(meso level)에서는 기술혁신을 통한 산업 혹은 지역의 경쟁력 유지·제고의 문제를 다루고 있다(정선양, 2006). 그러나 어떤 차원의 기술경영도 그 핵심적인 역할수행자가 기업이라는 점에서 기업의 효율적인 기술경영을 전제로 한다. 즉, 기업이 효율적 기술경영을 통해 경쟁우위를 확보하고 부를 창출하여야 산업, 지역, 국가 전체의 경쟁우위 및 부의 창출이 가능할 것이다.

이들 각 차원에서 기술경영의 궁극적 목표는 각 차원에 속해 있는 기업의 경쟁우위의 확보·유지·확장이다. 즉, 국가, 산업, 지역의 기술경영은 이들 각 단위에 속해 있는 기업들이 어떻게 기술혁신을 통하여 경쟁우위를 확보할 수 있게 할 것인가의 문제를 다룬다(정선양, 2006). 그 이유는 세계화된 경제환경 속에서 기술혁신을 통하여 세계시장에서 경쟁력 있는 제품, 공정, 서비스의 창출의 주체는 기업들이기 때문이다. 이들 기업들의 국내외 시장에서 확보한 경쟁우위는 국가, 산업, 지역의 부를 창출하여 국민의 삶의 질을 제고하게 된다. 그 결과 기업차원의 기술경영은 이들 각 차원의 기술경영의 핵심적 요소가 아닐 수 없다. 이에 따라, 이 책에서는 기업차원의 기술경영에 주안점을 두어 기업의 최고경영자가 기술을 어떻게 경영할 것인가에 관한 전략적 기술경영(SMT: strategic management of technology)의 문제를 논의하기로 한다.

3. 기술경영의 적용 범위

기술경영의 적용 범위는 실로 대단하다. 특히 기술을 동적인 측면을 고려하여 혁신(innovation)으로 해석하면 그 적용 범위는 거의 모든 분야에 해당된다. 기술경영의 적용 범위는 크게 산업별, 부문별, 기술혁신과정별로 살펴볼 수 있는데, <그림 1-7>은 기술경영의 적용 범위를 포괄적으로 나타내 주고 있다.

먼저 산업별로 살펴보면, 기술경영은 모든 산업에 적용이 가능하다. 1차

산업인 농림수산업에서부터 2차 산업인 제조업, 3차 산업인 서비스업에 이르기까지 기술경영은 적용이 가능하다. 예를 들면, 농업화학회사인 Mon- santo가 유전자 변형 식품에 있어서 세계 최고가 된 것도, 유통업의 Wal- Mart가 세계 최고의 할인점이 된 것도 기술경영에 기인한다(정선양 등, 2010; 정선양, 2012).

둘째, 기술경영은 민간부문(private sector)뿐만 아니라 공공부문(public sector)에도 적용이 가능하다. 기술경영은 일반적으로 민간기업에게 확산되어 있으나 비영리기업, 공공기업의 경우에도 기술혁신경영의 중요성이 대두된다. 예를 들어, 서울대학교 분당병원, 인천국제공항공사 등의 경쟁력 강화에 기술혁신경영이 중요한 공헌을 하였다(정선양 등, 2010). 아울러 기술경영은 공공부문에도 대단히 중요한데, 점점 중요성을 더해가고 있는 국가의 과학기술정책은 국가차원에서의 기술경영으로 이해할 수 있을 것이다. 또한 지방정부들이 기술혁신을 통하여 지역경제발전을 추구하고 다양한 지원기관을 설립·운영하는 것은 지역차원의 기술경영을 의미한다.

셋째, 기술경영은 기술혁신과정(innovation process) 전체에 해당된다. 기술혁신과정은 기초연구에서 개발연구를 거쳐 상업화로 이르는 전 과정을 나타내는데 이를 거시적으로 파악하면 여기에는 다양한 학문들과 기술들이 도출

| 그림 1-7 | 기술경영의 적용 범위 |

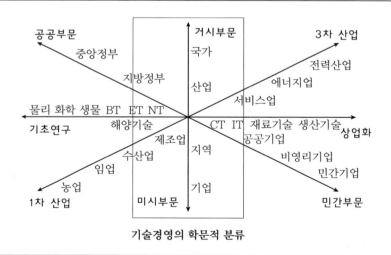

기술경영의 학문적 분류

된다. 예를 들어, 기초연구 쪽으로는 물리, 화학, 수학, 생물 등의 분야가 있고 상업화 쪽으로는 생산기술, 재료기술 등이 있으며 중간 영역에는 이른바 전략기술로 각광을 받고 있는 생명공학기술(BT), 정보통신기술(IT), 나노기술(NT), 환경기술(ET), 우주기술(ST), 문화기술(CT) 등이 있다. 기술경영은 이들 모든 과학기술들의 효율적 경영을 지향하며 이들의 사회경제적 기여방안을 모색한다.

이처럼 기술경영은 모든 산업, 부문, 기술에 적용이 가능하다. 이처럼 적용범위가 포괄적인 기술경영은 학문적으로 체계를 잡아야 할 것이다. 이에 따라, <그림 1-7>은 기술경영의 학문적 체계를 기업차원, 지역차원, 산업차원, 국가차원으로 나누어 제시하고 있다. 기업차원의 기술경영은 이 책이 다루고 있는 기업이 기술경영을 통하여 경쟁우위의 확보방안을 다루며, 지역차원의 기술경영은 지역이 기술혁신을 통하여 지역경제의 발전방안을 다루고, 산업차원의 기술경영은 산업의 각 부문에서 기술혁신을 통한 산업경쟁력의 강화방안을 모색하며, 국가차원의 기술경영은 국가가 과학기술혁신을 통하여 국가의 부를 어떻게 창출할 것인가를 다룬다. 이들 각 차원의 기술경영은 서로 긴밀하게 연계되어 있어 국부의 창출에 있어서는 각 차원 간의 상호작용을 면밀하게 분석·검토하고 합리적인 대안을 모색하여야 할 것이다.

사례 1

슘페터와 기술혁신

전략적 기술경영의 목적은 기술혁신(innovation)을 창출하는 것이다. 기술혁신을 창출하는 주체는 기업가(entrepreneur)이며 기업가가 기술혁신을 가지고 새로움과 가치를 창출하는 도전적 정신을 이른바 기업가정신(entrepreneurship)이라고 한다. 이 점에서 전략적 기술경영은 기업가로서 최고경영자가 기술혁신을 통하여 기업의 경쟁우위를 어떻게 확보·유지·발전시킬 것인가에 관한 학문적, 실무적 분야이다. 기술혁신과 기업가정신이 조명을 받는 것은 최근의 일이지만, 사실 학문적으로 이들은 오랜 역사를 가지고 있다.

혁신과 기업가정신을 최초로 강조한 것은 오스트리아 정치경제학자인 조지프 슘페터(Joseph A. Schumpeter)이다. 그는 한 국가의 경제발전이 노동과 자본에 의해 발전한다는 주류경제학자들의 주장과 달리 경제는 기업가(entrepreneur)에 의해 추진되는 혁신(innovation)에 의해 발전해 나간다는 매우 혁신적인 주장을 펼쳤다. 지난 세기 초·중반까지는 그의 주장은 주류경제학에 밀려 널리 알려지지 않았으나 지난 세기 1970년대 후반 지식기반경제와 혁신기반경제의 도래와 함께 전 세계적으로 폭넓게 받아들여져 오고 있다.

슘페터는 1883년 오스트리아에서 태어났다. 그는 평생 다양한 저작을 통하여 현대 사회에 대단한 영향을 미친 경제학자이다. 그의 저작 중에서 현대에 가장 큰 영향을 미친 책은 1911년 독일어로 출간된 「경제발전의 이론(*Theorie der wirtschaftlichen Entwicklung*)」이다. 그는 이 책에서 모든 경제학자가 파악하고 싶어하는 경제발전의 원인에 대해서 체계적으로 논의하고, 현대에 가장 조명을 받는 혁신(innovation)과 기업가(entrepreneur)의 개념을 도입하였다. 그는 주류경제학자들이 한 국가의 경제를 모든 조건이 사전적으로 주어지고 연년세세 아무런 변화가 없이 진행된다는 가정하에 분석하는 것이 현실의 경제를 설명해주지 못한다고 설파하고 동태이론에 입각하여 새로운 경제발전이론을 제시하였다.

그는 「경제발전의 이론」 제1판에서 역사상 최초로 경제발전은 기업가에 의한 '생산자원의 새로운 결합(neue Kombinationen: new combinations)'에 의해 발전한다는 것을 웅변하였다. 그는 이와 같은 생산자원의 새로운 결합의 구체적 형태로서 혁신(innovation)을 제시하였다. 혁신은 새로운 것으로 위험성이 매우 높으며 성공보다는 실패가 많고 이에 대한 인지 및 창출은 일부 극소수의 사람들, 그의 표현에 의하면 '우리의 유형' 혹은 '새로운 유형'의 사람만이 할 수 있다고 강조하고 이를 기업가(Unternehmer: entrepreneur)라고 표현하고 있다. 즉, 현대의 경제는 이같은 기업가의 생산자원의 새로운 결합, 즉 혁신에 의해 발전해 나간다는 것이 그의 이론의 핵심이다.

그가 이와 같은 혁신과 기업가 그리고 이를 바탕으로 경제발전이 이루어진다고 주장한 「경제발전의 이론」 초판이 발간된 것은 그의 나이 28세인 1911년이며 지금으로부터 110여 년 전이다. 이 책의 중요성을 충분히 인식한 '현대 경영학의 아버지'라고 일컬어지는 피터 드러커(Peter Drucker)는 슘페터를 케인스(Keynes)와 비교하면서, 현대의 나아갈 방향을 제시해주는 학자는 그 유명한 케인스가 아니라 슘페터임을 강조하며 그를 '현대의 예언자(Modern Prophet)'라고 명명하였다(Drucker, 1986). 아울러 퓰리쳐 상을 수상한 맥크로우(McCraw)는 2007년 슘페터의 전기를 출간하였는데, 이 책의 제목은 「혁신의 예언자(*Prophet of Innovation*)」이다. 아울러 Tidd & Bessant(2009, 2013)는 기술혁신경영학 분야의 대표적인 교과서인 *Managing Innovation*에서 슘페터를 '혁신의 대부(Godfather of Innovation)'라고 명명하고 있다. 그만큼 많은 후학이 슘페터의 「경제발전의 이론」 제1판과 여기서 제시하고 논의한 혁신과 기업가의 중요성에 대해 찬사를 보내고 있는 것이다. 특히 현대에도 주류경제학은 아무것도 변하지 않는 정태이론에 바탕을 두고 경제발전은 노동과 자본에 의해 이루어진다고 파악하고 있다는 점에서, 110여 년 전에 새로운 경제발전이론을 제시한 슘페터의 이론은 대단히 혁신적이라 하지 않을 수 없다.

그럼에도 불구하고 슘페터의 이론은 그다지 주목받지 못하였다. 그러나 1970년대 들어서면서 현대경제가 '혁신기반경제'로 접어들면서 경제 및 사회 발전이 혁신과 기업가 정신에 의해 이루어진다는 주장이 폭넓게 받아들여지면서, 그의 이론에 대한 새로운 조명이 이루어졌고 그의 이론을 추종하는 학자들이 생겨났는데, 이들이 이른바 신슘페터주의자(Neo-Schumpeterian)들이다. 이들은 슘페터가 주장한 것처럼 경제와 사회의 발전은 기술혁신에 의해 이루어진다는 주장을 펼쳤는데 그 결과 1970년대부터 1980년대에 걸쳐 기술과 경제에 관한 많은 이론적 분석 및 이를 위한 슘페터 경제학에 대한 새로운 해석이 이루어졌다(대표적으로, Dosi 등, 1982; Freeman, 1982; Rosenberg, 1982; Nelson & Winter, 1977, 1982). 또한, 이들 신슘페터주의자 중 일부는 1980년대에 들어 경제와 사회 발전에 이처럼 중요한 기술혁신에 대한 시스템적 접근을 강조하는 국가혁신제제론을 주장하기에 이르렀다(대표적으로, Freeman, 1987; Lundvall, 1992; Nelson, 1993).

자료: 정선양(2020). "슘페터와 기술혁신: 『경제발전의 이론』 독일어판 제1판의 주요 내용과 현대에 대한 시사점", 『기술혁신학회지』, 제23권, 제2호, 181~208에서 일부 발췌.

제2장

기술과 전략경영

1. 전략경영의 배경

기업을 둘러싼 환경은 대단히 급변하고 있다. 아무리 앞선 선도기업이라 할지라도 급변하는 환경변화에 대응하지 못하거나 혹은 이러한 변화를 창조하지 못할 경우 도퇴될 수 있을 것이다. 실제로 전 세계적으로 일세를 풍미하던 초우량기업이 역사에서 사라진 예는 수없이 볼 수 있다. 그런데 여기서 중요한 것은 기업을 둘러싼 환경이 점점 더 복잡하고 변화무쌍해진다는 것이다. 이는 경영자들에게 불확실성으로 다가오며 이 같은 불확실성에 대처하는 것은 최고경영자에게 대단히 도전적인 과제가 아닐 수 없다.

이에 따라, 급변하고 불확실한 환경에 최고경영자가 효과적으로 대응할 수 있는 학문 및 실무 분야가 대두되었는데 이것이 이른바 전략경영이다.

전략경영(strategic management)은 '점점 복잡해져가고 빠르게 변화하는 환경에 어떻게 대응할 것인가'를 다루는 경영학의 한 분야이다. 여기에서는 기업경영을 전체적으로 파악하며 "왜 어떤 기업은 성장하고, 어떤 기업은 쇠퇴하는가?"를 설명하려고 노력한다. 이와 같은 전략경영의 중요한 특징은 전략적 의사결정(strategic decision making)에 있다. 전략적 의사결정은 일상적이지 않고, 과거의 선례가 없으며, 상당히 많은 자원의 투입이 뒤따르며, 조직에 있어서 하위의사결정 및 미래행동에 대한 지침을 제공한다는 특징을 가지고 있다. 이에 따라, 전략적 의사결정은 상당히 불확실하고 기업 전체에 미치는 영향력 또한 대단히 크다. 이러한 중요성으로 인해 전략적 의사결정의 주체는 기업의 최고경영자(top management)가 된다. 최고경영자의 의사결정은 기업의 흥망성쇠에 대단한 영향을 미치게 된다. 따라서 이 책에서 다루는 기술혁신은 기업의 경쟁우위에 대단히 중요한 영향을 미친다는 점에서 기술혁신과 관련된 핵심의사결정은 최고경영자가 담당하여야 할 것이며, 여기에 전략적 기술경영(SMT: strategic management technology)의 중요성이 대두되는 것이다.

전략경영은 이처럼 급변하는 환경에 효율적으로 대응하기 위한 학문 및 실무 분야이다. 이에 따라, 전략경영에 있어서는 다음 세 가지의 질문을 하여야 한다.

① 전략경영에서는 기업의 현재의 위치(position)가 어디인가를 질문하여야 한다. 즉, 기업이 급변하는 환경에 대응하기 위한 출발점으로서 기업의 현재 상황과 위치를 파악하여야 할 것이다.
② 기업의 미래의 비전(vision) 혹은 목표(goals)는 무엇인가 질문하여야 할 것이다. 기업의 목표는 단기, 중기, 장기로 나누어 살펴볼 수 있는데, 이는 기업이 1년 뒤(단기), 5년 뒤(중기), 10년 뒤(장기)에 어떻게 변화되어 있을 것인가를 나타내 주는 것이다.
③ 기업이 현재의 위치에서 이와 같은 단기, 중기, 장기적 목표를 달성하기 위하여 어떤 특정한 활동(activities) 및 과업(tasks)을 추진할 것인가를 질문하여야 할 것이다. 기업의 목표달성을 위한 과제는 여러

가지가 있을 수 있으나 기술경영에서는 기술 및 지식이 핵심적인 역
할을 수행한다는 입장을 견지한다.

2. 전략경영의 개념 및 내용

전략경영은 기업의 장기적 성과를 결정하는 경영자의 전략적 의사결정과
관련된 일련의 행위를 의미한다(Wheelen & Hunger, 2006). 전략경영은 환경평가
(environmental scanning), 전략수립(strategy formulation), 전략집행(strategy implementation),
평가와 통제(evaluation and control)의 네 가지 요소로 구성되어 있다. 전략경영
은 이 같은 내용을 가지고 기업의 환경적 기회(opportunities)와 위협(threats) 요
인을 기업 내부의 강점(strengths)과 약점(weaknesses) 요인에 비추어 비교·분석
하여 기업의 비전과 목표를 달성할 수 있는 전략적 대안을 도출하고 이를
실제 집행하여 기업의 경쟁우위 제고를 추구한다.

원래 전략경영은 경영정책(business policy)으로 불리었다. 그러나 경영정
책은 대체적으로 최고경영자를 지향하고 기업의 다양한 기능전략(functional
strategies)을 적절하게 총합하는 데 관심을 둔다는 내부지향적인 특성을 가지
고 있다. 특히, 경영정책은 기업이 보유하고 있는 자산의 효율적인 활용에
중점을 둠으로써 기업의 미션과 목적을 보다 잘 달성할 수 있는 일반적 지
침을 제공하는 것을 강조한다. 그러나 전략경영(strategic management)은 이 같
은 경영정책의 기업 내부에 대한 전체적인 관심과 더불어 외부환경에 보다
많은 관심을 가질 것을 강조하며, 이를 바탕으로 한 종합적 측면의 전략적
대응을 강조하고 있다. 최근 급변하는 환경변화로 인하여 이러한 특징을 지
닌 전략경영은 기존 경영정책의 개념을 대체하여 더욱 선호되고 있다.

Wheelen & Hunger(2006)는 전략경영의 발전단계를 다음과 같이 네 단계
로 살펴보고 있다. 먼저, 제 1 단계는 기본재무기획(basic financial planning)의 단
계로서, 경영자들이 차년도 예산안을 제출할 때 세심한 계획을 수립하여 예
산 충족을 통한 보다 나은 업무통제(operational control)를 추구한다. 이 단계
에서는 기업의 외부환경에 대한 체계적인 분석은 거의 없으며, 전략적 의사

결정에 있어서 기업 내부의 정보에만 의존한다.

제2단계는 예측기반기획(forecast-based planning)의 단계로, 경영자는 1년 이상의 미래를 예측하려고 노력함으로써 기업성장을 위해 보다 효과적인 계획을 수립·운용하려는 노력을 추구한다. 경영자는 기업환경에 관한 데이터를 수집하기는 하지만 이를 체계적으로 수집하는 것이 아니라 일과성으로 수집하며, 미래예측에 있어서 현재의 추세를 1년 뒤로 확장하여 유추하고, 이를 바탕으로 의사결정을 한다.

제3단계는 외부지향적 기획(externally oriented planning)의 단계로서, 최고경영자는 전략기획(strategic planning)을 통해 계획과정을 통제하려 한다. 기업은 전략적으로 사고하려고 노력함으로써 시장과 경쟁에 대한 대응력의 제고를 추구한다. 일반적으로 최고경영자는 기획업무를 하위경영자의 손에서 전사적 전략계획의 수립을 담당하는 기획 스태프의 소관으로 옮기며, 그 결과 기획은 하향식(top-down)으로 이루어진다. 그러나 이 같은 하향식 기획과정은 전략의 수립만을 강조하고 전략집행의 문제는 하위경영자들에게 맡기게 된다. 중간경영자 및 일반 종업원은 최고경영층이 어떠한 전략을 어떠한 과정을 통하여 수립하는지 전혀 알지 못하며, 상층부에서 수립된 전략을 일방적으로 통보받을 뿐이다. 이를 통해 창출되는 전략계획(strategic plan)은 전형적으로 5년 정도의 계획으로서 종종 외부 전문가의 도움을 받아 기획되며 기업의 하위부서의 최소한 투입만으로 이루어진다.

마지막으로, 제4단계는 이른바 전략경영(strategic management)의 단계로서, 최고경영자는 최상의 전략계획이라도 하위경영자들의 투입과 참여 없이는 가치가 없다는 점을 인식하여 기업의 모든 부서의 다양한 차원으로부터 정보와 지식을 폭넓게 반영한다. 이를 위하여 기업은 다양한 부서의 일련의 중간경영자들과 핵심 종업원들로 구성된 기획집단을 구성하여 운영한다. 이들은 기업의 주요목표 달성을 지향하는 일련의 전략계획(strategic plan)을 개발하고 통합한다. 이제 전략계획은 집행, 평가, 통제의 문제를 세부적으로 포함하게 되며, 미래에 대한 정확한 예측보다는 예상가능한 시나리오 및 우발적인 상황을 고려하게 된다. 그동안의 최고경영층 중심의 복잡한 장기전략계획은 기업의 모든 차원에서 매년 상시적으로 준비되는 전략적 사고에 의해 대체되며, 과거 최고경영층들만이 접근가능했던 전략적 정보들이 기업의 모든 종업원들에게 확산된다. 이제 전략기획과정은 더 이상 하향식이 아니고 상호작용적 과정(interactive process)이며, 모든 차원의 종업원이 전략경영에 관여하게 된다.

| 그림 2-1 | 전략경영의 발전단계 |

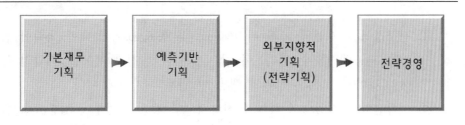

여기에서 제 4 단계의 전략경영의 단계는 제 3 단계의 전략기획(strategic planning)에 전략집행, 평가와 통제의 과정을 추가적으로 포함하는 것을 의미한다. 이를 통하여 기업은 전사적인 차원에서 모든 종업원의 참여하에 기업의 경쟁우위(competitive advantage)를 창출하고 성공적인 미래를 창출하기 위해 모든 자원의 효율적 관리 및 활용을 추구한다. 이를 바탕으로 기업은 급변하는 기술경제환경 속에서 경쟁우위를 확보·유지하기 위하여 보다 차원 높은 전략경영을 할 수 있다.

General Electric(GE)사는 전략기획의 선도기업이었는데 1980년대에 들어서면서 전략기획의 단계에서 전략경영의 단계로 이동하였다. 1990년대에 들어서면서 전 세계적으로 대부분의 대기업이 전략경영의 단계로 이동하기 시작하였으며, 최근에 와서는 전략경영의 문제가 모든 유형의 기업 − 대기업, 중소기업, 벤처기업, 공기업 − 에 핵심적인 사안이 되어 버렸다. 이는 최근의 세계화된 경쟁환경을 반영하여 모든 유형의 기업이 전 세계적인 경쟁에서 승리하기 위하여 전략경영을 도입하는 것으로 이해할 수 있다. 일반적으로 전략경영을 추구하는 기업들은 그렇지 않은 기업들보다 보다 높은 기업성과를 창출하는 것으로 알려져 있다. 많은 연구들은 조직환경과 조직전략

그리고 구조 및 과정 간의 적절한 조화의 달성이 조직의 성과에 긍정적인 영향을 미친다고 증명하고 있다(예를 들어, Miller & Cardinal, 1994; Peker & Abraham, 1995; Anderson, 2000).

일반적으로 전략경영은 기업의 경쟁우위에 긍정적인 영향을 미친다. 전략경영은 기업의 경쟁우위에 대단히 중요한 공헌을 하는데, 이를 좀 더 세부적으로 살펴보면 다음과 같다(Wilson, 1994).

① 전략경영은 기업의 미래 비전(vision) 및 목표(goals)에 대한 명확한 감각을 제공해 줄 수 있다. 이 같은 명확한 비전과 목표는 기업의 등대와 같아서 모든 구성원의 행위 및 업무의 지침이 된다.
② 전략경영은 기업으로 하여금 전략적으로 중요한 업무에 집중(focus)할 수 있게 하여 기업경영의 효율성을 증대시킨다. 경영자 및 종업원은 기업의 비전 및 목표 달성에 핵심적인 업무와 비핵심적인 업무에 대한 구분을 용이하게 할 수 있으며 그 결과 기업 전체 차원에서 자원과 노력을 절약할 수 있게 한다.
③ 전략경영은 기업으로 하여금 급변하는 환경(environment)에 대한 이해를 증진시켜 이에 대한 효율적인 대응을 가능하게 한다. 전략경영은 기본적으로 기업의 외부환경과 내부역량의 면밀한 검토에서 출발하며, 이 같은 검토를 바탕으로 기업이 필요한 전략적 대안을 제시해 준다. 그 결과 기업은 전략경영을 통하여 급변하는 기술경제환경 속에서 나아갈 방향을 알 수 있게 된다.

3. 전략경영의 과정

전략경영은 일련의 과정으로 파악할 수 있다. 일반적으로 전략경영은 환경평가, 전략수립, 전략집행, 평가와 통제의 네 가지 단계로 구성되어 있다. 이들은 이른바 전략경영모델(strategic management model)로 불리는데(<그림 2-2> 참조), 이들은 서로 상호작용하는 하나의 과정으로 이해할 수 있기 때문에 이를 전략경영과정(strategic management process)이라고 부르기도 한다. 아래에서는 이에 대해 간략하게 살펴보기로 한다. 이를 각 단계들은 순차적으로 이루어지는 것이 아니라 서로 간 활발한 상호작용적인 정보의 피드백을 가지며 전략경영과정을 완성한다.

그림 2-2 전략경영의 기본과정

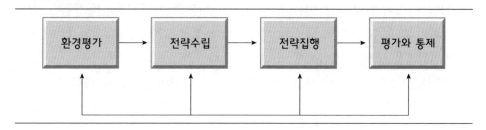

1) 환경평가

환경평가(environmental scanning)는 기업 내·외부 환경으로부터의 정보를 모니터링·평가하고 이를 기업 내부의 핵심요원들에게 확산시키는 것을 의미한다. 이 과정의 목표는 기업의 미래를 결정할 내·외부의 요인들, 이른바 전략요인(strategic factors)을 도출하는 데 있다. 이들 전략요인은 기업의 내부환경으로부터 도출되는 강점요인(strengths)과 약점요인(weaknesses), 기업의 외부환경으로부터 도출되는 기회요인(opportunities)과 위협요인(threats)으로 나누어지며 이들을 종합하여 SWOT라고 부른다. 환경평가는 외부환경 분석과 내부환경 분석으로 나누어진다.

(1) 외부환경 분석

외부환경 분석(external environment analysis)은 경영자의 단기적 통제하에 있지 않은 조직 밖의 변수들, 즉 기회요인과 위협요인에 대한 분석을 의미한다. 이들 변수들은 기업이 존재하고 운영되는 상황(context)을 구성한다. 외부환경은 과업환경과 사회적 환경으로 구성되어 있다.

과업환경(task environment)은 기업의 주요 활동에 직접적으로 영향을 주고받는 요소 혹은 집단을 포함한다. 이들의 대표적인 예로는 주주, 정부, 공급자, 지역사회, 경쟁자, 고객을 들 수 있으며, 기업의 과업환경은 종종 산업(industry)으로 부른다. 이들은 기업행위에 직접적인 관련을 맺고 있다는 점에서 전략경영의 외부환경 분석에 있어서 가장 중요한 분석대상이 된다.

이에 반하여 사회적 환경(societal environment)은 기업의 장기의사결정에 영향을 미치는 일반적인 힘을 나타내는데, 대표적인 예를 들면 경제적·사회문화적·기술적·정치적·법적 요인을 들 수 있다. 이들은 기업이 기업활동을 수행하는 준거의 틀을 구성한다. 이들은 기업에게 직접적인 영향을 미치지 않고 전술한 과업환경을 통하여 기업에게 영향을 미친다.

기업은 이와 같은 과업환경 및 사회적 환경의 면밀한 검토를 통하여 기업의 경쟁우위를 확보·유지·제고하는 데 있어서 기회요인과 위협요인을 도출하고 이에 대한 효율적인 대응을 준비하여야 할 것이다.

(2) 내부환경 분석

내부환경 분석(internal environment analysis)은 조직 자체 내에 있고 경영자의 단기적 통제 내에 있는 변수들을 분석하는 것을 의미한다. 이들 내부의 변수는 기업 내에서 업무가 이루어지는 상황(context)을 구성한다. 일반적으로 내부환경은 기업의 조직구조, 문화, 자원 등으로 구성되어 있다.

조직구조(structure)는 커뮤니케이션, 권위, 업무흐름을 통해 기업이 조직되는 방법을 의미하는데, 이는 보통 조직도(organizational chart)에 의해 나타내어진다. 문화(culture)는 기업의 구성원들이 공통적으로 가지고 있는 믿음, 기대, 가치의 패턴을 나타내 준다. 기업의 문화는 기업의 전략적 목표를 달성하는 데 도움을 주거나 방해를 할 수도 있다는 점에서 매우 중요한 전략요소이다. 자원(resources)은 기업이 재화 및 서비스를 생산하는 데 필요로 하는 원자재를 의미하는데 종업원의 재능, 재무적 자원, 공장설비 등을 예로 들 수 있다. 기업의 자원은 기업의 전략적 목표를 달성할 수 있는 기본적인 수단이 된다는 점에서 대단히 중요한 전략요소이다.

이와 같은 내부환경의 분석을 통하여 전략요소로서 기업의 강점요인과 약점요인을 도출할 수 있다. 기업 내부의 강점요인은 기업이 경쟁우위(competitive advantage)를 확보·유지하게 하는 일련의 핵심역량(core competence)을 구성한다.

2) 전략수립

전략수립(strategy formulation)은 기업의 강점과 약점에 비추어 기업이 환경적인 기회와 도전을 효율적으로 관리하기 위한 장기계획(long-range plan)을 도출하는 것을 의미한다. 이를 세부적으로 살펴보면 기업 미션과 목적의 정의, 달성가능한 목적의 제시, 구체적인 전략의 개발, 정책 가이드라인의 설정 등을 포함하고 있다.

조직의 미션(mission)은 그 조직이 존재하는 목적, 이유를 나타낸다. 미션은 기업이 어떻게 사업을 하고 종업원을 다루는가에 관한 기업의 철학(philosophy)을 포함하고 있으며, 기업의 현재 모습은 물론 앞으로 어떻게 변모할 것인가에 대한 미래에 관한 경영층의 전략적 비전(strategic vision)을 나타내 준다. 미션은 기업 전체를 관통하는 '공통의 실타래'(common thread) 혹은 '통일된 테마'(unifying theme)로서 이는 미션이 기업의 모든 활동과 종업원을 가로질러야 함을 의미한다. 실제로 이 같은 공통의 실타래를 가지고 있는 기업이 그렇지 않은 기업들보다 다양한 활동을 보다 잘 관리하고 전략적 목표를 보다 잘 달성할 수 있다.

일반적으로 많은 기업은 미션 진술서(mission statement)를 가지고 있는데, 잘 정의된 미션 진술서는 기업의 효율적인 전략경영을 가능하게 한다. 기업의 미션 진술서는 다른 기업들과 차별적인 기업의 근본적이고 독특한 목표를 정의해 주며, 생산제품 및 목표시장 등으로 표현되는 기업의 활동영역을 도출하여 준다. 미션 진술서는 종업원들로 하여금 가치와 기대의 공유를 촉진하고 기업의 독특한 이미지를 기업환경의 중요한 이해관계자들에게 전달하는 역할을 담당한다.

목적(objectives)은 계획된 활동의 최종결과를 의미한다. 일반적으로 목적은 가능하면 계량화되어야 하며, 무엇이 언제까지 달성되어야 하는지를 나타내 주어야 한다. 기업의 목적 달성은 기업의 미션 완수로 이어져야만 한다. 명시적인 목적을 가지고 있는 기업도 있고 그렇지 않은 기업도 있다. 기업의 목적으로 사용되는 지표로는 수익성, 효율성, 성장률, 주주가치의 증대, 지명도 등 매우 다양하다.

전략(strategy)은 기업의 미션 및 목적을 어떻게 달성할 것인가를 나타내는 포괄적인 마스터플랜을 의미한다. 전략은 기업의 경쟁우위(competitive advantage)의 극대화와 경쟁불위(competitive disadvantage)의 극소화를 추구한다. 기업의 목적과 마찬가지로 명시적인 전략을 가지고 있는 기업도 있고 그렇지 않은 기업도 있다.

기업의 정책(policy)은 기업의 전략으로부터 유추되어 조직 전반에 걸쳐 영향을 주는 최고경영자 의사결정의 포괄적인 지침을 의미한다. 기업정책은 사업부들에게는 기업전략과 조화를 이루기 위해 따라야 하는 포괄적 지침이 되며, 이 같은 조화는 각 사업부의 자체 목적 및 전략을 통해 구현된다. 또한 사업부는 각각 산하의 기능부서들이 따라야 할 독자적인 정책을 개발하여여야 한다. 아울러 기업의 정책은 전체 종업원이 기업의 미션, 목표, 전략을 보조할 수 있게 의사결정하고 행동을 할 수 있게 하는 역할을 담당한다.

3) 전략집행

전략집행(strategy implementation)은 경영자가 전략 및 정책을 프로그램, 예산, 업무절차의 개발을 통해 전략적 목표를 달성하기 위한 제반 활동을 실제 행동으로 옮기는 과정을 의미한다. 이 과정은 기업의 전반적 문화, 조직, 경영시스템의 변화를 포함하게 된다는 점에서 조직구조(organizational structure)와 긴밀한 관련을 맺고 있다. 전략의 집행은 일반적으로 최고경영층의 감독 하에 중간경영자와 하위경영자들이 추진하며, 대체적으로 자원배분에 있어서 일상적인 결정을 포함하게 된다. 이에 따라, 최고경영자는 전략의 집행보다는 전략의 수립에 더 많은 주안점을 두는 경향이 많은데 이는 바람직한 것이 아니다. 왜냐하면 많은 자원을 투입하여 수립된 전략이 효과적으로 집행되지 못하면 전략적 목표의 달성이 불가능하며, 그 결과 전략경영과정을 시작하지 않은 것보다 못한 결과가 초래되기 때문이다.

먼저, 프로그램(program)은 일회용 계획을 완수하게 하는 데 필요한 행동 혹은 단계의 진술서이며, 이는 전략을 행위지향적으로 만드는 역할을 담당한다. 예를 들면, 기업의 구조조정 프로그램, 문화변화 프로그램, 연구개발사업의 시행 등을 들 수 있다. 예산(budget)은 기업의 각 프로그램의 원가를 세부적으로 나타내어 경영자가 계획과 통제에 활용할 수 있게 하는 프로그램들을 화폐로 나타내는 명세서이다. 예산은 '새로운 전략'을 실천에 옮기게 하는 구체적인 계획일 뿐만이 아니라 기업의 재무상태에 대한 기대를 나타내고 있다. 그러므로 각 프로그램을 승인·집행하는 데 있어서 경영층은 각 프로그램의 예산을 검토하게 된다. 업무절차(procedures)는 "특정 과업, 업무를 어떻게 수행할 것인가?"에 대해 자세하게 서술한 연속적 단계 혹은 기술의 체계를 나타내며, 이들은 기업의 프로그램을 완수하는 데 필요로 하는 다양한 활동을 상세하게 나타내 준다.

4) 평가와 통제

평가와 통제(evaluation and control)는 기업활동의 성과를 모니터하고 실제성과를 기대성과와 비교하는 절차이다. 모든 차원의 경영자들은 이로 인한 정보를 수정활동 및 추가적인 문제를 해결하는 데 활용한다.

비록 평가와 통제는 전략경영의 마지막 단계이지만 이것은 이미 집행된 전략계획에 있어서 취약점을 지적하고, 새로운 전략경영과정을 보다 효율적으로 추진할 수 있게 해준다는 점에서 매우 중요한 단계이다. 성과(performance)는 기업활동의 최종결과로서 이는 전략경영과정의 실제 결과를 나타내 주며, 전략경영은 성과를 통해 정당성을 부여받게 된다. 기업의 전략경영의 결과 실제성과와 기대성과 간의 차이가 있을 경우 수정활동(corrective action)을 추진하게 된다.

평가와 통제가 효과적이기 위해서는 경영자는 기업의 다양한 계층에 있는 많은 사람들로부터 명료하고, 즉각적이며, 객관적인 정보를 제공받아야 한다. 이를 통하여 최고경영자는 실제 달성된 성과와 전략의 수립단계에서 원래 계획하였던 목표를 신속히 비교할 수 있다. 평가와 성과의 통제는 전략경영모델을 완성하며, 최고경영자는 현재의 기업성과에 기초하여 앞으로 추진될 전략수립, 전략집행 혹은 양자에 대한 조정을 하게 된다.

4. 전략의 유형

전통적으로 복수 사업부(divisions)를 가지는 대기업의 경우에는 기업전략, 사업전략, 기능전략의 세 가지 차원의 전략을 가지게 된다. 이들 전략은 기업 내 전략의 계층(hierarchy of strategies)을 구성한다(<그림 2-3> 참조). 기업아 성공하기 위해서는 이들 세 단계의 전략이 효율적으로 수립·집행되어야 할 뿐만 아니라 이들 각 계층의 전략들이 매우 긴밀하게 계속적으로 상호작용하며 연계되어야 한다.

▌ 그림 2-3 전략의 계층

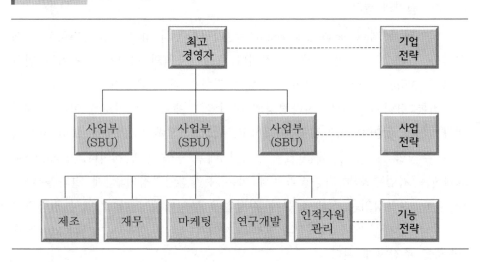

1) 기업전략

기업전략(corporate strategy)은 전사적 전략이라고도 하며 기업의 성장에 대한 일반적 태도를 나타낼 뿐만 아니라 제품 및 서비스의 균형된 포트폴리오를 달성하기 위한 다양한 사업 및 제품라인에 대한 관리 등을 통해 나타나는 기업의 총체적인 방향을 의미한다. 이와 같은 다양한 사업 및 제품라인은 기업 및 사업부가 경쟁을 하는 장소를 나타내는 경향이 많기 때문에 기업전략은 "어떤 유형의 사업을 추진할 것인가", 즉 "어디서 싸울 것인가"를 나타내 준다. 여기에서 기업이 어떤 유형의 사업을 추진할 것인가의 문제는 그 사업을 통해 규정되는 산업을 나타내 준다는 점에서 어디에서 경쟁할 것인가의 문제와 깊은 관련을 맺고 있는 것으로 파악할 수 있다. 보다 구체적으로 기업전략은 기업 전체가 당면하고 있는 다음 세 가지 문제를 다룬다(Weelen & Hunger, 2006). 첫 번째는 지시적 전략(directional strategy)으로서 기업의 전체적인 방향의 문제이며, 둘째는 포트폴리오 전략(portfolio strategy)으로, 제품과 사업단위를 통하여 기업이 경쟁을 하는 산업 혹은 시장의 문제이며, 세 번째는, 후원전략(parenting strategy)으로서, 제품 라인과 사업단위 간의 활동을 조정하고, 자원을 배분하며, 역량을 배양하는 방법의 문제이다.

먼저, 지시적 전략(directional strategy)은 기업의 성장에 대한 일반적 태도를 나타내며, 이에 따라 기업전략은 안정(stability), 성장(growth), 축소(retrenchment) 중의 하나가 되는 경향이 많다. 안정전략(stability strategies)은 기업이 현재의 경쟁우위 정도를 지속적으로 유지하는 전략을 추구하는 것이며, 성장전략(growth strategies)은 기업이 현재의 경쟁우위보다 더 강력한 경쟁우위의 확보를 추구하는 전략이며, 축소전략(retrenchment strategies)은 기업이 처해 있는 내·외부적 환경이 너무 열악하여 현재의 사업부문을 축소하여 기업의 내실을 다지려는 전략을 의미한다. 이들 기업전략의 유형에 따라 다양한 세부전략을 추진할 수 있다(<표 2-1> 참조). 일반적으로 기술경영은 기업의 성장전략에 대단히 중요한 역할을 담당한다. Tucker(2002)는 기업의 성장을 촉진하는 근본 동인은 한마디로 표현하여 혁신(innovation)이라는 점을 강조하면서, 특히 이에 대한 효율적이고도 체계적인 경영이 이루어지고 있지 않다는 점을 강조하면서 효율적인 혁신경영의 중요성을 강조하고 있다. 그가 강조하는 혁신경영은 이 책에서 다루는 기술경영을 의미하는 것으로 파악할 수 있다.

| 표 2-1 | 기업전략의 유형 |

성장전략	안정전략	축소전략
• 집중화 전략 – 수직적 성장 – 수평적 성장 • 다각화 전략 – 집중적(관련) 다각화 – 복합적(비관련) 다각화	– 신중한 중단 및 진행전략 – 비변화 전략 – 이익 추구전략	– 회생전략 – 전속기업전략 – 매각/투자축소전략 – 파산/청산

자료: Wheelen, T. L. and Hunger, J. D. (2004, 2006), *Strategic Management and Business Policy*, 9th, 10th Ed., New Jersey: Prentice Hall.

(1) 지시적 전략

① 성장전략

성장전략(growth strategies)은 두 개의 기본적 접근방법을 가지고 있는데, 이는 먼저 한 산업의 현행 제품라인에 대한 집중화(concentration)와 다음으로 다른 산업의 다른 제품라인으로의 다각화(diversification)이다.

(가) 집중화

집중화와 관련하여 기업은 동일산업의 가치창조활동의 다양한 단계에 참입함으로써 활동의 영역을 확장할 수 있다. 집중화 전략에는 수직통합과 수평통합이 있는데 아래에는 이를 살펴보기로 한다.

먼저, 수직통합(vertical integration)은 일반적으로 기업이 현행 산업 제품라인의 가치사슬의 선행 혹은 후행 단계로의 확장을 의미한다. 선행단계로의 확장을 후방통합(backward integration)이라고 하는데, 이는 기업이 현재 공급자(suppliers)에 의해 수행되어지는 활동으로 이동하는 것을 의미한다. 예를 들어, 석유정제업을 하는 기업이 원유생산으로의 사업을 확장하는 것이다. 전방통합(forward integration)은 가치사슬의 후행단계로의 확장을 의미하는데, 기업이 고객이 영위하는 활동으로 사업을 확장하는 것을 의미한다. 예를 들어, 석유정제기업이 주유소 사업으로의 참여는 이에 해당된다.

다음으로, 수평통합(horizontal integration)은 기업이 자신의 제품을 지리적으로 다른 지역으로 확장하거나 현재의 시장에 제공하는 제품 혹은 서비스의 폭을 확대하는 것을 의미한다. 이 경우 기업은 산업의 가치사슬의 동일한 지점에서 옆길로 사업을 확장할 수 있다. 예를 들어, 기업이 현재의 주력사업을 유럽 혹은 북미로 확장하는 것은 이에 해당된다. 수평통합은 내부적 사업개발 혹은 다른 기업을 매수하거나 외부적으로 동일 산업의 다른 기업과의 전략적 제휴를 통하여 이루어 질 수 있다.

(나) 다각화

산업이 통합되고 성숙화 되면 대부분의 기업은 수평통합과 수직통합의 전략으로는 성장의 한계에 봉착한다. 이 경우 기업은 지속적으로 성장하기 위하여 다각화를 하여야 한다. 전술한 전·후방 통합에서 기업은 기존 산업을 초월하지 않으나, 다각화(diversification)는 기존의 산업을 뛰어 넘어 성장을 추구한다. 즉, 다각화는 기업이 초기의 베이스와 대단히 다른 제품과 시장의 영역으로 진출하는 것을 의미한다. 다각화는 관련 다각화와 비관련 다각화의 두 가지 방법이 있다.

먼저, 관련 다각화(related diversification)는 기업이 적어도 하나의 주요한 기능(제조, 마케팅, 엔지니어링) 혹은 하나의 기술(예를 들어, 미세전자기술, 포장기술, 표면처리기술 등)을 통하여 본래의 사업 영역과 비슷하거나 관련이 있는 산업으로 확장을 하는 것을 의미한다. 예를 들어, 반도체 제조기업의 가전 및 멀티미디어 산업으로의 진출은 이에 해당된다. 다음으로 비관련 다각화(unrelated diversification)는 기업이 본래의 사업과 기능적으로나 기술적으로나 관련성을 가지지 않는 분야로 확장하는 경우를 의미한다. 그동안 우리나라의 재벌기업들이 자신의 주력산업분야를 넘어 생소한 분야로 사업을 확장해 온 것은 이에 해당되는 것이다.

② 안정전략

비록 전략이 없는 것처럼 비추어지기도 하지만, 안정전략(stability strategies)은 상당한 정도의 예측가능한 환경 속에서 활동하는 기업들에게는 성공적인 전략이 될 수 있다. 이는 틈새(niche)를 발견하고 현재의 성공 및 관리가능한 기업규모에 만족하는 중소기업 경영자들에게 매우 인기 있는 전략이다. 그러나 안정전략은 단기적으로는 유용한 전략이지만 장기적으로 추구하면 매우 위험한 상황에 도달하게 된다. 안정전략에는 아래와 같이 다양한 세부전략들이 있다.

(가) 신중한 중단 및 진행전략

신중한 중단 및 진행전략(pause and proceed with caution strategy)은 성장전략 혹은 축소전략을 계속하기 이전에 휴식을 취하는 전략이다. 이는 환경이 보다 우호적으로 변화하거나 혹은 계속적인 급속 성장 이후 기업이 자원을 재조합할 수 있을 때까지 사용할 수 있는 전형적인 잠정적 전략이다.

(나) 비변화 전략

비변화 전략(no change strategy)은 예측가능한 미래에 대하여 현재 기업활동과 정책을 계속하는 전략적 선택을 하는 것이다. 이 점에서 이는 전략이라고 확실하게 말할 수 없으며, 이 전략의 성공은 기업환경의 급격한 변화가 없어야 한다. 더 이상 성장하지 않는 산업에 있어서 기업의 약간(modest) 정도의 경쟁우위에 의해 창출된 상대적 안정성은 기업으로 하여금 현행 운영방식을 계속적으로 고수하게 할 수 있다.

(다) 이익전략

이익전략(profit strategy)은 열악한 환경 속에서 아무 것도 하지 않지만 대신 기업의 문제가 단지 잠정적인 것처럼 행동하는 전략이다. 이익전략은 기업의 매출액이 떨어질 때 투자와 단기성 임의지출을 줄임으로써 이익을 가공적으로 지키려고 노력하는 전략이다. 경영자는 기업의 나쁜 상황을 이해관계자에게 알리는 대신 이 같은 매우 현혹적 전략(seducive strategy)을 추구하려는 유혹을 갖게 된다. 기업의 문제점을 나쁜 환경 탓으로 돌리고 경영자는 해당기간 동안 장부상의 이익을 내기 위해 투자를 연기하고 비용을 줄이고, 심지어 현금흐름을 위하여 제품라인의 일부를 매각하기도 한다. 이 전략은 현혹적인 전략으로서 장기간 계속되면 기업의 경쟁우위에 치명적인 손상을 주게 된다.

③ 축소전략

기업은 일부 혹은 모든 제품라인에 있어서 약한 경쟁적 지위에 있으면 축소전략(retrenchment strategies)을 추구할 수 있다. 기업은 경쟁력을 떨어뜨리는 약점(weakness)을 제거하기 위하여 다음의 세부적인 축소전략들 중 하나를 선택하게 된다.

(가) 회생전략

회생전략(turnaround strategy)은 기업 운영상의 효율성 개선을 강조하며 기업의 문제가 매우 광범위하지만 결정적이지는 않을 경우에 적절하게 활용될 수 있다. 이 전략은 두 개의 단계로 추진되는데, 먼저 축소(contraction) 단계는 규모와 원가 측면에서 전방위적으로 축소하며, 다음으로 견고화(consolidation) 단계는 기업을 안정화시키고 보다 단순한 조직으로 강화시킨다. 기업을 구조조정하기 위하여 불필요한 간접비를 줄이고 기능부서의 원가를 정당화하게 한다. 그러나 견고화 단계가 긍정적으로 작동하지 못하면 좋은 인력이 회사를 떠나는 문제가 발생하기도 한다.

(나) 전속기업 전략

전속기업 전략(captive company strategy)은 안정을 위하여 독립성을 포기하는 전략이다. 매우 약한 경쟁적 지위를 가진 기업은 전술한 회생전략을 추구할 능력이 없을 수 있다. 이 경우 기업은 대형 수요기업들 중 하나에게 장기계약을 바탕으로 기업의 계속적인 생존을 보장받기 위하여 전속기업(captive company)이 될 것을 제안함으로써 '천사'를 찾아 나선다. 취약한 기업은 매출의 대부분을 한 기업에게 의존 혹은 종속함으로써 판매와 생산의 안전성을 확보할 수 있다.

(다) 매각/투자축소전략

기업의 운영실태가 나쁘면 사업을 매각하고 산업에서 떠나는 것 밖에 선택의 여지가 없을 것이다. 우선 매각전략(sell-out strategy)은 아직 기업 자산의 일부 혹은 전체를 매각하여 주주를 위하여 좋은 가격을 받을 수 있다면 의미가 있는 전략이 될 수 있다. 만약 기업이 복수의 사업부문을 가지고 있고 이중 한 사업부문을 매각하기로 하였다면 이는 투자축소전략(divestment strategy)이라고 한다.

(라) 파산/청산전략

기업이 전망이 거의 없는 산업에서 보잘 것 없는 경쟁적 위치를 가지고 있는 최악의 상황에서 기업은 파산 혹은 청산전략을 선택할 수밖에 없다. 먼저, 파산(bankruptcy)은 기업의 부채를 조정해 주는 대가로 기업의 경영권을 법원에 넘기는 것을 의미한다. 파산이 기업의 영속을 추구하는 데 비하여, 청산(liquidation)은 기업의 종료를 의미한다. 청산은 산업이 너무 매력이 없고 기업이 너무 허약하기 때문에 판매 가능한 자산을 가능한 많이 현금화하여 모든 부채를 청산하고, 이어서 남은 현금을 주주에게 배분 하는 전략이다.

(2) 포트폴리오 전략

기업전략의 두 번째 핵심내용은 포트폴리오 전략(portfolio strategy)이다. 포트폴리오 분석에서 최고경영자는 제품라인들 혹은 사업단위들을 수익의 창출을 기대할 수 있는 일련의 투자들로 인식한다. 그 결과 기업은 시너지와 경쟁우위를 창출할 수 있는 방향으로 제품라인들 혹은 사업단위들의 혼합을 달성하여야 한다. 이 전략의 기본 전제는 제품은 기본적으로 수명주기를 가지고 있고 시간이 흐름에 따라 수익 창출 능력이 변화하기 때문에 복수의 제품라인, 즉 효율적인 제품라인의 구성을 가져야 할 것을 강조하는 것이다.

가장 유명한 포트폴리오 접근방법은 보스톤 컨설팅 그룹(BCG: Boston Consulting Group)이 개발한 BCG Matrix이다. 이 방법에서는 기업의 제품라인들 혹은 사업단위들 각각은 각각이 경쟁하는 산업의 성장률 – 사업성장률(business growth rate) – 과 그 산업에서의 각각의 상대적 시장점유율 – 시장점유율(market share) – 의 두 축에 따라 매트릭스 안에 묘사된다. <그림 2-4>는 대표적인 BCG Matrix를 나타내 준다. 이 매트릭스에서 각 사분면은 의문부호, 스타, 현금젖소, 개라는 명칭으로 불리며 이들의 자세한 특징은 아래와 같다. 일반적으로 제품라인 혹은 사업단위들은 이들 네 사분면에 속하여 경영자들의 기업전략 관련 의사결정의 기반이 되는데, 경우에 따라서는 해당 제품라인 혹은 사업부의 기업에서의 위치 및 중요성을 바탕으로 개별 제품라인 혹은 사업단위를 원의 형태로 그려 넣기도 한다. 여기에서 원의 크기가 클수록 기업 내에서 차지하는 비중이 높은 제품 및 사업단위를 의미하는 것이다.

① 의문부호(question marks)

이 유형의 제품들 혹은 사업단위들은 매력적인 시장에서 상대적으로 낮은 점유율을 가지고 있다는 특징을 가지고 있다. 이들은 높은 성공의 가능성을 가지는 신제품들이지만 개발을 위해서는 많은 양의 자원을 필요로 한다. 이들 제품들이 충분한 시장점유율을 확보하여 시장의 리더 즉 스타가 되기 위해서는 성숙한 제품들로부터 자원을 끌어와야 한다.

② 스타(stars)

여기에 속하는 제품들 혹은 사업단위들은 매력적인 시장에서 상대적으로 높은 시장점유율을 확보하고 있다. 이들은 수명주기에 있어서 도입기 혹은 성장기에 있으며 높은 시장점유율을 유지할 수 있는 충분한 현금을 창출할 수 있다. 그러나 이들은 높은 성장을 유지하는데 대단히 많은 시간과 자원을 필요로 하는 특징을 가지고 있다. 이들은 성장률이 줄어들면 현금젖소가 된다.

③ 현금젖소(cash cows)

여기에 속하는 제품들 혹은 사업단위들은 성숙시장에서 높은 시장점유율을 가지고 있다. 이들은 수명주기에 있어서 성숙기에 속한다. 이들은 시장점유율을 유지하는데 필요한 것보다 훨씬 많은 현금을 창출한다. 경영자는 현금젖소들을 살리기 위해 많이 먹여야 하나 다른 가치 있는 새로운 사업들, 즉 새로운 '의문부호' 혹은 '스타'에 투자를 할 수도 있다.

④ 개(dogs)

여기에 속하는 제품들 혹은 사업단위들은 매력이 없는 시장에서 상대적으로 낮은 점유율을 가지고 있다. 여기에 속하는 제품들은 보통 수명주기에 있어서 쇠퇴기에 있는 경우가 일반적이며, 많은 현금을 창출할 잠재력이 없다. 현금젖소형 제품들은 제품 수명주기가 쇠퇴기에 접어들면 이 유형의 제품이 되며, 의문부호형 제품들도 충분한 시장점유율을 확보하지 못해 스타

형 제품이 되지 못하면 이 유형의 제품으로 변모한다. '오래된 개(old dogs)'
에게 새로운 기법은 가르쳐줄 수 없다면, 그 사업부문의 제품은 매각 혹은
문을 닫아야 한다.

| 그림 2-4 | BCG 매트릭스

시장점유율

높음   낮음

높음	스타	의문부호
낮음	현금젖소	개

사업성장률

(3) 후원전략

기업전략의 세 번째 핵심내용은 후원전략(parenting strategy)이다. 후원전
략은 기업이 다양한 제품라인들과 사업단위들 간의 활동을 조정하고, 자원
을 배분하며, 역량을 배양하는 문제를 다룬다. 이는 Campbell 등(1995, 1998)
에 의해 강조되었는데, 기업후원(corporate parenting)은 기업을 사업단위의 가
치를 창출하고 다양한 사업단위들 간의 시너지를 창출하는데 사용될 수 있
는 자원과 역량으로 파악한다. Campbell 등은 다중사업부를 가지고 있는 기
업들은 그들이 소유하고 있는 사업부에 대해 후원을 함으로써 가치를 창출
하며 이를 후원우위(parenting advantage)라고 명명하였다. 기업의 본부, 즉 후
원자(parent)의 능력 및 자원과 사업단위들의 니즈와 기회 간의 정합성이 좋
으면 기업은 가치를 창출할 수 있다. 이에 따라, 기업 본부(headquarters)의 역

할은 필요한 자원을 사업단위들에게 제공하고, 사업부들 간 능력과 역량을 이전하고, 범위의 경제를 달성하기 위하여 공유된 단위 기능부서들의 활동을 조정함으로써 시너지를 확보하는 것이다.

Campbell 등(1995)은 적절한 기업전략에 대한 탐색은 다음의 세 분석적 단계를 거쳐야 할 것임을 강조한다. 첫째, 전략요인(strategic factors)을 통하여 각각의 사업단위를 검토한다. 둘째, 각각의 사업단위를 성과가 개선될 수 있는 영역을 통하여 검토한다. 이들 영역들은 후원기회(parenting opportunities)로 간주된다. 셋째, 기업 본부 혹은 모기업(parent company)이 해당 사업단위와 얼마나 잘 정합하는가를 분석한다. 즉, 기업 본부는 해당사업부의 자원 및 역량을 통하여 기회요인들과 위험요인들을 반드시 고려하여야 한다. 이를 위해서는 기업 본부는 본부가 각각의 사업단위 내의 후원기회에 적합한 특징(characteristics)을 가지고 있는지를 검토하여야 한다.

이를 바탕으로 Capmbell 등(1995, 1998)은 본부와 사업단위 간의 정합성을 검토하기 위한 기법으로서 후원-정합성 매트릭스(parenting-fit matrix)를 제시하였다. 이 매트릭스는 <그림 2-5>에서와 같이 기업 본사가 제공할 수 있

그림 2-5   후원-적합성 매트릭스

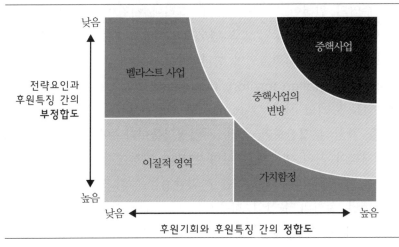

자료: Alexander, M., Campbell, A., and Goold, M. (1995), "A New Model for Reforming the Planning Review Process", *Planning Review*, January and February, p.17.

는 긍정적인 공헌과 부정적인 효과의 두 차원으로 이루어졌으며, 이를 바탕으로 5개의 서로 다른 위치를 제시하고 있다.

① 중핵사업(heartland businesses)

이 사업들은 기업의 미래에 있어서 핵심이 되는 사업들이다. 이들은 기업 본부에 의해 개선의 기회를 가지고 있으며, 본사는 이들의 전략요인들에 대해 잘 이해하고 있으며, 그 결과 이들 사업들은 기업의 모든 활동에 있어서 가장 우선이 된다.

② 중핵변방사업(edge-of-heartland businesses)

이 사업들은 일부 후원특징은 사업에 적합하나 일부의 다른 특징들은 적합하지 못한 사업들이다. 기업 본부는 이들 사업단위가 필요로 하는 특징을 모두 가지고 있지 못하거나 이들 사업단위가 전략요인들에 대해 진정으로 이해하지 못할 수도 있다. 이 경우 기업 본부는 이같은 문제들을 해결하기 위해 세심한 노력을 하여야 할 것이다.

③ 벨라스트 사업(ballast businesses)

이 사업들은 기업 본부와 정합도는 매우 높으나 본부에 의해 개선될 수 있는 기회가 많지 않은 사업들이다. 이들은 기업이 오랫동안 성공적으로 운영하였던 사업단위들인 경우가 많다. 현금젖소와 마찬가지로 이들은 기업의 안정성과 수익의 원천이 될 수도 있다. 그러나 시간이 흐름과 환경의 변화에 따라 이들은 '이질적 영역'으로 변모될 수 있기 때문에 최고경영진은 이들에 대한 투자회수를 고려하여야 한다.

④ 이질적 사업(alien territory businesses)

이 사업들은 기업 본부로부터 개선될 기회가 아주 적으며 후원특징들과 전략요인들 간의 부정합도가 높은 사업영역들이다. 이들은 새로운 가치를 창출할 잠재력이 거의 없으며 오히려 본부의 입장에서는 가치를 파괴할 가능성이 높은 영역들이다. 보통 이들 사업단위들은 작으며 다각화를 위한 과거에 추진했던 실험의 유산인 경우가 많다. 이들 사업부들은 아직 가치를 가지고 있을 때 투자회수를 하는 것이 바람직하다.

⑤ 가치함정사업(value trap businesses)

이 사업들은 후원기회와의 정합성은 높으나 사업단위들의 전략요인들에 대한 기업 본부의 이해에 있어서 부정합성이 높은 사업영역들이다. 이들은 기업 본부가 최대의 실수를 할 수 있는 영역들이다. 이들의 잠재적 수익에 대한 가능성은 기업 본부로 하여금 잘못된 의사결정을 하고 사업단위의 핵심역량을 파괴할 수 있는 위험을 보지 못하게 하는 사업영역들이다.

2) 사업전략

사업전략(business strategy)은 보통 사업부(division) 혹은 전략적 사업단위 (SBU: strategic business unit) 차원에서 개발되며, 어떤 사업단위에 의해 서비스를 받는 특정산업 혹은 세분시장에서의 기업이 제공하는 제품 및 서비스의 경쟁적 위치의 개선을 강조한다. 사업전략은 "특정 사업 및 산업에서 어떻게 경쟁우위를 확보할 것인가?"를 다루며, 이 점에서 사업전략을 경쟁전략 (competitive strategy)이라고 부르기도 한다. 즉, 사업전략에서는 다른 기업과 경쟁하는 방법 즉, "어떻게 싸울 것인가?"에 주안점을 둔다. 그 결과 기업전략은 기업이 어떤 사업 및 산업에 진출할 것인가를 다루는 데 비하여, 사업전략은 기업전략에 의해 이미 정해진 특정 사업 혹은 산업 내에서 기업 혹은 사업부가 어떻게 경쟁을 할 것인가를 다룬다. 그러나 최근 들어 기업의 사업전략 추진에 있어서 경쟁뿐만 아니라 협력이 일반화되어 있다. 그 결과 이와 같은 기술경제환경을 반영하여 사업전략을 포괄적으로 파악하면 경쟁전략 (competitive strategy)과 협력전략(cooperative strategy)의 두 범주로 나눌 수 있다.

근본적으로 사업전략에서는 다음 두 가지 차원의 문제가 중요하게 대두된다(Wheelen & Hunger, 2006: 145-146). 먼저, 기업이 저원가(low cost), 즉 가격을 중심으로 경쟁을 할 것인가, 아니면 원가 이외의 다른 요인 — 예를 들어, 품질 혹은 서비스 — 을 중심으로 제품 혹은 서비스를 차별화(differentiation)할 것인가의 문제이다. 다음으로는 기업이 주요 경쟁자들과 '크고 수요가 많은 전체 시장'에서 전면적 경쟁(head-to-head competition)을 할 것인가, 아니면 '수요가 상대적으로 적지만 만족할 만한 이익이 날 수 있는 틈새시장(niche market)'에 주안점을 둘 것인가의 문제이다. 전자는 경쟁전략의 내용에 관한 문제이고, 후자는 경쟁의 폭에 관한 문제이다.

Porter(1980)는 특정산업에서 다른 기업들과 경쟁을 하기 위한 전략으로서 원가(low cost)와 차별화(differentiation)를 제시하고, 이를 본원적 경쟁전략(generic competition strategy)이라고 명명하였다. 저원가 전략은 기업 혹은 사업부가 비교가능한 제품을 경쟁자보다는 훨씬 효율적으로 디자인·생산·출하하여 원가를 낮출 수 있는 능력을 의미하며, 차별화 전략은 기업 혹은 사업부가 품질, 특별한 사양, 애프터서비스 등을 통하여 구매자에게 독특하고 우월적인 가치를 제공할 수 있는 능력을 의미한다. Porter(1980)는 이들 전략이 본원적(generic)이라고 했는데, 그 이유는 이들 전략이 기업의 유형, 규모, 산업, 국적에 관계없이 - 심지어 비영리 조직까지 - 공통적으로 추진될 수 있기 때문이다.

또한 Porter(1980)는 한 산업에서 기업의 경쟁우위는 경쟁의 폭(competitive scope), 즉 기업 혹은 사업부의 목표시장 폭에 의해 결정된다고 주장하였다. 그에 따르면 앞에서 제시한 두 개의 본원적 전략 중 하나를 사용하기 이전에, 기업 혹은 사업부는 제품의 다양성, 유통채널, 구매자의 유형, 지역적 대상, 관련 경쟁산업들의 폭 등을 선택해야 한다는 것이다. 이들에 대한 결정은 기업의 독특한 자원의 정도를 반영해야 한다. 기업이 많은 자원을 동원할 수 있으면 넓은 경쟁의 폭을 목표로 할 수 있으나, 기업의 자원이 충분하지 않을 경우에는 좁은 경쟁의 폭을 지향하여야 할 것이다. 기업의 자원동원 여력에 따라 기업은 넓은 목표시장을 대상으로 할 것인가 아니면 좁은 목표시장, 즉 틈새시장(niche market)을 지향할 것인가를 결정하여야 한다.

이들 두 대상시장을 경쟁전략의 유형과 결합하면 기업은 원가우위, 차별화, 원가 집중, 차별화 집중의 네 개 유형의 경쟁전략을 창출할 수 있다(<그림 2-6> 참조). 즉, 일반적인 넓은 목표시장을 지향할 경우 경쟁전략은 원가우위 전략과 차별화 전략으로 나누어 볼 수 있으며, 기업이 틈새시장을 지향할 경우에는 원가 집중 전략과 차별화 집중 전략으로 나누어 볼 수 있다. 아래에서는 이에 관해 세부적으로 살펴보기로 한다.

(1) 원가우위 전략

원가우위(cost leadership) 전략은 넓은 시장을 지향하는 저원가 전략(low cost strategy)으로서 경쟁사 제품과 비슷하거나 보다 저렴한 가격으로 제품이나 서비스를 판매함으로써 판매량을 늘리고 수익을 창출하려는 전략이다. 이를 위해서 기업은 대규모 공장시설의 건설, 경험으로부터의 대폭적 원가절감, 비용에 대한 강력한 통제 등을 추구한다. 이와 같은 저원가를 바탕으로 기업은 경쟁기업보다 낮은 제품가격을 책정하여 상당한 정도의 수익을 창출할 수 있다.

그림 2-6   Michael Porter의 본원적 경쟁전략

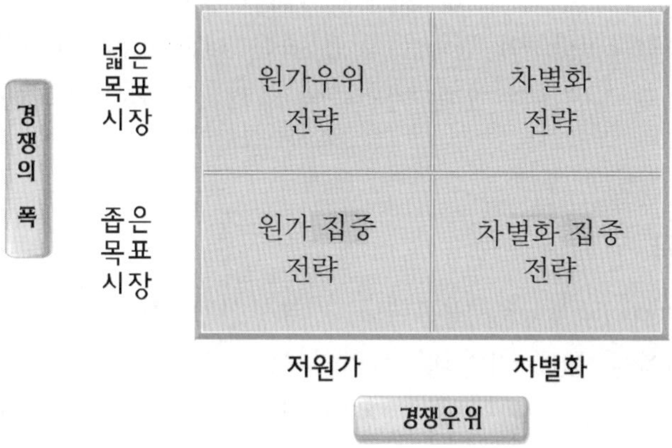

---

(2) 차별화 전략

차별화(differentiation) 전략은 폭넓은 시장에 독특한 제품이나 서비스를 제공함으로써 다른 기업들과 경쟁하고자 하는 전략이다. 기업은 독특성 및 차별성을 바탕으로 제품과 서비스에 대해 경쟁기업에 비해 높은 가격을 책정할 수 있다. 이와 같은 제품의 독특성은 기술, 디자인, 브랜드이미지, 고객서비스 등에 바탕을 두는 경우가 많다. 차별화 전략은 제품가격에 대한 고객의 민감도를 낮추어 줌으로써 기업에게 보다 높은 수익을 창출해 줄 수 있다.

(3) 원가 집중 전략

원가 집중(cost focus) 전략은 특정한 고객집단 혹은 지역적 시장에 주안점을 두는 저원가 전략을 의미한다. 이와 같은 원가 집중 전략을 통하여 기업은 특정 목표시장에서 원가우위를 추구한다.

(4) 차별화 집중 전략

차별화 집중(differentiation focus) 전략은 특정한 세분시장에 있어서 차별화를 추구하는 전략이다. 이 전략은 차별화 전략을 폭넓은 시장에서 추구하는 것이 아니라 기업이 성공을 거둘 것으로 기대되는 일부 세분시장에 주안점을 두어 추구하는 전략이다. 이 전략은 어떤 좁은 세분시장의 고객들의 특별한 수요를 보다 잘 충족시킬 수 있는 기업들에 의해 선호되는 전략이다.

3) 기능전략

기능전략(functional strategy)은 해당 기능부서가 자원생산성(resource productivity)의 극대화를 통해 기업 및 사업의 목적 달성에 공헌하기 위해 취하는 전략이다. 기능전략은 기업 혹은 사업 단위에 경쟁우위를 제공하기 위한 차별역량(distinctive competence)을 개발하고 육성하는 것과 관련되어 있다. 기능부서들은 기업전략, 사업전략의 제약조건하에서 기업의 성과를 제고하기 위한 다양한 활동 및 능력을 집합시킬 수 있는 전략을 추진하여야 한다.

기능전략은 기업 및 사업부를 구성하는 모든 기능부서들에 의해서 추진되어야 한다. 대표적인 기능전략의 예를 들면, 재무전략, 마케팅전략, 인적자원전략, 연구개발전략, 운영전략, 구매전략 등을 들 수 있다. 각 기능부서들은 각각의 기능전략을 통하여 사업전략을 보조하고, 사업전략은 또한 기업전략을 보조한다. 이 점에서 기업의 각 차원에서의 전략들은 전략의 위계라는 개념을 통하여 연계되어야 한다.

기능전략에서 가장 중요한 의사결정사항 중의 하나는 해당 기능(function)을 어디에서 수행할 것인가이다. 즉, 해당 기능을 조직 내부에서 수행할 것인가, 아니면 외부에서 조달할 것인가의 문제가 중요하게 대두된다. 최근 들어 기업들 간 경쟁이 치열하게 전개됨에 따라 다양한 기능의 아웃소싱(outsourcing)이 전략적 의사결정의 대단히 중요한 부분이 되고 있다. 아웃소싱의 핵심은 기업의 차별역량에 필수적이지 않은 활동들을 외부에서 구매하는 것이다. 이를 바탕으로 기업은 핵심적 기능에 역량을 집중함으로써 기업의 경쟁우위를 보다 효과적으로 제고할 수 있다. 최근 들어 많은 기업들이 이와 같은 아웃소싱을 폭넓게 추진하고 있는데, Quinn(1992)은 현명한 전략가는 전략계획에 있어서 더 이상 시장점유율 혹은 수직통합에 관해 생각하지 않고 기업이 특별히 잘하고 있지 않고 전략적 집중분야를 보조하고 보호하는 데 도움이 되지 않는 활동들을 삭제·최소화하여 이를 아웃소싱하는 문제를 고민한다고 주장하고 있다.

··· 제 2 절 기술과 핵심역량 ···

1. 핵심역량 접근방법

1) 핵심역량의 개념

전략경영에 따르면 기업이 경쟁우위를 확보할 수 있는 방법은 차별화된 신제품을 출하하거나 기존제품을 보다 저원가로 생산하여 고객에게 더 나은 가치를 제공하는 두 가지 방법이 있다. 전술한 바와 같이 경영실무에서는 전자를 차별화(differentiation) 전략, 후자를 원가우위(cost leadership) 전략으로 부르며, 이들은 업종, 규모, 위치에 관계없이 모든 기업이 활용가능하기 때문에 본원적 전략(generic strategies)이라고 부른다. 이와 같은 저원가 및 차별화를 창출할 수 있는 기업의 능력을 역량(competence)이라고 한다. 기업의 역량은 기업이 어떤 행위를 경쟁기업들보다 훨씬 잘 수행할 수 있는 능력으로 정의할 수 있다. 이와 같은 역량을 지탱해 주는 것이 기술능력(technological capabilities)이며, 이들 기술능력을 지탱해 주는 것은 새로운 기술적·시장적 지식이다. 이 점에서 기술은 기업 핵심역량의 기초를 제공해 준다.

기업이 효과적인 기술경영을 통하여 기술능력을 확보하여야 하는 이유는 기술이 기업 핵심역량(core competences)의 근본이기 때문이다. 핵심역량은 Prahalad & Hamel(1990)이 주장한 개념으로서 이를 바탕으로 기업의 전략이 수립되는 내부의 강점을 의미한다. Prahalad & Hamel(1990)은 기업을 보는 시각을 사업의 포트폴리오(portfolio of businesses)로 바라보던 그동안의 시각을 바꾸어 역량의 포트폴리오(portfolio of competencies)로 바라보아야 할 것임을 강조한다. 기업의 핵심역량은 기술, 제품, 공정, 마케팅, 하부구조, 인적자원 등일 수 있다. 핵심역량은 고객에게 독특한 가치를 제공해 줄 수 있는 제품 혹은 서비스를 창출하는 근본 능력이다. 가장 중요한 핵심역량은 기업이 고객을 위하여 가치를 부가하는 데 활용할 수 있는 지식, 기능, 기술의 집합이며(<표 2-2> 참조), 이는 기업의 경쟁력(competitiveness)을 결정한다. 예를 들어, Sony의 핵심역량은 최소화 기술, Honda는 모터기술이다. 이처럼 많은 기업들은 기술을 바탕으로 핵심역량을 확보하고 있다. 이 점에서 Prahalad & Hamel(1990)은 핵심역량을 '기술의 흐름을 결합하는 것'으로 표현한다.

| 표 2-2 | 핵심역량의 사례 |

기업명	핵심역량
소 니	최소화기술
혼 다	모터기술
샤 프	액정기술
카시오	액정기술
모토롤라	무선통신
보 잉	대규모 시스템 통합
필립스	광학미디어기술

    Prahalad & Hamel(1990)은 기업의 핵심역량은 '조직에 있어서 집합적 학습(collective learning)'이라고 주장하며, 특히 어떻게 다양한 기술을 조정하고 기술의 다양한 흐름을 통합할 것인가에 관한 학습능력임을 강조하고 있다. 이는 핵심역량의 배양 및 확보에는 기업의 모든 구성원들의 학습 및 노력이 필요함을 나타내 주는 것이다. 이 점에서 Prahalad & Hamel(1990)은 핵심역량을 조직경계를 넘어서는 커뮤니케이션, 개입, 깊숙한 참여라고 정의하고 있다. 이들은 기업의 핵심역량(core competence)은 보통 핵심제품(core products)으로 변환되며, 이 핵심제품은 여러 개의 최종제품(end products)에 체화되고, 최종제품들은 기업과 고객을 연결해 주며, 최종제품의 가치는 기업이 제품에 독특하고도 특정한 역량을 연계시키면 증가된다고 강조하고 있다.

    Prahalad & Hamel(1990)은 다각화된 기업의 핵심역량을 나무에 비유해서 설명하고 있다. 뿌리(roots)는 기업의 핵심역량이며, 나무의 몸통(trunks)은 핵심제품을 나타내 주며, 나무의 가지(small branches)는 사업단위를 나타내며, 잎새(leaves)는 최종제품을 나타내 준다. 핵심역량은 기업 경쟁력의 뿌리로서, 이는 나무에 영양분을 제공하고 나무를 살아 있게 하고 성장하게 한다.

    기업은 기술역량에 바탕을 두어 다양한 사업부문으로 다각화(diversification)하는 성장전략을 추구할 수 있다. 이와 같은 기업 경쟁력의 뿌리 역할을 담당하는 것이 무엇보다도 기업의 기술능력이다(<그림 2-7> 참조). 이에 따라, 경영자는 이와 같은 기술능력을 어떻게 시장에서 경쟁력을 가지는 최종제품으로 변환하고, 이를 바탕으로 언제 어떻게 새로운 산업분야에 진출할 것인가의 문제에 고민하여야 한다. 이것을 구체적으로 다루는 학문적, 실무적 분야가 이른바 전략적 기술경영이다.

그림 2-7	기술과 핵심역량

핵심역량 = 기술능력

2) 기술과 핵심역량

경영자는 효과적인 기술경영을 통하여 기술능력을 확보하고 이의 핵심역량으로의 변환에 노력하여야 할 것이다. 기술에 바탕을 둔 기업의 핵심역량은 기업에게 차별적 우위(distinctive advantage)를 제공해 준다. 차별적 우위는 경쟁기업이 모방하기 어려운 경쟁우위를 의미한다. 기술능력은 경쟁기업이 모방하기가 어렵다는 점에서 기업은 기술능력을 확보·활용하여야 할 것이다. 기술능력은 기업이 제공하는 최종제품의 창출 및 경쟁우위 제고에 대단한 공헌을 하며, 이를 바탕으로 다양한 시장에 접근을 가능하게 한다. 이에 따라, 기업은 기술에 바탕을 둔 핵심역량을 활용할 수 있어야 하는데, 여기에서 중요한 것은 이를 중심으로 기술전략 및 사업전략을 개발하여야 한다는 것이다.

기술능력의 관점에서 기술은 서로 다르게 분류할 수 있다. 기업에 의해 생산되는 제품과 서비스는 기업역량의 집합에 관련된 내부기술(internal technology)에 기초하고 있거나 외부의 다른 기업들에 의해 소유된 외부기술(external technology)에 의존한다. 이들 두 기술은 기업의 경쟁우위 확보·유지·확대에 서로 다른 전략적 중요성을 가진다. 이에 따라, 기업은 기업활동에 대한 상대적 중요성에 비추어 기술을 적절하게 도출·분류하고 차별적으로 대응하여야 한다. 이와 관련 Ford(1988)는 기업 혹은 제품 내의 기술을 다음 3개의 층으로 나누고 있다(<그림 2-8> 참조).

| 그림 2-8 | 제품의 상대적 위치에 따른 기술의 분류 |

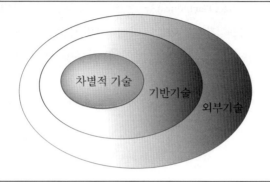

첫째, 차별적 기술(distinctive technology)로서, 이는 기술에 대한 기업의 위치가 기업에게 차별적 우위를 제공해 주는 기술이다. 이 점에서 이 기술은 기업이 경쟁우위를 확보하기 위해 반드시 창출·보호·자본화해야 하는 핵심 기술이다. 이는 경쟁기업들이 아직 충분한 기술적 능력을 확보하지 못한 기술을 의미한다.

둘째, 기반기술(base technology)로서, 이는 기업이 기업활동에 있어서 크게 의존하고 있는 기술을 의미하며, 이것이 없으면 기업이 핵심적 경쟁력을 상실할 수 있다는 점에서 생존기술(survival technology)이라고 부르기도 한다. 이는 매우 필수적인 기술이지만 많은 경쟁기업들도 이를 이미 확보하고 있다는 점에서 기업을 경쟁자로부터 차별화해 주지 못하는 기술이다. 이에 대한 대표적인 기술이 생산기술이며, 제조기술·병참기술·운송기술 등도 여기에 해당된다.

셋째, 외부기술(external technology)은 외부기업들로부터 공급되어지는 기술로서, 이들은 보통 시장에서 대량으로 획득이 가능한 기술이다. 이 기술은 기업의 경쟁우위에 별다른 영향을 미치지 않기 때문에 기업 외부로부터 구입해도 무방하다. 많은 기업들은 외부기술을 기업 내부에서 확보하는 것은 소중한 자원의 낭비를 가져올 수 있다는 점에서 외부에서 구입하는 경향이 높다.

기술은 기업 경쟁력의 핵심이 되는 핵심역량(core competence)의 근간을 형성하고 있다. 여기에서 특히 차별적 기술이 기업의 핵심역량을 구성하기 때문에 이에 대한 확보와 관리가 매우 중요하다. 이에 따라, 기업은 자체연구개발활동(in-house R&D activities)을 통하여 이와 같은 차별적 기술을 확보하기 위해 많은 노력을 기울인다. 그러나 기반기술 및 외부기술도 기업의 경쟁우위 확보에 어느 정도 영향을 미치기 때문에 이들에 대한 관리 또한 필요할 것이다. 이들 다양한 기술은 기업의 가치사슬에 다양한 영향을 미쳐 원가우위 및 차별화를 가져와 기업의 경쟁우위를 제고해 주며 부의 창출을 가져온다.

2. 핵심역량과 인접이동

핵심역량의 개념은 이를 바탕으로 새로운 사업분야의 창출을 강조하고 있다. 이 점에서 핵심역량의 효율적 배양 및 창출도 중요하지만 이의 효율적 활용 및 새로운 사업의 창출도 대단히 중요하다.

일반적으로 기업은 성장전략에 따라 다각화(diversification)를 추구할 때 매력적인 시장을 바탕으로 다각화를 추진하는 경향이 높다. Prahalad & Hamel(1990)은 이 같은 다각화 전략이 성공을 하기 위해서는 시장에 따른 다각화를 추구하지 말고 핵심역량을 바탕으로 한 다각화 전략을 추구할 것을 강조하고 있다. 실제로 Honda사가 다양한 사업부문에서 성공을 거둔 것은 이들 사업부문 및 시장의 매력도가 높아서가 아니라 엔진기술이라는 핵심역량을 바탕으로 관련성이 있는 인접부문으로 다각화를 추구하였기 때문이다. 이 점에서 다각화의 성공은 핵심역량의 공유에서 비롯한 것이다. 일반적으로 핵심역량은 물리적 자산과 달리 사용 및 공유를 통하여 줄어들지 않는다.

핵심역량의 요체는 <표 2-3>에서 나타나 있는 것처럼 새로운 사업의 창출이다. 이에 따라, 기업은 핵심(core)을 계속 확장할 것을 강조한다.

| 표 2-3 | 핵심역량 개념에서의 경쟁의 차원 |

차원	목표	경쟁의 양상	시간의 지평	최고경영자의 관여
최종제품	시장에서 매출액 증대	일상적 경쟁	단기	낮음
핵심제품	제품 사양 및 효율성 증대	사업부 차원의 경쟁	중기	중간
핵심역량	새로운 사업의 창출	전사적 경쟁	장기	높음

Zook(2003)는 핵심역량을 바탕으로 관련성이 높은 사업, 즉 인접사업으로 확장해 나갈 것을 강조하면서 이를 인접이동(adjacent movemnet)라고 부르고 있다(<그림 2-9> 참조). 이 같은 새로운 사업영역으로 진출하는 데 있어서 중요한 기준은 사업의 매력도와 핵심사업과의 인접도이다. 여기에서 사업의 매력도는 새로운 사업의 시장규모, 성장률, 경쟁강도, 앞으로의 전망을 나타내며 기업이 이곳에 진출할 경우 수익을 창출할 수 있는 가능성을 나타내 준다. 다음으로 핵심사업과의 인접도는 새로운 사업이 역량, 고객, 비용을 어느 정도 공유하며 이 산업에 진출시 이들을 어떻게 공동으로 활용하는가의 문제를 나타내 준다. 그 결과 기업들은 자신의 핵심사업과 가까운 인접사업에 진출하여야 한다. 그런데 문제는 우리 기업의 인접산업은 다른 기업의 핵심사업이라는 점이다.

이처럼 핵심역량에 바탕을 둔 인접사업으로의 이동을 강조하는 것은 그동안 인접사업이 아닌 분야로 무분별한 이동을 하여 실패한 기업의 사례가 많기 때문이다. 예를 들어, 미국의 Kmart는 월마트와 경쟁하던 유통기업이었으나 스포츠용품점 등 관련성이 적은 무리한 사업확장으로 경쟁력을 크게 상실하였다. 이에 따라, Zook(2003)는 기업이 어떻게 사업을 확장할 것인가의 문제가 현대의 CEO들이 당면한 가장 도전적인 과제라고 강조하면서 기업이 사업을 확장할 수 있는 기준으로서 인접이동(adjacent movement)을 강조

▌ 그림 2-9   핵심기술을 바탕으로 한 인접이동

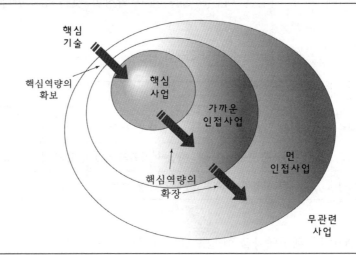

하였다. 즉, 기업은 핵심사업에 있어서 강력한 리더십을 가지고 있으며 이를 바탕으로 인접사업으로 활발하게 이동하여야 한다는 것이다. 이와 같이 어려운 기업의 성장전략의 추구는 <그림 2-9>에서 제시한 바와 같이 핵심기술 및 핵심역량을 바탕으로 추구하면 성공의 가능성이 매우 높아진다. 즉,

▌ 그림 2-10   핵심사업과 사업확장의 균형의 중요성

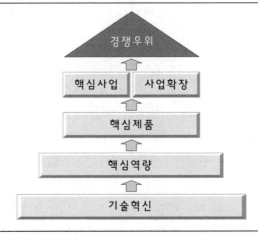

핵심기술역량은 기업의 핵심역량으로서 핵심사업을 구축하며 이를 바탕으로 가까운 인접사업으로 이동을 하면 기업은 사업의 확장에 있어서 성공가능성이 매우 높다. 이에 따라, 최고경영자는 다각화를 위한 인접이동의 노력에 있어서 진출하려고 하는 새로운 사업부문이 기업의 핵심기술역량과 관련성이 얼마나 높은가를 판단하여야 할 것이다. Zook(2003)는 이 같은 인접이동에 있어서 지속적인 반복성을 강조하면서 반복성은 학습곡선의 효과를 창출하고, 복잡성을 감소시키며, 성장의 속도를 높이고, 전략적 명확성을 제고할 수 있다고 강조한다.

기업이 성장하기 위해서는 자신의 핵심역량을 구축하여 핵심사업에 견고한 경쟁우위를 구축하고 인접사업으로 진출 및 확장하여 이곳에서 또 다른 경쟁우위를 확보하여야 한다. 여기에서 핵심역량으로서의 기술혁신역량은 이같은 성장노력의 전체를 관통하는 핵심적 기초가 된다.

기업이 지속가능한 경쟁우위를 확보하기 위해서는 사업을 확장하는 것도 중요하지만 기존의 핵심사업에서 지속적인 경쟁우위를 확보하는 것도 대단히 중요하다(<그림 2-10> 참조). 즉, 인접이동을 하면서 핵심을 잃어서는 안 된다는 것이다. 이 같은 성공전략의 두 가지 방법의 중요성에 관해 Zook(2003)는 지속적인 가치를 창출하는 기업의 88%가 한두 개의 핵심사업에 있어서 강력한 리더십을 가지고 있었고, 이들 중 80%는 성장을 가속화하기 위하여 활발하게 인접이동을 하고 있었다고 주장하면서, 이 같은 핵심사업에 대한 집중도가 높은 기업이 인접이동에서 성공률이 높았다는 점을 제시하고 있다. 이는 핵심사업 및 새로운 사업에서의 성공의 기반은 핵심역량, 즉 기술역량임을 나타내 주는 것이다.

한편 기업은 핵심제품 및 핵심사업의 사양화(obsolescence)를 대비하여야 할 것이다. 이 같은 핵심제품과 핵심사업의 사양화는 일반적으로 핵심역량의 사양화에 기인하는 경우가 많다. 성공적인 기업이 이 같은 핵심역량, 핵심제품, 핵심사업의 사양화에 대비하지 못하여 어려움에 처한 기업의 사례도 많이 있다. 많은 경우 이들 기업들은 핵심역량이 기술경제환경의 변화에 따라 적극적인 쇄신이 이루어지지 못하여 핵심경직성(core rigidity)이 되었기에 어려움에 처하는 것이다(Leonard-Barton, 1992, 1995). 이에 따라, 기업은 지속적인 기술혁신능력을 확보하여 핵심역량이 핵심경직성이 되지 않도록 노력하여야 할 것이다.

3. 핵심역량의 도출과 유지방안

1) 핵심역량의 기준

핵심역량은 기업의 중장기적 발전에 대단히 중요한 만큼 기업은 이의 창출·배양·활용에 세심한 노력을 기울여야 할 것이다. Prahalad & Hamel (1990)은 핵심역량을 창출할 수 있는 세 가지 기준을 제시하고 있다.

먼저, 핵심역량은 다양한 시장에 대한 접근가능성을 제공해 주어야 한다. 핵심역량은 그 개념상 기업의 뿌리(root)로서 여러 핵심제품과 다양한 사업부문을 창출하여야 한다. 예를 들어, 디스플레이 시스템에서의 핵심역량은 기업으로 하여금 전자계산기, TV, 컴퓨터 모니터 등의 다양한 제품 및 시장에 대한 접근을 가능하게 하였다.

둘째, 핵심역량은 최종제품에 대한 고객의 효익(benefits) 인지에 큰 공헌을 하여야 한다. 핵심역량을 바탕에 둔 제품은 실제로 시장에서 고객에 의해 보다 높은 효익을 가져다줄 것으로 인식된다. 예를 들어, 혼다 자동차의 경우에는 혼다의 엔진기술이라는 핵심역량으로 인하여 고객들에게 보다 높은 가치와 효익을 제공해 줄 수 있을 것으로 인식되는 것이다.

셋째, 핵심역량은 경쟁기업이 이를 모방(imitation)하기 어려워야 한다. 이 점에서 핵심역량은 개별적 기술 그 자체가 아니라 다양한 기술들과 생산기능들의 복합적인 조화로 인식되어야 할 것이다. 여기에는 기술의 명시적인 성격뿐만 아니라 묵시적인 성격도 모두 포함되어 있어 경쟁기업이 이를 쉽게 모방하기 어렵다.

기업은 이상의 기준에 적합한 핵심역량을 창출·배양·활용하여야 할 것이다. 그러나 핵심역량의 수가 많아서는 안 될 것이다. 예를 들어, 10여 개 이상의 핵심역량을 가지고 있다는 것은 핵심역량을 가지고 있지 않다는 것을 의미한다. 핵심역량의 수는 기업의 규모, 업종에 따라 차이는 있겠지만 최대 5개 이내여야 할 것이다.

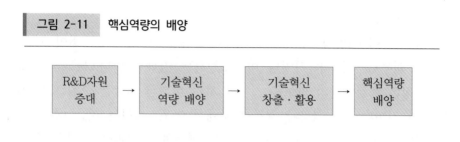

그림 2-11   핵심역량의 배양

R&D자원 증대 → 기술혁신 역량 배양 → 기술혁신 창출·활용 → 핵심역량 배양

2) 핵심역량의 배양 및 유지

기업은 최고경영자의 관심을 바탕으로 핵심역량의 배양에 세심한 노력을 기울여야 할 것이다. 우선 핵심역량은 전술한 바와 같은 기준을 통과하여야 할 것이며, 기업은 이들 기준을 통과한 핵심역량의 배양(nurturing)에 체계적이고 세심한 노력을 기울여야 한다(<그림 2-11> 참조).

전술한 바와 같이 대부분의 핵심역량은 기술혁신역량과 관련이 있다는 점에서 기업은 기술혁신역량의 배양 및 기술혁신의 효율적 창출 및 활용을 위하여 적극적인 연구개발활동(R&D activities)을 수행하여야 할 것이다. 이를 위하여 기업은 핵심역량으로 발전할 기술분야에 대한 연구개발투자를 적극적으로 늘리고 이를 수행할 우수한 연구개발요원을 적극적으로 고용하여야 할 것이다. 이에 따라, 많은 기업들은 기술혁신의 창출 및 이의 핵심역량화를 위하여 많은 연구개발자원을 투자해 오고 있다. 이와 같은 자체연구개발활동을 통한 핵심역량의 확보는 상당히 많은 기간을 소요한다는 점에서 최고경영자의 적극적인 의지와 후원이 필요하다.

그러나 연구개발자원의 증대가 기업의 핵심역량의 확보 및 유지에 반드시 유리한 것은 아니다. 기업은 주어진 상황에 맞는 연구개발자원을 투자하고 이를 효율적으로 사용하여야 할 것이다. 즉, 기업의 핵심역량의 확보에 있어서 연구개발투자의 증가보다 연구개발투자의 생산성이 더욱 중요하다.

예를 들어, 1980년대 초 Canon은 복사기 시장에서 Xerox를 따라잡았는데, Canon의 연구개발투자는 Xerox에 비해 미미한 수준이었다. 여기에 전략적 기술경영의 중요성이 있는 것이다.

　　최근 들어 개방형 혁신(open innovation) 등의 확산으로 기업이 기술혁신 활동을 외부로부터 제휴하거나 아웃소싱하는 경향이 많다(Chesbrough, 2003). 아웃소싱은 핵심역량의 확보를 전제로 하여 비핵심 분야를 중심으로 이루어져야 할 것이다. 핵심역량 자체를 외부에서 아웃소싱하는 것은 매우 잘못된 선택이며, 이는 이미 구축된 핵심역량을 훼손하는 결과를 초래할 수 있다. 급변하는 기술경제환경 속에서 핵심역량의 확보는 대단히 오랜 시간이 걸리는 데 비하여 이의 훼손은 얼마 걸리지 않는 것이 일반적이다. 아울러 이미 훼손된 핵심역량을 다시금 확보하는 것도 대단히 어렵다는 점에서 기업은 핵심역량이 훼손되지 않도록 세심한 노력을 기울여야 할 것이다.[8]

4. 핵심역량 접근방법에 대한 평가

　　Prahalad & Hamel 등의 핵심역량에 대한 연구는 기술경영의 발전에 많은 공헌을 한 것으로 평가할 수 있다. 무엇보다도 이들의 연구는 기업전략에 관한 논의의 중심에 기술혁신역량의 축적 및 확장의 문제를 위치시키고 이를 기업전략과 연계시켰다는 점에서 높이 평가할 만하다. 그 결과 기업의 전략경영에서 기술혁신의 중요성이 기업의 실무는 물론 학계에서도 크게 확산되는 계기가 되었다. 그러나 이들의 연구는 다음 세 가지 점에서 한계점을 가지고 있다(Tidd 등, 2005).

　　첫째, 기업이 기술혁신역량을 바탕으로 다양한 산업으로 다각화(diver-sification)하고 경쟁우위를 확보하는 것은 원론적으로는 맞지만, 실무에 있어서 기업의 핵심역량이 모든 산업에서 제품 다각화로 이어지는가는 명확하지 않다는 점이다. 즉, 산업에 따라서 기술에 기반한 다각화의 잠재성이 다르

---

8) 개방형 혁신의 장단점에 관해서는 제10장에서 자세히 살펴볼 것이다.

다. 역사적으로 볼 때, 거대 규모의 화학산업과 전자산업의 기업들은 기술에 기반한 다각화 전략이 일반적이지만 철강산업이나 섬유산업의 기업들은 기술에 기반한 제품 및 사업 다각화가 일반적이지 않다. 그 결과 기업이 기술역량을 확보하는 것은 바람직하지만 이를 바탕으로 다각화의 성장전략을 추구할 것인가는 기업이 처해 있는 환경과 산업적 특징을 충분히 고려하여 결정하여야 할 것이다.

둘째, 기업이 차별적 기술(distinctive technology)에 자원을 집중(focus)해야 한다는 것은 잘못된 제안일 수 있다. 즉, 기업에 차별적 기술역량을 강조하고 이에 대한 확보를 권고할 수는 있지만, 기업이 기반기술(base technology) 및 외부기술(external technology) 등을 균형적으로 확보하도록 권고하는 것이 보다 바람직하다는 것이다. 많은 대기업들은 폭넓은 기술의 범주에서 활동하고 그 가운데 오직 몇몇 분야에서만 차별적이고도 세계적 위치를 차지한다. 즉, 기업이 경쟁우위를 확보하기 위해서는 다양한 분야의 기술적 역량을 필요로 한다. 이에 따라, 현대의 기업들은 복수기술기업(multi-technology firms)으로 이해하여야 할 것이다. 특히, 최근의 제품들은 복수의 기술들을 필요로 하기 때문에 기업은 경쟁력을 유지하기 위해 다양한 기술분야에서의 기술역량을 확보·유지·확장하여야 한다. 이와 같은 관점에서 Tidd 등(2005)은 핵심역량의 개념이 아마도 기술에 대한 분배된 역량(distributed competencies)의 개념으로 대체되어야 할지도 모른다는 주장을 하고 있다. 기술적 역량의 분배는 기존의 사업영역에서도 필요하지만 새로운 사업의 창출에 필요한 새로운 기술분야에서도 매우 중요하다.

셋째, 핵심역량에 대한 강조는 핵심경직성(core rigidity)으로 이어질 수 있다는 점에서 세심한 주의를 필요로 한다. Leonard-Barton(1992, 1995)이 주장한 것처럼 핵심역량이 너무 지배적이었을 때에는 기업 내에서 핵심경직성이 될 수 있다. 대부분의 최고경영자들은 기존의 핵심역량 내에서 훈련받았기 때문에 현재의 제품과 산업에 집중하는 경향이 있다. 그 결과 기업의 미래의 성장동력이 될 수 있는 새로운 역량들은 무시되거나 저평가될 가능성이 높다. 예를 들어, IBM의 메인프레임 컴퓨터 분야의 핵심역량은 핵심경직성이 되어 PC 분야에서 새로운 역량의 창출을 방해하여 IBM이 이 분야에서 경쟁력을 확보하지 못하게 하는 결과를 초래하였다. 많은 사례에 따르면 핵심역량이 핵심경직성이 되었을 경우 이를 해결하기 위해서는 최고경영층 주도의 강도 높은 변화를 필요로 하는 것으로 나타났다. 핵심경직성의 문제는 다른 용어로도 논의되었는데, 대표적으로 Christensen(2000)은 기존의 선도적인 기업들이 기존 성공의 방식에 익숙해 새로운 기술혁신에 대해 등한시하거나 기존의 경영관행으로 인해 새로운 기술혁신을 추구하지 못해 신흥기업에 추월당하는 현상이 많다고 주장하면서 이를 혁신자의 딜레마(innovator's dilemma)라고 명명하였다.

5. 핵심역량이론의 시사점

핵심역량이론은 기술경영 및 전략경영에 있어서 많은 시사점을 제공해 준다. 아래에서는 이에 대해 심층적으로 살펴보기로 한다.

먼저, 핵심역량이론에 따르면 핵심역량의 기초로서 기술역량(technological capabilities)의 중요성을 강조한다. 실제로 Prahalad & Hamel(1990)도 핵심역량을 기술흐름의 조화 및 결합으로 정의하고 있으며 이들이 예시한 기업들의 핵심역량은 대부분 기술혁신역량을 나타내 주고 있다.

둘째, 핵심역량의 배양 및 창출에 있어서 최고경영자(top management)의 역할이 대단히 중요하다. 최고경영자는 단기적 관점의 원가우위, 품질 등의 경쟁요인에 과도한 주안점을 두지 말고 기업의 미래가 달려 있는 중장기적 차원의 핵심역량의 배양 및 활용에 주안점을 두어야 할 것이다. 최고경영자는 Prahalad & Hamel(1990)이 강조하였듯이 기업을 최종제품에 바탕을 둔 사업의 포트폴리오로 생각하지 말고 '핵심역량의 포트폴리오'로 파악하고 이의 효율적 구성에 노력을 기울여야 할 것이다.

셋째, 핵심역량을 효과적으로 배양·활용하기 위해서는 조직 전체 차원의 참여(commitment)가 필요하다. 핵심역량은 배양하기가 쉽지 않고 조직 전체에 영향을 미치며 조직의 미래를 결정한다는 점에서 구성원 전체의 적극적 참여와 노력을 필요로 한다. 이 점에서 Prahalad & Hamel은 핵심역량을

'집합적 학습'으로 표현하고 있다.

　넷째, 기업은 핵심역량을 바탕으로 기존사업들 간의 융합(convergence) 및 시너지(synergy) 창출에 노력하여야 할 것이다. 핵심역량은 기존사업의 공통의 토대가 된다는 점에서 이를 바탕으로 다양한 사업들 간의 상호작용을 통하여 사업의 경쟁력을 크게 높일 수 있을 것이다. 핵심역량을 바탕으로 한 기존사업 간의 효율적 융합 및 연계의 노력은 기존 사업부문에게 새롭고 매력적인 기회를 창출할 수 있다.

　다섯째, 기업은 핵심역량을 바탕으로 새로운 사업분야로 확장해 나가야 할 것이다. 핵심역량의 개념은 다양한 사업영역으로의 확장하는 다각화(diversification)을 전제로 한다는 점에서 매우 중요하다. 핵심역량은 새로운 사업의 창출 및 기업 성장의 동력으로 작용하기 때문이다.

　이처럼 핵심역량의 배양 및 활용은 최고경영자의 리더십(leadership)을 바탕으로 조직 전체의 세심한 노력이 필요하다. 실제로 많은 기업들이 핵심역량의 배양 및 활용에 많은 노력을 기울이고 있다. 또한 기업은 경쟁기업들이 어떠한 핵심역량을 가지고 있는가에 대한 세심한 주의와 대응이 필요하다. 그러나 핵심역량은 실제의 제품이나 브랜드와 달리 외부에 드러나 있지 않다는 점에서 이를 파악하고 벤치마킹하기가 쉽지 않다. 이는 핵심역량을 나무의 뿌리에 비유한 점에서 당연한 것이다. 최종제품은 가시적이지만 핵심역량은 보이지 않기 때문이다. 여기에 최고경영자를 중심으로 한 체계적인 핵심역량의 배양 및 활용의 노력이 필요한 것이다.

　핵심역량은 새로운 사업창출의 원천이다. 이 점에서 핵심역량의 배양 및 활용은 기업전략(corporate strategy)의 핵심을 구성한다. 이 점에서 Prahalad & Hamel(1990)은 최고경영자들은 핵심역량의 구축을 목표로 한 기업 전체 차원의 전략적 아키텍처(strategic architecture)를 개발하는 데 상당한 시간과 노력을 투자하여야 한다는 점을 강조하면서, 전략적 아키텍처를 '핵심역량과 이를 구성하는 기술을 도출하는 미래에 대한 로드맵'으로 정의하고 있다. 이는 이 책에서 강조하는 '전략적 기술경영'을 의미하는 것으로 파악할 수 있다. 전략적 기술경영은 기업 전체 차원에서 기업 핵심역량의 기초인 기술혁신능력의 확보 및 활용의 문제를 다루기 때문이다.

··· 제3절   기술과 경쟁우위   ···

　　기술혁신은 기업 성공의 핵심적 요소이다. 기술혁신은 기업 경쟁구조에 영향을 미쳐 기업이 경쟁우위(competitive advantage)를 확보할 수 있게 한다. 기술이 기업의 경쟁우위에 미치는 영향에 관해서는 다양한 논의가 있어왔다 (예를 들어, Porter, 1985; Dussauge 등, 1992). 기술은 기업의 성공 및 경쟁우위 확보에 핵심요소인 이른바 경쟁요인(competitive factors)에 결정적인 영향을 미친다.

　　많은 학자들은 기업의 경쟁요인으로서 원가우위(cost leadership)와 차별화 (differentiation)의 두 가지에 주안점을 두어왔다. 기업은 이들 경쟁요소를 바탕으로 경쟁전략을 추구하는데 이들 두 요소는 모든 기업이 활용할 수 있는

그림 2-12　기술과 경쟁우위의 관계

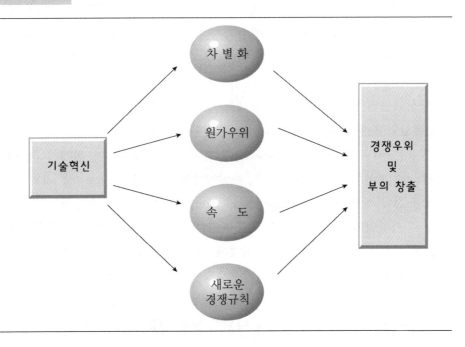

전략이란 점에서 Porter는 이들을 본원적 전략(generic strategies)이라고 부른다. 그러나 최근에 와서는 이 같은 원가우위 및 차별화의 요소 이외에도 시간 (time)의 요소가 중요하게 작용한다. 대부분 제품과 서비스의 수명주기가 단축되는 최근의 기술경제환경 속에서는 새로운 제품과 서비스를 경쟁기업보다 빨리 시장에 출하하는 기업이 경쟁우위를 확보할 수 있다.

이들 세 요인은 규모(scale), 범위(scope), 속도(speed)로 표현되어 규모의 경제(economies of scale), 범위의 경제(economies of scope), 속도의 경제(economies of speed)의 달성 필요성을 강조한다. 이에 따라, 현대의 경제환경 속에서 기업은 이들 모두를 동시에 달성하는 이른바 '진정한' 통합의 경제(genuine economies of integration)를 달성하여야만 경쟁우위를 확보할 수 있다(정선양, 2006).

또한 몇몇 선도적인 기업들은 높은 기술혁신능력을 이용하여 기존 산업의 경쟁규칙을 변화시키거나 새로운 경쟁규칙(new rule of games)을 도입하는 신게임 전략(new game strategy)을 추구하기도 한다. 기술혁신역량을 이용한 신게임 전략은 성공의 핵심요인에 변화를 주어 기존의 사업을 재정의하게 된다. 이 같은 신게임 전략은 일반적으로 경쟁기업보다 월등히 높은 기술혁신능력을 가진 대기업들만이 가능하다. 신게임 전략도 막대한 자원을 필요로 하고 위험도 높지만 이에 성공하면 시장을 선도할 수 있다는 장점이 있다.

기술은 기업경쟁의 핵심요소인 원가우위, 차별화, 속도, 새로운 경쟁규칙의 확보에 핵심적 역할을 담당한다(<그림 2-12> 참조). 그 결과 기술은 기업의 경쟁전략과 긴밀한 연계를 맺어야 할 것이다. 본 절에서는 기업들이 수행하는 원가우위 전략(cost leadership strategy), 차별화 전략(differentiation strategy), 속도 전략(speed strategy), 신게임 전략(new game strategy)에 있어서 기술이 미치는 영향을 살펴보기로 한다.

1. 기술과 원가우위

기업이 경쟁우위를 확보하고 유지 또는 강화하는 데 있어 가장 효과적인 방법 중 하나는 경쟁기업보다 낮은 원가로 제품을 생산하는 것이다. 여기서 원가(cost)란 생산원가, 즉 생산활동에서 발생하는 비용 뿐만 아니라 기업활동을 통해 야기되는 연구개발, 마케팅, 유통, 간접비용, 감가상각 등까지 포함하는 모든 비용을 말한다. 자유시장경제에서 가격(price)은 주로 시장을 통해 결정되는데, 일반적으로 가장 강력한 원가우위를 확보하는 기업이 시장에 가장 낮은 가격의 제품을 출하하여 가장 큰 매출액과 수익을 창출할 수 있다. 우선적으로 원가우위 전략(cost leadership strategy)은 기업으로 하여금 다양한 부문 및 활동에서 원가를 줄이도록 요구하는데 기술은 이 같은 노력에 매우 중요한 수단으로 활용된다.

1) 경험곡선

원가우위 전략은 때때로 양(量)의 전략(volume strategy)이라고도 한다. 제품의 누적된 생산량이 증가하면 그 제품의 단위원가(unit cost)는 낮아진다. 이와 같은 누적된 생산량과 단위당 실질원가의 관계는 많은 경제활동을 통해 경험적으로 관찰되어진 결과이다. 원가와 누적 생산량 사이의 이러한 관계에 대한 증명은 경험곡선(experience curve) 혹은 학습곡선(learning curve)의 개념을 탄생시켰다(<그림 2-13> 참조). 이 곡선은 기업의 누적 생산량과 시간에 대한 원가의 변화를 나타내는 곡선으로서 제품의 단위당 실질원가는 누적 경험량(누적 생산량 또는 누적 판매량)이 증가함에 따라 일정 비율로 하락되는 것을 나타낸다. 일반적으로 누적 생산량 또는 판매량이 2배가 되면 단위원가는 인플레이션을 제외하고 20~30% 정도 감소하는 것으로 알려져 있다.

경험곡선(experience curve)은 특정 기업이 아니라 한 산업 전체의 특징을 나타내 준다. 이에 따라, 경험곡선은 주어진 산업 내 경쟁에 있어 관련된 모든 기업에게 중요한 참고가 된다. 곡선의 경사(slope)는 경험효과의 중요성을 반영하는데 경사가 크면 경험의 전략적 영향력도 커진다. 따라서 가장 많은 경험을 지닌 기업이 더 많은 생산량과 시장을 확보하게 되어 결정적 원가우위를 확보하게 된다. 여기서 중요한 점은 이와 같은 경험효과가 필연적인

| 그림 2-13 | 경험곡선의 개념 |

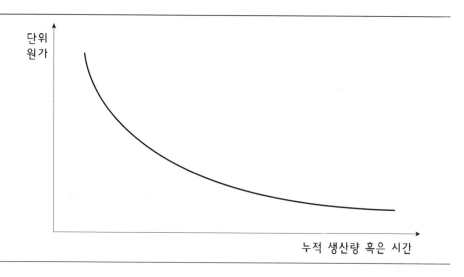

것은 아니라는 점이다. 즉, 누적 생산량의 증가가 반드시 원가감소로 이어지는 것은 아니다. 기업의 꾸준한 노력과 효율적이고 지속적인 원가관리를 통해서만 경험효과로부터 이익을 취할 수 있다.

학습 및 경험은 사실상 주로 조직적인 것이어서 기술과의 직접적인 관련성이 적은 것으로 보인다. 그러나 기술(technology)을 이 책에서 정의한 바와 같이 기업활동을 위한 포괄적인 지식(knowledge)으로 확대 해석하면 학습 및 경험은 기술과 많은 관련을 가지고 있다. 즉, 기업 내의 종업원들이 적극적인 학습을 통하여 기업 및 생산 활동에 있어서 많은 지식을 습득할수록 기업은 원가우위를 확보할 수 있다. 규모와 혁신에 의한 원가절감에서 기술능력은 중요한 역할을 한다. 기업은 생산공정에 있어서의 기술혁신을 통하여 대량생산을 보다 효율적으로 달성할 수 있다. 일반적으로 이와 같은 유형의 기술혁신을 공정혁신(process innovation)이라고 부른다. 또한 생산기술에 있어서의 주요 혁신은 기업에게 차별적인 원가절감 효과를 가져와 기업의 경쟁우위 확보에 대단히 중요한 공헌을 한다.

2) 규모의 경제

연구개발, 제품 디자인 등 기업이 필요로 하는 기술역량의 유지에는 대단히 많은 비용과 고정원가가 요구된다. 한 산업에서 기술의 중요성이 증대되고 이에 따른 투자의 필요성 커지게 되면 그 산업에서 규모의 경제(economies of scale)를 달성할 수 있는 잠재력은 더욱 커진다. 즉, 가장 큰 생산력과 판매량을 지닌 기업이 원가우위를 독점할 수 있게 된다. 예를 들어, 상업용 항공기 제작 산업에서의 기업들은 상당한 기술적 능력을 보유해야 하며 새로운 제품 또는 프로그램 개발에 수십억 달러가 요구될 수 있다. 이와 같은 막대한 비용을 회수하기 위해서는 많은 생산량과 오랜 생산활동이 기업 성공의 핵심요소이다. 이러한 거대 산업에서의 경쟁은 시장점유율 확보와 생산량의 증가를 위한 치열한 투쟁의 형태를 가진다. 산업의 경쟁에 있어서 기술의 영향력이 증대되어 고정원가(fixed cost)가 증가하면 할수록 생산량 증대의 필요성은 더더욱 커지게 된다. 이러한 산업에서 경험효과는 경제의 규모와 크기에서 비롯하는 경우가 많다.

경험에 의해 향상된 제품이나 생산공정은 또 다른 차원에서의 경험효과이다. 사실 기업의 기술적 숙련과 역량은 '원가를 절감하는 혁신'의 활용에 큰 공헌을 한다. 이와 같이 원가를 절감하는 혁신은 제품 혹은 공정의 설계와 관계되는 경우가 많으며, 이들은 기업의 외부로부터 또는 제품의 구성물이나 제품을 제조하는 데 사용되는 장비에서도 기인할 수 있다. 기업의 제품 디자인 향상 능력은 명백히 기술적 숙련을 요구한다. 이 능력은 더 정교한 장비를 사용하거나 제조된 제품 구성물을 더 효율적으로 통합하는 것을 말한다. 예를 들어, 컴퓨터를 이용한 생산기술은 항공산업과 자동차산업에서 필수적이며 다른 산업에서도 제품의 디자인 관련 원가를 크게 줄여준다. 하지만 이와 같은 새로운 기술을 활용하기 위해서 기업은 이와 관련된 새로운 역량을 개발하여야 한다.

반도체 산업에서 지난 30년간의 메모리 원가의 하락 또는 데이터 처리능력의 진보들은 오랜 생산활동보다는 빠른 기술혁신 때문이다. 그러나 이러한 기술혁신은 적절한 기술적 숙련을 가지고 있고 연구개발투자 및 생산설비의 현대화에 필요한 재무적 자원을 가진 상당한 규모의 기업들에 의해서만 창출된다. 더욱이 이러한 기업들은 새로운 기술진보를 지속하는 동시에 상대적으로 짧은 기간에 투자이익을 회수할 수 있는 충분히 큰 시장점유율을 가지는 경우가 일반적이다. 이 점에서 기업은 생산량 증대를 통한 원가우위 달성에 노력하여야 한다.

지속적으로 많은 자원을 요구하고 막대한 고정원가를 필요로 하는 기술집약적 산업(technology-intensive industry)에서 원가우위의 창출을 위한 경제규모와 생산량은 더욱 중요하다. 기업은 더 많은 경험효과를 실현하고 더 낮은 원가를 창출하기 위해서 기술혁신을 통해 제품 또는 생산공정을 향상시킬 수 있어야 한다. 이를 달성하기 위해서 기업은 기술역량의 확보·유지·제고에 막대한 투자를 해야 한다. 이 점에서 규모의 경제를 이미 달성한 선도기업은 경쟁자보다 연구개발활동에 더 많이 투자함으로써 원가우위를 확보할 수 있다. 이들 기업의 기술적 우수성은 원가우위를 달성할 수 있는 혁신을 창출하고, 기업의 경쟁우위를 제고시키며, 그 결과 연구개발활동에 훨씬 더 많은 투자를 가능하게 한다.

3) 경험의 무효화

어떤 조건에서는 소규모 기업들, 심지어 외부로부터의 신규기업들(new entrants)이 상대적으로 부족한 시장점유율, 작은 생산규모, 제한된 경험을 보상하려는 노력으로 기술혁신을 창출하기도 한다. 또한 이들 기업은 제품의 향상 없이 공정혁신만으로도 생산원가를 상당히 낮출 수 있으며 심지어 경험에 의해 형성된 기존기업의 원가우위조차 능가할 수도 있다. 기술혁신은 종종 막대한 원가절감을 가져와 기존기업의 규모의 경제에 따른 원가절감을 무색하게 하는 경험의 무효화(experience nullification)를 가져오는 경우가 많다. 이와 같은 기술혁신을 창출하는 기업은 그 혁신을 오랫동안 활용할 수 있는 독점적 권리를 확보하는 경우에는 원가의 측면에서 대단한 경쟁우위를 확보할 수 있다. 즉, 새로운 기술은 새로운 경험곡선을 창출하고 기존기술에 기반한 기존기업의 경험곡선을 무효화시킬 수 있다(<그림 2-14> 참조).

여기에서 '경험효과를 높여주는 기술혁신'과 '경험효과를 무효로 하는 기술혁신'의 구별은 중요하다(Dussauge 등, 1992: 48-49). 일반적으로 '경험효과를 높여주는 기술혁신'은 기존기업의 축적된 경험에서 창출되는 반면, '경험을 무효화시키는 기술혁신'은 대체로 산업의 경계 밖의 외부기업들에 의해서 개발된다.

기업에 있어서 '경험효과를 높여주는 기술혁신'은 일반적으로 기술혁신의 상대적 중요성이 작으며 기술혁신의 확보에 추가적 투자를 상대적으로 적게 요구하고 새로운 장비와 설비를 요구하지 않는 경향이 있다. 이러한 기술혁신은 원가절감을 목표로 하며 제품과 생산공정의 변화는 최소화한다. 경험효과의 논리는 경험효과를 기반으로 한 양(量)의 전략을 통해 제품과 공정의 표준화 및 안정화를 추구하는 것이다. 그러나 기술의 관점에서 이와 같은 전략은 기업으로 하여금 어떠한 타성에 젖게 한다. 이것은 종종 선도기업들이 경험이 훨씬 적지만 '경험효과를 무효화하는 기술혁신'을 바탕으로 성공적 원가우위를 달성하는 중소기업에 왜 취약한지를 설명해 준다. 예를 들어, 1950년대 Ford는 후발기업인 General Motors(GM)보다 자동차 생산에 있어서 훨씬 많은 경험을 축적하고 보다 많은 자동차 생산량을 기록하고 있었으나 새로운 혁신을 추구하는 대신 기존의 생산방식을 고집하여 시장의 주도권을 GM에게 넘겨주었고 GM의 시장 주도권은 이후 50여 년간 지속되고 있다. 이처럼

| 그림 2-14 | 기술혁신과 경험의 무효화 |

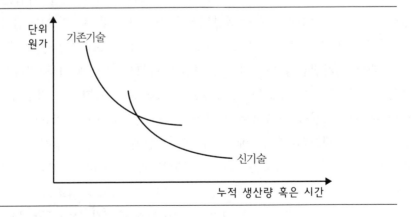

기술혁신은 중소기업들에게는 기존의 강력한 선도기업의 축적된 경험효과에
의한 원가 측면의 경쟁불위를 극복할 수 있는 아주 좋은 수단이 된다.

그러나 '경험효과를 무효화하는 기술혁신'은 일반적 기술혁신과는 매우
다르다. 대부분의 경우 이런 종류의 기술혁신은 제품 디자인뿐만 아니라 생
산공정에도 영향을 주어 결과적으로 보다 낮은 원가를 창출한다. 이러한 결
과는 보다 첨단적인 장비의 사용으로 잠정적으로도 달성되는데 그 결과 오
래된 장비를 사용하는 선도기업과 필적할 수 있게 된다. 그러나 이와 같은
선도적 위치는 오랫동안 지속되지 못한다. 기업이 기술을 지속가능한 원가
우위로 변환시키기 위해서는 기술혁신을 배타적으로 관리해야 하고 경영방
식을 변화시켜야 하기 때문이다. 아울러 선도기업들도 이들 혁신기업들과
경쟁하기 위해 기술경영에 더욱 노력하고 혁신적인 조직구조로 변환되어야
한다. 그 결과 기술혁신은 새로운 경험곡선을 창출하여 모든 경쟁자들이 처
음부터 다시 경쟁하도록 하고, 이 같은 새로운 경험을 창출한 신규기업(new
entrants)으로 하여금 기존기업과 경쟁을 할 수 있게 한다. 이 점에서 신규기
업에 대한 경험을 무효화하는 기술혁신은 최근 강조되고 있는 파괴적 혁신
(disruptive innovation)을 의미하는 것이다.

기술혁신을 중심으로 기존기업과 신규기업은 서로에 대하여 효과적인
전략을 추구할 수 있다. 기존기업(incumbents)은 경험의 영향력을 크게 만들
기 위해 규모에서 창출되는 이익의 증대가 가능한 곳에 연구개발투자를 집
중한다. 이와 같은 연구개발투자의 결과 창출되는 기술혁신은 점진적 혁신
(incremental innovation)의 성격을 갖는 것이 일반적이다. 이를 바탕으로 기존
기업은 그들의 축적된 경험에서부터 더욱더 원가를 줄이는 혁신을 꾀하려
한다. 이와 대조적으로 소규모 기업이나 신규기업(new entrants)은 산업의 기
존기업에 의해 축적된 경험의 영향력을 획기적으로 줄일 수 있는 보다 급진
적 혁신(radical innovation)을 통해 새로운 경험곡선을 창출하여 새로운 선도기
업이 되려고 한다. Christensen(1997)이 강조한 것처럼 신규기업은 기존기업보
다 파괴적 기술의 창출 및 활용에 상대적으로 유리한 위치에 있을 수 있다.
이처럼 기술혁신은 모든 기업의 원가우위 전략의 추구에 핵심적 역할을 수
행한다. 기술혁신은 기존의 경험효과를 증강하는 근본적인 동인이 되기도

하지만 새로운 경험효과를 창출하여 기존기업의 경험을 무효화하는 모순적
효과를 가지고 있다.

2. 기술과 차별화

1) 차별화의 개념

기술은 원가우위 전략의 수행에 중요한 역할을 하는 동시에 차별화
(differentiation) 전략에 더욱 중요하다. 전술한 원가우위 전략의 목적은 기업
이 경쟁자들보다 낮은 원가로 인해 발생한 경쟁 이익을 취하는 것이다. 반
면 차별화 전략은 기업이 고객들에 의해서 평가받는 제품과 서비스의 특별
한 특징에 의해 얻어지는 경쟁 이익을 취하는 것을 목표로 한다. 이와 같은
특별한 특징으로는 제품의 향상된 성과, 보다 나은 품질, 더 높은 신뢰성 및
내구성, 그 밖의 고객으로부터 인정된 차별성 등이다. 차별화는 종종 브랜드
이미지 또는 평판을 형성하기도 한다. 차별화 전략에서 중요한 점은 시장
전체에서 혹은 적어도 중요한 어떤 지역에서 경쟁기업의 제품 또는 서비스
보다 더 높은 가치를 인정받는 것이다. 전략적 관점에서 제품 또는 서비스
의 실제적, 객관적 특징은 시장에서 고객에 의해 인정받고 평가받는 것이
매우 중요하다. 즉, 아무리 제품의 차별성이 높다 하여도 이것이 고객에 의
해 인식되지 않거나 받아들여지지 않을 경우에는 경쟁력을 확보하기 어렵
다. 기업이 제품의 가치를 결정하는 것이 아니라 시장 및 고객이 가치를 결
정하기 때문이다.

기업은 차별화 전략을 통해서 원가우위에 바탕을 둔 가격경쟁(price
competition)의 영향력을 감소시키는 것이 가능하다. 그러나 이 전략은 시장이
가격에 완전히 무관심하다는 것은 아니며 기업들이 원가의 관점에서 높은
손실을 기꺼이 감내하는 것을 의미하는 것도 아니다. 이에 따라, 차별화 전
략은 일정한 가격 및 생산원가 조건에서 특별한 특성을 지닌 제품 또는 서
비스에 대한 수요가 실존하고 충분할 때에만 실현이 가능하다. 특히, 제품의
특성을 바탕으로 차별화 전략을 추구하는 기업에게는 이러한 특성이 오래

지속되는 것이 매우 중요하다. 만약 제품의 특성이 경쟁자들에 의해서 모방될 수 있다면 차별화 전략은 성공하기 어렵다.

제품의 차별화와 이의 지속성은 다음 두 가지 경우에 의해 달성될 수 있다. 먼저, 제품 및 서비스의 특이성이 특허 또는 브랜드 충성도 등에 의해 보호되는 독점적 역량에 바탕을 둘 때이다. 다음으로는 기업이 제품 및 서비스에서 독특한 특성을 보일 수 있거나 만약 비교가능한 제품과 비슷한 특징을 가질 경우에는 경쟁자보다 상당히 낮은 원가를 창출할 때이다. 이 두 가지의 기본적 상황은 배타적이지 않고 실제로 서로의 영향력을 강화한다.

또한 차별화 전략은 넓은 산업 내에서 일정한 틈새시장(niche market)을 찾는 데 활용될 수 있다. 이것이 이른바 차별화 집중(differentiation focus) 전략이다. 이러한 차별적 특징에 바탕을 둔 틈새시장은 진입장벽에 의해 보호되어 자신만의 시장을 구성한다. 틈새시장에서의 경쟁은 전 산업에서 통용되는 동일한 경쟁의 법칙을 따르지 않는다는 점에서 중소기업 등 자원이 상대적으로 부족한 기업도 효과적으로 활용할 수 있는 전략이다. 그러므로 틈새시장에서의 성공적 차별화는 새로운 전략분야의 의도적 창조라 할 수 있다. 그러나 차별적 틈새와 전체 산업은 몇 가지의 제한된 특성만을 제외하고 많은 공통된 특성을 갖는다. 그러므로 틈새시장은 기존의 전체시장에 흡수되어 일반화되어질 수 있는 높은 위험이 있다. 이에 따라, 틈새시장에서 차별화 전략을 수행하는 기업은 차별적 틈새시장에 진입장벽(entry barriers)을 지속적으로 유지하기 위해 노력해야 하며 일정한 경쟁우위를 보호하기 위해 차별역량(distinctive competence)을 지속적으로 창출해야 한다.

기업의 차별화 전략은 제품과 서비스의 독특한 특징을 만들어 내고 경쟁자들의 모방 시도에 대응할 수 있는 강력한 수단이기 때문에 일반적으로 기술에 바탕을 둔다. 이와 같은 차별화 전략에 활용될 수 있는 기술을 배타적 기술(exclusive technology)이라고 부른다. 일반적으로 배타적 기술에 대한 통제 및 이에 기반을 둔 차별화 전략은 기업에 매우 큰 경쟁우위를 가져다준다. 배타적 기술을 개발하는 데 성공적이었던 기업의 예는 많다. 오랫동안 번영을 누렸던 DuPont의 나일론(Nylon)의 개발이 대표적 사례이다. 이 기술은 특허를 통하여 보호되면서 독점이 가능했다. 그러나 특허기간이 만료된 후 나일론 가격은 치열한 경쟁에 의해 수개월 사이에 급격히 떨어졌다. 나일론의 중요성과 DuPont의 성장은 기술경영의 전설적 사례에 속한다. 그 결과 많은 기업과 연구자들은 나일론과 같은 기술혁신의 창출을 꿈꾸고 있다.

2) 차별화의 핵심요소

(1) 지속가능성

차별화 전략에서 기술에 의해 형성된 경쟁우위와 이의 지속가능성 (sustainability)은 매우 중요하다. 제품과 서비스의 주요 특성이 기술혁신의 결과이면 그러한 기술의 이용이 독점적이 될 수 있도록 경쟁자들로부터 기술능력은 보호되어야 한다. 기술능력(technological capabilities)을 보호하기 위한 주요 방법으로는 어떤 경쟁자도 모방할 수 없는 독점적 기술능력을 지속적으로 향상하는 방법과 특허 등을 통하여 법적으로 보호하는 두 가지 방법이 있다(Dussauge 등, 1992: 53-54).

먼저, 독점적 기술능력(proprietary technological skill)의 지속적 향상은 기업의 경쟁우위를 창출하는 근본적 방법이다. 기술적 차별성을 갖춘 제품의 생산은 다양한 기능과 부서, 특히 연구원 또는 연구팀에 체화되는 다양한 역량을 필요로 한다. 이러한 역량은 종종 정형화되지 않고 핵심 인물과 조직 전체의 훈련과 경험의 노력으로 나온 산물이기도 하다. 이러한 기술적 숙련의 복잡하고 암묵적인 성질은 경쟁기업의 모방 노력으로부터 기업의 주력기술을 효과적으로 방어하게 한다.

이와 반대로 차별화가 정형화되고 공식적 특성을 가진 기술에 의존하고 있을 경우에는 경쟁기업에 의한 모방의 위험은 훨씬 커지며, 이 경우 해당 기술에 대한 법적 보호(legal protection)의 문제가 중요하게 대두된다. 이와 같은 기술을 보호하는 가장 일반적인 방법이 특허(patent)이다. 특허는 어떤 기업이 특정기술의 사용에 대한 독점적 권리를 갖는 것을 인정함으로써 차별화 전략의 논리와 부합하게 된다. 사실 차별화 전략의 목표는 해당 제품의 틈새에서 독점적 상태를 창출하는 것이다. 특허는 제한된 기간 동안 특정기업의 기술적 독점을 유지하는 것을 제도화한다. 이에 따라, 많은 기업은 어떤 기술에 대한 특허 등록을 체계적으로 계획하여 기술에 기반한 차별화 전략을 더욱 확대해 나간다. 하나의 특허에 이어 관련된 특허들을 순차적으로 등록함으로써 해당 기술을 오랜 기간 보호하고 독점적으로 활용하게 된다.

(2) 고객가치

차별화 전략이 경쟁전략의 핵심적 기초가 되기 위해서는 기술에 기반한 제품의 차별적 품질과 가치가 시장에서 인정되어 수요자가 높은 가격을 지불하기에 충분하여야 한다. 이처럼 소비자에 의해 인지된 제품 및 서비스의 가치를 고객가치(customer value)라고 부르며, 이는 해당 제품 및 서비스의 시장규모와 가격수준을 결정한다. 그러나 기업의 입장에서는 시장에 있는 고객들의 인지와 가치를 통제하기란 매우 어렵다. 실제로 시장의 소비자들은 어떤 기업이 기존기업의 제품보다 훨씬 우수한 제품을 출하하였다 하여도 기존제품과의 차별성을 잘 인식하지 못하여 더 높은 가격을 지불하려 하지 않는 경우가 많다. 즉, 어떤 혁신적인 제품이 기술적으로는 성공을 하였어도 상업적으로 실패하는 경우는 많이 있다.

이처럼 제품의 차별성은 우수하지만 고객의 가치인식의 부족으로 실패한 사례는 많이 있다. 예를 들어, 1980년대 초반 Texas Instruments(TI)사는 경쟁회사인 Commodore사와 급부상하는 가정용 컴퓨터 시장을 놓고 치열한 경쟁을 벌였다. TI의 제품은 Commodore의 제품에 비해 훨씬 성능이 좋았으나 이 시기에는 아직 가정용 컴퓨터 산업이 새로웠고 일반 고객들은 TI의 제품의 가치에 대해 충분한 인식을 하지 못하여 TI는 경쟁에서 지고 막대한 손해를 감수하여야 했다. 또 다른 사례로서 프랑스와 영국의 합작으로 만들어진 Concorde기를 들 수 있는데, 이 비행기는 대단한 성능을 가진 기술적으로 매우 우수한 초음속 비행기였지만 이의 개발 및 사용에 대단히 높은 원가를 수반하여 일부의 부유층 고객만이 이를 활용할 수 있을 뿐이었다. 그 결과 Concorde 프로그램은 상업적으로 실패하였는데 이는 시장에서 일반 고객들이 이 비행기의 가치를 충분히 인식하지 못하였기 때문이다.

한편 기업이 시장의 반응을 살피지 않고 제품 및 서비스의 개발에 첨단 기술을 맹목적으로 사용하려는 경향은 차별화 전략의 함정 중 하나이다. 일반적으로 조직의 자기중심성은 고객들이 신제품에 대한 차별성을 인지하는 어려움을 낮게 평가하게 한다. 이 같은 문제는 성공한 기업의 경우에도 많이 발생한다. 이에 따라, 기업은 기술에 기반한 차별화 전략이 고객에게 어느 정도로 가치를 제공하는지 평가하여야 한다. 이를 위하여 가치사슬(value chain) 개념을 활용할 수 있다. 가치사슬의 개념에 따르면 기술은 공급자의 생산원가를 낮추거나, 제품의 생산비용을 줄이거나, 고객에게 보다 높은 성과를 지닌 제품의 제공 등 세 방법을 통해 고객의 가치를 증대시킨다. 이에 따라, 기업은 차별적 제품을 시장에 출하할 때에 이것이 가치사슬의 어디에 공헌하는지 검토하여야 할 것이다. 이들 세 가지 방법은 서로 배타적이지 않으며 동시에 달성될 수 있다. 이 점에서 기업은 기술을 바탕으로 고객에 대한 가치를 증대하는 데 노력하여야 할 것이다.

3. 기술과 속도

현재와 같은 기술경쟁의 시기에는 제품수명주기(product life cycle)가 점점 단축되고 있다. 산업에 따라 차이는 있지만 전자산업의 경우에는 제품의 수명주기가 몇 개월에 불과한 경우가 허다하다. 이와 같이 급변하는 기술경제 환경 속에서는 '시간에 기초한 경쟁우위'(time-based competitive advantage)를 창출하는 것이 대단히 중요하다(Stalk, 1988; Stalk & Hout, 1990). 이제 기업은 새로운 제품을 시장에 출하하는 것도 중요하지만 이와 같은 제품을 경쟁기업들보다 훨씬 빨리 출하하여야 할 것이다. 이것은 정선양(2006)이 주장하고 앞에서도 살펴본 속도의 경제(economies of speed)를 의미한다. 실제로 기술경영의 많은 문헌은 기술경영에 있어서 시간이라는 경쟁요인의 중요성을 충분히 인식하여 기술전략을 시간의 차원에서 분류하여 기술선도자(technology leader)와 기술추격자(technology follower)로 구분하는 경향이 많다.

이처럼 기술 및 신제품 개발의 선도는 기업에게 대단한 경쟁우위를 제공해 줄 수 있다. 일반적으로 시간과 관련한 경쟁우위로는 선점자 이익(early-mover advantage)을 들 수 있다. 기업은 시장에 새로운 제품을 조기에 출하함으로써 막대한 시장점유율을 확보할 수 있다. 기업이 이를 바탕으로 적절한 진입장벽(entry barriers)을 설정하면 이 같은 경쟁우위는 상당한 기간 지속될 수 있다. 또한 경쟁우위의 시간적 측면과 관련하여 빠른 추격자 이익 (fast-follower advantage)도 중요하다. 종종 시장의 초기 진입자는 기대하지 못한 많은 어려움에 직면할 수 있다. 선점자는 기술적, 상업적 위험에 노출되어 있으며 빠른 추격자의 공격으로 어려움을 겪을 수 있다. 이에 따라, 기업은 진입시점을 심사숙고하여 선점자의 뒤에서 바짝 추격하는 것도 바람직한 전략이 될 수 있다. 이 유형의 기업들은 선점자의 뒤에서 선점자의 전략과 혹시 있을 실패를 면밀히 분석하여 보다 합리적인 전략을 추구한다. 그러나 빠른 추격자 전략은 현재의 상대적으로 열세적인 환경에서 보다 높은 기술능력을 확보하여 향후 시장의 선도자가 되기 위해 잠정적으로 유지할 수 있는 전략으로 파악할 수 있을 것이다.

이와 같은 '시간에 기반한 경쟁'에 있어서 기술은 대단히 중요한 역할을 한다. 즉, 기업이 선점자가 되기 위해서는 산업 내에서 가장 강력한 경쟁우위를 확보하여야 하는데 이는 기술혁신(technological innovation)을 기반으로 한다. 선점자는 또한 자신의 선도적 위치를 방어하기 위해서 지속적으로 기술혁신에 노력하여야 한다. 아울러 기업이 빠른 추격자가 되기 위해서도 상당한 정도의 기술능력의 확보 및 유지가 필요하다. 빠른 추격자는 선점자의 전략적 행위를 분석·대응할 수 있는 상당한 정도의 기술능력을 필요로 한다. 빠른 추격자가 선점자의 실패로부터 학습하고 시장의 새로운 선도자로 발전하려면 적어도 선점자와 비슷한 정도의 높은 기술능력을 확보하여야 할 것이다.

기업의 경쟁요소로서 시간의 문제를 등한시하여 경쟁우위를 상실한 사례는 많이 있다. 대표적으로 Osborne Computer사의 사례를 들 수 있다 (Khalil, 2000: 38-40). 1970년대 중반 PC 시장이 시작될 무렵, Adam Osborne은 이 시기에 이미 PC의 모든 구성요소 – 본체, 모니터, 소프트웨어 – 를 패키지로 하여 휴대용 컴퓨터(PC: portable computer)로 만들기로 결정을 하였다. 이 회사는 1981년 7월 첫 제품을 출하하였는데, 출하 후 두 달 동안 1백만 달러의 매출액을 달성하였고 제 2 차 연도에는 1억 달러의 매출을 기록하였으나, 6개월 뒤에 파산하였다. 여기에서 문제가 되었던 것은 이 회사가 기술혁신을 경영하는 데 있어서 여러 주요한 문제점을 가지고 있었기 때문이다. 즉, 이 회사는 컴퓨터를 작게 만들려는 노력의 일환으로 5인치 화면을 만들었는데 이 화면은 한 줄에 60자만을 나타내 주어, 일반적인 80자에 익숙한 고객을 실망시켰다. 고객들은 80자를 나타내는 좀 더 큰 화면을 가진 일체형 컴퓨터를 원하였으나 이 회사는 이 같은 소비자의 수요를 충족할 수 있는 표준적 화면의 개발을 지체하였다. 그러는 와중에 경쟁기업이었던 Kaypro사가 이 같은 Osborne Computer사의 약점을 충분히 파악하고 보다 진보된 기술을 활용하여 한 줄에 80자 화면을 나타내는 제품을 출하하였다. 이에 대응하여 Osborne Computer사는 소비자의 수요를 더욱 잘 충족시킬 수 있는 보다 나은 제품을 출하하겠다고 공식 발표를 하였는데 이 발표의 시점이 더욱 큰 실수였다. Osborne Computer사는 이를 발표할 당시에 기존제품의 매우 많은 재고를 가지고 있었는데 신제품 발표계획을 들은 많은 잠재적 고객들이 새로운 모델을 기다리면서 기존제품의 구입을 미루었다. 아울러 이 회사는 기업공개를 통한 자금조달을 1982년 여름에서 1983년 봄으로 연기하여 자금부족의 어려움에 시달렸다. 이와 같은 여러 가지 치명적인 지체로 인해 Osborne Computer사는 급변하는 시장에서 도산을 할 수밖에 없었다.

이처럼 기업이 새로운 기술혁신을 가지고 시장에 참입하는 것은 기업에게 대단한 선점자 이익(early-mover advantage)을 제공해 준다. 그러나 기업이 기술혁신을 바탕으로 경쟁을 하려면 기술기반 경쟁우위를 지속할 수 있는 세심하고도 체계적인 전략계획을 수립·집행하여야 할 것이다. 만약에 경쟁기업이 보다 새로운 제품개념을 가지고 새로운 시장을 창출하면 기존제품은 빠르게 구식화된다. 모든 제품들은 수명주기를 가지고 있으므로 적시의 제품혁신(timely product innovation)은 최고 경영층이 담당하는 기술전략의 중요한 부분을 구성하여야 한다. 또한 기업은 고객의 소리에 귀 기울이고 경쟁기업들보다 더욱 빠르게 대응하여야 할 것이다.

4. 기술과 새로운 경쟁규칙

원가우위 전략과 차별화 전략은 주어진 산업구조(industrial structure) 내에서 활용이 용이한전략이다. 그러나 이들은 새로운 산업을 정의하거나 경쟁환경을 변화시키지는 못한다. 일반적으로 많은 기업들은 기존의 안정적인 산업구조 내에서 경쟁우위를 확보하는 것을 목표로 하고 있으며 전술한 바와 같이 기술은 이와 같은 경쟁우위 확보에 대단히 중요한 역할을 한다.

한편 기술혁신은 기존산업의 한계를 뛰어넘고 새로운 산업을 창출하며 여기에서 새로운 경쟁우위를 형성하는 힘으로 작용한다(정선양, 2006, 2012, 2018). 즉, 기술혁신은 기존산업에서 새로운 경쟁규칙(new rules of competition)을 설정할 수 있으며, 이를 바탕으로 새로운 산업을 창출할 수 있다. 그러나 일반적으로 경쟁의 근본적 속성을 변화시키는 이러한 기술혁신은 기존기업의 노력에 의해서 창출되지는 않는다. 기존산업 내의 선도기업들이 다른 기업들보다 상대적으로 기술능력이 매우 높아도 이들의 기술능력은 산업의 기존기술에 있어서의 능력일 뿐 새로운 경쟁규칙을 창출할 새로운 기술혁신에 대한 준비가 잘 되어 있는 것은 아니다. 이들 기존기업이 창출하는 기술혁신은 기존산업의 패러다임을 벗어나기는 어렵다.

새로운 경쟁의 규칙을 창출하려는 전략을 추진하는 기업들은 일반적으로 산업의 경계 밖에 있는 경우가 많다. 이들 기업에 의해 추진되는 새로운 경쟁규칙을 창출하려는 전략은 기존산업 내 경쟁의 힘을 변화시키고 새로운 산업을 정의하려는 세심한 의도로 추진된다. 이 전략을 추구하는 기업들은 기존의 기술혁신에는 충분한 경쟁우위를 가지고 있지 못하지만 새로운 기술혁신능력을 바탕으로 산업에 새로운 변화의 바람을 불러일으키려고 노력한다. 이 유형의 기술혁신은 기존의 기술혁신과 연속성이 없다는 점에서 불연속적 혁신(discontinuous innovation)이라고 부른다. 이와 같은 전략을 추구하는 신규기업(new entrants)은 일반적으로 상당한 정도의 기술능력을 가지고 있으며, 신흥기술 및 선도기술의 개발에 노력하는 대학 및 공공연구기관과 긴밀한 협력관계를 가지고 있는 경우가 일반적이다. 일단 이와 같은 노력이 성공을 거두면 변화의 속도는 더욱 가속화되어 기존산업에 커다란 소요를 가져오며 더 나아가 새로운 산업을 창출하기도 한다.

기술은 이와 같은 새로운 경쟁규칙의 창출전략에 가장 중요한 기초를 제공한다. 새롭고 뛰어난 기술역량을 지닌 기업은 해당 기술의 변화속도를 가속화시켜 새로운 경쟁규칙을 창출함으로써 경쟁위치를 강화할 수 있다. 이렇게 가속화된 기술혁신은 다른 경쟁기업들로 하여금 새로운 기술혁신에 대한 적응을 어렵게 한다. 몇몇 새로운 기업들에 의해 야기된 이와 같은 근본적인 기술변화는 해당 산업에서 상대적으로 중요한 경쟁 요소와 본성을 변화시키고 경쟁환경을 유리하게 만들어 이들 기업의 경쟁우위의 획기적인 제고를 가능하게 한다. 예를 들어, 새로운 기술혁신은 생산량에 의존적인 산업에 규모의 영향을 줄이거나 없애고 규모가 오히려 결점이 되게 할 수도 있다. 이처럼 기존산업에 커다란 소요를 일으키고 새로운 경쟁규칙으로 기존산업의 질서를 파괴하는 기술혁신을 Christensen(1997, 2000)은 파괴적 혁신(disruptive innovation)이라 명명하였다. 이처럼 경쟁환경의 변화는 일부 기업들이 기술혁신을 통해 새로운 경쟁규칙을 창출하려는 세심한 전략(deliberate strategies)의 결과이다. 이 전략은 새로운 경쟁규칙이 특히 기존기업들을 새로운 경쟁환경에 적응하기 어렵게 하는 경우에 매우 유용하게 활용될 수 있다.

사례 2

기술혁신은 쉽지 않다(Innovation is not easy)....
그러나 그것은 반드시 하여야 한다(But it is imperative)!!!

기술혁신은 기업의 경쟁우위를 확보·유지·발전시키는 가장 강력한 수단이다. 그러나 기술혁신의 성공은 보장되어 있지 않다. 여기에 기술혁신경영의 필요성이 대두되는 것이다. Tidd, Bessant & Pavitt(2005)는 기술혁신의 대표적 실패사례를 제시하고 있는데 아래에는 이들이 제시한 몇 가지를 살펴보기로 한다.

먼저, 1952년 미국의 자동차 회사인 Ford사는 GM과 Chrysler사의 중형급 자동차에 대항할 새로운 모델인, 이른바 'E' car의 개발에 몰두하였다. 이 모델의 이름에 대한 대대적인 공모 결과 2만여 개의 제안 중에서 창업자 Henry Ford의 유일한 아들이 Edsel Ford의 이름을 따서 Edsel로 정해졌다. 그러나 이 차는 대단한 실패로 결론지어졌다. Edsel 모델이 주행에 적합할 정도로 생산되기까지 자동차 1대당 생산비용은 10,000달러로서 이는 당시 자동차 원가의 2배였다. 홍보계획에 따르면 신제품의 출하계획이 하루에 75대를 자동차 딜러에게 제공할 계획이었으나 막상 닥쳐보니 겨우 68대만을 출하하였고, TV 생중계 광고도 시작부터 실패하였다. 결국, 1958년 디자인에 대한 소비자의 무관심과 기업 명성에 대한 우려로 이 자동차는 생산이 중단하였는데, 결국 총 110,847대의 생산과 4억 5,000만 달러의 손실을 기록하였다.

두 번째 실패사례는 영국의 장거리 여객 항공기 제작의 실패사례이다. 제2차 세계대전 후반기에 서방국가들은 장거리 여객 항공기의 시장이 점점 커질 것이라는 점을 인식하게 되었다. 이에 영국의 대표적 항공기 제작기업이었고 초대형 장거리 폭격기의 디자인에 전문성을 가진 Bristol Brabazon사는 - 이 기업은 1959년 영국의 다른 항공기 제작 기업들을 병합하여 영국항공기법인(BAC: Bristol Aeroplane Company)으로 재탄생함 - 1943년 영국 항공청으로부터 장거리 여객 항공기의 개발을 승인받았다. 이 새로운 여객기의 주요 고객인 영국해외항공(BOAC: British Overseas Airways Corporation) - 지금의 영국항공(British Airways)의 전신 - 은 주로 항공기와 장비의 배치에 관한 의견만 제시하였을 뿐, 항공기의 크기, 여행 범위, 탑재능력 등에 관한 자문은 전혀 이루어지지 않았다. 그리하여 이 새로운 거대 비행기의 생산 및 시험을 위하여 소요 예산은 급격하게 증가하였고, 프로젝트의 관리는 더욱 문제가 있었으며, 현대 젊은 여성을 위한 웅대한 파우더룸과 같은 불필요한 사양들이 포함되었다. 이 항공기는 프로토타입 개발에만 무려 6.5년이나 걸렸으며 날개와 엔진 디자인에 있어서 주요 기술적 위기가 발생하기도 하였다. 비록 이 비행기는 대전 이후 항공기 시장의 특징을 잘 시험하였으나, 이것은 연구개발요원들이 생각하였던 것과는 달랐다. 결국, 1952년 이 항공기 제작 프로젝트는 막대한 세금을 낭비하고 폐기되었다. 그리고 10여 년이 지나 1962년 영국 정부와 프랑스 정부의 지원을 받아 영국항공기법인(BAC)는 프랑스 쉬드아비아시옹(Sud-Aviation)과 마하 2.2까지 속도를 낼 수 있는 초음속 항공기, 이른바 Concorde기의 개발에 합의하고 1969년 처녀비행을 하였으며 1972년 20대를 생산하였다. 이 비행기는 일반 비행기보다 2배 빠른 속도로 대서양(파리-뉴욕 구간)을 3시간에 주파하였으나 비싼 요금, 높은 소음, 좁은 좌석 등의 문제로 경제성을 확보하지 못하다가 2003년 말 퇴역하게 되었다.

이와 같은 기술혁신의 실패사례는 무수히 많다. 기본적으로 기술혁신은 위험하며 실패가 없이는 성공하기 어렵다. 그렇다면 이처럼 위험한 사업에 '참여를 하지 않는 것(doing nothing)'도 하나의 방법이다. 그러나 급격하게 소용돌이치고 급변하는 현재의 경제환경 속에서 이것은 대안이 될 수 없다. 기업이 자신의 제품, 공정, 서비스를 새롭게 할 준비가 되어 있지 않다면 생존이 위협받기 때문이다. 역사를 살펴보면 실제로 수없이 많은 우수한 기업이 기술혁신을 하지 못하여 무대 뒤로 사라졌다. 1980년대 중반 Shell의 연구에 따르면 대기업의 평균 생존 기간은 인간의 평균 생존 기간의 절반에도 못 미친다. 이제는 기술경제환경이 더욱 급변함에 따라 기업의 생존 기간은 훨씬 더 감축되었다. Foster & Kaplan에 따르면, 1857년 Standard and Poor 500을 본래 구성하였던 500개 기업 중 1997년 현재 단지 74개 기업만이 생존하고 있다. 1900년 Dow Jones Index를 구성하였던 10대 기업 중 단지 General Electrics(GE)만이 생존해 있다. 난공불락일 것 같던 IBM, GM, Kodak 등도 생존을 걱정하는 처지에 놓였었다.

이것은 비단 개별 기업에만 해당하는 것이 아니다. Utterback의 연구에 따르면 게임의 경제적, 기술적 규칙을 새롭게 쓰는 급진적 혁신(radical innovation)의 결과 산업 전체가 사라지는 현상이 발생한다. 그의 연구결과는 다음 두 가지의 심각한 결론을 가져다준다. 첫째, 기존의 질서를 파괴하는 많은 기술혁신은 특정한 산업 밖에 있는 신규참입자에 의해 창출되며, 둘째, 기존의 기업 중에 상당수는 이같은 변화의 소용돌이 속에서 살아남는다는 것이다. 그리하여 문제는 '기술혁신을 할 것인가 아닌가?(Whether or not to innovate?)'가 아니라 '기술혁신을 어떻게 할 것인가?(How to innovate?)'이다.

그렇다면 우리는 무엇을 경영하여야 할 것인가? 본원적 차원(generic level)에서 Tidd 등(2005)은 기업이 기술혁신과정을 구성하는 다음 네 단계를 반드시 경영할 것을 제안한다.

(1) 잠재적 기술혁신에 관한 신호를 포착하고 처리할 내·외부환경을 평가하고 탐색(Scan & Search): 이것은 다양한 형태의 니즈, 어디선가의 연구개발활동으로부터 창출되는 기회, 혹은 법적 규제를 지켜야 하는 압력, 혹은 경쟁자들의 행위들일 수 있다.

(2) 기술혁신을 위한 이들 일련의 잠재적 방아쇠들에 대한 전략적 선택(Select): 이것은 기업이 무엇을 할 것인가에 대해 자원을 투입하기 위한 의사결정이다. 이는 아무리 많은 자원을 가진 기업도 모든 것을 다 할 수 없으므로 기업의 경쟁우위를 창출하는데 가장 확률이 높은 사안에 대해 선택하는 것이다.

(3) 대안에 대한 자원(Resources)의 투입: 이것은 자체 연구개발활동이나 외부로부터 기술획득을 통하여 대안을 활용하기 위한 지식자원의 투입하는 것을 의미한다.

(4) 기술혁신의 실행(Implementation): 이 단계는 기술혁신을 아이디어로부터 새로운 제품 혹은 서비스의 형태로 시장 출하에 이르기까지의 다양한 단계를 통하여 성장시키는 것을 의미한다.

(5) 이전 단계의 평가 그리고 성공과 실패 경험의 검토(Review): 이것은 앞에서

의 기술혁신의 과정을 보다 잘 경영하기 위해 학습하고 경험으로부터 관련 지식을 확보하기 위한 과정을 의미한다.

이상에서 Tidd 등(2005)이 제시한 기술혁신경영에서 "무엇을 경영을 할 것인가?"에 관한 질문은 기술경영의 대상을 의미하는 것이며, 이상의 이들의 주장을 살펴보면 그 대상은 기술혁신과정(innovation process)이다. 아울러 이들이 이상의 과정은 본원적 과정(generic process)이라고 주장한 것은 이상의 기술혁신경영 과정은 기술경영의 가장 기본적 과정이며 기업에 따라 다양한 변형이 있을 수 있다는 점을 의미한다. 이들 역시 중소기업은 기술혁신경영을 비공식적으로 수행하는 데 비해 대기업은 대단히 구조화된 기술혁신경영을 폭넓게 수행한다는 점을 강조한다. 이들은 또한 생명공학 및 의약학과 같은 첨단기술산업에 속한 기업들은 공식적 연구개발(formal R&D)을 수행하는 경향이 많으며, 이에 따라 공식적이고 체계화된 기술혁신경영을 수행하고 있다고 주장한다. 이들은 기술혁신은 기업의 핵심과정(core process)이며, 기술혁신경영은 이같은 핵심과정을 경영하는 것임을 강조한다. 아울러 이들은 이 기술혁신경영은 기업마다 다른 기업 특정적 과정(firm-specific process)이므로 기업 스스로 기술혁신경영을 수행하면서 학습하여야 하는 학습(learning)이 요체임을 강조한다. 여기에 기술경영을 체계적으로 학습할 필연적 당위성이 있다고 하겠다.

자료: Tidd, J., Bessant, J., and Pavitt, K., *Managing Innovation: Integrating Technological, Market and Organizational Change*, 3rd ed. (Chichester, John Wiley & Sons, 2005), pp.37-42에서 저자의 수정 및 풀이

제3장

전략적 기술경영의 체계

1. 전략적 의도의 개념 및 특징

'전략적 기술경영'은 최고경영자 주도로 전사적으로 추진하는 기술경영을 말한다. 여기에서 전략적 의도(strategic intent)의 중요성은 매우 크다. 그동안 기술경영은 전략경영과 충분히 연계되지 않아왔다. 그러나 기업의 경쟁우위의 확보·유지·발전에 있어서 기술혁신의 중요성을 충분히 인식한다면 기술혁신은 전략경영의 핵심이 되어야 할 것이다. 여기에서 전략적 의도는 중요한 비중을 차지한다. Hamel & Prahalad(1989)는 세계시장에서 성공한 기업들에 대한 심층적 분석결과 이들 기업들은 그들의 자원과 역량을 넘어서는 거대한 야망(great ambition)을 가지고 있었으며, 조직 모든 차원의 모든 구성원이 성공하려는 강박관념(obsession)을 공유하였고, 이를 바탕으로 10년에서 20여 년에 걸쳐 글로벌 리더십(global leadership)을 확보·유지하였음을 밝히며, 이와 같은 강박관념을 '전략적 의도'라고 명명하였다.

이 점에서 전략적 의도는 기업이 '오랫동안 지속해 온 성공하려는 강력한 의지'라고 정의할 수 있을 것이다. 전략적 의도는 기업의 미래 방향과 야심찬 비전을 포함하고 있다는 점에서 매우 동적인 개념으로 파악할 수 있다. 이 개념의 근저에는 기업이 경쟁우위를 창출·유지하기 위해서는 그동안 강조되어 온 자원(resources)과 역량(capabilities)을 확보 및 활용하는 것도 중요하지만 이것보다 전략적 의도(strategic intent)가 더욱 중요하다는 점을 강조하고 있는 것이다. 전략적 의도는 기업의 매우 야심찬 장기목표로서 기존의 핵심역량(core competence)에 기반하여 조직의 모든 차원에서 도출되어야 한다. 이와 같은 전략적 의도의 대표적인 사례를 살펴보면, Canon은 복사기 시장에서 거대한 Xerox를 추월한다는 목표를, Apple은 모든 사람이 PC를 가져야 한다는 미션을, Yahoo는 세계에서 가장 큰 인터넷 쇼핑몰을 운영하겠다는 야심찬 목표를 실현시켰다.

Hamel & Prahalad(1989)는 전략적 의도의 특징을 다음 세 가지로 요약하고 있다. 첫째, 전략적 의도는 승리의 진수를 내포하고 있다는 것이다. 이에 따라, 승리를 위한 집중력과 실행력을 가져야 한다는 것이다. 둘째, 전략적 의도는 시간에 따라 안정적이라는 점이다. 전략적 의도는 단기적이고 일상적 전략행위에 대한 지침을 제공해 주는 동시에 중장기적이고 미래지향적인 새로운 기회를 창출할 수 있게 해주는 일관성을 가지고 있어야 한다. 셋째, 전략적 의도는 구성원의 노력과 동참을 가능케 하는 목표를 설정하게 한다. 전략적 의도는 조직 구성원 전체가 추구하여야 할 야심차고 구체적인 목표를 제공하고 구성원들이 이를 달성할 수 있도록 최선의 노력을 경주하게 한다.

많은 기업이 전략기획(strategic planning)에는 익숙해 있으며 기획을 잘하고 있다. Hamel & Prahalad(1989)는 이 같은 전통적 기획보다 전략적 의도가 더 중요하다는 점을 강조하면서, 일본과 한국의 기업들이 전략기획을 잘하여 세계시장에서 성공을 한 것이 아니라 이들 기업이 세계시장에서 성공을 하려고 하는 강력한 의지를 가졌기 때문에 성공을 하였음을 강조하고 있다.

실제로, 세계시장을 목표로 하는 글로벌 리더십(global leadership)은 기획의 범주를 벗어나 세계시장에서 성공하려는 강력한 의지와 실행력에 의해 이루어진다. 이 점에서 기업이 글로벌 리더십을 창출하려면 전략계획이 아니라 전략적 의도에 따라 경영을 하여야 할 것이다.

전략적 의도는 전략기획과 비교하여 보다 장기적인 미래(future)를 지향한다는 점에서 차이가 많다. 물론 전략기획도 미래에 대한 대응을 강조하지만 기업들은 미래에 대한 기획보다는 현재의 문제에 매달리는 경향이 많다. 특히 현대 기업들의 기획의 시간적 지평이 짧고 단기적 성과를 지향한다는 점에서 더욱 그렇다. 이 같은 전략적 의도의 미래지향성을 강조하면서 Hamel & Prahalad(1989)는 전략적 의도의 목표는 '미래를 현재로 다시 감싸안아 오는 것'이라고 강조한다.

2. 전략적 의도의 활용방안

전략적 의도는 기업경영의 수단(means)과 목표(ends)의 관계에 있어서, 수단의 즉흥성 및 유연성을 제공해 준다는 특징을 가지고 있다. 미래는 충분히 알 수 없기 때문에 전략행위를 추진해 가면서 유연하게 대응하여야 한다는 것이다. 또한 야심찬 목표를 추구한다는 점에서 높은 수준의 창조성(creativity)을 활용할 것을 강조한다. 즉, 전략적 의도는 목표에 대해서는 매우 세부적이지만 수단에 대해서는 매우 유연하다.

전략적 의도는 기업으로 하여금 상당한 정도의 전략적 확장(strategic stretch)을 가능하게 해준다. 기업은 아주 야심찬 목표를 달성하기 위해 기존의 자원과 역량이 아닌 새로운 역량과 자원을 필요로 한다. 전통적 전략경영이 기존의 자원 및 역량과 현재의 기회와의 연계를 강조하는 데 비하여 전략적 의도는 자원과 야망 간의 극심한 부정합(misfit)을 창출한다(Hamel & Prahalad, 1989). 최고경영층의 과제는 기업의 자원과 역량을 체계적으로 배양하여 이 같은 격차를 줄일 수 있도록 독려하는 것이다(<그림 3-1> 참조).

이를 통하여 기업은 연구개발의 목표를 정하고, 전략적 핵심기술을 개발하며, 차세대 성장동력이 될 신제품을 창출할 수 있다. 이처럼 전략적 의도는 미래의 야심찬 목표를 추구하고 이를 위한 새로운 자원과 역량의 배양에 초점을 맞추고 있다는 점에서 매우 동태적인 속성을 가지고 있다. 여기에서 전략의 핵심은 경쟁자가 현재의 경쟁우위를 모방하기 이전에 미래의 경쟁우위를 빠르게 창출하는 것이다. 이 점에서 Hamel & Prahalad(1989)는 기존의 역량을 개선하고 새로운 역량을 확보하는 조직의 능력이야말로 가장 잘 방어할 수 있는 경쟁우위임을 강조한다. 이는 최근 복잡하고 급변하는 환경 속에서 일시적 우위(transient advantage)의 파동을 탈것을 강조하는 McGrath(2013)의 주장과 맥을 같이 하는 것으로 파악할 수 있다(정선양·김경희 역, 2014).

Hamel & Prahalad(1989)는 기업이 야심찬 목표를 추구하고 이를 위해 새로운 역량과 자원을 확보하여야 한다는 점에서 전략적 의도를 '마라톤을 400미터 달리기로 뛰는 것'으로 비유하고 있으며, 마라톤의 중간에 무엇이 있는지 아무도 모르지만 최고경영자는 조직이 현재의 시점에서 항상 다음 400미터 및 그 이상을 준비할 것을 강조한다. 이와 같은 전략적 의도의 활용방안은 <그림 3-1>과 같이 나타낼 수 있다.

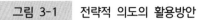

그림 3-1   전략적 의도의 활용방안

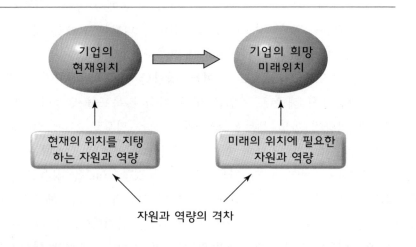

이상에서 살펴본 바와 같이 전략적 의도는 '미래의 야심찬 목표를 달성하려는 조직 전체 차원의 갈망과 의지'를 나타낸다. 이는 매우 도전적인 과제로서, 이 같은 도전은 조직 구성원 모두가 적극적으로 참여하여야만 달성가능하다는 점에서 최고경영자의 적극적인 후원과 관여가 필요하다. Hamel & Prahalad(1989)에 따르면 최고경영자는 조직 구성원 전체가 기업의 경쟁우위를 달성하는 데 전폭적으로 참여하게 하기 위하여 다음 사항을 추진하여야 할 것임을 강조하고 있다.

① 환경의 미약한 신호를 확장하여 조직 내에 위기감(sense of urgency)을 창출하여야 한다. 이를 통하여 진정한 위기가 닥치는 것을 기다리기보다 미리 준비하고 대응하여야 한다.

② 조직 구성원 모두에게 자신에 맞는 경쟁상대에게 집중(focus)하게 하여야 한다. 조직 구성원들은 업계 최고의 경쟁기업 및 종업원들을 대상으로 벤치마킹(benchmarking)을 하게 하여야 한다.

③ 종업원들이 자신의 업무를 효과적으로 처리할 수 있는 기능(skills)을 제고하기 위한 다양한 교육훈련을 실시하여야 한다.

④ 종업원들에게 자신에게 제기된 도전을 차례로 대응하기 위한 충분한 시간(time)을 부여하여야 한다. 종업원들에게 너무 많은 도전적 과제를 한꺼번에 부여하기보다는 한 개의 과제를 해결하였을 때 다음 과제를 새로이 부여하고 해결할 수 있도록 하여야 한다.

⑤ 명확한 마일스톤(milestone)과 평가 메커니즘(evaluation mechanism)을 설정하여야 한다. 이를 통하여 진척도를 체크하고 종업원들로 하여금 원하는 행위를 유발하기 위하여 내부적인 인식과 보상체제를 구축하여야 한다.

3. 전략적 의도와 경쟁혁신

전략적 의도를 달성하기 위해서 기업은 점진적 개선보다는 근본적 변화를 추구하여 기존기업들에게 불이익을 줄 수 있도록 경쟁의 규칙을 바꾸어야 한다. Hamel & Prahalad(1989)는 기업이 경쟁우위를 가지기 위해서는 경쟁모방(competitive imitation)이 아닌 경쟁혁신(competitive innovation)을 추구할 것을 강조하면서, 경쟁혁신에 대한 다음의 네 가지 접근방법을 제시하고 있다.

1) 경쟁우위 계층의 창출

기업이 경쟁우위의 포트폴리오를 넓히면 경쟁에서의 위험이 줄어든다. 성공적인 기업들은 자신의 경쟁우위를 지속적으로 확장·변화시키고 있다. 기업은 원가우위와 같은 경쟁자로부터 방어하기 힘든 경쟁우위로부터 기술혁신능력과 같은 방어하기가 용이한 경쟁우위로 지속적으로 이동하여야 한다. 특히 다양한 경쟁우위들은 서로 배타적이지 않고 상호간에 보완적이어야 한다. 여기에 기업 전체를 관통하는 핵심역량이 필요한 것이며 이를 바탕으로 인접분야로 이동할 필요가 있다.

2) 취약영역의 탐색

세계시장에 새롭게 진입하는 기업은 기존기업에 비해 경쟁우위가 약한 것이 일반적이다. 이 경우 신규기업이 취할 수 있는 전략은 경쟁기업이 방어하지 않는 취약영역(loose bricks)을 공격하는 것이다. 이와 같은 취약영역은 특정한 제품영역, 틈새시장, 가치사슬의 한 부분이 될 수도 있다. 이 전략은 기존기업도 활용할 수 있다. 기존기업은 자신의 핵심역량을 바탕으로 경쟁기업이 등한시하는 영역에 대한 공격을 단행하여야 할 것이다. 여기에 대표적인 기업이 Honda로, 이 회사는 엔진에 관한 핵심역량을 바탕으로 기존기업이 등한시하였던 모터사이클 분야를 우선적으로 공략하여 경쟁우위를 확보하였으며, 그 이후 자동차, 잔디깎기기계, 선박 등으로 사업영역을 확대해 오고 있다.

3) 관계조건의 변화

이는 산업의 선도기업들이 정의해 놓은 경쟁의 규칙(rule of games)을 거절하는 것이다. 이를 위해서 기업은 상당한 정도의 기술혁신역량을 갖추고 있고 기존의 선도기업을 추월하려는 강력한 전략적 의도를 가지고 있어야 한다. 이에 대한 대표적인 사례가 Canon으로, 이 회사는 Xerox와 같은 기존의 복사기 기업들의 다양한 제품군에 대비하여 표준화된 제품을 출하하여 원가를 절감하였으며, 마케팅에 있어서도 기존기업들이 막대한 판매인력을 바탕으로 리스를 한 데 비하여 캐논은 복사기를 직접 판매함으로서 막대한 마케팅 비용을 절감할 수 있었다.

4) 협력을 통한 경쟁

기업들은 경쟁기업 및 관련 기업과 협력(collaboration)을 함으로써 싸우지 않고 승리를 할 수 있다. 이 같은 협력의 유형에는 라이선싱, 아웃소싱, 조인트 벤처 등이 있는데 관련 기업들 간의 상황에 따라 다양한 형태의 협력을 추구할 수 있다. 이 같은 협력의 장점으로는 이를 통하여 특정 상대기업에 대하여 공동으로 대응할 수 있고, 잠재적 경쟁기업의 연구개발 노력에 효과적으로 대응할 수 있으며, 특정 경쟁기업의 강점과 약점을 검토할 수 있다는 것이다.

4. 전략적 의도와 기술경영

전략적 의도는 급변하는 세계시장에서 경쟁우위를 확보하여 성공하려고 하는 조직 전체 차원의 강력한 의지를 나타낸다. 전략적 의도를 통하여 기업이 경쟁우위를 달성하기 위해서는 다음의 사항이 필요하다.

먼저, 최고경영자(top management)의 적극적인 관여이다. 기업의 야심찬 목표의 설정과 조직 구성원의 참여 유발은 최고경영자의 몫이다. 아울러 최고경영자는 미래의 목표를 달성하기 위한 자원의 차이를 충분히 인식하고 새로운 자원과 역량을 확보·배양하여야 한다.

둘째, 기업의 야심찬 목표를 달성하기 위한 역량(capabilities)과 관련하여 기술혁신역량의 중요성이 대두된다. 기술혁신역량은 기업의 핵심역량의 근본으로서 이를 확보·배양하는 것이 기업 성공의 가장 중요한 과제이다.

셋째, 기업은 기술혁신역량을 바탕으로 새로운 제품, 산업, 시장을 창출하는 인접이동(adjacent movement)을 하여야 할 것이다. 즉, 기업은 기술혁신을 통하여 적극적인 성장전략(growth strategy)을 추구해야 한다. 기술혁신역량은 기업 경쟁우위의 뿌리로서 이를 바탕으로 관련성 있는 미래 성장동력산업으로 이동을 가능하게 해준다.

넷째, 기업이 전략적 의도를 바탕으로 야심찬 목표를 성공적으로 달성하기 위해서는 조직 구성원 간의 커뮤니케이션(communication)이 활성화되어야 할 것이다. 기업의 목표, 전략의 방향, 자원의 배분 등은 물론 전략적 목표를 달성하는 데 발생하는 문제점과 애로점 등에 관한 정보가 조직 구성원 전체에게 전달되고 이들에 대하여 집단지성(collective wisdom)으로 대처할 수 있어야 할 것이다.

전략적 의도는 미래를 야심찬 목표를 지향한다는 점에서 매우 동태적인 개념으로 파악할 수 있다. 그동안 많은 기업에 있어서 전략적 의도는 개념에 그 자체에 충실해 왔고 구체적 추진이 충실히 이루어지지 않았다. 이상에서 살펴본 전략적 의도의 성공요건인 최고경영자의 적극적 관여, 기술혁신역량의 중요성, 이를 바탕으로 한 인접이동, 조직 구성원의 커뮤니케이션의 필요성을 살펴보면 전략적 의도가 성공하기 위해서는 전략적 기술경영(SMT: strategic management of technology)의 실천이 필요함을 나타내 준다. 전략적 기술경영은 급변하는 기술경제환경 속에서 기업 최고경영자의 주관 아래 기술혁신을 바탕으로 조직 구성원 모두가 기업의 미래지향적 목표를 달성하기 위한 이론적, 실무적인 분야이기 때문이다. 이 점에서 전략적 기술경영은 매우 동태적 속성(dynamic nature)을 가지고 있으며, 따라서 이 개념은 기술경영 분야의 일부 학자들이 기업의 경쟁우위 확보방안으로 강조하는 동적역량(dynamic capabilities)을 구현하는 매우 구체적 방법으로 이해할 수 있다(Teece & Pisano, 1994; Pisano, 1994; Tidd & Bessant, 2009).

··· 제2절 전략적 기술경영의 중요성   ···

1. 전사적 기술경영의 필요성

기술이 기업의 경쟁력을 강화하고 미래 성장을 위한 기회를 제공하는 대단히 중요한 핵심 경쟁요소라면 기업은 전사적 차원에서 기술을 경영하여야 할 것이다. 전사적 기술경영(corporate management of technology)은 전략적 기술경영의 또다른 표현으로 기술경영이 기업의 전 부서, 전체 종업원들에 의해 이루어져야 함을 의미하는 것이다. 전사적 기술경영의 주체는 당연히 최고경영자(top management)이며, 최고경영자는 체계적인 기술경영에 많은 노력을 기울여야 할 것이다. 기술경영에 있어서 최고경영자가 사업부에 대하여 기술혁신을 추구할 것을 독려하고 기술을 보다 효과적으로 사용하라고 강조하는 것만으로는 충분하지 않다. 기술이 기업의 경쟁우위에 미치는 영향은 너무나 크고 중요하여 기업이 효과적으로 가치를 창출하기 위해서는 최고경영자 스스로 기술혁신의 중요성을 충분히 인식하고 전사적 차원에서 기술경영을 적극적으로 추진할 필요가 있다.

Floyd(1997)는 기술경영에 있어서 최고경영층의 참여가 필요한 이유를 세 가지로 보고 있다. 첫째로는, 기업의 성장과 전사적 차원의 기술전략은 최고경영자의 기술선택에 의해 좌우되기 때문이며, 둘째로는 최근 기술혁신을 위한 기업의 투자가 증대되고 있기 때문이다. 마지막으로는 기술 관련 각 사업부들 간의 시너지를 창출하기 위해서 전사적 차원에서 기술경영이 매우 필요하다. 아래에서는 이에 관하여 보다 세부적으로 살펴보기로 한다.

1) 기업성장과 기술선택

기업의 기술선택(technology choice)은 기업성장에 핵심적이다. 일반적으로 기술혁신이 상업적으로 실현되기까지 수년이 걸리며, 이와 같은 기술혁신의 상업적 성공은 단지 기술적 요인뿐만 아니라 다른 많은 요인에 기인한다. 이에 따라, 성공적인 기업의 경우 최고경영자가 주도하여 기업의 새로운 전략적 방향 설정과 미래를 위한 핵심역량의 구축 및 운용에 기술을 활용해 오고 있다. 이는 최고경영자의 합리적 기술선택을 전제로 하는 것이다. 최고경영자는 기술의 개발·활용·확산에 있어서 중요한 의사결정과 선택을 하여야 한다. 이와 같은 최고경영자 주도의 기술경영의 시사점은 명확한데 조직 구성원들의 전사적 참여(corporate involvement) 없이는 기술혁신에서의 성공은 불가능하다는 것이다. 또한 기술혁신과 관련한 최고경영자의 잘못된 선택은 기업을 심각한 어려움에 처하게 할 수 있다. 기술이 기업의 성장 및 경쟁우위의 가능성을 제공하는 기본적인 초석이라면 최고경영층의 충분한 관여와 모든 구성원의 적극적 참여가 반드시 필요하다.

2) 기술혁신의 비용증대

기술혁신은 근본적으로 위험하고 비용(cost)이 많이 든다. 심지어 기술혁신에 대한 투자의 부담 및 실패는 기업을 파산으로 이르게도 한다. 기술혁신의 실패로부터 기업을 방어하기 위해서도 전사적 차원에서의 기술경영이 필요하다. 예를 들어, 1970년대 초반 Rolls-Royce의 큰 어려움은 RB-211 엔진 프로그램에 대한 과도한 개발비용과 시간초과가 중요한 역할을 하였다. 실제로 기술혁신에 있어서 과도한 비용과 시간의 낭비 사례는 많다.

일반적으로 기술혁신의 과정이 진행될수록 이에 소요되는 투자(investment)는 점점 증가한다. 게다가 경영자들은 일단 시작된 연구개발 프로젝트를 중단하는 데 소극적이다. 즉, 연구개발 프로젝트가 점점 진행될수록 비용은 더 많이 들고, 이에 따라 이를 중단하는 데 더욱 주저하게 된다. 아울러 프로젝트가 진행되면서 기회비용이 점점 늘어감에 따라 경영자들은 프로젝트의 성공을 위해 점점 더 많은 시간과 노력을 기울이게 된다. 그 결과 연구개발 프로젝트가 실패하면 기업은 막대한 자원을 낭비하게 되고 심지어 존립에 심각한 타격을 입을 수도 있다. 따라서 이와 같은 기술혁신의 실패를 방지하기 위해서는 최고경영층이 연구개발 프로젝트의 초기 의사결정 단계부터 지속적으로 관여하는 것이 중요하다.

또한 많은 기술집약적 산업의 경우 연구에서 상품화까지의 투자규모를 살펴보면 어떤 기업도 그들이 원하는 모든 제품을 모두 다 개발할 여력을 갖고 있지는 않다. 이에 따라, 기업은 기술과 관련한 다양한 의사결정 및 선택을 하여야 할 것이며, 올바른 의사결정은 기업의 성장을 가져올 수 있다. 그러나 잘못된 선택은 기업을 어려움에 처하게 하고 심지어 파산(bankrupcy)시킬 수도 있다. 이와 같은 기술혁신의 막대한 비용과 위험을 감안할 때 최고경영자는 이처럼 중요한 기술혁신에 관한 의사결정을 다른 사람에게 대리시킬 수는 없을 것이다. 따라서 최고경영자는 기술경영의 전면에 나서서 기업의 기술혁신 노력을 선도하여야 할 것이다.

3) 기술 시너지의 창출

전사적 차원의 기술경영은 기업 내 기술혁신의 시너지를 창출하여 기업 전체의 경쟁우위의 창출·유지·확대에 효과적으로 공헌하게 하는 데 필요하다. 기술 시너지(technology synergy)는 기술혁신이 기업 전체에 미치는 효익이 개별 부서나 사업부에 미치는 효익의 총합보다 크게 창출되는 것을 의미한다. 현대의 많은 기업들은 기술개발과 이에 필요한 자금에 대한 결정을 사업부들(divisions)에 위임하는 경향이 많다. 그러나 사업부는 기업 전체의 차원보다 자신의 사업부와 관련된 기술의 개발에 자원을 우선적으로 배분하며, 이에 따라 자금력이 높은 거대 사업부가 그렇지 못한 작은 사업부보다 기술혁신활동에 더 많은 자금을 쓰게 된다. 이와 같은 현상은 개별 사업부의 입장에서는 별다른 문제가 없으나 전사적 차원에서는 상당한 문제가 될 수 있다.

기업이 지속가능한 성장을 달성하기 위해서는 자원배분(resources allocation)을 보다 장기적이고 미래지향적으로 계획해야 한다. 일반적으로 현재 막대한 수익을 창출하는 사업부는 그렇지 않은 사업부보다 더 많은 연구개발자금을 사용할 것이다. 그러나 이들 기존 사업부는 미래지향적 연구개발보다는 단기적 연구개발에 주안점을 두는 경향이 많다. 이에 반하여 새로운 신흥기술분야에서 기업의 미래를 준비하는 신규 사업부는 아직 수익을 창출하지 못하여 기술혁신을 위한 자금 부족에 시달리는 경우가 많다. 이에 따라, 기술혁신활동에 대한 최고경영층의 관여가 없으면 기업의 미래에 심각한 결과를 초래할 수 있다. 즉, 최고경영층의 적극적인 개입이 없으면 기업의 전체적 혁신역량 및 자원배분이 현재의 캐시카우(cash cow) 역할을 하는 사업영역에 집중되어 미래의 새로운 성장동력의 발굴과 개발을 등한시할 가능성이 높다. 그 결과 기존의 사업부는 물론 신규 사업부의 경쟁우위 하락은 물론 기업 전체의 경쟁우위 하락으로 이어지게 된다.

또한 사업부는 내부지향적 성향을 가져 전사적 효익보다는 사업부 자체의 효익을 우선한다. 일반적으로 기업 전체의 효익을 창출하는 데에는 사업부 간의 협력(collaboration)이 필요한데 기술혁신활동에 있어서 사업부에 대한 과도한 권한위양은 이와 같은 협력을 저해하는 경우가 많다. 그러나 성공적인 기술혁신이 창출되기 위해서는 다양한 사업부 간, 기능부서 간의 효율적 협력이 필요하다. 실제로 최근 들어 기업이 기술혁신을 효과적으로 창출하기 위하여 비단 기업 내 사업부뿐만 아니라 외부의 대학, 공공연구기관, 관련 기업, 심지어 경쟁기업과의 협력이 일반화되고 있다. 이에 따라, 우선적으로 기업 전체적인 차원에서 사업부들 간 기술혁신 관련 협력이 활발히 이루어져 가능한 많은 기술 시너지(technology synergy)를 창출하여야 할 것이다. 이와 같은 기업 내의 기술 시너지 창출 및 협력 문화의 제고에 있어서 최고경영층의 적극적인 관여가 필요하다.

이러한 다양한 이유로 인해 기업의 개별적 사업부는 전사적인 수익 창출 측면에서 기술자원을 충분히 활용할 수 없다. 그 결과 최고경영층(top management)은 모든 사업부가 지향하여야 할 전사적 기술혁신의 전반적 방향, 전략, 중점분야 등을 제시하는 등 기술경영에 적극적으로 개입하여야 한다. 그러나 최근 대부분의 기업들은 이와 반대로 분권화(decentralization)의 방향으로 나아가 가능한 가장 낮은 수준에서 기술혁신에 대한 의사결정을 하는 경향이 많다. 기업경영에 있어서 분권화의 이익은 의심할 여지가 없다. 분권화는 일상적인 기업경영의 효율성 향상, 사업부의 책임의식 제고, 고객 수요에 대한 빠른 대응, 전사적인 간접비 절감 등 많은 장점을 가지고 있다.

그러나 기업의 기술혁신과 관련하여 잘못된 분권화는 사업부 간 기술 시너지의 부족, 중복투자로 인한 자원의 낭비, 부적절한 기술적 우선순위의 설정이라는 매우 부정적 결과를 낳을 수 있다.

이에 따라, 기업의 경쟁우위에 핵심적인 영향을 미치는 기술혁신과 관련해서는 최고경영자가 추도하는 전사적 혹은 전략적 기술경영이 필요하다. 최고경영자는 기술이 사업부 및 기업 전체의 경쟁우위에 핵심적 역할을 수행한다는 충분한 인식하에 기술혁신을 통한 사업부의 경쟁우위 제고를 위한 적극적인 후원자 역할(parent role)을 담당하고 이를 바탕으로 기업 전체의 입장에서 사업부 간의 시너지를 창출하여야 할 것이다. 실제로 기업의 경영전략에 있어서 후원자 전략(parenting strategy)은 대단히 중요한 전략으로 인식되고 있다(Campbell 등, 1994; Goold 등, 1998). 이와 같은 후원자 전략은 전사적인 협력과 후원이 필요한 기술경영과 관련하여 더욱 필요할 것이다.

전사적 기술경영에 있어서 기술은 기업전략과 긴밀한 관련을 맺고 있다. 관련성은 어느 일방적 방향이 아니라 쌍방적인 관계로 인식하여야 할 것이다. 기업전략은 기술의 전략적 목표를 결정하고, 기술은 기업전략의 기회와 한계를 규정하게 된다.

2. 기업전략에서 기술의 역할

기술경영은 전사적 차원에서 이루어져야 한다. 대부분의 선진기업들은 기술전략을 전사적 기업전략(corporate strategy)의 한 부분으로서 수립하고 기술혁신활동을 기업경영의 중추적 활동으로 인식하고 있다. 그 결과 기술혁신활동은 기업의 전략경영에 통합되어진다. 기술혁신활동은 기업의 강점, 약점, 기회, 위협의 측면에서 기술의 과거, 현재, 미래의 관련성을 판단하는 효과적인 방법이 된다. 따라서 기술경영은 기업전략의 수립과 실행에 있어서 주도적 역할을 담당하여야 한다.

그 결과 기업의 기술혁신활동을 전반적으로 조망하고, 이를 관장하며, 최고경영자의 전사적 차원에서의 기술경영적 의사결정을 도와줄 최고기술경영자(CTO: chief technology officer)의 역할이 중요하다. 실제로 현대기업들은 최고기술경영자라는 직함의 최고경영자를 두고 있는데, 그 이름은 세부적으로 기술부사장, R&D 부사장, 기술경영자 등으로 불려지기도 하며, 어떤 기업은 최고경영자(CEO)가 최고기술경영자(CTO)의 직급을 겸하는 경우도 많다. 일부 기업들은 최고기술경영자 대신 최고혁신경영자(CIO: chief innovation officer)라는 직급을 두고 있다.

많은 기업이 최고기술경영자 혹은 최고혁신경영자를 두는 현재의 추세는 기업들이 기술혁신이 기업의 경쟁우위에 미치는 핵심적 역할을 충분히 인식하고 있음을 나타내 주는 것이다. 이와 같은 최고기술경영자의 기능은 최고경영자의 기업전략 수립에 기술혁신의 측면에서 보좌하는 역할을 담당한다. 즉, 최고기술경영자는 기업의 모든 전략적 이슈에 기술적 요소를 포함시키게 하고 최고경영자의 비전과 목표를 기술혁신을 통하여 효율적으로 달성하게 하는 역할을 담당한다. 이 점에서 최고기술경영자는 최고경영층이 되어야 한다.

최고기술경영자는 기업의 기술전략의 지휘자로서 기술전략(technology strategy)과 사업전략(business strategy)의 조정 및 기술전략의 집행에 깊이 관여한다. 최고기술경영자는 개별 부서로서의 연구개발기능을 뛰어넘어 전사적 차원에서 기업의 전반적 기술계획을 조망하는 역할을 담당한다. 최고기술경영자는 기업 내의 기술능력에 대한 충분한 인식과 외부기술에 대한 창구역할을 담당하며, 기업의 기존사업을 유지 또는 쇄신하기 위한 기술의 적당한 수준을 확보하며, 새로운 사업기회들에 대한 의견을 기술적 관점에서 개진하고, 나아가 전사적 요구에 부합하는 기술전략의 전체적 방향을 제시하고 결정하는 역할을 담당한다.

그 결과 최고기술경영자는 기업의 기술 포트폴리오(technology portfolio)에 있는 모든 기술의 예측, 획득, 라이선싱, 활용, 문지기(gatekeeper) 역할을 담당·조정하는 역할을 담당한다. Khalil(2000: 280-290)은 최고기술경영자의 역할을 다음과 같이 구체적으로 제시하고 있다.

① 기술예측 및 향후 획득할 목표기술의 분석
② 기업의 기술능력의 배양 및 구축
③ 전사적 차원에서 기술자원 획득 계획의 수립 및 건전한 기술 포트폴리오의 유지
④ 기술혁신과 관련한 공식적·비공식적 네트워크 및 협력 관계의 구축 및 협력 파트너와 기업문화, 인력, 기술적 요소가 잘 조화를 이루게 함
⑤ 기업의 기술적 능력에 관한 기술감사의 수행
⑥ 기업의 기술자원의 배분 및 구조화
⑦ 종업원의 능력을 향상시키기 위한 기술교육 프로그램의 조직
⑧ 기업 내에 기술의 이전 및 확산 촉진
⑨ 기업 포트폴리오상의 모든 기술에 대한 문지기 역할
⑩ 기업의 지적, 기술적 소유권의 보호
⑪ 다른 기업의 차별적 경쟁우위를 훼손하지 않는 범위에서의 외부기술의 활용

이에 따라, 일반적으로 최고기술경영자는 자연과학 및 공학적인 교육을 받고 그 자리에 오른 경우가 일반적이다. 이들은 기술경영에 대한 체계적인 교육훈련의 여부를 떠나 실무적으로 기술경영의 지식을 충분히 습득하고 기술과 경영에 대하여 균형된 시각을 가지고 있는 사람들이다. 최근 들어 이와 같은 잠재적 최고기술경영자를 양성하기 위한 기술경영 교육프로그램(MOT education program)의 설치의 필요성이 많은 학자들에 의해 강조되고 있으며 실제로 선진국은 물론 우리나라에서도 기술경영교육 프로그램이 설치·운영되고 있다(Badawy, 1988; Nambisan & Wilemon, 2003; 정선양, 2009).

이상에서 살펴본 바와 같이 최고기술경영자는 기업의 경쟁우위 확보 및 제고에 필요한 모든 기술적 문제를 다루는 사람이다. 이 점에서 최고기술경영자는 최고경영자로부터 충분한 권한을 위임받고, 최고경영자를 가까운 거리에서 보좌하며, 직접 보고를 할 수 있어야 할 것이다. 성공적인 기업들의 경우 최고기술경영자들이 기업전략 전반에 상당한 영향력을 지님으로써 기술이

기업전략에 충분히 공헌할 수 있게 하는 것으로 알려져 있다. 또한 많은 기술 집약적 기업들의 경우 최고경영자가 최고기술경영자의 직무를 겸임하고 있는 경우도 많다. 대표적인 사례가 Microsoft사의 Bill Gates와 Apple사의 Steve Jobs이다.

3. 기업전략과 기술적 기회의 조화

기업의 최고경영자의 기술경영에 대한 적극적인 관여는 기술경영의 성공에 핵심적이다. 이에 따라, 최고경영자의 경영유형(management style)은 기업의 기술경영에 지대한 영향을 미친다. 그동안 최고경영자의 경영 유형에 관한 많은 논의가 있었다. Chandler(1962, 1990)는 19세기 중반 이후 미국의 성공적인 기업의 성공요인을 분석한 결과 이들 기업의 배경에는 우수한 최고경영자가 있었음을 강조하고 있다. Chandler(1991)에 따르면, 대기업의 본사는 사업부에 대한 관리적 통제(administrative control)와 기업가적 촉진(entrepreneurial promotion)의 두 가지 기능을 수행하여야 한다고 강조한다. 이는 기업의 최고경영자가 일반적 관리뿐만 아니라 기술혁신을 촉진하는 기능을 담당하여야 함을 강조하는 것이다. Goold & Campbell(1987)은 기업가적 기능(entrepreneurial function)과 관리적 기능(administrative functions) 간의 균형의 차이를 바탕으로 기업전략의 근본적 유형으로서 재무통제, 전략통제, 전략기획의 세 가지 유형을 제시하고 있다. 이와 같은 기업 최고경영자의 경영유형은 기업의 기술경영에 매우 중요한 영향을 미친다. 아래에서는 이에 관해 살펴보기로 한다.

1) 재무통제

재무통제(financial control) 유형의 경영을 하고 있는 기업들은 사업부의 기업활동에 대한 최고경영층 및 본사의 강력한 모니터링으로 특징지어진다. 본사 및 최고경영층은 각각의 사업부에 대하여 단기적으로 매우 높은 재무적 수익을 기대하는 경향이 많다. 이에 따라, 이와 같은 경영 유형을 가지고

있는 기업의 경우에는 기업 전체적으로나 사업부들에게 있어서 새로운 사업
을 창출할 수 있는 기초연구 및 전략연구 등과 같은 미래지향적 연구개발활
동은 기대하지 않는다. 이 유형의 기업들은 기존사업 내에서 위험이 낮은
점진적 기술혁신에 주안점을 둔다. 이와 같은 경영 유형을 가지고 있는 기
업들은 일반적으로 상대적으로 낮은 성장을 하고 있는 저급기술산업(low-tech
industries)의 대기업들인 경우가 많다.

2) 전략기획

전략기획(strategic planning) 유형의 경영을 하고 있는 기업들은 최고경영
층의 높은 기업가적 행위로 특징지어진다. 이 유형의 기업에서는 본부 및
최고경영층이 새로운 사업을 창출할 수 있는 기초연구 및 전략적 기술혁신
에 대한 연구개발활동을 적극적으로 후원하는 특징을 가지고 있다. 최고경
영층은 강력한 리더십을 바탕으로 미래지향적 기술혁신활동을 선도하는 역
할을 담당한다. 이러한 경영 유형을 가지고 있는 기업들은 일반적으로 기술
혁신의 비용이 많이 들고, 고객 및 시장이 분명히 정의된 자동차, 제약, 석
유산업과 같은 대규모 첨단산업(high-tech industries)에 소속되어 있는 경우가
일반적이다.

3) 전략통제

전략통제(strategic control)의 유형을 가지고 있는 기업들의 경우에도 기업
가적 기술투자에 높은 우선순위를 부여한다. 그러나 이 유형의 기업들은 전
략의 수립과 집행을 사업부에 상당한 정도로 위임하는 경향이 높다. 이 유
형의 기업에서는 최고경영층이 전략적 의지를 가지고 기술혁신을 선도하는
대신 각각의 사업부들에서 떠오르는 성공적인 기업가적 벤처(entrepreneurial
ventures)를 인식하고 이를 후원하는 전략을 추구한다. 이러한 전략은 현재
가장 유행하는 기술분야를 다루는 기업들로서 다양한 시장을 가지고 있으며
상대적으로 연구개발비용이 높은 첨단산업에 가장 적당하다. 일반적으로 이

와 같은 전략 유형을 가지는 기업들은 전자산업에 속한 기업들이 많다.

   기업의 경영유형은 기술선택에 중요한 영향을 미친다. 이 점에서 경영유형(management style)과 기술선택(technology choice) 간에는 조화가 이루어져야 할 것이다. 그러나 많은 기업들에 있어서 이들 간의 조화는 쉽지 않은데 그 이유는 기술적 기회의 변화하는 속성 때문이다. 즉, 기술이 변화하면 이에 대응하는 전략의 유형도 변화하여야 한다. 예를 들어, 화학 산업은 과거 대규모의 프로세스 혁신으로부터 제품혁신과 소규모 개발로 이동해 왔다. 이 경우 전통적인 화학기업은 새로운 기술적 변화에 대응하여 기술전략을 변화하고 조직적 변화를 하여야 경쟁우위를 확보할 수 있다. 컴퓨터 산업의 경우에도 지난 20년 동안의 기술변화는 집중화된 전략수립을 요구하는 시장으로부터 분산된 전략적 통제를 요구하는 시장으로 혁명적인 변화를 낳았다. 즉, 컴퓨터 산업은 대규모 조직에 대형 메인프레임 컴퓨터를 판매하는 것으로부터 폭넓은 시장의 소규모 조직에 상대적으로 값이 싼 하드웨어와 소프트웨어를 판매하는 것으로 변화하였다. 그러나 주지하는 바와 같이 IBM과 같은 과거의 컴퓨터 산업의 대기업들은 새로운 기술적 변화에 대응할 수 있는 능력은 가지고 있었지만 기업의 전략 유형과 조직을 변환하는 데 성공하지 못하여 PC 시장에서 경쟁우위를 확보할 수 없었던 것이다. 이들 대기업들은 기술 및 산업의 변화에 대응하여 효과적인 기술경영을 하지 못하여 새로운 시장에서의 경쟁우위를 상실한 것이다.

   이에 따라, 기업이 급격하게 변화하는 신기술에 대응하여 기업전략을 변화시키지 못하면 기존의 성공기업들도 매우 어려움에 처하게 된다. 이것이 이른바 혁신자의 딜레마(innovator's dilemma)이다(Christensen, 1997). 과거의 기업들이 당면하는 주된 위험은 새로운 기술을 확보하는 데 무능력한 것이었다. 그러나 오늘날 대부분의 대기업들은 신기술을 모니터·평가·습득하기 위한 연구소를 가지고 있는 것이 일반적이다. 따라서 현재의 기업들에게 가장 어려운 도전은 신기술의 조직적 함의를 충분히 이해하고 이에 대해 어떻게 효율적으로 대응한 것인가의 문제이다. 새로운 기술은 제품, 시장, 조직에 있어서 집중화의 정도, 기업 부서 간의 경계, 외부와의 네트워크 구축 및 운영 등에 있어서 급진적이고 파괴적인 변화를 필요로 한다. 즉, 기업이 지속적인 성공을 하기 위해서는 세심한 기술경영을 하여야 할 것이다.

4. 전략, 기술, 조직의 조화

좀 더 세부적으로 논의하면 성공적인 기술경영을 위해서는 기술, 전략, 조직의 문제를 종합적으로 파악하여야 하는 어려운 문제를 해결하여야 한다. 그동안 전략경영에서는 Chandler(1962, 1990)를 중심으로 전략과 조직의 문제에 대해서는 충분한 논의가 이루어졌다. 가장 대표적으로 Chandler는 "조직은 전략을 따른다"(Structure follows strategy)라는 유명한 명제를 제시하였다. 그러나 이들 전략과 조직의 문제를 기술의 문제와 연계한 것은 최근의 일이다. 앞에서 논의한 전략과 기술과의 관계도 중요하지만 조직과 기술의 관계도 대단히 중요하다. 사실 Chandler는 이와 같은 기술과 조직의 문제를 강조한 몇 안 되는 선구자이다. 그는 기술혁신(technological innovation)과 조직혁신(organizational innovation) 간의 연계와 공진(co-evolution)의 필요성을 강조하였다. 즉, 20세기의 선도적 기업들은 기술혁신을 지원할 조직혁신을 달성하였고 또한 이들 기업들의 새로운 조직구조를 가져다준 현대의 조직혁신은 기술혁신에 의해 대단한 영향을 받았음을 강조한다.

최근 들어, 이 같은 기술혁신과 조직혁신의 연계의 문제가 중요한 화두로 대두되고 있다. Pisano(2006)는 과학 비즈니스(science business)라는 새로운 개념을 창출하고 많은 과학기반산업에서 과학적 결과가 사업화로 이루어지는 것이 매우 일반적인 현상이 되었다고 강조하고 있다. 이에 대한 대표적인 사례로 그는 생명공학산업(biotechnology industry)을 예로 들고 있는데, 실제로 생명공학이 사업화가 되면서 Amgen, Genentech와 같은 세계적인 생명공학기업들이 창출되었다. 그러나 그의 주장에 따르면, 생명공학산업이 그동안의 기대와 달리 전술한 두 기업을 제외하고는 그동안 수익을 창출하지 못하였는데, 그 이유로서 생명공학분야의 과학기술혁신을 지원할 수 있는 조직혁신(organizational innovation)이 이루어지지 않았기 때문임을 강조하면서 과

학 비즈니스 및 이와 관련한 세부적인 조직혁신이 이루어져야 할 것임을 강
조하고 있다.

| 그림 3-2 | 전략적 기술경영: 전략혁신, 기술혁신, 조직혁신의 조화 |

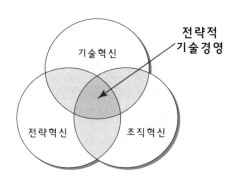

이에 따라, 전략적 기술경영(SMT: strategic management of technology)은 기
술혁신, 조직혁신, 전략혁신의 효율적인 연계와 조화를 다루는 새로운 학문
적, 실무적 분야로 파악할 수 있다(<그림 3-2> 참조). Chandler는 기술경영이
라는 용어를 사용하지는 않았지만 기업의 성공에 있어서 최고경영자와 전략
의 중요성을 강조하였고, 기술혁신의 창출 및 확산을 강조하였으며, 기술혁
신과 조직혁신과의 효율적 연계를 강조하였다. 그의 주장을 종합하면 전략,
기술, 조직의 세 단어로 요약할 수 있으며, 이를 한마디로 표현하면 전략적
기술경영인 것이다. 이에 따라, 이같이 선구적인 주장을 한 Chandler를 우리
는 기술경영학자로 인식하여야 할 것이다.

··· 제 3 절 전략적 기술경영 모델 ···

1. 전략적 기술경영 모델의 중요성

기술이 급변하는 기술경제환경 속에서 기업의 경쟁우위 확보 및 부의 창출에 중요한 역할을 담당한다면 기술은 최고경영자에 의해서 경영되어야 할 것이다. 최고경영자는 기술을 중심으로 전략경영을 수행하여야 할 것이다. 이 점에서 기술경영분야에 전략경영적인 관점을 접목하여 전략적 기술경영모델(strategic technology management model)을 제시할 수 있을 것이다. 그동안 일부 학자들에 의해서 전략적 기술경영의 모델을 설정하기 위한 노력들이 많이 있어왔으나 너무 기술적 사안에 주안점을 두어 체계성이 미흡하였다는 문제점이 있다. 그동안의 연구와 문헌은 기술에 대한 전략경영적인 관점에 충실하기보다는 자신의 학문영역에서 전략경영의 개념을 단편적으로 활용하는 데 치우친 것으로 평가된다. 이에 따라, 이 책에서는 최고경영자의 전략경영의 관점에 충실하면서 전략적 기술경영의 모델을 체계적으로 제시하고자 한다. 특히 이 책에서는 전략, 기술, 조직의 효율적 연계의 측면에서 기술경영의 새로운 모델을 제시하기로 한다.

전략경영(strategic management)은 기업의 장기적 성과를 결정하는 경영자의 일련의 의사결정 및 행위를 의미한다. 일반적으로 전략경영의 세부적인 내용은 외부환경 분석(external environmental scanning), 내부환경 분석(internal environmental scanning), 전략수립(strategy formulation), 전략집행(strategy implementation), 평가와 통제(evaluation and control)의 다섯 단계로 구성되어 있다. 학자에 따라서는 외부환경 분석과 내부환경 분석을 통합하여 기업환경의 분석으로 제시하는 사람도 많다. 이들 여러 단계들을 종합하여 전략경영과정(strategic management process) 혹은 전략경영 모델(strategic management model)이라고 부른다. 전략경영은 기업을 둘러싼 환경이 대단히 복잡하고 급변하면서 이에 대한 효율적인 대응을 위하여 도입된 경영의 새로운 분야이다. 실제로 Wheelen & Hunger(2006)는 전략경영을 효과적으로 추진하는 기업이 그렇지 않은 기업들보다 경영성과가 훨씬 좋았다고 주장하고 있다.

기업을 둘러싼 환경변화의 대표적인 동인은 기술(technology)이다. 기술은 기업 경쟁우위의 확보·유지·확장에 핵심적인 역할을 하는 반면 기술 그 자체가 대단히 급변하고 복잡하며 상호 융합하는 성격을 가지고 있다. 이에 따라, 기업은 이같이 급변하고 기업 경쟁력에 핵심적인 기술에 대한 전략경영, 즉 전략적 기술경영이 필요하다. 따라서 전략경영의 모델을 기술경영에 접목하면 전략적 기술경영 모델(strategic technology management model)을 창출할 수 있다(<그림 3-3> 참조).

사실 그동안 전략경영의 관점에서 기술경영을 다룬 학자들은 있었으나 (예를 들어, Wolfrum, 1991; Floyd, 1997; Tidd 등, 2005; Schilling, 2005), 이들의 분석은 외부환경 분석, 내부환경 분석, 전략수립, 전략집행, 평가와 통제라는 일반적인 전략경영 모델의 전체적인 차원에서 기술경영을 다루지는 못하였다는 점에서 포괄성과 체계성이 부족하다.

Tidd 등(2005: 108)은 기술혁신에 대한 경영의 필요성을 강조하면서 기술경영에 있어서 다음과 같은 네 가지 핵심명제를 제시하고 있다.

① 기업특정적 지식(firm-specific knowledge)은 기업의 경쟁우위 및 성공에 있어서 핵심적인 사안이다.
② 이에 따라, 기업전략(corporate strategy)의 핵심은 이와 같은 기업특정적인 지식을 세심하게 축적하려는 목적을 가진 기술혁신전략(innovation strategy)이 되어야 한다.
③ 기술혁신전략(innovation strategy)은 복잡하고 항상 변화하는 외부환경(external environment)뿐만 아니라 기술, 경쟁위협, 시장수요에 있어서 현재와 미래에 관한 대단한 불확실성(uncertainties)에 대응하여야 한다.
④ 마지막으로, 기업 내부의 조직구조와 과정(internal structures and processes)은 첫째, 기술영역, 기업기능, 사업부 내에서의 전문화된 지식의 도출 및 개발의 문제와, 둘째, 기술영역, 기업기능, 사업부의 경

계를 넘어서 통합적 차원에서 해당 지식의 활용이라는 잠재적으로 상반되는 요건에 대한 지속적인 균형을 추구하여야 한다.

이는 결국 기술혁신과 관련하여 세심한 전략경영의 필요성을 강조하는 것이다. Tidd 등(2005: 108-110)은 흥미롭게도 전략적 기술경영과 관련하여 전략경영의 세계적인 대가인 Michael Porter에 대한 평가를 하고 있다. Porter (1980, 1985, 1990)는 그동안 기업의 경쟁우위를 확보할 수 있는 경쟁전략에 관해 체계를 구축한 경영학 분야의 대가이다. 그는 또한 국가가 경쟁우위를 확보할 수 있는 체계도 구축하였다는 점에서 매우 폭넓은 스펙트럼의 연구를 수행해 왔다. 이들에 따르면 Michael Porter는 기술의 진보로부터 창출되는 경쟁적 기회와 위협의 성격을 정확하게 규명하고 기업이 경쟁으로부터 스스로의 위치를 확보하기 위하여 기업특정적 기술의 개발 및 보호의 중요성을 올바르게 강조하였다고 평가하고 있다. 그러나 이들은 Michael Porter가 산업의 경계를 변화시키고, 새로운 제품을 개발하며, 진입장벽을 변화시켜 경쟁 게임의 규칙을 변화시키는 기술의 능력(power of technology)은 과소평가한 반면, 기업 외부의 중요한 변화를 도출하고 예측하며 기업 내의 역량과 조직관행에 있어서 급격한 변화를 추진할 수 있는 최고경영층의 능력(capacity of senior management)을 과대평가하였다고 비판하고 있다.

이는 결국 전략적 기술경영을 위한 체계적인 틀을 구축할 필요성을 제기하는 것이다. Gerybadze(1995)와 Frauenfelder(2000)는 통합적 기술혁신경영을 강조하면서 기술혁신경영의 과정을 전략(strategy) → 분석(analysis) → 기술경영(technology management) → 통합(integration)을 거쳐 다시 전략으로 이어지는 순환과정으로 파악하고 있다. Teece & Pisano(1994)와 Tidd 등(2005)은 급변하는 환경 속에서 기술혁신전략의 수립에 있어서 동적역량 접근방법(dynamic capabilities approach)을 강조하고 이에 따른 기술경영의 체계를 제시하고 있다. 동적 역량 접근방법에서는 기업의 경쟁우위의 원천으로서 동적역량(dynamic capabilities)을 강조하고, 급변하는 환경을 감안하여 이에 대한 기업의 학습(learning)을 바탕으로 한 전략적 대응의 필요성을 강조하는 것이다. 그 결과 이들은 기술경영과 관련하여 기업의 현재 위치(position), 기업이 활용가능한 경로(paths), 기업의 관리적 과정(processes)의 세 가지 전략적 차원을 강조한다. 여기에서 기업의 현재 위치는 기업이 가지고 있는 기술, 지적재산권, 고객기반, 공급자와의 관계 등과 같은 현재의 부존자원을 나타내고, 경로는 기업이 활용가능한 전략적 대안과 기업에게 놓여 있는 기회의 매력도를 의미하며, 관리적 과정은 기업 내에서 업무가 이루어지는 방법, 즉 이른바 관행(routine)으로서 현재의 업무 및 학습이 이루어지는 패턴을 의미한다(Teece & Pisano, 1994: 537-541).

Tidd 등(2005)은 이와 같은 동적역량 접근방법에 동의하면서 전사적 차원에서의 기술전략이 경쟁자와 비교한 기업의 위치(position), 기업에게 놓여진 기술적 경로(technological paths), 기업이 추진하는 조직적 과정(organizational process)으로 구성되어야 할 것을 강조하며 거시적인 관점에서 전략적 기술경영의 과정을 제시하고 있다.

이들은 또한 동적 역량의 개념을 보다 확대하여 보다 체계적인 기술경영 모델을 제시하고 있다. 먼저, Tidd 등(2005)은 기술혁신경영이 매우 어려우나 반드시 추진하여야 할 것이라는 점에서 체계적 기술혁신경영의 필요성을 강조하면서 기술혁신경영 모델을 탐색(search) → 선택(select) → 집행(implement)의 세 단계로 나누어 살펴보고 있다. 이들은 기술혁신경영이 대단히 어렵기 때문에 이 같은 기술경영의 과정을 학습과정(learning process)으로 파악하여야 할 것임을 강조하고 있다.

Teece(2009)는 기업이 기술혁신능력을 바탕으로 한 동적역량(dynamic capabilities)을 확보하여야 할 것임을 강조하면서 이 같은 동적 역량을 확보한 기업들만이 성공적인 기업성과를 창출할 수 있다고 주장하고 있다. 그는 동적역량의 확보 모델로서 인지(sensing) → 포착(seizing) → 변환(transforming)을 강조하고 있다. 이들은 모두 기술경영의 모델을 나타내 주는 것으로 파악할 수 있다.

이들 대표적인 기술경영의 모델은 기술혁신의 콘텐츠를 가지고 효율적으로 전략경영을 할 수 있는 방안을 제시하고 있는 것으로 파악할 수 있다. 이들은 기술경영을 체계적으로 추진하여야 한다는 점을 강조하고 이를 위한 방안을 제시하고 있다는 점에서 매우 바람직한 것으로 판단된다. 그러나 이들 모델들은 기술경영의 과정을 너무 포괄적으로 제시하고 일반 경영자들이 이해하기 쉽지 않은 용어를 사용하고 있다는 단점을 가지고 있다.

또한 이들의 논의는 기술경영을 대략 세 가지 정도의 구성요소를 중심으로 너무 기계적으로 파악하여 일반적 전략경영 모델과 비교하여 구체성과 체계성이 떨어지고 그동안 경영실무에서 폭넓게 활용되어 온 전략경영모델의 장점을 활용하기 어렵다는 단점을 가지고 있다. 따라서 전략경영의 일반모델의 관점에서 기술을 어떻게 체계적으로 경영할 것인가를 나타내 줄 새로운 모델을 제시할 필요성이 대두된다. 특히, 이 새로운 모델에서는 기술경영과 전략경영과의 합리적인 균형을 맞추고 급변하는 기술경제환경을 충분히 반영하여야 할 것이다. 이 새로운 모델이 아래에 제시하는 이른바 '전략적 기술경영 모델'이다.

2. 전략적 기술경영 모델의 구성요소

전략적 기술경영(SMT: strategic management of technology)의 모델은 기술을 중심으로 전략경영을 진행하는 일련의 과정을 의미한다. 이에 따라, 전략적 기술경영 모델(SMT model)은 '전략적 기술경영 과정'으로 표현할 수 있다. 이는 일반적인 전략경영에 익숙한 최고경영자에게 기술을 보다 효율적으로 경영할 수 있게 해줄 것이다. 전략적 기술경영 모델을 세부적으로 살펴보면 기술지향적 외부환경 분석, 기술지향적 내부환경 분석, 기술전략의 수립, 기술전략의 집행, 기술경영의 평가와 통제 등의 단계로 구성되는 것으로 파악할 수 있을 것이다. 그러나 이 책에서는 전략적 기술경영의 출발을 기술을 전체적으로 조망하는 '기술환경의 평가'로부터 출발하는 것으로 파악한다. 그 이유는 '전략적 기술경영'을 시작하기에 앞서 최고경영자는 기술에 대한 전반적인 지식을 가지고 있어야 하기 때문이다. 그 결과 이 책에서는 전략적 기술경영 모델 혹은 전략적 기술경영과정(SMT process)을 ① 기술환경의 분석, ② 기술지향적 내·외부 환경분석, ③ 기술전략의 수립, ④ 기술전략의 집행, ⑤ 기술경영의 평가와 통제로 구성되는 것으로 이해한다(<그림 3-3>

참조). 각각의 단계에 대해 개략적으로 살펴보면 다음과 같다.

그림 3-3   전략적 기술경영 모델

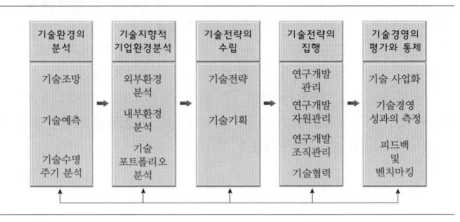

첫째, 기술환경의 분석(technological environment analysis)은 기술전략의 수
립에 앞서 기업을 둘러싼 기술환경에 대한 전반적 평가를 수행하는 것이다.
기술환경의 분석은 기술조망, 기술예측, 기술수명주기분석 등 세 단계로 구
성된다. 기술조망(technology diagnosis)은 기업을 둘러싼 다양한 기술에 대한
폭넓은 조망과 조기진단을 수행하는 것을 의미하며, 기술예측(technology
forecasting)은 기업의 경쟁우위에 영향을 미칠 것으로 예상되는 주요 기술에 대
한 세심한 예측을 수행하는 것을 의미한다. 이와 같은 기술환경의 평가를 통
하여 기업은 기술지향적 기업 환경분석을 수행할 준비를 할 수 있게 된다.

둘째, 기술지향적 기업환경분석(technology-oriented business environment analysis)
은 기업의 환경을 기술을 중심으로 세심하게 분석하는 것을 의미한다. 일반적
전략경영의 환경분석과 마찬가지로 기술지향적 기업환경분석은 기술지향적 외
부환경 분석, 기술지향적 내부환경 분석, 이들을 종합 분석하는 기술 포트폴리오
분석의 세 단계로 구성된다. 기술지향적 외부환경 분석(technology-oriented external
environment analysis)은 기업을 둘러싼 경쟁환경, 산업구조, 경쟁기업을 기술을 중
심으로 파악하는 것이며, 기술지향적 내부환경 분석(technology-oriented internal

environment analysis)은 기업의 기술전략 수립의 기초가 되는 기술적 위치와 역량을 세심하게 파악하는 것이다. 기술 포트폴리오 분석(technology portfolio analysis)은 그동안 수행해 온 기술지향적 내·외부 환경분석을 통합하여 기업의 기술전략을 수립할 수 있는 구체적 토대를 마련하는 것이다. 기술 포트폴리오 분석에서는 앞에서 분석한 기술환경분석을 바탕으로 기술적 측면과 기술지향적 기업환경분석을 바탕으로 경쟁환경의 측면에서 기업이 대응하여야 할 기술 포트폴리오를 구성한다. 기술 포트폴리오에서는 기업의 기술전략의 일반적 방향과 세부방향을 도출할 수 있다.

셋째, 기술전략의 수립(technology strategy formulation)은 전술한 기술환경의 분석과 기술지향적 환경분석의 결과로 도출·분석된 기술 포트폴리오를 바탕으로 기업이 추진하여야 할 기술전략을 세부적으로 수립하는 것이다. 기술전략의 수립은 거시적 차원의 기술전략의 수립과 세부적인 기술기획으로 구성된다. 기업은 전술한 기술평가 및 기술지향적 환경분석을 바탕으로 기업의 상황에 적합한 다양한 기술전략(technology strategy)을 추진할 수 있다. 기업의 기술전략이 수립되면 기업은 기술전략을 세부적으로 추진할 수 있는 기술기획(technology planning)을 하여야 한다. 기술기획은 기업의 기술전략의 수립과 이의 구체적인 집행을 연계하는 역할을 담당한다. 기술기획에서 활용할 수 있는 구체적 기획방안으로서 연구개발 포트폴리오, 기술 로드맵, 기술수명주기분석 등이 있다.

넷째, 기술전략의 집행(technology strategy implementation)에서는 앞에서의 기술전략을 구체적으로 집행하는 단계이다. 기술전략의 집행에는 여러 요소가 필요하지만 무엇보다도 연구개발관리, 연구개발자원관리, 연구개발조직관리, 기술협력이 중요하게 대두된다. 연구개발관리(R&D management)는 기업이 필요로 하는 기술을 기업 내부에서 확보하려는 노력으로서 여기에는 연구개발관리의 개념, 중요성, 과정관리, 그리고 연구개발관리의 변천을 논의한다. 연구개발자원관리(R&D resources management)에서는 연구개발활동을 수행하는 데 필요한 연구개발인력관리와 연구개발재무관리로 구성된다. 연구개발조직관리(R&D organization management)에서는 기업이 기술혁신을 효과적으로 창출할 수 있는 혁신적 기업의 모습과 연구개발활동을 전담하는 연구개발 조직구조의 유형의 문제를 다루며, 또한 기업 및 연구개발조직의 생산성 향상에 있어서 핵심적인 역할을 담당하는 연구개발 조직문화도 중요하게 다룬다. 기술협력(technological collaboration)에서는 기업이 기술의 확보 및 활용에 있어서 외부 연구개발 주체들과 협력하는 다양한 방법을 논의한다.

다섯째, 기술경영의 평가와 통제(evaluation and control of technology management)는 전략적 기술경영의 마지막 단계로서 앞에서의 기술경영 전 과정의 성과에 대한 측정과 측정결과를 바탕으로 한 피드백 문제를 다룬다. 여기에서는 우선 기업이 기술경영 결과 창출된 기술의 사업화(technology commercialization) 문제를 다룬다. 아울러 여기에서는 기술경영의 선도기업과 비교한 효율적인 벤치마킹 방안도 논의할 것이다.

전략적 기술경영의 과정은 순차적으로 이어지는 것이 아니라 각 단계들 간에 지속적으로 상호작용하는 순환과정으로 파악하여야 할 것이다. 전략적 기술경영에 있어서 이상적 과정은 존재하지 않으며 각 과정들 간의 지속적인 정보의 흐름과 피드백(feedback)이 필요하다. 기업은 우선적으로 전략적 기술경영의 각각의 단계에 있어서의 효율성을 제고하고 이들 단계들 간의 피드백을 활성화시켜 전략적 기술경영과정 전체의 효율성을 제고시켜야 할 것이다. 따라서 전략적 기술경영의 과정은 끊임없는 학습의 과정으로 파악하여야 할 것이다. 이와 같은 학습과정(learning process)에 있어서 경쟁기업과 선도기업의 기술경영과정을 창조적으로 벤치마킹하는 것도 대단히 중요하다.

사례 3

20세기는 경영의 세기!!!
21세기는 전략적 기술경영의 세기!!!

1. 경영의 태동

기술경영을 포함한 혁신경영의 역사는 매우 짧은 것으로 이해되고 있다. 실제로 기술경영과 혁신경영은 20세기 후반 지식기반사회와 세계화가 진행됨으로써 기업 간 경쟁이 치열해 짐에 따라 새롭게 대두된 학문적, 실무적 분야로 이해되고 있다. 이는 일견 타당한 것으로 판단된다. 실제로 경영(management)이라는 개념도 Peter Drucker에 의해서 지난 세기 중반에 만들어지고 학문으로서 경영학도 탄생한 것으로 이해되고 있기에 기술경영과 혁신경영의 역사는 매우 짧은 것으로 이해될 수 있다. 아울러 전 세계 경영대학에서도 기술경영과 혁신경영을 정규과목으로 가르치는 대학들이 나타나기 시작한 것도 2000년대가 들어오면서이다.

그리하여 기업 실무에 있어서 과학기술자들은 경영을 잘 모르고 경영자는 과학기술을 잘 모르는 양자 간의 괴리현상이 있어 왔다. 그리하여 일부 학자와 기관의 경우에는 지난 세기 후반 과학기술과 경제경영 간 연계의 필요성을 강조하였고(예: NRC, 1987), 이같은 배경 속에서 기술경영과 혁신경영이 탄생한 것으로 이해하고 있다.

그러나 Kiechel III은 경영이 과학기술인에 의해 탄생한 것으로 파악하고 있다. 그는 오랜 기간 *Harvard Business Review*의 편집장으로 재직해 오면서 경영의 역사와 조류를 파악해 왔고 그리하여 2013년 *Harvard Business Review*에 "The Management Century"라는 논문을 발간하였다. 그는 이 논문에서 지난 20세기를 '경영의 세기'라고 명명하고 경영의 역사를 조망하였다. 그에 따르면 경영이라는 용어는 19세기 말 엔지니어들에 의해 만들어졌으며, 20세기 초기 역시 엔지니어였던 'Taylor의 과학적 관리법(Scientific Management)'의 시기를 시작으로 지난 세기 중반 '관리의 시대'를 거쳐 지난 세기 후반 '세계화 시대'를 거치고 이제는 '리더십과 혁신의 시대', 즉 혁신경영(innovation management)의 시대에 진입하고 있다고 주장하였다. 그렇다면 경영의 역사는 엔지니어로부터 시작되었고 그리하여 경영의 역사는 기술경영의 역사로 이해할 수도 있다고 주장할 수 있을 것이다. 특히 지난 세기 과학기술의 눈부신 발전과 과학기술에 기반한 기업들이 눈부시게 성장을 하였다는 점은 기업경영의 역사는 기술경영의 역사라고 해도 과언이 아닐 것이다. 그리고 혁신경영 및 기술경영은 21세기 세계화(globalization)와 지식기반사회(knowledge-based society)가 본격적으로 진행됨으로써 경영학에서도 그 중요성이 명시적으로 대두되고 있다고 파악할 수 있을 것이다. 아래에서는 Kiechel III의 "The Management Century"의 내용을 분석하기로 한다.

Kiechel III에 따르면, 경영(management)의 역사는 1886년 5월 미국 시카고에서 창립된 지 얼마 안 된 '미국기계공학자협회(American Society of Mechanical Engineers)'의 행사에서 Yale Lock Manufacturing Company의 공동 창립자인 Henry R. Towne의 연설에서 비롯하는 것으로 인정된다. 그의 연설 제목은 "경제학자로서의 엔지니어(The Engineer as an Economist)"였는데, 이 연설에서 그는 좋은 엔지니어도 많고 좋은 기업가는 많지만 좋은 엔지니어이면서 좋은 기업가 혹은 좋은 기업가이면서 좋은 엔지니어는 거의 없다고 주장하면서, 이같은 '일의 경영(Management of Works)'은 너무나 중요하여 이는 현대예술의 하나가 될 것이라고 강조하였다. Kiechel III에 따르면 그의 주장은 세 가지의 함의가 있다고 주장하였는데, 첫째는 경영이 학습되고 개선될 수 있는 일련의 실무로 보아야 할 것이며, 둘째, 경영은 주어진 자원을 가지고 최고의 효율성을 창출하는 경제학에 뿌리를 두고 있으며, 셋째, 이 강연의 청중들은 엔지니어들이었다는 점이다.

2. 경영의 역사

Kiechel III는 Towne의 주장이 시대의 흐름을 파악한 것이라고 강조하며, 1880년대부터 지금까지 경영은 3개의 시대(eras)를 경험해 오고 있다고 주장하였다. 첫 번째 시대는 제2차 세계대전까지의 시대로서 과학적 정확성에 대한 열망을 반영한 과학적 관리(scientific management)의 시대이고, 두 번째 시대는 1940년대 후반에서 1980년까지의 관리주의(managerialism)의 시대이며, 세 번째 시대는 전 세계적인 생산성 증대 및 기대가 반영된 세계화(globalism)의 시대이다. 이와 같은 과정에서 대부분의 경영의 선구자는 프랑스의 엔지니어였던 Henri Fayol을 제외하고는 미국의 전문가였다.

이 논문은 경영의 역사를 '생산의 사물성(things of production)'과 '생산의 인간성(humanity of production)'의 문제로 파악한다. 지난 세기 초반의 '과학적 관리'의 시대에는 수치(numbers)에 의한 경영과 효율성을 강조한 '생산의 사물성'의 시대가 주류를 이루었고 1930년대에 인간관계학파가 대두되었다. 두 번째 경영의 시기인 제2차 세계대전 직후에는 인간관계학파의 영향으로 인간심리학이 경영에 폭넓게 반영되며 '생산의 인간성' 조류가 확산되었으나 1960년대 들어서 전략경영(strategic management)의 개념이 확산하면서 기업의 경쟁우위와 효율성을 달성하려는 숫자에 대한 강조와 '생산의 사물성'이 더욱 강조·확대되었다. 이같은 추세는 제3의 경영의 시대인 세계화의 시대에도 계속 이어져 인간성을 강조하는 학자들이 그동안 주장하였던 '이해관계자 자본주의(stakeholder capitalism)'보다 '주주자본주의(shareholder capitalism)'가 우세를 떨쳤다. 이 시기에는 경쟁우위 확보를 위한 다양한 방안을 강조하는 전략경영이 꽃을 피웠다. 그러나 이 추세는 1982년 Thomas Peters & Robert Waterman이 "초우량 기업을 찾아서(*In Search of Excellence*)'가 발간되면서 공격을 받았고, '소프트한 것이 강하다'라는 주장과 함께 인간성을 강조하는 경영의 추세가 확산되었다. 그리고 그 이후 수치를 강조하는 경영사상과 인간성을 옹호하는 경영사상이 불편한 긴장관계를 형성하며 지금까지 이어져 오고 있다.

3. 리더십과 혁신의 시대로 이행

그동안 생산의 인간성을 옹호하는 학자들은 대체로 모호한 태도를 보였다. 본 논문의 저자인 Kiechel III는 '초우량 기업을 찾아서'라는 책이 발간된 지 몇 년 내에 많은 기업이 이 책에서 주장하는 수월성의 요소들이 현실에서는 적합하지 않았다고 보고하면서, 이같은 문제는 '인권주의자', 즉 생산의 인간성을 강조하는 사람들을 당황하게 했다고 강조한다. 그러는 가운데 전략경영 분야는 여전히 주주가치 극대화라는 단일 기준을 신봉하였고 이를 위한 다양한 요소의 측정에 주안점을 두었다. 이와 비교되게, 인간행동 분야의 학자들 역시 폭넓게 포진하고 있었으나, 이들은 패러다임 발전의 낮은 단계에 머물러 있었다. 이와 같은 절충주의는 '학습조직(learning organization)'에서 많이 나타나게 되었다. 이 분야의 이론에서는 팀(team)의 지혜, 기업에 대한 충실성, 핵심역량, 고객만족 등을 강조하였다.

저자는 이 시기의 인간성 측면의 사상을 종합한다면 리더십(leadership)과 혁신(innovation)의 문제로 수렴된다고 강조하는데, 이는 현대가 리더십과 혁신의 시대임을 강조하는 것으로 파악할 수 있다. 우선 리더십과 관련하여 그는 20세기의 마지막 두 십 년은 경영대학(원)이 자신들의 미션을 '교육받은 일반 경영자(educated general managers)'를 창출하는 것에서 '리더의 계발을 돕는 것(helping leaders develop)'쪽으로 이동하였다고 강조한다. 그럼에도 불구하고 그는 리더(leaders)가 경영자(managers)와 무엇이 다른가에 관한 여러 좋은 저서들이 있음에도 불구하고 무엇이 리더를 형성하는지 등에 관한 컨센서스가 이루어지지 않고 있다고 주장한다.

그러나 그는 혁신(innovation)에 관해서는 아무런 논쟁이 없다고 강조한다. 그 이유로 새로운 경쟁자가 어디에서든지 갑자기 대두될 수 있고 산업의 선도기업이 한순간 바뀌고, 난공불락일 것으로 여겨지던 경쟁우위가 몇 달 만에 사라지는 현재의 시대에서는 인간주의자나 숫자를 옹호하는 사람들 모두 혁신의 핵심적이고 기업을 구하는 중요성에 대해서 동의하였다는 것이다. 실제로 Richard Foster와 Clayton Christensen은 새로운 기술이 오래된 기술을 체계적으로 대체하고 산업의 기업들의 순위를 전복시키는 과정을 잘 보여줌으로써 폭넓은 독자층을 가지게 되었다. 본 논문은 혁신은 시장의 격렬한 수요 충족이 생산의 인간성으로부터 최상의 것을 끌어내는 데 있다는 것을 보여주는 분야라고 강조한다. 혁신은 인간의 상상력의 불꽃 튀김(spark)으로부터 창출되며, 이를 대체할 수 있는 것은 아직 없다. 이는 현재와 같이 급격한 기술경제환경 속에서 기업이 경쟁우위를 확보하는 분야임을 나타내 주는 것이다. 이리하여 저자는 21세기 기업들이 직면한 가장 거대한 경영적 도전은 옛날 것을 계속 같게 수행하는 기업의 거대한 관성으로부터 조직 구성원에 내재해 있는 이 불꽃 튀김을 자유롭게 하는 방법을 찾는 것이라고 강조하고 있다. 그리하여 이제 '혁신의 시대'가 왔음을 강조한다.

4. 시사점

이와 같은 '경영의 세기'에 관한 논의는 결국 리더십과 혁신의 시대가 왔음을 나타
내 주는 것이다. 이 논문은 이들 두 요소는 현대 경영의 가장 핵심적 요소임을 나타내
주는 것이다. 그러나 이들 두 요소는 서로 분리된 것이 아니다. 이들 두 요소는 서로
긴밀하게 연계되어 있으며, 반드시 연계되어야 한다. 이들 두 요소를 결합하면 현대는
최고경영자가 주도하는 '기술혁신경영의 시대(era of innovation management)'임
을 나타내 준다.

현대의 사회경제환경 속에서 기업의 경쟁우위 확보의 가장 중요한 것은 기술혁신이
다. 기술혁신은 글로벌 경쟁의 가장 핵심적인 요소이다. 기술이 급변함에 따라 기업의
부침이 더욱 가속화되고 있다. 즉, 기업은 기술혁신능력을 확보하고 활용하여야 이같
은 극심한 경쟁에서 살아남을 수 있다. 이른바 '기술혁신의 시대'가 도래한 것이다. 기
업의 경쟁우위에 기술혁신이 중요하다면 기업은 기술혁신을 효과적으로 확보하고 경쟁
우위의 달성에 활용하여야 한다. 이른바 기술경영(MOT: management of tech-
nology)의 중요성이 대두된 것이다.

그런데 기술혁신은 대단히 복잡하고, 빠르게 변하고, 이를 확보하기에 대단히 큰 비
용이 들어간다. 이에 따라, 기술혁신을 확보·활용하는 것은 쉬운 일이 아니며 대단히
위험하여 심지어 기업을 파산으로 이끌기도 한다. 이에 따라 기술혁신의 확보 및 활용
에 대한 의사결정은 최고경영자(top management)가 담당하여야 할 것이다. 최고경
영자는 기술경영의 핵심주체가 되어야 할 것이며 최고경영자 개입의 중요성은 일반 경
영에서보다 더욱 크다. 그리하여 최고경영자가 주도하는 기술경영, 이른바 '전략적 기
술혁신영(SMTI: strategic management of technology and innovation)'의 필
요성이 대두된다.

Kiechel III의 "경영의 세기" 논문에서 강조하는 현대 경영의 화두인 리더십과 혁신
은 '전략적 기술혁신경영'의 틀 속에서 연계될 수 있다. 전략적 기술혁신경영은 '기업이
기술혁신을 바탕으로 경쟁우위를 어떻게 확보, 유지, 발전시킬 것인가?'에 관한 학문

적, 실무적 분야로 인식할 수 있을 것이다. 이 정의는 전략경영은 물론 기술경영에도 올바른 시각을 가지는 데 도움을 준다. 우선 전략경영의 분야에서 경쟁우위의 근본적 원천에 대한 고찰 부족의 문제를 해결할 수 있다. 즉, 기업의 경쟁우위의 근본적 원천은 기술혁신임을 천명하고 기술혁신은 전략경영의 핵심 콘텐츠임을 강조할 수 있다. 다음으로 기술경영 분야에서도 기술경영은 연구개발관리나 생산관리 등 기능 차원의 경영 혹은 관리의 문제가 아니라 최고경영자 주도의 기술경영이 이루어져야 함을 강조할 수 있다.

그리하여 21세기는 최고경영자 주도로 전사적 차원에서 기술혁신을 경영하는 '전략적 기술혁신경영'의 시대가 되었다고 요약할 수 있다. 그런데 이는 새로운 것은 아니다. 전술한 바와 같이 본 논문 '경영의 세기'에 따르면 경영(management)의 시작은 1886년의 '미국기계공학자협회'에서의 Henry R. Towne의 "경제학자로서의 엔지니어 (The Engineer as an Economist)"라고 강조하였고 경영의 역사를 보면 과학기술자에 의하여 경영이 이루어진 것을 알 수 있었다. 즉, 경영은 그 태동부터 지금까지 기술과 분리된 적이 없었고 21세기에 들어오면서 기술과 경영의 접목은 더욱 중요해진 것이다. 따라서 현재와 앞으로의 시대는 '전략적 기술혁신경영'의 시대가 된 것은 확실하다. 문제는 "전략적 기술경영을 어떻게 구체적으로 실천하는가?"이다.

자료: Kiechel III, W., "The Management Century", *Harvard Business Review*, November, 2012, pp.62-75에서 저자의 풀이

제 2 부

기술환경의 분석과 기술지향적 기업환경분석

제 4 장

기술환경의 분석

··· 제 1 절　기술환경 분석의 중요성　···

　　급변하는 기업환경에 대한 체계적 분석은 기업의 경쟁우위 확보에 대단히 중요하다. 그 결과 환경평가(environmental scanning) 혹은 환경분석(environmental analysis)은 전략경영 모델의 첫 단계에 위치한다. 아무리 선진 기업들이라도 환경변화에 적응을 못하거나 변화를 창출하는 데 실패하면 빠르게 경쟁력을 상실할 수 있다. 기업이 경쟁우위를 확보·유지·확대하기 위해서도 외부환경을 잘 파악하고 효과적으로 대응하여야 한다. 환경이 원하는 것과 기업이 제공할 수 있는 것, 또한 기업이 원하는 것과 환경이 제공할 수 있는 것 사이에 전략적 조화(strategic fit)가 필요하다(Wheelen & Hunger, 2006). 다시 말해, 전략경영을 위해서는 기업의 내·외부 환경에 대한 정밀한 평가가 필요하다.

　　그런데 문제는 기업을 둘러싼 환경이 점점 더 불확실해지고 있다는 점이다. 또한 기업을 둘러싼 환경은 매우 복잡하고 변화의 속도가 매우 빠르다. 이 같은 환경변화는 최고경영자들이 장기계획을 수립하고 환경에 적합한 전략적 의사결정(strategic decision-making)을 내리는 것을 방해하기 때문에 대단한 위협이 아닐 수 없다. 이와 같은 기업환경의 속성으로 인하여 기업은 전략경영(strategic management)의 필요성이 대두되는 것이다. 최고경영자는 기업환경에 대한 수동적 대응을 넘어서 기업의 미래발전을 위하여 기업을 둘러싸고 증가하는 환경의 불확실성에 적극적으로 대응하여야 할 것이다. 이를 위해서는 기업의 운영방식도 바꾸어야 할 뿐만 아니라 환경의 불확실한 요소들을 기업에 보다 유리하게 만들고 변환시켜야 할 것이다.

　전략적 기술경영(SMT: strategic management of technology)도 이와 같은 환경분석으로부터 출발한다. 그러나 전략적 기술경영은 기술을 중심으로 전략경영을 수행한다는 점에서 환경평가의 출발점은 기존의 전략경영의 환경평가와 약간의 차별성을 가져야 할 것이다. 일반적인 전략경영에서의 환경평가는 외부환경의 평가와 내부환경의 평가로 구성된다. 그러나 전략적 기술경영은 기술을 중심으로 전략경영을 한다는 점에서 기술환경에 대한 전반적인 평가, 즉 기술환경의 분석(technological environment analysis)을 먼저 추진하여야 할 것이다. 기업의 외부환경과 내부환경 평가는 이와 같은 기술환경의 분석을 통한 기술의 동력성 및 전략적 중요성 등에 대한 전반적 인식을 바탕으로 추진하는 것이 바람직할 것이다. 이와 같은 기술환경에 대한 평가는 비단 환경평가에만 영향을 미치는 것이 아니라 전략적 기술경영 전반에 걸쳐 영향을 미친다. 합리적인 기술전략의 수립 및 집행은 기술환경에 대한 전반적인 지식을 전제로 하기 때문이다.

　그 결과 전략적 기술경영의 환경평가는 기술환경의 분석, 기술지향적 외부환경의 분석, 기술지향적 내부환경의 분석 등 세 분야로 구성되어야 할 것이다. 그러나 이 책에서는 기술지향적 외부환경의 분석과 기술지향적 내부환경의 분석을 '기술지향적 기업환경분석'으로 통합하여, 환경평가를 '기술환경의 분석'(제4장)과 '기술지향적 기업환경분석'(제5장)의 두 유형으로 논의하기로 한다.

| 그림 4-1 | 기술환경 분석의 구성요소 |

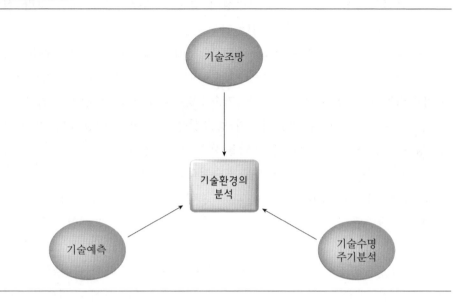

본 장에서 다루는 기술환경의 분석(technological environment analysis)은 크게 기술조망, 기술예측, 기술수명주기분석의 세 가지 분야로 살펴볼 수 있을 것이다(<그림 4-1> 참조).

첫째, 기술조망(technology diagnosis)은 기업에게 직·간접적으로 영향을 미칠 가능성이 높고 기업이 필요로 할 다양한 신기술의 잠재력을 조기에 파악하고 이를 바탕으로 기업의 기존기술의 한계를 결정하고 대응하는 데 목표를 두고 있다. 여기에서는 특히, 기업이 관심을 가질 수 있는 새롭고 다양한 기술분야의 발전 정도를 포괄적으로 진단하는 데 주안점을 둔다. 이와 같은 기술조망을 통하여 기업은 향후 전략적 목표를 달성하는 데 필요한 다양한 기술에 대한 전반적 지식을 확보할 수 있다.

둘째, 기술예측(technology forecasting)은 기업이 필요로 하는 특정기술의 미래 발전에 대한 지식을 획득하기 위한 제반과정을 의미한다. 기술예측을 통하여 기업은 기술 관련 기업행위를 지도하는 데 필요한 미래 비전을 확보하여 급변하는 기술경제환경에 효율적으로 대응할 수 있다. 특히, 기업은 기술예측을 통하여 기술로부터 창출되는 기회를 적시에 활용할 수 있다. 기술예측은 기술조망으로부터 습득되어진 폭넓은 기술분야에 대한 지식을 바탕으로 기업의 경쟁우위에 특히 관련성이 높은 기술분야들에 대한 보다 심층적인 예측과 분석을 수행하게 된다.

셋째, 기술수명주기분석(technology life cycle analysis)은 기술의 수명주기에 따른 기술의 성과에 관한 정보를 확보하여 기업의 기술전략적 의사결정에 활용하려는 목적으로 이루어진다. 기술수명주기분석을 통하여 기업은 수명주기에 따른 서로 다른 기술혁신의 중요성을 파악하고 해당 기술의 포괄적인 평가를 통하여 기술전략적 대안을 확보할 수 있다.

이와 같은 기술환경의 평가는 기술전략적 의사결정에 필요한 기술적 정보(technological information)의 획득·가공·준비와 관련을 맺고 있다. 기업은 기술정보와 관련된 직·간접 환경 및 실제적·잠재적 경쟁자에 대한 자료를 체계적으로 수집하여야 할 것이며, 이를 위해 다양한 원천의 정보를 조기에 습득하여야 할 것이다. 이와 같은 기술환경의 평가는 기술전략과 관련된 의사결정의 확실성을 제고해 줄 것이다. 기업은 기술환경평가를 통하여 기술적 측면에서 기업의 경쟁상황에 관한 정확한 지식을 확보할 수 있으며, 기술경영 관련 의사결정의 유연성을 제고하여 기업의 경쟁우위 제고를 위한 중장기적 대안을 마련할 수 있다. 이와 같은 기술환경평가는 기업 및 모든 사업부에 투입될 수 있는 제품기술(product technology)과 공정기술(process technology) 모두를 대상으로 이루어져야 할 것이다. 특히, 기업의 기존 제품기술 및 공정기술을 대체할 수 있는 대체기술(alternative technology)에 대해 세심한 주의를 집중하여야 한다.

⋯ 제2절 기술조망 ⋯

1. 기술조망의 중요성

기술조망(technology diagnosis)은 신기술의 잠재력과 기존기술의 한계를 조기에 결정하는 것을 목표로 하고 있다. 기술조망은 기업 및 사업부와 관련이 있는 다양한 기술에 대한 광범위한 조망을 조기에 수행하는 것으로서 기술조망의 결과는 기업이 관심을 가지고 있는 다양한 기술의 향후 발전추세를 예측하고 대응할 수 있는 기초를 제공해 준다. 기술개발에 대한 사전적 조망은 기술의 복잡성, 동력성, 응용성 등의 증가로 인하여 전략적 기술경영의 중요한 부분이 아닐 수 없다. 기술조망은 기술의 향후 발전에 대한 정확한 예측보다는 전략적으로 중요한 기술들을 둘러싼 불확실성을 기업 내에 환기시켜 합리적인 기술전략을 도출하는 데 공헌하는 것을 목표로 한다. 이를 위해서는 기업을 둘러싼 기술환경에서의 다양한 정보를 획득하고 그 시사점을 분석하여야 할 것이다.

2. 기술조망의 방법

기술조망은 기업이 기술전략을 수립하는 정보수집의 첫 단계이다. 이에 따라, 기업을 둘러싼 기술개발을 조기에 진단할 수 있는 다양한 정보의 원천, 즉 조망방법(diagnosis methods)을 활용하여야 할 것이다. 기술조망을 위한 정보는 기술혁신과정의 투입물과 산출물을 중심으로 파악할 수 있다. 기술혁신과정의 주요 투입물(input)로는 연구개발비용, 연구개발인력을 들 수 있으며, 산출물(output)로는 논문발표 및 인용횟수, 특허권 등을 들 수 있다. 이들은 기업의 기술혁신활동에 대한 노력과 성과를 나타내는 주요 지표로서, 특히 이들은 대부분 계량적 정보(quantitative information)라는 점에서 활용도가 매우 높다. 이들은 기업의 기술전략 수립에 필요한 기술조망을 위한 상당한 정보를 제공해 줄 수 있다. 그러나 이들 계량적 지표들은 기업의 기술혁신활동에 대한 충분한 정보를 제공해 주지 못한다는 점에서 해당 기술분야의 기업 내외의 전문가 의견(expert opinion)을 보충적으로 청취하는 것이 매우 중요하다. 아래에서는 기술조망의 방법 및 정보의 원천으로서 연구개발자원, 문헌분석, 특허분석을 살펴보기로 한다(<그림 4-2> 참조).

> **그림 4-2**   기술조망의 주요 방법

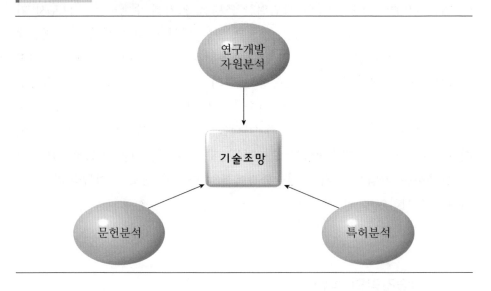

1) 연구개발자원분석

어떤 산업부문의 특정기술 분야에 있어서 산업 전체 혹은 경쟁기업의 연구개발인력과 연구개발투자에 관한 정보는 기술을 조망하기 위한 좋은 자료가 된다. 연구개발자원분석(R&D resources analysis)은 어떤 산업의 전체적 관점 혹은 경쟁기업과의 비교 관점에서 연구개발예산과 연구개발인력을 분석하여 산업 및 경쟁기업의 기술개발 동향 및 기술능력을 조망하는 것을 의미한다. 어떤 기술분야에서 어떤 선도기업의 높은 연구개발자원의 투입은 해당 기업의 기술 선도력 및 경쟁력에 대한 조기의 진단을 가능하게 한다. 실제로 기업의 연구개발에 대한 자원투입은 2~3년 뒤에 특허로 이어지며, 이는 또한 불과 몇 년 안에 실제적인 기술혁신 및 신제품 개발로 이어진다. 이에 따라, 경쟁기업의 연구개발자원 투입의 정도는 기업이 기술을 폭넓게 조망하는 데 중요한 지표가 된다.

연구개발자원, 특히 연구개발투자(R&D investment)의 추이를 살펴보는 데는 비단 경쟁기업 및 산업 내 기업의 자체 연구개발예산만을 살펴볼 것이 아니라 이들 기업에 대한 정부로부터의 연구개발자금 지원도 살펴보아야 할 것이다. 특히, 첨단산업부문의 경우에는 정부로부터 많은 연구개발자금이 기업에 지원되는데 이와 같은 정부의 지원예산은 해당 기업이 미래지향적, 전략적 연구를 수행하는 데 중요한 발판이 된다. 이에 따라, 어떤 경쟁기업의 중점기술 분야에 대한 조기진단은 이와 같은 총체적 투자를 포괄적으로 검토하여야 할 것이다.

이와 같은 산업 및 경쟁기업의 연구개발자원에 대한 정보는 관련 산업협회 및 기업의 연차보고서, 전문조사기관의 조사결과, 연구개발 통계자료집 등에서 폭넓게 얻을 수 있다. 또한 경쟁기업의 연구개발자원에 대한 정보는 기업의 연구개발 업무를 실질적으로 담당하고 있는 연구요원들에게서도 효과적으로 얻을 수 있다. 일반적으로 기업의 연구개발인력(R&D personnel)은 다른 기업 및 경쟁기업과 다양한 관계를 구축하고 있기 때문에 이들은 경쟁기업뿐만 아니라 심지어 다른 기술혁신 주체들에 대한 보다 심층적이고도 양질의 정보를 제공해 줄 수 있다. 이와 같은 연구개발활동에 대한 자원투입은 산업 및 기업의 기술혁신활동에 대한 정보로서 애매모호한 측면이 많다는 문제점도 있지만, 이와 같은 정보는 산업 내에서 기술적 경쟁이 어느 방향으로 진행되고 있는가에 관한 유용한 정보를 제공해 줄 수 있다. 기업은 이를 통하여 기술전략의 수립에 있어서 자신이 속한 산업부문과 주요 경쟁기업의 연구개발 방향 및 동향은 물론 해당 산업부문과 관련성이 높은 미래핵심기술을 개발하는 대학 및 공공연구기관의 연구개발활동 방향을 상당히 고려할 수 있을 것이다.

2) 문헌분석

관심 있는 기술영역을 다루고 있는 과학적 문헌에 대한 세심한 검토는 기초연구 및 응용연구의 수준과 결과에 대한 유용한 정보를 제공해 준다. 이와 같은 문헌분석(bibliometric analysis)은 이미 발간된 논문 및 이들의 인용 정도를 분석하는 것을 의미한다. 실제로 적절한 문헌들은 종종 향후 핵심기술(key technology) 및 보완기술(complementary technology)로 이어질 다양한 과학기술분야에 대한 심층적인 정보를 제공해 줄 수 있다는 장점을 가지고 있다. 이에 따라, 세계 도처에서 발간되는 학술문헌들에 대한 정기적인 검토는 다양한 기술의 개발동향을 조망할 수 있게 해준다. 특히, 이들 정보는 법적으로 보호를 받지 않는 자유로운 정보라는 점에서 정보의 효용성도 높다고 하겠다.

이와 같은 문헌분석은 전술한 연구개발자원에 대한 분석과 비교하여 해석이 보다 용이한 높은 수준의 예측내용을 제공한다는 장점을 가지고 있다. 그러나 문헌분석은 문헌이 실질적 연구개발활동이 한참 지난 후에야 획득가능하다는 점에서 기업의 효과적인 기술전략을 수립하는 데 필요한 조기경보 기능은 부족하다는 단점을 가지고 있다. 또한 문헌분석은 언어적, 문화적인 이유로 인하여 전 세계의 모든 문헌을 검토하기 어렵다는 구조적 한계점도 가지고 있다. 아울러 문헌분석은 문헌들에 대한 데이터베이스(data base)를 구축하는 것이 필요한데 이를 위해서는 해당 분야에 대한 전문지식과 데이터 베이스에 관한 충분한 지식을 가지고 있는 전문가들이 필요하나 이들을 찾기가 매우 어렵다는 한계점도 있다.

3) 특허분석

특허분석(patent analysis)은 기술을 효과적으로 조망하기 위하여 공식적으로 접근가능한 특허를 분석하는 것이다. 특허는 지리적, 내용적, 시간적으로 제한되어 보호되는 발명을 의미한다. 일반적으로 특허를 획득하기 위해서 발명은 참신성, 이용가능성, 충분한 발전성을 가지고 있어야 한다. 특허는 이와 같은 중요한 소유권 보호의 기능과 함께 기술에 대한 다양한 정보를 제공하는 기능을 가지고 있다. 특허는 특허소유자에게 법적인 보호의 대가로서 자신의 발명을 일정기간 공개하도록 되어 있어 이에 대한 대중의 접근이 가능하다. 그 결과 특허는 기술의 동향에 대한 정보의 원천으로 활용될 수 있다.

근본적으로 특허분석은 기술전략을 수립하는 데 매우 중요한 정보를 제공해 줄 수 있다. 대표적으로 특허분석은 분석대상 기술분야의 경쟁상황을 알

려주며, 그동안 알려지지 않았거나 혹은 최근에 대두된 경쟁자에 관한 정보를
제공해 줄 수 있다. 또한 특허를 통해 보호될 수 있는 시장 및 기간에 관한
정보를 제공해 주며, 해당 기술분야에서의 선도기업을 알 수 있게 하고, 새로
운 기술적 해결방안에 관한 유용한 정보를 제공해 줄 수 있다(Wolfrum, 1991:
128).

특허분석은 기술을 조망하는 데 있어서 매우 선호되는 방법이다. 그 이
유로서 특허분석은 다른 곳에서는 창출되지 않은 새로운 정보를 제공해 주
며, 최신의 기술개발 동향에 관한 대단히 많은 정보를 제공해 줄 수 있다는
점이다. 일반적으로 현재 존재하고 있는 제품과 공정은 이미 수년 전의 특허
를 통하여 예견할 수 있다는 특징을 가지고 있다. 그 결과 특허분석은 기업
에게 기술환경에 대한 전체적 조망은 물론 조기경보효과(early warning effects)
를 충분하게 제공해 줄 수 있다. 그러나 기술조망의 방법으로서 특허분석은
단점도 가지고 있다. 무엇보다도 특허제도에 있어서 국가 간 차이는 특허의
체계적 분석을 어렵게 한다. 아울러 기술조망을 위한 수단으로서 특허분석
은 비록 비슷한 기술을 활용하고 있다 하더라도 산업별로 서로 다르게 분석
·해석되어야 하는 구조적 문제점도 가지고 있다.

다양한 기술의 조망에 있어서 구체적 특허지표의 활용과 관련하여 전
세계의 중요한 특허 관련 기구에 출원된 특허의 수나 외국에 출원된 특허의
수를 분석하는 것이 중요하다. 특히, 선진 외국에 출원된 특허 지표는 기술
조망을 위한 충분한 설득력을 가지고 있는데, 그 이유는 실질적으로 경제적
효용이 높은 특허의 경우 선진국에 출원하는 것이 일반적이기 때문이다. 이
와 더불어 특허의 인용(citation) 횟수 역시 해당 기술에 대한 미래의 중요성
을 알아보는 지표로 활용될 수 있다. 또한 국내 및 외국에 출원된 특허의
총수에 대한 추세분석(trend analysis)은 시간에 따른 해당 기술분야의 발전방
향에 관한 정보를 제공해 줄 수 있다. 그리고 전체 특허 수 혹은 경쟁기업
의 특허 수에 대한 기업의 특허 수의 비교는 해당 기업의 기술적, 경쟁적
위치에 관한 평가를 가능하게 한다.

··· 제3절   기술예측   ···

1. 기술예측의 중요성

1) 기술예측의 중요성

기술조망의 단계가 종료되면 기술예측(technology forecasting)이 이루어져야 한다. 기술예측은 기업의 기술혁신활동에 관한 의사결정을 경쟁기업들보다 훨씬 빨리 내리기 위하여 기업환경에 있는 특정한 기술 관련 신호를 찾아내어 해석하는 것을 의미한다. 기술조망은 기업을 둘러싼 다양한 기술에 대한 포괄적인 측면의 조망을 통하여 기술환경에서의 미약한 신호를 조기에 인지하는 목표를 가지고 있는 데 비하여, 기술예측은 기술조망을 통해 도출된 기업이 관심 있는 특정기술에 대한 보다 심층적 예측 및 분석을 수행하는 것을 의미한다. 이에 따라, 기술예측은 새로운 기술의 개발 잠재력, 기존기술의 한계, 기술 간의 대체관계, 기술적 불연속성 등을 고려하여 이루어져야 한다(Wolfrum, 1991: 119-122; Specht & Beckmann, 1996: 76-79; Gerpott, 1999: 101-103).

일반적으로 예측(forecasting)은 미래의 상황을 예상하고 현재의 행위를 지도하는 데 사용될 수 있는 미래에 대한 비전을 제공해 줄 수 있다. 이에 따라, 예측을 잘하는 기업이 기회를 적시에 포착할 수 있으며 미래의 변화에 대한 보상을 수확할 수 있다. 기술이 기업의 경쟁우위에 핵심적인 역할을 한다면 기술예측을 통하여 기술진보의 성격과 역할을 세심하게 예측하여야 할 것이다.

이와 같은 기술예측은 포괄적 의미에서 기업이 필요로 하는 기술 전반에 대한 예측과 소극적 의미에서 기업이 이미 설정해 놓은 일부 목표기술에 대한 예측으로 나누어 볼 수 있다. 기술예측을 내용적인 측면에서 보면 질적, 양적, 시간적 측면으로 살펴볼 수 있다. 이들 측면은 기술이 기업의 경쟁우위에 미치는 영향의 다양한 측면을 포괄적으로 나타내 준다. 기술예측은 기업의 외부환경 분석과 내부 기술역량 분석의 상호의존적 관계 속에 살펴보아야 할 것이다. 즉, 기술예측과 기업의 내·외부 환경분석은 상호간에 영향을 미치는 것으로 파악하여야 할 것이다.

기술예측은 전략적 기술경영의 중요한 요소로서 기업의 경쟁우위에 미치는 기술에 대한 포괄적 예측이 이루어져야 할 것이다. 세부적으로 기술예측은 기업의 경쟁우위에 미치는 모든 제품기술, 공정기술, 서비스 기술의 개발 정도, 이들 기술에 대한 경쟁기업의 기술적 위치, 잠재적 대체기술의 발전양태 등을 예측하여야 할 것이며, 더 나아가 이들 기업의 경쟁변수에 미치는 미래적 영향의 정도를 파악하여야 할 것이다.

일반적으로 경영자는 전략적 기술경영을 위하여 "목표로 하는 기술을 어떻게 언제까지 개발할 수 있을까?"에 대해 관심을 가지게 된다. 이에 대한 해답은 해당 기술에 대한 미래예측을 통해 얻을 수 있다. 기술예측을 통하여 경영자는 기술을 개발하고 이의 상업화를 통해 경쟁전략을 추구할 수 있는 전략적 판단을 할 수 있다. 그러나 기술예측은 과거의 경향을 기본으로 정량화되어진 평가이며 제한된 환경에서 이루어진다는 점에서 예측결과의 정확성이 문제가 될 수 있다. 그럼에도 불구하고 기술예측은 아직 발전하지 않은 새로운 기술이 기업에 미칠 영향을 제시해 주어 경영자로 하여금 미래를 준비할 수 있게 해준다.

기술예측은 기업의 기술지향적 내·외부환경 분석과 긴밀한 관련을 맺고 있다. 이들 활동들은 상호간에 중요한 정보를 서로 공급해 주어야 한다. 그 결과 기술예측은 최고경영자의 전략적 의사결정(strategic decision-making)을 도와준다. 그러나 많은 기업에 있어서 이와 같은 기술예측이 기업의 전략적 의사결정과 분리되어 이루어진다는 문제점이 있다. 기술예측이 기술경영의 중요한 부분으로 다루어지기 위해서는 기업은 기술예측의 결과가 기업의 전략경영과정으로 투입될 수 있는 제도적 장치가 필요하다. 아울러 기술예측의 과정에 최고경영층의 관심이 필요하다. 또한 기술예측은 기업 전략경영의 시간적 틀과 조화를 이루어야 할 것이다. 이에 따라, 기술예측의 대상이 되는 기술을 이들이 구성하는 제품 및 이들 제품이 구성하는 사업부의

그림 4-3   기술-제품-사업부 간의 연계성

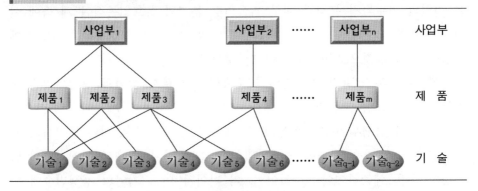

관점에서 일목요연하게 파악하여야 할 것이다(<그림 4-3> 참조).

　　일반적으로 기업은 여러 개의 사업부(divisions)로 구성되어 있다. 사업부는 여러 개의 제품(products)으로 구성되어 있는데, 각각의 제품은 서로 다른 기술(technologies)을 필요로 한다. 어떤 기술은 일부의 제품에만 필요하지만 어떤 기술은 다양한 제품에서 필요로 한다. 이에 따라, 기업 및 사업부의 주력제품은 다양한 기술에 의해서 파악될 수 있다. 그 결과 기술예측은 어떤 제품이 필요로 하는 기술의 발전 추이를 나타내 준다는 점에서 제품의 경쟁력은 물론 해당 제품으로 구성된 사업부의 경쟁력에 중요한 영향을 미치며 해당 사업부 경영자 및 더 나아가 기업 전체 차원의 최고경영자의 전략적 의사결정에 중요한 영향을 미치게 된다.

　　무엇보다도 기술예측은 경쟁자의 기술수준 및 세부기술까지 이르는 포괄적 측면에서 이루어져야 할 것이다. 기술예측의 대상이 되는 기술은 기업의 전략적 의사결정에 관련이 있는 모든 제품기술(product technology) 및 공정기술(process technology)을 대상으로 하고, 이들 기술과 관련한 경쟁기업의 기술수준을 평가하여야 할 것이며, 더 나아가 잠재적 대체기술(substitution technology)도 예측하여야 할 것이다. 이를 통하여 기업은 다양한 기술이 기업의 경쟁요소에 미치는 영향을 가늠할 수 있다.

2) 기술예측의 어려움

전통적인 기술예측은 과거의 성과를 미래에 투사하는 방법으로 이루어지는 것이 보통이다. 그 결과 기술의 시간에 따른 성과의 진보 패턴은 이른바 S-곡선으로 알려진 수명주기(life cycle)를 가진다. 이와 같은 기술의 발전이 미래에 어떻게 이루어질 것인가는 매우 불확실한데 대체적으로 <그림 4-4>와 같이 세 가지의 패턴으로 나타내 볼 수 있다. 즉, 기술은 과거로부터의 발전 추세를 바탕으로 더욱 발전하거나, 현재 정도의 발전을 계속하여 유지하거나, 앞으로의 발전 정도가 현재보다 크게 떨어질 것이다. 이와 같은 패턴은 기술의 특성 및 자연적 한계, 그 개발에 영향을 주는 사회적·환경적 요인, 경쟁기업들의 기술에 대한 시장에서의 위치 등에 달려 있다. 그러나 이 같은 과거의 성과를 미래에 투시하는 방법은 미래가 수많은 영향요인의 작용으로 인해 과거와 같이 행동하지 않는다는 점에서 근본적인 어려움이 있다. 이에 따라, 효과적인 기술예측을 위해서는 다양한 기술예측방법(technology forecasting methods)의 활용이 필요하다. 특히, 예측의 객관성을 높일 수 있는 정량적 예측방법과 더불어 의사결정자의 주관적인 판단에 의존하는 정성적 예측방법의 혼합적인 활용이 필요하다.

기술예측의 문제는 급속한 변화를 경험하는 기술의 경우에 더욱 어려움

그림 4-4 기술진보의 시나리오

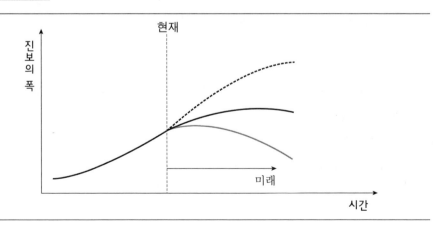

이 제기된다. 이 경우 경영자는 한 기술이 다른 기술을 대체하려고 위협할 때 발생하는 기술의 단절성(discontinuity)을 예측하여야 한다. 보다 나은 성과를 나타낼 것으로 기대되는 신기술이 새롭게 대두되기 시작하면 장기적 측면에서 기존기술을 활용하는 기업이 자신의 주력기술을 보호하는 것은 매우 어려우며, 경영자는 기존기술을 대체할 것으로 예상되는 신기술로 이전하는 의사결정을 내려야 한다. 그러나 이와 같은 이전 결정은 쉬운 일이 아닌데, 그 이유는 신기술의 개발 및 기존기술에서 신기술로의 대체시점에 대한 예측이 어렵고, 또한 현재의 시점에서는 기존기술이 기업의 경쟁우위에 미치는 영향이 새로운 기술보다 훨씬 큰 것이 일반적이기 때문이다. 그러나 역사적으로 보면 기술에 있어서 대단히 많은 단절이 있어왔다. 예를 들어, 기선은 범선을 대체하였고, 트랜지스터는 진공관을 대체하였으며, PC는 타자기를 대체하였다. 경영자는 기술이 근본적으로 수명주기를 가지고 있기 때문에 대체될 가능성이 있다는 점을 충분히 인식하여야 할 것이다.

기술경영자는 기술예측에 있어서 각각의 기술에 대한 자연적 한계(natural limit)를 예측하고, 이 정보를 바탕으로 새로운 기술을 언제 처음으로 도입·개발·활용할 것인가와 경쟁기업이 해당 기술을 진부화시켜 버리기 전에 기존기술을 언제 포기할 것인가에 관한 의사결정을 하여야 한다. 또한 기술경영자는 기술예측의 결과를 바탕으로 신기술, 연구개발, 신제품에 대한 투자 여부를 결정하거나 새로운 기술에 대한 능력을 이미 가지고 있는 기업을 매수할 것인가에 관한 의사결정을 하여야 한다.

기술에 대한 좋은 예측을 하기 위해서 기술경영자는 후술할 기술수명주기(technology life cycle)는 물론 기술개발과정 및 기술혁신비율에 영향을 미치는 제반요인에 대하여 탁월한 이해를 하고 있어야 한다. 이를 위하여 기술경영자는 각각의 기술예측기법의 내재적 강점과 약점에 관해 이해하는 것이 중요하다. Porter 등(1991)은 기술예측에서 가장 비중 있게 검토하여야 할 기술의 속성으로서 ① 기술능력에 있어서의 발전의 정도, ② 신기술에 의한 기존기술의 대체율, ③ 기술의 시장침투 능력, ④ 기술의 확산 정도, ⑤ 기술적 돌파구의 가능성 및 시점 등을 제시하고 있다.

2. 기술예측방법

1) 기술예측방법의 분류

기술예측의 방법은 대단히 많으며, 이들은 여러 방법에 의해 분류될 수 있다. 대표적으로 기술예측방법(technology forecasting methods)은 정량적 방법과 정성적 방법으로 나누어 볼 수 있다(<그림 4-5> 참조). 정량적 기술예측방법의 대표적인 예로 추세분석기법과 모델링기법을 들 수 있으며, 정성적 기술예측방법의 대표적인 예로 전문가의견법, 델파이기법, 시나리오기법이 있다.

정량적 기술예측방법(quantitative technology forecasting methods)은 수학적, 통계적 방법을 활용하여 기술발전의 과거 경험을 바탕으로 기술의 미래를 예측하려는 방법이다. 대부분의 정량적 예측방법은 시간에 따른 기술의 발전 추이를 분석하고 있다. 그러나 이 유형의 방법은 과거 기술능력의 축적이 미래에 영향을 미치지 못하는 기술발전의 경우에는 적합성이 매우 떨어진다는 단점이 있다. 예를 들면, 과학기술분야의 대단한 발견, 기초과학에

그림 4-5 기술예측방법의 유형

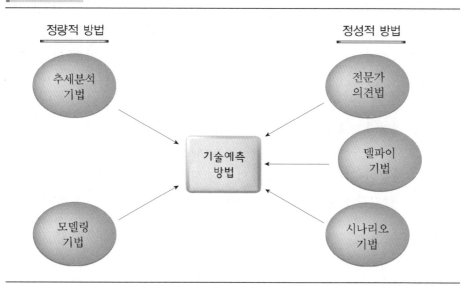

기초한 발명 등은 과거에 대한 자료가 없기 때문에 정량적 예측방법에 의해 추세를 분석할 수 없다는 문제를 가지고 있다. 이와 같은 문제가 있을 경우에는 정성적 기술예측을 수행하여야 한다.

정성적 기술예측방법(qualitative technology forecasting methods)은 예측자의 창의성, 직관, 판단력, 전문가와 일반 대중의 의견 등을 바탕으로 기술을 예측하고 그 정보를 가공·보충하여 기술의 미래에 대해 예측하는 방법이다. 이 방법은 과거의 자료에 기초하여 예측을 하는 것이 아니라 일반 대중 및 전문가들의 가치판단에 기초하고 있다는 점이 특징이다. 이 점에서 정성적 예측방법은 과학성이 상대적으로 부족하다는 단점을 가지고 있으나 새로운 발견, 급진적 기술혁신의 경우에 매우 적합한 예측방법이다.

이처럼 기술예측의 방법은 서로 다른 장·단점을 가지고 있다. 기술경영자는 기업의 상황에 적합한 기술예측방법을 선택하여 활용하여야 할 것이다. 아래에서는 대표적인 기술예측방법을 논의하기로 한다.

2) 추세분석기법

추세분석기법(trend analysis method)은 과거와 현재의 시계열 자료를 미래에 확장하는 수학적·통계적 예측기법이다. 이와 같은 분석기법은 다양한 수학적 모델의 형태를 가지고 있다. 이 방법에서는 과거의 추세와 조건이 미래에도 변화하지 않고 계속될 것이라는 가정을 하고 있다. 이 방법의 장점은 계량화된 지표를 가지고 미래를 예측하여 짧은 기간의 예측에는 매우 정확한 예측을 할 수 있다는 점이다. 그러나 이 방법은 예측결과가 정확하기 위해서는 계량적 지표를 이용해야 하는데 양질의 계량적 지표를 확보하기가 쉽지 않으며, 계량적 지표를 확보했다 하여도 상당히 많은 자료를 필요로 한다는 문제점이 있다. 아울러 자료의 단절성이 있을 경우에 활용의 어려움이 있으며, 장기간에 걸친 예측에는 정확성이 떨어진다는 단점이 있다.

3) 모델링기법

모델링기법(modeling method)은 모델화한 시스템의 행위를 예측하는 데 활용될 수 있다. 모델은 현실 세계의 일부에 대한 구조와 동력성을 간단하게 나타내 주는 것을 의미한다. 여기서 의미하는 모델은 다이어그램, 단순방정식 등은 물론 복잡한 컴퓨터 시뮬레이션 모델까지를 포괄한다. 이 기법은 현실 세계의 근본적 구조와 움직임은 단순화된 모델에 의해 파악될 수 있다는 전제를 가지고 있다.

이 기법은 복잡한 현실 시스템의 움직임에서 중요한 점만을 파악하여 제시할 수 있다는 장점을 가지고 있다. 이를 통해 모델링은 복잡한 시스템에 대한 통찰력을 확보할 수 있다. 그러나 이 방법은 복잡성으로 인하여 모델이 제대로 구축되지 않았을 경우 잘못된 예측을 할 수 있다는 단점을 가지고 있다. 아울러 과도하게 통계적인 데이터에 의존하고 있다는 점도 단점으로 작용한다.

4) 전문가의견법

전문가의견법(expert opinion method)은 특정 분야의 전문가들의 의견을 설문분석을 통해 취합하고 분석하는 정성적 예측방법의 가장 대표적인 방법이다. 이 방법은 근본적으로 어떤 특정 분야의 전문가들은 해당 분야에 있어서 대단히 높은 식견을 가지고 있으며, 이에 따라 일반인들보다 해당 분야의 기술을 보다 정확하게 예측할 수 있다는 가정을 하고 있다. 특히, 다양한 전문가들의 의견을 취합하여 이를 집단적 지식(group knowledge)으로 활용할 경우 예측의 정확도는 매우 높을 수 있다. 이와 같은 기술예측을 위한 전문가로는 기업 내의 연구개발요원을 중심으로 전문가 집단을 구성하는 것이 일반적이다. 그러나 기술예측의 객관성을 확보하기 위해서는 기업 외부의 전문가 − 예를 들어, 대학교수, 전문연구원, 기업자문가, 공급자 − 를 포함시키기도 한다. 특히, 그동안 기업이 경험하지 못한 새로운 기술에 대한 예측을 위해서는 이와 같은 다양한 부문의 전문가를 동원하여 의견을 청취하는 것이 바람직할 것이다.

이 방법의 장점은 정량적 예측방법들이 기술의 미래발전에 대한 만족할 만한 예측결과를 제시하지 못할 경우 매우 영향력 있는 예측결과를 창출할 수 있어 활용가능성이 높다는 점이다. 그러나 이 방법의 단점으로는 예측대상 기술분야의 적절한 전문가를 찾기가 쉽지 않으며, 많은 경우 전문가들도 틀릴 수 있다는 근본적인 취약점을 가지고 있다. 또한 전문가들 간의 상호작용이 허락될 경우 사회적, 심리적 요인들이 객관적 예측을 방해할 수 있다는 단점을 가지고 있다. 아울러 전문가의견법은 예측의 신뢰성을 확보하기 위하여 많은 전문가를 활용하여야 한다는 점에서 이를 조직·운영하는 데 들어가는 시간과 비용이 대단히 많이 소요된다는 점도 단점으로 지적되고 있다.

5) 델파이기법

델파이기법(Delphi method)은 전술한 전문가의견법의 발전된 형태로서 전문가의견법의 문제점을 해결하기 위하여 1950년대 말 미국 연구기관인 RAND사에 의해 고안된 기술예측기법이다. 이 기법은 전문가들의 대면적 커뮤니케이션의 문제점을 저감하기 위해 정보의 통제된 피드백을 가능하게 하는 설문지 방법을 활용하여 전문가들 간의 익명적 상호작용을 구조화하는 기법이다. 델파이기법은 결과의 피드백을 가능하게 하는 전문가 집단의 다차원적인 설문분석으로 정의할 수 있다. 전문가의견법에서 제시되었던 집단 상호작용의 문제점은 익명의 설문분석을 통해 해결된다. 일반적으로 최대 네 번에 걸친 설문분석을 통하여 설문분석에 참여한 전문가들은 이전의 설문분석의 결과 – 즉, 다른 전문가의 의견 – 를 받게 된다. 전문가들의 지리적 분리 및 익명성 보장에도 불구하고 이와 같은 피드백 과정을 통하여 상당한 정도의 의견의 교환 및 접근을 하게 된다. 그 결과 기술예측의 결과는 설문분석의 횟수를 거듭할수록 정교해지고 일정한 결과에 도달할 수 있다.

델파이기법은 전문가들 간 상호작용(interaction)의 문제점을 해결할 수 있다는 장점이 있어서 실제로 기술예측에 많이 활용된다. 이 기법은 어떤 일 목요연한 예측결과를 제공해 주지는 않지만, 관심대상 기술분야의 미래 발전에 대한 다양하고도 신뢰성 있는 가능성에 관한 정보를 제공하여 향후 보다 심층적 분석 및 이를 바탕으로 한 효율적 기술전략의 수립을 위한 기초를 제공해 준다는 장점이 있다. 그러나 이 기법은 전문가에 대한 설문분석에 의존한다는 점에서 설문의 구성 및 대상과 관련한 신뢰성의 문제가 있으며, 다양한 전문가 집단에 대하여 여러 차례의 설문분석을 실시하여야 한다는 점에서 시간과 비용의 문제도 발생한다. 그럼에도 불구하고 델파이기법은 기술예측에서 가장 많이 활용되는 기법 중의 하나이다.

6) 시나리오기법

시나리오기법(scenario method)은 미래 기술발전의 제반 측면을 일련의 스냅사진과 같은 몇 개의 시나리오로 나타내는 것을 의미한다. 시나리오는 미래의 여러 측면의 발생할 수 있는 가능성 영역들을 포괄하고 있다. 이 기법은 미래의 가능성들이 일련의 상상적 기법을 통하여 합리적으로 기술될 수 있다고 가정하고 있다. 이 방법의 장점은 가능성 있는 미래에 대해 풍부한 묘사를 해줄 수 있다는 점이다. 이 방법은 또한 다양한 이용자에게 예측의 결과를 쉽게 전달하는 데 매우 유용하게 활용할 수 있다. 그러나 이 방법은 예측에 있어서 충분한 과학성과 타당성을 확보하지 못하면 예측이라기보다 판타지가 될 가능성이 있다는 단점도 있다.

7) 방법의 조합

이상에서 살펴본 기술예측의 다양한 방법은 나름대로의 장·단점을 가지고 있는 것으로 나타났다. 경영자는 기업의 상황에 적합한 기술예측기법을 선택하여 활용하여야 할 것이다. 이와 같은 선택의 판단기준으로서 Khalil(2000: 257-258)은 좋은 기술예측방법이 가져야 할 일반적 속성으로 ① 신뢰성과 유용성, ② 정확한 정보기반, ③ 명확하게 기술된 기법 및 모델,

④ 명확하게 정의되고 타당성 있는 가정, ⑤ 가능하면 계량적 표현, ⑥ 예측된 정보에 대한 일정 수준의 자신감 등 여섯 가지를 제시하고 있다.

그러나 전술한 다양한 예측기법이 이들 속성을 모두 갖추고 있지는 못하다. 그 결과 다양한 기술예측방법을 혼합하여 활용하는 방법의 조합(methods mix)이라는 접근방법을 채택할 필요가 있다. 그럼에도 불구하고 기업의 특별한 상황에 따라 기술예측방법을 선택할 수 있는 지침(guideline)을 제공할 수 있다. 일반적으로 기업환경이 안정적이고 기술발전이 점진적인 산업부문의 경우에는 정량적인 기술예측방법을 효과적으로 활용할 수 있을 것이며, 이에 반하여 기업환경이 급변하고 기술발전이 매우 빠른 산업부문의 경우에는 정성적 기술예측방법이 보다 바람직할 것이다. 그러나 일반적으로 기업은 정량적 방법과 정성적 방법을 혼합하여 사용하는 것이 보다 나은 예측결과를 가져올 수 있다. 기업은 나름대로의 환경에 맞게 다양한 예측기법을 보충적이고도 경쟁적으로 활용하여야 할 것이다. 기업은 이와 같은 기술예측기법의 선정에 있어서 그동안 축적하여 왔던 기술예측의 경험을 충분히 활용하여야 할 것이다.

이와 같은 기술예측방법의 선택에 있어서 고려하여야 할 또 다른 변수는 기술예측기법과 관련된 비용(costs)이다. 전술한 각각의 예측기법은 필요로 하는 데이터의 양, 시간, 비용 등에 있어서 서로 다른 특성을 가지고 있다. 기업은 이와 같은 예측기법이 필요로 하는 자원의 소요량을 충분히 고려하여 기업에 적합한 예측기법을 선택하여야 할 것이다. 또한 복잡한 기술예측기법보다는 간단한 예측기법이 해석이 용이하고 보다 쉽게 수긍할 수 있는 예측결과를 창출할 수 있음을 인식하여야 할 것이다. 결국, 기술예측은 예측의 기본원칙을 바탕으로 기업의 상황에 적합하게 이루어져야 할 것이다. 아울러 기술예측기법의 선택에 있어서 기술예측이 반드시 맞을 것이라는 인식을 버려야 할 것이다. 기술예측은 기업이 관심을 가지고 있는 일련의 기술분야에 대한 최선의 예측을 통하여 기술전략의 수립을 위한 토대를 확보하는 것이기 때문이다.

··· 제 4 절   기술수명주기분석 ···

1. 기술수명주기의 개념

기술의 성과는 시간에 따라 정형화된 패턴을 가지고 있기 때문에 이에 대한 적절한 이해는 기술경영에 있어서 대단한 유용성을 가지고 있다. 실제로 전략적 기술경영과정의 핵심요소로서 기술의 이 같은 패턴을 무시하는 것은 기업 경쟁우위의 확보에 상당한 비용을 수반하게 한다. 이에 따라, 기술경영은 기술, 제품, 공정, 시스템의 수명주기(life cycle)에 대해 깊은 이해를 필요로 한다. 일반적으로 단일제품의 경우 기술수명주기(technology life cycle)와 제품수명주기(product life cycle)는 일치한다. 기술수명주기는 시간에 따른 기술의 진보를 나타내 준다. 일반적으로 기술의 진보는 기술의 성과에 의해 측정되며, 이와 같은 기술의 성과는 기술의 효용성을 의미한다(Betz, 1998: 163).

일반적으로 시간에 따른 기술성과의 진보는 S-곡선 형태를 나타내며 (<그림 4-6> 참조), 여러 학자들은 이 같은 곡선에 대하여 일정한 기간을 구분하고 있다. 가장 대표적인 구분이 Arthur D. Little사에 의한 구분으로서 이 회사는 기술의 수명주기가 태동기, 성장기, 성숙기, 쇠퇴기의 네 단계를 거치는 것으로 파악한다. 여기에서 태동기(embryonic period)는 새로운 기술의 발명기로서 초기의 저성장이 특징이고, 성장기(growth period)는 기술의 진보기로서 기술적 성과의 급격하고도 지속적인 성장의 특징을 가지고 있으며, 성숙기(mature period)에는 기술진보가 상한선, 즉 자연적 한계(natural limit)에 접근하며 기술성과의 진보가 둔화되는 특징을 가지고 있고, 마지막으로 쇠퇴기(declining period)에는 기술적 성과가 한계점을 지나 오히려 떨어지기 시작하는 특징을 가지고 있다. 한편 Ford & Ryan(1981)은 기술수명주기에서 기술활용의 관점을 강조하면서 보다 세분화하여 기술개발, 응용개시, 응용성장, 성숙기술, 기술대체 및 진부화로 나누고 있다.

 그림 4-6 기술수명주기

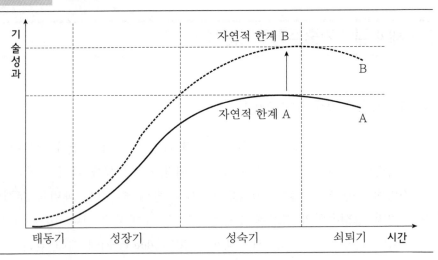

기술경영에 있어서 기술이 자연적 한계(natural limit)에 도달하면 이 기술은 성숙기술(mature technology)이 되어 대체 혹은 진부화될 위험성이 매우 높음을 인식하는 것이 중요하다. 예를 들어, 진공관(vacuum tube) 기술은 튜브의 크기와 가열된 필라멘트의 과도한 전력사용에 의해 제한을 받았으나 전자공학자들은 오랫동안 이 한계를 극복하지 못하였다. 그러나 전자를 고체상태에 이동시킬 수 있는 고체물리기술, 즉 트랜지스터(transistor)의 시대가 도래하여 규모와 전력의 물리적 장애요인이 극복되었다. 그 결과 트랜지스터기술은 새로운 기술수명주기를 시작하였고 기존의 진공관 기술을 진부화시켰다.

기술성과의 진보율은 기술개발에 쏟아붓는 노력에 달려 있다. 기술개발에 투입하는 노력에 따라서 기술은 더 높은 성과, 더 높은 자연적 한계의 폭을 가질 수 있다. 이에 따라, 어떤 기술에 경쟁우위를 가지고 있는 기업의 입장에서는 새로운 기술로의 빠른 이전도 중요하지만 기존기술에 대한 보다 강도 높은 혁신의 노력을 바탕으로 기존기술의 자연적 한계를 높여 더 많은 기술적 성과를 향유하도록 노력하는 것도 중요하다. 즉, 기업은 기존의 기술수명주기 A에서 수명주기 B로 변환시키려는 노력을 기울여야 할 것이다 (<그림 4-6> 참조).

이와 같은 기술수명주기는 다음과 같은 전제를 기반으로 한다(Wolfrum, 1991: 96-109; Gerpott, 1999: 114).

① 모든 기술은 시간의 흐름에 따라 성과의 한계에 도달하는 근본적 속성을 가지고 있다.
② 신기술은 초창기에는 시간당 혹은 자원투입 대비 성과의 낮은 증가를 보이지만, 지식이 임계규모를 달성한 이후에는 급격한 상승을 보인다.
③ 기술의 성과 증가율은 성과의 한계에 다다르면서 점점 감소한다.
④ 기술이 성과의 한계에 다다르면 기존기술과 전혀 다른 해결방법을 보이는 새로운 기술의 발생가능성이 매우 높아진다.

일반적으로 기술은 하나의 시스템(system)으로서 다양한 하위 시스템으로 구성되어 있으며, 각각의 하위 시스템은 다양한 구성요소를 가지고 있다. 그 결과 기술은 혁신의 다양한 세대로부터 창출된 여러 개의 기술들로 구성되는 것이 일반적이다. 이들을 중복세대 기술(multiple-generation technologies)이라고 부른다(Khalil, 2000: 83-84). 이들 중복세대 기술은 시스템으로서 전체 기술의 수명주기를 결정한다. 기술경영의 관점에서는 이들 시스템 기술의 수명주기를 파악할 때 이를 구성하는 다양한 세대의 하위기술(sub-technologies)의 수명주기를 파악하여야 할 것이다. 예를 들어, PC는 하나의 기술로서 생명주기를 가지고 있는데, 이는 여러 개의 하위기술로 구성되어 있다. 이와 같은 하위기술로 가장 대표적인 것이 마이크로프로세서인데, 이는 고유한 수명주기를 가지고 있는 기술이다. 아울러 이 마이크로프로세서는 다양한 세대의 하위기술을 가지고 있다. 예를 들어, 마이크로프로세서는 286, 386, 486, Pentium과 같은 다양한 세대를 가지고 있다. 이들 서로 다른 세대의 기술은 마이크로프로세서의 기술수명주기를 결정하고, 나아가 PC의 수명주기를 결정한다. 즉, 하위기술들의 기술수명주기들은 시스템으로서의 전체 기술의 수명주기를 결정한다. <그림 4-7>에서 전체 시스템 기술을 구성하는 하위기술 1, 2, 3의 수명주기는 전체 기술의 수명주기를 결정한다.

| 그림 4-7 | 중복세대 기술의 수명주기 |

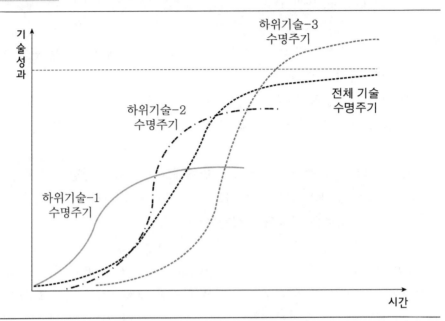

자료: Khalil, T., *Management of Technology: The Key to Competitiveness and Wealth Creation* (Boston: McGraw Hill, 2000), p. 64.

2. 기술수명주기별 특징

기술수명주기(technology life cycle)를 분석하는 목적은 기업이 목표로 하고 주안점을 두고 있는 기술의 수명에 따라서 서로 다른 전략적 대응 (strategic response)을 하기 위한 것이다. 이와 같은 목적을 효과적으로 달성하기 위해서는 기술수명주기의 각 단계별 주요 특성을 살펴보아야 할 것이다. 기술수명주기의 특징은 <표 4-1>과 같이 나타낼 수 있다.

| 표 4-1 | 기술수명주기별 주요 특징 |

주요 특징	태동기	성장기	성숙기	쇠퇴기
기술성과의 불확실성	높음	중간	낮음	아주 낮음
기술의 활용영역	잘 모름	증가	안정적	감소
기술개발 투자 정도	중간	높음	낮음	아주 낮음
경쟁력에 미치는 영향	매우 낮음	중간	매우 높음	감소 시작
상업화에 필요한 기간	장기	중기	단기	단기
주요기술	신흥기술	선도기술 핵심기술	기반기술	기술대체
기술전략	제품혁신	제품혁신 공정혁신	공정혁신	기술대체
기업전략	차별화	차별화 수직통합	원가우위	사업축소

첫째, 기술성과의 불확실성(uncertainties)의 정도를 살펴보면, 기술의 태동기에는 불확실성이 매우 높지만 수명주기가 진행됨에 따라서 점점 줄어들게 된다. 이에 따라, 해당 기술의 기술능력을 확보하는 기업의 수는 점점 많아지게 된다.

둘째, 기술의 활용영역(utilization areas)을 살펴보면, 기술의 태동기에는 활용영역이 알려져 있지 않은 경우가 일반적이며, 성장기에 접어들면서 활용영역은 점점 증가하며, 성숙기에는 활용영역이 안정적으로 되었다가, 쇠퇴기에는 산업 내의 새로운 기술의 개발 및 활용으로 인해 기술의 활용영역이 감소하게 된다.

셋째, 기술개발에 대한 자원(resources)의 투입 정도를 살펴보면, 기술의 태동기의 개별 과제에 있어서는 자원이 많이 필요하지는 않지만 여러 가지 기술적 대안에 대한 시행착오를 거친다는 점에서 상당한 정도의 자원을 필요로 한다. 기술의 성장기에는 기술의 본격적 개발과 이에 따른 부수적 개발 및 활용의 필요성으로 인하여 대단히 많은 기술개발자원을 필요로 한다.

그러나 기술이 일단 성공적으로 개발되어 폭넓게 활용되는 성숙기 이후에는 기술개발에 투입되는 자원의 양이 점점 줄어들게 된다.

넷째, 경쟁력(competitiveness)에 미치는 영향을 살펴보면, 기술의 태동기에는 기술이 폭넓게 개발·활용되지 않았기 때문에 해당 기술이 기업의 경쟁우위에 미치는 영향은 미미하다. 그러나 기술이 성장기에 도달하면서 해당 기술의 경쟁력에 미치는 영향은 급격히 증가하여 성숙기에 도달할 때 가장 큰 영향력을 미치다가 기술의 쇠퇴기에 접어들면서 그 영향의 정도는 점차 감소하게 된다.

다섯째, 기술의 개발로부터 상업화(commercialization)에 이르는 기간은 당연히 기술수명주기가 진행되어감에 따라 점점 짧아지게 된다. 일반적으로 기술의 태동기로부터 상업화까지는 7~10년의 장기간이 소요되고, 성장기로부터 상업화로는 4~7년의 중간 정도의 기간이 소요되며, 성숙기 및 쇠퇴기로부터 상업화에 이르는 기간은 1~4년의 단기적인 시간이 소요된다.

여섯째, 그 결과 기술의 수명주기에 따라 기술에 대한 명칭이 달라진다. 일반적으로 태동기의 기술을 신흥기술(emerging technology), 성장기 초반의 기술을 선도기술(pacing technology), 성장기 후반의 기술을 핵심기술(key technology), 성숙기의 기술은 기반기술(base technology)라고 부른다. 기술의 쇠퇴기에 기업은 기술의 대체를 심각하게 고려하여야 할 것이다.

일곱째, 이와 같은 기술의 수명주기에 따른 서로 다른 특성으로 인하여 기업의 기술전략(technology strategy)은 달라져야 할 것이다. 기술의 태동기에는 과학기술의 진보가 새로운 기술의 도입을 가져오면 기존시장에 있어서 상당한 소요가 일어난다. 이 시기에는 대단히 많은 제품혁신(product innovation)이 창출된다는 점에서 기업은 제품혁신에 기반을 둔 기술전략을 추구하여야 할 것이다. 기술의 성장기에는 제품혁신의 비율은 점차 증가하는데 이와 같은 증가 추세는 우세 디자인(dominant design)이 설정되면서 급격히 감소하게 된다. 새로운 우세 디자인이 설정되면 이를 중심으로 공정혁신(process innovation)이 계속적으로 창출되는데 공정혁신은 성숙기에 절정을 이루며 기술의 수명주기 후반에도 지속적으로 이루어진다. 이에 따라, 기술의 성장기에는 제품혁신과 공정혁신을 동시에 추구하는 기술전략을 추구하여야 할 것이다. 기술의 성숙기에는 제품혁신은 거의 이루어지지 않으나 공정혁신은 상당히 활발하게 이루어지기 때문에 기업은 공정혁신을 바탕으로 하는 기술 전략을 추구하여야 할 것이다. 기술의 쇠퇴기에는 제품혁신은 물론 공정혁 신도 거의 이루어지지 않기 때문에 기술대체전략이 필요하게 된다.

여덟째, 이와 같은 기술전략을 바탕으로 기업의 경쟁전략(competitive strategy)도 기술의 수명주기에 따라 다르게 추진되어야 할 것이다. 기술의 태 동기에는 제품혁신을 바탕으로 제품의 차별화(differentiation) 전략을 추구하여 야 할 것이며, 성장기에는 차별화 전략의 추진과 동시에 제품혁신 및 차별 화 능력을 바탕으로 수직통합(vertical integration)의 성장전략을 추구하는 것이 바람직할 것이다. 그러나 기술의 성숙기에는 공정혁신을 중심으로 한 원가 우위(cost leadership) 전략을 추구하여야 할 것이며, 기술의 쇠퇴기에는 기존기 술이 새로운 기술에 의해 대체되어야 하는 시점이라는 점에서 기존의 주력 기술에 바탕을 둔 제품라인의 축소전략(retrenchment strategy)을 추구하여야 할 것이다.

3. 기술의 단절성

1) 기술 단절성의 중요성과 원인

미래에 대한 예측은 급속한 변화를 경험하는 기술의 경우에 더욱 어렵 다. 이 경우 경영자는 한 기술이 다른 기술을 대체하려고 위협할 때 발생하 는 기술의 단절성(technology discontinuity)을 예측하여야 한다. 특히, 기술적 단 절성은 한 제품의 수명주기를 끝나게 하며, 새로운 제품의 수명주기가 시작 되게 한다. 이에 따라, 경영자는 기술의 단절성을 세심하게 예측하고 대응하 여야 한다. 여기에 기술의 단절로부터 창출되는 불연속적 혁신(discontinuous innovation)에 대한 경영의 중요성이 있다. 기술의 단절성은 <그림 4-8>로 나 타낼 수 있다. 일반적으로 신기술은 구기술의 성과가 자연적 한계(natural limit)에 도달할 때 나타나기 시작한다. 신기술이 대두될 때에는 여전히 구기 술의 성과는 신기술의 성과보다 훨씬 높다. 그러나 신기술은 향후 발전의

그림 4-8   기술의 단절성

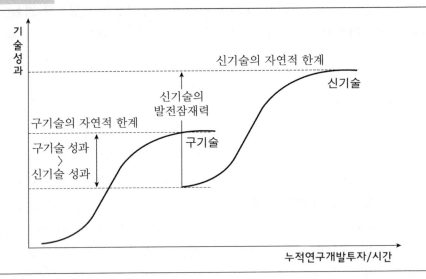

잠재력이 대단히 높으며 보다 나은 성과를 나타낼 것으로 기대된다.

　기술적 성과의 자연적인 한계와 기술의 현재 상태의 차이는 기술의 추가적인 발전 잠재력을 나타내 준다. 그 결과 기존기술의 경우에는 이미 성과의 자연적 한계에 접근하고 있기 때문에 신기술에 비하여 추가적인 발전 잠재력이 작은 것이 일반적이다. 기업의 입장에서는 기술의 추가발전의 잠재력이 높은 새로운 기술에 투자하는 것이 경쟁우위의 확보 및 유지에 매우 중요하다. 그러나 새로운 기술은 기술적, 상업적 성공 가능성이 검증이 되지 않았기 때문에 이에 대한 과감한 투자 결정은 쉬운 일이 아니다. 그 결과 많은 기업은 기술성과의 자연적 한계에 다가가고 있는 기술에 대한 연구개발투자에 노력을 기울여 자원을 낭비하는 경우가 많다.

　이와 같은 기술의 단절성의 개념은 일찍이 McKinsey사에 의해서 창출된 S-곡선 개념에서 비롯한다. McKinsey사의 S-곡선은 다른 기술수명주기 개념과는 달리 기술의 성과를 기술의 개발 및 활용에 투입되는 누적연구개발비용(accumulated R&D expenditures)을 중심으로 파악한다는 특징을 가지고 있다. S-곡선은 기업의 연구개발투자와 이로 인해 창출되는 기술적 성과를 나타내 준다. 이 개념에서는 기술의 발전이 초기에는 오랜 보육 및 투자의 기간이 필요하여 연구개발 생산성(R&D productivity)이 매우 낮지만, 일정기간이 지나면 기술적 성과는 급격히 증가하여 높은 연구개발 생산성을 보이며, 변곡점을 지나 성숙기로 접어들면서 연구개발 생산성은 저하되고 있음을 강조한다.

여기에서 어떤 기술의 연구개발 생산성의 저하는 기업의 연구개발의 노력을 새롭고 개발 잠재력이 높은 기술로 이전하여야 할 필요성이 있음을 의미하는 것이다. 그런데 새로운 기술은 기존의 기술과 연계되기보다는 단절되는 경우가 일반적이다. 즉, 기술수명주기 곡선에 있어서 새로운 기술의 곡선은 기존기술의 곡선과 연결선상에 있는 것이 아니라 이와 단절되어 새로운 곡선을 그리게 된다. 이처럼 새롭게 나타나는 기술이 불연속적 혁신(discontinuous innovation)이다.

2) 기술 단절성 경영의 어려움

기술의 단절성(technology discontinuity)을 예측하기는 매우 어려운데, 그 이유는 <그림 4-8>에 나타나 있는 것처럼 신기술은 기존기술에 비하여 더 많은 연구개발투자를 필요로 함에도 불구하고 기존기술에 비하여 대단히 낮은 기술적 성과를 보이고 있기 때문이다. 특히, 기존기술의 경우 기술적 성과가 자연적 한계에 도달하였을 시점에도 이 기술에 근거한 제품 및 공정은 시장에서 성장의 한계에 도달하지 않고 일정기간 더 많은 수익을 창출할 수 있는 경우가 일반적이다. 이에 따라, 경영자의 입장에서는 기존기술의 잠재력이 상당한 정도 남아 있는 상태에서 신기술에 투자하는 것은 바람직한 의사결정이 아닌 것처럼 보인다. 특히, 기술투자에 대한 기존의 재무지향적 평가방식으로는 신기술에 대한 모험적 투자보다는 기존기술을 최대한 활용하는 방향으로 의사결정을 내리게 한다. 이 점이 선도기업들이 새롭고 시장의 패러다임을 바꿀 수 있는 파괴적 혁신(disruptive innovation)으로 이동하지 못하는 이유이다(Christensen, 1997, 2003; Bower & Christensen, 1995).

그러나 연구개발 생산성이 떨어지는 기존기술에 대한 과도한 집착은 경쟁기업으로 하여금 새로운 기술에 먼저 참입하여 새로운 기술적 가능성을 바탕으로 기존기술의 진입장벽을 극복할 수 있는 여지를 제공해 준다. 즉, 기존 선도기업이 신기술로의 이전에 대한 오랜 망설임은 종종 이들 기업의 경쟁우위의 유지에 상당히 부정적인 영향을 미친다(Christensen, 1997, 2003; Bower & Christensen, 1995). 실제로 많은 선도기업이 단절성이 있는 신기술에 대하여 늦게 참입하는데, 그 이유는 다음과 같다.

첫째, 현재 활용하고 있는 주력기술의 기술적 성과(technological performance)에 대한 과대평가이다. 실질적으로 기업이 기술적 이전을 고려할 즈음에도 현재 기술의 기술적 성과는 새롭게 대두되는 신기술의 기술적 성과보다 훨씬 높은 경우가 일반적이다.

둘째, 일반적으로 기업은 기술개발에 대한 투자결정(investment decision)을 매출액을 기준으로 결정하는 경향이 높다. 그 결과 기업은 실질적인 매출로 이어지지 않을 장기적 기술개발과제보다는 단기적으로 매출증대에 공헌할 수 있는 단기적 기술개발과제에 대한 투자를 선호하게 된다. 그런데 단기적 기술개발과제는 기존기술과의 연속선상에 있고 장기적 기술개발과제는 기존기술과의 단절성을 가지고 있는 경우가 많다. 그 결과 기업은 기존기술과 단절적인 새로운 기술의 개발을 소홀히 하게 된다.

셋째, 시장으로부터의 신호에 대한 왜곡된 해석의 문제가 있다. 일반적으로 기존의 기술에 기반한 기존의 주력제품은 시장에서 강력한 신호를 보내는 데 비하여 새로운 기술은 매우 미약하고 불확실한 신호만을 보낸다. 그 결과 시장조사(market survey)에서 신기술이 기업의 경쟁우위에 미치는 가능성에 관한 정보는 충분하게 확보되기가 어렵다. 또한 시장조사에서 이와 같은 신기술의 가능성에 대한 미약한 신호를 포착하였다 하더라도 시장조사자들은 이에 대한 기술적 성공의 가능성을 알 수 없는 경우가 많다.

넷째, 일반적으로 기업은 경직된 조직구조(organizational structure)를 가지고 있어 새로운 기술에 대한 접근을 방해하는 경우가 많다. 기업의 조직구조는 역사적으로 구축되어 일정기간이 지나면 매우 경직되어 기업의 기술혁신을 방해하는 경향이 많다. 특히, 상당한 성공을 거둔 기업의 경우에는 과거의 성공에 안주하는 경향이 많아 새로운 혁신에 대한 시도를 게을리하는

경우가 많다. 이와 같은 경직된 기업구조와 문화는 기업이 새로운 기술로의
이전을 저해하는 경우가 많다.

3) 기술 단절성의 경영방안

이상과 같은 이유들로 인해 기존의 성공기업들이 기존 기술에 안주하고
새로운 기술로 이동하지 못하여 어려움을 겪는 것을 Christensen(2000)은 '혁
신자의 딜레마(innovator's dilemma)'라고 명명하고 있다. 이에 따라, 기업이 지
속적으로 기술적 선도자(technological leader)가 되기 위해서는 새로운 기술이
창출되면 경쟁기업들보다 빠르게 신기술로 이전하는 적극적이고 공세적인
전략이 필요하다. 즉 불연속적 혁신에 대한 적극적 경영이 필요하다. 새롭고
단절적인 기술들은 높은 기술적 잠재력을 가지고 있기 때문에 기업의 기술
적, 경쟁적 우위의 확보·유지·확대에 대단히 중요한 영향을 미친다. 이 점
에서 기업은 기술의 단절성을 조기에 인식하고 세심한 대응이 필요한 것이
다. 이에 반하여 성숙단계에 있는 기존기술의 경우는 기업의 기술선도전략
에 별다른 도움이 되지 않는다. 물론 단기적으로는 이와 같은 새로운 기술
로의 이전은 기업의 수익창출 능력에 부정적인 영향을 미칠 수도 있다. 이
에 따라, 기업은 기존기술과 새로운 기술에의 자원배분을 위한 합리적 판단
과 의사결정이 필요한 것이다.

신기술이 새롭게 대두되어 발전하기 시작하면 장기적 측면에서 구기술
을 활용하는 기존 기업이 새로운 기술의 발전과 이를 바탕으로 한 새로운
성공기업의 탄생을 방해하기는 매우 어렵다. 그 결과 구기술을 활용하는 기
업의 경영자는 새로운 기술로 이전(transition)하는 결정을 내려야 한다. 기업
의 경영자에게 구기술에서 신기술로의 이전 결정은 쉬운 일이 아니다. 그
이유는 신기술이 대두되기 시작할 때에는 여전히 구기술의 기술적 성과가
신기술의 기술적 성과보다 훨씬 높기 때문이다. 이에 따라, 경영자는 기술에
대한 충분한 이해를 바탕으로 구기술의 성과가 한계에 도달할 즈음에 이를
대체할 새로운 기술의 발전 추이를 세심하게 관찰하여 적절한 시기에 새로
운 기술로 이전하는 의사결정을 합리적으로 내려야 할 것이다.

4. 기술수명주기분석의 문제점

기술수명주기분석은 기업이 관심을 가지고 있는 기술에 대한 전략적 대응을 하는 데 있어서 많은 지침을 제공해 준다. 그러나 기술수명주기분석을 현실에 적용하는 데에는 상당히 많은 어려움이 있다.

첫째, 기술수명주기분석은 산업(industry)에 따라 서로 다르게 적용되어야 할 것이다. 일반적으로 한 산업에 속해 있는 기업들은 유사한 기술을 활용하는 경향이 많다. 이에 따라, 각 산업에서 활용하는 주력기술들의 수명주기는 일반적 수명주기와 다른 모습을 보이는 것이 일반적이다. 따라서 기술수명주기분석은 산업별 특성을 충분히 고려하여 적용하여야 할 것이다.

둘째, 기술수명주기의 각 단계별 구분에 있어서 자의성이 존재한다. 일반적 기술수명주기는 태동기, 성장기, 성숙기, 쇠퇴기로 나누어지는데 모든 기술이 이와 같은 단계를 거치지는 않는다. 어떤 기술은 태동된 직후 바로 성숙기를 거치는 경우도 있고 어떤 기술은 태동하여 시장의 호응을 받지 못하여 쇠퇴기로 접어드는 경우도 많다. 아울러 기술수명주기의 각 단계에 따른 시간적 구분에 있어서도 일반적인 기준이 없으며, 기술에 따라 그 기간의 차이가 있을 수 있다.

셋째, 기술수명주기분석에 따르면 한 기술이 쇠퇴하기 전에 새로운 기술에 투자하는 것이 바람직하다는 일반적인 결론에 도달하는데, 이와 같은 결론이 반드시 올바른 것은 아니다. 기술수명주기에 충실하다보면 기업의 경쟁우위에 미치는 미래 잠재력이 아직 밝혀지지 않은 새로운 기술에 대한 너무 빠른 전이의 필요성을 강조하여 기업자원의 낭비를 가져올 가능성도 있다. 새로운 기술로의 빠른 전이도 중요하지만 기존기술의 자연적인 한계를 증가시켜 기존기술 및 이에 바탕을 둔 기존의 주력제품에 있어서 보다 많은 수익을 창출하는 것도 매우 중요하다. 기업의 입장에서는 기존기술과 신기술 간의 자원배분(resources allocation)을 어떻게 할 것인가의 문제가 중요하게 대두된다. 원론적으로 기존기술에 대해서는 점차적으로 투자되는 자원의 양을 감소시키고 신기술에 대해서는 점차적으로 자원의 양을 증가시키는 전략을 추구하여야 할 것이다.

넷째, 기술수명주기분석의 기본적인 가정 중 하나는 신기술은 개발 초기에 있어서 기존기술보다 낮은 연구개발 생산성(R&D productivity)을 보인다는 것인데 이는 반드시 타당한 것은 아니다. 어떤 기술의 경우 개발 초기부터 높은 기술적 성과와 높은 연구개발 생산성을 보이는 경우도 많다. 예를 들어, 나일론(Nylon)의 경우에는 레이온(Rayon)보다 늦게 창출되었지만 대단히 빠른 시간 내에 높은 기술적 성과를 보였으며, 폴리에스터(Polyester)의 경우에도 나일론에 비해 늦게 개발되었지만 대단히 높은 기술적 성과를 보였다(Foster, 1986: 135).

다섯째, 기술수명주기분석은 기술이 시간 및 연구개발 노력에 따라 서로 다른 성과를 보이며 발전해 나간다는 점을 강조하고 있지만 '수명주기의 각 단계를 어떻게 이동할 것인가'에 관해서는 충분한 설명이 부족하다는 문제점이 있다. 즉, 기술수명주기는 기술이 시간 및 연구개발 노력에 따라서 태동기에서 쇠퇴기로 이어진다는 설명만 할 뿐 어떠한 요소들이 이와 같은 단계별 이동에 영향을 미치는가에 대해서는 충분히 설명해 주지 못한다.

여섯째, 기술수명주기분석은 기존기술에서 새로운 대체기술로의 최적 전이시점(point of transition)이 언제인가에 관해서는 알려주지 못한다는 단점이 있다. 실질적으로 기존기술에서 새로운 기술로의 이전에는 최고경영층의 전략적 판단이 더욱 중요한 경우가 일반적이다. 그 결과 기술수명주기는 이와 같은 최고경영층 및 기술경영자의 전략적 판단에 참조가 되는 보조수단의 역할을 담당할 수밖에 없다.

일곱째, 기술수명주기분석은 전략적 경쟁우위의 요소로서 기술적 성과(technological performance)에 대하여 과도하게 강조하고 있다는 문제점이 있다. 그러나 기업이 경쟁우위 확보 및 제고를 위한 전략적 의사결정을 하는 데에는 기술적 성과 이외에도 시장, 경쟁자, 산업구조, 경제환경, 기업의 내부역량 등 다양한 요소를 고려하여야 한다. 이에 따라, 기술수명주기분석은 기술지향적 내·외부환경 분석과 상호 연계·보충되어야 할 것이다.

그 결과 기술수명주기분석은 기술경영에 있어서 세심하게 활용되어야 할 것이다. 기술수명주기는 기업의 기술경영에 많은 시사점을 제공해 줄 수 있다. 무엇보다도 기술수명주기는 기술이 창출하는 기술적 성과의 자연적 한계와 이로 인해 창출되는 기술의 경쟁우위에 미치는 영향에 대한 한계를 강조하여 기업의 기술에 대한 전략적 대응의 필요성을 강조한다. 특히, 기술 수명주기는 기술이 성숙화되어감에 따라 신속한 전략적 대응을 강조함으로써 기업의 지속가능한 경쟁우위 확보의 필요성을 강조한다. 그 결과 기술수명주기분석은 전술한 한계점에 대한 충분한 고려를 바탕으로 다음과 같은 기술전략적 의사결정에 효과적으로 활용될 수 있다.

첫째, 기술수명주기는 기업의 기술전략(technology strategy) 추구에 있어서 선도자가 될 것인가 혹은 추격자가 될 것인가에 관한 의미 있는 통찰력을 제공해 줄 수 있다. 기업은 새로운 기술에 대한 기술적 능력을 검토하여 어느 시점에 신기술로 이전할 것인가에 대한 보다 용이한 의사결정을 할 수 있을 것이다.

둘째, 기술수명주기분석은 새로운 기술의 중요성을 기업 내에 효과적으로 커뮤니케이션(communication)하고 신기술의 개발 및 확보를 위한 사업을 추진하는 과정에서 자원(resources)을 효과적으로 확보하는 수단으로 활용될 수 있다. 신기술은 근본적으로 불확실성이 높고 상업적 성공으로 이어지는 데 오랜 기간이 소요된다는 점에서 이에 대한 모험적 투자가 기업 내에서 타당성을 확보받기는 쉬운 일이 아니다. 그러나 기술수명주기는 기업의 기존기술의 한계 및 기술적 대체의 필요성을 가시적으로 보여줌으로써 기업 내의 신기술에 대한 투자의 당위성을 크게 제고할 수 있다.

셋째, 기술수명주기는 시간에 따른 기술적 성과의 한계 및 새로운 기술로 이전의 필요성을 강조함으로써 기업이 포괄적인 관점에서 전략경영(strategic management)을 하는 효과적 수단으로 활용될 수 있다. 일반적으로 기술개발과 관련된 부서는 기술의 중요성에 대하여 과도한 강조를 하는 반면 기업의 경영층 및 다른 기능부서들은 기술의 중요성을 충분히 인식하지 못하는 경우가 많다. 기술수명주기는 기업의 상업적 성과의 진행과정을 기술을 바탕으로 보여 줌으로써 기술 관련 정보와 다른 사업적 정보를 통합하여 경영자가 효과적인 전략적 의사결정(strategic decision-making)을 내리는 데 도움을 줄 수 있을 것이다. 기본적으로 기술수명주기의 개념은 기업의 기술 전략 수립에 효과적으로 활용될 수 있을 것이다.

사례 4

Peter Drucker의 기술혁신의 원천

기술혁신에 있어서 영감(inspitation)의 역할이 얼마만큼일까? 아니면 노력(hard work)이 얼마만큼의 역할을 하는가? 경영학의 창시자이며 저자의 판단으로는 기술경영학자인 Peter Drucker는 성공적인 기업가는 어떠한 특정한 성격을 가지고 있는 것이 아니라 늘 기술혁신에 대한 체계적 실천에 노력한다고 강조한다. 그는 기술혁신은 번뜩이는 천재성에서 창출되는 것이 아니라 기술혁신의 기회에 대한 의도적이고 목적지향적인 탐색(conscious and purposeful search)으로부터 시작된다고 강조한다. 그는 기술혁신의 원천(sources of innovation)을 7가지로 나누어 살펴보는데, 이중 예상치 못한 사건, 부조화, 공정상의 니즈, 산업 및 시장의 변화 등 네 가지는 기업 혹은 산업 내의 기술혁신 기회이고, 인구통계적 변화, 인식의 변화, 새로운 지식 등 3가지는 기업 외부 및 사회적 환경 내의 기술혁신 원천이다(〈표 1〉 참조). 아래에는 이들 혁신의 원천별 Peter Drucker가 제시한 기술혁신의 원천에 관한 사례를 살펴보기로 한다.

〈표 1〉 기술혁신 기회의 원천

구분	기술혁신의 원천
기업 혹은 산업 내의 기회의 원천	1) 예상치 못한 사건 2) 부조화 3) 공정상의 니즈 4) 산업 및 시장의 변화
기업 외부 혹은 사회적 환경 속의 기회의 원천	5) 인구통계적 변화 6) 인식의 변화 7) 새로운 지식

1. 예상치 못한 사건

예상치 못한 사건(unexpected occurrences)은 종종 기술혁신의 원천이 된다. 이는 예상치 못한 성공과 예상치 못한 실패로 나누어 살펴볼 수 있다.

(1) 예상치 못한 성공: IBM

1930년대 초반 IBM은 은행을 목표시장으로 한 최신식 회계처리기계를 개발하였다. 그러나 은행들은 이 새로운 기계를 구입하지 않았다. 그런 와중에 예상치 않게 뉴욕 공립도서관(New York Public Library)에서 효율적인 사무처리를 위해 이 기계를 구입하였고, 다른 공립도서관에서도 구입을 하여 IBM은 당시 수백 개의 기계를 도서관에 판매할 수 있었다. 이것이 IBM을 다가오는 컴퓨터 산업의 리더가 되게하는 계기가 되었다.

(2) 예상치 못한 실패: Ford사의 Edsel 모델

1958년 출시된 Ford사의 Edsel 모델은 자동차 산업의 역사상 최대의 신차 도입 실패사례로 알려져 있다. Edsel은 창업자 Henry Ford의 아들 이름에서 따온 것으로, 이는 Ford가 최선의 노력을 쏟아부었고, 당시 세계 자동차 산업의 최강자인 GM과 경쟁하기 위해 대단히 세심하게 설계하고 막대한 투자를 한 모델이었다. 그러나 이 모델은 기대와는 달리 처절한 실패를 하였는데, 이 실패는 Ford의 향후 성공, 특히 Mustang 모델의 성공에 기반이 되었다. 이때의 실패를 바탕으로 Ford는 전통적인 소득집단에 따른 시장 세분화를 하는 대신 생활양식(lifestyles)에 따른 세분화라는 새로운 원칙을 도입하였고, 이는 향후 Ford의 후속 모델의 성공에 대단한 이바지를 하였다.

2. 부조화

부조화(incongruities)는 산업 내의 부자연스러운 현상을 의미한다. 먼저, 경제적 현실 간의 부조화를 들 수 있다. 이에 대한 사례로는 1950년에서 1970년까지 선진국의 철강산업은 지속적으로 성장을 하였으나 수익률은 떨어지고 있었다. 이는 전통적

용광로의 비효율성에 기인했던 바, 여기에 대한 반성으로 창출된 기술혁신이 미니밀
(mini-mills)이다. 미니밀은 영광로 형태가 아니라 전기로 방식의 소규모 제철 공장
으로 고철을 녹여 쇳물을 만들고 생산원가를 획기적으로 낮춘 새로운 기술혁신이다.
우리나라의 포항제철, 광양제철소 등 여러 철강회사가 미니밀 시설을 갖추고 있다.

다음으로 예상(expectations)과 결과(results)의 부조화를 들 수 있다. 지난 세
기 상반기에 조선사들이나 해운사들은 해상 화물운송의 원가절감을 위해 보다 빠른
배를 만들고 이들의 연료소모를 줄이는데 대단한 노력을 기울였다. 그러나 예상과는
달리 해상 화물운송에 비용의 발생은 바다에서 화물을 운송하는 것보다 항구에서 화
물 하적을 하기 위해 기다리는 데에서 더 많이 발생하고 있음을 발견하였다. 그리하여
새롭게 탄생한 혁신적인 화물선이 콘테이너 선박(container ship)와 적재 및 하역 선
박(roll-on and roll-off ship)이다.

3. 공정상의 필요

공정상의 필요(process needs)에 의한 기술혁신은 수없이 많다. 예를 들어, 일본
의 고속도로 시스템은 아주 오래된 전통 도로를 사용하고 있는 경우가 많다. 이들 도
로는 보통 10세기에 만들어진 우마차 도로에 바탕을 두고 있는 경우가 많다. 이와 같
이 구불구불한 고속도로에 자동차를 원활하게 달리게 할 수 있었던 것은 일본이 193
0년대 개발되어 미국 고속도로에서 사용된 반사경(reflector)을 적극 도입, 설치하였
기 때문이다. 작은 기술혁신인 이 반사경 덕분에 일본의 고속도로에서는 자동차들이
원활하게 이동할 수 있다.

또 다른 사례로는 지난 세기 초반 신문(newspaper)의 탄생을 들 수 있다. 신문에
필요한 자동식자기(Linotype)는 1890년대에 이미 개발되었고, 이는 신문을 대량으로
발간하게 하였다. 그러나 당시 신문을 대량으로 발간하는 것은 비용이 많이 들었는데,
진정한 의미에서 최초의 신문인 뉴욕타임스(New York Times)에서 세계 최초로 현대
식 광고(advertising)를 도입하였다. 이와 같이 이 신문사는 광고를 처음으로 도입
하여 신문을 거의 무료로 대량 발간, 배포할 수 있었다.

4. 산업 및 시장의 변화

산업 및 시장의 변화는 기술혁신의 가장 직접적인 원천이다. 그리하여 기업들은 연구개발 및 기술혁신 활동을 할 때에 환경분석의 제1차 대상으로 산업 혹은 시장을 분석한다. 많은 경영자는 현재의 산업구조가 지속될 것으로 믿는다. 그러나 산업구조는 하루아침에도 변화 할 수 있고, 이와 같은 산업 및 시장의 변화는 기술혁신의 막대한 원천이 된다. 예를 들어, 지난 1970년대 전후 미국에서는 국민들의 건강에 대한 관심사의 갑작스러운 증가로 수없이 많은 병원, 응급센터, 정신병원, 외과병원들이 전국에 설립되었다. 마찬가지로 지난 세기말 전 세계적으로 이동통신 분야의 시장이 눈부신 성장을 하였다.

5. 인구통계학적 변화

인구통계학적 변화(demographic changes)는 기술혁신의 매우 믿을만한 원천이다. 예를 들어 일본은 인구통계학적 변화에 주시하고 이에 적극 대응하여 로봇산업(robotics industry)에 있어서 선도국가가 되었다. 1970년 경 선진국에서는 누구나 출생률의 급락과 교육수준의 급상승을 예측하였다. 그리하여 전통적인 노동에 필요한 인력이 줄어들 것으로 예상되었다. 다른 나라들은 실제 행동에 옮기지 않았으나, 일본은 이 문제를 주시하고 노동을 대체할 로봇산업의 육성에 노력하였고, 지금은 세계 로봇산업의 선도국가가 되었다.

1970년대 초반, 세심한 관찰자들은 미국과 유럽에 대단히 많은 부유하고 학력이 높은 젊은이들의 부상을 인지할 수 있었다. 이들 젊은 세대는 그들의 부모들의 세대가 휴양지에 가서 몇 주 머무는 휴가양식을 좋아하지 않고 자기들끼리 모여 새롭고 이국적인 휴가를 즐기고 싶어 하였다. Club Mediterranee는 이같은 변화를 인지하고 대응하여 관광과 리조트 업계의 세계적 강자로 떠올랐다.

6. 인식의 변화

사물을 바라보는 인식은 사람마다 다르다. 경영자의 인식 변화(changes in perce

ptions)는 기술혁신을 창출하는 기회의 큰 원천이다. 지난 세기말 미국 국민의 건강은 눈부시게 좋아졌다. 그럼에도 불구하고 미국에서는 건강에 대한 관심사가 전국으로 확산되었고 심지어 건강에 대한 두려움도 확산되었다. 이같은 변화를 감지한 경영자들은 보건산업에 뛰어들어 막대한 부를 창출하였다. 미국 전역에 새로운 건강관련 잡지, 헬스클럽, 건강 관련 강좌, 조깅장비, 건강식품 등에서 막대한 기회가 창출되었다.

7. 새로운 지식

새로운 지식(new knowledge)은 기술혁신의 슈퍼스타이다. 역사적인 기술혁신은 대부분 새로운 지식으로부터 창출된 것이다. 대부분의 슈퍼스타와 마찬가지로 이들도 괴팍하고 변덕스러우며 관리하기가 힘들다. 새로운 지식에 바탕을 둔 기술혁신의 사례로는 컴퓨터를 들 수 있다. 컴퓨터의 탄생에 필요한 지식, 예를 들어 이진법 계산, 계산 개념, 펀치카드, 기호논리학 등은 1916년에 이미 갖추고 있었으나, 컴퓨터의 탄생은 1946년에 이루어졌다. 긴 리드타임과 다양한 지식의 융합 필요성은 지식기반 혁신의 대표적인 특징 중의 하나이다.

이와 같은 기술혁신의 기회의 원천을 설명하면서 Peter Drucker는 다시금 목적 지향적이고 체계적인 기술혁신은 새로운 기회의 원천 분석에서 시작된다고 강조한다. 특히 그는 기술혁신은 어렵고, 집중적이며, 목적지향적 작업을 필요로 한다고 다시금 강조한다. 또한, 근면함, 끈기, 헌신이 없으면 재능, 천재성, 지식은 소용이 없다고 강조한다. 아울러 그는 기업가정신(entrepreneurship)의 가장 핵심적 기초는 체계적 기술혁신(systematic innovation)의 실천임을 강조한다.

자료: Drucker, P. F., *Innovation and Entrepreneurship* (New York, Harper & Low, 1985)와 Drucker, P. F., "The Discipline of Innovation", *Harvard Business Review*, August (1985)에서 저자의 정리.

제 5 장

기술지향적 기업환경분석

··· 제 1 절 기술지향적 기업환경분석의 필요성 ···

　　기업이 기술환경에 대한 충분한 지식을 가지면 이를 바탕으로 기업의 외부환경(external environment)의 변화와 내부역량(internal capabilities)에 대한 검토를 수행하여야 한다. 기술은 기업의 경쟁무대인 산업은 물론 기업을 둘러싼 다양한 환경에 막대한 영향력을 행사할 뿐만 아니라 이와 같은 환경의 복잡성과 동력성의 근본적 동인으로 작용한다. 아울러 기술은 기업이 환경변화에 적극적으로 대응하여 경쟁우위를 확보할 수 있는 효과적인 경쟁무기의 역할을 담당한다. 이에 따라, 기업이 기술을 효과적으로 경영하기 위해서는 기술의 측면에서 기업의 외부환경과 내부역량을 면밀히 분석하여야 할 것이다. 이를 기술지향적 기업환경분석(technology-oriented environment analysis)이라고 부른다. 기술지향적 기업환경분석은 기업의 내·외부 환경을 모두 분석한다는 점에서 기술지향적 외부환경 분석과 기술지향적 내부환경 분석으로 구성되어 있다. 이와 같은 기술지향적 기업환경분석은 앞장에서 살펴본 기술환경의 분석과 더불어 기업이 기술혁신을 바탕으로 경쟁우위를 확보·유지·확대해 나가는 데 핵심적인 역할을 담당한다.

기술진보는 새로운 산업부문을 창출하고, 기존의 산업구조를 바꾸며, 개별 기업의 경쟁우위의 기초를 바꾸어 버린다. 기술변화는 새로운 경쟁규칙 변화에 있어서 핵심적 요소이다. Porter(1985)는 경쟁변수로서 기술의 힘은 산업구조의 변화를 통하여 경쟁의 성격을 바꿀 수 있는 능력에 기초하고 있다고 강조하고 있다. 이미 오래 전에 Schumpeter(1911, 1934)는 기술진보를 기존의 독점체제를 깨고 새로운 산업을 창출하는 창조적 파괴(creative destruction)의 원천이라고 웅변하고 있다. 기술이 산업 경쟁구조에 주는 시사점은 기술이 한 산업의 경쟁력을 결정짓는 여러 힘들에 대한 잠재적인 영향력의 기초를 제공해 준다는 것이다.

총체적으로 기술이 산업경쟁력에 미치는 영향은 긍정적일 수도 부정적일 수도 있는데, 이는 해당 산업의 매력도(industrial attractiveness)를 결정하는 역할을 담당한다. 즉, 신기술은 기업이 속해 있는 산업의 매력도를 증가시키기도 하지만 기존산업을 진부화시키는 역할을 한다. 그러므로 기업은 기술혁신이 자신이 속해 있는 산업 및 산업에 속해 있는 다양한 기업에 미치는 양면적 역할을 충분히 고려하여야 할 것이다. 기술혁신은 단기적으로는 개별 기업의 경쟁우위에 큰 영향을 미치는 동시에, 장기적으로는 산업구조 및 전체 산업의 수익 잠재력에 영향을 미친다. 여기에 기업이 속해 있는, 혹은 기업이 진출하려는 산업의 구조를 기술적 측면에서 파악하여야 할 필요성이 있는 것이다. 이는 기업 및 사업부가 기술을 경쟁우위 제고의 핵심무기로 활용하기 위해서는 기업환경을 기술의 측면에서 전략적으로 분석을 하여야 함을 의미하는 것이다.

기술지향적 외부환경 분석(technology-oriented external environment analysis)은 기술의 측면에서 기업이 속해 있는 산업, 시장, 경쟁자를 분석하는 것이다. 이와 같은 기업 외부환경의 주요 분석대상은 기업이 속해 있는 산업부문이며 이에 추가적으로 기업을 둘러싸고 있는 일반 환경을 분석하여야 한다. 기술지향적 내부환경 분석(technology-oriented internal environment analysis)은 기업이 외부환경에 적극적으로 대응하기 위한 기술전략 수립의 토대가 될 기업의 기술적 위치와 역량을 검토하는 것이다. 기술지향적 외부환경 분석은 기술지향적 내부환경 분석과 상호 연계하여 살펴보아야 할 것이다. 이를 바탕으로 기업 및 사업부는 외부환경으로부터의 기회요인(opportunities)과 위협요인(threats)을 기업 내부의 강점요인(strengths) 및 약점요인(weaknesses)과 기술지향적으로 연계하여 기술전략을 수립할 수 있게 된다.

기술지향적 기업환경분석은 기업의 경쟁우위에 핵심적으로 관련이 깊은 기술분야의 도출과 이들 기술분야들과 관련한 기업 및 사업부의 특정한 위치를 진단하는 것이다. 여기에서는 어떤 기술이 기업 간 경쟁에 있어서 현재 혹은 앞으로 어떤 역할을 수행하고 있는가와 산업 내에 이미 활용되었거나 앞으로 활용될 기술과 관련하여 기업 및 사업부의 잠재력은 어느 정도인가를 분석하는 것이 중요하다. 그 결과 기업 및 사업부에 의해 활용된 기술이 제공해 줄 기회와 위험은 기술의 미래 매력도(attractivity)를 결정한다. 이와 같은 기술의 매력도는 기업 및 사업부의 관점에서 해당 기술의 기업특정적 강점 및 약점과 대비되게 된다. 이를 바탕으로 새로운 기술의 혁신잠재력(innovation potential)을 도출하고 기술전략을 수립할 수 있다.

기술지향적 기업환경분석에 있어서 새로운 기술이 제공해 줄 미래의 기회와 위험을 판단할 수 있는 합리적인 기준(rational criteria)이 필요하다. 기업의 기술혁신의 목적은 시장에의 새로운 제품의 도입 혹은 시장에서 경쟁력 있는 제품의 보다 효율적인 제조라는 점에서 신기술의 평가에 있어서 기술적 측면과 시장적 측면 모두를 고려하여야 할 것이다. 아울러 특정한 기술과 관련하여 기업 및 사업부의 위치를 판단하기 위해서는 기술의 향후 산업 내 경쟁에 있어서의 적합성에 관한 지표(기술의 매력도)와 해당 기술에 대한 기업 및 사업부가 가지고 있는 잠재력 및 자원에 관한 지표(자원의 강도)를 포함하여야 할 것이다.

첫째, 기술이 미래 경쟁전략에 있어서의 중요성에 관한 지표는 기술의 매력도(technology attractivity)를 나타내는 지표로서 이들은 기술적 측면과 시장적 측면으로, 다음과 같은 예를 들 수 있다(Wolfrum, 1991: 155-156).

(1) 기술적 측면
- 과학기술적 발전 잠재력
- 기술의 충분한 활용까지의 필요한 기간
- 기술개발의 위험성
- 기술활용의 폭
- 기업에 있어서 기술의 수용가능성(통합가능성)
- 다른 기술과의 조화성

(2) 시장의 측면
- 기술혁신 결과의 경쟁전략적 적합성
- 기술혁신의 시장에서의 수용가능성
- 소비자에 대한 비용편익 증가의 정도
- 기술혁신의 산업구조 및 시장에 대한 간접적 영향

다음으로 특정기술과 관련한 기업이 가지고 있는 자원의 강도(resources strength)에 관한 기준으로 다음을 들 수 있다(Wolfrum, 1991: 156).

(1) 기술적 측면
- 경쟁자와 비교한 상대적 기술적 성과
- 기술의 개발에 활용하기 위한 물적·재무적·인적 자원의 정도
- 자체연구개발활동의 성과
- 특허 등 지적재산권의 소유
- 외부지식의 원천 및 잠재적 협력 파트너에 대한 접근
- 유사한 기술혁신에 대한 경험
- 기술적 잠재력의 활용에 있어서 속도
- 보완기술의 이용가능성

(2) 시장의 측면
- 시장에서의 상대적 기술적 선도
- 기술혁신을 시장에서 제품으로 변환시킬 수 있는 자원과 잠재력

기술지향적 기업환경분석의 실제에 있어서는 이상에서 제시된 기준들보다 훨씬 많은 기준들이 있을 수 있다. 여기에서 제시한 기준들은 상대적으로 중요한 기준들만을 나타낸 것으로서 이들은 기술지향적 내·외부 환경분석에서 기술혁신을 판단할 때 효과적으로 활용될 수 있을 것이다. 따라서 아래에는 이들 기준에 근거하여 기술지향적 내·외부 환경분석의 과제와 방법에 관해 논의하기로 한다. 먼저, 기술지향적 외부환경 분석은 산업분석(industry analysis)을 중심으로 논의할 것이며, 다음으로 기술지향적 내부환경분석은 기업의 가치사슬분석(value chain analysis)을 중심으로 논의하기로 한다.

제 2 절   기술지향적 외부환경 분석

1. 기술지향적 외부환경 분석의 내용

전략경영에서 외부환경의 분석(external environment analysis)은 기업환경이 제기하는 기회(opportunities)와 위협(threats)을 도출하기 위한 목적으로 수행된다. 외부환경의 분석은 환경으로부터의 다양한 정보를 모니터링·평가하고, 기업 내의 핵심인사들에게 확산시키는 것을 의미한다. 이와 같은 외부환경분석에 있어서 최고경영자는 기업의 사회적 환경과 산업환경 내에 있는 다양한 변수를 주의 깊게 살펴보아야 할 것이다. 사회적 환경(societal environment)은 경제적, 법적, 정치적, 사회문화적 환경으로서 기업에 간접적 영향을 미친다. 그러나 산업환경(industrial environment)은 기업에 직접적 영향을 주며 기업으로부터 직접적 영향을 받는 환경요소 혹은 집단을 포괄한다. 외부환

경의 분석을 통하여 전략경영자는 기업이 활용할 수 있는 보다 나은 틈새시
장을 찾을 수 있다. 즉, 외부환경 분석은 기업의 미래에 영향을 미칠 수 있
는 기회요인과 위협요인을 도출하는 데 목적을 두고 있다.

　　기술지향적 외부환경 분석(technology-oriented external environment analysis)은
기술을 중심으로 외부환경을 정밀하게 파악하는 것이다. 기술전략의 수립은
전체적 경쟁환경에 대한 기술적 측면에서의 심층적 분석을 전제로 한다. 특
히, 여기에서는 기술진보가 개별적 경쟁요소에 미치는 영향에 주안점을 두게
된다. 이와 같은 기술적 측면에서의 경쟁환경분석을 위해 Porter(1985)의 경쟁
환경분석의 개념을 활용할 수 있다. 경쟁전략(competitive strategy)의 권위자인
Porter는 "기업은 자신이 속해 있는 산업의 경쟁강도에 가장 많은 관심을 갖는
다"고 주장하면서 경쟁환경분석의 필요성을 강조한다. 여기에서 산업(industry)
은 비슷한 제품·서비스를 생산하는 기업들의 집단을 뜻한다. 경쟁환경분석은
기업이 경쟁전략을 수립하기 위해 산업에 속해 있는 주요 이해관계자 집단을
검토하는 것이므로 이를 산업분석(industry analysis)이라고도 부르기도 한다.

그림 5-1　산업구조의 분석

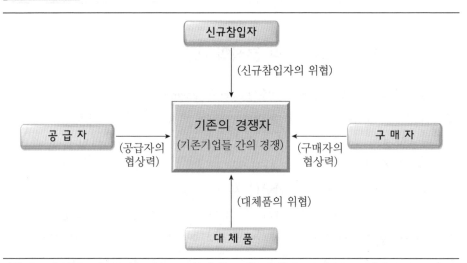

자료: Porter, M. E., *Competitive Strategy: Techniques for Analyzing Industries and Competitors* (New York: The Free Press, 1985).

Porter(1985)는 한 산업에는 경쟁을 촉발하는 다섯 가지의 힘(five forces), 즉 기존의 경쟁자, 신규참입자, 공급자, 구매자, 대체품이 존재하며 이들 힘의 집합된 강도가 산업에 있어서 이익의 잠재력을 결정한다고 주장하고 있다. 이들 힘이 산업의 경쟁구도에 미치는 영향을 분석하는 것을 경쟁분석(competitive analysis)이라고 하며, 이들 다섯 가지 힘은 한 산업의 구조를 형성한다는 점에서 경쟁분석을 산업구조분석(industrial structure analysis)이라고도 한다(<그림 5-1> 참조). 또한 산업분석에서는 이들 다섯 가지의 힘을 분석한다는 점에서 '다섯 개 힘의 분석'(five forces analysis)라고도 부른다. 따라서 이들의 힘이 커질수록 기업은 제품의 가격을 올리거나 보다 많은 이익을 낼 수 있는 능력에 있어서 제한을 받는다. 이들 다섯 가지 힘의 강력함은 기업의 이익창출에 기회 혹은 도전으로 받아들여질 수 있다. 아울러 중장기적으로 기업은 전략적 선택을 통하여 기업의 경쟁우위를 위한 일부 힘의 강도를 변화시킬 수 있다. 기술은 이를 다섯 개의 힘과 구조적 요소에 영향을 미친다는 점에서 그 영향을 면밀히 분석하여야 할 것이다.

1) 신규참입자의 위협

산업에서 신규참입자(new entrants)는 전형적으로 새로운 능력과 자원을 가지고 시장점유율을 확대하기 위해 적극적으로 시장에 참입한다. 이에 따라, 이들은 기존기업들에게는 큰 위협으로 작용한다. 많은 경우 신규참입자는 새로운 기술능력으로 무장하고 있기 때문에 주요 신규참입자 혹은 잠재적 참입자의 조기 발견은 매우 중요한 의미를 가지고 있다. 무엇보다도 신규참입자의 기술능력이 어느 정도이며, 어떠한 기술을 바탕으로 새로이 진입하는지를 면밀히 검토해야 한다. 이 같은 신규참입자의 위협은 진입장벽의 존재 및 기존 경쟁자들로부터 기대되는 대응 여부에 달려 있다.

신기술의 개발과 활용은 진입장벽(entry barriers)의 유형과 높이에 다양한 영향력을 행사한다. 산업의 내부에 속해 있는 기존기업의 입장에서 신기술 개발로 인한 진입장벽에 대한 영향은 긍정적일 수도 부정적일 수도 있다. 기존기업은 전략적 핵심기술에 대한 지속적 투자를 통해 진입장벽을 높여 신규참입자 및 모방자로부터 스스로 보호하여야 할 것이다. 그러나 모방하기 쉬운 기술이나 범용성이 많은 기술의 경우에는 외부의 경쟁자들이 진입장벽을 쉽게 극복할 수 있다. 이 점에서 경쟁자들이 모방하기 어려운 차별적 기술(distinctive technologies)의 확보 및 지속적 개선이 필요하다.

2) 기존기업들 간의 경쟁

한 산업에 자리를 잡고 있는 기업들은 이미 상당한 정도의 기술능력을 확보하고 있다. 대부분의 산업에서 기업들은 서로 의존적이기 때문에, 한 기업의 경쟁력 제고의 노력은 다른 경쟁자들에게 상당한 영향을 미치며, 심지어 심각한 보복을 불러일으킨다. 예를 들어, Dell과 Gateway의 기존 PC 업자에 대한 공격은 PC의 가격전쟁을 가져왔다. 이와 같이 기존기업(incumbents)간의 경쟁강도는 기업에게 가장 중요한 분석대상이 아닐 수 없다. 실제로 이를 기업은 서로 간 직접적 경쟁자들이다.

기술혁신은 한 산업 내의 기존기업들 간의 경쟁강도에 큰 영향을 미친다. 신기술은 대표적 경쟁요인인 원가구조의 변경, 차별화 잠재력을 창출하며, 이동장벽(mobility barriers)을 높이거나 낮추는 역할을 담당한다. 특히, 주요 경쟁기업의 제품기술 및 공정기술의 개발노력, 개발의 성공 혹은 실패 여부, 개발방식 등에 대한 주시 및 이에 대한 전략적 대응은 기술경영의 핵심적 사안이다. 이를 위하여 기업은 경쟁기업의 연구개발투자, 연구개발자원, 특허의 추이 등을 주시하여야 할 것이다. 더 나아가 경쟁기업의 기술협력 유형도 면밀히 주시할 필요가 있다.

3) 공급자 및 구매자의 교섭력

구매자(buyers)는 제품에 대하여 보다 높은 품질, 보다 좋은 서비스를 요구함으로써 가격을 내리도록 압력을 행사하고 이를 통해 기업에게 영향을 미친다. 이와 반대로, 공급자(suppliers)는 제품의 원자재, 부품 등의 가격을 인상하거나 판매할 제품 혹은 서비스의 질을 감소시킬 수 있는 능력을 통하여 산업에 영향을 미친다.

　기술혁신은 산업에 있어서 공급자-수요자 관계에도 영향을 미친다. 기술혁신은 한 산업부문에서 차별화 가능성을 확장하고, 고객의 전환비용(switching costs)을 높여주면서 기업 간의 관련성을 계속 유지할 수 있게 한다. 그러나 다른 한편으로는 기술은 한 산업의 기존 수요자들이 후방통합(backward integration)을 통해 새로운 경쟁자가 되거나 혹은 고객에서 이탈할 수 있게 하기도 한다. 이와 같은 일은 공급자와의 관계에서도 적용될 수 있다. 즉, 공급자들은 자신의 기술능력을 바탕으로 전방통합(foreward integration)을 통해 직접적인 경쟁자가 될 수 있다.

　더 나아가 이들 공급자 및 수요자에 대한 분석이 필요한 것은 많은 경우 새로운 경쟁기업이 이들 공급자 및 사용자 집단에서 창출된다는 점이다. 이에 따라, 공급자와 수요자의 생산기술 및 제품기술의 개발방식, 개발 정도에 대해 주의를 기울여야 한다. 특히, 강력한 공급기업 및 수요기업의 기술혁신활동은 세심하게 주의를 기울이고 대응하여야 할 것이다.

4) 대체품 혹은 서비스의 위협

　대체품(substitutes)은 기존제품과는 다르지만 동일하거나 유사한 수요를 충족시킬 수 있는 제품이다. 대체품은 한 산업의 기업들이 부과할 수 있는 가격의 한계를 설정함으로써 그 산업의 잠재적 이익을 제한한다. 만약 전환비용(switching costs)이 낮다면 대체품은 한 산업에 큰 영향력을 미치게 된다. 예를 들어, 홍차의 가격이 높으면 소비자들이 커피를 선호하게 될 것이므로 커피의 가격은 홍차가격을 제한하게 된다.

　신기술은 종종 대체품을 창출하기도 하고 기존 대체품의 가격경쟁력을 높여주기도 한다. 대체품의 성공 여부는 기존제품과의 가격-효용관계와 이와 같은 대체에 수반되는 대체비용에 달려 있다. 아울러 대체품은 수요자의 수용 여부에 달려 있다는 점에서 전술한 수요자 분석과 연계하여 살펴보아야 할 것이다. 또한 많은 경우 대체품은 다른 산업부문에서 창출된다는 점에서 인접 산업부문의 신기술 개발 및 확산의 정도에도 긴밀한 촉각을 세

우고 대응하여야 할 것이다. 예를 들어, 팩스는 우편물을 대체하였고 이메일은 팩스를 대체하였다. 또한 생화학 분야의 기술혁신은 설탕의 대체물로서 Nutrasweet를 탄생시켰다. 그동안의 산업분석에서 대체품의 분석을 등한시하는 경향이 많은데, 새롭게 창출된 대체품은 산업구조의 급격한 변화를 가져온다는 점에서 대체품의 기반이 되는 새로운 기술의 발전 정도 및 대체화 과정에 대해 세심한 대응을 하는 것도 기술경영의 주요 과제가 아닐 수 없다.

2. 산업수명주기분석

1) 산업의 핵심기술

모든 산업들은 그들의 제품·생산·서비스에 몇 가지 기술을 사용하고 있다. 이와 같은 관점에서 Betz(1998: 53-58)는 기술을 핵심기술, 지원기술, 전략기술, 선도기술로 나누고 있다. 어떤 기술이 산업의 제품, 생산, 서비스 시스템에 독특하게 필요하면 이들을 산업을 위한 핵심기술(core technology)이라 부른다. 한 산업에서 활용하는 기술이 필요는 하지만 독특하지 않을 때 이는 대체가 가능하며, 이들을 산업을 위한 지원기술(supportive technology)이라 부른다.

핵심기술의 개념은 한 제품 또는 생산에 있어 필요한 기술들이 기업 간의 경쟁력을 차별화하기 때문에 중요하다. 즉, 어떤 기업이 핵심기술에 뒤지면 심각한 경쟁불위(competitive disadvantage)에 처할 것이고, 반면에 핵심기술에 앞서 간다면 경쟁자들의 침입을 방어할 수 있을 것이다. 어떤 핵심기술 또는 지원기술은 다른 기술들보다 매우 빠른 비율로 변화하는데, 이들을 산업을 위한 전략기술(strategic technology)이라 부를 수 있다. 이들 전략기술은 ― 이들은 또한 산업을 위한 핵심기술임 ― 산업구조에서 경쟁이 이들에 의해 선도된다는 점에서 선도기술(pacing technology)이라고 불린다.

핵심기술은 기업 핵심역량(core competence)의 근간이 되는 기술이다. 핵심기술은 제품의 차별화와 생산에 있어 비용의 절감을 위한 중요한 기회를 제공한다. 이들은 기업에 핵심적이기 때문에 정태적인 것으로 인식되어서는 안 되며, 오히려 기업은 이들의 동태적인 측면에 주시하여야 한다. 이것이 이른바 산업수명주기분석(industrial life cycle analysis)이다. 한 산업의 역사에 있어서 기술은 시간에 따라 서로 다른 변화율을 나타내는데, 이 같은 산업의 역사상 보다 빠르게 변화하는 기술이 선도기술로서 이들은 해당 산업의 발전을 가속화하는 역할을 담당한다. 기술경영에 있어서는 이 같은 선도기술은 매우 중요한데, 그 이유는 기업의 임시적인 경쟁우위를 이러한 기술 속에서 발견할 수 있으나 이들은 대단히 빠르게 변화하기 때문에 이에 대한 효과적인 경영이 쉽지 않기 때문이다.

2) 산업수명주기와 핵심기술

한 산업의 핵심기술의 기술변화율은 그 산업의 시장성장의 동력성에 영향을 미친다. 이에 따라, Ford & Ryan(1981)은 이와 같은 산업의 발전 패턴 및 시장성과는 그 산업이 가지고 있는 핵심기술의 성숙도에 근거하고 있다고 주장하면서 핵심기술 산업수명주기(core technology industrial life cycle)라고 명명하고 있다. 이는 산업의 발전에 있어서 핵심적 추진체가 핵심기술의 발전 정도임을 나타내 주는 것이다. 이 개념에 따르면 핵심기술의 발전에 따라 산업의 수명주기가 탄생한다(<그림 5-2> 참조). Afuah(2003: 137-144)는 Michael Porter의 '다섯 개 힘의 분석'(five forces analysis)을 산업의 발전단계에 따라 적용할 수 있음을 강조하면서 이를 동태적 산업분석(dynamic industry analysis)으로 부르고 있다. 즉, 산업구조에 영향을 미치는 다섯 가지의 힘의 상대적 영향력은 산업 수명주기에 진행에 따라 달라진다. 핵심기술의 측면에서 산업수명주기(industrial life cycle)의 특징을 살펴보면 다음과 같다.

첫째, 산업의 발아기(embryonic period)에는 새로운 산업이 기초적 기술혁신에 기초하여 시작된다. 이 시기는 시장의 성과나 혁신율이 매우 낮은 시기이며 새로운 기업들이 시장에 참여하기 시작하는 시기이다. 이 시기에는 시장의 판매량이 새로운 혁신적인 제품이 나타나기 전까지 증가하지 않는다. 예를 들어, 자동차산업의 경우 Duryea가 1896년 동일한 디자인의 자동차를 13대 팔았을 때가 이 시기이다.

둘째, 산업의 도입기(introduction period)에는 새로운 제품들의 급속한 개발이 이루어진다. 이 시기에는 새로운 기술력을 가진 기업들의 참입이 증가하면서 다양한 형태의 제품혁신이 시도되는 시기이다. 즉, 이 시기에는 제품혁신의 비율이 급격히 증가한다. 자동차산업의 경우에는 이 시기가 1896년에서 1902년으로 이 시기에 스팀, 전기, 가솔린엔진의 차들이 실험되었다.

셋째, 산업의 성장기(growth period)에는 제품의 표준 디자인(standard design)이 나타나면, 이를 중심으로 시장의 급격한 성장이 계속된다. 자동차산업의 예를 들면, 이 시기는 Ford의 T-모델의 도입으로 발생하였다. 이와 같은 표준은 산업계 컨소시엄, 정부의 보조 등에 의해 설정되나 신기술의 경우에는 시장선도자에 의해 설정되기도 한다. 제품혁신의 비율은 산업의 표준 디자인이 창출되기 직전에 가장 높으며, 표준 디자인이 창출되면 제품의 혁신율은 빠르게 감소하게 된다.

넷째, 산업의 성숙기(maturity period)에는 산업의 핵심기술이 성숙된 후에야 산업의 시장이 포화상태에 도달하게 된다. 이 시기에는 제품혁신은 크게 감소하고 공정혁신이 증가하게 된다. 산업 및 시장의 크기는 산업의 핵심기술이 기술대체에 의해 진부화되지 않는 한 계속 유지된다. 산업은 공정혁신과 규모의 경제를 통하여 원가우위를 달성한 일부 거대기업에 의해 지배된다.

마지막으로, 산업의 쇠퇴기(declining period)에는 기술대체(technology substitution)가 이루어지며 과거의 핵심기술 제품에 기초한 산업의 시장 매출액은 점점 줄어들어 영(zero)이 되거나 시장틈새로 축소된다. 이 시기에 신규 참입자(new entrants)의 위협도 높고 새로운 기술로의 대체 위협도 매우 높다. 해당 산업은 기존의 핵심기술이 새로운 관련 기술에 의해 대체가 이루어져 현대화가 이루어질 수 있으나, 산업의 핵심기술이 적절한 기술에 의해 대체되지 않으면 그 산업의 수명은 끝나가게 된다.

| 그림 5-2 | 산업수명주기와 기술적 대응 |

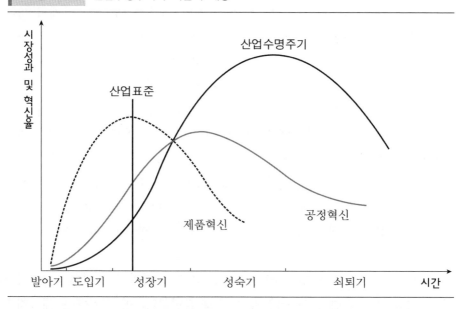

산업 수명 주기	태동기	성장기	성숙기	쇠퇴기
혁신 주기	기술도입	기술확산	성숙기술	기술진부화
기업 수	소수	매우다수	다수	소수
기술 전략	제품혁신	제품혁신 공정혁신	공정혁신	기술대체
주요 기술	신흥기술 선도기술	핵심기술	기반기술	기술대체
기업 전략	차별화	차별화 수직통합	원가우위	사업축소

3) 산업의 수명주기에 따른 전략적 대응

기술경영에 있어서 기업이 속해 있는 산업의 수명주기를 검토함으로써 보다 나은 전략적 대응을 할 수 있다. <그림 5-2>는 산업의 수명주기별 주요 특징을 나타내 주고 있는데, 이를 바탕으로 수명주기별 적절한 전략적 대응을 준비할 수 있다. Afuah(2003: 137-144)는 동적 산업분석(dynamic industry analysis)을 강조하며 산업분석을 산업수명주기의 분석, 수명주기 각 단계에 필요한 기업의 역량과 자원 분석, 각 단계별 전략적 대응의 3단계로 나누어 파악할 것을 강조한다. 아래에서는 이 같은 관점에 바탕을 두고 각 단계별 기업의 전략적 대응방법을 살펴보기로 한다.

먼저, 산업의 태동기(emerging period)는 기술이 발아되어 도입되는 단계로서 소수의 기업만이 시장에 참여한다. 이 시기는 산업의 발아기와 도입기를 포함한다. 이 시기의 기술이 신흥기술이며 이 가운데 일부는 선도기술로 변환되어간다. 기업은 신흥기술(emerging technology)에 대해 지속적인 모니터링을 하여야 할 것이며 선도기술(pacing technology)에 대해서는 선별적인 투자를 통해 기술능력을 확보하여야 한다. 이 경우에 추구할 수 있는 기술전략은 제품혁신이 가장 좋으며 이를 바탕으로 차별화 경쟁전략을 추구하여야 할 것이다.

둘째, 산업의 성장기(growth period)는 기술이 다양한 기업에 의해 확산되는 단계로서 대단히 많은 기업이 시장에 참여한다. 이 시기에는 제품혁신을 바탕으로 차별화 전략은 물론 공정혁신을 통한 원가절감의 전략을 동시에 추구할 수 있다. 이 시기 기술의 유형은 핵심기술(key technology)로서 이 기술의 확보는 기업의 경쟁우위 확보에 대단히 중요하다. 산업이 성장해 가면서 일부의 선도기업이 차별적 기술능력을 바탕으로 우세 디자인(dominant design)을 설정하게 되면서 기업은 제품혁신보다는 이 우세 디자인을 중심으로 한 공정혁신에 주안점을 둔다. 이들 선도기업은 수직통합 전략을 통하여 기술력이 취약한 기업들을 매수하여 규모를 확대해 나가는 전략을 추구한다. Afuah(2003)는 이 단계에서 성공 및 우세 디자인을 확보하기 위한 전략적 제휴(strategic alliances)와 라이선싱(licensing)의 중요성을 강조한다.

셋째, 산업의 성숙기(maturity period)는 기술이 성숙화되어가는 단계로서 시장 내의 기업들은 우세 디자인을 확보한 일부 선도기업들을 중심으로 통합되어가기 때문에 기업의 수가 점차 감소하기 시작한다. 이 시기의 기술은 기반기술(base technology)의 형태를 가지며 산업의 거의 모든 기업이 이에 관한 기술능력을 확보하고 있으며 이 시기에 창출되는 제품은 상품(commodity)의 특징을 가진다. 이에 따라, 기업은 공정혁신에 주안점을 두고 원가우위 전략을 추구하여야 한다.

마지막으로, 산업의 쇠퇴기(declining period)는 기술의 진부화로 특징지어진다. 산업이 쇠퇴함에 따라 많은 기업이 산업을 떠나고 일부의 기업만이 남아 있게 된다. 이들 기업은 기술대체(technology substitution) 전략을 추구하며 미래를 준비하기 위하여 현재의 사업을 축소하려고 노력을 한다. 특히 기술혁신능력이 높은 기업들은 새로운 기술의 선도자가 되기 위하여 기존기술 및 주력제품을 '의도적 구식화(cannibalization)'를 단행하는 매우 공세적 전략을 추구하기도 한다. 기업은 새로운 기술의 개발 및 도입을 통해 기술혁신능력을 제고하여야만 지속적 경쟁우위를 확보할 수 있다.

3. 기술지향적 경쟁자 분석

기술지향적 외부환경의 분석은 궁극적으로 산업 내의 기존 혹은 잠재적 경쟁자에 대한 체계적 분석으로 집중되어야 한다. 이를 기술지향적 경쟁자 분석(technology-oriented competitor analysis)이라 부르는데 이는 경쟁기업의 기술혁신활동에 관한 정보를 조기에 획득·저장·활용하는 것을 의미한다. 이는 산업 내에서 기업의 제품에 대하여 현재 혹은 미래에 대단히 높은 대체 잠재력을 가지고 있는 제품을 생산하는 개별 경쟁기업에 대한 분석을 의미한다. 이와 같은 경쟁기업의 기술혁신활동에 관한 정보는 전술한 산업구조의 분석으로부터 창출된다.

Brockhoff(1991: 96) 및 Gerpott(1999: 130) 등은 기술지향적 경쟁자 분석의 목표로 다음의 세 가지를 제시하고 있다.

① 경쟁기업의 기술혁신과 관련하여 기업의 경쟁우위에 부정적 효과를 줄 경쟁기업의 기습을 회피함으로써 기술혁신의 창출 및 활용에 있어서 전략적 의사결정과 관련한 위험의 감소
② 경쟁기업이 추진하고 있는 기술의 개발 및 활용에 대한 대체적 접근 방법을 모색하여 경쟁우위 확보의 기회로 활용

③ 경쟁기업의 기술혁신 활동 및 결과와 관련하여 사전적으로 세심한
준비를 함으로써 기술경영에 있어서 전략적 유연성의 제고

이와 같은 목표를 달성하기 위한 기술지향적 경쟁자 분석으로서 Ger-
pott(1999: 131-137)는 ① 분석대상 기업의 선정, ② 분석대상 내용의 선정, ③
정보의 획득 및 저장, ④ 정보의 평가·확산·활용 등 네 단계를 제시하고 있
다(<그림 5-3> 참조). 이들 각 단계는 선형적인 것이 아니라 상호간 다양한
형태의 피드백이 필요하다.

그림 5-3   기술지향적 경쟁자 분석의 모형

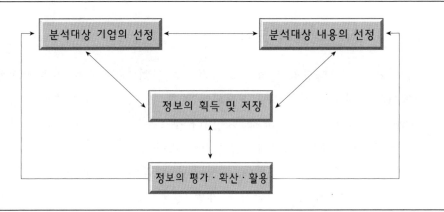

자료: Gerpott, T. J., *Strategisches Technologie – und Innovationsmanagement* (Stuttgart: Schäffer –
Poeschel, 1999), p. 132.

1) 분석대상 기업의 선정

기술지향적 경쟁자 분석에서는 우선적으로 자기 기업의 제품과 대체가
능한 제품을 판매하고 있거나 앞으로 판매할 예정이고 판매할 수 있는 모든
기업들이 분석대상이 된다. 여기에서 유사한 제품과 기술을 바탕으로 시장
에서 경쟁하는 현재의 직접적 경쟁자(direct competitors)를 도출하는 것은 실
무상 어려움이 없으나, 문제는 기업의 간접적, 잠재적인 경쟁자를 노출하는

것이다.

간접적 경쟁자(indirect competitors)는 우리 기업과 비슷한 고객의 수요에 다른 기술과 방법으로 대응하는 기업들이다. 잠재적 경쟁자(potential competitors)는 우리 기업의 주력 산업 및 시장에 새롭게 진입하여 우리 기업의 주력 기술 및 제품을 진부화시킬 잠재력을 가지고 있는 기업을 의미한다. 이들 다양한 경쟁자의 시장 및 산업에 대한 진입 여부는 이들의 진입능력(entry capabilities), 진입동기(entry motivation), 진입장벽(entry barriers)의 높이에 달려 있다. 이들 기업이 충분한 기술적 자원을 확보하여 진입능력이 높거나, 최고 경영자의 진입의지가 높거나, 산업의 진입장벽이 낮으면 이들은 산업에 대한 실제적 진입을 추진하여 우리 기업과 경쟁을 하려고 할 것이다.

기술지향적 경쟁자 분석은 이와 같은 직접적 경쟁자, 간접적 경쟁자, 잠재적 경쟁자 등의 다양한 경쟁기업 중에서 우리 기업의 성공과 미래를 위한 기술혁신활동에 가장 큰 위협이 될 수 있는 경쟁기업들을 도출하여야 한다. 이와 같이 도출된 일부 경쟁기업은 기술지향적 환경평가에서 세심하게 분석하여야 할 기업들로서 이들은 일반적으로 10여 개 기업 정도로 한정될 것이다. 이들 분석대상 기업은 기술과 시장의 동력성의 측면에서 정기적으로 검토되어야 할 것이다.

2) 분석대상 내용의 선정

기술지향적 경쟁자에 대한 분석내용은 각각의 분석대상 경쟁기업에 대하여 우리 기업이 현재 혹은 앞으로 중점을 둘 기술분야를 준거하여 선정한다. 이를 통하여 경쟁기업의 기술적 잠재력, 기술전략, 전략의 집행 등에 관한 정보를 획득할 수 있다. 기술지향적 경쟁자 분석에 관한 내용은 다음 세 가지의 범주로 나누어 볼 수 있다(Lange, 1994: 42-59; Gerpott, 1999: 133-134).

(1) 경쟁자의 기술관련 의도
  · 신제품 계획의 발표
  · 차세대 제품의 특징

- 연구개발 목표와 주안점
- 기술협력의 내용과 주안점
- 다른 기업에 대한 대응

(2) 경쟁자의 기술관련 활동
- 물질적, 비물질적 연구개발역량(예: 연구개발비용, 연구개발인력, 연구개발전략 등)
- 외부기술의 조달(예: 라이선스 도입 협상, 연구개발협력, 다른 기술집약기업의 매수, 대학·공급자·고객과의 공동연구과제 등)
- 기술관련 외부 활용(예: 라이선스 제공 협상, 조인트벤처, 특정 사업부의 매각 등)
- 연구개발 프로젝트의 내용(예: 기술, 제품 집단, 지역, 시간에 따른 프로젝트 내용의 구분 등)

(3) 경쟁기업의 기술관련 성과
- 신제품 및 신공정의 프로토타입
- 특허의 출원 및 획득
- 전문학술지, 학회, 박람회 등에 발표
- 라이선스의 제공 및 획득

3) 정보의 획득 및 저장

경쟁기업에 관한 정보를 습득하는 방법은 매우 다양하다. 일반적으로 기술관련 정보를 습득하는 방법은 기업 내·외의 제도적 원천으로부터 습득하는 방법과 인적인 접촉을 통하여 습득하는 방법으로 나누어 볼 수 있다. 실제로 경쟁자에 관한 정보는 이들 두 가지 유형에 속한 여러 획득방법을 혼합하여 사용한다. 일반적으로 경쟁기업이 제품혁신을 시장에 출하하기 이전에는 접근하기 용이한 발표물을 검토하는 경향이 높고, 경쟁기업이 신제품을 시장에 출하하면 인적인 접촉이나 해당 제품에 대한 직접적인 정보를 획득한다. 이와 같은 경쟁기업에 대한 기술관련 다양한 정보는 정기적으로 기업 내의 데이터베이스(data base)에 입력·저장된다.

4) 정보의 평가·확산·활용

경쟁기업에 관한 기술적인 정보의 평가는 근본적으로 기술조망 및 기술예측에서 활용되었던 여러 기법을 활용하여 평가할 수 있다. 그러나 실무에서는 일반적으로 정성적이며 직관에 의한 평가가 많이 이루어지고, 복잡한 정량적 접근방법은 거의 활용되지 않는다.

기업이 경쟁기업에 관한 기술적 정보를 활용하기 위해서는 획득된 정보를 사전적 필요성에 비추어 미리 검토하고 기술혁신 관련 의사결정자들이 쉽게 활용할 수 있도록 수요자 중심의 표준화된 형태로 바꾸어 제시해 주어야 할 것이다. 이와 같은 경쟁기업 관련 정보의 수요자는 최고경영자는 물론 생산, 연구개발, 마케팅 부서 등이 될 수 있다.

경쟁기업에 관한 정보 및 기술지향적 경쟁자 분석의 결과는 기업의 기술전략적 의사결정의 수행 및 개선에 공헌하여야 한다. 세부적으로 기술지향적 경쟁자 분석의 결과는 다음과 같은 네 가지 전략적 의사결정(strategic decision-making)에 영향을 미친다(Gerportt, 1999: 135-136).

① 기술혁신의 시장관련 의사결정: 예를 들어, 제품혁신의 시장도입 결정, 제품사양의 변화, 경쟁자 제품의 모방 노력

② 연구개발테마 및 연구개발자원과 관련된 의사결정: 예를 들어, 새로운 기술분야의 프로젝트의 착수, 연구개발 프로그램과 연구개발자원과의 조화

③ 기술 외부조달을 위한 의사결정: 예를 들어, 라이선스 도입, 연구개발 협력의 착수, 특정 기술능력을 가진 기업의 인수

④ 기술보호에 관한 의사결정: 예를 들어, 발명의 특허화, 라이선스의 제공 및 관리

··· 제3절   기술지향적 내부환경 분석 ···

1. 기술지향적 내부환경 분석의 중요성

기업의 외부환경으로부터의 정보는 매우 중요함에도 불구하고 기업성공의 충분조건은 아니다. 경영자는 기업의 내부환경 분석(internal environment analysis)을 통하여 기업 내부의 전략요인을 찾아야 한다. 이와 같은 내부 전략요인들은 강점(strengths)과 약점(weaknesses)으로 표현되는데, 이들은 기업이 외부환경에서 도출한 기회를 이용하고 위협을 회피할 수 있게 해준다. 이와 같은 기업 내부환경의 분석은 기업이 활용할 수 있는 역량을 분석·도출한다는 점에서 내부역량분석(internal capabilities analysis)이라고도 부른다.

기업의 외부환경 분석과 내부환경 분석은 전략경영의 시작이 된다. 기업의 환경분석에서 이들 두 요소가 모두 중요하지만 더욱 중요한 것은 기업의 내부환경 분석을 통한 내부역량의 강화이다. 기업 간 성공의 차이는 산업분석에 의해 도출된 산업구조에 있어서의 차이를 통해서가 아니라, 기업이 보유하고 있는 자산 및 자원의 양과 이들의 활용의 차이를 통해 보다 더 잘 설명될 수 있다. 전문가들은 기업의 지속가능한 경쟁우위는 주로 기업의 부존자원에 의해서 결정된다고 주장하고, 이 같은 자원기반이론(resource-based theory)을 전략경영에 적용하고 있다(Barney, 1991; Grant, 1991; Barney & Clark, 2007). 자원기반이론은 전략경영의 주안점을 기업이 모방하기 어렵고, 독특한 자원에 집중함으로써 경쟁기업들과 차별성을 가져야 한다는 이론이다.

이와 같은 기업의 독특한 자원이 기술이다. 기술지향적 내부환경 분석(technology-oriented internal environment analysis)은 기업이 보유하고 있는 내부의 기술적 역량을 검토하여 기업의 강점요인과 약점요인을 도출하는 데 목표를 두고 있다. 여기에서는 기업의 전반적인 기술혁신역량과 기업이 목표로 하는 특정의 기술분야들을 중심으로 한 기술역량을 체계적으로 검토하게 된다. 또한 전술한 바와 같이 기술역량은 기업의 핵심역량의 근간을 이룬다는 점에서 기술지향적 내부환경 분석은 기업의 핵심역량을 분석·검토하는 것으로 파악할 수 있다.

기업은 기술지향적 외부환경 분석과 내부환경 분석을 바탕으로 도출된 여러 전략요인들을 비교검토함으로써 기술 포트폴리오 분석(technology port-folio analysis)을 수행하게 된다. 기술 포트폴리오 분석에서는 앞에서 살펴본 기술지향적 외부환경 분석과 내부환경 분석의 결과를 상호 비교하여 기업이 추구하여야 할 전반적이고도 세부적인 기술전략을 도출할 수 있는 기업의 전반적 상황분석(situational analysis)을 수행하게 된다. 기술 포트폴리오 분석은 외부환경 분석과 내부환경 분석의 결과로 이루어진다는 점에서 기술전략의 수립의 장에서 논의할 수 있으나 이 분석과정은 내부환경의 분석과정에서 이미 이루어지고 기업 스스로 통제할 수 있다는 점에서 본 장의 제4절에서 다루기로 한다.

기술지향적 내부환경 분석은 기업의 기술역량(technological capabilities)에 대한 객관적 평가를 목표로 하고 있다. 기업의 기술역량은 그동안 기업이 축적해 온 기술적 성과뿐만 아니라 향후 기술혁신과 관련된 기업의 역량을 모두 포괄한다. 기업의 기술역량은 기업이 그동안 이를 확보하기 위해 투자한 인적, 물적, 정보적 자원(resources)에 달려 있다. 이에 따라, 기업의 기술역량 분석은 기업이 가지고 있는 이들 자원을 세심하게 검토하게 된다. 기업이 현재 보유하고 있는 기술역량은 과거의 자료, 경쟁기업, 산업평균과의 비교, 과학기술계의 전반적 기술수준 등에 비추어서 측정할 수 있다. 이 점에서 기업의 내부환경 분석은 외부환경 분석과 상당한 정도의 관련성을 가지고 있다.

이와 같은 기술지향적 내부환경 분석은 기업 전체(corporate)의 차원에서는 물론 사업부(division) 차원에서도 이루어질 수 있다. 기술지향적 내부환경 분석과 관련하여 근본적으로 다음 질문을 할 수 있다.

① 기업 및 사업부가 기술혁신을 위하여 어느 정도의 자원(resources)을 확보하였는가?
② 경쟁기업과 비교하여 기업 및 사업부의 기술적 성과(performance)는 어느 정도인가?
③ 기업 및 사업부가 외부의 기술 원천에 대해 적절한 모니터링(monitoring)을 잘 하고 있는가?
④ 기업 및 사업부의 기술능력이 경쟁전략과 기업전략을 잘 보조하는가?
⑤ 급변하는 환경에 대응하고 새로운 기술전략을 추진하기 위하여 기업 및 사업부의 기술능력을 보강할 필요성은 없는가?

그러나 기술지향적 내부환경 분석에서는 기술능력의 확보·확장·폐지 등의 문제를 직접적으로 다루지 않는다. 이와 같은 문제는 기술지향적 내·외부환경 분석이 이루어지고 난 다음에 추진되는 기술전략의 수립에서 다루어지게 된다. 기술지향적 내부환경의 분석은 <그림 5-4>와 같이 크게 기업의 기술적 위치 분석, 핵심기술의 선정, 기업의 전반적 혁신능력의 분석 등으로 구성된다. 이에 따라, 기술지향적 내부환경 분석은 기업의 기술역량과 관련된 직접적인

그림 5-4 기술지향적 내부환경 분석의 구성

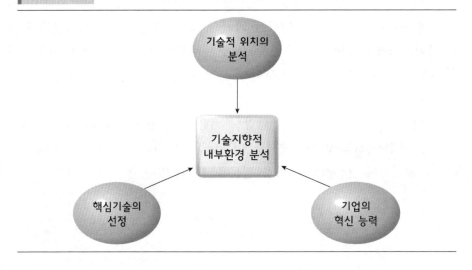

역량뿐만 아니라 기업 전반에 걸친 간접적인 혁신역량에 대한 분석도 함께 이루어지게 된다. 아래에서는 이들을 중심으로 세부적으로 살펴보기로 한다.

2. 기술적 위치의 분석

기술지향적 내부환경 분석은 기업이 현재 확보하고 있는 기술역량을 분석하는 것이다. 기업의 기술역량을 가장 잘 나타내 주는 것이 기업의 기술적 위치(technological position)이다. 기업의 기술적 위치 분석은 다음의 세 단계를 따른다.

1) 분석대상 기술의 선정

먼저, 분석대상이 되는 기술을 정의하는 것이 중요하다. 여기에서 분석대상이 되는 기술은 기업의 미래 경쟁위치에 대단한 중요성을 가질 것으로 기

표 5-1   기술의 중요성 평가방법

기술의 종류 / 유형		사업1	사업2	사업3	……	사업m
제품기술	기술1					
	기술2					
	⋮					
	기술n					
공정기술	기술1					
	기술2					
	⋮					
	기술n					
서비스기술	기술1					
	기술2					
	⋮					
	기술n					

대되는 새로운 기술분야들이 된다. 이 기술분야들은 비교적 다양하며 기업의 기존부서나 새로운 부서에서 개발·활용될 것으로 기대되는 기술들이다. 분석 대상 기술은 기업 전반에 걸쳐 포괄적으로 분석·선정되어야 할 것이다.

이와 같은 분석대상 기술은 기술이 사업에 미치는 현재적, 잠재적 영향력을 평가하는 기술-사업 매트릭스(technology-business matrix)를 통하여 도출이 가능하다(<표 5-1> 참조). 이 매트릭스는 기업의 제품, 공정, 서비스에 이미 활용되어졌거나 혹은 앞으로 활용되어질 여러 기술을 나열하고 이들이 기업 혹은 모든 사업부에 미치는 영향을 검토하는 것이다. 이를 통하여 기업은 기술이 사업에 미치는 영향의 정도를 명확하게 알 수 있다. 무엇보다도 이 같은 매트릭스를 통하여 기업은 어떤 기술이 다양한 사업부에 폭넓게 영향을 미치는가를 체계적으로 파악할 수 있는데 이와 같은 폭넓은 영향력을 가지는 기술이 기업이 특별히 주의하여야 할 이른바 핵심기술(core technologies)이 된다. 이렇게 도출된 핵심기술은 기업이 집중적으로 분석할 대상, 즉 목표기술(target technologies)이 된다.

이와 같은 중요기술의 평가와 선정에 있어서 여러 전문가들의 도움이 필요하다. 여기에는 무엇보다도 기업의 기술 혹은 연구개발 관련 부서의 전문가들의 참여가 필수적이며, 아울러 생산, 마케팅, 재무와 같은 사업적 기능부서의 전문가들의 참여가 필요하다. 또한 목표기술의 선정 및 평가의 객관성을 높이기 위하여 대학, 공공연구기관, 관련 기업에 있는 외부의 전문가를 기술평가를 위한 전문가팀에 참여시키는 것도 바람직할 것이다.

2) 기술적 자원의 투자 정도 평가

목표기술들이 선정되면 다음 단계는 기업이 이 기술들에 대해 어느 정도의 자원을 투자하고 있는지를 검토하여야 할 것이다. 여기에서 검토하여야 할 자원은 연구개발활동 및 결과, 연구개발인력, 연구개발장비, 기업의 조직구조, 생산시설 등을 들 수 있다(<표 5-2> 참조).

① 연구개발활동 및 결과와 관련하여 세부적으로 살펴볼 대상들은 연구
   개발비용의 크기와 구조, 연구개발 프로젝트 포트폴리오의 크기와
   범위, 연구개발장비 및 시설의 양과 질, 기술평가 및 예측의 범위와
   체계, 기술적 경쟁자 분석의 범위와 체계, 기업이 확보하고 있는 특
   허의 수와 종류, 제품 포트폴리오 중 제품혁신의 비율, 연구개발협력
   및 연구개발이전 프로젝트의 현황, 라이선스 포트폴리오의 구성 등
   을 들 수 있다.
② 연구개발인력과 관련해서는 연구개발인력의 수, 기업 내 연구개발활
   동의 기간, 연구개발인력의 질적 수준, 인력의 이동과 순환, 기업 내

표 5-2   기술지향적 내부환경 분석의 대상영역

연구개발활동 및 결과	연구개발인력	조직구조	생산시설
- 연구개발비용의 크기와 구조 - 연구개발 프로젝트 포트폴리오(크기, 범위, 깊이, 기간) - 연구개발장비 및 시설의 양과 질 - 기술평가 및 예측의 범위와 체계 - 기술적 경쟁자 분석의 범위와 체계 - 특허의 수와 종류 - 제품혁신의 비율 - 연구개발협력 및 연구개발 이전 프로젝트 - 라이선스 포트폴리오	- 연구개발인력의 수 - 기업 내 연구개발활동의 기간 - 연구개발인력의 질적 수준 - 인력의 이동과 순환 - 기업 내 다른 기능으로 순환의 정도 - 인력의 유연성 및 대응의 속도 - 연구개발인력의 동기부여 및 만족도 - 기업과 일체성 정도 - 연구개발인력관리의 폭과 질	- 조직의 현재구조 - 위계의 깊이 - 범기능적 협력의 촉진(연구개발-마케팅-생산) - 중복기능의 회피 - 예산 시스템 - 비계획적 혁신 아이디어의 지원 - 사내 벤처의 촉진 - 초기 기술혁신 프로젝트로부터의 지식저장 메커니즘(지식경영 시스템) - 혁신에 대한 인지도 - 혁신에 대한 수용도	- 생산시설의 적합성 - 생산시설의 평균 수명 - 생산시설의 현재 상태 - 생산시설의 유연성(예: 컴퓨터 시설의 활용의 정도) - 정보기술 도입의 정도와 성과 - 생산인력의 수와 수준

자료: Gerpott, T. J., *Strategisches Technologie- und Innovationsmanagement* (Stuttgart: Schäffer-Poeschel, 1999), p. 142에 대한 저자의 수정.

다른 기능으로의 순환 정도, 인력의 유연성 및 대응의 속도, 연구개발인력의 동기부여 및 만족도, 연구개발인력이 느끼는 기업과 일체성의 정도, 연구개발 인력관리의 폭과 질 등을 들 수 있다.

③ 기업의 조직구조와 관련한 분석대상으로는 기업조직의 현재구조, 위계의 깊이, 범기능적 협력의 촉진 현황, 중복기능 회피의 정도, 예산시스템, 비계획적 혁신 아이디어 지원의 정도, 사내 벤처 촉진의 정도, 기술혁신 프로젝트로부터의 지식저장 메커니즘, 기업 내의 혁신에 대한 인지도 및 수용도 등을 들 수 있다.

④ 마지막으로, 생산시설과 관련해서는 시설의 적합성 및 평균수명, 시설의 현재상태, 생산시설의 유연성, 생산인력의 수와 수준, 정보기술 도입의 정도와 질 등을 살펴보아야 할 것이다.

이와 같은 기술적 자원의 검토는 기업 전체의 차원과 해당 목표기술에 투자할 수 있는 정도의 측면에서 동시에 이루어져야 할 것이다. 특히, 기술적 자원의 검토는 주로 독립 연구소 혹은 연구개발부서를 중심으로 이루어져야 할 것이다. 이를 통하여 이들 기술개발 담당 조직은 새로운 기술의 개발 및 이의 제품과 서비스로의 이전에 대한 준비를 조기에 할 수 있을 것이다.

3) 기업 및 사업부의 기술적 위치 평가

이 단계는 앞에서 수집된 기술적 정보를 바탕으로 모든 목표기술에 대하여 기업 혹은 사업부의 강점과 약점을 파악하는 단계이다. 이를 위해서 대표적으로 다음 두 가지의 방법을 사용할 수 있다.

(1) 체크리스트법

체크리스트법(check list method)은 경쟁기업과 비교하여 기업과 사업부의 기술관련 강점과 약점을 체계적으로 평가하는 것을 의미한다. 기업 및 사업부의 기술적 위치의 평가는 경쟁기업과 직접적으로 비교하여 평가하여야 할 것이며, 특히 목표기술의 미래발전 가능성을 주시하여야 할 것이다. 기업의

| 표 5-3 | | 기업의 기술적 위치평가를 위한 체크리스트법 |

기술적 위치 기술의 종류		아주 좋음	좋음	중간	나쁨	아주 나쁨
제품기술	목표기술1					
	목표기술2					
	· · ·					
	목표기술n					
공정기술	목표기술1					
	목표기술2					
	· · ·					
	목표기술n					
서비스기술	목표기술1					
	목표기술2					
	· · ·					
	목표기술n					

강점 및 약점의 체크리스트법에서는 앞에서 도출된 목표기술들을 대개 5점 척도에 의해 평가를 한다(<표 5-3> 참조). 이 방법을 통하여 기업이 특별히 경쟁력이 있는 기술을 도출하거나 경쟁기업이 약점을 가지고 있는 기술은 어느 것인지를 파악할 수 있을 것이다.

　이와 같은 평가를 할 때 선택된 목표기술들뿐만 아니라 기업의 기술적 위치 전반에 관한 평가도 기술경영을 위한 좋은 지침이 될 수 있을 것이다. 체크리스트 평가는 당연히 주관적 판단에 의해 이루어지기는 하지만 최대한 객관적이고 세심한 판단을 하여야 할 것이다. 체크리스트법은 기업의 산업 분석과 함께 경쟁기업 및 경쟁 사업부에 대한 기업의 미래지향적인 기술경쟁력을 나타내 줄 수 있으며 이를 통하여 기업의 기술전략 및 경쟁전략을 효과적으로 수립할 수 있다.

(2) 가치사슬분석법

Porter(1985)에 따르면, 모든 기업과 사업부들은 기업활동(activities)의 내부 가치사슬을 가지고 있다. 이들 활동은 주요활동(primary activities)과 보조활동(support activities)으로 구분할 수 있는데, 주요활동은 기업의 제품·서비스의 생산 및 판매에 핵심적인 활동을 나타내며 보조활동은 주요활동이 효과적이고도 효율적으로 이루어지도록 보조하는 역할을 담당한다. 기업은 여러 개의 서로 다른 제품과 서비스를 생산하는바 기업의 내부환경 분석은 일련의 서로 다른 가치사슬을 분석하는 것을 의미한다. 기업 가치사슬분석(value chain analysis)은 기업의 본원적 경쟁요소인 원가절감과 차별화의 기초가 되는 전략적 활동들을 망라하여 기업 경쟁우위의 원천을 파악하려는 것이다. 가치사슬의 개념은 가치를 창출하는 기업의 다양한 전략적 활동들은 서로 긴밀히 연계되어 있음을 강조하는 것이다.

이와 같은 기업의 가치활동에 대한 체계적인 검토는 기업의 강점(strengthes) 및 약점(weaknesses)을 보다 잘 이해할 수 있게 한다. 기업의 가치사슬을 파악하면 이를 통하여 시장에서 기업의 경쟁우위를 제고할 수 있는 방안을 찾을 수 있다. 가치사슬분석에서는 무엇보다도 기업의 가치사슬 중에서 가장 높은 가치를 창출·부가할 수 있는 활동이 어디인가를 결정하고 이 활동과 다른 활동과의 연계관계를 파악하여야 한다. 이를 통하여 기업은 가치를 보다 많이 창출할 수 있는 일련의 활동들에 주안점을 둠으로써 효과적으로 경쟁우위를 확보·유지·제고할 수 있다.

기술혁신(technological innovation)은 비단 산업부문에만 영향을 미치는 것이 아니라 기업의 모든 활동에 영향을 미쳐 기업의 가치를 증대시키는 데 높은 영향력을 행사할 수 있다. 즉, 기술은 기업의 모든 가치창출활동에 중요한 영향을 미친다. 이에 따라, Porter(1985: 166)는 "기업활동의 집합인 기업은 기술들의 집합이다. 기술은 기업의 모든 가치활동에 체화되며 기술변화는 근본적으로 기업의 모든 활동에 영향을 미침으로써 경쟁에 영향을 미친

다"라고 강조하고 있다. 이와 같은 기술이 기업 및 사업부의 가치창출활동
에 미치는 영향은 <그림 5-5>와 같이 나타낼 수 있다.

이처럼 다양한 기술은 기업의 가치활동에 영향을 미친다. 이 같은 영향
은 기업의 원가우위 및 차별화로 이어지며 기업 및 사업부 경쟁우위 창 출·
확보·확대에 중요한 영향을 미친다. 기업의 가치사슬에 있어서 기술의 역할
을 분석하는 목적은 근본적으로 기업의 가치창출활동에 중요한 영향을 미쳐
기업의 경쟁우위 확보에 영향을 줄 수 있는 기술을 도출하려는 것이다. 이
점에서 가치사슬분석을 통한 기술의 검토는 기업이 가지고 있는 기술 모두
를 평가하여야 할 것이다.

그림 5-5 기업 가치사슬에 있어서 기술의 역할

보조활동	기업하부구조 (정보시스템기술, 기획예산기술, 사무기술)				
	인적자원관리 (훈련기술, 동기유발기술, 정보시스템기술)				
	기술개발 (제품기술, S/W개발기술, CAD, 파일롯플랜트기술, 정보시스템기술)				
	투입물류 수송기술 자재처리기술 저장유지기술 통신시스템기술 검사기술 정보시스템기술	**제 조** 기본공정기술 재료기술 기계제작기술 재료처리기술 포장기술 제조기술 정보시스템기술	**산출물류** 수송기술 자재처리기술 포장기술 통신시스템기술 정보시스템기술	**마케팅/판매** 미디어기술 오디오기술 비디오기술 정보시스템기술	**애프터서비스** 진단기술 테스팅기술 통신시스템기술 정보시스템기술

주요활동

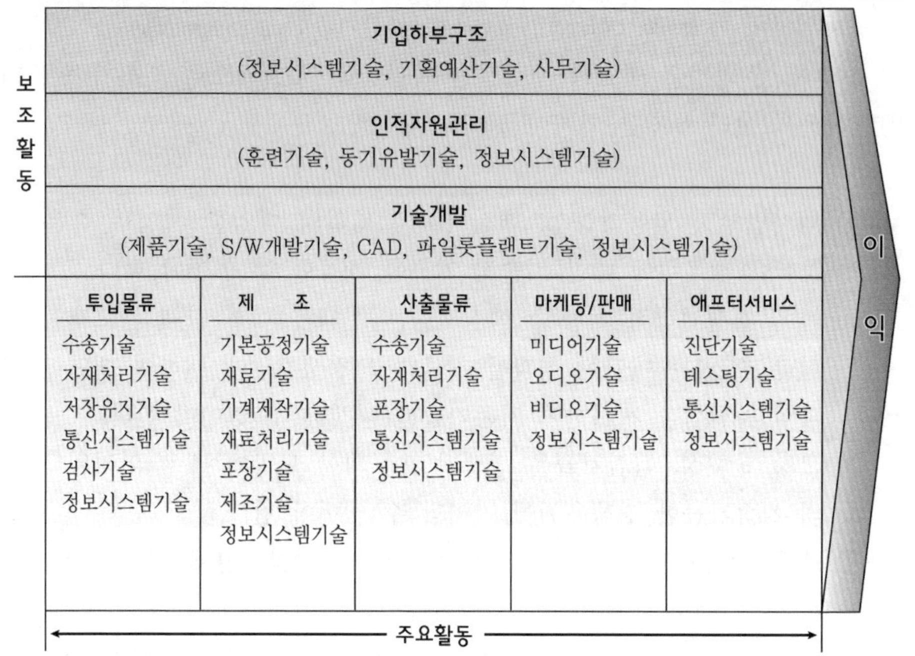

자료: Porter, M. E., *Competitive Advantage: Creating and Sustaining Superior Performance* (New York: The Free Press, 1985), p. 167에서 저자의 정리.

그러나 많은 경우 기업 및 사업부의 기술적 위치를 평가하는 데 있어서 가치사슬법분석은 기업에게 중요한 영향을 미칠 수 있는 새로운 기술, 즉 앞에서 말한 목표기술(target technologies) 혹은 분석대상기술이 기업의 가치활동에 어느 정도 영향을 미치는가를 중심으로 검토된다. 좀 더 세부적으로 살펴보면, 가치사슬분석은 기업이 도출한 여러 목표기술들 중에서 기업의 가치활동 전반에 가장 중요한 영향을 미치는 기술들은 무엇이며, 또한 이들 기술들이 기업의 가치사슬 중 어느 활동에 중요한 영향을 미치며 이들의 다른 가치활동들에 미치는 영향은 무엇인가를 검토하게 된다.

3. 핵심기술의 결정

이상의 기술적 위치에 관한 평가가 끝나면 다음 단계는 기업 및 사업부의 경쟁우위에 가장 중요한 영향을 미칠 핵심기술(core technologies)을 결정하는 것이다. 이 과정은 비교적 정성적인 과정인데, 일반적으로 핵심기술이 되려면 다음의 여러 특징을 가져야 한다.

① 범사업부적 활용가능성: 핵심기술은 기업의 다양한 사업부 혹은 다양한 경쟁우위에 대한 기술적 기초를 제공할 수 있어야 한다.
② 높은 경쟁전략적 적합성: 핵심기술은 현재 고객과 잠재적 고객이 인식할 수 있는 대단한 성과를 창출하고 경쟁기업에 대하여 대단한 성과의 차별성을 제시하여 기존기술을 대체할 수 있어야 한다.
③ 모방 난해성: 핵심기술은 경쟁기업에 의한 모방이 매우 어려워 기업의 지속가능한 경쟁우위에 기여할 수 있어야 한다.
④ 높은 지속가능성: 핵심기술은 기업에 의해 장기간에 걸쳐 활용가능하여야 하며 천천히 구식화되어야 할 것이다. 그 결과 핵심기술은 개별 종업원 혹은 기자재 등에 기초한 기술이 아니라 범기능적이고 시스템적인 속성을 가지는 기술이어야 한다.
⑤ 낮은 대체가능성: 핵심기술은 다른 기술에 의해 대체가능성이 낮아 기업이 이 기술을 통해 경쟁우위를 창출하는 것은 물론 창출된 경쟁

우위를 지속적으로 유지할 수 있어야 한다.

핵심기술은 향후 기업의 기술전략 수립의 기초가 되는 기술들이 될 것이다. 그 결과 이 기술은 기업의 경쟁우위의 확보·유지·확대에 대단한 공헌을 할 수 있다고 기대되는 기술들이다. 이에 따라, 이들 기술은 기술전략(technology strategy)의 여러 관점에서 파악하여야 하는데, 몇 가지 중요한 이슈는 다음과 같다.

① 먼저, 이들 핵심기술이 제품혁신에 유용할 것인가 아니면 공정혁신에 유용할 것인가에 대해 고려해야 할 것이다.
② 이들 핵심기술을 가지고 선도자 전략을 추구할 것인가 아니면 추격자 전략을 추구할 것인가의 문제를 검토하여야 할 것이다.
③ 핵심기술의 개발 및 상업화의 시점을 언제쯤으로 할 것인가의 문제도 고민하여야 할 것이다.
④ 기술의 개발 및 상업화에 있어서 자체적으로 개발할 것인가 외부의 도움을 받을 것인가의 문제도 검토하여야 할 것이다.
⑤ 이들 기술의 개발에 있어서 다른 기능부서와 협력의 필요성은 어느 정도인가를 검토하여야 할 것이다.

기업의 내부역량 분석을 통한 핵심기술의 도출은 최고경영자(top management)로 하여금 이들 핵심기술을 통한 기업가치 및 수익의 창출가능성에 대한 충분한 고려와 자신감을 심어주며 기업의 기술혁신활동에 대한 적극적인 후원을 가능하게 해줄 것이다. 최고경영자는 이와 같은 체계적 관점을 통하여 새로운 제품 및 서비스 창출을 위한 기술전략을 구체적으로 수립·추진할 수 있을 것이다.

4. 기업문화의 분석

기술을 통해서 기업이 경쟁우위(competitive advantage)를 창출·유지·확대하려면 기업의 기술혁신능력이 시장에서 판매될 제품과 서비스로 효과적으로 이전되어야 한다. 이와 같은 능력은 기술능력 그 자체보다는 기업의 다양한 부서의 다양한 계층들에 속해 있는 종업원들의 기술전략의 집행에 대한 준비성 및 능력에 달려 있다. 종업원의 기술혁신의 창출 및 활용에 대한 참여 의지와 능력은 기업의 기술적 성과에 대단히 중요하며 이를 일반적으로 기업문화(corporate culture)라고 부른다. 기업이 기술전략을 효과적으로 수립하기 위해서는 기업이 이와 같은 기술전략을 집행할 준비와 능력이 있는지에 관한 기업문화에 대한 분석을 세심하게 하여야 할 것이다.

기업문화는 기업 혁신능력의 중요한 구성요소이다. 기술경영에서는 기업 전체의 문화는 물론 각 부서의 문화도 매우 중요하다. 기업의 혁신능력으로서 기업문화의 분석에서는 기업의 전체적인 문화 혹은 신제품 및 신공정을 다루는 조직단위들의 문화가 얼마나 기술혁신의 중요성을 인식하고 있는지, 기술혁신능력을 수용할 의지가 있는지, 기술혁신을 촉진하는지에 대하여 분석한다. 기업의 문화란 종업원들에 의해 학습·공유되고 종업원의 한 세대에서 다른 세대로 이전되는 신념, 기대, 가치의 집합을 의미한다(Wheelen & Hunger, 2006: 116). 기업의 문화는 기업이 취할 수 있는 행동을 촉진하거나 제한하는 역할을 수행하며, 특히 기업 내의 협력을 촉진하고 기업의 경쟁우위에 중요한 업무에 집중할 수 있게 해준다(Saloner 등, 2001: 88-89).

일반적으로 기업의 조직 및 문화의 유형을 기계적 문화와 유기적 문화로 나누고 있는데(Burns & Stalker, 1961; Kanter, 1984), 이와 같은 전통적인 문화의 분류는 기술경영과 관련하여 기업의 문화를 분석하는 데 좋은 지침을 제공해 준다. 기계적 문화(mechanistic culture)에서는 의사결정의 업무가 조직의 최상층부에 집중되어 있으며, 조직의 계층구조가 매우 깊고, 공식적인 협력을 촉진하기 위한 다양한 규정이 있으며, 종업원 간의 수평적인 커뮤니케이션은 거의 이루어지지 않는다. 기업이 이와 같은 기계적 문화를 가지고 있는 경우에는 기술혁신이 효과적으로 촉진되지 않고 오히려 기술혁신을 저해하는 경향이 많다. 이와 반대로 유기적 문화(organic culture)는 기술혁신을 촉진하는 문화로서 의사결정업무가 분권화되어 있고, 조직의 계층구조가 얇으며, 종업원들 간의 다양한 커뮤니케이션이 이루어진다. 일반적으로 유기적 조직문화가 기계적 조직문화보다 기술혁신에 우호적이지만 그렇다고 유기적 문화가 기계적 문화보다 항상 좋다는 것은 아니다. 기업의 특성과 산업적 환경에 따라 기업은 스스로에 적합한 문화를 구축하여야 할 것이다.

기술혁신을 촉진하는 기업문화의 특징으로는 다음을 들 수 있다(Gerpott, 1999: 147-148; Hauschildt, 1993; Specht & Beckmann, 1996: 293).

① 조직의 높은 개방성(openness)과 이를 바탕으로 한 기업 내·외부의 정보흐름의 강화, 고객과의 직접적인 접촉, 외부환경에 대한 주시, 박람회 및 세미나에 대한 적극적인 참여, 종업원의 학술활동 촉진
② 기업 내부의 기술혁신 관련 커뮤니케이션(communication)의 공개성 및 비공식성(예: 범부서적 의견 및 경험의 교환)
③ 기업활동에 있어서 협력 및 팀워크(teamwork)의 강조 및 협력과정에서 나타나는 갈등에 대한 긍정적 평가
④ 단순한 조직 및 권한의 위양(empowerment)
⑤ 종업원 간의 신뢰(trust)의 강조 및 기업 및 혁신의 성공을 위한 인적 자원(human resources)의 강조
⑥ 성공적인 혁신에 대한 보상(compensation)과 더불어 불가피한 실패에 대한 관용
⑦ 종업원의 학습(learning)에 대한 세심한 지원

기업의 문화를 검토하는 새로운 방법으로서 기업이 어느 정도로 혁신 적대적 문화(innovation-hostile culture)를 가지고 있는가를 알아보는 것도 유용한 방법이다. 이것은 그동안 축적되어 온 기업의 문화가 어느 정도로 기술혁신을 방해하는가를 분석하는 것이다. Gerpott(1999: 149), Zahn(1995: 23) 등은 기업의 혁신 적대적 현상으로 다음을 지적하고 있다.

① 비현지발명 신드롬(Not-Invented-Here Syndrome): 기업 내부에서 창출되지 않은 기술혁신에 대한 거부 현상

② 현상유지 신드롬(Status-Quo Syndrome): 변화에 대한 거부 및 현재를 유지하려는 현상

③ 자기과대평가 신드롬(Self-Overestimation Syndrome): 과거의 성공적인 기업 및 경영자에 있어서 환경의 경고에 대한 체계적 왜곡 현상

④ 과도완전주의 신드롬(Over-Perfection Syndrome): 고객 관점의 세부사항을 간과하고 기술혁신의 세부사항에 대해 비용적으로나 시간적으로 과도하게 집중하는 현상

이러한 신드롬들은 전체적으로 기업의 혁신 적대적 문화를 형성한다. 기업이 이상과 같은 신드롬을 가지고 있으면 기업 내의 기술혁신이 효과적으로 창출되지 않는다. 기업이 혁신 적대적인 문화를 가지고 있으면 핵심기술을 효율적으로 경영하고 이를 바탕으로 경쟁력 있는 제품과 서비스를 창출하는 데 많은 어려움을 가질 수밖에 없다. 이와 같은 신드롬이 조직 내에 팽배하면 기업의 전략적 기술경영은 효율성도 낮아질 수밖에 없으며 심지어 실패로 이어질 가능성이 높다. 이에 따라, 최고경영자는 기업의 혁신 우호적인 문화를 촉진하고 혁신 적대적 문화를 타파하기 위한 세심한 노력을 기울여야 할 것이다.

··· 제4절   기술 포트폴리오 분석 ···

1. 기술 포트폴리오의 중요성

기술지향적 외부환경 분석과 기술지향적 내부환경 분석이 끝나면 이를 통해 얻어진 제반정보를 통합하는 과정이 필요한데 이것이 이른바 기술 포트

폴리오 분석(technology portfolio analysis)이다. 이 분석기법은 기술경영분야의
실무나 학계에서 이미 상당히 많은 연구가 이루어져 다양한 포트폴리오가 제
시되었다(Krubasik, 1982; Pfeiffer 등, 1986; Michel, 1987: 198; Specht 등, 2002).

기술 포트폴리오의 목적은 다음의 세 가지로 나타낼 수 있다.

① 기업 혹은 사업부가 다루고 있는 기술분야들의 현재 위치에 대한 종
합적인 제시
② 각각의 기술분야에 대하여 종합적 시각에서 기대하거나 목표로 하는
미래상황에 대한 방향 제시
③ 기업의 모든 연구개발 테마와 관련하여 연구개발 프로그램의 창출에
있어서 원칙적 방향 제시

일반적으로 포트폴리오는 두 개의 핵심변수를 중심으로 2차원적인 매트
릭스(matrix)로 구성된다. 원칙적으로 포트폴리오 분석의 대상은 기업 혹은
사업부에 의해 제품 혹은 공정으로 변환될 모든 기술이지만, 실무에서는 앞
에서의 기술환경의 분석, 기술지향적 환경분석의 결과 기업의 경쟁우위에
중요한 영향을 미칠 기술들을 중심으로 분석이 이루어진다. 이와 같은 기술
포트폴리오는 기업 전체, 사업부, 개별 연구 프로젝트 등 다양한 차원에서
다루어질 수 있다. 또한 핵심변수를 세부적 하위변수로 나누어 복잡한 포트
폴리오도 구성할 수 있다. 아울러 기술 포트폴리오는 3차원적으로 구성할
수 있으며, 또한 분석대상 기술영역을 점으로 표현하지 않고 중요도의 크기
를 원으로 표현하여 크기에 따라 기술영역을 조정할 수도 있다.

기술 포트폴리오 분석이 기술전략의 수립에 도움이 되기 위해서는 전술
한 기술환경 분석의 전체적 시각하에서 기업의 외부환경 분석과 기업 내부
환경 분석의 두 축에서 창출된 다양한 정보를 중심으로 핵심변수(core
variables)가 도출되어야 한다. 기술 포트폴리오의 구성은 다음과 같은 단계를
따른다.

① 매트릭스 구성을 위한 두 개의 기본적 분석차원, 즉 핵심변수를 정 의한다. 이들 분석차원은 기업의 기술관련 위치를 평가하는 핵심적 기준이 된다.

② 이들 두 개의 핵심변수를 묘사하기 위한 하위변수(sub-variables)를 정 의한다.

③ 하위변수들의 가중치를 결정한다.

④ 하위변수들에 대한 주관적·객관적 판단과 측정을 실시한다.

⑤ 각각의 기술에 대하여 하위변수들에 대한 평가를 가중평균하여 두 개의 핵심변수에 대한 총점으로 변환한다.

⑥ 이상의 정보를 바탕으로 파악된 각각의 기술에 대한 현재의 위치를 구체적 기술전략으로 변환시킨다.

2. 기술 포트폴리오의 구성방법

1) 전사적 차원의 기술 포트폴리오

기술혁신의 관점에서 이루어진 기업의 외부환경과 내부환경의 분석결과 는 기술전략 수집의 기초가 되는 전략요인(strategic factors)으로 요약된다. 이 들 전략요인은 기업환경과 관련하여 기회요인과 위협요인으로 나누어지고 기업 내부분석의 결과 강점요인과 약점요인으로 나누어진다. 전자의 경우에 는 기술혁신의 관점에서 파악한 기업의 경쟁상황(competitive environment)을 나타내 주는 것이며, 후자는 기업의 내부분석을 통해 살펴본 기업의 기술적 위치(technological position)를 나타내 준다. 이와 같은 전략요인을 바탕으로 전 사적 차원의 기술 포트폴리오를 구성할 수 있으며, 이는 기업이 구체적인 기술전략을 수립할 수 있는 출발점이 된다.

전사적 기술 포트폴리오(corporate technology portfolio)는 기업의 전체적 기술 전략의 방향을 나타내 준다는 점에서 기술지향적 거대전략(technology-oriented grand strategy)이라고 명명할 수 있을 것이다. 그 결과 전사적 차원의 기술 포트 폴리오는 기업의 경쟁상황과 기술적 위치를 바탕으로 매트릭스를 그릴 수 있으며(<그림 5-6> 참조), 이는 기업의 기술전략 수립의 기초가 된다. 이를 세부적으로 살펴보면 다음과 같다.

① 우선 우상단의 경우에는 기업의 경쟁적 위치도 좋고 전반적인 기술적 역량이 매우 높다는 점에서 기술을 바탕으로 한 성장전략(growth strategy)을 추구할 수 있다.

② 반대로 좌하단의 경우에는 기업의 전반적 경쟁환경도 좋지 못하고 기업의 전반적 기술능력도 좋지 못하다는 점에서 일반적인 방어전략으로서의 축소전략(retrenchment strategy)을 추구할 수 있을 것이다.

③ 우하단의 경우에는 기업의 기술능력은 높으나 경쟁환경이 열악한 경우로 이 경우에는 기술을 바탕으로 안정전략(stability strategy)을 추구하여야 할 것이다.

④ 좌상단의 경우에는 기업의 기술능력은 부족하지만 기업의 경쟁환경은 아주 좋은 경우로 시장을 바탕으로 한 안정전략(stability strategy)을 추구하는 것이 바람직할 것이다.

⑤ 마지막으로, 기업의 경쟁적 위치와 기술적 위치가 중간 정도인 경우에

그림 5-6 전사적 차원의 기술 포트폴리오

는 기업은 성장전략, 안정전략, 축소전략 등을 혼합하여 사용할 수 있다. 특히, 이러한 경우에는 최고경영자의 전략적 판단을 필요로 한다.

이와 유사한 접근으로서 Michel(1987: 190-232)은 기술전략을 기술수명주기에 따라서 나누어 분석할 수 있다고 주장하였다. 그는 기술전략을 시장적 위치와 기술적 위치의 양축으로 분류하고 기술전략을 선도자전략, 집중화전략, 현상유지전략, 획득전략, 합리화전략으로 나누고 있다. 그는 이 같은 전략이 기술수명주기의 초기단계에는 선도자 전략의 비중이 많아야 하고 후반에는 합리화 전략 및 탈퇴전략이 많아져야 한다는 점을 강조하였다. 그러나이 같은 전략은 기업의 전반적인 기술적 방향을 나타내기보다는 사업부의 구체적 경쟁전략의 일부로서의 기술전략을 나타낸다는 점에서 후술하는 기술전략의 일환으로 살펴보아야 할 것이다.

2) 사업부 차원의 기술 포트폴리오

일반적으로 기술 포트폴리오 분석은 기업 전체적인 차원보다는 개별 사업부(divisions) 차원에서 기업의 독특한 상황을 바탕으로 경쟁기업에 대응하여 다양한 위치를 나타내는 데 활용된다. 이를 바탕으로 개별 사업부의 기술전략을 수립할 수 있으며 더 나아가 각 사업부가 필요로 하는 자원의 소요량을 결정할 수 있다. 그러나 전술한 바와 같이 이와 같은 기술 포트폴리오 기법은 기술지향적 내·외부 환경분석을 바탕으로 기업 전체의 장기적 성장을 위한 목표를 설정하고 이에 대한 소요자원의 결정에 활용되어야 할 것이다. 사업부 차원의 대표적인 기술 포트폴리오로는 기술-시장 포트폴리오(technology-market portfolio)를 들 수 있다. 아래에서는 이에 관해 논의하기로 한다.

기술-시장 포트폴리오의 기술투입(technology-push)적 측면은 해당 기술의 속성, 목표기술의 기존기술 및 다른 기술과의 융합의 용이성, 기업이 프로젝트로 추진하기에 용이한지의 여부 등을 파악한다. 이들 세부 기준 및 변수는 기술적 측면에서 해당 기술의 개발 및 연구개발 프로젝트의 추진 용이성을

그림 5-7	기술-시장 포트폴리오

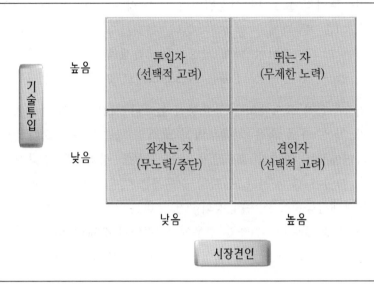

자료: Gerpott, T. J., *Strategisches Technologie – und Innovationsmanagement* (Stuttgart: Schäffer –
Poeschel, 1999), p. 159.

나타내 준다. 이 포트폴리오의 두 번째 관점은 시장견인(market-pull)의 관점으로
서 여기에서는 해당 기술 및 프로젝트의 수익성, 해당 기술과 기술을 바탕으
로 한 제품의 시장에서의 성공가능성, 해당 기술 및 관련 제품에 있어서 경쟁
기업들의 능력 등을 파악한다. 이들 세부 기준 및 변수는 시장의 측면에서의
해당 기술 및 프로젝트의 성공가능성 여부를 나타내 준다.

　　이상의 두 측면에 있어서 세부 변수들은 가중치를 바탕으로 가중평균하
여 핵심변수에 대한 총점으로 환산된다. 기술 포트폴리오는 네 가지의 영역
으로 파악할 수 있다.

　① 먼저, 시장견인적 요소와 기술투입적인 요소 모두에 있어서 해당 기
　　술의 중요성이 충분히 높을 경우에는, 해당과제를 적극 추진하고 기
　　술을 적극적으로 개발하여야 할 것이다. 경영층은 이 같은 과제에
　　대해 적극적인 후원을 통해 기업성장의 동력으로 삼아야 할 것이다.

이를 '뛰는 자(Renner)'라고 표현할 수 있다.

② 기술투입적 요소 및 시장견인적 요소 양 측면에 있어서 중요성이 낮
은 기술 및 과제가 있을 수 있다. 이러한 과제는 연구개발을 추진해
서는 안 될 것이며 현재 진행 중인 과제의 경우에도 이를 중단하여
야 할 것이다. 이를 '잠자는 자(Schläfer)'로 표현할 수 있을 것이다.

③ 기술투입적 요소에서는 중요성이 높으나 시장견인의 측면에서는 의미
가 작은 과제 혹은 기술투입적 요소의 중요성은 낮으나 시장견인의
측면에서는 과제의 중요성이 높을 경우에 경영층은 전략적 의사결정
을 하여야 할 것이다. 전자의 경우에는 '투입자(Drücker)'라고 표현되며
연구개발능력을 신속히 강화하거나 다른 기업들과 공동연구를 추진할
수 있을 것이며, 후자의 경우에는 '견인자(Zieher)'라고 표현하여 외부
에서 기술을 구입 혹은 라이선싱을 할 수 있을 것이다.

3. 기술 포트폴리오의 장단점

기술 포트폴리오는 기술전략의 수립에 매우 유용한 수단이다. 이 기법
은 기술과 시장에 대한 통합적 시각(integrated perspectives)을 바탕으로 기업의
기술적 문제와 관련하여 최고경영자가 효율적인 의사결정을 하는 데 많은
도움을 준다. 기술 포트폴리오는 기업의 외부환경과 내부역량에 대한 기술
적 검토를 바탕으로 효과적인 기술전략을 수립할 수 있는 토대를 제공해 준
다. 그러나 기술 포트폴리오 기법은 여러 장단점을 가지고 있기 때문에 이
를 실무에 적용하는 데 세심한 주의가 필요하다. 많은 학자가 기술 포토폴
리오 분석의 장단점에 대해서 다양한 논의를 하고 있다(Wolfrum, 1991:
203-215; Gerpott, 1999: 160-163). 먼저, 기술 포트폴리오 분석의 장점은 다음과
같다.

첫째, 기술 포트폴리오 기법은 다양한 기술분야에 대한 투명하고, 체계
적이며, 일관된 평가방법을 제시하여 기술전략 수립의 토대를 제공해 줄 뿐

만 아니라 기술투자에 대한 우선순위(priorities)를 제시해 줄 수 있다는 장점을 가지고 있다. 이 점에서 기술 포트폴리오는 기업 기술전략의 포괄적인 방향을 제시해 줄 수 있다.

둘째, 이 기법은 기술 프로젝트, 기술분야, 제품에 대한 구조를 일목요연하게 시각적으로 제시해 줌으로써 경영층의 의사결정(decision-making)을 돕는다. 그 결과 기술 포트폴리오는 기업의 기술전략과 경쟁전략 상호간의 연계 및 시너지 창출에 공헌할 수 있다.

셋째, 기술 포트폴리오는 각각의 연구개발 및 기술분야를 기업의 환경 및 시장에 견주어 요약(summary)을 해 주는 장점을 가지고 있다. 이를 통하여 기술 포트폴리오는 기업 기술전략의 성공적 달성에 기여할 수 있다.

넷째, 기술 포트폴리오는 기업 내의 다양한 부서 및 사람들에게 기술개발활동에 대해 체계적 의사소통(communication)의 수단으로 활용될 수 있다. 기술 포트폴리오는 기술혁신활동이 기업의 경쟁우위에 미치는 영향을 제시해 줌으로써 기술혁신활동에 대해 있을 수 있는 기업 내의 부정적인 시각을 줄이는 역할을 할 수 있다.

그러나 기술 포트폴리오 분석은 다음과 같은 단점도 있다.

첫째, 이 분석기법은 객관적인 측면보다는 전략적 의사결정자의 주관적 판단(subjective judgement)에 의존한다는 문제점을 가지고 있다. 즉, 포트폴리오를 구성하는 데 있어서 준거할 수 있는 변수들에 대해 주관적 평가정보를 바탕으로 의사결정을 한다는 단점이 있다.

둘째, 기술경영자가 기술 포트폴리오 분석기법이 나타내 주는 정보만을 가지고 기술전략을 수립하는 데에는 상당한 무리가 따른다. 합리적인 기술전략을 수립하기 위해서는 다양한 변수를 고려하고 이들의 변화가능성을 염두에 두어야 할 것이다.

셋째, 기술전략의 수립에 필요한 정보를 단순화하여 두 개의 차원으로 기계적으로 분류하는 것은 합리적 기술전략의 수립에 적절하지 않다. 아울러 두개의 차원에 대하여 하위변수를 활용하고는 있으나 이들에 대한 자의성의 문제가 대두될 수 있다.

넷째, 기술 포트폴리오는 기술의 한계, 분석 대상기간의 선택, 하위변수들의 가중치, 기술전략의 세부적 수립 등에 관한 만족스러운 정보(information)를 제공해 주지 못하여 기술전략의 수립에 충분히 공헌하지 못한다는 문제점을 가지고 있다.

다섯째, 기술 포트폴리오는 기술영역들 간의 시너지 효과(synergy effects)를 고려하지 못한다는 문제점이 있다. 현대의 기술들은 시스템 기술로서 여러 관련 기술들 간의 기술적 시너지를 창출하는 것이 전략적으로 중요한데 기술 포트폴리오는 이에 관한 정보를 제공해 주지 못한다.

최고경영자는 이상과 같은 기술 포트폴리오의 장단점을 충분히 고려하여 기술전략(technology strategy)을 수립하여야 할 것이다. 실제로 기술경영의 실무에 있어서 기술 포트폴리오 분석은 기술전략의 수립을 준비하는 데 있어서 구조화되고 도식화된 수단으로서 많이 활용되고 있다. 기술 포트폴리오 분석을 세심하게 활용하면 최고경영자는 기술 및 시장에 대한 포괄적이고 정확한 정보를 바탕으로 효율적인 기술전략을 수립할 수 있다. 특히, 기술 포트폴리오는 최고경영층과 기술혁신 관련 다양한 부서 – 예를 들어, 연구개발, 생산, 마케팅, 품질관리 – 의 관리자들 간의 합리적인 기술전략의 수립을 위한 토론을 구조화하고 기업의 기술혁신자원 투입의 합리적 방향을 제시하는 데 효과적으로 활용할 수 있다.

사례 5

기술혁신의 원천

세계적으로 유명한 기술경영 교과서인 *Managing Innovation: Integrating Technological, Market and Organizational Change*는 본 저자가 2000년대 초반부터 대학원 기술경영론과 학부 혁신경영론 과목의 교재로 사용해 오던 책이다. 이 책 제5판의 제5장은 "혁신의 원천(Sources of Innovation)"이라는 제목을 가지고 있다. 아래에는 여기에서 제시한 기술혁신의 다양한 원천을 간략하게 살펴보기로 한다.

1. 지식투입

혁신의 명백한 원천은 과학적 연구의 결과로 창출되는 가능성이다. 이는 역사적으로 매우 오래되었는데, 그 결과 20세기에 들어와서 조직화된 과학(organized science)이 대두되고 많은 기업이 연구소(research laboratory)를 탄생하였다. 대표적으로 Bell Labs, ICI, Bayer, BASF, Philips, Ford, Western Electric, Du Pont 등은 20세기 초반에 이미 연구소를 설립, 운영하여 오고 있다. 그리하여 Tidd & Bessant(2013)는 지식투입(knowledge push)에 의한 혁신의 사례로 〈표 1〉과 같은 다양한 제품을 들고 있다.

〈표 1〉 지식투입 혁신의 사례

나일론(Nylon), 레이다(Radar), 항생제(Antibiotics), 마이크로웨이브(Microwave), 인공고무(Synthetic Rubber), 휴대폰(Cellular Telephony), 의학스캐너(Medical Scanners), 복사기(Photocopiers), 호버크라프트(Hovercraft), 광섬유 케이블(Fiber Optic Cable), 디지털 이미징(Digital Imaging), 트랜지스터(Transistor)

이들 지식투입 혁신은 '조직화된 연구개발(organized R&D)'의 결과로 창출된다. 조직화된 연구개발은 핵심 기술적 문제 및 도전을 목표로 하는 전문 연구원, 장비, 시설, 자원의 체계적 투입을 의미한다. 이의 목표는 보통 탐험(exploration)이지만 많

은 노력은 기존의 기술경로을 개선하고 확대하는 이용(exploration)의 측면도 많다. 그리하여 첨단 산업에서는 이같은 조직화된 연구개발을 위한 막대한 자원을 투입하고 있는데, 대표적으로 생명공학, 제약 분야 등이다. 지식투입 혁신의 결과는 단순히 제품혁신(product innovation)만을 지향하는 것이 아니라 공정혁신(process in-novation)을 지향하기도 한다.

2. 니즈견인

기술혁신은 어떤 형태이든 수요(demand)가 있어야 한다. 이 점에서 니즈견인(needs pull)은 매우 중요한 혁신의 추동력이며, 지식투입을 보충한다. 이는 "필요는 발명의 어머니이다!!!"라는 격언을 연상케 한다. 즉, 혁신은 많은 경우 변화를 위한 실질적 혹은 인지된 니즈에 대한 대응으로 창출된다. 예를 들면 Henry Ford는 사치품이었던 자동차를 일반 대중을 위한 자동차로 변화시켰고, 가정용 조명 수요의 충족으로부터 시작하였던 P&G는 비누, 기저귀, 세제, 치약 등 아주 폭넓은 가정용 수요를 충족시킬 수 있는 제품을 개발해 냈다.

3. 사용자

사용자(users)는 기술혁신과정 및 기술경영에 있어서 이제는 더 이상 수동적인 수용자가 아니라 적극적인 참여자로 간주된다. 일반적으로 경영에 있어서 니즈를 도출, 발굴하라는 것은 사용자를 수동적인 존재로 인식한 것인데, 이제는 더 이상 그렇지 않으며 사용자는 혁신의 원천인 동시에 혁신과정의 적극적인 참여자로 간주될 수 있다.

MIT대학의 Eric von Hippel 교수는 사용자 혁신(user innovation) 분야의 오랜 연구를 하였다. 그의 연구의 대표적 사례는 픽업트럭(pickup truck)인데, 이 유형의 자동차는 오랜 기간 미국 자동차 산업에서 중요한 제품 분야가 아니었고, 이 유형은 농장에서 폭넓게 사용되기 시작하였다. 농장주들은 뒤쪽의 의자를 없애고, 새롭게 철판을 깔고, 지붕을 없애는 등의 작업을 통하여 픽업트럭의 초기모형을 만들었다. 이후 자동차 업계에서 이 아이디어를 받아들이고 점진적 혁신을 하여 픽업트럭을 대량생산하게 되었다(von Hippel, 1988). 이와 같은 사용자 혁신의 사례는 석유정제, 의료기기, 반도체 장비, 연구기기, 스포츠용품 등의 분야에서 상당히 많이 이루어지고 있다.

사용자 혁신과 관련하여 선도사용자(lead users)가 중요하다. 이 유형의 사용자는 매우 적극적이고 혁신 니즈에 있어서 시장을 훨씬 앞서나가는 유형의 사용자이다. 이들은 공급자. 즉 기업과 혁신적 해결책을 공동으로 창출한다. 이들은 기술혁신과정에 아주 조기에 참여하고 특정한 니즈에 대한 해결책의 강구에 관심이 많으며, 보다 나은 해결책을 찾기 위하여 실험할 준비가 되어 있고 실패를 기꺼이 감수하는 성향의 사용자이다.

4. 다른 기업의 주시

혁신은 근본적으로 새롭거나 다른 해결책을 경쟁적으로 찾는 것이다. 여기에서 중요한 전략은 다른 기업으로부터 학습하는 것이다. 예를 들어 다른 기업의 제품 및 공정을 역엔지니어링(reverse engineering)하고 모방을 하는 것은 새로운 아이디어를 찾는 매우 중요한 방법이다. 제2차 세계대전 이후 아시아 국가들의 빠른 경제성장의 비결은 서방국가들의 아이디어를 취하여 이를 개선하는 '모방 및 개발(copy & develop)'전략이었다. 또 다른 예로는 벤치마킹(benchmarking)을 들 수 있다. 이는 특별한 공정을 실행하기 위한 새로운 방법을 도출하거나 새로운 공정 및 서비스 개념을 탐색하기 위하여 경쟁기업과 구조화된 비교(structured comparisons)를 하는 것을 의미한다. 예를 들어, 미국의 Southwest Airlines은 자동차 경주인 Formula 1 Grand Prix을 벤치마킹하여 여객기 운항에 적용함으로써 미국에서 가장 경쟁력 있는 항공사가 되었다.

5. 혁신 재조합

혁신은 새로운 것을 세상에 내놓는 것인데, 이를 위해서는 다양한 방법이 있다. 현실에서는 다양한 범위의 크로스오버(crossover) 영역이 있다. 즉, 한 영역에서의 매우 일반적인 아이디어와 적용방법은 다른 세계에서는 새롭고 흥미로운 것으로 인식된다. 그리하여 기존의 아이디어를 새로운 상황에 맞게 해석, 이전, 결합하는 것은 혁신의 중요한 원천이다. 이를 '혁신 재조합(recombinant innovation)'이라고 부른다.

예를 들어 Reebok의 펌프 런닝화는 매우 경쟁이 치열한 스포츠용품 산업에서 대단히 혁신적인 제품으로 인정받았는데, 이는 낙하산 부대의 병사들의 안전한 착지를 위한 기술에서 가져온 것이다. 실리콘 밸리의 대표적인 디자인 회사인 IDEO는 다양한 배경을 가진 종업원을 채용하여 이같은 혁신 재조합을 잘하는 회사로 유명하다.

6. 규제

많은 국가가 다양한 분야, 특히 환경 및 보건 등과 관련하여 규제(regulations)를 추진해 오고 있다. 이와 같은 규제 및 이의 변화는 산업과 사회에 있어서 게임의 규칙을 정하거나 변경하게 되는데 이는 기술혁신을 위한 기회가 된다. 예를 들어, 기후변화를 방지하기 위한 공기오염을 방지하는 규제는 원자재, 공정, 심지어 제품의 디자인 등에 있어서 혁신을 가져온다. 그러나 규제는 양면의 칼과 같은 속성을 가지고 있는데, 규제는 한편으로는 어떠한 일들을 제한하여 혁신의 창출을 막을 수도 있고 다른 한편으로는 변화를 강제함으로써 새로운 기회를 창출하기도 한다. 그리하여 탈규제(deregulation)가 새로운 혁신의 영역을 창출하기도 한다. 아무튼, 규제로 인한 새로운 혁신은 우리 일상생활에서 많이 볼 수 있는데, 예를 들어 식품에 대한 첨가물의 규제는 새로운 유형의 식품, 예를 들어 설탕 대체품의 개발 등을 가져왔다.

7. 미래예측

새로운 유형의 혁신 원천으로는 일상생활에서 우세한 궤적에 대한 대체적 궤적을 상상하고 탐험하는 미래예측(future forecasting)이 있다. 실제로 미래를 예측하는 다양한 기법들이 있는데 이들은 새로운 혁신에 대한 기회를 가져온다. 이같은 예측기법은 기술예측에도 많이 사용되는데, 예를 들어 델파이 법(Delphi method)을 바탕으로 전혀 새로운 기술의 도래를 예측할 수 있는데, 이는 혁신의 아주 구체적인 형태를 창출할 수 있다.

8. 사건

사건(accidents)과 기대하지 않은 사건(unexpected events)은 매우 성가신 것이긴 하지만 대단히 새로운 혁신을 가져올 수 있다. 가장 대표적인 것이 Fleming의 페니실린 발견을 들 수 있는데, 실제로 이와 같이 사건이 대단한 혁신으로 이어진 사례는 많다. 또 다른 예로서 3M의 Post-it도 폴리머를 전공한 화학자가 강력한 접착성을 가지는 제품을 만들기 위해 여러 화학물질을 섞다가 접착성은 있으나 아주 강력한 접착성을 가지지 않는 물질을 만들어 이처럼 혁신적인 제품을 만들게 된 것이다. 마찬가지로 미국에 있어서 9/11 폭탄테러는 안전, 소방, 대피 등에 있어서 대단한 혁신을 가져오는 계기가 되었다.

자료: Tidd, J. and Bessant, J., *Managing Innovation: Integrating Technological, Market and Organizational Change*, 5th ed. (Chichester, John Wiley & Sons, 2013), pp.233-265에서 발췌

기술전략의
수립

제 6 장

기술전략

··· 제 1 절   기술전략의 개념과 중요성   ···

1. 기업전략과 기술전략

　　지난 수십 년을 돌이켜 보면 기업의 경쟁력 확보와 유지는 세계화된 기술경제환경 속에서 '선택의 문제'가 아니라 '생존의 문제'가 되어버렸다. 대단히 복잡하고 급변하는 기업환경 속에서 기업의 목적을 달성하고 성공적으로 경쟁하기 위해서는 기업은 효과적인 전략을 가지고 있어야 한다. 전략(stra- tegy)은 미래에 대한 비전 설정과 계획을 뜻하며 이를 통해 달성될 장기목표를 의미한다. 전략은 기업이 급변하는 경제환경 속에서 어떻게 성공을 거둘 것인가에 관한 포괄적 방책이다. 아울러 전략은 다른 기업과 경쟁하고 승리하는 데 필요한 세부 계획과 지침을 제공한다. 전략은 목표의 설정, 목표 달성 방법에 대한 의사결정, 특정한 과업을 수행하기 위한 실행계획의 수립, 목표 달성을 보장하기 위한 후속작업 등을 포함한다. 이와 같은 일련의 기업행위를 포괄적으로 표현하여 이른바 전략경영(strategic management)이라고 부른다.1)

전략경영에서 기업이 추구하는 전략은 기업전략, 사업전략, 기능전략의 세 가지 차원이 있다. 기업전략(corporate strategy)은 전사적 전략으로서 기업경영의 출발점이다. 기업전략은 성장에 대한 기업의 전반적인 방향을 나타내며 기업이 어떤 새로운 시장, 세분화된 일부의 시장 혹은 틈새시장에서 활동할 것인가를 결정한다. 사업전략(business strategy)은 기업전략으로부터 개발되는데 기업이 경쟁우위를 확보하기 위해서 어떻게 하여야 할 것인가의 문제를 다룬다. 보다 구체적으로 사업전략은 사업부 차원에서 추진되는데 여기에서는 기존사업의 계속적인 발전, 새로운 사업의 창출, 새로운 시장의 개척 등을 다루게 된다. 기능전략(functional strategy)은 사업부 내의 각 기능부서가 사업전략 및 기업전략을 효과적으로 보조하기 위한 기능부서의 효율성 극대화에 목표를 두고 있다. 일반적으로 기업전략으로부터 기술전략과 사업전략이 도출되며, 이들 두 전략은 서로 긴밀하게 연계를 맺어야 한다.

기업전략(corporate strategy)은 기업의 성장, 제품 및 서비스의 균형 있는 포트폴리오를 달성하기 위한 다양한 사업을 관리하고, 생산 라인에 대한 전반적 태도를 나타내는 기업의 총체적 방향을 의미한다는 점에서 지시적 전략(directional strategy)이라고도 부른다. 또한 기업전략은 기업이 추진하여야 할 사업부의 유형에 관한 결정 패턴, 사업부에 대한 자원의 흐름, 기업환경의 핵심요소들에 대한 기업의 관계 등을 나타낸다. 일반적으로 기업전략은 안정전략(stability strategy), 성장전략(growth strategy), 축소전략(retrenchment strategy) 중의 하나가 되는 경향이 많다(Wheelen & Hunger, 2006).

사업전략(business strategy)은 시장에서 어떻게 경쟁을 할 것인가에 관한 방책에 관한 사항이라는 점에서 경쟁전략(competitive strategy)이라고 일컬어진다. 이는 보통 사업부 차원에서 개발되며 어떤 사업부에 의해 서비스를 받

---

1) 전략경영의 자세한 내용은 다음을 참조할 것: Wheelen, T. L. and Hunger, J. D., *Strategic Management and Business Policy*, 10th Edition(New Jersey: Pearson Prentice Hall, 2006); Saloner, G., Shepard, A., and Podolny, J., *Strategic Management*(New York: John Wiley & Sons, 2001); Pitts, R. A. and Lei, D., *Strategic Management: Building and Sustaining Competitive Advantage*, 2nd Edition(Cincinnati: Southwestern College Publishing, 2000) 등.

는 특정산업 혹은 세분시장에서의 성과를 어떻게 개선할 것인가의 문제를 다루며, 그 목표는 대체적으로 판매량 증가, 수익의 증가, 수익률 제고 등으로 표현된다. 일반적으로 사업전략은 원가우위(cost leadership) 전략, 차별화(differentiation) 전략으로 나누어진다(Porter, 1985; Wheelen & Hunger, 2006). 사업전략은 각 사업부의 목표를 달성하기 위한 다양한 기능부서의 활동을 통합하여야 한다.

기술전략(technology strategy)은 넓은 의미에서 '기업의 지식 및 능력의 총합을 개발·이용·유지하는 것'에 관한 것이다. 그동안의 많은 사례를 살펴보면, 기술전략의 개발 및 기술전략과 사업전략과의 통합 및 연계에 있어서의 실패는 기업 경쟁력 쇠퇴의 주요 원인이 되었다. 이 점에서 기술전략은 기능전략의 하나로서 이해할 것이 아니라 기업전략 및 경쟁전략의 핵심으로 이해하여야 할 것이다. 따라서 기술전략은 기업 및 사업부 전체의 차원에서 세심하게 수립·집행되어야 할 것이다. 그동안 대부분의 경영층은 기업경영에 있어서 생산의 효율성, 재무적 예산 등 단기적인 이슈의 검토에만 집중하였으나, 최근에 와서는 기업의 장기적 경쟁우위의 핵심요소인 기술의 전략적 경영에 보다 깊이 관여하고 있다. 이는 최고경영자들이 기업의 경쟁우위 확보에 있어서 기술의 중요성을 인식하여 기술전략을 경쟁전략과 기업전략의 수준에서 파악하고 있는 것으로 이해할 수 있다(<그림 6-1> 참조). 실제로도 뒤처진 기술을 가지고 있는 기업은 우수한 기술을 가지고 있는 기업과 경쟁을 할 수 없기 때문이다.

그러나 기술이 기업의 성공에 대단히 중요한 변수이기는 하지만 기업이 성공을 거두기 위해서는 기술혁신이 생산, 마케팅, 재무, 인사 등과 효율적인 연계가 이루어져야 한다. 기술은 기업에게 경쟁우위를 제공해 주지만 이와 같은 기술의 중요성은 기업의 모든 기능부서에 충분히 인식되고 실제 업무에 반영되어야 할 것이다. 즉, 기업이 기술을 경쟁무기로 사용하기 위해서는 기술이 기업 시스템에 체화되어야 한다. 이와 같은 관점에서 Porter(1985)는 기술전략이 전략경영의 광범한 틀 속에서 수립되어야 함을 강조하였다. Porter는 기술전략이 다음의 단계에 따라 수립될 것을 강조하고 있다.

① 가치사슬에 있는 모든 차별적 기술과 이들의 하위기술의 도출
② 다른 산업이 활용하고 있거나 과학기술계에서 개발되고 있는 잠재적으로 적합한 기술의 도출
③ 핵심기술의 미래의 변화경로 파악 및 이에 대한 적극적 대응
④ 어떠한 기술 및 가능한 기술변화가 경쟁우위와 산업구조에 가장 적합하고 중요한가에 대한 결정
⑤ '중요기술'에 있어서 기업의 상대적 능력과 기술의 개선에 소요되는 비용의 평가
⑥ 기업의 전반적 경쟁전략을 강화시킬 수 있는 모든 중요한 기술을 포괄하는 기술전략의 선택
⑦ 전사적 차원의 사업부 단위의 기술전략에 대한 후원 강화

| 그림 6-1 | 전략경영에서 기술전략의 위치 |

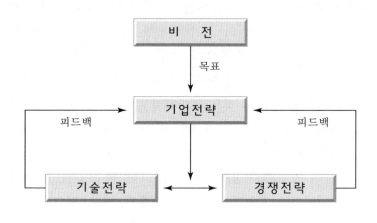

전략적 기술경영에서 기술전략은 전략경영의 관점에 기반을 두고 경쟁전략에서 도출된 세부목표들을 기술적인 차원에서 어떻게 실현시킬 것인가의 문제를 다루게 된다. 이 점에서 기술전략(technology strategy)과 경쟁전략(competitive strategy)은 매우 긴밀한 연관관계를 가지고 있으며, 이들의 관계를 바탕으로 기업전략이 수립되어야 할 것이다. 이는 앞 장에서 서술한 기술

포트폴리오에서 도출된 제반정보와 지식을 기술전략의 수립에 충분히 반영하여야 함을 의미하는 것이다. 일반적으로 기술 포트폴리오는 기술적 측면과 경쟁환경적 측면을 동시에 고려하고 있기 때문이다. 이에 따라, 전사적 차원에서의 합리적인 기업전략(corporate strategy)은 이와 같은 기술전략과 경쟁전략의 상호의존성이 충분히 고려될 때 가능하다(<그림 6-1> 참조). 아울러 기업전략은 이들 기술전략과 경쟁전략을 지도하는 역할을 한다. 이 점에서 기업전략을 지시적 전략(directional strategy)라고도 부른다.

2. 기술전략의 중요성

기술이 기업의 경쟁우위에 핵심적 요소라면 이를 기업의 전략적 목표의 달성에 효율적으로 활용할 수 있는 기술전략(technology strategy)이 필요하다. 기술전략에 관한 본격적인 논의는 1980년대 중반 Porter (1985)의 논의에서 비롯된다. Porter는 기업 및 일반 기관이 급변하는 환경 속에서 효과적으로 대응할 수 있는 전략경영 방안에 관해 근본적인 체계를 제시하면서 기술전략에 관해서도 심층적으로 논의하였다. 그의 논의의 장점으로는 기업이 전략적 목표를 달성하기 위해서는 기업이 속해 있는 산업의 경쟁환경(competitive environment)에 대한 심층적 이해의 필요성을 강조하고 이를 위한 분석의 틀을 제시하였다는 것이다. 그에 따르면, 경쟁환경은 급변하며 대단히 복잡한데, 이에 대한 이해는 기업에게 기술혁신(technological innovation)에 대한 동인을 제공해 준다. 왜냐하면 기술혁신은 기업에게 경쟁자보다 훨씬 좋은 제품과 서비스를 제공할 수 있게 해줌으로써 차별역량(distinctive competence)을 제공해 주기 때문이다.

그러나 기술은 완전하게 독점할 수 없으며, 기술적 정보는 언제나 유출될 수 있고, 핵심역량은 언젠가는 모방되기 때문에 기업의 기술능력은 지속적으로 쇄신되어야 한다. 즉, 기술에 바탕을 둔 기업의 차별역량(distinctive competence)은 장기적으로 지속가능하여야만 기업의 지속가능한 경쟁우위(SCA: sustainable competitive advantage)를 창출할 수 있다. 이와 같은 지속가능한 경쟁우위의 확보는 기업이 경쟁자와 기업이 위치해 있는 산업환경, 즉 경쟁환경을 세심하게 분석한 후에야 가능한 일이다. 이에 따라, Porter는 기술혁신전략이 새로운 기술적 기회에 근거하여 새로운 제품 혹은 대체제품을 제공할 수 있는 기존기업 및 신규 참입기업의 경쟁적 위협을 제거하는 것을 목적으로 수립되어야 함을 강조하고 있다.

이와 같은 Porter의 기술에 관한 전략경영의 체계에 대해서 비판적 평가의 목소리도 있다. 대표적으로 Tidd 등(2005: 108-109)에 따르면, Porter가 전략경영학자로서는 기술의 중요성을 인식한 대표적인 학자라고 전제하면서도 그는 그동안의 산업경제학의 논의에서와 마찬가지로 기술변화가 산업구조의 변화에 미치는 힘을 낮게 평가하고, 반면에 경영자의 혁신전략의 결정 및 집행 능력을 과대평가하였다고 비판하고 있다. 다시 말해, Porter는 기술궤적(technological trajectories)이 기업 경쟁력에 미치는 영향과 기술혁신을 활용하는 데 필요한 기업 특유의 기술적 역량(technological competence)과 조직적 역량(organizational competence)의 중요성을 과소평가하였다. 예를 들어, 1970년대의 메인프레임 컴퓨터의 대기업들은 컴퓨터 산업의 새로운 기술궤적의 중요성을 충분히 인식하지 못하고 이에 대한 효과적인 대응을 하지 못하여 경쟁우위를 상실할 수밖에 없었다. 이들은 새로운 산업환경에 대응할 수 있는 기술적, 재무적 능력은 충분히 가지고 있었으나, 이들의 조직적 역량은 점점 증가하는 새로운 시장에서 값싼 제품을 판매하는 대신 집중된 시장에 고가의 제품판매로의 집중을 초래하여 결국은 컴퓨터 시장에서 고전을 면치 못하게 되었다. 이 사례는 기업이 지속가능한 경쟁우위를 확보하기 위해서는 최고경영자가 기술의 중요성을 충분히 인식하고 효과적 기술전략을 수립·추진하여야 함을 강조하는 것이다.

기업의 최고경영자는 기술의 전략적 중요성에 대해 인식의 정도를 더욱 높여야 할 것이다. 일반적으로 기술의 중요성에 대한 인식이 높은 기업이 그렇지 않은 기업보다 훨씬 더 높은 경쟁우위를 가지고 있다. 우리가 아는 세계적 선도기업들, 예를 들어, 삼성, 소니, 마이크로소프트와 같은 기업들은 최고경영자들이 기술의 중요성을 충분히 인식하고 전략적 기술경영을 적극적으로 추진하고 있는 기업들이다. 최고경영자(top management)가 기술경영에

적극적이고 기업의 기술혁신의 문제에 적극적으로 개입할 때 기업의 기술능
력이 높아지고 경쟁우위를 창출·확보·확대할 수 있을 것이다(Floyd, 1997).
아울러 이와 같은 최고경영자의 관심과 실질적인 관여는 중간경영자 및 하
위경영자에게도 큰 영향을 미쳐 기업 전체의 기술혁신능력을 높여 혁신적인
기업으로 발전하게 한다.

··· 제 2 절   기술전략에 대한 접근방법   ···

1. 배   경

기술전략에 대한 접근방법을 논하기 이전에 전략(strategy)에 대해 어떻게
접근할 것인가의 문제가 대단히 중요하다. 일반적으로 전략에 대한 접근방
법은 합리주의자(rationalist)와 점진주의자(incrementalist)로 나누어진다. 전자는
전략은 합리적으로 수립될 수 있으며, 이 같은 사전적이고도 합리적인 전략
의 수립 및 집행이 조직의 성공을 가져온다고 강조한다. 그러나 후자는 우
리를 둘러싸고 있는 기술경제환경이 너무 복잡하여 사전적으로 합리적인 전
략의 수립은 불가능하며 주어진 상황에 맞게 의사결정을 하고 상황의 변화
에 따라 점진적으로 학습하고 적응해 나가야 할 것임을 강조한다.

이 같은 전략에 대한 접근방법에 대해 논쟁을 새롭게 촉발시킨 것이 미
국 University of California-Berkeley의 *California Management Review (CMR)*의
1995년에 발간된 "The Honda Effect-Revisited"이다. 근본적인 주제는 1960년
대 미국시장에서 혼다(Honda)사의 모터사이클(motorcycle)의 성공에 대한 전
략적 해석이다. 여기에는 당대의 최고의 전략경영학자들이 논쟁에 참여하였
는데 아래에서는 이를 기술전략의 관점에서 살펴보기로 한다.

우선 근본적인 논쟁의 출발은 영국정부의 위탁에 의해 Michael Goold 등이
참여해 1975년 발간된 Boston Consulting Group (BCG)의 *Strategy Alternatives for*

*the British Motorcycle Industry*이다. 이 보고서는 미국 모터사이클 시장에서 영국의 시장점유율이 1959년의 49%에서 1973년의 9%로 하락한 데 대한 원인을 분석하고 정책적 처방을 제시한 것이다. 이 시기에 영국의 미국시장 점유율의 하락에는 일본 혼다(Honda)사의 시장점유율의 눈부신 증가에 그 원인이 있었으며, 그 결과 이 보고서는 미국시장에서 혼다의 성공원인이 무엇인가를 분석하는 데 주안점이 모아졌다.

BCG 보고서는 혼다가 1950년대의 일본 내수시장에서의 성공을 발판으로 미국시장에서 정교한 전략에 의해 성공을 하였다고 결론지었다. 세부적으로 혼다는 원가절감, 생산기술에 대한 투자, 세심한 마케팅 전략에 의하여 미국시장에서 성공하였다고 강조하면서 영국기업들도 혼다와 같은 정교한 전략을 수립, 집행하여야 했고 앞으로도 하여야 할 것임을 주문하였다.

BCG 보고서는 그 이후 많은 경영대학에서 사례로 활용되었다. 그런 와중에 1982년 Richard Pascale은 혼다 모터사이클의 미국 진출을 주도한 핵심 인사들과의 심층 면담을 바탕으로 "혼다 효과(Honda Effect)"라는 이름으로 논문을 발표하였는데, 여기에서 그는 혼다의 성공이 정교하고 합리적 전략(rational strategy)에 의해서라기보다 사후 대응적이고 환경변화에 적응하는 점진적 전략(incremental strategy)의 결과였다는 새로운 견해를 발표하였다. Pascale의 논문도 경영대학에서 중요한 전략의 사례로 논의, 교육이 되면서 이 두 견해간 논쟁이 시작되었으며 1995년 CMR에서 이를 종합하였던 것이다.

2. 기술전략에 대한 대비되는 시각

본 논쟁은 기술전략에 대한 대비되는 시각을 나타내 준다. 이 같은 시각은 학자들에 따라 다르지만, 근본적으로 이는 동서양 간 문화의 차이(cultural differences)에서 비롯하는 것으로 풀이할 수 있다. 서양의 학자 및 경영자는 합리성, 일관성, 단순성을 강조하며 전략경영에 있어서 최고경영자의 역할을 강조하는 경향이 있으며, 조직 구성원의 역할을 등한시하며 기업경영에 있어서 적응 및 학습을 등한시하는 경향이 많다. 이에 반하여 동양의 학자 및 경영자는 학습의 중요성을 충분히 인식하고 전략경영에 있어서 조직 구성원의 역할을 강조하며 환경변화에 대한 적응의 중요성을 강조한다. 서양 사람들은 전략을 좁게 해석하여 최고경영자가 거대한 전략을 제시할 수 있다고 생각하지만 동양에서는 전략을 폭넓게 생각하여 새로운 환경변화에 대하여 점진적으로 대응 및 적응해 나가는 과정으로 생각한다.

이와 같은 동서양의 시각을 간파하여 Honda Effect의 논쟁에 참여한 서양의 학자들도 기술전략에 대한 접근방법에 관한 견해가 나뉘어졌다(<표 6-1> 참조). 일부 학자는 합리적 접근방법은 설계학파(design school), 점진적 접근방법은 대응학파(emergent school)라고 부르고 있으며, 이 점에서 이들 두 접근방법을 연계하고 통합하려는 접근방법을 통합학파(integration school)라고 부를 수 있을 것이다.

표 6-1　Honda Effect 논쟁에 참여한 학자들의 견해

설계학파 (합리적 접근방법)	대응학파 (점진적 접근방법)	통합학파 (통합적 접근방법)
Michael Goold Igor Ansoff	Richard T. Pascale, Henry Minzberg	Richard P. Rumelt

1) 합리적 접근방법

합리적 접근방법(rational approach)은 기술혁신전략에 있어서 합리성이 필요하고 가능하다는 입장이다. 여기에서는 기업의 성공은 사전적이고 합리적인 전략의 결과로서 이루어진다는 점을 강조한다. 이 접근방법을 따르는 학자들은 전략을 사전적으로 설계할 수 있다는 점을 강조하므로 이들을 설계학파(design school)라고 부른다. 혼다(Honda)의 성공과 관련하여 이 같은 입장을 취한 학자는 Micahel Goold인데 그는 1970년대 중반 영국 상무성에서 발주한 BCG Report를 주관한 사람이다. Goold와 BCG Report에서는 미국 시

장에서 영국 모터사이클 기업의 실패는 전략적 실패임을 강조하면서 명시적이고도 합리적인 전략의 수립 및 집행의 필요성을 강조하였다.

본 사례의 출발은 1960년대 일본 기업들이 미국의 대형 모터사이클 시장에 진출하면서 영국 기업들의 수익률이 크게 하락한 원인의 분석에서부터 시작되었다. 실제로 이 시기의 두 나라의 생산성의 차이를 살펴보면 영국은 연간 종업원 1인당 14대를 생산한 데 비하여 일본은 200대를 생산하였고, 혼다의 단위원가는 종업원 월급이 40% 더 높음에도 불구하고 영국회사들의 1/10에 불과하였다(Rumelt, 1996).

BCG Report는 이와 같은 생산성 차이의 원인을 기술과 규모의 경제라는 두 개의 변수로 파악하였다. 즉, 일본기업들은 정밀한 전략을 바탕으로 기술진보, 학습, 규모의 동력성을 적극적으로 활용하여 대단한 생산성을 확보하였다는 것이다. 혼다사는 1960년대 초반 일반 시장에서 50cc 소형 모터사이클을 출하하여 일본 내수시장을 석권하였고 이를 바탕으로 배기량이 큰 대형 모터사이클 시장을 크게 확대해 나갔는데, 미국시장 진출에 있어서도 이 같은 내수시장의 성공이 레버리지(leverage)하였다는 것이다. 아울러 혼다는 그동안의 모터사이클이 일부 폭주족 등이 타는 것으로 인식되어 있던 부정적인 이미지를 여가 및 재미로 탈 수 있으며 '아주 좋은 사람들이 타는 것'이라는 새롭고 세심한 광고전략을 통하여 상당한 성공을 거두었다는 것이다. 또한 일반인 및 여성이 모터사이클을 탈 수 있도록 자동시동장치 등 편의사항을 변경하는 등 디자인에도 세심한 신경을 썼던 것은 일본기업들의 성공요인으로 파악하였다.

BCG 보고서는 혼다의 미국에서의 성공은 세심한 경쟁전략(competitive strategy)의 결과로 집약하였고, 이에 반하여 영국의 기업들은 이 같은 세심한 전략을 추구하지 못하여 미국시장에서 실패하였다고 결론지었다. 영국기업들은 단기적인 수익을 지향하여 혼다가 미국시장에 소형 모터사이클을 출하하여 성공을 거두자 1960년대 중반 이 시장을 포기하고 혼다가 진출하지 않은 대형 모터사이클 시장으로 경쟁의 주안점을 옮겼다. 그러나 1970년대에 일본기업들이 대형 모터사이클 시장에 진출하자 영국기업들의 수익률은 크게 떨어졌다. 실제로 BCG 보고서에 따르면 1960년대 후반 450cc급 대형 모터사이클에 있어서 영국기업들의 판매 대수는 이전과 같이 연간 3만 대 수준으로 머물러 있었던 데 비하여 일본기업의 판매 대수는 1969년의 2만 7,000대에서 1973년의 21만 8,000대로 크게 증가하였다(BCG, 1975). 이 점에서 Goold와 BCG 보고서는 영국의 미국시장에서 실패가 명백한 기업가적 실패이며, 특히 전략적 실패임을 강조한 것이다.

2) 점진적 접근방법

전략에 있어서 점진적 접근방법(incremental approach)의 중요성은 Pascale(1996)에 의해 제기되었다. 그는 1982년 9월 혼다의 미국 진출에 선도적인 주역들과 심층 인터뷰를 통하여 혼다의 미국시장에서의 성공이 합리적이고 명시적이며, 세심하게 수립된 전략에 의해서 이루어진 것이 아니라 우연한 성공(serendipity), 잘못된 계산(miscalculation), 조직학습(organizational learning)의 결과임을 밝혀냈다. 이와 같은 견해는 Minzberg(1990)에 의해 적극적인 동조를 받았다. 이 접근방법을 옹호하는 학자들은 어떤 문제가 발생하였을 때 이에 대한 적절한 대응을 강조한다는 점에서 이들을 대응학파(emergent school)라고 부르기도 한다.

실제로 혼다의 미국 진출을 주도하였고 American Honda 초대 사장이었던 Kawashima 등에 대한 Pascale의 인터뷰에 따르면, 혼다사는 미국 진출에 있어서 체계적이고도 명시적인 전략이 없었다. 원래 혼다사는 미국이 거대한 나라이고 대부분의 미국시장에서 팔리는 모터사이클이 대형 모터사이클이라는 점에서 250cc 이상의 대형 모터사이클을 판매할 계획을 가졌었다. 그러나 초기에 팔린 이 주력제품이 고장이 나서 본국에 보내져 수리를 하는 동안 미국 지사 직원들이 개인용으로 사용하던 50cc 모델(Supercub)이 우연한 기회에 대성공을 거두게 되었다. 이를 바탕으로 혼다는 대형 모델의 판매로 시장을 확대해 나갔다.

Pascale(1996)에 따르면, 이 같은 혼다의 미국시장에서의 대성공에는 본사로부터의 정교하고 치밀한 전략적 지침이 있었던 것은 아니었다. 미국 지사에 있었던 서너 명의 직원이 자신들의 지혜를 짜내어 새로운 시장에서 살아남기 위해 노력하고 학습한 결과로서 성공을 한 것이었다. 실제로 본사에서는 미국시장에서의 주력 모델을 대형 모터사이클로 잡았으나, 미국시장에서 소형 모터사이클을 판매하기로 결정하고 다양한 노력을 기울인 것은 지사에 있는 직원들이었다. 즉, 혼다의 성공에는 현장에 있는 직원들의 현지시장에 대한 점진적이고도 적응적인 학습의 결과였던 것이다.

이 같은 혼다의 미국시장에서의 성공을 바탕으로 Pascale은 전략에 대한 접근에 있어서 합리적인 접근보다 점진적이고도 과정적이며 학습적인 접근이 필요하다는 점을 상기시키며 이를 혼다효과(Honda effect)라고 명명하였다.

3) 통합적 접근방법

Rumelt(1996)는 수정주의의 관점에서 혼다의 성공원인에 있어서 여러 측면이 있음을 강조하고 있다. 그는 Hamel & Prahalad(1989)의 용어를 빌려 혼다의 성공원인을 전략적 의도(strategic intent)로 파악하고 있다. 그에 따르면 실제로 일본 및 한국의 기업들은 대단하고 세심한 전략기획을 바탕으로 성공을 한 것이 아니라 성공하려는 대단한 야망인 전략적 의도를 바탕으로 성공하였다는 것이다.

실제로 Rumelt는 Hamel & Prahalad의 경쟁전략을 소개하면서 혼다사가 처음에는 남들이 진입하지 않고 방어하지 않는 영역에 집중하여 성공을 한후 전략적 의도와 기술능력을 바탕으로 공격을 확장하여 성공을 거두었다고 주장하였다. 즉, 혼다는 엔진기술에 관한 핵심역량을 바탕으로 세계시장에서 성공을 하려는 야망을 가지고 외관상으로는 일련의 다른 산업분야(자동차, 잔디깎기기계, 발전소, 선박엔진 등)로 확장해 나갔다. 그는 이와 같은 자신의 견해를 Honda에 대한 '제3의 버전'이라고 명명하였다.

Rumelt의 견해는 혼다의 성공사례를 설명하면서 기술전략에 대한 합리적 접근방법의 타당함과 점진적 접근방법의 타당성을 동시에 주장하였다는 균형적인 시각을 가지고 있다. 이 점에서 그의 접근방법은 통합적 접근방법(integrated approach)이라고 부르며, 이 견해에 동조하는 학자들을 통합학파라고 부를 수 있을 것이다. Rumelt는 혼다의 모터사이클뿐만 아니라 그동안 혼다사 전체의 전략을 살펴보면서 혼다사가 합리적 전략을 바탕으로 성공을

거둔 점이 있음을 지적하였다. 아울러 그는 혼다사는 기술혁신능력의 확보
와 전략적 의도를 바탕으로 경험, 직관, 의지에 의해서 성공을 하였다는 점
진적 접근방법의 타당함을 강조하였다.

　　그러나 그의 주장은 이 같은 두 접근방법에서의 균형을 추구한 것보다
도 기술혁신과 전략적 의도의 중요성을 강조하였다는 점에서 보다 중요한
의미가 있다. Rumelt가 강조한 이 두 주장을 현재의 시각에서 종합하면 혼
다는 기술혁신을 바탕으로 성공을 하려고 하는 전략적 의도, 즉 전략적 기
술경영(SMT: strategic management of technology)을 바탕으로 성공을 한 것이다.

3. 기술전략의 접근방법에 대한 평가

　　본 절에서는 기술전략에 대한 세 가지의 접근방법에 관해 논의하였다.
합리적 접근방법은 기업이 성공을 하기 위해서는 사전적이고, 합리적이며,
세심한 전략이 필요함을 강조한다. 그러나 점진적 접근방법은 급변하는 환
경 속에서 합리적 전략의 수립은 사실상 불가능하며 사후적이며, 학습적이
고, 대응적인 적응이 기업의 성공에 보다 중요하다는 점을 강조한다. 통합적
접근방법은 이 같은 두 주장이 장단점이 있으며 서로 보완적으로 적용하여
야 함을 강조한다.

　　사실 급변하는 기술경제환경 속에서 합리적인 전략을 수립하고 대응한
다는 것은 쉬운 일은 아니다. 그러나 Rumelt와 Prahalad & Hamel 등이 주장
한 균형주의적 시각, 핵심역량, 전략적 의도의 개념을 적용하면 기업전략에
있어서 기술전략이 중요하며, 기술전략의 측면에서는 전략적 기술경영이 중
요함을 나타내 준다. 여기에서 중요한 것은 다음 두 가지이다.

　　① 기업이 성공을 거두기 위해서는 핵심역량(core competence)이 필요한
　　　데, 핵심역량의 근본은 기술혁신(technological innovation)이라는 점이다.
　　　실제로 그동안의 핵심역량이론에서 제시된 가장 가시적인 역량은 기
　　　술혁신능력이었다.

② 이 같은 핵심역량의 배양·활용, 그리고 기업성공으로의 이전은 최고
경영자(top management)의 책무라는 것이다. 최고경영자는 기업을 성
공시키려는 대단한 야망인 전략적 의도(strategic intent)를 가지고 기술
혁신역량을 축적하고 이를 바탕으로 기업을 발전시켜야 할 것이다.
물론 전략적 의도는 최고경영자만의 고유한 영역은 아니며 조직 전
체 차원의 종업원 모두가 참여하여야 하는 문제이다. 그러나 조직
구성원에게 성공하려는 의지를 불러일으키고 실천에 옮기게 하는 데
에는 최고경영자의 선도적 역할이 대단히 중요하다.

이 점에서 이 시기의 Rumelt는 기술의 중요성을 인식한 몇 안 되는 경
영학자였다. 이 논쟁에 있어서 그의 마지막 주장은 다음과 같다.

"마지막으로 나는 전략적 사고(strategic thinking)가 필요하지만 기업
의 성공에 있어서 대단히 과장되어 있다고 본다. 만약 당신이 위대
한 자동차 엔진을 설계할 줄 안다면, 나는 당신에게 당신이 필요로
하는 전략에 관한 모든 것을 며칠 만에 가르쳐 줄 수 있다. 그러나
당신이 전략경영학 박사학위를 가지고 있다고 해도 당신이 새롭고
위대한 모터사이클 엔진을 설계하는 능력을 가르치는 데는 수년의
노력을 기울여도 불가능할 것이다(p. 110)."

이상에서 Rumelt는 기업의 경영에 있어서 전략 그 자체보다도 기술의
중요성을 더욱 강조하고 있음을 알 수 있다. 즉, 기업의 성공을 위한 전략경
영의 핵심 콘텐츠는 기술혁신이다. 이 같은 주장을 적극 수용하면 전략경영
의 핵심은 기술경영임을 나타내 주는 것이다. 전략적 의도와 기술경영을 종
합하면 전략적 기술경영(SMT: strategic management of technology)으로 표현할
수 있는 것이다. 비록 이 논쟁이 일어나던 시기에는 기술경영이라는 학문분
야가 존재하지 않았기에 Rumelt가 이런 용어를 사용하지 않았지만 기술혁신
경영을 공부하는 우리는 이들의 주장을 전략적 기술경영으로 적극 인식하여

야 할 것이다. 이 점에서 기술경영에 관한 근본적인 논의는 상당히 역사가
오래되었음을 알 수 있다.

··· 제 3 절   기술전략의 유형 ···

그동안 여러 학자에 의해 기술전략의 유형에 관한 분류가 이루어졌으며
다양한 기술전략의 장점과 단점에 대한 논의가 이루어졌다. 이는 기술이 기
업의 경쟁우위 확보에 대단히 중요한 요소라는 것을 인식하고 있음을 나타
내 주는 것이다. 일찍이 Freeman(1982: 169)은 기술전략의 유형에 관한 논의
가 그 속성상 자의적일 수밖에 없지만 그 유용성은 매우 크다고 강조하면서
이들 기술전략은 이들을 통해 어떻게 기업의 경쟁우위를 확보·유지·확대할
수 있을 것인가에 초점을 맞추고 있다고 주장하였다.

기업이 여러 기술전략 중 어느 것을 택할 것인가는 최고경영자의 태도,
기업의 역사, 기술환경의 변화, 기업이 처해 있는 환경, 기업이 확보하고 있
는 자원 등에 달려 있다. 최고경영자는 아래의 다양한 기술전략의 유형들
중 어느 하나만을 선택하는 것이 아니라 이들의 여러 요소를 결합하여 전략
적 의사결정을 내리게 될 것이다. 그동안 대부분의 문헌은 기술전략의 중요
성은 강조하면서도 구체적 전략이 무엇인지 제시하지 않았다. 이에 따라, 아
래에서 그동안 기술경영의 여러 문헌에서 이루어진 기술전략에 관한 대표적
인 논의들을 살펴보기로 한다.

1. Ansoff & Stewart의 분류

Ansoff & Stewart(1967)는 기술경영이라는 학문이 탄생하기 오래 전인
1967년에 마케팅의 관점에서 기술전략을 논의하고 있다. 이들은 기술집약적

인 기업 및 사업부를 ① 연구개발활동에 있어서 연구를 지향할 것인가 아니면 개발을 지향할 것인가, ② 연구개발, 생산, 마케팅 간의 기능적 협력 및 커뮤니케이션의 정도, ③ 제품수명주기의 평균적인 정도, ④ 경쟁기업에 대비한 연구개발투자의 정도, ⑤ 기업 및 사업부가 확보·활용한 기술과 최신기술과의 거리 등으로 특징지을 것을 강조하면서 이를 바탕으로 최초진입전략, 선도자 추격 전략, 응용공학 전략, 모방 전략 등 네 개의 기술전략을 제시하고 있다. 이들의 기술전략은 주로 새로운 제품이 시장에 진입하는 시점을 중심으로 파악하고 있다는 점에서 이들의 기술전략은 기술지향적 마케팅 전략(technology-oriented marketing strategy)이라고도 부를 수 있을 것이다.

1) 최초진입 전략

최초진입 전략(first-to-market strategy)을 추구하는 기업들은 시장에 최초로 진입하는 것을 목표로 하며, 이 점에서 이들은 대단히 위험이 높은 선도자 전략(pioneer strategy)을 추구하는 기업들이다. 이들의 특징을 살펴보면, 대단히 높은 연구강도(research intensity)와 최첨단 기술과의 작은 격차를 보이며, 높은 연구개발투자를 하고 있고, 연구개발-마케팅-생산 부서 간의 매우 강도 높은 협력을 추구하고 있다. 이들은 또한 기업의 거의 모든 영역에 있어서 높은 기술적 역량을 보유하고 있으며, 조직운영에 있어서 유연성과 위험 준비성을 가지는 기업들이다. 또한 이 전략을 추진하는 기업들은 기초연구에 많은 투자를 하며 대학 및 공공연구기관과 활발한 협력관계를 구축하고 있다.

2) 선도자 추격 전략

선도자 추격 전략(follow-the-leader strategy)은 기술의 응용지향적인 개선을 통하여 선도기업을 조기에 추격하려는 전략으로서 시장에서의 성공적인 제품변화를 추구하고 선도기업의 실패로부터의 학습을 통해 기술개발의 위험성을 낮추려는 전략이다. 이 전략을 추구하는 기업들의 특징으로는 높은 개발강도(development intensity)를 보이며, 기술변화에 지속적인 대응능력을 보유하고 있으며, 연구개발-생산-마케팅 간의 만족할 수준의 협력을 보인다. 그러나 선도기업과 비교할 때 이 전략을 추구하는 기업들은 기술혁신에 있어서 상대적으로 높은 응용지향성을 보이고, 상대적으로 낮은 기술능력과 불충분한 연구개발투자를 하고 있으며, 첨단기술로부터 보다 많은 격차를 가지고 있다는 특징을 가지고 있다.

3) 응용공학 전략

응용공학 전략(application engineering strategy)은 수요자의 요구에 대하여 대단히 높은 지향성을 보인다. 이 전략을 추구하는 기업들은 수요자의 특정한 수요 및 요구가 있을 경우에만 연구개발활동을 수행하는데 이들의 연구개발활동은 높은 수준의 제품혁신과 공정혁신을 지향하기보다는 수요자가 원하는 사양을 충족하기 위한 응용공학적 노력을 추구한다. 이와 같은 전략을 추구하는 기업들의 특징으로는 대단히 높은 개발지향성, 구매부서와 개발부서간의 긴밀한 협력, 고객의 수용에 대한 높은 지향성, 낮은 연구개발강도, 원가절감 전략의 추구, 첨단기술에 있어서 고객이 원하는 정도의 거리를 두는 것으로 특징지어진다.

4) 모방 전략

모방 전략(me-too strategy)은 성공적인 제품에 대한 모방 및 이의 원가절감적인 생산을 추구하는 전략이다. 이 전략은 제품의 총체적 가격인하를 통하여 성공을 추구하는 기업들이 많이 활용하는 전략이다. 이 전략을 추구하는 기업들은 원가절감을 위하여 생산활동에 있어서의 효율성을 추구하고, 최소한의 연구개발비를 투자하며, 그 밖의 모든 원가절감 요인에 대한 노력을 추구한다는 특징을 가지고 있다. 이 전략은 제품의 대량생산을 통한 가격인하를 추구하는 전략으로서 나름대로 유용성은 있으나 제품대체 및 기술변화에 대한 대응능력이 부족하다는 문제점이 있다.

2. Freeman의 분류

Freeman(1982: 169-186)은 완전한 전략과 이에 입각한 기업의 합리적인 부의 극대화 행위는 경제현실에서는 적합하지 않다고 주장하면서 기업은 기술혁신과 관련한 다양한 전략을 모색하고 학습할 것을 강조하고 있다. 이에 따라, 그는 기업이 추구할 수 있는 기술전략의 유형으로서 공세 전략, 방어 전략, 모방 전략, 종속 전략, 전통 전략, 기회주의자 전략 등 여섯 가지의 전략을 제시하고 있다.

1) 공세 전략

공세 전략(offensive strategy)은 경쟁기업들보다 신제품 및 신공정을 빠르게 도입함으로써 기술적·시장적 리더십을 달성하는 전략이다. 다양한 기업들이 많은 과학기술적 지식에 접근가능하다는 점에서 이 전략을 추구하는 기업들은 과학기술계와 특별한 관계를 가지고 있거나, 연구개발활동에 매우 의존적이거나, 새로운 가능성을 대단히 빠르게 활용한다는 특징을 가지고 있다. 이들 기업의 과학기술계와의 특정한 관계는 핵심요원의 선발, 자문 서비스의 획득, 계약연구의 수행, 좋은 정보 시스템의 활용 혹은 이들의 결합을 포함하고 있다. 그러나 외부로부터의 기술적 지식은 단일의 원천으로부터 오거나 완제품 형태로 오지 않는다는 점에서 기업의 입장에서는 이들 지식을 흡수할 수 있는 체계적인 자체연구개발조직(in-house R&D organization)을 운영하는 것이 매우 중요하다. 이와 같은 기업의 내부 연구개발조직은 외부로부터 습득할 수 없는 과학기술적 지식을 창출하고 시장에 출하할 수 있는 신제품을 만들 수 있는 상당한 정도의 기술혁신능력을 확보하고 있어야 한다. 이에 따라, 공세 전략을 추구하는 기업들은 일반적으로 많은 연구개발자원을 투자하고 매우 연구개발집약적이다.

아울러 이들 기업은 신제품을 시장에 제일 먼저 출하한다는 점에서 지적재산권(intellectual property) 보호에 많은 노력을 기울인다. 공세 전략에서 성공하기 위해서 기업들은 연구개발활동에 있어서 능숙할 뿐만 아니라 종업원 및 고객에 대한 교육·선도를 잘할 수 있어야 한다. 또한 공세 전략을 추구하는 기업들은 연구개발, 생산, 마케팅 분야의 모든 기능을 성공적으로 수행할 수 있는 양질의 과학기술인력을 확보하고 있어야 한다. 이처럼 전체 인력 중 과학기술적으로 교육을 받은 인력의 비중이 매우 높다는 점에서 Freeman은 이들 기업들이 매우 '교육집약적'(education-intensive)이라는 표현을 하고 있다. 그러나 공세 전략은 대단히 많은 자원을 필요로 한다는 점에서 일부의 선도기업만이 추구할 뿐이다.

2) 방어 전략

방어 전략(defensive strategy)은 공세 전략과 마찬가지로 기술혁신에 매우 노력하는 유형의 전략이다. 공세 전략을 추구하는 기업과 비교하여 방어 전략을 추구하는 기업은 선도기업이 되려고 하지 않으나 기술혁신의 물결에도 뒤떨어지지 않으려고 노력한다. 이 전략을 추구하는 기업들은 기술혁신 선도자의 과중한 위험을 회피하고 선도자의 실수로부터 수익을 얻으려고 노력한다. 많은 경우 방어 전략을 추구하는 기업들은 기초연구와 관련성이 높은 주요 혁신(major innovation)을 창출할 수 있는 능력이 부족한 경향이 많다. 혹은 이러한 기업들은 기초연구보다는 생산 및 마케팅에 더 많은 강점을 가지고 있는 경우도 있다.

방어 전략을 추구하는 기업들은 부차혁신(minor innovation), 기존 제품 및 공정의 변형, 단기적 기술 서비스 등에 보다 많은 주안점을 둔다. 그러나 방어 전략을 추구하는 기업들은 선도자들과 멀리 떨어지는 것을 원하지 않기 때문에 필요할 경우 선도자를 빠르게 추격할 수 있을 정도의 상당한 기술혁신능력을 가지고 있어야 한다. 그 결과 방어 전략을 추구하는 기업들은 공세전략을 추구하는 기업들과 마찬가지로 매우 지식집약적이며, 기업의 성장에 과학기술정보가 매우 중요하므로 전체 종업원에서 과학기술인력이 차지하는 비중도 매우 높다. 이와 같은 전략을 추구하는 기업들에게도 지적재산권은 매우 중요한데 그 역할은 공세 전략을 추구하는 기업들과는 다르다.

공세 전략을 추구하는 기업에게 특허는 독점적 지위를 보호하는 수단으로 작용하지만, 방어 전략을 추구하는 기업에게는 선도기업의 독점적 지위를 약화시키기 위한 협상수단으로 활용된다.

3) 모방 전략

모방 전략(imitative strategy)을 추구하는 기업들은 산업에서의 도약을 열망하지 않고 심지어 경쟁자와 비슷한 수준의 경쟁우위도 추구하지 않는다. 오히려 이들 기업은 기존기술의 선도기업들과 상당한 정도 떨어져 있는 것을 의도적으로 추구한다. 선도자와 어느 정도 떨어져 있는가는 기업의 전략 및 산업의 특성에 달려 있다. 모방 전략을 추구하는 기업들도 과학기술 및 교육훈련에 어느 정도의 투자는 하고 있으나 선도기업들에 비하여 상당히 적은 자원을 투자한다. 그러나 모방 전략을 추구하는 기업들도 산업의 기존기업들과 경쟁을 하여야 한다는 점에서 시장에 효과적으로 진입할 수 있을 정도의 원가 및 효율성 등에 있어서 경쟁우위를 확보하여야 할 것이다. 경우에 따라서 모방 전략을 추구하는 기업들도 선도기업의 경쟁우위를 상당한 정도 훼손할 수 있는데, 특히 기술이 진부화되고 산업이 성숙되면 이와 같은 현상이 자주 발생할 수 있다. 이를 위하여 모방기업들의 경우에도 적응적 연구개발활동(adaptive R&D activities)에 노력을 기울여야 한다. 이와 같은 '적응형 연구개발활동'은 생산, 디자인 분야에서 활발하게 진행된다. 또한 이들 기업은 생산기술의 변화에 대해 민감하게 반응을 하는 경향이 많다.

4) 종속 전략

종속 전략(dependent strategy)은 다른 강력한 기업들에 대한 주변적 혹은 종속적 역할을 수용하는 전략이다. 종속 전략을 추구하는 기업들은 고객 혹은 모기업이 특별히 요청하지 않는 한 제품에 있어서의 변화를 추구하거나 심지어 모방하려는 시도도 하지 않는다. 산업국가의 대부분의 대기업은 부품을 공급하거나 다양한 서비스를 제공하는 상당한 수의 이와 같은 위성기업을 가지고 있다. 일반적으로 이와 같은 종속기업을 하청기업(subcontractor)이라고 부른다. 이들 기업은 제품의 개발 및 디자인에 있어서 주도권이 전혀 없으며 연구개발시설도 가지고 있지 못하다. 이들은 대단히 높은 종속성과 약한 협상능력에도 불구하고 상당한 기간 약간의 수익을 확보할 수 있다는 점에 만족한다. 일반적으로 자본집약적 산업의 중소기업들은 이 전략을 추구하는 경향이 높다.

5) 전통 전략

전통 전략(traditional strategy)을 추구하는 기업들은 종속 전략을 추구하는 기업들과 비슷한 유형의 기업들이지만 이들은 제품의 성격에 있어서 차이가 있다. 즉, 종속 전략을 추구하는 기업들의 제품은 외부로부터의 요구 등으로 인해 상당히 변화하지만, 전통 전략을 추구하는 기업들의 제품은 거의 변화가 없다. 전통 전략을 추구하는 기업들은 일반적으로 경쟁이 치열하지 않은 산업에 속한 경우가 많고 시장이 변화를 요구하지 않는다는 점에서 제품의 변화를 도모할 필요가 없다. 이들 기업들이 가지고 있는 기술은 수공업적인 기능의 정도에 불과하며 과학기술적 지식의 투입이 매우 적거나 거의 존재하지 않는다.

이들 기업의 제품에 대한 수요는 이들의 수공업적인 기능의 특성상 매우 강력한 경우가 많다. 그 결과 이들 기업은 산업화 사회에서 매우 높은 생존능력을 가지고는 있다. 그러나 많은 경우 이들 기업은 외부로부터의 기술변화에 매우 취약하며, 제품라인에 있어서 기술혁신을 창출하지 못하고 외부로부터 도입되는 기술변화에 방어능력이 부족하여 점차 사라져가게 된다. 현대 산업사회에는 전통산업과 첨단산업이 공존하고 있다. 이들 두 가지 유형의 산업들 간의 균형의 정도는 국가의 특성에 의존한다. 그러나 21세기의 특징은 점차 연구개발집약적인 첨단산업의 비중이 증가하는 추세이다.

6) 기회주의자 전략

기회주의자 전략(opportunist strategy)은 급변하는 시장에서의 새로운 기회의 창출을 도모하는 전략이다. 이 전략은 내부적 연구개발역량이나 복잡한 제품 디자인을 필요로 하지 않으나 아무도 생각하지 못하였던 중요한 틈새를 찾아 고객이 필요로 하는 제품과 서비스를 제공하여 번영하는 전략이라는 점에서 틈새전략(niche strategy)이라고도 부른다. 이와 같은 기회주의자 전략을 추구하는 기업가는 상상력이 풍부한 기업가로서 연구개발활동과 관련을 갖지 않으면서도 지속적으로 새로운 기회를 창출할 수 있다. 특히, 한 나라의 산업이 전통산업에서 연구개발집약적 산업으로 발전해 나가는 과정에서 기업가는 새로운 성장의 기회를 찾을 수 있다.

3. Maidique & Patch의 분류

Maidique & Patch(1982)도 전술한 Ansoff & Stewart(1967)와 비슷한 접근방법으로서 네 개의 기술전략을 제시하고 있다. 이들은 기술전략을 분류하는 데 필요한 의사결정 변수로서 ① 경쟁 적합성의 관점에서 개발된 기술의 선택, ② 필요한 기술적 역량의 정도 및 이를 실현시킬 수 있는 방법과 유형, ③ 내부의 기술적 원천과 외부의 기술적 원천의 활용의 정도, ④ 연구개발투자의 정도, ⑤ 기술혁신의 도입시점, ⑥ 연구개발 영역의 조직·관리의 유형 및 방법 등 여섯 가지의 변수를 제시하고 있다. 이들은 이상의 변수들을 바탕으로 최초진입 전략, 이차진입 전략, 지체진입 전략, 시장세분화 전략 등 네 가지의 전략을 제시하고 있다. 이들이 제시하는 전략의 유형은 이상의 여섯 개의 변수들 중에서 신제품의 시장에 대한 도입시점에 주안점을 두고 있다는 특징을 가지고 있다.

1) 최초진입 전략

최초진입 전략(first-to-market strategy)은 전술한 Ansoff & Stewart의 분류
와 같은 전략으로서 이 전략을 추구하는 기업은 자신의 제품과 서비스를 시
장에 최초로 진입하는 것을 목표로 한다. 이 전략을 추구하는 기업은 높은
연구개발 강도를 보이며, 높은 기술적 선도성을 추구한다.

2) 이차진입 전략

이차진입 전략(second-to-market strategy)은 조기추격자 전략(fast follower
strategy)으로도 불리는데 선도자 제품의 응용지향적 최적화를 추구하는 전략
으로서 전술한 유형에서의 선도자 추격 전략에 해당하는 전략이다.

3) 지체진입 전략

지체진입 전략(late-to-market strategy)은 원가최소화(cost minimization) 전략
이라고도 불리는데 전술한 모방 전략(me-too strategy)과 유사한 전략이다. 이
전략은 경쟁기업에 대비하여 상대적인 원가우위를 목표로 하고 있으며, 이
전략을 추구하는 기업은 제품 표준이 설정되는 즉시 창조적인 제품 변형을
추구한다.

4) 시장세분화 전략

시장세분화 전략(market segmentation strategy)은 전문가 전략(specialist stra-
tegy)이라고도 불리는데 한 개 혹은 몇 개의 세분시장에서의 강력한 경쟁우
위를 확보하려는 노력을 추구하는 전략을 의미한다. 이 전략은 생산부문에
서의 대단히 높은 유연성과 개발부문의 우수성을 전제로 하는 전략이다.

4. Zoergiebel의 분류

Zoergiebel(1983)은 시장에 대한 진입시점을 바탕으로 한 전략을 Porter의 본원적 경쟁전략과 연계하려는 시도를 하였다. 그 결과 그는 시장진입의 시점과 시장인식의 정도라는 두 가지 측면으로 네 개의 기술전략을 제시하고 있다. 그는 먼저, 시장진입(market entry)의 시점을 조기진입과 후기진입으로 나누고 있는데 이는 기술적 선도와 기술적 추적을 의미하는 것으로 파악할 수 있다. 시장인식(market recognition)의 정도로서는 Porter와 유사하게 산업 전체의 지향과 특정 세분시장의 지향으로 나누고 있다. 이 점에서 본 기술 전략의 유형은 다른 전략의 분류와 달리 특정 세분시장을 위한 전략적 대안을 제시해 준다는 점에서 의미가 있다. 이들 두 축으로 살펴본 기술전략의 유형은 <그림 6-2>와 같이 나타낼 수 있다.

그림 6-2　Zoergiebel에 따른 기술전략의 분류

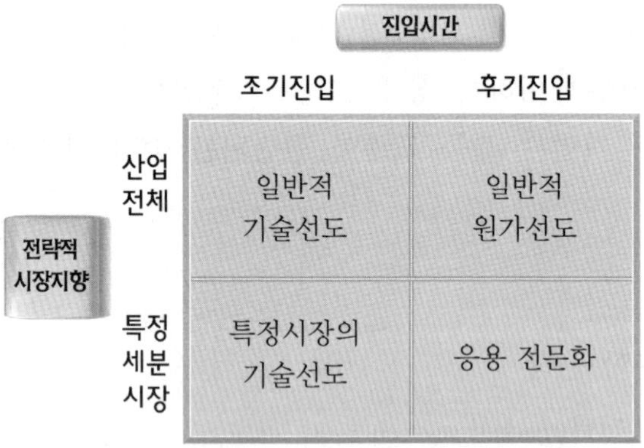

		진입시간	
		조기진입	후기진입
전략적 시장지향	산업 전체	일반적 기술선도	일반적 원가선도
	특정 세분 시장	특정시장의 기술선도	응용 전문화

1) 일반적 기술선도 전략

일반적 기술선도 전략('generelle Technologieführrung' strategy)은 전술한 최초 진입 전략을 산업 전체에 추구하는 전략이다. 다시 말해, 이 전략은 Porter의

경쟁전략의 차별화 전략을 기술을 중심으로 산업 전체 분야에서 추구하는 전략을 뜻한다. 이 전략은 산업 전체에서 가장 높은 기술능력을 확보하고 있는 기업이 추구한다. 이에 따라, 본 전략은 앞에서 말한 최초진입 전략을 추구하는 기업과 같은 특성과 더불어 기업경영의 다른 분야에서의 높은 경쟁요인을 가지고 있음을 전제로 한다.

2) 일반적 원가선도 전략

일반적 원가선도 전략('generelle Kostenführung' strategy)은 원가우위 전략을 산업 전반에 걸쳐 추구하는 전략을 말한다. 이 점에서 이 전략은 전술한 후기시장 진입 전략과 모방 전략의 상당한 부분을 원가절감을 위한 기술능력을 바탕으로 산업 전체에 추구한다. 본 전략은 일반적 기술선도 전략보다 위험성은 높지 않으나 점진적 혁신 및 공정기술 능력에 있어서 탁월한 능력을 가지고 있음을 전제로 하고 있다.

3) 특정시장의 기술선도 전략

특정시장의 기술선도 전략('segmentspezifische Technologieführung' strategy)은 기술적 우위를 바탕으로 특정시장에서 선도적 위치를 추구하는 전략이다. 이 전략에서는 첨단기술에 근접하는 기술적 역량과 특정시장의 필요에 대한 정확한 인식을 바탕으로 새로운 기술의 개발 및 활용을 통해 해당 시장과 관련된 특정한 기술적 문제의 해결에 노력한다. 이 전략은 해당 시장의 후발기업들이 따라오지 못할 정도의 높은 기술적 능력의 지속적 확보를 전제로 한다. 그러나 이 전략의 문제점으로는 높은 전문성으로 인해 특정 시장에 대한 과도한 의존의 위험이 있으며, 기업이 지속적으로 성장하기 위해서는 전체 산업으로의 기술집약적 다각화(technology-oriented diversification)를 성공적으로 추구하여야 하는 부담을 가지고 있다는 점을 들 수 있다.

4) 응용 전문화 전략

응용 전문화 전략('Anwendungsspezialisierung' strategy)은 이미 알려진 기술적 역량을 바탕으로 고객지향적 문제해결을 추구하는 전략이다. 이 점에서 본 전략은 전술한 '응용공학 전략'과 유사한 전략이다. 이 전략에서는 고객과의 긴밀한 협조를 바탕으로 고객의 문제점을 도출하고 이미 알려진 기술을 바탕으로 이의 효율적 해결을 추구하는 전략이다. 본 전략은 고객에 대한 원가지향적 연구개발에 집중하고 낮은 연구개발비로 인해 혁신적 기술의 개발 및 활용을 할 수 없다는 어려움을 가지고 있다. 또한 이 전략을 추구하는 기업은 기술능력의 부족으로 인해 높은 진입장벽을 쌓을 수 없으며, 일부의 세분시장에 의존하는 문제점이 있다.

5. Porter의 분류

Porter(1985)는 기술전략을 기술을 통해 경쟁우위에 미치는 영향의 정도를 바탕으로 기술선도(technological leadership) 전략과 기술추격(technological fol-lowership) 전략으로 나누고 있다.

1) 기술선도 전략

기술선도 전략(technological leadership strategy)은 기업이 기술적 리더십(technological leadership)을 바탕으로 시장에서 선도적 위치를 확보하는 것을 목표로 하는 전략이다. 이 전략을 추구하는 기업은 창조성과 기술혁신의 중요성을 전사적으로 인식하여 이를 촉발시키기 위한 강력한 노력을 추구하며, 기술혁신에 따른 높은 위험에 대하여 충분히 이해하고 부담할 의지가 충분하고, 이를 바탕으로 기술혁신에 대한 높은 자원을 투자할 강력한 의지를 가지고 있다는 특징을 가지고 있다. 이 전략이 성공을 거두기 위해서는 대학 및 공공연구기관 등 새로운 지식의 원천에 대한 강력한 연계를 필요로 하며 고객의 욕구와 반응에 대해 빠르고도 강력한 대응이 있어야 한다. 이 점에서 이 전략을 추구하는 기업은 최고경영자(top management)의 적극적인 후원을 바탕으로 전략적 기술경영에 적극적인 기업인 경우가 일반적이다.

2) 기술추격 전략

기술추격 전략(technological followership strategy)은 시장에 늦게 진입하여 기술적 선도자를 뒤에서 추격하는 전략이다. 이 전략을 추구하는 기업은 시장 및 산업의 선도자의 경험을 모방·학습하여 기술혁신의 과정에서 필연적으로 발생하는 위험의 회피 및 자원의 절약을 목표로 한다. 기술추격 전략이 성공하기 위해서는 경쟁기업에 대한 분석과 지식의 획득에 많은 노력을 기울여야 하며, 선도기업을 추격할 수 있을 정도의 기술적 역량을 갖추고 있어야 한다. 특히, 역엔지니어링, 원가절감, 제조에 있어서 역량 확보 및 학습에도 상당히 노력한다.

6. Zahn의 분류

Zahn(1986)은 시장에 대한 진입시점과 목표시장의 폭 등을 고려하여 기술전략을 선도자 전략, 모방 전략, 틈새 전략, 협력 전략의 네 개의 유형으로 나타내고 있다.

1) 선도자 전략

선도자 전략(pioneer strategy)은 기업이 어느 특정 기술분야에서 선도자가 되려는 전략이다. 이에 따라, 이 전략은 전술한 최초진입자 전략 및 기술선도 전략과 유사한 전략이다. 이를 위해서 기업은 기초연구, 응용연구, 제품개발 등 기술혁신의 전 과정에 있어서 탁월한 능력을 필요로 한다. Zahn(1986)은 이 전략에 바탕을 둔 기업을 신기술의 최초의 상업적 활용을 통하여 새로운 환경의 도전에 적극 대응하려는 '일반적 기술선도자'(Tech-nologiepioneer)와 기술의 전체적 수명주기 모두에 걸쳐 정상의 위치에 있으려는 공세적 기술선도자인 '적극적 기술선도자'(Technologieausbeutern)로 나누고 있다.

2) 모방 전략

모방 전략(imitation strategy)은 선도자에 의해 개발된 기술의 모방을 바탕으로 약간의 시간이 지난 시점에서 시장에 진입하는 전략이다. 즉, 모방자는 선도자의 경험으로부터 학습하고 위험을 회피하려는 전략이다. Zahn(1986)은 이 전략을 창조적 모방 전략(creative imitation strategy)과 기업적 유도 전략(firm judo strategy)으로 설명하고 있다. 전자는 선도자가 모든 시장의 수요를 충족하지 못할 경우에 이에 대해 후발자의 기술혁신능력으로 대응하려는 전략을 나타내며, 후자는 일본기업의 전형적인 전략으로 스포츠의 한 종류인 유도에서처럼 기존 경쟁자들의 취약점을 목표지향적으로 공격하는 전략을 의미한다.

3) 틈새 전략

틈새 전략(niche strategy)은 특정한 기술적 영역에 대한 집중을 목표로 하는 전략이다. 이 전략을 추구하는 기업은 선택된 특정 기술분야에 있어서의 연구개발 전문화를 추구한다. 이 전략은 전술한 '특정 시장의 기술선도 전략'과 유사하며, 장·단점의 경우에도 '특정 시장의 기술선도 전략'과 거의 동일하다.

4) 협력 전략

협력 전략(cooperation strategy)은 다른 기업들과의 기술협력을 목표로 하는 전략이다. 이 전략은 여러 기업의 연구개발 잠재력의 결합을 통해 원가절감 및 위험을 감소시키려는 목적으로 추진된다. 이 같은 협력 전략을 통하여 기업은 외부의 기술지식을 흡수할 수 있다는 장점이 있다. 그러나 협력 전략은 기술개발에 있어서 독립성을 저해할 수 있다는 문제점도 가지고 있다.

7. 기술전략 유형의 평가

이상에서 살펴본 기술전략의 유형은 대체적으로 유사한 접근방법을 추구하고 있는 것으로 나타났다. 각각의 기술전략의 분류방법은 나름대로의 장단점을 가지고 있으며 전략적 의사결정(strategic decision-making)에 적절하게 활용될 수 있다는 장점이 있다. 그럼에도 불구하고 위의 방법들은 대부분이 시장지향적인 요소를 바탕으로 전략을 분류하였다는 단점이 있다. 이에 따라, 기술혁신의 특성과 기술혁신이 경쟁전략에 미치는 영향을 바탕으로 전략을 분류하는 것이 바람직할 것이다. 이 책에서는 기술전략의 유형을 기술혁신의 정도와 경쟁전략을 중심으로 <그림 6-3>과 같이 제시한다. 기술혁신의 정도에 따라 기술혁신 전략은 급진적 혁신 전략과 점진적 혁신 전략으로

그림 6-3   전략경영의 관점에서 기술전략의 분류

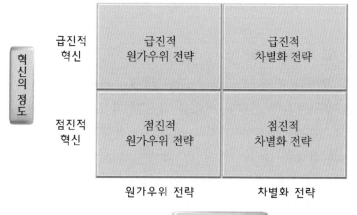

나눌 수 있으며, 경쟁전략의 유형에 따라 원가우위 전략과 차별화 전략으로 나눌 수 있다. 이 점에서 기술혁신 전략은 그 정도에 관계없이 경쟁 전략, 즉 원가우위 전략, 차별화 전략의 효율적 달성에 기여할 수 있음을 나타낼 수 있다.

1) 급진적 차별화 전략

급진적 차별화 전략(radical differentiation strategy)은 급진적 기술혁신을 바탕으로 차별화 전략을 달성하려는 전략이다. 이 전략에 주로 활용하는 기술은 제품혁신(product innovation) 및 더 나아가 불연속적 혁신(discontinuous innovation)의 성격을 가지고 있는 기술들이다. 이들 기술은 기업의 차별화 능력을 높여 기업으로 하여금 시장에서 선도적 역할을 담당하게 해줄 수 있다. 이 점에서 이 전략은 '기술선도자전략'과 유사하다고 볼 수 있을 것이다. 아울러 이 전략을 추구하는 기업은 새로운 기술에 보다 많은 주안점을 두어 새로운 산업을 창출하거나 기존 산업에 새로운 경쟁의 규칙을 창출하여 지속적인 선도자의 역할을 향유할 수 있다. 그럼에도 불구하고 이 전략은 대단히 많은 기술적 자원이 필요하고 위험이 높다는 점에서 세심하게 추진되어야 할 전략이다.

2) 점진적 차별화 전략

점진적 차별화 전략(incremental differentiation strategy)은 기업이 차별화된 경쟁전략을 추구하지만 전략의 토대를 급진적 혁신보다는 점진적 혁신을 바탕으로 하고 있다는 특징을 가지고 있다. 이 전략은 전술한 급진적 차별화 전략보다는 위험성은 높지는 않지만 시장에 있어서 선도적 역할을 추구하고 있지는 않다는 특징을 가지고 있다. 이 전략은 선도자를 아주 가까운 거리에서 추적하고 있다는 점에서 전술한 '이차진입 전략'과 유사하며, '현명한 추격자 전략'(smart follower strategy)으로 부를 수 있을 것이다. 많은 경우 이

전략을 추구하는 기업은 보다 높은 기술능력을 축적하여 급진적 차별화 전략을 추구할 수 있는 기회를 노리는 경향이 많다.

3) 급진적 원가우위 전략

급진적 원가우위 전략(radical cost leadership strategy)을 추구하는 기업은 원가우위 전략을 통하여 경쟁우위를 추구하는 기업으로서 이 같은 원가우위를 급진적 혁신을 바탕으로 추구한다. 이 점에서 이러한 기업은 상당한 정도의 경쟁우위를 가지고 있는 경우가 많은데, 특히 성숙시장에서의 선도적 기업들이 여기에 해당한다고 볼 수 있을 것이다. 이들 기업은 제품기술보다는 공정기술(process technology)에 있어서의 급진적 혁신을 바탕으로 후발기업들에게 강력한 진입장벽을 구축하려고 한다. 이 유형의 전략을 추구하는 기업은 급진적 차별화 전략을 추구하는 기업과 비교하여 어느 정도 경쟁적 열위를 가지고 있거나 이미 성장시장에서 급진적 차별화 전략을 추구하였던 기업인 경우가 많다. 그러나 전체적으로 보아 이 전략은 급진적 차별화 전략과 점진적 차별화 전략보다는 혁신성과 경쟁전략에 미치는 영향이 약하다는 점에서 '지체진입 전략' 혹은 '이차진입 전략'을 추구하는 기업이 많이 활용하는 경향이 있다. 또한 이들 기업은 현재의 원가우위의 선도성을 바탕으로 차별화 전략을 추구할 기회를 엿보는 기업인 경우도 많다.

4) 점진적 원가우위 전략

점진적 원가우위 전략(incremental cost leadership strategy)은 점진적 혁신을 바탕으로 원가우위를 달성하려는 전략이다. 이 전략은 일반적으로 생산공정에 있어서의 약간의 개선을 바탕으로 원가를 절감하여 시장에서 경쟁하려는 전략이다. 일반적으로 경쟁력이 충분하지 않은 기업이 이 같은 기술전략을 추진하려는 경향이 매우 높다. 이 점에서 이 유형의 기술전략은 '응용 전문화 전략'과 유사하다고 볼 수 있다. 그럼에도 불구하고 이 전략을 추구하는 기업은 기술혁신의 중요성을 상당한 정도 인식하고 있는 기업이라는 점에서 시장에서 어느 정도의 경쟁력을 확보할 수 있다. 그러나 이들 기업이 지속적으로 성장·발전하기 위해서는 보다 선도적인 전략으로 옮겨가야 할 것이다.

⋯ 제4절 기술전략과 사업전략의 연계 ⋯

1. 기술전략과 사업전략

1) 기술전략과 경쟁우위

기술혁신이 기업의 경쟁우위에 미치는 영향이 절대적인 현재의 기술경제환경 속에서 현대의 많은 기업은 기업의 생존 및 성장을 기술에 의존하는 경향이 점점 높아지고 있으며, 그 결과 현대의 기업은 수익성 향상 및 새로운 성장을 위한 돌파구로써 기술전략(technology strategy)에 점점 더 많은 관심을 갖고 있다. 전술한 바와 같이 일반적인 기술전략은 기술혁신에 있어서 선도자(leader)가 될 것인가 추격자(follower)가 될 것인가를 결정하는 것인데 이는 기업의 사업전략(business strategy), 즉 경쟁전략에 중요한 영향을 미친다. 일반적으로 사업전략은 차별화(differentiation)와 원가우위(cost leadership)로 나누어지는데 기술전략은 이와 같은 사업전략을 달성하는 구체적 방법을 제시한다. 일반적으로 기술선도자들은 차별화 전략을 추구하는 경향이 많으며, 기술추격자의 경우에는 원가우위 전략을 추구하는 경향이 많다. 그러나 <표 6-2>에서 살펴볼 수 있는 바와 같이 기술선도자와 기술추격자 모두 원가우위 전략과 차별화 전략을 동시에 추구할 수 있다. 다음에서는 이를 세부적으로 살펴보기로 한다.

표 6-2	기술전략과 사업전략	
구분	기술선도주의 (technological leadership)	기술추격주의 (technological followership)
원가 우위	- 최저가 제품 디자인에 있어서 선도자 - 학습곡선상의 최초의 기업 - 저가로 가치활동을 수행하는 방법의 창조	- 선도자의 경험으로부터 학습을 통하여 제품원가 혹은 가치활동 의 원가절감 - 모방을 통한 연구개발비용 회피
차별화	- 구매자의 가치를 증대시킬 수 있 는 독특한 제품에 있어서 선구자 - 구매자의 가치를 증대시키기 위 한 기타 활동에 있어서 혁신	- 선도자의 경험으로부터 학습을 통하여 제품 개발 및 인도체제 를 구매자의 니즈에 보다 긴밀 히 적용시킴

자료: Porter, M. E., *Competitive Advantage: Creating and Sustaining Superior Performance* (New York: The Free Press, 1985), p. 181에서 수정.

첫째, 기술선도자(technological leader)는 다음과 같은 기술혁신활동을 통하여 차별화(differentiation) 전략을 추구할 수 있다. 선도자는 기술혁신을 바탕으로 고객의 가치를 증대시킬 수 있는 독특한 제품을 개발·출하하는 데 있어서 선구자적 역할을 할 수 있다. 아울러 선도자는 고객의 가치를 증대시키기 위한 다양한 기업활동에 있어서 혁신을 통하여 고객에게 차별적 가치를 제공할 수 있다. 이와 같은 기술적 리더십을 바탕으로 한 차별화는 기업에게 매우 높은 경쟁우위를 제공해 줄 수 있다. 이는 이 책에서 말하는 '급진적 차별화' 전략을 의미할 것이다.

둘째, 기술선도자(technological leader)는 원가우위(cost leadership) 전략도 추구할 수 있다. 기술선도자는 제품 디자인에 있어서 최저가의 설계를 하는 선도자가 되어 기업의 원가우위에 기여할 수 있을 뿐만 아니라 선도기업으로서 공정혁신 등 원가절감 노력을 단행하고 학습곡선(learning curve)상의 최초의 기업이 됨으로써 가장 많은 원가를 절감할 수 있으며, 아울러 다양한 가치창출활동에 있어서 최저가의 창출방법을 창조함으로써 막대한 원가를 절감할 수 있을 것이다. 이와 같은 선도자의 원가우위 전략의 추구는 기존산업에 있어서 상당한 기간 동안 높은 경쟁우위를 유지할 수 있게 해줄 것이다. 이는 이 책에서 말하는 '급진적 원가우위' 전략을 의미하는 것이다.

셋째, 기술추격자(technological follower)는 일반적으로 원가우위(cost leadership) 전략을 선호한다. 이들은 선도자의 경험을 벤치마킹함으로써 제품원가 및 일반 가치활동의 원가를 보다 효율적으로 절감할 수 있다. 또한 일반적으로 신제품의 개발비용은 매우 크게 소요된다는 점에서 기술추격자는 선도기업의 제품을 모방하거나 선도기업의 성공 여부를 주시함으로써 성공가능한 연구개발과제에 자원을 집중하여 효율적인 연구개발투자를 할 수 있다는 장점을 가질 수 있다. 기술추격자는 이와 같은 원가절감을 통하여 다른 기업과 경쟁을 하는 경향이 많다. 일반적으로 기술선도자는 새로운 방법에 의한 원가절감의 노력을 추구하는데 기술전략의 주안점을 제품의 차별화에 두다 보니 제품의 개선에 반드시 성공하지는 못하는 경우가 많다. 그러나 기술추격자는 이와 같은 선도자의 원가절감 노력을 벤치마킹하고 기업활동의 효율성 제고에 노력함으로써 보다 높은 원가우위를 달성할 수 있다.

마지막으로, 기술추격자(technological follower)도 어느 정도 차별화(differentiation) 전략을 추구할 수 있다. 추격자는 선도자의 경험으로부터 학습을 통하여 제품의 개발에 있어서 보다 차별적인 제품을 개발할 수 있다. 아울러 추격자는 선도자의 실패사례를 면밀히 분석하여 소비자의 수요에 보다 효과적으로 대응할 수 있는 제품을 개발할 수 있으며, 특정한 세분시장에서의 강력한 접근을 바탕으로 보다 효율적인 제품인도체제를 구축하여 경쟁력을 확보할 수도 있다. 그러나 이와 같은 기술추격자의 차별화 전략 추구는 스스로 상당한 정도의 연구개발능력을 확보한 경우에만 가능할 것이다.

2) 기술전략과 사업전략의 연계의 필요성

이와 같이 기술전략과 사업전략은 긴밀한 연관 관계를 맺고 있다. 그러나 아직도 사업전략에 혁신적 노력을 결합하는 전략을 추구하는 기업이 많지 않다 (Pisano, 2015). 성공적인 기업이 되기 위해서는 기술전략(technology strategy)과 사업전략(business strategy) 간의 연계가 효율적으로 이루어져야 할 것이다. <그림

6-4>는 기술전략과 사업전략 간의 관계를 체계적으로 나타내 주고 있다. 먼저,
사업전략의 목적은 기업 및 사업부가 경쟁기업과 대비하여 지속가능한 경쟁우위
(SCA: sustainable competitive advantage)를 확보하기 위한 것이다. 이에 따라, 사업
전략은 경쟁전략(competition strategy)이라고도 부른다. 이와 같은 사업전략의 목
표를 달성하는 방안은 기업이 경쟁기업과 차별적인 제품과 서비스를 창출하
여 시장에 출하하는 것이다. 이와 유사하게 기술전략의 목적은 기업의 경쟁우
위를 제공할 수 있는 지속가능한 기술적 우위(STA: sustainable technological
advantage)를 확보하는 것이다. 지속가능한 기술적 우위는 기업의 차별적 기술
(distinctive technologies)의 개발 및 활용을 통하여 이루어진다.

그림 6-4   기술전략과 사업전략의 연계 체계

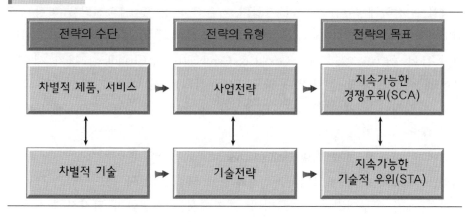

기업의 지속가능한 경쟁우위는 지속가능한 기술적 우위에 바탕을 두고
있으며 기업이 목표로 하는 지속가능한 경쟁우위는 기업이 추구하는 지속가
능한 기술적 우위의 노력을 규정한다. 이에 따라, 기술전략과 사업전략은 긴
밀하게 연계를 맺으며 통합되어야 한다. 특히, 이들 각 전략의 수단이 되는
제품과 기술 간의 연계도 이루어져야 할 것이다. 즉, 차별적 제품과 서비스
는 차별적 기술에 바탕을 두고 있으며, 차별적 기술의 개발 및 활용은 기업
이 창출·판매할 차별적 제품 및 서비스를 지향하여야 할 것이다. 이 같은
두 전략의 연계를 위해서는 기업의 차별적 기술과 기업이 제공하는 제품 및

서비스에 관한 강력한 선견을 가져야 한다.

　이 점에서 기술전략은 사업전략과 긴밀한 연계를 맺어야 할 것이다. 즉, 사업전략은 기술전략을 바탕으로, 기술전략은 사업전략을 바탕으로 추진되어야 할 것이다. 세부적으로, 차별적 제품 및 서비스의 창출은 차별적 기술에 바탕을 두어야 할 것이며 차별적 기술은 항상 어떻게 하면 차별적 제품과 서비스를 창출할 것인가를 지향하여야 할 것이다. 이 같은 사업전략과 기술전략과의 효과적인 연계를 통하여 기업은 지속가능한 기술적 우위를 바탕으로 기업 및 사업부의 지속가능한 경쟁우위를 확보할 수 있을 것이다.

　그동안 기업전략과 기술전략과의 연계에 관한 논의는 '사업전략과 기업전략과의 연계'의 논의보다는 많이 이루어지지 않았다. 그러나 이들 두 관계는 상호영향을 미친다. 즉, 기업은 기업전략의 유형에 따라 서로 다른 기술전략을 추진하게 된다. 아울러 기업의 기술적 역량 및 기술전략을 바탕으로 최고경영자는 기업전략(corporate strategy)을 추진할 수 있는 것이다. 이와 관련하여 Tidd 등(2005: 225-226)은 Goold & Cambell(1987), Chandler(1991)가 제시한 유형의 재무적 통제, 전략적 통제, 전략적 기획의 세 가지 기업전략을 바탕으로 기업전략의 기술전략과의 연계성을 논의하고 있다. 이들의 논의는 다음의 내용을 가지고 있다.

　먼저, 재무적 통제 전략(financial control strategies)은 단기적으로 높은 재무이익을 목표로 하여 기업의 각 기능부서에 대한 기업의 헤드쿼터로부터 강력한 통제가 이루어진다. 이에 따라, 여기에서는 저위험의 점진적 혁신전략(incremental innovation)을 추구하게 된다. 이 같은 기업전략과 기술전략을 추구하는 기업은 저급기술산업에 속하는 경우가 많다.

　둘째, 전략적 통제 전략(strategic control strategies)은 사업부 주도의 기존의 사업과 차별화된 사업의 창출을 목표로 한다. 여기에서는 차별화된 시장을 목표로 핵심기술의 개발에 목표를 두는데, 사업부는 중기적 수익의 창출을 목표로 하는 경향이 많다. 이 경우에는 사업부의 전략적 위치를 확보하는 것을 목표로 하는 특징을 가지고 있다.

　셋째, 전략적 기획 전략(strategic planning strategies)은 전사적 차원에서 새로운 지식의 창출과 전략적 위치의 확보를 목표로 하여 신흥기술의 개발 및 활용을 목표로 한다. 그 결과 본 전략의 유형에서는 첨단기술(high technologies)의 개발 및 활용을 통한 새로운 사업(new industries)의 창출을 목표로 한다. 이에 따라, 이 유형의 기술전략을 추구하는 기업은 일반적으로 외부의 대학 및 연구기관과의 협력을 통해 새로운 지식을 수혈하는 경우가 많다.

표 6-3   기업전략과 기술전략과의 연계성

기업전략	전략의 주안점	의사결정의 주체	기술전략
재무적 통제	강력한 통제, 빠른 수익 창출	사업부	점진적 혁신, 적은 기술혁신 투자
전략적 통제	사업부 주도의 차별화된 사업 창출	사업부	핵심기술의 개발, 차별화된 시장 목표
전략적 계획	전사적 차원의 새로운 사업 창출	최고경영층	신흥기술의 개발, 새로운 시장의 창출, 외부와의 연계

이상의 논의에서처럼 기업전략과 기술전략은 상호간에 연관성을 가지고 있어야 한다. 만약 이들 두 전략의 유형 간에 연계가 이루어지지 않으면 기업의 경쟁력은 크게 저해되고 심지어 파산의 위험을 초래할 가능성도 크다. 예를 들어, 신흥기술의 개발전략을 추구하는 기업에서 재무적 통제의 기업전략을 추구하면 신흥기술은 효과적으로 개발될 수 없으며 자원의 낭비를 가져올 것이다. 아울러 점진적 혁신의 기술전략을 추구하는 기업이 전략적 기획의 기업전략을 추구하면 최고경영층의 에너지와 기업의 소중한 자원의 낭비를 초래할 수 있다.

기업이 기술적 우위를 바탕으로 기업의 지속가능한 경쟁우위를 효과적으로 달성하기 위해서는 기술전략(technology strategy)과 사업전략(business strategy) 간의 효과적인 연계가 매우 중요하다. 그러나 문제는 "이와 같은 기술전략과 사업전략과의 연계를 어떻게 달성하는가"이다. Mitchell(1985)은 사업전략과 기술전략의 통합의 첫 단계는 기업경영의 기술관련 부서들과 사업관련

부서들이 업무활동에 있어서 공통적으로 중시하는 것에 대해 합의를 하는 것이라고 주장한다. 일반적으로 사업부서에서는 기술(technology)을 사업(business)의 하위요소로 간주하는 데 비하여, 기술부서는 사업을 일반적 기술진보의 하위요소로 여긴다. 기업의 사업관련 부서는 기업 및 사업의 성공은 시장 및 산업에서의 다양한 요소에 영향을 받으며 기술은 이와 같은 성공요인의 일부분에 불과하다는 시각을 가지고 있다. 그러나 기술관련 부서는 기술이 기업의 성공과 새로운 사업을 창출하는 가장 중요한 영향요인이며 더 나아가 인류의 진보에 매우 중요한 역할을 수행하는 것으로 인식한다. 이와 같은 관점에서는 사업은 기술진보의 하부요소가 된다.

기업이 사업지향적인 기능(예를 들어, 재무, 회계, 마케팅, 판매와 같은)에 대한 일방적인 시각만을 가지고 있다면 기업은 기술적 진부성(technological obsolescence)에 직면하여 잠재적 성장력 및 수익성을 상실하게 될 것이다. 마찬가지로 기업이 기술을 적시에 활용할 수 있는 효율적인 전략 없이 전적으로 기술개발에만 매달린다면 이 또한 기업의 수익률 및 경쟁우위를 지속시키지 못할 것이다. 이에 따라, 기업은 기술과 사업에 대한 균형적 시각(balanced perspectives)을 가지고 기술전략과 사업전략 간의 효율적 연계에 노력하여야 할 것이다. 이와 같은 연관성을 바탕으로, 경영자는 기업의 목표 및 목적을 달성할 수 있도록 기술전략과 사업전략을 수립하고 실행할 수 있어야 한다.

2. 기술전략과 사업전략의 연계에 관한 논의

그동안 많은 학자가 기술과 사업 간의 연계 및 기술전략과 사업전략 간의 연계의 중요성에 관하여 강조해 오고 있다(NRC, 1987; Michell, 1995; Khalil, 2000; Chung & Kim, 2004; 정선양, 2006). 포괄적인 시각에서 보면 이 책이 다루고 있는 전략적 기술경영은 이와 같은 기술과 사업(경영) 간의 연계의 문제를 다루는 것이다. 기술경영은 기술과 경영(사업)의 연계의 필요성을 강조하며, 전략적 기술경영에서는 기술과 사업 간의 연계가 기업의 성공에 핵심적인 만큼 기업의 최고경영자가 전략적으로 이에 관여하여 리더십을 발휘할 것을 강조하는 것이다.

이와 같은 기술과 사업 간의 연계가 효과적으로 이루어지지 않으면 기업은 경쟁력을 상실하게 된다. 실제로 미국 한림원들(National Academies)의 씽크탱크인 국가연구심의회(NRC: National Research Council)는 1980년대 미국 경제의 어려움을 미국의 기업들이 기술과 사업의 연계, 즉 기술경영을 등한시해 온 데서 그 원인을 찾고 있다(NRC, 1997; 정선양, 2006). NRC는 미국이 세계 최고의 과학기술력을 가지고 있음에도 불구하고 미국경제 및 기업들이 경쟁우위를 확보하지 못하는 것은 기술과 경영 간의 연계가 잘 이루어지지 않기 때문이라고 진단하였다. 그 결과 1987년 NRC는 '기술경영: 숨겨진 경쟁우위'(Management of Technology: The Hidden Competitive Advantage)라는 이름의 보고서를 발간하여 기술과 경영(사업)과의 지식 및 실무의 격차를 줄일 수 있는 다리를 제안하였는데, 이것이 바로 기술경영(MOT: management of technology)이다. 기술경영은 이른바 '기술의 창출'(technology creation)과 '사업의 활용'(business exploitation) 간의 연계를 의미하는 것이다. 이 보고서는 기술(technology)과 사업(business)과의 효율적인 결합, 즉 제품 및 서비스의 형태로 기술로부터 시장으로의 가교를 잇는 것이 '부를 창출'한다는 점을 인식한 것이다. 그 결과 NRC는 이와 같은 기술과 사업을 연계하는 기술경영이 미국의 기업, 산업, 국가의 경쟁우위에 핵심적이지만 미국에서 충분히 인식하지 못하였다는 점에서 숨겨진 경쟁우위(hidden competitive advantage)라는 표현으로 강조하고 있다.

Gerybadze(1995) 및 Frauenfelder(2000)도 기술전략과 사업전략 간의 연계를 강조하고 있다. Gerybadze(1995: 43)는 기술전략이 사업전략의 다음 다섯 가지의 요소와 효율적 연계를 맺어야 할 것임을 강조하고 있다.

① 제품-시장 스펙트럼
② 성장 영역의 확보
③ 경쟁우위 확보를 위한 전략적 추동체
④ 역량과 능력의 조합
⑤ 성과와 가치창출의 심도

다시 말해, 기술전략은 이상의 기업 경쟁력의 핵심적인 다섯 가지 요소의 확보 및 활용에 핵심적 공헌을 한다. 이들 전략적 요소를 달성하기 위해서는 관련 기술능력의 축적 및 기술 경쟁력의 확보가 핵심적인 역할을 담당하기 때문이다.

기업의 경쟁우위 확보에 있어서 기술혁신이 대단히 중요하기 때문에 기업전략 및 사업전략의 수립에 있어서 기업의 내부의 기술능력 및 외부와의 연계능력을 충분히 고려하여야 한다. 아울러 기술전략의 수립에 있어서도 기업 전체의 비전과 목표 그리고 기업전략에 대한 충분한 고려가 필요하다.

Maidique(1988: 274)는 기술전략이 기업전략 및 사업전략의 핵심적인 구성요소라는 점을 강조하면서, 특히 기술전략이 중요한 역할을 담당할 수 있는 기업전략 및 사업전략의 구성요소를 다음 같이 제시하고 있다.

① 전략적 기술영역의 도출: 기술전략은 미래의 중요한 사업영역 및 제품라인을 개발할 수 있는 기술영역의 도출함
② 기술적 위치 확보: 전략적 기술영역별 미래의 기술적 위치 및 역량의 수준을 확보함
③ 기술혁신전략의 추진: 본원적 기술전략 및 기술혁신과 관련된 시간에 따른 기업행위 추구
④ 기술의 창출 혹은 구매의 결정: 기술의 조달 및 활용 그리고 적절한 기술협력전략 추진
⑤ 연구개발전략의 추진: 연구개발투자계획, 연구개발조직, 연구개발 프로젝트 포트폴리오 등 추진

그동안 기업전략이나 사업전략에서 기술전략의 중요성에 대한 인식 및 실질적 포함은 폭넓게 이루어지고 있지 않았는데, 여기에 대해서 Frauenfelder(2000)는 일반경영분야와 기술경영분야 간의 문화적 차이(cultural differences)가 존재하기 때문으로 풀이하고 있다. 일반 경영학에서는 기업을 기술 및 역량의 단위로 파악하지 않고 사업단위로 파악하여 기업의 운영 및 조직구조 등이 제품 및 시장을 중심으로 이루어지며 기술과 역량은 단순히 언제든지 조달할 수 있는 자원의 한

부분으로 인식하는 경향이 많다. 이에 따라, 많은 기업이 전략경영에 있어서 기술 및 역량의 문제를 충분히 고려하지 못하였다.

3. 기술전략과 사업전략의 연계방법

1) 문화적 접근

기업차원에서 기술전략과 사업전략의 효과적인 연계는 기술관련 부서와 사업관련 부서의 상호간의 깊은 이해와 신뢰를 전제로 한다. 이를 위해서는 최고경영자(top management)가 기술의 중요성을 충분히 인식하고 기술혁신을 위한 실질적인 노력을 기울여야 할 것이다. 최고경영자는 기업의 목표 및 목적 달성에 있어서 기술의 중요성을 모든 종업원에게 충분히 강조하고 기술전략과 사업전략 간의 연계의 중요성을 강조하여야 할 것이다. 최고경영자는 이를 바탕으로 혁신우호적 기업문화(innovation-supportive corporate culture)를 가꾸어 나가야 할 것이다. 좀 더 세부적으로 최고경영자는 기업의 기술부서 및 사업부서의 경영자들이 반드시 다루고 서로 협력하여야 할 다음과 같은 일반적 질문을 제기하여야 할 것이다.

① 기업의 각 사업부가 사업전략을 추구하는 데 어떤 기술이 필요하며, 어느 정도로 필요로 하는가?
② 이들 사업부가 기술로부터 얻을 수 있는 효익(benefits)은 어느 정도이며, 그 효익은 어느 정도로 지속가능한가?
③ 이들 기술에 대한 기술능력을 확보하기 위해 자체적 연구개발활동을 강화할 것인가 아니면 이들 기술을 외부와의 협력을 통해 확보할 것인가?
④ 이들 기술을 확보하기 위해 기업이 자체연구개발활동(in-house R&D activities)을 수행한다면 그 노력은 어느 정도인가?
⑤ 기업 사업부의 미래지향적 사업을 추진하기 위해서 새로운 신흥기술(emerging technologies)에 대한 주시는 어느 정도인가?

이상에 제기한 질문에 응답함으로써 기업은 기업 전체 차원의 전략, 사업영역의 전략, 그리고 사업의 목적을 위해 필요한 기술전략 간의 관계를 향상시킬 수 있다.

2) 제품-기술 매트릭스 접근

사업부 차원에서의 기술전략과 사업전략의 연계는 좀 더 세심한 노력을 필요로 한다. 이를 위해 Fusfeld(1978)는 제품 및 서비스와 이에 근간이 되는 기술들과의 관계를 도출하기 위해 제품−기술 매트릭스(product-technology matrix)의 사용을 제안하였다(<표 6-4> 참조). 여기에서 가로축에 제시되어 있는 제품들은 한 사업부가 가지고 있는 주력제품들을 나타내 주는 것이며, 세로축에 제시되어 있는 필요기술들은 기업이 확보하고 있거나 필요로 하는 기술영역을 나타내 주는 것이다. 이를 통하여 기업은 기술과 사업, 더 나아가 기술전략과 사업전략의 효과적인 연계를 달성할 수 있다. 제품−기술 매트릭스는 사업부에서 다루어지는 각각의 제품 및 서비스를 이를 구성하는 기술로 나누며, 각각의 셀은 해당 기술에 있어서 기업의 상대적인 강점과 약점을 나타내 주게 된다.

표 6-4   제품-기술 매트릭스

기술＼제품	제품A	제품B	‥‥‥	제품N
필요기술1	상대적 강점			상대적 강점
필요기술2		상대적 강점		
⋮				
필요기술m		상대적 강점		상대적 강점

이에 따라, 기업은 기술과 제품의 상호 관련성에 대한 체계적 시각을 가질 수 있다. 특히, 기업은 제품 – 기술 매트릭스를 통하여 주력제품에 필요한 여러 주요 기술을 도출할 수 있으며, 이들 기술 중 기업이 가지고 있는 상대적 능력을 파악할 수 있다. 더 나아가 기업은 어떤 기술은 이미 가지고 있고, 어떤 기술은 새롭게 개발하여야 하며, 어떤 기술을 외부에서 도입할 것인가를 결정할 수 있다. 또한 기업 및 사업부는 자신의 주력제품에 사용된 각각의 기술에 있어서의 경쟁적 위치에 관한 상세 분석을 할 수 있을 뿐만 아니라 그 기술에 대한 현황을 면밀하게 분석할 수 있다. 이를 통하여 기업은 상대적으로 강한 기술분야와 약한 기술분야를 도출하고, 강점은 살리고 약점은 보완하여 기업 및 사업부의 기술능력의 향상을 통해 기업 전체의 경쟁우위를 체계적으로 확보할 수 있을 것이다.

3) 통합적 기술경영 접근

근본적으로는 최고경영자가 전사적 차원에서 통합적 기술경영을 효과적으로 추진하면 기술전략과 사업전략 간의 연계는 매우 용이하게 이루어질 수 있다. 이와 관련 Gerybadze(1995)와 Frauenfelder(2000)는 통합적 기술혁신경영의 개념을 제시하고 있다.

기술의 급속한 발전과 시장의 세계화 등의 환경 속에서 기술의 선도 및 이의 활용은 기업 성공의 가장 중요한 요소가 되고 있다. 세계화된 시장 속에서 기업 성공 및 경쟁우위는 기업의 모든 차원에서 기술진보에 대한 충분한 지식의 확보 및 활용을 전제로 한다. 새로운 제품의 개발 및 시장으로의 성공적인 도입은 기업이 이에 필요한 기술혁신능력을 얼마나 오랫동안 지속, 확장해 나갈 것인가에 달려 있다. 이에 따라, Gerybadze(1995) 및 Frauenfelder(2000)는 전통적인 전략기획(strategic planning)과 전통적인 기술기획(technology planning)은 통합되어야 하며, 현대경영에 있어서 쌍둥이처럼 파악하여야 할 것임을 강조하고 있다(<그림 6-5> 참조).

이들은 이같이 기술기획과 전략기획이 통합된 경영을 '통합적 기술혁신경영'(integrated management of technology and innovation)으로 명명하고 있는데,

그림 6-5	전략기획, 기술기획, 통합적 기술혁신경영

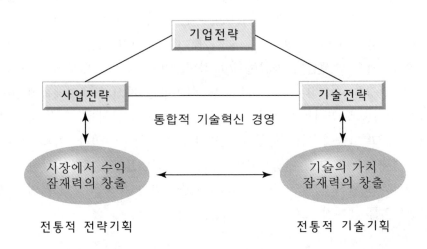

자료: Gerybadze, A., *Technologie－Analyse und Technologische Vorschau*, Vorlesungsunterlagen
Technologie－Management I, Teil 2(St. Gallen: Hochschulverlag der HSG, 1995), p. 46에서 참조.

이는 이 책에서 사업전략과 기술전략의 연계를 강조하는 전략적 기술경영과
일맥상통하는 주장으로 파악할 수 있다. 이와 같이 사업전략과 기술전략의
연계의 중요성에 대한 실증적인 연구로서 Hartschen(1999: 37)은 독일과 스위
스의 153개의 제조기업을 대상으로 설문조사를 한 결과 80% 정도의 기업
들이 사업전략과 기술전략의 통합이 대단히 중요하다고 응답한 것으로 나타
났다.

　　이에 따라, 통합적 기술경영 체계의 관점에서 기술전략과 사업전략 연
계를 살펴보면 <그림 6-6>과 같다. 즉, 통합적 기술경영은 사업전략(business
strategy)과 기술전략(technology strategy)의 두 축으로 독자적으로 진행되어 기
업전략(corporate strategy)에 통합되는 것으로 파악할 수 있다. 이는 기업전략
이 사업전략과 기술전략의 두 축으로 구성되고 사업전략과 기술전략의 통합
에 기반을 두어야 할 것임을 강조하는 것이다. 여기에서 전략수립의 초기단
계에는 산업환경의 분석 및 사업전략의 수립이 기술환경의 분석 및 기술전략
의 수립과 독립적인 과정으로 추진되는 것으로 파악되지만 이들은 상호 긴밀

한 연계관계를 맺고 서로 간의 긴밀한 정보의 흐름을 바탕으로 추진되는 것이 중요하다.

　이처럼 기술전략과 사업전략의 통합의 관점에서 파악하는 <그림 6-6>의 통합적 기술경영의 체계는 이 책에서 논의하는 전략적 기술경영의 체계와 매우 유사하다. 다만 이 모델에서는 기술의 중요성을 기업 전체 차원(corporate level)으로 보다 확대 해석하여 기업전략의 수립, 집행, 평가 및 통제에 기술이 핵심적인 역할을 하는 것으로 파악하고 있다.

그림 6-6 　통합적 기술경영의 체제: 기술전략과 사업전략의 통합의 관점에서

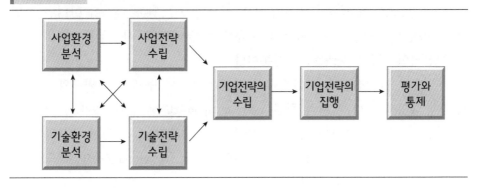

---

4. 기술전략과 사업전략 연계의 효과

　기술전략과 사업전략이 연계되면 기업은 다음과 같은 성과를 창출할 수 있다.

　먼저, 기업은 기술혁신역량을 체계적으로 육성하고 이를 바탕으로 기업의 핵심역량(core competence)을 효과적으로 확보할 수 있다. 기업의 경쟁우위에 필수적인 핵심역량이 기술혁신역량에 바탕을 둔다는 점에서 기술전략은 사업전략과 연계되어야 할 것이다.

　둘째, 기술전략과 사업전략이 연계되면 기업은 보다 효율적인 기술혁신 활동(effective technological and innovation activities)을 추진할 수 있다. 기술혁신

활동은 위험이 높고 상당히 많은 자원을 필요로 한다는 점에서 사업전략과 연계되어야 기업 내에서 충분한 위치를 차지할 수 있다.

셋째, 기술전략이 사업전략과 연계되면 기술혁신활동에 필요한 자원의 배분(resources allocation)에 있어서 매우 유리한 위치에 있을 수 있다. 일반적으로 기술혁신활동은 위험성이 높고 경제적 성공으로 이어지기까지 상당한 기간이 소요된다는 점에서 충분한 자원을 확보하기가 어려운데 사업전략과의 연계를 통해 상당한 자원을 보다 안정적으로 확보할 수 있다.

넷째, 기술전략과 사업전략이 연계가 되면 기술전략을 통하여 다양한 사업부들 간의 기술적, 경제적 시너지 효과(synergy effects)를 창출할 수 있다. 기술혁신활동은 어느 특정한 사업부의 사업만을 지원하는 것이 아니며 기업으로 하여금 사업부들 간 시너지 창출은 물론 새로운 사업부문으로의 진출에 핵심적인 역할을 담당하기 때문이다.

다섯째, 기술전략과 사업전략의 연계는 내부연구개발과 외부와의 기술협력에 있어서 보다 체계적 접근(systematic approach)을 할 수 있게 한다. 기업은 기업 및 사업부가 필요한 연구개발활동을 수행할 수 있으며 외부와의 공동연구 및 기술협력을 수행하는 데 있어서 꼭 필요한 기술분야의 도출 및 든든한 지원을 받을 수 있다.

삼성의 연구개발과 리더십

기업의 성장하기 위해서는 리더(leader)의 역할이 중요하다. 리더는 신중하게 고민을 하고 과감하게 결단을 내리며 기업가 정신을 바탕으로 미래로 나아가고자 하는 의지를 보여야 한다. 기술경영에는 특히 리더의 역할이 더욱 중요하다. 연구개발 및 기술혁신 활동은 매우 복잡하고 위험성이 높으며 자원도 많이 소요되기 때문이다.

기술경영과 기업경영에 있어서 리더의 역할과 연구개발을 잘 수행하는 국내기업으로는 삼성이 있다. (고)이병철, (고)이건희 회장과, 이재용 회장은 삼성의 경쟁력 제고를 위해 연구개발활동을 적극적으로 지원해오고 있다. 2021년 삼성전자는 R&D 투자에서 전 세계 4위, 국내 1위를 기록하였으며 이를 바탕으로 세계적 글로벌 기업이 되었다.

우리가 '삼성'이라는 회사를 생각하면 가장 먼저 떠오르는 게 무엇인가? 바로 '삼성전자'의 반도체일 것이다. 반도체사업은 삼성의 세계적 기업으로의 도약에 있어 가장 핵심인 역할을 했다고 봐도 무방하며 과거에서 현재까지 업계에서 좋은 성적을 내고 있다. 또한, 삼성은 급변하는 시대 속 기술 발전에 발맞춰 앞으로의 반도체 사용량 증가를 예상하며 반도체 부문에서 아낌없이 연구개발투자를 해오고 있다. 이러한 삼성의 행보는 故 이병철 회장으로부터 시작됐다.

삼성의 창업자인 故 호암 이병철은 1938년 3월 1일 대구에서 삼성상회를 시작으로 삼성물산공사를 창립하였으며 한국 전쟁 이후 제일제당이라 불리는 설탕 공장을 시작하여 한국에서 가장 큰 모직물 공장을 건설하였고 전자산업에 진출하기 위해 1969년 1월 삼성전자의 전신인 삼성전자공업을 설립하였으며 같은 해 12월에 세운 삼성SANYO전기는 1975년 삼성전기로 상호를 바꾼 뒤, 1977년 삼성전자에 흡수, 합병되었다.

故 이병철 회장은 1982년 3월, 경영학 명예박사 학위를 받기 위해 보스턴대학교를 찾았다. 이병철 회장은 미국에 어렵게 온 만큼 많은 것을 보고 경험하기 위해 아메리카은행, 시티은행, GE 등 유명 회사의 최고경영자들을 만나 폭넓은 대

화를 나누었고 캘리포니아주의 실리콘밸리, IBM과 휴렛팩커드의 컴퓨터 반도체 공장 등을 돌아보았다. 이병철 회장이 미국에서 가장 충격받았던 것은 휴렛팩커드의 사무실이었다. 휴렛팩커드의 사무실에서는 직원들이 책상 위에 놓인 컴퓨터 하나로 계산, 기획, 보고까지 거의 모든 일을 해내고 있었기 때문이다. 이렇게 작은 컴퓨터 하나로 모든 일을 해낼 수 있는 능률은 반도체 덕분이라는 말을 안내를 맡은 중역에게 들은 이회장은 시기상조라고 생각했던 반도체사업이 예상보다 빠르게 핵심 산업으로 부상하리라는 생각을 가지게 되었다. 휴렛팩커드의 사무실 풍경이 머릿속에서 떠나질 않던 이병철 회장은 IBM반도체 공장 또한 방문하였고 미국에서 돌아온 이회장은 반도체 사업 기획안을 만들라고 제시하였다. 삼성이 반도체산업에 뛰어들겠다는 신호탄이었다. 반도체 중 메모리 분야는 오히려 일본이 미국보다 앞선다는 내용을 들은 이병철 회장은 우리나라도 할 수 있을 거 같다는 생각에 반도체에 대한 고민이 더욱 깊어졌다. 이병철 회장은 반도체사업이 잘못되면 삼성이 재기할 수 없을 정도로 무너질 수 있음에도 불구하고 반도체는 국가적 사업이고 미래 산업의 총아라고 생각하며 반도체를 선택하는 것이 적절하다고 확신했다. 이 회장은 중앙일보를 통해 삼성이 반도체사업을 할 것이라는 소식을 전했고 이것이 그 유명한 '도쿄선언'이다.

  삼성의 '도쿄선언'에 대한 세상의 반응뿐 아니라 기업 내 실무를 담당하는 임원들 반응 또한 좋지 않았다. 이병철 회장 이외에 대부분 사람은 삼성이 실패할 것이며 말도 안 되는 선택이라고 했다. 하지만 이병철 회장은 담담하게 반도체사업을 추진하였다. 모두가 안 된다고 할 때 자신이 가지고 있는 자료들을 총합하여 분석하고 이를 바탕으로 확신을 가지고 불확실성을 헤치고 구성원들에게 비전을 제시하며 목표를 달성하기 위해 담담히 앞으로 나아가는 것은 이병철 회장의 기업가 정신과 연구개발조직에서의 리더십이 보이는 장면이다.

  이병철 회장은 반도체는 제때를 놓치면 공사장의 돌보다도 못하다고 하며 1년 안에 공장을 완공하고 64KD램을 생산해야 한다고 했다. 일본은 반도체에 뛰어든 삼성이 64KD램을 개발하려면 적어도 20년은 걸릴 것이라며 비웃었다. 이러한 상황 속에서 이병철 회장과 삼성 직원들은 반도체사업에 뛰어든 그해 64KD램 개발을 완료하며 이를 수출하였다. 이때 이 회장의 나이는 74세였다. 이병철 회장은 70대의 나이로 자신의 재산과 기업의 운명을 걸고 새로운 사업에 뛰어들었고 이러한 이 회장의 장기적인 안목과 냉철한 결단력, 목표달성을 위한 강력한 의지와 비전 제시는 삼성을 글로벌 기업으로 만드는 초석이 되었다.

삼성의 반도체사업을 발전시킨 인물은 이병철 회장뿐만이 아니다. 그의 셋째 아들 故 이건희 회장은 아버지 이병철 회장이 타계한 뒤 2대 삼성그룹 회장으로 취임했다. 故 이병철 회장이 삼성의 반도체사업의 기틀을 마련했으나 적자를 면치 못했다. 하지만 故 이건희 회장은 삼성을 패스트 팔로어에서 퍼스트 무버로 나아가도록 삼성을 발전시킨 인물로 삼성전자의 반도체사업을 세계적 수준으로 올린 인물이다. 메모리 세계 1위인 삼성전자 반도체사업은 이건희 회장의 선견지명으로 시작된 것이라고 말할 정도로 삼성전자의 반도체사업 부문에서는 이병철 회장은 그의 아버지 이병철 회장보다 높은 평가를 받는다. 그도 그럴 것이 이건희 회장이 동양방송이사로 재직하던 1974년 12월 사재를 털어 그해 1월 강기동 박사에 의해 설립된 한국반도체 지분 50%를 취득하며 삼성전자 반도체사업에 박차를 가했으며 3년 뒤 이회장은 잔여 지분 50%를 추가 인수하며 삼성반도체로 상호를 변경하였다.

삼성의 반도체사업은 앞서 말했듯이 D램으로 시작했는데 초창기는 경영상 어려움을 겪으며 부도 위기를 맞기도 하였다. 하지만 이건희 회장은 포기하지 않았다. 이건희 회장은 1993년 2월 임원들과 해외시장을 순방하던 도중 미국 로스앤젤레스의 베스트바이에서 먼지를 뒤집어쓰고 구석에 박혀있는 삼성 제품들을 보고 충격을 받았다고 한다. 이때 일명 '후쿠다 보고서'를 접하게 되면서 '기본이 안 돼 있는 삼성'이라는 냉혹한 평가를 보게 되었고 사내 방송국이 제작한 비디오테이프에 삼성전자 세탁기 생산라인의 불량품 제조 현장의 모습이 찍혀 있자 이 회장은 격노했다고 한다. 이에 1993년 독일 프랑크푸르트에서 신경영을 선언하며 "마누라, 자식 빼곤 다 바꿔라!"라는 말을 남겼다. 이 신경영은 '인간중시'와 '기술중시'를 토대로 질 위주 경영을 실천하는 것을 의미한다.

이건희 회장은 "연구개발(R&D)은 보험이다. 이를 제대로 하지 않는 것은 농부가 배가 고프다고 논밭에 뿌릴 종자로 밥을 지어 먹는 행위와 같다"라고 하였다.

삼성전자는 실적 악화로 고전할 당시에도 사상 최대 규모의 연구개발 투자에 나섰으며 '어려울 때가 투자 적기'라고 이건희 회장은 말하며 '역발상' 경영전략을 이어갔다. 일반적으로는 수익성이 악화되면 미래를 위한 투자가 위축되지만 이건희 회장은 그러지 않았다. 삼성전자는 덜 필요한 지출은 줄이고, 미래를 위한 투자를 확대하며 이건희 회장은 "연구개발센터"를 '24시간 멈추지 않는 두뇌'로 만들어야 한다며 R&D의 중요성을 강조했다. 더욱이 사물인터넷(IoT)과 핀테크 등 미래 신산업이 빠른 속도로 성장하는 추세여서 삼성전자는 이 분야에 투자를 확대하였으며, 반도체, 디스플레이 등의 분야도 후발 주자들과 격차를 계속 벌리기 위해서 지속적인 시설 투자를 하였다. 특히 삼성전자의 주요산업인 반도체와 디스플레이에 힘을 쏟았다.

4M D램 제품과 관련한 이건희 회장의 일화는 유명한데, 1987년 당시 삼성전자는 4M D램 개발 방식을 스택(쌓는 방식)으로 할 것인지, 트렌치(파고들어 가는 방식)로 할 것인지를 두고 고민에 쌓여 있었다. 이건희 회장은 '단순하게 생각하라'는 원칙으로 '쌓아 올리는 것'이 '파고 들어가는 것'보다 훨씬 쉽고, 문제가 생겼을 때 회로를 고치는 것이 편하다는 결론을 내렸으며, 그 판단은 성공했다. 64M, 256M 제품은 드디어 일본보다 빠르게 개발에 성공했으며 삼성전자는 반도체 부문에서 경이로운 실적을 냈다. 그럼에도 불구하고 이건희 회장은 정상이 되기보다 정상의 위치를 고수하기가 더 어려운 까닭이며 뼈를 깎는 노력이 뒷받침되지 않으면 정상은 언제나 위태로운 자리라며 축포를 터트리지 않았다.

이를 통해 우리는 삼성전자를 반도체 업계 최고까지 올려놓은 故 이건희 회장의 리더십을 알아볼 수 있다. 이건희 회장은 기존 경영방식을 새롭게 바꾸면서 삼성의 연구개발조직의 문화를 '인간중심'과 '기술중심'으로 완전히 바꾸었다. 또한, 업계가 불황일 때도 연구개발투자를 지속적으로 이어가며 삼성전자의 발전을 이끌어갔다. 이건희 회장은 변화를 두려워하지 않고 자신의 신념을 바탕으로 불확실성을 이겨내며 그의 리더십을 통해 삼성전자는 세계적 기업으로 발돋움할 수 있었던 것이다.

자료: 저자의 「혁신경영」 강좌에서 준비·논의된 사례에서 발췌 및 보완

제 7 장

기술기획

··· 제 1 절 　 기술기획의 개념 ···

　　일반적으로 기술기획(technology planning)은 넓게는 전략적 기술경영과정 전체를 나타내고 좁게는 기술전략에 따른 구체적인 실행계획, 연구개발 프로젝트의 선정, 자원배분 등을 나타내는 것으로 이해할 수 있다. 이 책에서는 기술전략이 수립되면 이를 구체적으로 구현할 수 있는 세부계획이 수립되어야 한다는 점에서 기술기획은 전략적 기술경영과정보다 좁은 개념으로서 수립된 기술전략을 집행으로 효율적으로 연결하게 하는 기능을 담당하는 것으로 파악한다.

　　일반적으로 경영학에서 기획(planning)이란 ① 기업의 장단기 목표를 선택하고, ② 목표를 달성하기 위한 전략을 수립한 후, ③ 선택된 전략을 추진하기 위해 자원을 어떻게 배분할 것인지에 관한 기업의 공식적인 의사결정과정

을 나타낸다. 이 점에서 기획과정은 전략경영의 전반적 과정을 상당 부분 포
괄하고 있다고 이해할 수 있다. 일반적으로 경영학에서 기획은 전략기획, 전
술기획, 운영기획으로 나누어 파악한다. 전략기획(strategic planning)은 기업의
목표를 달성하기 위한 기업 전체의 거시적인 중장기 계획(3~5년)을 수립하는
과정을 나타낸다. 전술기획(tactical planning)은 전략계획을 기업의 특정부분(사
업부)의 특정목표로 변환한 계획(1~2년)을 수립하는 과정으로 이해할 수 있다.
마지막으로 운영기획(operative planning)은 실제 업무수행의 차원에서 각 부서
또는 각 개인이 수행하여야 할 구체적인 단기계획(1년 이내)을 수립하는 과정
을 나타낸다. 일반적으로 전략기획은 전사적 차원 혹은 사업부 차원에서 이
루어지며, 전술기획은 사업부 차원 혹은 전략적 사업단위 차원에서 이루어지
고, 운영기획은 기능부서 차원에서 이루어진다(<표 7-1> 참조). 이에 따라, 전
략기획으로 갈수록 최고경영자의 관여가 운영계획으로 갈수록 하위경영자의
관여가 더욱 많이 필요하다.

표 7-1 전략기획, 전술기획, 운영기획의 특성

계획의 종류	목표범위	시간단위	경영계층	불확실성	경영환경	계획자료
전략기획	기업 전체	장기 (3년 이상)	최고경영층	크다	외부환경	질적 자료 경영자 경험
전술기획	사업부	중기 (1-2년)	중간경영층	중간	내·외부환경	질적 자료 양적 자료
운영기획	실무부서	단기 (1년 이내)	하위경영층	작다	내부환경	양적 자료

전술한 바와 같이 이 책에서는 기술기획을 수립된 기술전략을 구체화하는
과정으로 파악한다. 기술기획은 기업의 전략기획(strategic planning)과 사업기획
(business planning)의 핵심적인 요소로 인식되어야 한다. 따라서 기술기획은
전사적 차원과 사업부 차원에서 수행되어야 할 것이다. 성공적인 대기업은
기술기획이 기업이 우수한 기술을 바탕으로 고객에게 우수한 가치를 제공할
수 있는 능력에 결정적 역할을 한다는 점을 충분히 인식하고 있다. 그러나
기술전략의 수립과 기술기획은 상당한 차이가 있다. 먼저, 기술전략의 수립

은 창조적이고 혁명적이어야 하는 데 비해, 기술기획은 체계적이고 이미 설정된 방법을 따라도 무방하다. 기술전략은 기업이 승리하기 위한 처방을 결정하는 데 비하여, 기술기획은 이를 위해 수반되어야 할 절차 및 행위를 나타내 주는 역할을 한다. 이에 따라, 기술기획은 기술전략의 성공적인 집행 및 평가에 핵심적 역할을 담당하고 있다.

이와 같은 차이점을 인식하면 기술기획은 주로 전사적 차원보다는 사업부 (division) 차원에서 이루어지며, 사업부에서 기술을 바탕으로 전략적 목표를 어떻게 달성할 것인가의 문제를 다루게 된다. 그 결과 기술기획의 주체는 중간 경영층이 되며 기술기획과정에서의 불확실성은 전략기획과정에서보다는 훨씬 작다. 그 이유는 이미 기술기획과 관련한 불확실성은 최고경영층의 전사적 차원에서의 의사결정으로 인하여 많이 제거되었기 때문이다. 기술기획의 과정에는 사업부를 중심으로 한 내·외부 환경에 대해 면밀한 주시를 하여야 하며, 기획에 필요한 정보는 사업부 경영자의 전략적 판단과 같은 질적인 자료와 객관적 통계 및 시장조사에서 얻어지는 양적인 자료를 모두 활용하게 된다.

··· 제 2 절 기술기획의 과정 ···

근본적으로 기술기획을 효과적으로 수행하기 위해서는 다양한 요인을 고려해야 한다. 이들 요인은 일련의 과정으로 요약되는데 이를 기술기획과정(technology planning process)이라고 부른다. 이 같은 기술기획과정은 그 결과로서 도출된 기술계획(technology plan)만큼이나 중요하다. 왜냐하면 좋은 기획과정이 좋은 계획을 창출할 수 있기 때문이다. 여기에서는 기술기획을 하는 기초적이고 전반적인 과정을 살펴보기로 한다. 기술기획에서 우선적으로 고려하여야 할 사항은 수립된 기술전략을 달성하는 데 필요한 목표기술(target technologies)을 어떻게 확보할 것인가이다. 아무리 우수한 기업이라 하더라도 필요로 하는 기술을 모두 개발할 수 있는 능력은 없다. 그래서 기업 및 사

업부는 목표기술을 내부적으로 개발할 것인지에 대한 결정과 그럴 경우 이
를 위해 얼마만큼의 자원을 투입할 것인가를 결정하여야 한다. 그러나 이
절에서는 기술을 내부적으로 개발하는 데 필요한 기술기획의 과정을 중심으
로 알아보기로 한다.2)

효과적인 기술기획을 위한 출발점은 기술개발을 위해 무조건적으로 많은
자원을 투입하는 것보다 기술개발을 하기 위해 기업이 필요한 것을 먼저 살펴
보는 것이다. 기업이 개발을 원하는 기술이 무엇인지, 얼마만큼의 투자가 필요한
지, 총비용이 얼마인지를 고려하는 것이 바로 그것이다. 이를 바탕으로 기업 및
사업부는 기업의 재무상황이 기술개발을 위한 투자를 지원할 수 있는지를 검토
하는 것이 필요하다. 전체적으로 기술기획과정은 <그림 7-1>과 같이 목표기술
의 선정, 연구개발 프로젝트의 평가, 연구개발 포트폴리오의 평가, 전사적 차원
에서의 평가, 경쟁기업과의 비교검토, 실행가능성의 검토 등 여섯 단계로 이루
어지는 것으로 파악할 수 있다. 아래에서 이에 관해 자세히 살펴보기로 한다.

┃ 그림 7-1   기술기획의 과정

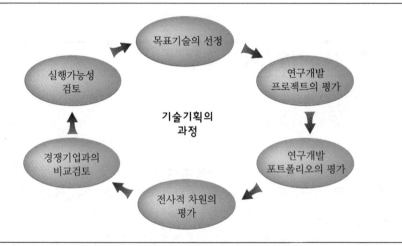

---

2) 목표기술의 외부조달의 문제는 제11장 기술협력에서 심층적으로 다루기로 함.

1. 목표기술의 선정

효과적인 기술개발을 하기 위해서는 사업부의 기술에 대한 현재의 상태를 파악하는 것이 필요하다. 이는 사업부의 경쟁전략을 고려하여 가장 바람직한 기술개발의 방향을 결정하는 것이다. 현실적으로 사업부가 필요로 하는 모든 주요 기술에서 뛰어난 경쟁적인 위치를 기대할 수는 없다. 따라서 어떤 기술을 개발할 것인가를 선택하는 데에는 많은 어려움이 따른다. 이에 따라, 사업부가 필요로 하는 목표기술(target technologies)의 개발을 위한 프로젝트를 도출하기 위한 준거의 틀로서 기업과 사업부의 경쟁적 위치를 살펴보는 것이 필요하다. 사업부는 현재의 경쟁적 위치를 파악하고 향후 지향하고자 하는 경쟁적 위치, 즉 경쟁목표를 도출하여야 할 것이다. 이를 바탕으로 기업과 사업부는 이 같은 경쟁목표를 효과적으로 달성하기 위하여 어떤 기술들을 개발할 필요가 있는지를 포괄적으로 파악하여야 할 것이다. 이들 필요기술들을 '목표기술군'(target technologies group)으로 정의할 수 있을 것이다.

물론 이와 같은 목표기술군은 전술한 기술환경분석과 기술지향적 내·외부 환경분석을 통해서도 상당한 정도로 파악될 수 있다. 그러나 환경분석에서는 기업 전체의 기술능력과 대상으로 하는 기술분야에 대한 포괄적이고 거시적인 차원에서 평가가 이루어지는 반면, 기술기획에서는 이 같은 평가 결과를 바탕으로 기업, 특히 사업부가 필요로 하고 프로젝트화하려는 구체적 기술분야들을 도출한다. 아울러 이들 목표기술의 개발 및 활용에 필요한 자원이 무엇이고 어느 정도 필요한지, 언제 조달가능한지를 결정하여야 한다. 이들 목표기술은 향후 사업부에 의해 추진될 연구개발 프로젝트(R&D projects)의 후보군을 형성하게 된다.

2. 연구개발 프로젝트의 평가

기업 및 사업부가 필요로 하는 목표기술군이 도출되면 이들은 사업부가 추진할 연구개발 프로젝트(R&D projects) 후보군을 형성하게 된다. 이제는 이들 연구개발 프로젝트를 수행하는 데 필요한 비용, 이익, 위험에 대한 개별적 평가를 시작하는 것이 필요하다. 이 단계에서는 이러한 평가를 통하여 구체적인 내용까지 한 번에 프로젝트를 선정할 수는 없을 것이므로 여러 번의 반복평가가 필요할 것이다. 이와 같은 반복평가를 바탕으로 기업 및 사업부는 향후 추진할 연구개발 프로젝트들을 결정할 수 있다.

일반적으로 대부분의 자본투자 프로젝트에서는 프로젝트의 평가에 있어서 순현재가치법(NPV: net present value)을 활용한다. 그러나 연구개발 프로젝트와 관련해서 순현재가치법은 원가와 효익을 계량화하기 어려우며, 프로젝트의 완료시점을 예측하기 어렵고, 할인율을 결정하기 어렵기 때문에 사용에 있어서 제약이 따를 수밖에 없다. 이러한 순현재가치법의 한계에도 불구하고, 개별 프로젝트의 정량적인 평가는 여전히 연구개발 프로젝트 선정의 훌륭한 출발점이라고 할 수 있다.

연구개발 프로젝트의 선정에 있어서 정성적 평가방법(qualitative evaluation methods)을 보충적으로 활용할 수 있다. 예를 들어, 숙련된 기술경영자나 프로젝트 책임자는 어떤 프로젝트의 중요성에 대해 더 많은 지식을 가질 수 있다. 연구개발의 초기단계에는 연구개발에 들어가는 비용은 상대적으로 많지 않다는 점에서 이와 같은 정성적 판단은 매우 유용한 의사결정 수단이 된다. 정성적 판단은 기술경영자에 의해 이루어지는데 기술경영자는 최고경영자의 기술전략과 경쟁전략을 충분히 고려하여 연구개발 프로젝트의 선정에 자신의 축적된 역량을 발휘하여야 할 것이다. 기술경영자는 이를 바탕으로 각각의 기술을 가지고 무엇을 할 것인지에 대하여 합리적으로 판단할 수 있으며, 기술기획에 필요한 제반요소를 이끌어 낼 수 있을 것이다. 아울러 연구개발 프로젝트 전체에 필요한 자원의 총소요량을 파악할 수 있으며, 전반적인 연구개발 포트폴리오를 검토할 수 있다.

3. 연구개발 포트폴리오의 종합적 평가

연구개발 프로젝트의 후보들이 선정되면 이들은 기업의 연구개발 포트폴리오(R&D portfolio)를 구성한다. 연구개발 포트폴리오는 기업이 추진하고 있거나 앞으로 추진할 연구개발 프로젝트들을 모두 망라하는 것이다. 이에 따라, 전 단계에서 선정된 연구개발 프로젝트에 대한 전반적 투자결정이 기업 및 사업부를 둘러싼 위험과 보상을 합리적으로 고려하였는가 및 기업 및 전략적 목표와 적합하게 연계가 되었는가에 대해 검토할 필요가 있다. 따라서 기업 및 사업부는 전체적인 관점에서 연구개발 포트폴리오를 바라보아야 할 필요가 있으며, 프로젝트의 균형이 맞는지, 어떤 프로젝트가 다른 프로젝트와 영향을 주고받는지에 대해서 고려하여야 한다.

이와 같은 연구개발 포트폴리오의 평가와 관리는 일반적으로 사업부(division) 차원에서 이루어진다. 사업부 차원에서의 연구개발 프로젝트의 관리는 위험과 보상의 통합적인 검토로부터 시작되어야 한다. 우선 사업부는 연구개발 프로젝트가 너무 많지 않은가를 검토하여야 하며, 위험 및 수익과 관련하여 균형 있는 포트폴리오를 구성하여야 할 것이다. 또한 각각의 연구개발 프로젝트의 위험과 효익을 면밀히 검토하여 단기·중기·장기에 걸쳐 수행할 수 있는 연구개발 포트폴리오를 구성하여야 할 것이다. 특히, 새로운 프로젝트의 선정 및 수행과 더불어 기존의 연구개발 프로젝트의 지속적인 수행 및 중단 여부에 대해서도 신중한 검토가 필요하다. 이는 기업의 연구개발 프로젝트에 대한 지속적인 갱신이 필요함을 나타내 주는 것이다. 기업의 연구개발자원은 한정되어 있다는 점에서 연구개발 포트폴리오의 종합적 평가는 기술경영의 매우 중요한 요소가 아닐 수 없다.

4. 전사적 차원에서의 평가

기술기획의 다음 단계는 기업 및 사업부가 선정한 새로운 연구개발 포트폴리오를 전사적 차원(corporate level)에서 총괄적으로 검토하는 것이다. 기업이 선정한 연구개발 프로젝트들은 다양한 사업부의 수요를 반영하여 추진될 것이며, 경우에 따라서는 사업부 자체의 프로젝트로 수행되어야 할 것이다. 이러한 점에서 볼 때, 이들 연구개발 포트폴리오가 사업부 간의 서로 다른 수요를 충분히 검토하였는가도 평가하여야 할 것이다. 예를 들어, 소규모로 성장하는 사업단위는 대규모의 성숙된 사업단위보다 많은 기술적 투자를 필요로 하며 더 많고 위험성이 높은 연구개발 프로젝트를 추진할 가능성이 많으나 이들 새로운 사업부는 자원이 매우 부족하여 새로운 프로젝트를 추진하기가 매우 어려운 경우가 많다. 전사적 차원에서 기술경영의 중요한 역할 중의 하나가 바로 새로운 사업부에서 미래지향적인 연구개발 프로젝트의 수행을 가능하게 하여 기업의 미래 이익을 극대화하는 것이다.

아울러 기업은 전사적 관점에서 연구개발 프로젝트들이 기업의 핵심역량(core competence)에 어느 정도 공헌할 것인가를 검토하여야 할 것이다. 기업의 핵심역량을 확보하고 경쟁우위를 제고하기 위해서는 다양한 연구개발 프로젝트의 후원이 필요하다. 이 점에서 기업은 전사적 핵심역량을 제고할 수 있는 연구개발 프로젝트의 적극적 수행을 도모하여야 할 것이다. 아울러 연구개발 프로젝트가 기업의 경쟁우위의 확보에 공헌하기 위해서는 이들이 기업의 관련 분야들과 시너지를 창출할 수 있어야 할 것이다. 프로젝트가 크지 않더라도 기존의 기술분야, 사업부와 관련이 많고 시너지의 창출이 기대되는 연구개발 프로젝트의 우선적인 선정 및 수행이 필요하다.

뿐만 아니라 장기적으로 상업적 성공의 가능성이 보이는 일부 신흥기술(emerging technologies)의 개발과 장기적 기초연구(basic research)를 위해 적정한 자원을 확보할 필요가 있다. 아울러 이 같은 장기 프로젝트를 어떻게 관리할 것인지, 각각의 프로젝트에 몇 명의 연구개발자들을 종사하게 하고, 이들이 얼마의 시간을 투입하게 할 것인지의 문제에 대해서도 전사적 차원에서 검토되어야 하는 것이다. 기업은 이와 같은 신흥기술분야의 이론적 연구 프로젝트를 위해서 합리적인 정도의 시간과 자원을 남겨놓을 필요가 있다. 이들 프로젝트는 경우에 따라서는 기대 이상의 높은 효과를 창출할 수 있게 할 뿐만 아니라 연구개발인력들에게 창조적이고 안정적인 연구의 기회를 제

공해 주기 때문이다. 이를 통해 기업 내에 더 많은 혁신 분위기를 확산할
수 있을 것이다.

　이와 같은 기업의 연구개발 포트폴리오 전반에 대한 평가는 기업이 향
후 일정기간 추진할 기술계획(technology plan)을 형성하게 된다. 이 기술계획
에는 기업의 모든 사업부가 추진하려고 하는 연구개발 프로젝트들을 망라하
고 있으며, 이들 프로젝트의 수행에 필요한 자원의 예상 소요량, 개별 프로
젝트별 완료시점, 전체 및 개별 프로젝트의 개별 사업부 및 기업 전체의 경
쟁우위에 미치는 영향 등을 개략적으로 나타내 줄 것이다. 기술계획은 기업
의 기술전략을 달성하기 위한 마스터플랜(masterplan)의 역할을 담당하게 될
것이다. 그러나 이 기술계획은 아직 확정된 계획이 아니며 경쟁자 및 실행
가능성에 비추어 더욱 심층적인 검토를 필요로 한다.

5. 기술계획의 경쟁기업과 비교검토

　전사적 차원에서 기술계획이 검토되면, 검토된 기술계획을 경쟁기업
(competitors)과 비교하고 보다 심층적으로 검토하여야 할 것이다. 각각의 목표
기술군들을 경쟁자들과 비교하여 보다 세밀하게 검토하고 종합적인 기술계획
의 원가, 이익, 위험 등을 세심하게 평가하여야 한다. 예를 들어, 기술계획이
객관적이고 현실적인지, 다른 경쟁기업들이 실패를 경험한 곳에서 획기적인
결과를 얻으려고 노력하는 것은 아닌지 등을 검토하여야 할 것이다. 또한
기술계획이 기업이 확보하고 있는 연구인력을 너무 과대평가하여 경쟁기업
에 비해 더욱 현명하고 능력이 있다는 것을 가정하고 있는 것은 아닌지, 기
술계획이 경쟁기업을 따라가기에 너무 뒤쳐져 있는 것은 아닌지 등도 고려
해야 한다.

　경쟁기업의 역량과 지식을 비교하여 기업의 기술계획을 종합적으로 검토
하면, 자금·시설·인력·기능을 모두 고려한 전사적 차원에서 총자원 소요량
을 보다 객관적으로 파악할 수 있을 것이다. 또한 기술계획의 비교에 있어서
경쟁기업의 과거 몇 년간의 자료를 활용하면 기업은 경쟁기업과 대비한 기업

의 기술적 역량의 변천을 객관적으로 파악할 수 있게 될 것이다. 그러나 이와 같은 경쟁기업들과의 비교는 상당한 가치가 있으나 조심스럽게 수행하여야 한다. 기술개발에 대한 투자에 있어서 다른 기업과 경쟁적으로 투자를 하는 것보다는 합리적인 투자가 더욱 가치가 있을 것이기 때문이다. 그러나 경쟁기업들과 기술계획을 비교하는 것은 경영자에게 기술계획의 추진과 관련한 심리적인 안정감을 주고, 또한 이사회와 이해관계자들에게 왜 기업 및 사업부가 해당 기술계획(technology plan)을 추진하여야 하는지를 정당화시키는 정보를 제공해 줄 수 있을 것이다. 이로 인해 기업 및 사업부의 이해관계자들이 미래의 성장기회에 집중하는 데 점점 더 관심을 갖고 후원하게 할 수 있을 것이다.

6. 기술계획의 실행가능성 검토

기술기획의 마지막 단계는 지금까지 마련된 기업의 종합적인 기술계획안을 현실성, 즉 실행가능성의 측면에서 최종적으로 검토하는 것이다. 이는 기술계획의 현실성을 확보하는 것으로서 기술기획과정의 종료단계를 의미하며, 그 결과 기술기획과정에서 가장 중요하다. 그동안 마련된 기술계획안은 실행가능성의 측면에서 여러 번의 면밀한 검토를 거쳐 기업이 집행할 '최종 기술계획'(final technology plan)으로 확정되어야 할 것이다.

이와 같은 기술기획의 실행가능성의 검토에 있어서 무엇보다 중요한 것은 기업이 기술계획을 추진하는 데 충분한 정도의 자원(resources)을 동원할 수 있는가를 검토하는 일이다. 어느 기업이나 자원의 동원능력에 있어서 한계가 있으며, 성공적인 기업은 그들의 자원을 모든 기술에 투입하는 것보다 상업적 성공가능성이 큰 곳에 자원을 집중하는 데 뛰어나다. 그러나 이러한 규칙에도 예외는 있을 것이다. 경쟁에 뒤쳐져 있고 적정한 자원을 투입할 수 없을지라도 특정기술에서 경쟁력 있는 강점을 가지고 있는 것이 전사적 전략에서 중요할 수도 있다. 아울러 기술계획을 실행에 옮기는 데 있어서 핵심인력이 더욱 필요하다면 이를 채용하고, 인력의 재교육이 필요하다면 시간을 두고 이를 추진하여야 할 것이다. 또한 이미 수립된 기술계획이 상당한 변화를 필요로 한다면 이를 적극적으로 변화시켜야 할 것이다.

이상에서는 기술기획의 과정에 관해 알아보았다. 기술기획의 과정에는 대단히 많은 정보(information)를 필요로 한다. 이 점에서 기업의 다양한 계층에 있는 많은 인력의 적극적인 참여가 필요하다. 최고경영자 및 사업부 경영자뿐만 아니라 다양한 사업부의 연구개발, 생산, 마케팅과 같은 관련 부서에 있는 중간경영자들의 적극적인 참여를 필요로 한다. 특히, 중간경영자들은 그들의 고유한 관점에서 기술경영과정에 대단히 가치 있는 공헌을 해야 할 것이다.

제3절 기술기획의 방법

1. 연구개발 포트폴리오

1) 연구개발 포트폴리오의 중요성

연구개발 포트폴리오는 기업 및 사업부 연구개발자원의 배분을 나타내 줌으로써 기술전략이 구체적으로 어디에 주안점을 둘 것인가를 제시해 준다. 즉, 연구개발 포트폴리오(R&D portfolio)는 기업의 기술개발 우선순위를 설정함으로써 기업 및 사업부의 희소한 연구개발자원의 효율적 활용을 도모할 수 있다. 이 점에서 연구개발 포트폴리오는 기술기획의 중요한 수단이다. 일반적으로 포트폴리오(portfolio)는 경영학의 투자이론에서 도출된 개념으로서 전략경영 분야에서 많이 활용되고 있다. 포트폴리오는 기업이 수익을 창출할 수 있는 여러 가지 투자대안들의 집합을 의미한다. 연구개발투자도 기업의 미래 수익을 창출해 준다는 점에서 포트폴리오를 구성할 수 있는 것이다. 그 결과 연구개발 포트폴리오는 기업이 추구하려는 다양한 연구개발 프로젝트들의 집합을 의미한다.

기술경영과 관련하여 기업과 사업부는 기술적 목표를 달성하고 기술전략을 효과적으로 달성하기 위해 여러 종류의 연구개발 프로젝트를 수행하여야 한다. 더 나아가 이미 수행되어 왔던 기존의 연구개발 프로젝트의 경우에도 그동안의 기술경제환경 및 기업 기술전략의 변화를 충분히 고려하여 어떤 연구개발 프로젝트는 지속적으로 투자하고, 어떤 프로젝트는 매력도 및 성공가능성이 적어 투자를 중단할 것인가를 결정하여 기업의 자원을 효율적으로 활용하여야 한다. 새로운 연구개발 프로젝트의 추진과 관련하여 기업 및 사업부들은 필요로 하는 모든 신기술에 대한 투자를 원한다 하더라도 대부분의 기업 및 사업부들은 자원의 한계성(resources constraints)으로 인하여 모든 기술개발의 수요를 감당하지는 못한다. 이와 같은 연구개발자원 확보의 어려움은 기술계획은 물론 기술전략을 효과적으로 추진하는 데 걸림돌이 될 수밖에 없다. 이에 따라, 기술계획을 효과적으로 추진하고 연구개발자원을 체계적으로 동원하기 위해서는 연구개발 포트폴리오(R&D portfolio)의 합리적 구성이 필요하다.

연구개발 포트폴리오는 대기업(big enterprises)은 물론 중소기업(SMEs)에게도 필요하다. 거대기업 및 사업부는 새로운 사업에 투자하기 위한 재원의 확보에 많은 어려움을 겪는 경우도 많이 있다. 이 경우 연구개발 포트폴리오의 개념은 새로운 기술개발 및 사업에 대한 투자의 당위성을 효과적으로 확보해 줄 수 있다. 반면에 신흥 기술집약형 중소기업의 경우에는 새로운 기술 및 사업에 보다 유연하게 투자할 수 있다. 이 경우에도 중소기업은 일반적으로 연구개발자원이 충분하지 않기 때문에 연구개발 포트폴리오의 개념을 통하여 신규로 추진하는 기술개발 및 사업에 대한 우선순위를 설정하여 희소한 자원의 효율적 활용을 추구하여야 할 것이다. 이처럼 기업의 규모 및 유형과 관계없이 연구개발 포트폴리오는 기업 및 사업부가 필요로 하는 곳에 자원을 어떻게 배분할 것인가에 대해 명확한 가이드라인(guidelines)을 제공해 줄 수 있다.

기술전략이 수립되고 나면 경영자의 관심사는 이와 같은 전략을 구체적으로 실행할 수 있는 어떠한 유형의 연구개발 프로젝트를 수행할 것인가의 문제에 놓이게 된다. 이와 같은 기업이 어떤 유형의 연구를 수행하고, 연구개발에 있어서 어떤 기술에 주안점을 둘 것인가의 문제는 이른바 포트폴리오 구성의 문제이다. 여기에서 어떤 유형의 연구개발활동을 수행할 것인가의 질문에 대한 대답은 기업의 기술전략, 기술계획, 사업의 유형, 산업분야, 기술적 역량, 고객, 재무적·기술적 자원, 기타 여러 요인에 달려 있다.

2) 연구개발 포트폴리오의 유형

근본적으로 연구개발 포트폴리오와 관련된 핵심적 문제는 기술개발에 어떤 유형이 있는가를 파악하는 것이다. 기업은 기초연구, 탐색연구, 새로운 상업적 활동을 위한 개발, 기존의 상업적 활동을 위한 개발, 기술 서비스 등 다양한 유형의 연구를 수행한다. 이렇게 다양한 종류의 연구를 수행하기 때문에 포트폴리오를 구성하는 것이다. 기업 및 사업부는 기업의 경쟁우위에 공헌할 수 있는 강력한 연구개발 포트폴리오를 구성하고 이에 따른 기술개발활동을 적극적으로 수행하여야 한다. 기업이 수행하고 있는 연구개발활동의 여러 유형은 기업의 경쟁우위에 미치는 영향의 폭과 시간의 측면에서 서로 다르지만 이들 모두는 기업의 경쟁우위 확보에 매우 중요하다. 따라서 연구개발 포트폴리오는 기업 기술혁신의 모든 측면, 즉 순수기초연구에서 기존사업을 유지하기 위한 개발연구에 이르기까지 모든 스펙트럼에 걸쳐 선정되어야 한다. 이와 같은 관점에서 연구개발 포트폴리오는 <그림 7-2>와 같이 연구의 성격, 혁신의 유형, 연구기간 등의 세 가지 차원에서 나타낼 수 있을 것이다.

첫째, 연구의 성격과 관련하여 기초연구, 응용연구, 개발연구, 상업화 연구로 포트폴리오를 구성할 수 있다. 먼저, 기초연구(basic research)는 새로운 과학적 지식 혹은 이해를 얻기 위해 수행되며, 특정한 실무적 목적 혹은 응용을 지향하지 않는 특징을 가지고 있다. 기초연구는 '과학의 진보'를 위하여 수행되며, 장기간에 걸친 지식의 창출 및 축적의 과정으로 이해될 수 있다. 응용연구(applied research)는 특정의 실무적 목적의 달성을 지향하며 아이디어를 운영가능한 형태로 진전시키기 위해 수행된다. 이 유형의 연구는 '인식된 특정 니즈'를 충족하는 데 필요한 지식 혹은 이해를 얻기 위해 수행된다. 개발(development)연구는 유용한 자재, 장치, 시스템, 방법을 창출하고 새로운 혹은 진보된 제품의 설계 및 개발을 위하여 연구로부터 얻어진 지식 혹은 이해를 체계적으로 사용하는 것을 의미한다. 개발업무는 엔지니어링의 영역에 머물며, 개발노력은 연구와 아이디어의 상업적 활용을 연계해 주는 역할을 한다. 마지막으로 상업화(commercialization) 연구는 앞에서의 기초연구, 응용연구, 개발연구 결과를 시장에서 거래될 수 있는 새로운 제품과 서비스로 변환시키는 연구를 의미한다.

그림 7-2   연구개발 포트폴리오의 유형

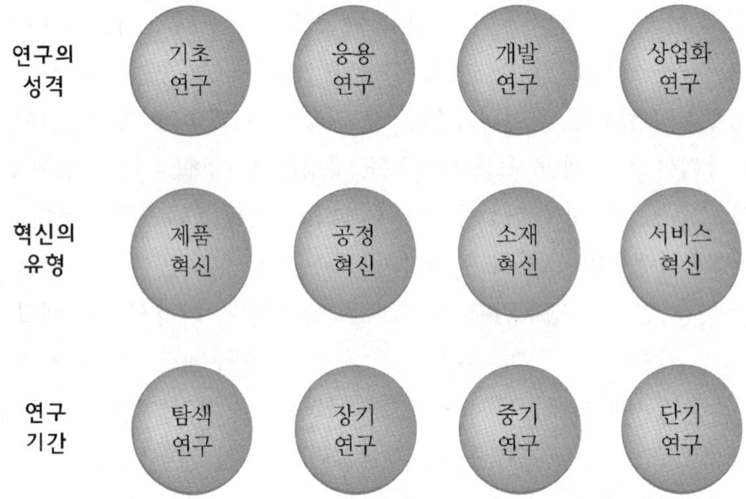

연구의 성격	기초 연구	응용 연구	개발 연구	상업화 연구
혁신의 유형	제품 혁신	공정 혁신	소재 혁신	서비스 혁신
연구 기간	탐색 연구	장기 연구	중기 연구	단기 연구

둘째, 연구개발을 기술혁신의 관점에서 파악하여 연구개발 프로젝트를 제품혁신, 공정혁신, 소재혁신, 서비스 혁신의 과제로 구성할 수 있다. 제품혁신(product innovation) 프로젝트는 새로운 제품의 창출이나 기존제품의 기능, 성능, 사양에 있어서 상당한 정도의 변화를 목표로 하는 프로젝트를 의미한다. 공정혁신(process innovation) 프로젝트는 원가절감을 목표로 하여 생산공정을 개선하는 프로젝트이다. 소재혁신(material innovation) 프로젝트는 새로운 소재를 창출하기 위한 혁신으로서 이는 차별화 전략을 추구하려는 프로젝트로 분류될 수 있다. 마지막으로, 서비스 혁신(service innovation) 프로젝

트는 기술혁신의 과정에 있어서 고객에게 보다 나은 가치를 제공하기 위한 다양한 서비스에 있어서의 혁신을 의미한다.

셋째, 연구과제의 기간을 바탕으로 연구개발 프로젝트를 탐색연구, 장기연구, 중기연구, 단기연구로 프로젝트를 구성할 수 있다. 탐색연구(exploratory research)는 연구기간의 개념을 고려하지 않고 기업의 미래지향적인 새로운 가능성을 창출하기 위한 연구로서, 기업의 미래성장동력에 가장 기초가 되는 연구 프로젝트들이 이 분야에 속한다. 장기연구(long-term research)는 기업이 7~8년 이상의 장기적인 경쟁우위를 창출할 수 있는 연구개발 프로젝트를 의미하며, 중기연구(mid-term research)는 3~6년 정도의 기업의 중기적 경쟁우위를 창출하기 위한 연구개발 프로젝트를 의미한다. 일반적으로 기업이 많이 지향하는 단기연구(short-term research)는 기업이 1~2년의 경쟁우위를 창출하는 것을 목표로 하는 연구개발 프로젝트를 의미한다.

기업이 기술혁신을 통한 지속가능한 경쟁우위와 부를 창출하기 위해서는 이상의 다양한 유형의 연구개발 프로젝트에 있어서 균형(balance)을 유지하여야 할 것이다(Boer, 2004: 127-155). 이 같은 연구개발 포트폴리오의 균형성은 기업 및 산업에 따라 다를 것이다. 일반적으로 기업은 단기적인 수익의 창출에 치우쳐 단기적 연구, 공정혁신 지향적 연구, 개발 및 상업화 연구에 치우친 연구개발 포트폴리오를 구성하려는 경향이 많을 수 있다. 특히, 최고경영자(top management)가 단기적인 성과를 강조하며 기술경영에 대한 관심이 부족하면 기술경영을 실제 담당하는 경영자는 단기지향적 연구에 치우칠 수밖에 없을 것이다. 그러나 이는 기업의 미래지향적 발전에 상당한 부담으로 작용할 수밖에 없다는 점에서 최고경영자는 기술혁신과 기술경영에 보다 적극적인 관심을 가져야 할 것이며, 이를 통하여 다양한 연구개발 프로젝트들이 추진되어 건전한 연구개발 포트폴리오의 구성 및 운영이 가능하게 하여야 할 것이다.

3) 연구개발 포트폴리오의 구축

연구개발 포트폴리오를 구성하는 가장 일반적인 방법은 기업 및 사업부가 원하는 기술들의 기술적 특성과 이들을 개발하는 데 필요한 기업의 자원동원능력을 바탕으로 구성하는 것이다(예: Pfeiffer 등, 1986: 107-124). 전자는 기술의 매력도라고 부르고, 후자는 자원의 강도라고 부른다. 이들 두 변수를 연구개발 포트폴리오의 핵심변수(core variables)라고 부르는데 이들을 효과적으로 파악하기 위해서는 여러 개의 하위 구성요소 즉 하위변수(sub-variables)를 살펴보아야 한다. 이 유형의 포트폴리오를 기술-자원 포트폴리오(technology-resource portfolio)라고 부르는데, <그림 7-3>은 이에 대한 대표적인 사례를 제시하고 있다. 각각의 기술을 개발하기 위한 연구개발 프로젝트들은 기술적 매력도와 자원의 강도의 두 핵심변수에 의해 구축된 여러 영역에 위치하게 되며, 기업은 이들 프로젝트의 위치를 바탕으로 효과적인 의사결정을 내릴 수 있다.

첫 번째 핵심변수는 기술의 매력도(technological attractiveness)로서, 이는 목표로 하는 기술들의 기술적, 경제적 우위를 나타낸다. 이 변수는 해당 기술들이 가지고 있는 내재적 혁신창출능력은 물론 더 나아가 중장기적 수익창출능력을 나타내 준다. 기술적 매력도를 세부적으로 나타내면 기술적 기회와 위험을 모두 포괄하고 있다. 이와 같은 기술적 매력도의 하위 구성요소로는 기술의 수요적 측면(예: 기술의 활용범위, 친숙도 등)과 공급적 측면(예: 혁신 잠재력, 기존기술과의 조화도 등)으로 나누어 볼 수 있을 것이다.

| 그림 7-3 | 연구개발 포트폴리오의 사례: 기술-자원 포트폴리오 |

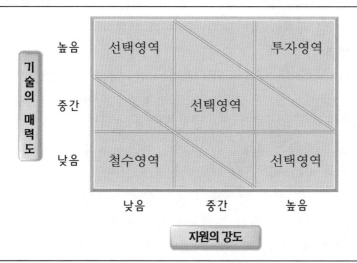

자료: Pfeiffer, W., Schneider, W., and Dögel, R., "Technologie−Portfolio−Management," in: Staudt, E.,
     ed., *Das Management von Innovationen* (Frankfurt, 1986), p. 122.

두 번째 핵심변수는 자원의 강도(resource strength)로, 이는 기업의 내부적
인 요소로서 경쟁기업과 대비하여 특정기술들에 대한 기업의 기술적, 경제적
통제능력을 나타내 준다. 다시 말해, 자원의 강도는 기업이 경쟁기업에 대하여
가지는 기술적 자원의 강점과 약점을 나타내 준다. 이와 같은 자원의 강도는
몇 개의 하위 구성요소를 가지는데 대표적으로 기업이 가지고 있는 기술적 지
식의 강도(예: 기업이 가지고 있는 기술적 지식의 수준 및 안전성 등)와 재무적 강
도(예: 연구개발 예산의 크기 및 계속성 등)로 나누어 살펴볼 수 있을 것이다.

이들 두 핵심변수를 바탕으로 Pfeiffer 등(1986)은 <그림 7-3>과 같은 기술
−자원 포트폴리오를 제시하고 있다. 각 연구개발 포트폴리오의 영역에 대해
살펴보면 다음과 같다.

① 먼저, 우상위 영역의 경우에는 기술적 매력도도 높고 기업이 가지고
   있는 자원의 강도도 매우 높은 영역을 나타낸다. 이 경우에는 기업
   은 이 기술에 적극적인 투자를 단행하여 연구개발 프로젝트를 실행
   에 옮겨야 할 것이다. 즉, 이 분야의 연구개발 프로젝트들은 기업 및

사업부의 경쟁우위 달성에 가장 큰 공헌을 할 수 있는 과제들로서 이들은 기업 연구개발투자에서 가장 선호되는 대상이 된다. 이에 따라, 이 영역을 투자(investment)의 영역이라 부른다.

② 좌하위 영역의 경우에는 기술의 매력도도 낮으며 자원의 강도도 낮은 영역을 나타낸다. 이 영역에 위치해 있는 연구개발 프로젝트들은 기업이 가장 기피하는 과제들로서 이 영역의 경우에는 새로운 연구개발 프로젝트의 추진은 이루어지지 않으며, 기존에 투자되고 있는 연구개발 프로젝트의 경우에는 과제를 중단하거나 자원을 서서히 철회하여야 할 것이다. 이에 따라, 이 영역을 철수(divestment)의 영역이라 부른다.

③ 다음으로 그림의 중간 영역에 위치해 있는 연구개발 프로젝트들이 있다. 이 경우에는 기술적 매력도는 높으나 자원의 강도가 약하고, 혹은 기술적 매력도는 낮으나 자원의 강도는 높다든지, 마지막으로 기술적 매력도와 자원의 강도가 모두 보통인 영역을 나타내 준다. 이 영역의 연구개발 프로젝트의 경우에는 경영자는 보다 세심한 의사결정을 하여야 하는데, 특히 기업의 사업전략에 준거하여 연구개발과제의 추진 여부를 결정하여야 할 것이다. 또한 이 영역에 속하는 기술들의 경우에는 다른 기업과 연계하여 확보하는 기술협력 전략을 추진할 수도 있을 것이다. 이에 따라, 이 영역을 선택(selection)의 영역이라 부른다.

이와 같은 자원과 기술을 바탕으로 한 연구개발 포트폴리오는 기업의 기술적 측면과 재무적 측면을 대비하는 포트폴리오로서 연구개발 프로젝트의 선정에 있어서 매우 효과적으로 활용될 수 있다. 기업은 기술-자원 포트폴리오를 바탕으로 투자(investment), 철수(divestment), 선택(selection)의 세 가지 유형의 구체적 전략을 추진할 수 있다. 이와 같은 연구개발 포트폴리오의 분석에 있어서 중요한 점은 포트폴리오가 기술의 동력성을 반드시 반영해야 한다는 것이다. 즉, 여기에서 분석대상이 되는 기술은 기존의 기술만이 아니라 미래에 기업 및 사업부의 경쟁우위 확보에 핵심적인 새로운 기술(new technologies)이 포함되어야 할 것이다.

2. 기술 로드맵

1) 기술 로드맵의 중요성

기술 로드맵(technology road-map)이란 특정 제품의 개발에 필요한 핵심기술과 지원기술을 순차적으로 제시하는 기술기획방법의 하나이다. 기술 로드맵의 개념은 모토롤라(Motorola)사에 의해 개발되었는데, 현재 전 세계의 많은 기업이 널리 활용하고 있는 기술기획방법이다. 모토롤라사는 기술에 기초한 경쟁전략으로 매우 유명한데, 이 회사는 기술집약형 신제품을 개발하여 이를 적시에 시장에 출하하는 데 대단한 능력을 축적하여 왔다. 이 회사는 생산하는 제품의 복잡성과 디자인 그리고 제조과정에서 필요한 기술적 요소를 경시하지 않기 위하여 기술 로드맵이라는 전사적 차원의 기술기획 기법을 개발하였다.

기술 로드맵은 대상제품의 기능과 성능의 발전에 따라 필요한 기술을 시간의 순서에 따라 기록하는 것이 특징이다. 기술 로드맵의 목적은 기술개발과 관련된 중요한 의사결정을 하거나 기술개발 계획을 수립하는 데 유익한 정보를 제공하여 경영자나 엔지니어로 하여금 미래의 기술상황에 대해 현재보다 나은 의사결정을 할 수 있도록 도움을 주는 데 있다. 또한 고객의 수요를 효과적으로 충족시킬 수 있는 기술적 대안들을 규명·평가·선정하는 방법을 제공한다.

기술 로드맵은 제품의 바람직한 목표에 효율적으로 도달하기 위한 전략과 함께 제품의 설계와 공정에 필요한 주요 기술적 요소(technological factors)를 산출한다. 즉, 기술 로드맵은 바람직한 목표와 전략 등의 형태로 작성자의 의지를 포함하는 것이 가장 큰 특징이다. 기술 로드맵은 2~10년을 전망하여 여러 기술 또는 제품의 세대를 추적한다. 그리고 의사결정자들에게 유용한 미래기술의 전망에 대한 합의된 견해 또는 비전을 제시한다. 따라서 기술 로드맵의 미래예측 성격은 기술영향평가보다는 덜 규범적이고 특정 제품의 개발을 목표로 한 목표지향적 성격을 가지고 있다.

기술 로드맵을 작성하는 목적은 다음과 같은 네 가지를 들 수 있다. 첫째, 다양한 제품군들과 기술적 원천들과의 상관관계를 제시함으로써 기업이 기술개발에 필요한 자원배분의 방향과 우선순위를 결정하기 위함이다. 둘째, 대상 특정 제품과 관련된 기술개발활동에 대한 의사소통을 원활히 하고 관련 활동을 통합하며 그 결과를 잘 축적하기 위함이다. 셋째, 현재와 미래의 기술적 위치와 방향을 객관적으로 평가하고 이를 경쟁자와 객관적으로 비교하여 기업의 전략적 대안을 제시하기 위함이다. 마지막으로 기업 외부의 핵심적인 기술 변화과정을 잘 추적하고 이들에 대한 지식을 잘 축적하여 기업의 미래지향적 기술경쟁력을 확보하기 위함이다.

2) 기술 로드맵의 작성방법

기술 로드맵은 시간의 흐름에 대하여 제품과 기술의 두 축으로 작성된다. 이를 통하여 미래의 핵심기술들과 이를 바탕으로 하는 미래의 핵심제품들의 발전과정을 지도로 나타낼 수 있다. 기술 로드맵의 구성단계를 살펴보면, 첫 번째 단계는 신흥기술(emerging technologies)에 대한 로드맵을 작성하고, 두 번째 단계는 이들 기술들이 활용될 수 있는 주력제품(key products)에 대한 로드맵을 만들며, 세 번째 단계는 이들 두 로드맵을 결합함으로써 전체 로드맵이 완성된다. 그 결과 일정기간에 대해 작성된 기술 로드맵은 기업의 기술 및 제품 개발의 과거, 현재, 미래를 나타내 주며 기업의 기술전략을 구체화할 수 있다. 아래에서는 이에 대해 보다 자세히 살펴보기로 한다.

먼저, '신흥기술에 대한 로드맵'은 앞으로 핵심기술로 변환될 것으로 보이는 모든 신흥기술에 대한 로드맵을 작성하는 것을 말한다. 이를 위하여 기업 내의 소규모 전문가 위원회가 만들어지며, 이 위원회는 이 같은 신흥기술의 로드맵 작성은 물론 이를 지속적으로 쇄신하는 책임을 가지게 된다. 여기서 다루는 신흥기술은 기업 내·외에서 개발되는 기업의 주력제품과 관련된 모든 기술을 포함한다. 신흥기술에 대한 로드맵은 해당 기술에 있어서 기업의 능력을 객관적으로 평가해 주고, 해당 기술에 있어서 경쟁기업에 대비한 자사의 기술능력의 현재와 미래의 모습을 객관적으로 비교해 주며, 더 나아가 이들 신흥기술의 진보에 대한 예측을 가능하게 해준다.

　두 번째 단계는 기업의 '주력제품에 대한 로드맵'을 작성하는 것이다. 이들 주력제품은 기업의 중장기적 경쟁우위의 원천이 될 미래 핵심제품들을 의미한다. 이와 같은 기업의 핵심제품별로 각각의 제품 로드맵을 만들면 기업의 핵심제품의 시간과 발전에 따른 기술수요를 파악할 수 있을 것이다. 각각의 제품 로드맵은 해당 제품의 역사, 위치, 미래에 대해 평가하게 해준다. 특히, 이는 제품의 시장에 대응한 제품 및 공정에 있어서의 기업의 진행상황을 나타내 주며, 제품의 기대 성능, 자원배분, 시장상황의 관점에서 기업이 적절한 의사결정을 할 수 있게 한다.

　마지막으로, 이들 신흥기술과 제품에 대한 로드맵이 서로 결합되어 전체적인 기술 로드맵(overall technology roadmap)이 만들어진다. 이와 같은 신흥기술 로드맵과 제품 로드맵의 결합은 각각의 주력제품(major product lines)별로 이루어져야 할 것이다. 기업은 이 같은 기술 로드맵을 바탕으로 요구되는 기술, 제품의 품질수준, 자원의 배분, 특허문제 등에 관한 효율적인 의사결정을 할 수 있다. 기업은 기술 로드맵을 바탕으로 미래의 경쟁우위 창출의 원천이 될 핵심제품들을 선정하고, 이들을 개발하기 위해서는 어떠한 핵심기술들을 개발·확보하여야 할 것인가를 효과적으로 알 수 있게 된다. 이러한 필요 핵심기술들은 기업 및 사업부의 연구개발 프로젝트로 변환되고 적절한 자원이 투자되어 구체적으로 개발 및 상업화가 추진되게 된다.

　<그림 7-4>는 기술 로드맵의 작성방법을 나타내 준다. 이 기술 로드맵은 주력제품$_1$에 대한 로드맵을 나타내 준다. 우선 시간의 흐름은 과거로부터 현재(T_0)를 거쳐 미래(T_n)로 진행되는 것으로 파악한다. 이와 같은 시간의 흐름에 따라 주력제품$_1$은 제품$_{1+0}$에서 제품$_{1+n}$으로 발전해 나가는 것으로 파악할 수 있다. 한편 기업이 필요로 하는 기술은 기술$_1$에서 기술$_k$에 이르기까지 매우 다양한데 이들도 각각 시간에 따라 발전해 나가는 것으로 파악할 수 있다. 이와 같은 제품의 발전과 신흥기술의 발전 추이를 결합하면 어느 시점의 주력제품이 필요로 하는 신흥기술들을 파악할 수 있다. <그림 7-4>에서 음영이 있는 셀은 어느 시점에 있어서 주력제품의 개념들이 필요로 하는 기술들을 나타내 준다. 예를 들어, T_{+3}의 시점에서의 주력제품$_1$의 개념은 제품$_{1+3}$이고 이 제품이 필요로 하는 기술들은 기술$_{2+3}$과 기술$_{5+3}$이 된다.

그림 7-4	기술 로드맵의 작성방법

시간		T_{-2}	T_{-1}	T_0	T_{+1}	T_{+2}	T_{+3}	……	T_{+n}
신흥 기술	기술$_1$								
	기술$_2$						기술$_{2+3}$		
	기술$_3$								
	기술$_4$								
	기술$_5$						기술$_{5+3}$		
	⋮								
	기술$_k$								
주력 제품	제품$_1$	제품$_{1-2}$	제품$_{1-1}$	제품$_{1-0}$	제품$_{1+1}$	제품$_{1+2}$	제품$_{1+3}$	……	제품$_{1+n}$
	제품$_2$								
	제품$_3$								
	⋮	⋮	⋮	⋮	⋮	⋮	⋮		⋮
	제품$_m$								

이와 같은 기술 로드맵은 기업의 주력제품별로 작성을 하여야 할 것이다. 즉, <그림 7-4>는 기업의 주력제품$_1$에 대한 기술 로드맵을 나타내며, 기업은 주력제품$_2$, 주력제품$_3$ …… 등등에 대하여 이와 유사한 기술 로드맵을 만들 수 있다. 이와 같은 기술 로드맵은 기존의 주력제품뿐만 아니라 향후 주력제품이 될 수 있는 신흥제품(emerging products)에 대해서도 기술 로드맵을 작성할 수 있다. 이와 같은 신흥제품은 현재시점(T_0) 이후부터 로드맵이 형성되게 될 것이다. 이와 같은 각각의 주력제품과 신흥제품에 대하여 기업은 목표로 하는 미래의 어느 시점에 있어서 제품의 개념을 파악하고 이 제품 개념이 필요로 하는 미래기술들을 도출하여 이에 대한 연구개발 프로젝트를 추진하여야 할 것이다. 이를 바탕으로 기업은 효율적인 연구개발활동을 수행하고 새로운 제품을 개발하여 미래의 성장동력으로 삼을 수 있을 것이다.

3) 기술 로드맵의 효과

기술 로드맵은 어떠한 기준으로 어떠한 시점에 어떠한 기술을 개발할 것인지를 선택할 수 있는 기술기획의 효과적 도구이다. 또한 기술 로드맵은 다수의 연구과제 형태를 통해 여러 가지의 기술을 개발할 때 이들 간의 조정과 관리를 위해 유용하게 활용될 수 있다. 그리고 특정분야의 연구에 지나치게 과도한 투자나 다른 중요한 기술에 대한 경시의 가능성을 피할 수 있으며, 핵심기술들을 공동으로 개발할 수 있는 기초자료를 제공한다. 더불어 조직 구성원 혹은 관련 집단 전문가들이 기술혁신의 목표, 전략, 수요, 기술발전 방향 등에 대한 자료를 공유함으로써 관련 업무의 효율성 제고에 기여할 수 있다.

좀 더 세부적으로 기술 로드맵은 다음의 세 가지 용도로 활용될 수 있다. 첫째, 미래의 특정 기술영역에 대한 수요의 합리적 파악과 이를 충족시킬 기술들에 관한 기업 내 합의(consensus)를 이끌어 내는 수단으로 활용할 수 있다. 둘째, 기업 내 전문가들이 특정분야의 기술발전을 예측하고 이에 대한 효과적인 대응을 하기 위해 사용할 수 있다. 셋째, 기술혁신활동을 기획·조정하기 위해 기업이나 산업에서 사용하는 작업의 틀로써 이용할 수 있다.

아울러 기술 로드맵은 다음과 같이 기업의 기술경영에 관한 의사결정(decision-making)의 질을 향상시키는 역할을 수행하기도 한다. 첫째, 기술 로드맵은 기술발전의 한계점을 확인시켜 기업의 연구개발자원의 효율적 투자에 도움을 준다. 둘째, 기술 로드맵은 기술의 발전속도를 전망하고 이를 활용한 합리적 계획수립을 가능하게 해준다. 셋째, 기술 로드맵은 기업이 개발하여야 할 기술적 대안들을 제시해 준다. 넷째, 기술 로드맵은 기업이 원하는 기술수준을 달성할 가능성 여부를 제시해 준다. 다섯째, 기술 로드맵은 기술계획의 준거를 제공함으로써 계획치와 예측치를 각 시점별로 비교하여 계획이 실현될 수 있는지, 또는 예측치의 변화로 계획이 수정되어야 하는지를 알려준다. 여섯째, 기술 로드맵은 의사결정자에게 기술개발의 잘못된 방향에 대한 경보를 제공한다. 예를 들면, 기술 로드맵은 기업 및 사업부가 현재 방식대로 기술개발을 계속 수행하면 기술적 성공이 불가능하거나 상업적으로 쓸모없게 된다는 것을 환기시켜 줄 수 있다.

3. 기술수명주기에 따른 기술기획

1) 기술수명주기와 기술의 분류

기술경영에 있어서 기술수명주기(technology life cycle)의 파악은 기술기획에 효과적으로 활용할 수 있다. 기업 및 사업부의 새로운 연구개발 프로젝트는 각각 서로 다른 수명주기의 기술개발에 주안점을 두어 포트폴리오의 건전성을 제고해야 하며, 기존의 연구개발 프로젝트의 경우에도 목표로 하는 기술의 수명주기에 따라 서로 다른 전략적 의사결정을 하여야 할 것이다. 이에 따라, 기술의 수명주기에 대한 파악은 기술전략의 수립을 위한 기술의 동력성 파악에도 중요할 뿐만 아니라 기업이 목표로 하는 기술의 수명주기를 파악함으로써 효과적인 기술기획을 도모할 수 있다.

이와 같은 기술수명주기에 따른 전략분석 및 기획은 Arthur D. Little(1983)에 의해 강조되었다(<그림 7-5> 참조). 여기에서는 기술에 대한 투자 여부를 '기술의 경쟁력에 미치는 영향의 정도'에 따라 결정되어야 함을 강조하는데, 이 같은 영향력은 기술수명주기에 있어서 기술의 위치에 달려 있다는 것이다. Arthur D. Little(1983)은 기술이 수명주기에 따라 기술이 기업의 경쟁우위에 미치는 영향이 다르다는 점을 강조하고 그 영향의 정도에 따라 기술을 신흥기술, 선도기술, 핵심기술, 기반기술로 나누고 있다. 아래에서는 이에 대해 좀 더 세부적으로 살펴보기로 한다.

① 기술이 발아단계(embryonic period)에 있고, 이에 따라 기술이 미래에 경쟁의 원칙을 변화시킬 잠재력을 아직 보이지 못할 경우, 이 단계의 기술을 신흥기술(emerging technology)이라고 부른다. 이 시기에 기업은 이 기술에 대한 구체적인 대응보다는 기술에 대하여 지속적 관심을 가지고 모니터링(monitoring)을 하여야 할 것이다.

② 기술이 더욱 발전하여 경쟁의 기초를 변화시킬 잠재력을 보이면 이

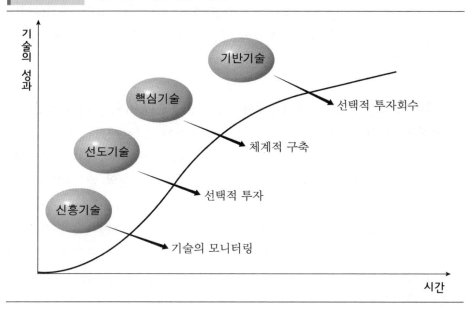

그림 7-5   기술수명주기별 기술의 종류

기술을 선도기술(pacing technology)이라고 부른다. 기술수명주기에 있어서 이 단계는 성장기(growth period)의 초기단계이다. 이 시기의 기술에 관심을 가지는 기업들은 이들 선도기술에 대한 선택적 투자(selective investment)의 전략을 추구하여야 할 것이다.

③ 기술이 기업의 성과, 원가, 차별화에 강력한 영향을 미치는 시기의 기술을 핵심기술(key technology)이라고 부른다. 기술수명주기에 있어서 이 단계는 성장기(growth period)의 후기단계이다. 이 기술은 기업에게 제품, 공정, 서비스에 있어서 독점적 위치를 제공하여 기업의 경쟁우위에 강력한 공헌을 한다. 기업은 이 유형의 기술에 대해서는 기술능력의 체계적 확보(systematic building) 전략을 추구하여야 할 것이다.

④ 마지막으로, 기술이 성숙되어 수명주기의 성숙기(mature period)에 다다르면, 이 기술을 기반기술(base technology)이라고 부른다. 이 기술은 기업이 사업에 참여하는 데 필수적인 기술이지만 기업에게 차별적인 경쟁우위를 제공해 주지는 못한다. 이 유형의 기술은 산업의 많은

기업들에 의해 폭넓게 사용되고 있는 상품화(commodity) 유형의 기술이다. 기술이 이 시기에 도달하면 기업은 이와 같은 성숙기술로부터의 효익은 수확하면서 기존투자에 대한 선택적 회수(selective divestment)의 전략을 추구하여야 할 것이다.

결과적으로 기술은 신흥기술에서 선도기술과 핵심기술을 거쳐 기반기술로 발전해 나간다. 일반적으로 기술은 나름대로의 수명주기를 가지고 있다는 점에서 기업이 가지고 있는 모든 기술을 이와 같은 네 가지 범주로 구분할 수 있을 것이다. 이와 같은 기술수명주기에 따른 기술의 네 가지 분류에 있어서 각각의 특징을 이해하는 것도 중요하지만 이들이 기업의 경쟁우위(competitive advantage)에 어떠한 역할을 담당하는지를 이해하는 것이 더욱 중요하다. 즉, 최고경영자와 기술경영자는 기업이 가지고 있는 모든 기술의 기술수명주기를 파악하여 이들 기술의 수명주기에 따른 서로 다른 전략적 대응을 하여야 할 것이다. 기업은 특히 전사적 차원에서 발아기, 성장기, 성숙기에 해당하는 여러 연구개발 프로젝트들 간에 균형(balance)을 유지하면서 기업 연구개발 포트폴리오의 건전성을 유지해 나가야 할 것이다. 이와 같은 균형은 기업의 전략적, 기술적, 조직적인 고유한 특성을 반영하여 유지하여야 할 것이다.

2) 기술수명주기별 경쟁 유형

기술수명주기의 분석은 기업이 지닌 주력기술의 수명주기에 따른 전략적 대응을 목표로 하고 있다. 이를 위해서는 기술수명주기별 경쟁의 유형 및 특징을 좀 더 세부적으로 살펴보아야 할 것이다.

첫째, 기술수명주기의 초기단계, 즉 기술의 발아기 혹은 태동기(embryonic period)에는 경쟁은 제품혁신(product innovation)에 바탕을 두고 추진된다. 이 시기의 기술은 막 발전하기 시작한다는 점에서 신흥기술(emerging technology)이라고 부르며 앞으로도 충분한 발전의 잠재력을 가지고 있다. 신흥기술은 경쟁의 기초를 변환시킬 수 있는 잠재력을 충분하게 보여주지 못한다. 그러나 신흥기술은 아직 충분하게 활용되지 않았다는 점에서 기술혁신을 바탕으로 부가가치 창출의 잠재력이 매우 크다.

둘째, 기술수명주기의 성장기(growth period)의 초기에는 도입된 기술이 제품 및 서비스에 대한 시장의 규모를 확대하는 데 도움을 주며 도입된 기술이 경쟁의 성격을 변화시킬 수 있는 잠재력을 가지고 있다는 점에서 반드시 확보하여야 할 기술로 변모된다. 이 시기의 기술은 산업의 경쟁을 선도한다는 점에서 선도기술(pacing technology)이라고 부른다. 이 단계에서 기업은 성장전략과 마케팅전략 간의 조화를 이루어야 하며, 성장에 대한 집중으로 인해 기술혁신을 경시해서는 안 될 것이다. 성장기의 후반에는 기술혁신이 선도기업에 시장에서의 확고한 기반의 구축을 가능하게 하고 산업표준(industry standard)을 이룰 수 있는 위치를 부여한다.

제품의 우세 디자인(dominant design)이 나타나고, 기술은 성과, 원가, 품질 등 부가가치의 흐름에 중요한 영향을 미친다. 이와 같은 성장기 후반에 위치한 기술을 핵심기술(key technology)이라고 하며, 기업이 경쟁력을 가지기 위해서는 이 핵심기술에 대한 능력을 증강시켜야 한다. 우세 디자인은 산업의 표준이 되고, 산업표준(industry standard)은 기업의 경쟁우위 확보에 대단히 중요한 역할을 한다. 새로운 제품 및 공정이 시장에 도입되면 이는 기술혁신 공동체 내에 새로운 에너지를 창출하고, 제품과 공정에 있어서 일련의 변화를 가져오게 된다. 기술혁신의 초기단계에는 기술혁신과 약간의 진보를 둘러싼 경쟁이 표준 디자인의 협정을 어렵게 만든다. 그러나 기술혁신의 리더는 표준을 설정할 수 있는 기회를 가지게 된다. 기업은 이 같은 표준을 설정하기 위해 대단한 노력을 기울여야 하는데, 그 이유는 일단 경쟁자가 표준을 설정하고 나면 자신의 제품으로 표준을 새롭게 설정하기란 대단히 어렵기 때문이다.

셋째, 기술이 성숙기(mature period)에 도달하면, 기술혁신의 역할은 줄어들게 되며 기술은 상품(commodity)의 성격이 되어 대부분의 경쟁자가 이를 확보하게 된다. 이 시기의 기술은 산업 내의 대부분의 기업이 그 능력을 확보하고 있는 기반기술(base technology)의 성격으로 변모하여, 기업이 강력한 경쟁우위를 확보하는 데 별다른 도움이 되지 않는다. 기술이 성숙기에 다다르면 경쟁의 규칙도 달라져야 한다. 무엇보다도 경쟁은 기술혁신에 기초한 경쟁으로부터 가격과 품질에 기초한 경쟁으로 변모한다. 산업 내에서는 공정혁신(process innovation)이 기업의 경쟁우위의 확보에 더욱 중요한 역할을 담당한다. 기업은 가격을 줄이기 위해 규모의 경제에 의존하며, 이에 따라 기업 내 전문화와 생산활동의 효율성이 중요해진다. 이 시기에는 우세한 시장을 가지고 있는 기업만이 살아남을 수 있고, 이는 기업의 대형화를 가져오며, 기업의 인수합병이 중요한 전략으로 대두된다.

넷째, 기술이 쇠퇴기(declining period)에 도달하면 산업 내의 모든 기업이 해당 기술에 대한 기술능력을 확보하고 있고 이 기술은 기업의 경쟁우위에 별다른 도움이 되지 않는다. 이 시기의 기술은 기술대체(technology substitution)의 운명에 처해 있는 기술이다. 경영자는 기업의 주력기술이 쇠퇴하였을 때 이를 대체할 수 있는 새로운 기술로의 이전을 심각하게 고려하여야 할 것이다. 이는 대단히 어려운 결정이기 때문에 최고경영층의 결단을 필요로 하는 경우가 많다.

이상에서 살펴보았듯이 기업이 제품혁신을 도입하는 것만으로 지속가능한 경쟁우위를 보장받지는 못한다. 제품혁신을 선도하고, 산업표준(industry standard)을 설정하며, 점진적 혁신 및 공정혁신을 계속적으로 창출·활용하는 기업들만이 지속가능한 경쟁우위를 확보할 수 있다. 기업은 기술적 소요(technological disturbance)를 창출하고 대응할 수 있는 사전적 접근방법을 채택하는 것이 대단히 중요하다. 즉, 신흥기술로 적시에 이전(migrating)하는 것은 기업의 제품을 경쟁력 있게 해주는 것이다. 이에 따라, 기술경영은 기업으로 하여금 계속적으로 점진적 혁신을 창출·도입하는 것은 물론 불연속적이고 급진적 혁신을 창출하여 지속적인 생존 및 성장을 보증할 수 있는 역량을 확보할 것을 요구한다. 이것을 잘하는 기업이 바로 초우량기업이라고 할 수 있다.

··· 제 4 절 기술혁신과 수익창출 ···

1. 수익창출의 중요성

기술혁신은 시장에서 수익(profits)을 창출하여야 한다. 그러나 기술혁신에 성공을 하였다 해도 시장에서 수익을 창출하는 것은 쉬운 일이 아니다. 기술혁신이 유망해 보이면 후발기업들이 빠르게 추격해 온다. Teece(1986)는 자신의 저명한 논문에서 새로운 제품과 서비스를 시장에 처음 내놓은 혁신자(innovators)가 모방자(imitators)들이 혁신자가 처음 상업화한 기술혁신으로부터 더 많은 수익을 거두는 사실에 대해 슬퍼하는 경우가 많다고 지적하고 있다. 실제로 Teece는 이 같은 혁신자와 모방자의 기술혁신으로부터의 수익창출의 성공과 실패의 사례를 <표 7-2>와 같이 제시하고 있다. 이 표에 따르면, 기술혁신으로부터 수익을 창출하기 위해서는 혁신자이든 모방자이든 세심한 기획과 경영이 필요함을 나타내 주고 있다.

표 7-2　기술혁신으로부터 수익창출의 성공과 실패 사례

구분	혁 신 자	추종자-모방자
성공	- Pilkington(Float Glass) - G.D. Searle(NutraSweet) - Dupont(Teflon)	- IBM(PC) - 마츠시타(VHS 비디오 녹화기) - Seiko(쿼츠 시계)
실패	- RC Cola(다이어트 콜라) - EMI(스캐너) - Xerox(사무용 컴퓨터) - DeHavilland(Comet)	- Kodak(즉석 카메라) - Northrup(F20) - DEC(PC)

자료: Teece, D. J., "Profiting from Technological Innovation: Implications for Integration, Collaboration, Licensing and Public Policy," *Research Policy*, Vol. 15, 1986, pp. 286-305에서 저자의 정리.

대표적인 성공사례를 살펴보면 다음과 같다. 먼저, 기술혁신자로서 성공한 사례는 Pilkington사는 유리제조의 새로운 혁신인 Float Glass 공법을 바탕으로 세계적으로 선도적 기업이 되었다. 둘째, 마츠시타는 비디오 녹화기 시장에 추종자로서 진입하였으나 표준을 확보하는 데 성공을 하여 선도자인 소니를 제치고 성공을 하였다.

실패사례를 살펴보면, EMI는 의료시장에 스캐너라는 대단히 혁신적 제품을 출하하였으나 수익을 창출하지 못하였으며, 향후 이 분야의 사업을 인수한 GE가 막대한 수익을 창출하였다. Kodak의 경우 즉석 카메라 시장에 후발자로 진입하였으나 실패하고 말았다. 이같이 기술혁신으로부터 수익을 창출하는 데에는 세심한 경영이 필요하다.

2. 기술혁신의 수익창출에 미치는 영향 변수

Teece(1986)는 기술혁신으로부터 수익창출의 핵심방안으로 점유성 제도, 우세 디자인, 보완자산 등 세 가지를 제시하고 있다. 그러나 이와 더불어 Shane(2009)이 주장한 바와 같이 기술혁신의 모방가능성의 문제도 기업의 수

그림 7-6 기술혁신의 수익창출에 미치는 영향 변수

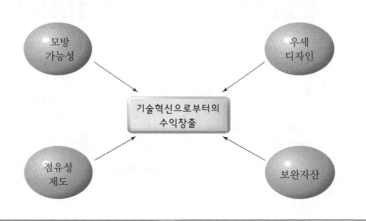

익창출에 중요한 역할을 담당한다. 여기에서 모방가능성, 우세 디자인은 기술혁신 그 자체의 문제이며 점유성 제도 및 보완자산은 기술혁신을 둘러싼 환경적 요소를 나타내 준다. 아래에서는 이에 관해 살펴보기로 한다.

1) 모방가능성

기술혁신으로부터의 수익창출의 문제는 모방(imitation)의 문제이다. 추종자가 기술혁신을 모방하기 어려울 경우에는 혁신자는 막대한 수익을 오래도록 유지할 수 있다. 이에 따라, 기업은 자신의 기술혁신을 바탕으로 한 제품과 서비스가 어느 정도 모방하기 어려운가를 판단하여야 할 것이다. 이와 같은 모방가능성은 산업에 따라 다르다. 기술혁신에 대한 모방 및 추격이 쉽지 않은 산업에서는 기업은 기술혁신을 보다 강도 높게 추구할 수 있다. 그러나 기술혁신을 모방하기 쉬운 산업에 있어서는 혁신자보다는 추종자의 전략이 보다 유리할 것이다. 전자의 산업으로는 생명공학산업을 후자의 산업으로는 전자산업을 들 수 있을 것이다. 이처럼 기술혁신으로부터 수익창출 여부의 판단은 기술혁신 및 이를 바탕으로 한 새로운 제품 및 서비스의 속성을 파악하는 것이다.

2) 우세 디자인

우세 디자인(dominant design)은 산업의 참여자들이 인정한 어떤 기술혁신의 표준을 의미한다. 이 개념은 Utterback & Abernathy(1975)에 의해 제시된 개념으로서 기술진보가 우세 디자인이 설정되면 제품혁신이 감소하게 되며 공정혁신이 증가하게 된다. 결국 우세 디자인이 설정되면 제품은 성숙단계로 접어들며 우세 디자인을 확보한 기업은 상대적으로 많은 수익을 창출할 수 있다. 우세 디자인이 창출되면 경쟁은 제품의 차별성보다는 가격을 중심으로 전개되며, 여기에 제품혁신의 중요성을 떨어지고 공정혁신의 중요성이 커진다.

우세 디자인의 존재 여부는 혁신자와 모방자 간의 혁신으로부터 수익의 분배에 중요한 영향을 미친다. 우세 디자인이 창출되고 이를 추종자가 쉽게 모방할 수 있다면 혁신자는 기술혁신으로부터 충분한 수익을 확보할 수 없다. 특히 대단히 빠른 추종자가 디자인을 수정하여 혁신자가 우세 디자인을 만들기 이전에 자신의 디자인으로 산업의 표준을 설정할 수 있다면 혁신자는 대단히 불리한 위치에 처하게 된다.

3) 점유성 제도

점유성 제도(regime of appropriability)는 기술혁신으로부터 창출되는 수익을 확보할 수 있는 혁신자의 능력을 지배하는 환경적 요인으로 설명할 수 있다. 점유성을 확보할 수 있는 대표적인 제도로는 특허권, 저작권, 영업비밀 등을 들 수 있다. 이와 같은 제도의 효과성은 기술의 성격에 따라 달라질 수 있다. 예를 들어, 특허권은 제품기술의 경우에는 점유성을 보호하는 데 효과적이지만 공정기술의 경우에는 효과적이지 않다. 아울러 이들 제도는 명시적 기술일 경우에는 효과적이나 묵시적 기술의 경우에는 비효과적이다.

점유성을 확보하기 위한 제도는 기술혁신으로부터 혁신자가 수익을 창출하는 데 매우 중요한 역할을 한다. 점유성 제도가 강력할 경우에는 기술을 상대적으로 보호하기가 용이하며, 이 제도가 약할 경우에는 기술을 보호하기가 쉽지 않다. 이 점에서 기업은 기술혁신을 추구할 때에 이 같은 점유성에 관한 제도를 면밀하게 살펴보아야 한다.

4) 보완자산

새로운 제품을 시장에 처음으로 출하한 선도기업이 모두 기술혁신으로부터 수익을 창출하지는 않는다. Teece(1986)는 기술혁신으로부터 수익을 효과적으로 창출하기 위해서는 혁신능력(innovation capabilities)과 더불어 보완자산(complementary assets)이 필요하다는 점을 강조하였다. 이는 기업이 기술혁신에 대해 어떻게 전략적으로 대응할 것인가를 잘 나타내 준다.

보완자산은 기업이 성공적인 기술혁신을 위해 필요한 혁신능력과 더불어 필요한 부가적인 역량 및 자산을 의미한다. 보완자산의 대표적인 예로서는 <그림 7-7>에서와 같이 제조능력, 재무능력, 마케팅, 유통망, 서비스, 관련 기술 등을 들 수 있다. 보완자산을 확보하는 데에는 상당한 자원이 필요하다는 점에서 이들을 확보하고 있는 기업은 대부분 대기업(big-enterprises)이다. 이와 같은 보완자산의 부족이 그동안 혁신적 중소기업이 혁신적인 제품을 개발하고도 수익을 창출하는 데 실패하는 이유를 잘 설명해 준다.

그림 7-7 보완자산의 대표적 사례

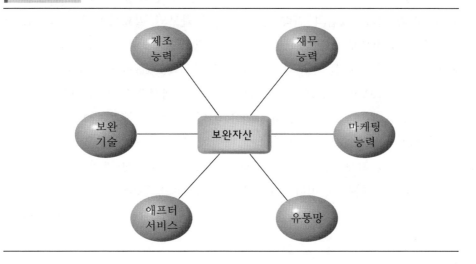

Teece(1986)는 보완자산을 공유적 자산, 특정적 자산, 공동특정적 자산으로 나누고 있다. 공유적 자산(generic assets)은 문제가 되는 기술혁신을 위해 맞출 필요가 없는 일반적 목적을 가진 자산을 의미하며, 특정적 자산(specialized assets)은 기술혁신과 보완자산 간의 일방적인 의존성을 가지고 있는 자산을 의미하고, 공동특정적 자산(co-specialized assets)은 기술혁신과 보완자산 간의 쌍방적인 의존성을 가지고 있는 자산을 의미한다. 이와 같은 보완자산의 특징은 기술혁신의 수익의 배분에 많은 영향을 미친다. 일반적으로 보완자산이 공유적인 성격을 가지면 이들 자산은 기술혁신을 위하여 변

경 및 수정할 필요가 없다. 이에 따라, 기업의 입장에서는 보완자산의 확보
가 매우 용이하기 때문에 혁신자는 보완자산에 대한 어려움 없이 기술혁신
을 추구할 수 있다는 점에서 매우 유리한 입장에 위치한다. 그러나 보완자
산이 특정적이라면 혁신자는 자신의 기술혁신에 활용할 수 있는 보완자산을
반드시 확보하여야 하는 어려움이 있다는 점에서 상대적으로 불리한 입장에
처한다. 보완자산과 기술혁신 간의 공동특정적인 경우에는 양자 간의 상호
의존성이 있고 시너지를 창출할 수 있다는 점에서 기업은 이를 반드시 확보
하여야 할 것이다.

  이 점에서 일반적으로 보완자산의 확보는 기업이 기술혁신으로부터 수
익을 창출하는 데 매우 중요하다. 보완자산은 그 중요성 및 성격, 전술한 기
술혁신과의 관계, 기업의 전략 등에 따라서 확보의 필요성이 상대적으로 달
라진다. 일반적으로 보완자산의 확보에는 통합전략, 아웃소싱 전략, 혼합전
략 등 세 가지 전략을 추구할 수 있다. 통합전략(integration strategy)은 기업이
보완자산의 중요성을 충분히 인식하여 이를 자체적으로 확보하려는 전략이
다. 아웃소싱 전략(outsourcing strategy)은 기업이 보완자산의 중요성은 인식하
나 기업의 재무적 능력, 보완자산에 대한 상대적 중요성 등을 고려하여 직
접적으로 이를 확보하는 것이 아니라 외부로부터 다양한 계약관계를 바탕으
로 아웃소싱을 하는 것이다. 이들 두 전략은 <표 7-3>에서 제시하는 바와
같이 장단점을 가지고 있다. 이에 따라, 기업은 보완자산의 중요성, 기업의

표 7-3   보완자산 확보를 위한 대표적 전략

구분	통합전략	아웃소싱 전략
장점	- 기술혁신의 독점 및 성공률 제고 - 보완자산으로부터 시너지 창출	- 보완자산 확보에 자원 불필요 - 보완자산에 대한 불가역적인 투자 방지
단점	- 보완자산의 확보, 유지에 많은 물적, 시간적 자원 필요 - 보완자산에 과도한 투자는 기업 의 유연성을 저하시킴	- 기술혁신이 협력 파트너에게 모방당할 위험 - 협력 파트너의 의무 해태의 위험

기술전략 및 재무적 상황, 기타의 요인들을 고려하고 양극단의 두 전략의 중간에서 다양한 전략을 혼합하여 추진하는 혼합전략(mixed strategy)을 추구하여야 할 것이다.

보완자산의 확보는 산업의 성격을 살펴보아야 할 것이다. 만약, 기술환경이 급변하는 산업의 경우에는 이에 따라 필요로 하는 보완자산의 성격과 양이 달라지기 때문에 보완자산을 통합하여 확보하는 것은 매우 위험한 일이다.

이 같은 보완자산을 확보하는 것은 기업의 규모에 있어서도 서로 다른 전략을 필요로 한다. 중소기업은 보완자산을 확보하는 데 상당한 어려움이 있다는 점에서 초기에는 대기업과의 협력 및 아웃소싱을 선택하고, 점차적으로 필수적인 보완자산을 확보해 나가는 전략을 추구할 필요가 있다.

3. 기술혁신으로부터의 수익창출 전략

기술혁신으로부터 수익을 창출하기 위해서는 앞에서 살펴본 바와 같이 기업을 둘러싼 환경과 기술혁신의 성격을 살펴보아야 한다. 그러나 전술한 영향 변수는 기업이 통제가능한 변수가 아니다. 일반적으로 기업이 통제 가능한 변수(controllable variables)를 중심으로 일부 학자의 논의가 있다. Shane(2009)은 이 변수를 핵심자원의 통제, 명성의 구축, 아키텍처 통제, 규모의 경제 달성, 학습곡선의 상향 이동, 선도자 우위의 활용 등 여섯 가지를 제시하고 있다. Tidd & Bessant(2009)는 비밀, 묵시적 지식의 축적, 리드타임 및 애프터서비스, 학습곡선, 보완자산, 제품의 복잡성, 표준, 급진적 신제품의 선도, 특허보호의 강점 등 아홉 가지를 제시하고 있다. 이들 두 논의는 서로 유사성이 있고 중복되는 사항이 많이 있으며, 전술한 영향 변수에서 논의한 사항도 있다. 이에 따라, 이 책에서는 기업이 기술혁신으로부터 수익을 창출하기 위해 통제가능한 변수를 1) 핵심자원의 통제, 2) 명성의 구축, 3) 학습곡선 활용, 4) 묵시적 지식의 축적, 5) 기술혁신의 선도 등으로 나누어 살펴보기로 한다.

이들 여섯 변수들은 Shane(2009)이 강조한 바와 같이 경쟁기업의 모방 및 추격을 방어할 수 있는 비법률적 장벽(non-legal barriers)이다. 한편 Shane (2009)은 기술혁신으로부터 수익창출을 위한 비법률적 장벽의 중요성을 다음과 같이 제시하고 있다.

먼저, 기술혁신의 모방을 방지하기 위한 법률적 장벽을 구축하기가 쉽지 않다는 점이다. 기술분야에 따라서 특허권을 확보하고 유지하기가 쉽지 않은데, 대표적인 분야로 생명공학분야를 들 수 있다.

둘째, 비법률적 장벽이 법률적 장벽보다 기술혁신의 모방을 지체시키고 방어하는 데 보다 효과적이다. 아울러 기업은 법률적 장벽에 필요 이상으로 투자를 하여 소중한 자원을 낭비할 가능성도 높다.

셋째, 법률적 장벽과 비법률적 장벽은 상호 배타적이지 않고 보완적이다. 이 점에서 기업은 이들 양자를 적절히 혼합하여야 기술혁신으로부터 수익을 극대화할 수 있다.

넷째, 기술이 빠르게 진보하는 첨단기술산업에서는 법적인 장벽의 효과가 줄어드는 것이 일반적이다. 새로운 기술의 등장으로 기존의 법률적 장벽은 무용지물이 되기도 하며, 일부 첨단산업에서는 법적인 장벽보다 상호간의 협력을 통해 기업 및 산업의 경쟁력을 제고하기도 한다.

이 점에서 기업은 기술혁신으로부터 수익을 창출하기 위하여 법률적 장벽(legal barriers)에만 의존할 수는 없다. 특히 비법률적 장벽(non-legal barriers)의 대부분은 전술한 바와 같이 기업 스스로 통제가 가능하다는 점에서 기업이 적극적으로 이를 활용하여야 할 것이다. 아래에서는 이를 세부적으로 살펴보기로 한다.

1) 핵심자원의 통제

핵심자원(core resources)의 확보 및 활용은 기업의 핵심역량의 기초가 되어 제품과 서비스의 경쟁우위의 확보에 기초가 된다. 기업의 핵심자원은 인적·물적 자원 모두가 해당된다. 이와 같은 핵심자원의 중요성은 산업에 따라 다른데, 첨단산업의 경우에는 기술혁신 관련 자원이 중요하고, 전통산업의 경우에는 재무적 자원 및 자연자원 등이 상대적으로 중요해진다. 기업은 핵심제품의 근간이 되는 핵심자원을 확보·통제함으로써 혁신으로부터의 수익을 창출하고 유지할 수 있다.

2) 명성의 구축

기술혁신으로부터 수익을 창출하는 두 번째의 방법은 시장 및 산업에서 기업의 명성(reputation)을 구축하는 것이다. 기업에 대한 명성은 고객들로 하여금 비슷한 제품에 대한 대안이 있을 경우 자사의 제품에 대한 우호적인 선입견을 창출하여 이를 선택하게 한다. 아울러 명성은 기업이 다른 혁신적인 제품을 생산하여 다른 시장에 출하할 때 고객의 선호도(preference)를 높이는 역할을 담당한다. 기술혁신으로부터의 수익창출에 있어서 이와 같은 명성의 중요성은 산업에 따라 다르다. 일반적으로 제조업보다는 서비스업에 있어서 중요한데, 특히 패션산업의 경우 명성이 매우 중요하다. 기업이 충분한 명성을 구축하는 데에는 시간과 비용이 많이 든다는 점에서 기업은 장기적인 시각을 가지고 이를 확보하여야 할 것이다.

3) 학습곡선 활용

학습곡선(learning curve)은 어떤 기능을 수행했을 때 그 기능의 학습의 결과 시간에 따라 얼마나 성과가 좋아졌는지를 나타내 주는 것이다. 일반적으로 두 배의 생산량 누적을 가져오면 학습과 경험의 결과 단위원가는 약 20~30%가 감소하는 것으로 밝혀졌다. 이와 같은 원가절감과 더불어 학습곡선에 따라 기업은 경쟁우위의 원천이 되는 묵시적 지식(implicit knowledge)을 확보할 수 있다는 장점이 있다. 이처럼 학습곡선을 지속적으로 따라가게 되면 기업은 경쟁기업이 모방하기 어려운 원가우위와 차별화를 달성할 수 있다. 학습효과가 중요한 산업으로는 반도체, 자동차와 같은 대량생산 제조업을 들 수 있다. 학습곡선의 효과는 자동적으로 창출되지 않고 종업원들에 대한 꾸준한 학습과 교육의 결과로 창출되는 것이다. 일반적으로 학습곡선의 효과를 누리기 위해서는 상당한 정도의 규모를 가지고 규모의 경제를 달성한 선도기업이 신규 참입기업보다 훨씬 유리하다.

4) 묵시적 지식의 축적

묵시적 지식(tacit knowledge)은 상당한 기업행위의 결과 조직 내에 축적된 지식으로서 이는 쉽게 모방되지 않는 특징을 가지고 있다. 이 점에서 기업이 축적한 묵시적 지식은 기업 경쟁력의 원천이 된다. 선도적인 혁신기업은 기술혁신활동 및 일반 기업활동에 있어서 상당히 많은 묵시적 지식을 축적할 수 있다. 즉, 묵시적 지식은 오랜 기술혁신 및 기업활동의 경험으로부터 창출된다는 점에서 선도기업이 추종기업보다 훨씬 유리한 입장에 위치할 수 있다.

5) 기술혁신의 선도

기술혁신으로부터 수익을 지속적으로 창출하기 위해서는 기업은 기술혁신(technological innovation)을 지속적으로 선도하여야 할 것이다. 일반적으로 이는 기술혁신에 있어서 선도자 전략(first-mover strategy)을 추구하는 것인데, 선도기업은 높은 수준의 제품과 보다 넓은 제품라인을 확보함으로써 모방기업들의 추격에서 벗어날 수 있다. 그러나 이 같은 기술선도전략은 시장 및 산업에서의 고객의 수요를 면밀히 파악하고 경쟁기업의 활동에 대한 세심한 대응을 통해 성공을 거둘 수 있다. 일반적으로 기술혁신을 선도하면 기업은 시장에서 가장 우호적인 목표고객을 선점할 수 있고 고객들이 다른 경쟁제품으로 옮겨가는 것을 방지할 수 있는 전환비용(switching costs)을 부과할 수 있다.

4. 기술혁신으로부터의 수익창출을 위한 제언

선도적 기업이 기술혁신으로부터 수익을 창출하는 것은 쉬운 일이 아니다. 많은 경우 추종기업들이 혁신적 기업을 제치고 더 많은 수익을 창출하는 경우도 많다. 이 점에서 선도기업들이 특히 파괴적 기술의 경영에서 겪는 어려움을 Christensen(1997)은 '혁신자의 딜레마(innovator's dilemma)'로 표현하고 있다. 이 점에서 기술혁신을 추진하는 기업들은 혁신으로부터 수익을 창출하기 위해 세심한 노력을 기울여야 한다.

기술혁신으로부터의 수익의 창출 여부는 기술혁신의 내용과 성격, 기업의 규모, 산업의 환경에 따라 다르다. 여기에서는 선도기업이 기술혁신으로부터 수익을 창출하기 위해서 고려하여야 할 요건인 모방가능성, 점유성 제도, 우세 디자인, 보완자산 등을 살펴보았다. 이들 요건들은 추종기업들(followers)에게도 해당되는 내용이며 이들 모방자들(imitators)도 이들 요건을 고려하여 나름대로의 수익창출 전략을 수립·추진하여야 할 것이다. <표 7-4>는 그동안의 논의를 바탕으로 혁신자와 모방자의 기술혁신으로부터의 수익창출에 유리한 조건을 요약하였다.

기술혁신은 근본적으로 수익(profits)을 창출하는 것을 목표로 한다. 기업이 기술혁신을 통하여 수익을 창출하려면 높은 수준의 전략적 기술경영(SMT: strategic management of technology)을 추진하여야 할 것이다. 이상에서 살펴본 내용에 따르면, 기업은 자체적 기술혁신능력을 확보하고, 보완자산에 대한 적극적인 대응을 하면서, 외부의 기업들과 긴밀한 연계를 맺어야 할 것이다. 특히 기업은 기술혁신으로부터 수익을 창출하는 데 필요한 통제가능 변수(controllable variables)를 확보할 수 있다는 점에서 이 같은 경영능력의

| 표 7-4 | 혁신자와 모방자의 기술혁신으로부터 수익창출을 위한 유리한 조건 |

혁신자	모방자
- 기술혁신에 대한 모방이 어려움 - 점유성의 제도가 매우 강력하며 효과적임 - 우세한 디자인이 존재하지 않음 - 보완자산이 중요하지 않거나 공유적임	- 기술혁신에 대한 모방이 용이함 - 점유성의 제도가 느슨하며 효과적이지 않음 - 우세한 디자인의 존재 - 보완자산이 중요하고 전문화됨

자료: Shane, S., *Technology Strategy for Managers and Entrepreneurs* (New Jersey: Pearson Education Inc., 2009), p. 242에서 저자의 수정.

중요성은 매우 크다. 즉, 기업은 기술혁신 및 이를 통한 수익창출을 위한 핵심자원, 명성, 학습곡선, 묵시적 지식, 기술선도능력을 확보·유지·활용하여야 할 것이다.

아울러 정부(government)도 기술혁신에 우호적인 정책을 추구하고 혁신자들이 기술혁신으로부터 수익을 효과적으로 창출할 수 있는 점유성(appropriabilities)을 위한 제도적 기반을 구축하여야 할 것이다. 즉, 정부의 정책은 그동안 연구개발에 대한 집중적 지원에 추가하여 기술혁신에서 수익을 창출할 수 있는 제도적 하부구조(institutional infrastructure)를 구축하는데에도 노력을 기울여야 할 것이다.

사례 7

새로운 틈새(niche),
새로운 기술을 통한 Apple의 불연속적 혁신

1. Apple의 웨어러블 디바이스

반도체, 인공지능, 빅데이터 기술의 비약적인 발전으로 이제는 컴퓨터를 착용하는 시대가 도래하였다. 웨어러블 디바이스(wearable device)는 말 그대로 착용가능한 장치를 말한다. 구글의 구글글래스는 안경의 형태인데 증강현실(augmented real-ity)을 지원하며 음성인식을 통한 작동도 가능하다.

가장 매출이 높은 웨어러블 디바이스는 애플의 애플워치, 에어팟이다. 최근 분기별 재무제표에 따르면 총 97억 달러, 한화로 13조 원 수준인데 애플의 전체 매출에 11% 정도를 차지하여 이제는 애플의 차세대 주력 상품이자 수익원으로 각광받고 있다. 2020년 웨어러블 시장규모는 이미 48조를 웃돌았고 출하량 또한 1억 1,420만 대로 기대 이상의 성장률을 기록하는 중이며, 2028년 1,000억 달러 규모로 성장할 것으로 예상된다. 이러한 상황 속에서 애플의 성장률은 분기별 10% 이상으로 코로나19의 글로벌 악조건 속에서도 준수한 성장률을 기록하였다.

이러한 애플의 경쟁우위는 시사하는 바가 크다. 애플이 가진 마케팅 전략과 틈새전략을 통해 엄청난 점유율을 기록하고 있고, 엄청난 기술 진보를 통한 핵심역량(core competence)을 확보하고 경쟁우위를 점하고 있다. 전 세계 스마트폰 시장은 애플과 삼성 등 3개의 기업이 전체 시장점유율의 70%를 차지하고 있으며, 이중 애플은 영업이익률이 30% 이상으로 경이로운 영업이익률을 기록하였다. 여기서 주목할 점은 삼성과 같은 산업 내 소수 경쟁자가 애플의 애플워치, 에어팟을 벤치마킹하는 과점전략, 즉 기업 점유율을 의도적으로 맞추고 신사업도 모방하는 전략을 보여주고 있다는 점이다.

따라서 애플은 웨어러블 디바이스 시장에 집중하여 차별화와 원가우위 전략을 추구하여 이 시장의 선도자가 되었다. 애플의 웨어러블 디바이스는 혁신을 거듭하고 있다. 아래에는 애플의 불연속적 혁신(discontinuous innovation)의 이유와 연구개발 방식에 대해 알아보도록 할 것이다.

2. 애플 웨어러블 디바이스의 기능

애플워치의 웨어러블 디바이스는 다음과 같은 다양한 기능을 가지고 있다. 이는 애플의 강력한 기술혁신능력의 결과이다.

1) **디지털 터치**: 디지털 터치 기능은 애플의 진화된 커뮤니케이션 전달 방식을 보여준다. 사용자는 최소한의 노력으로 이미지를 바르게 그려 친구들에게 전달할 수 있다. 애플워치의 탭틱 엔진은 사용자에게 오는 알림을 화면을 살피며 터치하는 탭 동작을 통해 응답할 수 있다.

2) **애니메이션 이모티콘**: 사용자 친화적인 작은 그래픽 이미지들은 윙크를 하게 만들거나 웃는 얼굴로 만들 수 있다. 또 혀를 내미는 등 개성적인 표정도 만들 수 있다.

3) **전화와 문자 기능**: 애플워치는 아이폰5와 호환된다. 전화와 문자 메시지를 받을 수 있다. 다만 전화를 받는 모습을 시연하지는 않았다.

4) **문자 메시지 분석**: 애플워치는 들어오는 문자 텍스트를 보고 내용을 분석한다. 그것을 바탕으로 사용자가 빨리 답변해야 하는 것을 구분해 알려주는 기능이 있다.

5) **워키토키**: 무전기처럼 애플워치의 마이크를 사용하면 사용자는 빠르게 보이스 메시지를 다른 사용자에게 보낼 수 있다.

6) **와이파이(Wifi)**

7) **심장 박동수 측정**: 애플워치 뒷면에 있는 사용자 심장 박동 수 측정 센서를 사용해서 사용자는 시간과 장소에 상관없이 심장박동을 측정할 수 있다

8) **가속도계**: 애플워치는 사용자의 걸음 수를 측정하고 사용자가 태운 칼로리를 계산한다. 종합적인 신체 활동량 측정이 가능하다.

9) **운동에 최적화**: 애플워치는 실시간 신체 활동 상태 정보를 측정한다. 사용자의 걸음걸이 속도, 태운 칼로리, 운동하는 데 소비한 시간 등을 계산한다.

10) **워치킷:** 애플워치는 워치킷을 통해 개발자들이 서드 파티 앱을 만들도록 해준다. 서드 파티 앱은 공식적으로 하드웨어나 소프트웨어를 개발하는 업체 외에 중소규모의 개발자들이 주어진 규격에 맞추어 애플리케이션을 생산하는 경우를 말한다.

11) **아이튠스와 애플TV 연결:** 애플워치는 사용자의 아이튠스 라이브러리에 접근할 수 있고 아이튠스 라디오를 들을 수도 있으며 애플TV에 연결할 수도 있다.

12) **시리(Siri)-음성인식 기술:** 애플워치의 마이크를 사용해 사용자가 시리에 텍스트를 받아쓰게 할 수도 있고 질문을 던져 궁금증을 해결할 수도 있다.

13) **지도:** 시리에게 길 찾기를 물어보면 사용자는 애플워치에 있는 새로운 지도 기능을 이용할 수 있다.

14) **애플 페이:** 애플 페이는 사용자의 은행정보를 디지털화한 가상지갑으로 아이폰6와 더불어 애플워치에서도 사용가능하다.

15) **기민한 자동 디스플레이:** 사용자가 애플워치를 착용한 손목을 올릴 때마다 애플워치의 디스플레이는 자동으로 켜진다.

애플이 웨어러블 디바이스라는 틈새시장(niche market)에 진입한 이유는 수익 다각화가 가장 큰 이유일 것이다. 애플워치와 에어팟의 출시일은 각각 2014년 9월 9일, 2016년 12월 13일이다. 2014년까지 웨어러블 시장은 4,800만대 수준이였으나, 애플워치 출시 이후 2015년은 9,200만대로 91%의 시장성장률을 기록하며 시장 출하량을 재정립하였다. 이는 삼성, 화웨이와 같은 대기업에서 애플을 벤치마킹하였을 뿐만 아니라 다양한 웨어러블 디바이스가 출시되었기 때문이다. 즉 애플은 시장의 가능성을 제시한 것이다. 또한, 2017년 이후로 유선 이어폰을 사용하는 MZ세대들을 찾기 어려워졌다. 더욱이 이 시기 무선이어폰은 초기 사용자(early adapter)의 전유물이였다. 하지만 애플은 강력한 기술전략으로 웨어러블 디바이스의 주요혁신과 부차적 혁신을 꾸준히 추진하여 기술 간 캐즘(chasm)을 없애버리고 이를 바탕으로 강력한 차별화와 원가우위를 동시에 추구하고 있다.

3. 애플의 연구개발체제

애플의 헤드쿼터는 미국 실리콘 밸리의 쿠퍼티노(Cupertino)에 존재한다. 이곳에서 디자인, 개발, 컴퓨터 소프트웨어, 온라인 서비스 등을 담당한다. 즉 중앙연구소라고 할 수 있다. 또한, 해외에 R&D센터라는 하드웨어 담당 부서를 설립, 운용하고 있는데 중국, 일본, 인도, 뉴질랜드, 캐나다, 프랑스, 이탈리아, 이스라엘, 스웨덴, 영국에 자리를 잡았다. 주목할 점은 이들은 연구개발센터인 동시에 고객지원 및 교육센터라는 것이다. 교육 및 트레이닝 프로그램을 제공하여 해외 인재의 유치에 박차를 가하고 있다.

애플은 '애플워치 연구센터'도 별도로 두고 있다. 헬스케어 부문은 건강과 관련된 부문이기 때문에 적은 오차가 생명이다. 실제로 직원들을 상대로 프로토타입 실험을 진행하여 정확도를 향상시켰으며 이는 필요한 데이터를 수집하기 위한 절차로 볼 수 있다. 애플은 나아가 다양한 기후를 상정하여 구역마다 기온을 다르게 설정하였고 환경 시뮬레이션을 제공하여 현실적인 데이터를 얻기 위해 노력하였다. 이는 5년간 애플이 비밀리에 실험실을 통해 1만 명 이상의 심박, 칼로리, 산소, 운동 데이터를 취합하여 얻은 결과다. 따라서 고객의 운동요소를 파악하기 위한 노력과 제품의 혁신을 미루어 보았을 때 '제4세대 연구개발경영'의 순환 싸이클에 가장 근접하다고 할 수 있다. 또한, 애플은 최고경영자의 권한이 대단히 강력하며, Apple Supplier List라고 하는 200개 이상의 협력사를 보유하여 다양한 연계개발(C&D: Connect and Develop) 활동을 추진하고 있다. 애플은 AI, 원격 모니터링을 활용한 심장 기능장애 감지가 가능할 정도로 기술력이 향상되었으며 가장 정확한 심박 측정 기록을 보유하고 있다.

4. 결론

애플은 특유의 경영철학과 연구개발로 경쟁우위를 달성하였다. 그중 가장 강력한 애플의 필살기는 역시나 기술력과 원가우위의 조화일 것이다. 애플은 시장의 룰을 정립하기 위해 부단히 노력하였고 웨어러블 시장에서 불연속적 혁신을 달성하였다. 애플은 기업 선도자가 되어 시장을 압도하고 있다. 비록 웨어러블 시장 점유율에서 1위는 아니지만 매출과 영업이익에서는 독보적인 수준이다.

애플의 철두철미함과 사업 다각화도 물론 우리에게 인상적인 교훈을 가져다주지만 가장 중요한 부분은 역시 틈새시장의 캐즘을 좁히는 능력과 연구개발부서의 독특한 구조일 것이다. 연구개발센터에서 인재를 교육하고 유사시에는 채용한다고 하니 인력 수급에 엄청난 도움이 될 것이다. 따라서 대한민국의 대기업들도 해외 연구센터를 설립할 뿐만 아니라 교육적인 컨텐츠도 포함하여 준비해야 할 것이다.

자료: 저자의 「기술전략」 강좌에서 준비·논의된 사례에서 발췌 및 보완

제 4 부

기술전략의
집행

제8장

연구개발관리

1. 연구개발활동의 중요성

기술전략이 수립되고 기술기획단계가 완료되면 기술전략을 효과적으로 집행(implementation)하는 것이 필요하다. 기술전략을 집행하기 위해서는 여러 가지가 필요하지만 무엇보다도 기술전략의 수립단계에서 도출되었던 기업의 목표기술을 어떻게 확보하는가, 즉 기술획득(technology acquisition)의 문제가 중요하게 대두된다. 기술획득과 관련하여 최고경영자는 다음과 같은 세 가지 유형의 중요한 의사결정을 하여야 한다.

① 기업이 목표로 하는 기술들을 어디에서 획득할 것인가?
② 이들 목표기술 중 어떤 기술을 시급히 획득할 것이며, 어떤 기술을 가까운 장래에 획득할 것인가?
③ 새로운 기술들에 언제 진입할 것인가? 혹은 기존기술로부터 새로운 기술로 언제 전이할 것인가?

이 같은 의사결정은 기업이 특정기술에 있어서 선도자(leader)가 될 것인가 아니면 추종자(follower)가 될 것인가의 기술전략 문제와도 긴밀하게 관련이 있다.

기업이 기술을 획득하는 방법은 내부적 획득방법과 외부적 획득방법이 있다. 내부적 기술획득(internal acquisition)은 기업이 자체적으로 연구개발활동을 수행하여 기술을 확보하는 방법이고, 외부적 획득(external acquisi- tion)은 수탁연구, 협력연구, 라이선스, 기술 구입 등 외부의 연구개발 주체들과 협력하여 기술을 획득하는 것이다. 현대 기술의 복합적이고 동태적인 특성상 기업은 기술을 내부적으로만 획득하기는 상당한 어려움이 따르기 때문에 다양한 외부 획득 방법도 활용하여야 한다. 이 점에서 기술의 외부적 획득은 제11장에서 기술협력(technological collaboration)이라는 제목으로 심층적으로 다루고, 제8장~제10장까지는 기술의 내부적 획득방법, 즉 '내부연구개발활동(in-house R&D activities)'에 관해 살펴보기로 한다.

기술의 내부적 획득, 즉 내부연구개발활동(in-house R&D activities)의 수행은 기업이 필요로 하는 기술을 내부에서 개발하는 목적을 가지고 이를 위해 자체적인 인적·기술적·재무적 자원을 활용하는 것을 의미한다. 이에 따라, 내부연구개발활동은 '자체연구개발활동'이라고 부르기도 한다. 내부연구개발활동은 기업이 연구개발활동을 위한 충분한 연구개발인력과 재무능력을 가지고 있음을 전제로 한다. 실제로 대부분의 기업은 신기술을 내부적으로 창출하기 위하여 독립된 기업연구소(corporate R&D institute)를 가지고 있다. 아울러 대부분의 기업은 자체적 연구개발활동을 위하여 연구개발투자를 지속적으로 증대시켜오고 있다. 특히, 이 같은 내부연구개발의 노력은 첨단산업분야에 속해 있는 기업들의 경우 더욱 중요하다. 이에 따라, 이 같은 연구개발활동에 있어서의 효율성을 증대시키기 위한 효과적인 연구개발관리(R&D management)도 기술경영의 대단히 중요한 분야로 대두되고 있다.3)

기업이 기술을 내부적으로 개발해야 할 필요성이 대두되는 상황에는 여러 가지가 있다. 첫째, 기술이 제품의 성능에 상당한 영향력을 가지고 있으며 경쟁우위 확보에 핵심적인 역할을 하는 경우에는 기술을 내부적으로 개

---

3) 연구개발관리에 관한 포괄적이고 체계적인 논의는 정선양, 「연구개발경영론」, 서울: 시대가치, 2021을 참조할 것.

발하는 것이 좋다. 둘째, 기술이 제품원가의 측면에 상당한 영향을 준다면 이 기술은 내부적으로 개발하여야 한다. 셋째, 그 기술이 제한적이어서 외부에서 조달하기 쉽지 않을 경우에는 내부적으로 개발하는 것이 필요하다.

또한 경영자는 자신의 제품이 다른 기업의 기술에 의존적인 기술 의존성(technological dependency)에 대하여 불안감을 느끼기도 한다. 아울러 외부로부터 신기술을 이전받아 기업 내의 제품으로 소화하는 것도 상당한 비용과 시간이 들기 때문에 무조건 기술의 외부조달이 좋다고 말할 수 없다. 만약 외부에서 도입된 기술을 기업 내에서 체화하고 상품화시키는 데 어려움을 겪는다면 이는 기업의 재무적 부담이나 기업역량의 낭비로 이어질 가능성이 있다.

기업 연구개발활동의 중요성은 연구개발활동의 결과로 창출되는 기술능력(technological capabilities)이 기업의 경쟁우위 및 부의 창출의 핵심이 되기 때문이다. 이처럼 자체적인 연구개발활동이 필요한 또다른 이유는 기업이 어느 정도의 자체연구개발능력을 확보하여야만 적절한 기술혁신능력을 확보할 수 있기 때문이다. 기업이 기술을 외부에서 구입하여도 이를 기업 내에서 소화하고 상용화할 수 있는 기술흡수능력(technological absorption capabilities)이 부족하면 기술의 외부조달 효과가 충분히 창출되기 어려울 것이다(Cohen & Levintal, 1990). 이에 따라, 기업은 상당한 정도의 자체연구개발능력을 확보하여야 할 것이다.

그러나 기술혁신에 필요한 연구개발비용을 충당하기는 쉬운 일이 아니다. 기업의 입장에서는 상당한 회임기간이 필요하고 실패로 이어질 가능성이 높은 연구개발 프로젝트에 투자하는 것을 기피하는 경향이 많다. 특히, 연구개발부서를 제외한 일반적인 기능부서들은 연구개발의 중요성을 충분하게 인식하지 못하는 경우도 많다. 이에 따라, 자체연구개발활동이 충분하게 이루어지기 위해서는 최고경영자 및 기업 내부로부터 그 당위성(justification)을 충분히 확보받아야 할 것이다. 기업의 내부연구개발활동은 기업 및 사업부의 경쟁우위를 확보하는 데 있어서 충분한 공헌가능성을 보여주어야 할 것이며, 기존의 다양한 기술분야들과 시너지를 창출할 수 있어야 할 것이고, 연구개발활동 자체에 있어서 충분한 효율성을 확보하여야 할 것이다.

이를 위하여 연구개발활동은 효과적으로 관리되어야 할 것이다. 여기에 연구개발관리(R&D management) 혹은 연구개발경영의 중요성이 있는 것이다.

2. 연구개발관리의 중요성

기업의 내부연구개발활동(in-house R&D activities)은 기업의 기술적 문제를 스스로 해결하려는 것이며, 이에 따라 기업 자체의 재무적, 인적, 물적 자원의 투입을 필요로 한다. 기업은 미래에 대한 체계적 준비의 일환으로 미래의 성장 잠재력을 확보하기 위하여 자체적인 연구개발활동을 수행하게 된다. 이 점에서 연구개발활동은 기업의 경쟁우위를 달성하는 데 있어서 소중한 전략적 자원이다. 기업 및 사업부는 새로운 기술적 지식의 창출에 있어서 우선적으로 자체적인 연구개발에 의존하게 된다. 기업의 경쟁우위 확보·유지·확대에 있어서 기술의 전략적 중요성을 감안하면 기술능력 확보를 위한 자체 연구개발활동도 전략경영의 개념이 필요하다. 여기에서도 '전략적 연구개발관리(strategic R&D management)'가 필요한 것이다.

연구개발관리(R&D management)는 기술경영의 미시적이고도 핵심적인 영역으로서 그동안 기술영역의 실무나 연구에서 매우 비중 있게 다루어져 오고 있다. 연구개발관리에 관한 여러 전문가들은(Specht 등, 2002; Weule, 2001; Wolfrum, 1991: 295) 연구개발관리의 주요 영역으로 다음을 들고 있다.

① 자체연구개발활동의 근본적 방향 설정(예: 시장지향 대 기술지향, 공격적 연구개발 대 방어적 연구개발)
② 연구개발 프로젝트의 평가와 선정
③ 연구개발부문의 인력 조달·육성·관리
④ 연구개발부문의 자금조달 및 자원의 준비
⑤ 연구개발 결과 특허 및 라이선스 정책의 수립
⑥ 연구개발기능의 관리 및 효율성 증진
⑦ 자체연구개발과 기업 외부의 기술 및 정보와의 조화

실제로 이와 같은 내부연구개발활동은 다음과 같은 상당한 장점을 가지고 있다.

① 내부연구개발활동은 연구개발과정 전체에 대하여 기업 스스로 통제(control)가 가능하다는 장점을 가지고 있다.
② 자체연구개발활동은 기업이 연구개발활동의 목표(objectives)를 선택하는 것을 가능하게 한다. 기업은 확보하고 있는 자원 및 기업 전체의 목적을 고려하여 기업에 적합한 연구개발목표를 설정할 수 있다.
③ 기업은 내부연구개발활동을 통하여 연구개발결과에 대한 독점권을 가질 수 있다. 아울러 연구개발결과의 배분 등과 관련하여 발생할 수 있는 문제를 미연에 방지할 수 있다.
④ 기업은 자체연구개발활동을 통하여 기술적 독립성(technological independency)을 지속적으로 유지할 수 있다. 이를 바탕으로 더 나아가 고객에 대한 기업의 이미지와 명성을 제고할 수 있다.
⑤ 내부연구개발활동은 연구개발과제들을 통하여 기업이 필요로 하는 특정의 수요에 대한 구체적 해결을 지향할 수 있게 해준다.

그러나 이와 같은 자체연구개발활동은 다음과 같은 단점을 가지고 있다.

① 자체연구개발활동은 상당한 정도의 재무적, 인적, 물질적 자원(resources)을 필요로 한다. 그런데 이와 같은 자원의 확보는 단기간 내에 이루어지지 않는다. 이에 따라, 기업의 부족한 자원 측면에서 볼 때 자체적인 연구개발활동보다 외부로부터 기술을 조달하는 것이 훨씬 효율적일 수도 있다.
② 기업의 내부연구개발활동은 그 결과를 획득하는 데 상당한 시간(time)이 소요된다. 기술혁신의 과정은 대단히 많은 시간을 필요로 하는 것이 일반적인데, 특히 첨단산업의 경우 연구개발결과의 획득에 수

년 이상을 필요로 하기도 한다.

③ 기업의 자체적인 연구개발활동은 근본적으로 위험을 내포하고 있다. 이와 같은 위험은 기술적 성공이 불확실하다는 기술적 위험(technological risk)과 더불어 기술적으로 성공을 하였어도 시장에서 충분한 수용이 이루어지지 않는 상업적 위험(commercial risk)이 있다. 아울러 연구개발결과를 시장에 도입하는 데에 따른 적시성과 관련된 시간적 위험(timing risk)도 있다.

이에 따라, 기업과 사업부는 기술을 내부적으로 획득할 것인가 혹은 외부적으로 획득할 것인가의 전략적 의사결정(strategic decision-making)에 있어서 이상과 같은 내부연구개발활동의 장단점을 충분히 고려하여 의사결정을 하여야 할 것이다. 이와 같은 자체연구개발활동의 장단점을 고려하면 내부연구개발활동(in-house R&D activities)은 다음과 같은 기술영역에서 주로 이루어져야 할 것이다(Michel, 1987: 247-248; Wolfrum, 1991: 297).

① 기업 및 사업부가 높은 기술능력을 보이는 영역
② 높은 차별화 및 원가우위의 잠재력을 보이는 영역
③ 해당 기술의 개발이 기업의 경쟁우위에 핵심적인 역할을 하는 영역
④ 연구개발 프로젝트 종료의 긴급성이 크지 않은 영역
⑤ 추가적 개발 잠재력이 매우 높은 영역
⑥ 상대적으로 기술적, 사업적, 시간적 위험이 적은 영역
⑦ 기업 및 사업부에서 이미 활용하고 있거나 활용하려는 기술들과 높은 시너지 잠재력을 가지고 있는 영역

이상과 같은 영역에서의 연구개발활동은 전술한 자체연구개발활동의 근본적인 장·단점으로 인하여 세심하게 관리되어야 할 것이다. 무엇보다도 연구개발활동은 전략적으로 관리되어야 할 것이다. 즉, 기업 및 사업부의 자체연구개발활동은 효과적으로 관리되어 기업 및 사업부의 경쟁우위에 충분한 공헌을 하여야 할 것이다. 이에 따라, 이 책의 전반부에서 논의한 기술평가,

기술예측, 기술지향적 내·외부 환경분석은 전략적 연구개발경영(strategic R&D management)의 기초를 구성할 것이다.[4]

··· 제2절   연구개발활동의 유형과 성공요인   ···

1. 연구개발의 개념과 유형

1) 연구개발의 개념

연구개발(R&D: research and development)의 개념은 산업계나 과학기술계에 나 이론적으로나 실무적으로나 통일되어 있지 못하다. 그러나 모든 정의들 에 있어서 공통적으로 주장하는 것은 연구개발이 새로운 지식의 획득을 목 표로 하고 있다는 것이다. 연구개발은 새로운 자연과학적, 공학적 지식을 창 출하는 제반활동을 의미한다.

연구개발활동은 개인적 노력 혹은 집합적 노력에 의해 이루어질 수 있 다. 개인에 의한 연구개발활동은 보통 연구원(researcher) 혹은 창업자(entre-preneur)에 의해 연구개발이 이루어지는 것을 의미하며, 집합적 연구개발활동 은 기업, 대학, 연구기관 등에 의해 체계적으로 이루어지는 것을 의미한다. 일반적으로 기업에 의해 이루어지는 연구개발활동은 기업연구개발(corporate R&D)로 불린다. 최근에는 개인적인 노력보다 집합적 노력, 즉 보다 '조직화 된 연구개발'(organized R&D)이 일반적인데, 많은 연구요원을 거느린 복잡한 연구조직이 연구개발활동을 효과적으로 수행하기 위하여 설립·운영되고 있다(Freeman, 1982).

이와 같은 기업의 조직화된 연구개발(organized R&D)의 역사는 1867년 독일의 화학회사 BASF가 새로운 염료기술을 개발하기 위하여 최초의 기업

---

4) 전략적 연구개발경영에 관한 자세한 내용은 정선양, 「연구개발경영론」, 서울: 시대가치, 2021을 참조할 것.

연구소를 설립한 데서 시작되었다. 이어서 1876년 토머스 에디슨은 미국 뉴
저지주 Menlo Park에 연구소를 설립하였다. 그 이후 AT&T, DuPont, Dow
Chemicals, GM 등이 연구소를 설립하여 체계적인 연구개발활동을 수행하기
시작하였다. 독일의 경우에도 연구개발활동의 역사는 매우 길다. 역사적으로
살펴보면 독일은 과학기술을 통한 국가발전의 전통을 가지고 있다. 독일의
기업의 경쟁력은 이들의 높은 연구개발능력에서 비롯하는 것이다. 독일의
산업계에는 BASF, Bayer, Daimuler-Benz, Siemens와 같은 대형기업들이 있는
가 하면 강력한 기술력으로 무장한 수많은 기술집약적 중소기업들이 이른바
'히든 챔피언(Hidden Champions)'으로 불리며 세계시장을 누비고 있다(Simon,
1992, 1996). 이들 기업들의 경쟁력은 조직화되고 체계적인 연구개발활동에
서 비롯된 것이다.

기업은 기업활동을 지탱하는 강력한 연구개발 포트폴리오(R&D port-
folio)를 구성하여 이를 수행하여야 한다. Jain & Trandis(2010)는 기업의 연구
개발 포트폴리오에 적용할 수 있는 연구개발 니즈(R&D needs)를 다음과 같
이 구분하고 있다. 먼저, 규범적 니즈(normative needs)로서 연구개발활동은 사
용자(users) 니즈의 충족을 지향하여야 함을 의미한다. 둘째, 비교우위 니즈
(comparative needs)로서 기업의 연구개발활동은 경쟁기업과의 경쟁에서 우위
를 점하기 위한 필요에 의해 추진되어야 한다는 것이다. 마지막으로, 예측
니즈(forecast needs)로서, 기업의 연구는 기술, 제품, 소비자 행위, 혹은 새로운
법규에 있어서의 미래변화에 대한 예측에 의해 추진되어야 한다.

2) 연구개발의 유형

일반적으로 연구개발활동은 일정한 단계(phases)를 가지고 진행된다. 이
들 단계들을 구성하는 연구개발의 유형은 서로 다른데 아래에서는 이에 대
해 살펴보기로 한다.

먼저, 기초연구(basic research)는 새로운 과학적 지식 혹은 이해를 얻기
위해 수행되며, 특정한 실무적 목적 혹은 응용을 지향하지 않는 특징을 가
지고 있다. 이와 같은 기초연구는 과학자의 자발적 의지에 의해 수행되는

순수기초연구(pure basic research)와 특정 이해분야를 지향하여 다른 단체에 의해 감독되는 목적기초연구(goal-oriented basic research)로 나누어 볼 수 있다. 많은 기업이 기초연구를 소중한 자원의 낭비로 보는 견해도 있으나 일정 부분의 기초연구는 기업 경쟁력의 핵심이 된다는 점에서 기업은 기초연구를 관심을 가지고 수행하여야 할 것이다.

둘째로, 응용연구(applied research)는 특정의 실무적 목적을 달성하기 위해 이루어지며, 아이디어 및 기초연구의 결과를 이용가능한 형태로 발전시키기 위해 이루어진다. 응용연구는 과학 및 기초연구의 결과를 바탕으로 향후 있을 공학적 개발과정을 연계해 주는 역할을 한다.

셋째로, 개발(development)은 우리 생활에 유용한 재료, 제품, 시스템을 창출하려는 목적으로 이루어지며, 전술한 연구로부터 얻어진 지식 혹은 이해를 체계적으로 사용하는 것을 의미한다. 개발업무는 엔지니어링(engineering)의 영역에 머물며, 개발 노력은 연구와 아이디어의 상업적 활용을 연계해 주는 역할을 한다.

마지막으로, 기술개선(technology enhancement)은 기존의 혹은 개발된 기술을 지원하고 보다 개선하기 위한 과학기술자들의 계속적인 노력을 의미한다. 이는 기술성과의 개선, 기술수명주기의 연장, 점진적 혁신의 창출을 목표로 하고 있다.

다른 학자의 분류를 살펴보면, Schmitt(1985)는 기업의 연구를 본원적 연구(generic research) 대 목표지향적 연구(targeted research), 시장에 의한 연구(market-driven research) 대 기술에 의한 연구(technology-driven research)로 나누고 있다. Merten and Ryu(1982)는 산업연구를 기초연구(basic research), 탐색연구(exploratory research), 새로운 상업적 활동을 위한 개발(development), 기존의 상업적 활동을 위한 개발(development), 기술 서비스(technical services)의 5개의 범주로 나누고 있다.

Bhalla(1987)는 연구개발의 결과로 나타나는 과학과 기술은 아주 희소한 우연한 발견을 제외하면 사전의 과학과 기술에 의존하고 있으며, 연구개발 활동은 다양한 단계를 거치고, 각 단계마다 서로 다른 기능과 재능을 필요로 한다고 강조하고 있다. 일반적으로 핵심기술의 경우 그 개발에 있어서 매우 오랜 기간을 필요로 하는데 이 점에서 연구개발기획 및 기술기획은 사업기획보다 훨씬 긴 시간의 지평을 필요로 한다.

　　연구개발활동의 유형은 서로 중첩되어 있다(<그림 8-1> 참조). 이를 수행주체와 관련지어보면 기초연구는 대학에서, 응용연구는 공공연구기관이, 개발연구는 기업이 담당하는 경향이 많다. 그러나 많은 기업에 있어서 정도의 차이는 있지만 기초연구와 응용연구와 같은 연구개발 단계의 전반부 유형의 연구를 수행하고 있다. 이에 따라, 성공적인 기업이 되기 위해서는 연구개발 포트폴리오(R&D portfolio)를 적절하게 구성하여야 할 것이다. 경영자의 관심사는 기업이 '어떤 유형의 연구'를 수행하고, '개발에 있어서 어떤 기술'에 주안점을 둘 것인가에 있다. 이에 대한 대답은 연구개발의 목적, 사업의 유형 및 산업분야, 기술적 기초, 고객, 재무적·기술적 자원, 기타 여러 요인에 달려 있다.

| 그림 8-1 | 연구개발 유형의 중첩 |

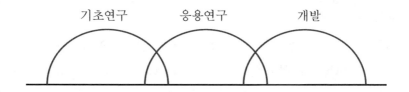

기초연구　　　응용연구　　　개발

이와 같은 연구개발의 유형은 기술혁신의 유형에 의해 많은 영향을 받는다. 연구개발활동은 새로운 제품을 개발하기 위한 제품혁신(product innovation), 새로운 재료를 발굴하기 위한 재료혁신(material innovation), 새로운 공정의 개발 및 기존공정의 개선을 위한 공정혁신(process innovation), 새로운 사업개발을 위한 시장혁신(market innovation), 기술과 관련된 서비스의 개선을 위한 서비스 혁신(service innovation)을 지향하며 이루어질 수 있다. 각각의 혁신의 유형에 따라 수행되는 연구개발의 유형도 달라질 것이다.

또한 기술혁신을 촉진하기 위한 연구개발의 노력은 산업부문(industrial sectors)마다 다르다. 일반적으로 정보통신, 전자, 제약, 생명공학 산업에 속해 있는 기업들은 보다 많은 연구개발비용을 지출하고 있다. 그러나 음료, 섬유, 신발 등과 같은 전통산업에 속해 있는 기업들은 상대적으로 적은 연구개발비를 지출하고 있다. 그럼에도 불구하고 어느 기업이나 선도적 기업이 되기 위해서는 다양한 형태의 연구개발활동을 수행하여야 할 것이다. 예를 들어, 자동차, 철강 등 전통산업에 있어서 우리 기업들이나 일본기업들은 미국기업들보다 훨씬 더 많은 연구개발비를 지출하고 있으며, 이것이 이들 산업에 있어서 우리 기업들이나 일본기업들의 경쟁력의 근간이 되고 있다.

이와 같은 연구개발활동의 유형은 궁극적으로는 연구개발 프로젝트(R&D projects)로 변환되어 실질적인 연구개발활동에 들어가게 된다. 연구개발의 유형이 다양한 것과 마찬가지로 이를 구체적으로 수행하는 연구개발 프로젝트의 유형도 다양하다. 기업은 다양한 프로젝트를 수행하여야 하는데, 이를 세분하면 집중화되고 목표지향적인 단기 프로젝트, 집중화되고 목표지향적인 장기 프로젝트, 투기적이며 탐색적 작업을 위한 프로젝트, 기존제품 및 서비스를 위한 보조적 연구 프로젝트를 수행하게 된다.

2. 연구개발관리의 영역

연구개발관리(R&D management)란 기업활동 중 기술획득을 위한 모든 연구개발활동과 그에 따르는 물적·인적 자원을 효율적으로 관리하는 것을 의미한다. 즉 기업의 궁극적 목표인 기술혁신을 창출하기 위하여 행하는 연구개발활동 및 그와 관련된 인적·물적 자원을 체계적으로 관리하는 것을 의미한다. 그러나 흔히 기술혁신을 창출하기 위한 방법으로 기술이전이나 모방과 같이 자체연구개발활동 이외의 방법들이 포함되기 때문에 좁은 의미에서는 자체연구개발활동(in-house R&D activities)에 국한해서 연구개발관리를 의미하기도 한다.

일반적으로 기업이 기술을 획득하고 기술혁신을 창출하기 위한 연구개발관리는 연구개발 전략의 수립, 아이디어 창출 및 정보관리, 연구개발과제의 선정, 연구개발과제의 효율적 수행을 위한 진척관리·중간평가·사후평가, 연계관리 등을 포함한다. 아래에서는 이를 간략히 살펴보기로 한다.5)

1) 연구개발전략

연구개발전략(R&D strategy)이란 단순히 연구소 혹은 연구부서의 관리를 위한 전략이 아니다. 연구개발전략은 경영전략의 중요한 구성요소로서 경영전략과 서로 유기적인 관계를 유지하여야만 한다. 과거 많은 기업은 연구개발전략과 경영전략의 연계의 중요성을 충분히 인식하지 못하고 기업은 기업대로 연구소는 연구소대로 운영되어 왔음이 사실이다. 그러나 최근에는 기술혁신이 기업의 성패를 좌우하는 가장 중요한 요인으로 부각되고 있어 연구개발전략과 기업의 다양한 전략과의 긴밀한 연계가 강조되고 있다. Twiss & Gouldridge(1989)는 기업전략(corporate strategy)으로부터 나오지 않은 연구개발전략은 아무 소용이 없다고 말할 정도로 연구개발전략과 기업전략의 연계의 중요성을 강조하고 있다.

경영 및 관리의 측면에서 보면, 연구개발관리는 기술경영의 부분집합이며 기술경영은 기업경영의 부분집합이다. 이에 따라, 연구개발전략은 기술전략의 부분집합이며 기술전략은 경영전략의 부분집합이라고 할 수 있다.

기술전략과 연구개발전략의 관계를 보면 <그림 8-2>와 같다. 이는 경영의 부문별 전략이 크게 경영전략(management strategy)으로 모여지는 관계를 나타내고 있으며 각각의 기능별 전략이 독립적인 것이 아니라 서로 유기적으로 연계를 맺고 있음을 보여주고 있다. 여기에서 경영전략은 기업전략의 또다른 표현이며 여기에서 기업전략은 전략의 위계상 최상위의 전략을 의미하기보다 기업 전체의 전략을 의미하는 것으로 이해하기도 한다.

---

5) 이와 같은 연구개발관리의 전반적 과정에 관한 상세한 내용은 정선양, 「연구개발경영론」, 서울: 시대가치, 2021을 참조할 것.

| 그림 8-2 | 경영전략과 연구개발전략과의 관계 |

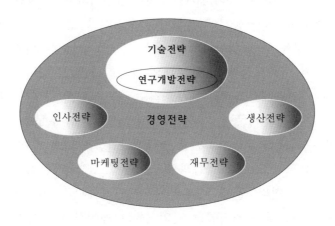

2) 연구개발조직

연구개발조직은 기업 전체 차원과 연구개발조직 내의 프로젝트 팀 구성의 두 차원으로 살펴볼 수 있다. 먼저, 기업 전체 차원에서는 기업의 전체 조직도(organizational chart)상 연구개발조직을 어떻게 구성할 것인가의 문제를 다루는데, 여기에는 대체적으로 다음 세 가지 유형의 조직구조를 구성할 수 있다.

첫째, 기업의 조직이 기능별 조직이고 연구개발조직이 하나의 과(department)로서 존재하는 경우이다. 이 경우는 기업 내의 모든 연구기능이 한 곳으로 집중되어 있다는 특징이 있으며, 비교적 중·소규모 기업과 연구개발을 처음 시작하는 기업에서 많이 볼 수 있으며 단기성 연구를 주로 한다.

둘째, 기업의 규모가 커지고 생산품목의 수가 증가함에 따라 기업의 조직이 사업부(division)의 형태로 바뀌고 연구기능 역시 각 사업부로 분권화되는 형태이다. 이 경우 제품의 개선 등과 같은 단기성 연구 등 안정적인 시장수요에는 잘 대처할 수 있으나 여전히 장기적인 연구개발에 대한 관심이 부족한 것이 흠이다.

셋째, 분권화된 형태의 단점인 중·장기 연구개발의 미흡을 보완하기 위한 형태로 각 사업부에 속해 있는 연구개발부서와 독립적인 중앙연구소(central research institute)를 동시에 운영하는 형태이다. 중앙연구소에서는 장기적 연구기능과 교육 등을 담당하고 부서별 연구조직에서는 단기적 연구개발 활동을 함으로써 기존시장과 함께 미래의 유동적 시장에 대비할 수 있다.

다음으로는 연구개발조직의 내부조직구조를 어떻게 구성할 것인가의 문제이다. 이는 연구개발 활동을 위한 프로젝트 팀(project team)을 어떻게 구성할 것인가의 문제로 귀결된다. 우선 연구개발활동의 성공에 영향을 미치는 내부조직적 필요조건을 보면 다음과 같다. 첫째, 조직원의 창의성을 최대로 발휘할 수 있어야 한다. 둘째, 내부의 물적·인적 자원을 최대로 활용할 수 있어야 한다. 셋째, 내부 조직원들 간의 커뮤니케이션이 활성화되어야 한다. 넷째, 타 부서로부터의 불필요한 방해로부터 보호될 수 있어야 한다. 다섯째, 외부와의 커뮤니케이션이 효과적으로 이루어질 수 있어야 한다. 여섯째, 전문분야의 전문성이 유지되어야 한다. 일곱째, 연구개발조직과 생산 및 마케팅 조직과의 연계가 원활하게 이루어져야 한다.

연구개발의 내부조직구조를 보면 크게 계층적 조직형태와 매트릭스 조직형태로 나눌 수 있다. 계층적 조직(hierarchical structure)의 형태는 일반적인 기능별 기업조직과 같이 소장이나 연구개발부서장 밑에 연구개발부장이나 실장, 또 그 밑에 연구개발실장이나 과장이 있는 단순한 조직으로, 지휘계통상의 질서정연함의 장점이 있는 반면, 일반 행정조직과 같은 조직형태에서 오는 경직성 등으로 연구개발활동에 비효율적일 수 있다. 매트릭스 조직(matrix structure)은 연구개발부서가 인사·재무·회계 부서 등과 협력하여 연구개발활동을 수행하는 조직이다. 매트릭스 조직은 연구원들은 각 실에 속해 있으면서 각기 다른 연구개발 프로젝트에 다른 실의 연구원들과 참여하는 조직이다. 이 조직의 장점은 여러 분야의 사람들이 하나의 연구개발팀을 이룰 수 있기 때문에 협동연구가 가능하며 유휴인력이 줄어들 수 있는 점이 장점이다.

3) 아이디어 창출

정보는 일반적 목적을 가진 자료나 수치를 의미하며, 아이디어는 이들 정보가 구체적 목적으로 사용되도록 가다듬어진 내용을 뜻한다. 아이디어 (idea)란 새로운 기술적 일을 수행하기 위한 실질적 혹은 잠재적 제안을 의미한다. 아이디어에 대한 원천은 실험실 내부뿐만 아니라 외부로부터 나온다. 예를 들어, 기업이 시장에 높게 의존하는 기업이라면 많은 아이디어가 판매원, 시장, 소비자로부터 나오며 생산에 의존도가 높은 기업은 많은 아이디어가 생산 스태프로부터 나온다.

연구개발부서에서의 아이디어는 연구개발 프로젝트를 형성하기 위한 아이디어와 연구개발 프로젝트 수행과정에서 문제해결을 위한 아이디어로 나눌 수 있으며 이러한 아이디어들은 시장정보, 기술정보, 그리고 조직원의 창의성으로부터 나온다.

연구개발 프로젝트(R&D project)는 신제품, 신공정, 신서비스의 개발, 그리고 제품, 공정, 서비스의 개선 등의 필요성에 대한 인식을 가짐으로써 시작된다. 이러한 인식은 경쟁자가 새로운 제품을 시장에 내놓거나, 시장에서 선도자의 위치로 올라가기 위해서, 혹은 시장에서 소비자의 요구를 인식하는 것 등으로부터 시작된다. 이러한 모든 것이 어디로부터 나오고, 어떻게 시작되었든 간에 가장 중요한 것은 모든 것에 공통으로 포함되어 있는 창의성(creativity)이다. 연구개발 프로젝트에 창의성이 필요한 것은 연구개발활동은 과거에 경험해보지 않은 새로운 것을 창조하는 활동이기 때문이다. 연구개발 프로젝트는 항상 새로운 문제를 제기하고, 이러한 문제를 풀어나가기 위해서는 창의적 해법이 필요한 것이다. 따라서 연구개발 프로젝트를 수행하기 위해서는 창의성이 어느 무엇보다 필요하다.

4) 프로젝트의 평가 및 선정

연구개발 프로젝트의 평가 시스템은 크게 기본 시스템과 지원 시스템으로 나눌 수 있다. 연구평가의 기본 시스템(basic system)은 평가목적, 평가대상, 평가자, 평가방법, 평가형태 등으로 이루어져 있으며 연구개발 평가의 지원 시스템(support system)은 평가자의 선정방법, 평가를 위한 예산, 연구정보 시스템, 연구예산관리 시스템, 연구평가 시스템의 평가 등으로 이루어져 있다.

연구개발 프로젝트의 선정을 위한 평가는 크게 연구개발활동 자체의 평가와 연구개발조직의 평가로 나누어진다. 연구개발활동 자체의 평가는 연구개발활동의 기술적·상업적 타당성을 평가하는 것이고, 연구개발조직의 평가는 연구개발 조직의 효과성 및 효율성을 평가하는 것이다. 어떤 면에서는 기업이 연구개발에 투자를 하였을 때 얻어지는 혹은 얻어질 것으로 예상되는 이익과 연구개발지출, 즉 투자와의 관계를 분석하는 것이 최종목적일 수 있다. 그러나 이 같은 개념은 너무 상업적 성공에만 치우친 개념이고, 그 평가방법에 있어서도 투자수익률 등에 입각한 경제적 평가방법을 주로 이용하여야 한다는 한계점이 있음을 인식해야 할 것이다.

이상의 방법을 통하여 기업은 연구개발 프로젝트를 선정할 수 있으며, 구체적으로 연구개발활동을 시작할 수 있게 된다. 이와 같은 연구개발 프로젝트의 평가는 연구개발의 전 과정 및 연구개발 이후의 기술적·상업적 효율성 및 효과성을 파악할 수 있고, 현재의 연구개발 관리활동 및 정책이 올바른 방향으로 나아가고 있는가 및 미래의 사업에 영향을 미칠 수 있는지의 여부를 알 수 있게 해준다.

5) 프로젝트의 일반관리

(1) 연구개발 프로젝트 리더의 선정

연구개발 프로젝트가 선정되면 다음으로 선정된 프로젝트에 대한 프로젝트 리더(project leader)를 선정하여야 한다. 연구개발 프로젝트의 리더는 일반 라인 관리자와는 다른 조건을 갖추고 있어야 한다. 그것은 연구개발 프로젝트와 일반 라인 부서에서 행해지는 일의 성격이 매우 다르기 때문이다. 일반적으로 연구개발 프로젝트 리더는 창의성을 요하는 매우 새로운 일을 관리한다. 또한 일상적이며 반복적인 일이 없으며 세심한 전문지식을 갖춘 전문가들을 다루기 때문에 세심한 관리능력이 요구된다.

(2) 연구개발 프로젝트 팀의 구성

연구개발활동을 위한 프로젝트 팀(project team)을 구성할 때는 다음과 같은 사항들을 고려하여야 한다. 첫째, 프로젝트 팀원의 인선은 전문기술력의 우수성에 중점을 두고 이루어져야 한다. 둘째, 연구개발 프로젝트에는 개인의 자질도 중요하지만 협조성 역시 그만큼 중요하다. 따라서 협조성이 결여되어 있는 인력에 대해서는 신중히 고려해 볼 필요가 있다. 셋째, 연구개발 프로젝트는 기술적 성공에서 그치는 것이 아니라 시장에 나가 상업적으로 성공해야 한다. 그러기 위해서는 적기에 연구개발 프로젝트가 반드시 완료되어야 하며, 이에 따라 납기의식이 투철한 사람을 프로젝트 멤버로 선정해야 한다. 넷째, 참여의식과 책임감이 있는 사람을 선정해야 한다. 의욕적으로 일하고자 하는 사람이 기술만 있고 의욕이 부족한 사람보다 나을 수 있다.

(3) 프로젝트의 진도관리

연구개발 프로젝트는 장기간에 걸쳐 시행된다는 점에서 적절한 진도관리(schedule management)가 필요하다. 이를 바탕으로 적절한 평가관리를 실시하기 위해서 프로젝트의 진척상황에 관한 정보수집을 전임 스태프 부문이 담당하는 것이 좋다. 또한 프로젝트가 어려움에 처해 있을 경우에 최고경영자가 이를 계속 진행할 것인지를 결정하는 것이 중요하다

(4) 예산관리

연구개발예산의 적절한 관리를 연구개발예산(R&D budget) 정보 데이터 베이스의 확립과 이를 담당할 스태프를 결정하는 것이 중요하다. 연구개발예산 데이터 베이스는 연구주제별, 프로젝트 팀별, 연구개발부문별로 내용에 맞추어 적절한 정보를 제공하고 가능하면 연구자에게 부담을 주지 말아야

할 것이다. 연구개발예산에 대한 체크는 일반적으로 6개월마다, 개발단계에
서는 3개월마다 하는 것이 좋으며, 예산집행에 관한 의사결정은 연구단계에
서는 프로젝트 리더가, 개발단계에서는 연구소장이 하는 것이 바람직하다.

(5) 연구개발 관련 정보의 수집 및 유통체제

연구개발 프로젝트의 진행에 따른 효율적인 의사결정을 위해서는 관련
정보(information)의 수집·축적을 위한 정보의 수집·유통 체제를 고도화하는
것이 필요하다. 많은 기업이 특허정보의 경우에는 데이터베이스화가 진행되
고 있으나 연구에 필요한 기술정보, 연구자의 인재정보, 시장정보의 데이터
베이스화는 아직 충분히 이루어지고 있지 않다. 연구개발 관련 정보의 수집
·유통체제가 충분히 이루어지지 않는 이유는 여러 가지가 있다. 첫째, 기업
에서 조사업무를 경시하는 풍조가 있으며, 유효한 조사 및 기획 능력을 가
진 인재가 부족하다. 둘째, 기술정보에 관해서는 문서정보가 많아서 데이터
베이스화가 어렵다. 셋째, 특허정보에 관해서는 정보의 양이 많은 데 비하여
실질적으로 연구개발에 사용되는 것은 적다. 넷째, 인재정보에 관해서는 인
재의 질적 수준에 관한 정보가 부족하며 인재의 평가방법이 확립되어 있지
않다. 다섯째, 시장정보에 있어서는 정보가 개인에게 축적되어 공유화가 안
되는 문제가 있다.

(6) 연구개발 프로젝트의 종합적 일정관리

연구개발 프로젝트는 간단하고 소규모 프로젝트에서부터 매우 복잡하고
대규모 프로젝트까지 여러 종류가 있다. 이러한 여러 종류의 연구개발 프로
젝트에 따라 일정을 종합적으로 관리하는 방법도 여러 가지가 있다. 대표적
인 연구개발프로젝트 일정관리 방법은 Gantt Chart, PERT, DELTA Chart와
같은 기법들이 있다.

6) 연구개발의 연계관리

연구개발관리의 성공적 수행은 연구개발의 결과를 어떻게 생산 및 제조

공정을 통해 시장에 이전하는가에 달려 있다. 이러한 이전과정은 매우 복잡한 과정으로 세심한 관리를 필요로 하고 있다. 이에 따라, 연구개발활동의 성공 여부는 다음의 네 가지로 나누어진다. 첫째로, 연구개발활동을 기술적 성공(technological success)으로 이전하는 것, 둘째로, 이 연구개발의 결과가 생산 및 제조 과정에 투입되어 제품화되는 제조 측면의 성공(manufacturing success), 셋째로, 이 제품이 시장에 출하되어 상업적 성공(commercial success)을 하는 것이며, 마지막으로, 이 같은 상업적 성공을 바탕으로 경제적 성공(economic success)을 하는 것이다. 따라서 연구개발관리의 관점에서 보면, 기술적으로 성공한 연구개발은 그 결과를 어떻게 생산공정에 투입시켜 소비자의 기호에 맞는 제품을 생산하는가와 어느 정도로 효율적으로 상업화하는가에 관심이 모아지게 된다. 따라서 무엇보다도 연구개발 – 제조 – 마케팅의 상호연계의 중요성이 대두된다.

일반적으로 기업이 수행하고 있는 전략적인 목표를 달성하기 위한 사업영역 및 기능의 차이, 프로젝트 특성의 차이, 연구개발 프로젝트의 수행과정들은 기업에 효율적인 연계관리(interface management)의 필요성을 제기한다(Brockhoff, 1989). 여기에는 네 가지 유형의 연계가 있다.

첫 번째의 연계유형으로는 사업영역 간의 연계(inter-business area interface)를 들 수 있다. 기업의 환경 및 주어진 생산 및 자원의 여건하에서 사업영역 및 이익센터 간의 경쟁은 상호간 갈등의 가능성을 불러일으키며, 이 잠재적인 갈등을 미연에 방지하여야 할 필요성을 야기시킨다.

둘째, 기능부서들 간의 기능의 차이 역시 상호간 갈등의 가능성을 불러일으키며, 이는 기능부서 간의 연계(inter-function interface)문제를 야기시킨다. 각 기능부서의 독자적인 이익추구는 기업 전체의 불이익으로 작용할 수 있기 때문에 이 유형의 연계문제를 전략적으로 관리하여야 한다. 이 유형의 연계는 특히 연구개발부서와 마케팅 및 생산부서 간의 연계문제에 초점이 모아지고 있다. 기술 및 제품이 고도화됨에 따라 이 유형의 연계관리의 중요성은 더욱 증가하고 있다.

셋째, 각각의 기능부서 혹은 연구개발부서 내에서 수행하고 있는 프로젝트간 연계(inter-project interface)가 있다. 이는 특히 대기업에서 중요한 문제로 대두되는데, 동일 부서 내에서 여러 프로젝트를 동시에 추진하는 병렬전략(parallel strategy)을 수립·운용할 때 큰 의미를 갖는다.

마지막으로, 개별 프로젝트 내의 연계(intra-project interface)문제가 있다. 이는 프로젝트 수행과정상의 프로젝트 관리의 문제이다. 즉, 연구개발 프로젝트의 경우 연구개발의 진행과정이 아이디어 창출, 프로젝트 선정, 자원의 배분, 진척관리, 프로젝트 평가, 연구개발결과의 상업화 등의 각각의 과정 간의 전이과정에 대한 연계의 관리 필요성이 대두되고 있다.

3. 연구개발의 성공요인

1) 성공요인의 개관

연구개발관리에 있어서 적절한 연구개발의 성공요인(success factors)을 도출하는 것은 매우 중요하다. 실제 연구개발활동의 결과가 기업의 경쟁우위로 이어지기 위해서는 연구개발활동을 성공으로 이끌어 가는 성공요인을 도출하고 이에 대한 적절한 관리가 필요하다. 그동안 연구개발의 성공요인에 대한 많은 실증적 연구가 진행되어 왔다. 연구개발의 성과는 연구개발과정과 생산과정의 성공 및 더 나아가 시장에서의 제품의 성공으로 나타나기 때문에 그동안의 실증연구들은 기술혁신과정의 전체 과정을 대상으로 연구를 수행하여 순수한 의미의 연구개발의 영역을 벗어나기도 하지만 나름대로 상당한 시사점을 제공해 주고 있다. 이 같은 성공요인의 예를 들면 다음과 같다.

① 고객의 수요 및 효용에 적극적으로 대응하는 세심한 제품개발
② 제품개발과정의 각 단계에 대한 주의 깊은 계획·조정·실행·통제
③ 자료의 수집·분석·의사결정에 있어서 적절한 방법론의 활용
④ 기술적 능력 및 가능성에 대한 정확한 인식
⑤ 시장과의 상시적 접촉을 통한 고객 수요의 정확한 인식
⑥ 최고경영자의 적극적인 후원

⑦ 경영층과 종업원들의 기술혁신에 대한 의지

⑧ 연구개발활동에 직접적으로 관여하는 인력의 적극적 의지

⑨ 연구개발과정 및 연구개발부문의 효율성

⑩ 인력의 이동성 저감을 통한 연구개발부서의 동질성 유지

⑪ 연구개발부서 내·외부 간의 활발한 커뮤니케이션

⑫ 연구개발, 생산, 마케팅 부서 간의 내부적 통합 및 협력을 통한 시너지 효과의 창출 및 활용

⑬ 경쟁기업보다 신속한 제품의 출하

이와 같은 실증적인 성공요인은 제품, 기업, 시장에 따라 다를 것이다. 다만 여기에서는 일반적인 성공요인을 제시하였을 뿐이다. 보다 근본적으로는 연구개발활동에 있어서 성공과 실패를 어떻게 정의할 것인가의 문제가 대두된다. 이와 관련하여 연구개발활동의 성공 여부를 판단하는 데 있어서 경제적 기준과 비경제적 기준을 나누어 생각할 필요가 있다.

그동안 연구개발의 성공 여부를 판단하는 데는 경제적 기준(economic criteria)을 많이 사용해 왔다. 이에 의하면 연구개발활동은 이에 따른 제품이 시장에서 목표로 했던 시장점유율 목표를 달성하거나, 목표로 한 수량의 매출을 기록하거나, 연구개발비용의 일정 부분을 회수하였을 때 성공으로 판단한다. 그 결과 많은 실증적 연구는 비경제적 기준, 특히 기술적 기준을 고려하지 않았다.

비경제적 기준(non-economic criteria)은 연구개발활동이 제품의 단순화를 가져오거나 그동안 제기되었던 기술적 문제의 해결을 가져올 경우에 성공으로 판단하는 것이다. 연구개발과제가 기술적 문제로 인해 시장에 제품으로 출하되기 이전에 중단된 경우에는 평가의 대상에서 아예 제외되는 문제점을 가지기도 한다. 또한 급진적 혁신과 점진적 혁신과 관련하여 급진적 혁신의 경우 시장에서 수익의 창출이 오래 걸린다는 점에서 성공으로 간주되기 어려우며, 이에 반해 당장 시장에서 수익력의 가시적인 증가를 보일 수 있는 점진적 혁신이 보다 더 성공적이라고 평가되기도 한다. 또한 연구개발활동은 그 과정에서 연구원 및 종업원에게 매우 높은 학습효과(learning effects)를 가져

다주는데 이도 성공요인으로 판단하여야 할 것이다. 아울러 많은 연구개발
의 성공요인을 연구개발의 결과의 측면에서 살펴보는 경향이 많은데 앞으로
는 연구개발의 잠재력(potential)의 측면에서 기준 및 요인을 파악하여야 할
것이다. 전술한 종업원의 학습효과는 연구개발 잠재력의 측면에서 파악하는
좋은 지표 중의 하나이다.

연구개발활동의 성공요인 중 하나로 연구개발—생산—마케팅과의 연계의
문제가 중요하게 대두되는데, 이는 기술투입 및 시장견인의 문제와 관련지
어 많이 논의되고 있다. 기술투입(technology push)전략은 잠재적 고객의 잠재
적 필요 및 수요는 신기술의 개발에 의해 일깨워지며 이에 따라 새로운 시
장이 창출될 수 있다는 주장이다. 이에 반하여, 수요견인(demand pull)전략은
연구개발활동이 고객의 수요에 의해 발생한다는 것이다. 이 전략에 따르면
연구개발활동의 불확실성을 매우 줄일 수 있다는 점에서 연구개발의 위험을
상당히 감소시킬 수 있다. 연구개발활동이 성공을 하기 위해서는 이들 두
전략을 조화롭게 활용하고 R&D-생산-마케팅 간의 효율적 연계를 달성하
여야 할 것이다.

많은 실증연구는 연구개발관리에서 기술지향적 접근(technology-oriented
approach)보다 시장지향적 접근(market-oriented approach)이 보다 바람직한 것으
로 주장하는 경향이 있다. 그러나 이 같은 논리는 점진적 혁신의 경우에는
적절할 수 있으나 급진적 혁신의 경우에는 타당성이 떨어진다. 급진적 혁신
의 경우에는 기술지향적 접근이 더욱 바람직하기 때문이다. 이에 따라, 연구
개발활동 및 기술혁신의 기획 및 집행을 적절한 기술의 개발과 시장의 개발
간의 연계과정으로 파악하는 것이 필요할 것이다. 이를 통하여 연구개발활
동은 기술개발과 시장창출 간의 괴리를 방지할 수 있다. 연구개발활동에서
성공하기 위해서는 기존고객의 수요를 인식하는 것은 물론 기술적 추세를
조기에 파악하여 새롭게 접근하여 새로운 수요를 창출하는 것도 중요하다.
이 점에서 기술투입전략과 수요견인전략 간의 최적의 조화를 찾는 것이 필
요하다.

2) 연구개발 성공요인의 체계화

전술한 바와 같이 연구개발활동의 성공에 영향을 미치는 변수들은 많이 있다. 이에 따라, 이들 변수를 체계화하는 것이 필요하다. 기업은 연구개발 활동과 관련한 자신의 내·외부 환경을 모두 검토하여 자신에 맞는 성공요인을 찾아내고 체계화하고 관리하여야 할 것이다. <그림 8-3>은 연구개발에 미치는 성공요인에 관해 나타내 주고 있는데, 크게 인적 요인, 환경적 요인, 상호작용적 요인, 조직적 요인, 연구개발의 대상적 요인, 방법적 요인 등으로 나누어 볼 수 있다.

먼저, 연구개발활동에 관여하고 있는 인력(manpower)은 연구개발의 성공에 대단한 영향을 미친다. 연구개발에 참여하는 경영층 및 종업원들은 연구개발활동에 필요한 창의성이 이들에서 비롯한다는 점에서 연구개발과정에 있어서 가장 중요한 자원이다. 이와 같은 인적 요인은 개인의 상황적 특징 (situational characteristics)과 개인의 행위적 특징(behavioral characteristics)으로 나누어 살펴볼 수 있다. 상황적 특징은 개인적인 상상력, 동기, 행위방식, 지식, 동기, 이해, 가치, 규범, 나이 등을 나타내 준다. 개인의 행위적 특징으로는 인지행위, 학습행위, 사고행위와 같은 신체적 기준은 물론 개인적인 계획의 유형, 커뮤니케이션 능력, 관리능력, 혁신능력 등을 나타내 준다.

둘째, 연구개발요원들의 상호작용(interactions) 및 관계(relations)도 연구개발의 성공에 지대한 영향을 미친다. 이와 관련하여 커뮤니케이션, 상호 존중, 협력의 유형, 개별 종업원 간의 경쟁심 제거, 동지의식을 창출하기 위한 집단화, 집단의 안정성 등이 중요한 영향을 미친다. 특히 급진적 혁신과 불연속적 혁신을 창출하기 위해서는 다양한 인력 간의 상호작용을 바탕으로 집단지성(collective wisdom)을 활용하여야 할 것이다.

그림 8-3	연구개발의 성공요인

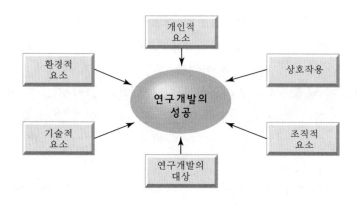

셋째, 기업의 조직(organization)의 측면도 연구개발의 성공을 위한 중요한 요인이다. 조직과 관련해서는 기업 전체 차원, 연구개발부서 차원, 프로젝트 차원에서 조직의 유연성을 통하여 연구개발결과에 영향을 미친다. 너무 엄격한 조직구조는 종업원들의 창의성을 방해하고 집단적 사고로 이어지는 문제점이 있다. 아울러 연구개발활동을 집권화(centralization)할 것인가 아니면 분권화(decentralization)할 것인가의 문제도 중요하게 고려하여야 한다. 집권화된 연구개발부서는 구성조직 및 활동 간의 더 많은 시너지 효과를 창출할 수 있다는 장점이 있으나, 분권적 연구개발부서는 고객과 보다 많은 접촉을 할 수 있다는 장점이 있다. 아울러 연구개발부서의 업무 수행과정의 조직문제도 중요한데, 각각의 활동을 논리적, 시간적 측면에서 효율적으로 구성하여야 할 것이다. 또한 조직 내부 및 외부적 차원에서의 연구개발활동의 효율적 조정 및 통합도 중요하다.

넷째, 연구개발활동의 대상(objects)은 연구개발의 효과성과 효율성에 중요한 영향을 미친다. 연구개발활동의 대상은 이론, 기술, 제품 혹은 공정이 될 수 있다. 이와 관련하여 연구개발 수요자가 원하는 기능, 기술의 수준, 신규성의 정도, 제품의 유형, 자체연구개발의 비중, 제조부서의 요구사항, 그동안의 기술혁신 경험 등이 중요하게 영향을 미칠 것이다.

다섯째, 연구개발의 성공은 그 과정에서 활용하는 제반 연구개발 방법 (methods)과 기술 등에 의해 많은 영향을 받는다. 예를 들면, 창조성 촉발기술, 기술예측기법, 조정기술, 분석 및 통제 기술, 경영기법, 정보통신기술, 평가기법, 디자인 기술, 검증기술 등이 영향을 미칠 수 있다.

마지막으로, 연구개발부서를 전체 조직의 한 구성요소로 파악하면, 연구개발활동은 환경적 요소(environmental factors)에 의해 많은 영향을 미친다. 환경적 요소는 내부적, 외부적 요소로 나누어 파악할 수 있다. 외부환경으로는 법적, 기술적, 사회적, 환경적, 경제적, 정치적, 문화적 환경으로 나누어 볼 수 있을 것이다. 내부환경으로는 경영층의 관여, 조직문화, 기업의 목표 및 전략, 기업 내의 다른 부서와의 협력 등을 들 수 있을 것이다. 기업과 연구개발부서가 환경의 조건에 보다 잘 대응할수록 연구개발활동의 성공확률은 높아진다.

이상에서 설명한 연구개발의 성공요인을 살펴보면 연구개발활동이 매우 다양하고 복잡한 요인에 의해 영향을 받음을 알 수 있다. 이상에서 설명한 요인 이외에도 더 많은 성공요인이 있을 것이며, 이 같은 성공요인의 상대적 중요성은 기업이 속해 있는 산업, 기업의 규모, 연구개발전략, 연구개발 자원의 정도 등에 따라 다를 것이다. 또한 이들 성공요인은 상호 긴밀히 관련을 맺고 있으며, 이 점에서 성공요인에 대한 이해는 기술경영의 전체적 측면에서 접근하여야 할 것이다.

··· 제 3 절 연구개발과정 ···

1. 연구개발과정의 관리

연구개발관리를 효과적으로 하기 위한 출발점은 연구개발활동을 하나의 과정으로 파악하는 것이다. 그동안 여러 전문가가 기술혁신경영의 문제를 연구개발활동의 관리에 주안점을 두고 이 같은 과정적 접근방법을 제시해오고 있다(예 : Rubenstein, 1989; 정선양 등 1991; Disselkamp, 2012). 일반적으로 연구개발활동은 아이디어 창출, 프로젝트의 선정, 자원의 배분, 연구개발활동의 착수, 연구개발 모니터링, 연구개발결과 평가의 단계를 거친다. 이와 같은 연구개발활동 각각의 단계는 하나의 순환과정으로 파악하여 연구개발과정(R&D process)으로 명명할 수 있다(<그림 8-4> 참조). 연구개발과정의 각 단계는 서로 간에 긴밀하게 연계를 맺고 있으며 상호간 정보의 피드백이 활발하게 이루어져야 한다. 연구개발과정 각 단계에서의 효율성과 각 단계들 간의 효율적 연계 및 피드백은 연구개발관리 전체의 효율성을 제고해 줄 것이다. 이와 같은 연구개발활동의 과정은 연구개발전략, 연구개발조직, 연구개발부서와 기능부서 간의 효율적 연계 등 제반 연구개발 하부구조(R&D infrastructure)가 이미 구축되어 있음을 전제로 한다. 아래에서는 이에 대하여 보다 자세히 살펴보기로 한다.

1) 아이디어 창출

아이디어(idea)란 새로운 기술적 업무를 수행하기 위한 실질적 혹은 잠재적 제안을 의미한다. 아이디어는 연구개발 프로젝트를 거쳐서 시장에서 판매될 제품과 서비스의 씨앗의 역할을 한다. 이처럼 중요한 아이디어 창출(idea generation)은 연구개발조직뿐만 아니라 기업의 모든 구성원, 더 나아가 기업 외부의 이해관계자로부터 이루어진다. 일반적으로 연구개발조직 내의 연구원들은 연구개발 프로젝트로 변환될 아이디어의 주요 원천이기도 하지만, 생산담당 부서의 종업원, 판매담당 종업원, 소비자 등도 대단히 중요한 아이디어를 제공해 줄 수 있다.

아이디어는 기본적으로 연구개발 프로젝트(R&D projects)의 잠재적 후보들이다. 아이디어가 프로젝트로 전환되기 위해서는 몇 가지 단계를 거치게 된다. 먼저, 기술경제적 기회들이 다양한 인력에 의해 인지되면 이들은 잠재적 아이디어들로서 모아지게 된다. 두 번째 단계에서는 이들 잠재적 아이디어가 조직 내의 구성원들에 의해 전달되면서 논의가 이루어지게 된다. 이 단계에서는 기업의 주어진 여건을 감안하여 아이디어의 실현가능성을 검토하게 된다. 마지막 단계는 이 같은 잠재적 아이디어들 중에서 가장 실현가능성이 높은 아이디어들이 조직에 의해 평가·선택·수용되어 연구개발 프로젝트 후보로 결정된다.

그림 8-4 연구개발과정

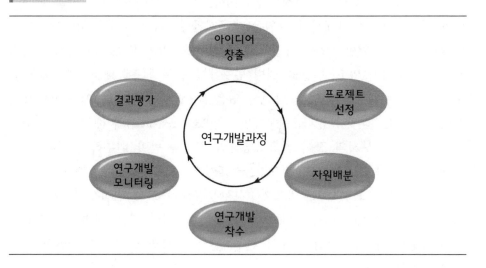

2) 프로젝트 선정

프로젝트 선정(project selection)은 기업이 추진하려는 여러 개의 연구개발 프로젝트 후보들을 경제적·기술적 측면에서 평가하여 가장 성공가능성이 높은 프로젝트들을 선정하는 것이다. 이를 바탕으로 기업은 반드시 추진하여야 할 과제, 향후 추진할 과제, 추진하지 않을 과제로 나누게 된다. 프로젝트의 선정방법은 정량적 평가와 정성적 평가를 동시에 추진하여야 할 것이다. 정량적 평가(guantitative evaluation)는 여러 프로젝트 후보 간의 객관적인 상호비교가 가능하며 필요한 경우 통계처리를 할 수 있다는 장점이 있다. 그러나 프로젝트의 선정에는 다양한 요소가 필요하다는 점에서 정성적 평가(gualitative evaluation) 역시 중요하다. 프로젝트의 선정은 다양한 요소를 고려하여야 하는데, 대표적인 요소들을 살펴보면 프로젝트의 결과로 나타날 제품 및 서비스의 우수성 및 독특성, 프로젝트에 투자될 자원의 양과 질, 프로젝트의 신규성, 제품 및 서비스의 성장가능성 등을 들 수 있다.

3) 자원의 배분

연구개발 프로젝트가 선정되면 선정된 프로젝트에 대해 자원을 배분하여야 할 것이다. 여기에서의 자원은 연구개발인력과 연구개발예산으로 나누어 볼 수 있다. 일반적으로 기업의 연구개발예산(R&D budget)은 전체가 사전적으로 결정되어 있고, 이들을 개별 연구개발 프로젝트에 배분하게 된다. 연구개발예산의 책정은 다양한 방법이 있을 수 있으나 전년도 매출액에 대비하여 책정하는 경우가 많다. 연구개발자원(R&D resources)의 배분은 기업연구소 등 연구개발부서의 장이 최고경영자의 위임을 받아 배분하게 된다. 이는 연구개발부서가 프로젝트의 필요성, 소요기간, 필요자원 등을 가장 잘 알고 있기 때문이다. 그러나 프로젝트가 대단히 규모가 크고 위험성이 높으면 최고경영자가 자원배분을 결정하여야 할 것이다. 이와 같은 개별 프로젝트에 대한 자원의 배분은 기업 전체의 연구개발 포트폴리오 구성을 감안하여 배분하여야 할 것이다.

4) 연구개발활동의 착수

연구개발 프로젝트에 자원이 배분되면 실질적인 연구개발활동이 수행된다. 이를 위해 연구개발 프로젝트 팀(project team)이 구성되고 연구개발 프로젝트의 리더가 선정된다. 프로젝트 리더(project leader)는 프로젝트와 관련된 연구개발활동 전반을 관리하고 책임을 지며 프로젝트의 원활한 진행 및 성공을 위한 팀원들을 선정하여야 한다. 연구개발활동은 전문적 지식을 가지고 있는 연구인력들에 의해 이루어진다는 점에서 프로젝트 리더는 고도의 전문성과 관리능력을 가지고 있어야 한다. 프로젝트 리더는 연구원들이 연구에 매진할 수 있도록 독려하고 연구팀 내의 협력이 활발하게 이루어지도록 프로젝트를 효과적으로 관리하여야 할 것이다.

5) 연구개발활동의 모니터링

일반적으로 연구개발활동은 여러 해에 걸쳐 추진이 되기 때문에 연구개발활동의 모니터링(monitering), 즉 중간평가가 중요한 문제로 대두된다. 연구개발활동의 중간평가(interim evaluation)에서는 현재 추진 중인 프로젝트를 기술적·경제적 측면에서 면밀히 검토하고 프로젝트의 성공가능성을 더욱 심층적으로 파악한 후 계속 추진할 것인가 중단할 것인가를 결정하여야 한다. 이와 같은 연구개발 프로젝트의 관리에는 스코어링법, 체크리스트법 등 다양한 기법을 사용할 수 있다. 아울러 연구개발활동의 효과적인 일정관리도 매우 필요하다. 이 같은 일정관리기법으로는 Gantt Chart 기법, PERT 기법 등이 있다.

6) 연구개발활동의 결과평가

연구개발활동이 종료되면 프로젝트의 결과에 대하여 평가를 하여야 한다. 연구개발활동이 종료되면 프로젝트를 둘러싼 위험도 해소되고, 필요한 자원도 모두 사용되었다는 점에서 체계적인 사후평가(ex-post evaluation)가 이루어져야 한다. 기업은 사후평가를 통해서 프로젝트의 성공과 실패에 관한 학습(learning)을 하여 향후 연구개발과정의 효율성 제고에 노력하여야 할 것이다. 이와 같은 사후평가의 체계적 수행은 연구개발활동의 가치를 제고하고 연구개발결과의 새로운 제품과 서비스로의 효과적인 이전을 가능하게 해준다. 연구개발결과의 평가는 기술경영자뿐만 아니라 필요하다면 최고경영자에 의해 이루어져야 할 것이다. 연구개발의 결과평가에는 다양한 방법이 활용될 수 있을 것이다. 가장 많이 사용되는 평가기법으로는 투자수익률(ROI)법, 매출액 대비 연구개발투자, 수익 대비 연구개발투자, 판매량 대비 연구개발투자, 투자회수기간(pay-back period)법 등을 들 수 있다.

2. 연구개발과정과 연구개발의 유형

연구개발활동의 수행에 있어서 기업이 고려하여야 할 중요한 사항은 제품연구개발(product R&D)과 공정연구개발(process R&D)에 대한 결정이다. 이들 연구개발활동을 바탕으로 창출되는 것이 제품혁신과 공정혁신이다. 기업은 경쟁우위의 확보에 있어서 제품혁신은 물론 공정혁신이 매우 중요하다는 점에서 이들 두 가지 유형의 연구개발은 균형적으로 추진되어야 할 것이다. 그러나 이 같은 두 유형의 연구개발활동의 추진에 있어서 기술경영자가 준거할 수 있는 효과적인 지침이 필요하다.

일반적으로 이와 같은 연구개발 유형에 대한 주안점은 전술한 연구개발과정(R&D process)에 달려 있다. <그림 8-5>는 기업의 일반적인 연구개발과정을 현금흐름(cash flow)의 관점에서 나타내 주고 있다. 일반적으로 새로운 아이디어가 창출되어 이의 연구개발 프로젝트가 시작되면 제품계획 및 제품의 정의가 이루어지는데, 이 시기에는 자금지출의 증가가 이루어지게 된다. 그러나 제품의 생산 및 판매 단계에 돌입하면 자금이 점점 유입되며, 제품이 시장에서 지속적으로 판매됨에 따라 점점 더 많은 자금의 유입이 이루어지고, 손익분기점(break-even point)이 지난 후 상당히 오랜 기간 동안 긍정적인 자금의 유입이 있으며 수익을 창출하게 된다.

이와 같은 일련의 과정은 제품의 창출에서부터 소멸에 이르는 기간을 나타내 준다는 점에서 제품수명주기(product life cycle)를 나타내 주는 것이다. 대체적으로 이와 같은 제품수명주기에 있어서 제품의 연구개발 및 생산 후 시장에 출하되어 고객의 수요를 충족시킬 때까지를 기술혁신과정(innovation process)으로 정의하며, 이 시기까지는 지속적인 자금의 지출이 발생하게 된다.

제품수명주기의 초기단계, 즉 기술혁신과정에서는 제품혁신(product innovation)이 중요하게 대두되는데, 그 이유는 제품의 물리적 특성 및 능력이 제품의 재무적 성과에 가장 큰 영향을 미치기 때문이다. 그러나 제품수명주기의 후기단계에는, 공정혁신(process innovation)이 중요하게 대두되는데, 이 시기에는 제조공정 및 설비의 개선, 제품 품질의 제고, 보다 빠른 유통 시스

| 그림 8-5 | 연구개발과정에 있어서 연구개발의 유형 |

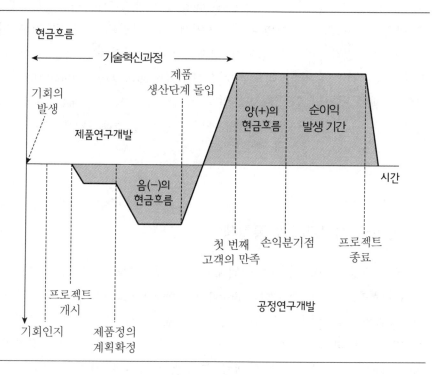

템 등이 제품의 수익력을 유지하는 데 중요하기 때문이다. 그 결과 기술혁신주기 동안에는 기업은 제품연구개발(product R&D)에 주안점을 두게 되며 기술혁신주기가 끝나 제품의 대량생산 및 판매의 시기에는 제품생산의 효율성을 제고하기 위한 공정연구개발(process R&D)에 주안점을 두게 된다. 이처럼 경영자는 제품의 수명주기에 따라 연구개발활동의 비중을 달리하여야 할 것이다.

일반적으로 제품연구개발(product R&D)은 차별화(differentiation) 전략을 달성하는 데 활용되며, 공정연구개발(process R&D)은 성공적인 원가우위(cost leadership) 전략의 핵심을 이룬다. 그러나 이들 연구개발 유형은 기업의 경영에 있어서 모두 필요하다는 점에서 균형적 접근이 필요할 것이다. 많은 경우 기업은 제품연구개발에 더 많은 비중을 두는 경향이 있으나 이는 반드시 바람직한 것은 아니다. 예를 들어, 1970년대 및 1980년대 미국경제의 어려움은 미국기업이 공정연구개발의 중요성을 간과해 왔기 때문으로 풀이된다. 역사적으로 미국 기업은 공정혁신(process innovation)에 있어서 독일 및 일본 기업에 비하여 능숙하지 못하였다. 이 점에서 미국기업은 독일 및 일본 기업에 비하여 원가절감능력이 뒤떨어져 세계시장에서 어려움을 겪은 것으로 평가된다. 이와 같은 주장의 대표적인 사례로 Thurow(1987)는 1980년대 미국 기업의 경쟁력 하락의 원인을 이들의 공정혁신의 중요성에 대한 인식부족으로 파악하고 미국 기업이 공정기술의 개발을 통하여 경쟁우위를 재확보할 필요성을 강조하였다.

3. 연구개발관리의 통합성

연구개발활동이 성공하기 위해서는 무엇보다도 연구개발과 마케팅과의 연계와 통합성을 가져야 한다(Brockhoff, 1989; Brockhoff 등, 1996). 그 이유는 연구개발활동을 통해 생산되는 새로운 제품, 공정, 서비스가 시장에서 성공을 거두어야 하기 때문이다. 그러나 이 같은 연구개발 및 기술경영의 통합성(integration) 문제는 비단 마케팅 분야만 해당되는 것이 아니라 경영자의 비전 및 기술전략, 인적자원의 적절한 배분 등에도 중요하게 대두된다(<그림 8-6> 참조).

연구개발활동은 기업 및 사업부의 비전 및 기술전략에 바탕을 두고 수행되어야 한다. 어떠한 연구개발 프로젝트를 추진할 것인가의 문제는 기업 및 사업부 경영자의 전략적 판단에 달려 있다. 예를 들어, 어떤 기업 및 사업부가 성장지향적 전략을 추진하고 이를 뒷받침할 기술전략으로서 기술선도자 전략을 추진하면 연구개발 프로젝트는 신흥기술 및 선도기술을 중심으로 대규모 프로젝트로 추진되는 경향이 있다. 이 점에서 연구개발활동의 추진에 있어서 기업 및 사업부 경영자의 경영역량(management capabilities)이 매우 중요하다. 이와 같은 경영역량을 바탕으로 기업 및 사업부의 연구개발 프로젝트가 선정되면 이를 추진할 연구개발자원(R&D resources)을 동원하여야 할 것이다. 연구개발활동은 근본적으로 위험이 높고 많은 자원을 필요로 한

다는 점에서 기업 및 사업부의 인적·물적 자원의 확보는 연구개발활동의
구체적 추진의 전제가 된다.

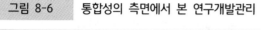

그림 8-6   통합성의 측면에서 본 연구개발관리

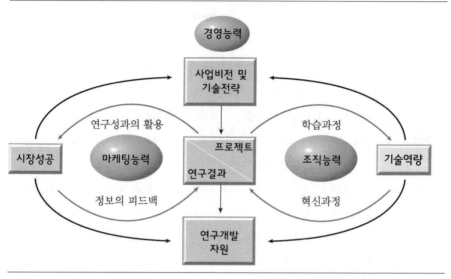

　　<그림 8-6>의 오른쪽 부분은 학습과정을 통한 기업의 기술역량의 창출과
혁신과정을 통한 문제해결의 측면을 나타내 준다. 기업 내의 연구개발요원인
인적자원은 연구개발 프로젝트에 자신의 지식을 투입하고 이를 이용가능한
지식으로 변환시킨다. 기업 내에는 연구개발 프로젝트를 통한 집합적 학습과
정을 통하여 추가적인 지식이 창출되고 이는 기업의 기술역량(technological
capabilities)으로 축적된다. 기술역량은 혁신활동이 일어나 시장에서 판매될 새
로운 제품, 공정, 서비스를 개발할 수 있는 토양의 역할을 담당한다. 이와 같
은 기술혁신활동 역시 학습과정이다. 여기에서 기술적 학습을 보다 빨리할 수
있는 전략, 즉 기술적인 노하우를 경쟁기업들보다 빨리 획득·개발·활용할 수
있는 능력은 현재의 속도 경쟁에 있어서 가장 근본이 되는 전략이다. 이와 같
은 속도 경쟁은 기술집약적 산업분야에서 훨씬 심하다. 이 점에서 기업 내에 기

술혁신역량의 창출 및 활용을 목표로 한 학습과정과 혁신과정을 보다 효과적으로 달성할 수 있는 조직역량(organizational capabilities)이 중요하게 대두된다. 즉, 기술혁신을 효과적으로 창출하기 위해서는 이를 위한 연구개발조직의 구성 및 운영, 자원의 배분, 기술혁신 문화의 창달과 같은 조직문제가 매우 중요하며, 여기에서 조직학습(organizational learning)의 중요성이 대두된다.

<그림 8-6>의 왼쪽 부분은 기술역량을 바탕으로 창출된 연구결과가 새로운 제품, 공정, 서비스의 형태로 상업화되는 과정을 나타내 주고 있다. 이 같은 새로운 제품, 공정, 서비스가 시장에서 성공을 거두기 위해서는 마케팅 역량(marketing capabilities)이 대단히 중요하다. 아무리 성능이 좋은 제품이라도 시장에서 판매되기 위해서는 다양한 형태의 마케팅 활동이 필요하며, 또한 시장에서 판매될 수 있는 제품을 생산하기 위해서는 연구개발활동 과정에 시장의 정보를 피드백하여야 한다. 특히, 연구개발결과로 나타나는 기술혁신 및 제품의 유형이 대단히 혁신적이고 새로울 경우에는 이에 대한 시장에서의 거부감이 상당히 크기 때문에 효과적인 마케팅 능력이 대단히 중요하다.

기술은 신제품 성공의 만병통치약은 아니다. 기술경영은 기업의 다른 기능들과 긴밀한 연계를 맺어야 성공을 거둘 수 있다. 기술경영에 영향을 주는 대표적인 기업활동을 살펴보면 연구개발활동, 생산활동, 마케팅활동을 들 수 있다. 아울러 기술경영이 성공하기 위해서는 외부로부터 정보의 피드백도 중요한데, 특히 주요 고객과 부품공급자가 기술경영에 상당한 영향을 준다. 고객 중에서도 핵심사용자 혹은 선도사용자(lead users)가 매우 중요하다(예를 들어, von Hippel, 1988; Urban & von Hippel, 1988). 이들은 기술경영의 결과로 나타나는 새로운 제품 및 공정을 대량 생산 및 판매하기에 앞서 추가적으로 발생할 수 있는 기술적 문제를 보다 효과적으로 해결하고 시장에서 성공을 거두게 하는 중요한 정보를 제공한다. 또한 기술능력을 강화시키는 데 있어서는 부품공급자(vendors)의 역할도 매우 중요하다. 기술경영부서는 부품공급자와의 효과적인 연계를 통하여 새로운 제품을 만드는 데 필요한 정보의 교환 및 공동의 문제해결을 원활히 수행하여야 한다.

결국은 기술경영이 성공을 거두기 위해서는 연구개발부서, 생산부서, 마케팅부서, 부품공급자 등과의 효율적 연계와 공동학습(joint learning)이 필요하며 또한 고객으로부터 많은 정보의 유입이 있어야 할 것이다(Brockhoff, 1989). 이 같은 통합적 측면에서 학습의 창출은 적절한 조직 문화 및 구성이 없이는 불가능하다. 여기에 전략적 기술경영의 중요성이 있다고 하겠다. 즉, 기업의 다양한 부서들이 연구개발활동의 추진에 있어서 통합적 관점에서 협력을 하고, 이를 위한 혁신우호적 문화를 창출하기 위해서는 최고경영자가 기술경영에 적극적으로 개입하여 전사적 차원에서의 기술경영을 추진하여야 할 것이다(Floyd, 1997). 최고경영자의 관심과 후원을 바탕으로 기업 및 사업부는 학습지향적 문화(learning-oriented culture)를 배양할 수 있으며 이를 통해 기술혁신 관련 부서들과 긴밀한 협력을 촉진할 수 있을 것이다.

··· 제 4 절 연구개발관리의 변천[1)]   ···

1. 연구개발관리의 진화

기업의 경쟁우위에 있어서 기술의 중요성이 증가함에 따라 효과적인 기술혁신을 창출하기 위한 기업의 연구개발관리(R&D management)의 노력도 상당히 발전하고 있다. 연구개발관리의 발전 양태는 기업의 연구개발 조직 구조, 경영자의 기술혁신에 대한 의지와 전략, 기술혁신에 투입되는 연구개발자원 등 다양한 측면에서 파악해 볼 수 있을 것이다. 실제로 국내·외의 선도기업들은 기술의 전략적 중요성에 대한 최고경영자의 확고한 인식을 바탕으로 연구개발을 위해 많은 자원을 투입하고, 효과적인 연구개발조직을 구축하면서, 투입된 자원을 효과적으로 활용하기 위해 많은 노력을 기울이

---

1) 이 절은 다음 논문을 참조하였음: Chung, S., "R&D Management Capabilities of Korean Enterprises," Presented at the 12th International Conference on Management of Technology (IAMOT 2003) (Nancy, France, May 13-15, 2003); Chung, S. and Kim, J., "Top Management's Role in R&D Capabilities of Korean Electronic Parts Companies," Presented at the R&D Management Conference 2004 (Sesimbra, Portugal, July 6-9, 2004).

고 있다.

연구개발관리에 대한 본격적인 논의는 1980년대 들어오면서 시작되었다고 볼 수 있다. 이 시기는 기업들이 전략적 우위를 달성하는 데 있어서 기술의 중요성을 본격적으로 인식하였던 시기이다. 그러나 연구개발관리는 이미 오래전에 기업들이 기술개발활동에 참여하면서 시작되었다고 볼 수 있을 것이다. 그 결과 일부 학자들은 연구개발관리가 일련의 세대를 걸쳐 발전해 왔으며, 현재에는 제4세대 혹은 제5세대 연구개발 및 기술개발의 시대에 와 있음을 강조하고 있다.

연구개발관리의 중요성이 확산되면서 이에 관한 여러 분야에서의 논의들이 활발히 진행되어 왔다. 그 결과 연구개발관리는 기술전략, 연구개발관리, 창업, 벤처캐피털, 산업별 연구개발관리 등 대단히 많은 분야를 포괄하게 된다. 이 같은 논의의 중요한 흐름으로서 연구개발관리의 패러다임 변환에 관한 여러 논의가 있어 왔다. 1990년대 초반 Rothwell(1992)은 연구개발관리의 관점에서 기술혁신의 모델을 5세대로 나누어 보고 있다. 그는 제1·2세대 기술혁신모형을 단순선형모형(simple linear model)으로, 제3세대 기술혁신모형을 다양한 요소 간의 상호작용 및 이들 간의 피드백 고리를 인식하는 연계모형(coupling model)으로, 제4세대 기술혁신모형을 기업 내의 통합, 특히 상류에서는 공급자, 하류에서는 소비자와의 연계 및 제휴를 강조하는 병행모형(parallel model)으로 파악하고, 마지막으로 제5세대 기술혁신모형을 시스템 통합 및 광범위한 네트워킹, 유연하고 고객화된 대응, 지속적 혁신을 강조하는 통합모형(integrated model)으로 파악하고 있다. 특히, 그는 제5세대의 기술혁신모형은 기술혁신을 기업 내부에는 물론이고 더 나아가 기업 간의 고강도 통합을 요구하는 다변수적 과정임을 강조하며, 그동안 급속히 발전하는 정보통신기술은 제5세대 기술혁신모형을 보다 구체화시킬 것임을 강조하고 있다.

Mitchell(1992)은 연구개발관리의 진화를 1970년대를 중심으로 구분지어 살펴보고 있다. 그에 따르면 1970년대의 연구개발관리는 연구기능(research function)의 관리에 목표를 두고 연구원의 개별적 창조성 및 집단에 있어서 기술혁신을 촉진하기 위한 환경조성의 시대였으며, 1970년대에서 1990년대 초반까지는 연구개발관리가 전략적 기업경영의 일환으로 파악되어 연구활동과 사업활동의 조화 문제에 중점을 두게 되었다고 주장하고 있다. 또한 Roussel 등(1991)은 연구개발활동에 투자를 증대하는 것도 중요하지만 이를 보다 전략적으로, 효율적으로 활용하는 것이 중요하다고 강조하며 전략적 연구개발관리(strategic R&D management)의 중요성을 강조하고 있다. 이들은 연구개발관리를 효과적으로 수행하기 위해서는 최고경영자, 사업부 경영자, 연구개발경영자가 파트너로서 제 3 세대 연구개발관리의 시대에 함께 참여하여 기술개발과 기업전략 및 사업전략과의 강력한 연계를 통해 경쟁력 있는 제품을 창출할 필요가 있음을 역설하고 있다.

Miller & Morris(1999)는 그동안 기업의 연구개발활동이 발전을 거듭하여 선진기업들의 경우에는 제 4 세대 연구개발(4th generation R&D)의 단계에 이르고 있음을 강조하고 있다. 이들은 급변하는 기술경제환경 속에서 기업이 경쟁력을 유지하기 위해서는 고객의 잠재적 수요(potential needs)를 찾아 불연속적 혁신(discontinuous innovation)을 창출·관리할 수 있는 제 4 세대 연구개발이 필요함을 강조하고 있다.

Reger & von Wickert-Nick(1997)은 연구개발관리의 모델을 '제 3 세대 연구개발 모델'과 '3개의 패러다임 시나리오 모델'의 두 가지로 나누어 설명하고 있다. 제 3 세대 연구개발 모델은 연구개발조직 및 자원배분에 있어서 통합성을 나타내 주는 것인 데 비하여 '3개의 패러다임 시나리오 모델'은 복수의 사업부를 가지고 있는 대기업에 있어서 기술개발활동 조직화의 변화에 관한 모델이다. 3개의 패러다임 중 제 1 패러다임은 연구개발활동의 집중화 및 전사적 통제의 모델인 데 반해, 제 2 패러다임은 연구개발활동의 분권화 및 사업부 우세의 연구개발 모델이다. 이 점에서 전자는 '기술투입형 연구개발'이며 후자는 '시장견인형 연구개발'이다. 시기적으로 보면 전자는 1950년대에서 1970년대까지 풍미했던 모델이고, 후자는 1970년대에서 1980년대 말까지 풍미했던 모델이다. 이들은 이러한 양자를 종합하여 제 3 의 패러다임을 제시하고 있는데, 이 모델에서는 분권화된 사업부 주도형 연구개발의 장점과 전사적 차원의 기술투입형, 장기적·집권적 연구개발의 장점을 모두 결합하려고 시도하고 있다.

이상의 논의들을 현재의 시점에서 살펴보면 기업의 연구개발관리 패러다임의 역사적 발전과정은 대체적으로 다음의 4단계로 진화해 온 것으로 파악할 수 있다. 아래에서는 이에 관해 보다 세부적으로 논의하기로 한다.

1) 제 1 세대 연구개발관리

제 1 세대 연구개발관리(1st generation of R&D management)는 산업혁명 기간 중인, 1867년 독일의 거대화학회사인 BASF가 새로운 염료기술을 개발하기 위해 세계 최초의 기업연구소(R&D laboratory)를 설립하고, 1876년 Thomas Edison이 New Jersey의 Menlo Park에 연구소를 설립한 이후부터 제 2 차 세계대전 이전까지 기업 연구개발활동의 관리모형을 의미하는 것이다.

산업혁명 이후, 특히 지난 세기 초반 일부 선진기업의 성공에 힘입어 많은 기업이 연구소를 설립하였다. 이 시기의 연구개발활동은 많은 중요한 기술적 돌파구를 창출하여 수익성 높은 제품으로 변환시키는 것이었고, 연구 프로젝트의 선발과 관리는 실제 연구를 수행한 과학자(scientists)에 의해 이루어졌다. 이 시기의 연구개발관리 및 연구소의 경영을 맡은 과학자들은 연구개발 그 자체에만 관심을 가졌지 연구개발결과의 활용가능성은 거의 고려하지 않았다.

그럼에도 불구하고 지난 세기 두 번에 걸친 세계대전을 거치면서 기업들의 연구개발관리능력이 상당한 정도로 축적되었다. Roussel 등(1991)은 제 1 세대 연구개발(R&D)에서는 기업들이 개발(D)보다는 연구(R)에 보다 많이 집중하였으며, 현재의 많은 기업이 아직 제 1 세대의 연구개발방식을 따르고 있다고 주장하고 있다. 그러나 이 같은 연구에 집중한 연구개발관리가 반드시 성공으로 이어지지 않고 연구개발에 있어서 성공에 대한 막연한 기대를 한다는 점에서 Prahalad & Hamel(1990)은 이를 희망의 전략(strategy of hope)이라고 표현하고 있다.

2) 제 2 세대 연구개발관리

제 2 세대 연구개발관리(2nd generation of R&D management)는 제 2 차 세계 대전 이후부터 정착된 연구개발 관행을 의미한다. 지난 1세기 동안 기업 연 구개발활동의 꾸준한 증가에 힘입어 체계적인 연구개발의 관행은 현대적 기 업의 핵심적 기능으로 굳게 자리 잡았다. 이제 세계의 거의 모든 기업이 에 디슨 모델의 자체연구소를 가지게 되었다. 즉, 전쟁기간 중에 원자탄 개발을 위해서 수천 명의 과학자가 미국 전역의 수많은 비밀 연구소에서 과학적인 기술과제를 수행하였으며, 이는 연합국의 승리에 연구개발이 많은 기여를 했다는 것이 경영자들에게 믿음을 주게 되었다.

제 2 세대 연구개발관리에서는 기업의 경영자들이 기업연구소를 그들 사 업의 니즈를 보다 잘 충족시킬 수 있는 프로젝트들에 집중시키기 시작하였 다. 그 결과 이들은 전쟁기간에 개발되었던 프로젝트 관리기법을 적용하고 확대하게 되었는데, 이를 제 2 세대 연구개발로 부르게 되었다. 제 2세대 연 구개발에서는 관리의 주안점을 프로젝트 관리기법(project management tools)을 통하여 프로젝트의 성공률 제고에 두게 되었다.

전술한 제 1 세대 연구개발관리에서는 연구개발활동을 특정한 목적을 가 지고 이익을 창출하는 불연속적 활동이라기보다 원가센터(cost center)로 파 악하여 여기에 투입되는 비용을 간접비로 간주하였다. 그러나 제 2 세대 연 구개발관리에서는 연구개발을 사업적 니즈에 보다 체계적이고 사업적으로 조화시키려는 노력이 이루어졌다. 연구개발활동은 불연속적인 활동으로 인 정받아 프로젝트로서 관리되고, 프로젝트에 대한 비용편익적 분석이 시작되 었으며, 프로젝트의 목적에 대비한 진도의 통제가 이루어졌다(Roussel 등, 1991). 그러나 제 2세대 연구개발관리에서는 기업들이 연구개발활동을 개별 프로젝트별로 관리하였지 전체 프로젝트의 총합 관점에서 다루지는 않았다.

3) 제 3 세대 연구개발관리

기업 경쟁력에 기술의 중요성이 더해감에 따라 연구개발 및 기술혁신의 문제는 기업의 전사적 전략경영의 문제가 되었다. 이제 연구개발은 최고경영자의 중요한 관심사가 되었으며, 연구개발관리의 문제도 전략적 기술경영의 문제로 대두되기 시작하였다. 여기에서는 기술전략과 사업전략 간의 연계가 핵심적인 문제가 되었는데 이를 제3세대 연구개발관리(3rd generation of R&D management)라고 부른다. 이 단계에서는 특히 일선의 경영자들과 연구개발관리자들은 파트너로서 어떤 연구개발활동을, 왜, 언제, 어떻게 수행하여야 할 것인가에 관한 의사결정에 있어서 의견과 통찰력을 공유하고 협력하며, 이를 통해 연구개발관리가 사업적 필요 및 전사적 니즈를 상당한 정도로 고려하게 되었다(Roussel 등, 1991).

이처럼 연구개발관리가 전략적 중요성을 얻게 된 것은 기술이 복잡해져 감에 따라 기업의 연구개발활동의 규모가 점차 증가되었기 때문이다. 이에 따라, 연구개발활동에 따른 근본적인 위험은 기업의 성과에 보다 중요한 요소가 되었다. 점점 증가하지만 회피할 수 없는 재무적 위험을 극복하기 위해 연구개발투자도 다른 투자안의 평가에 활용되는 다양한 기법을 통하여 평가하게 되었다. 제3세대 연구개발관리에서는 장기에 걸쳐 중요한 상업적 돌파구를 제공해 줄 수 있는 고위험의 활동과 단기에 걸친 약간의 상업적 잠재력을 가지고 있는 저위험의 활동을 균형화할 수 있는 방법으로 연구개발 포트폴리오(R&D portfolio)가 탄생하였다.

이 유형의 연구개발관리에서는 기술수명주기의 여러 단계가 기업에 미치는 영향을 분석하고 이에 대한 적극적 대응을 하게 되었다. 이를 위한 방법으로, '기술의 진화'와 각 '사업영역에 있는 제품 및 서비스'를 연계하는데 도움을 줄 수 있는 기술경로지도(technology road-map)의 기법이 창출되었다. 이와 같이 연구개발관리를 재무위험 분석, 전략기획, 기술경로지도의 틀속에서 행하는 것을 제3세대 연구개발관리라고 한다.

그러나 제3세대 연구개발관리에서는 연구개발활동에 있어서 '소비자의 수요를 결정하는 마케팅'과 '기술을 공급하는 연구개발' 간의 분리가 있다는 문제가 있다. 그 결과 이 유형의 연구개발관리과정에서는 특별하게 구체화될 수 있는 소비자의 니즈, 즉 명시적 니즈(explicit needs)만이 다루어질 수 있는데, 이는 소비자가 원하는 니즈의 빙산의 일각에 불과하다는 문제가 있다. 즉, 소비자는 새로운 제품, 공정, 기술에 있어서 보다 많은 잠재적 니즈 (latent needs)를 가지고 있으나 이 유형의 연구개발에서는 이들이 발견되지 않거나 충족되지 않는다. 이 유형의 연구개발활동을 통해 창출되는 혁신은 기존의 점진적 기술이 전통적인 제품개발방식에 따라 기존시장에 적용되는 단지 연속적 혁신(continuous innovation)일 뿐이며 급변하는 기술경제환경 속 에서 기업의 경쟁우위를 제공하는 데는 한계가 있다.

2. 제 4 세대 연구개발관리

현재의 연구개발관리의 패러다임은 제4세대 연구개발관리(4th generation of R&D management)이다. 그동안 전통적인 연구개발관리과정에서 고객 및 이 해관계자들은 그들에게 미래에 제공될 수 있는 제품, 서비스, 인프라 등에 대하여 상상만을 할 수 있을 뿐이다. 이 경우 고객의 수요가 구체적으로 나 타나지 않았기 때문에 기업이 창출하는 제품은 그들의 수요에 맞지 않을 가 능성이 높은데, 이는 최근의 급변하는 기술경제환경 및 극심한 경쟁환경 속 에서는 상당한 문제가 아닐 수 없다. 특히, 이 같은 경쟁환경 속에서는 기업 의 경쟁우위는 연속적 혁신보다는 불연속적 혁신(discontinuous innovation)을 어떻게 효율적으로 창출하는가에 달려 있다.

제 4 세대 연구개발관리에서는 고객의 잠재적 수요(potential needs)를 도출 하고 이를 충족할 수 있는 불연속적 혁신을 창출하여 고객의 가치를 새롭게 창출하는 것을 목표로 하고 있다. 이를 위하여 기업은 다양한 집단 및 조직 에 있는 개인들과 미래에 무엇이 가능하고 그들에게 이들이 어떻게 작용할 것인가에 관한 공동의 학습과정(learning process)을 필요로 한다. 이처럼 기업 내부의 다양한 조직 및 집단들과 기업 외부의 고객들을 연구개발과정에 공 동으로 참여시켜 불연속적 혁신을 창출하려는 새로운 유형의 연구개발 패러 다임이 제 4 세대 연구개발관리다.

제 4 세대 연구개발관리는 기술혁신과 관련된 여러 주체들 간의 상호의 존적 학습과정으로 파악되며, 소비자의 니즈와 기술적 능력이 결합되어 공동으로 진화하며, 기업이 제공할 수 있는 기술적 능력 및 개념이 고객의 실질적, 잠재적 수요를 바탕으로 평가되고 정의된다. 이를 통하여 기업으로 하여금 경쟁기업들보다 체계적이고, 빨리 학습함으로써 고객이 필요로 하는 불연속적 혁신을 창출하여 고객을 위한 가치를 창출하고 지속가능한 경쟁우위를 확보할 것을 강조하고 있다.

제4세대 연구개발관리의 대표적 특징을 살펴본다면 한마디로 불연속적, 융합적 혁신을 강조하며, 고객의 잠재적 니즈 파악을 위한 고객과의 상호의존적 학습을 중시하고, 새로운 지배제품의 창출을 위한 마케팅 활동을 강조한다는 것이다.

<그림 8-7>에서 보는 바와 같이 기존의 제3세대까지의 연구개발관리는 고객의 형식지(coded knowledge)를 파악하여 개발(development)활동에 반영하는 마케팅 1의 수준에 머물렀다. 이는 기존의 제품개선 수준에 불과하여 공급자 중심의 일방적 시장조사를 통해서도 충분히 고객의 니즈 파악이 가능하였으며, 그 결과 연속적 혁신을 추구할 수 있었다.

그러나 불연속적, 융합적 혁신을 추구하기 위해서는 기존에 존재하지 않은 새로운 가치를 창조하여 고객에게 제공해야 하고 보다 더 다양한 기술지식의 융합을 필요로 한다. 따라서 기존에 존재하지 않은 새로운 지배제품을 창출하기 위해서는 고객과의 상호의존적 학습을 통한 고객의 암묵지(tacit knowledge) 파악이 필요하고, 이를 연구(research)활동에 반영하여 불연속적 혁신을 가능하게 하는 마케팅 2가 필요하게 되었다.

제3세대 연구개발에서는 제품과 서비스의 형식적 니즈 파악에 주안점을 두는데 비하여, 제4세대 연구개발에서는 고객의 잠재적 니즈(latent needs)를 충족시켜 줄 역량(capabilities)의 파악에 주안점을 두고, 이를 바탕으로 불연속적 혁신의 창출과 고객가치의 창출이라는 매우 야심차고 미래지향적 목표를 추구한다는 특징을 가지고 있다.

그림 8-7	제 4 세대 연구개발의 특징

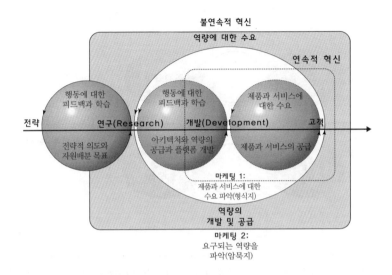

* 마케팅 1: 고객의 제품과 서비스에 대한 요구(형식지)를 파악하기 위하여 대화와 설문을 활용하
  는 전통적인 마케팅 활동을 의미함.
  마케팅 2: 고객의 형식적 니즈(형식지)를 파악하는 마케팅 1과 구별되는 개념으로, 새로운 역량
  (capabilities)과 지배제품의 창출을 위해 고객의 잠재적 니즈(암묵지)를 파악하여 연
  구활동에 반영하는 마케팅활동을 의미함.

자료 : Miller, W. L and Morris, L., *4th Generation R&D: Managing Knowledge, Technology, and
Innovation* (New York: John Wiley & Sons, 1999), p. 133.

위에서 살펴본 제 4 세대 연구개발의 특징은 다음과 같은 기술혁신 사이
클의 반복적인 순환과정을 통해 구체화된다(Miller and Morris, 1999). <그림
8-8>에서 보는 바와 같이 혁신에 대한 구체적 요구를 형성해 주는 경쟁 아
키텍처(competitive architecture)는 조직역량(organizational capabilities)의 개발에 영
향을 주고 이는 다시 경쟁 아키텍처의 개발에 영향을 준다. 여기에서 경쟁
아키텍처란 기업이 경쟁하는 시장, 고객 및 이들의 니즈와 수요, 기업의 제
품, 서비스, 조직, 목적 등이 속해 있는 산업적 환경을 의미하며, 조직역량은
도구, 기술, 과정, 구성원들이 가지고 있는 경영가능한 단위로 창출할 수 있
는 지식을 통합하는 시스템 사고의 구조물을 의미한다(Miller & Morris, 1999:
32-33). 경쟁아키텍처와 조직역량의 개발은 전략적 의도(strategic intent)와 그곳

| 그림 8-8 | 제4세대 기술혁신 사이클 |

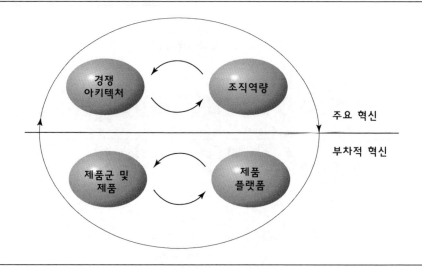

자료 : Miller, W. L and Morris, L., *4th Generation R&D: Managing Knowledge, Technology, and Innovation* (New York: John Wiley & Sons, 1999), p. 123.

에 도달하는 수단을 정의하기 위한 핵심경영과정으로서 전략의 수립과 제품 개발에 투영된다. 즉 이들 두 요소 간의 상호작용은 전략을 창출하고 이를 통해 형성된 주요 혁신(primary innovation)은 제품 플랫폼(product platform)의 개발과 이를 기반으로 한 제품개발에 영향을 주어 부차적 혁신(secondary innovation)을 낳게 된다. 이러한 반복적인 순환과정 중에 고객과의 상호의존적 학습을 통한 고객의 잠재적 니즈가 연구활동에 반영되고(마케팅 2), 그 결과 불연속적 혁신과 새로운 지배제품의 창출이 이루어지게 된다.

3. 연구개발관리 유형의 요약

이상에서 논의한 연구개발관리 패러다임의 변천을 요약하면 <표 8-1> 과 같다. 연구개발관리의 패러다임을 결정짓는 가장 중요한 변수는 기술의 중요성에 대한 최고경영자(top management)의 인식을 바탕으로 한 기술을 둘

| 표 8-1 | 연구개발관리 패러다임의 변화 |

구분	시기	조직적 연계의 정도				주요 특징
		R&D	생산	마케팅	고객	
제 1 세대 R&D 관리	산업혁명 ~ 1950년	■				연구개발 및 연구소가 과학자들에 의해 주도되는 초보적 연구개발관리
제 2 세대 R&D 관리	1950년 ~ 1980년	■				프로젝트 관리기법을 통하여 개별 프로젝트의 효율화 지향
제 3 세대 R&D 관리	1980년~ 1990년대 중반	■	■	■		전사적 전략을 통합한 기술개발 포트폴리오, 기술 로드맵의 도입과 응용
제 4 세대 R&D 관리	1990년대 중반 이후	■	■	■	■	불연속적 혁신을 창출하기 위한 전사적 기업조직과 외부의 시장통합을 통한 가치창출형 연구개발

자료 : Chung, S., "R&D Management Capabilities of Korean Enterprises," Presented at *the 12th International Conference on Management of Technology* (IAMOT 2003) (Nancy, France, May 13‒15, 2003); Chung, S. and Kim, J., "Top Management's Role in R&D Capabilities of Korean Electronic Parts Companies," Presented at *the R&D Management Conference 2004* (Sesimbra, Portugal, July 6‒9, 2004).

러싼 기업의 기능부서 및 기업 외부 이해관계자와의 연계의 정도이다. 즉, 연구개발활동의 기업 내의 전략적 위치에 따라 연구개발관리의 패러다임을 나누어 파악할 수 있는 것이다. 특히, 제 2 세대에서 제 3 세대, 제 3 세대에서 제 4 세대로 변천함에 따라 조직적 연계의 정도가 크게 확대된다.

제 1 세대 및 제 2 세대 연구개발관리는 연구개발부서의 효율성(efficiency)을 지향하고 있다. 제 2 세대 연구개발관리는 제 1 세대와 비교하여 연구개발부서의 효율성 제고를 위한 프로젝트 관리기법(project management tools)이 활용된다는 점이 다르지만 연구개발 프로젝트에 대한 총체적 시각은 부족하다. 제 3 세대 연구개발관리는 최고경영층의 관심과 배려하에 연구개발관리가 기업경영의 중요한 위치를 차지한다. 연구개발관리가 전사적 전략을 바탕으로 이루어지며 기업 내 다양한 기능부서가 연구개발관리에 연계되게 된다. 아울러 기술 포트폴리오, 기술 로드맵 등의 복잡하고도 다양한 선진 연구개발관리기법이 활용된다. 이 점에서 제3세대의 연구개발관리는 최고경영자의 연구개발관리에 대한 높은 관심사를 보여준다. 제4세대의 연구개발관리는 기업의 다양한 기능부서의 연구개발관리에 대한 연계에서 더 나아가 불연속적 혁신(discontinuous innovation)을 창출하기 위한 시장의 통합을 지향하는 최첨단의 연구개발관리 관행을 나타내 준다.

연구개발관리는 기술경영의 핵심분야 중의 하나로서 기술전략의 구체적 집행(implementation)에 있어서 결정적 역할을 담당한다. 전술한 바와 같이 연구개발관리는 여러 단계를 걸쳐온 것으로 이해할 수 있다. 그러나 연구개발관리를 기술경영의 일부로서 파악하면 제4세대 연구개발관리는 전략적 기술경영의 일부로 파악할 수 있다. 전략적 기술경영은 기업을 둘러싼 기술경제환경이 급변하면서 기업이 최고경영자를 중심으로 하여 기술혁신을 기업의 경쟁우위 확보 및 부의 창출에 활용하려는 학문적·실무적 분야이기 때문이다. 여기에서는 신흥기술의 발전뿐만 아니라 시장의 명시적, 묵시적 니즈의 파악에 적극적으로 노력하며 기술전략과 경쟁전략 간의 효과적인 연계에 노력을 기울인다. 아울러 기술경영의 대상을 연속적 혁신뿐만 아니라 불연속적 혁신을 모두 포괄하는 것으로 파악한다. 이 점에서 전략적 기술경영은 전술한 연구개발경영의 모든 발전단계를 포괄하는 것으로 이해할 수 있을 것이다.

··· 제5절 성공적인 연구개발관리 ···

연구개발활동은 기술혁신을 창출하여 기업의 경쟁우위에 지대한 공헌을 한다. 그러나 연구개발활동에는 막대한 자원이 투입되고 오랜 기간이 소요되며 실패의 확률도 매우 높다. 연구개발관리(R&D management)는 이같이 중요한 연구개발활동의 성공률을 제고하기 위한 실무적, 학문적 분야이다. 효율적 연구개발관리를 통하여 연구개발활동은 성공을 하여 새로운 제품과 서비스로 변환됨으로써 기업의 경쟁우위의 유지·확보·개선에 공헌하여야 할 것이다.

성공적인 연구개발관리를 위해서는 전술한 연구개발관리의 제반 측면들이 기술전략과 사업전략에 총체적으로 투영되어야 한다. 여기에서 중요한 점은 기술의 개발 및 활용을 직접 다루는 부서는 물론 다른 관련 부서 심지어 외부의 고객 및 부품공급자 등과 효과적인 상호협력을 추구하여야 한다는 점이다. 연구개발관리는 기업이 처해 있는 기술적, 조직적, 시장적인 환경에 크게 의존하기 때문에 어떤 통일된 원칙을 찾기가 어렵다. 그럼에도 불구하고 앞에서 논술한 연구개발관리의 제반 측면들을 살펴보면 성공적인 연구개발관리(successful R&D management)를 위한 다음과 같은 시사점을 도출할 수 있다.

먼저, 연구개발관리가 성공하기 위해서는 연구개발의 중요성에 관한 최고경영자(top management)의 충분한 의식과 비전이 있어야 한다. 이를 바탕으로 연구개발전략은 기업전략 및 기업전략의 중요한 구성요소로 형성될 수 있으며, 각 기능부서에 신기술의 창출 및 활용이 폭넓게 이루어질 수 있다. 여기에서 중요한 점은 최고경영자가 기술혁신의 중요성을 진정으로 인식하는 것이다. 기술혁신의 중요성을 진정으로 인식한다는 것은 최고경영자가 미래에 대한 비전을 가지고 있음을 의미한다. 최고경영자가 이 같은 비전을 갖고 기술혁신의 중요성을 충분히 인식하면 당연히 기술의 창출 및 확산을 위한 연구개발활동에 적극적인 개입을 하여 기업의 기술혁신능력을 크게 제고함으로써 기업의 근본적이고도 장기적인 경쟁력을 확보·유지·개선할 수 있을 것이다.

두 번째로 중요한 점은 연구개발관리에 있어서 고객수요(customer needs)의 변화 추세를 충분히 그리고 적극적으로 고려하여야 한다는 점이다. 연구개발관리가 성공을 거두기 위해서는 기술개발이라는 공급 측면의 지식도 중요하지만 고객의 수요 측면의 지식이 함께 아우러져야만 기술개발의 결과가 새로운 제품, 공정, 서비스로 효과적으로 전환되고 시장에서 성공을 거둘 수 있다. 이를 위해 시장조사와 기술조사가 동시에 이루어질 필요가 있으며 여기에서 연구개발부서와 마케팅부서 간의 상호연계의 필요성이 대두된다 (Rubenstein, 1989; 정선양 등, 1991). 최근 기술의 수명주기가 짧아지고 있고 기술의 융합현상으로 인한 기술개발의 고비용화 환경 속에서는 시장에 대한 지식이 없을 경우에는 애써 개발한 기술, 제품, 공정 등이 시장에서 판매되지 않아 막대한 자원의 낭비를 초래할 수 있다. 아울러 기업은 고객의 명시적 수요(explicit needs)뿐만 아니라 잠재적 수요(latent needs)를 파악하여 불연속적인 혁신을 창출하고 고객의 가치를 새롭게 창출하여야 할 것이다.

셋째, 연구개발이 기업의 성공요소로 작용하기 위해서는 연구개발전략이 기술전략과 기업전략과의 확고한 연계(interface)가 이루어져야 한다. 연구개발전략은 기술전략에 통합되어야 하며, 아울러 기술전략은 사업전략에 효과적으로 통합되어야 한다(Wolfrum, 1991; Gerputt, 1999). 기업의 사업전략에 대한 분류는 매우 다양하지만, 일반적으로 선도자 전략, 신속한 추종자 전략, 늦은 추종자 전략, 전문화 전략, 일반화 전략 등으로 나누어 볼 수 있다. 궁극적으로 연구개발전략은 이 같은 사업전략의 추진에 적극적으로 활용되어야 할 것이다.

넷째, 성공적인 연구개발관리를 위해 중요한 요소는 기업 스스로 자신의 기술능력을 부단히 확장해 나가야 한다는 것이다. 기술혁신을 일순간의 주요혁신(major innovation)으로 끝나는 것이 아니라 점진적 혁신(incremental innovation)을 포함한 계속된 혁신의 과정으로 파악하여야 한다. 이것이 독일 기업 특히 중소기업들이 세계시장에서 성공한 요인이다(Simon, 1992, 1996). 다시 말해 제품혁신도 중요하지만 계속적인 공정혁신의 중요성도 크게 대두된다. 점진적 혁신의 계속성을 통해 기업은 새로운 제품, 공정 등을 시장에 더욱 빨리 출하할 수 있으며 이를 통하여 경쟁우위를 꾸준히 확보·유지할 수 있을 것이다. 기술혁신의 계속적인 창출 및 이의 신속한 상업화를 위해서 최근 동시공학, 통합적 프로젝트 팀, 제품개발에 있어서 부품공급자와 고객의 혁신과정에 투입, 경쟁기업들과의 전략적 제휴 등 다양한 방법이 동원되고 있다.

다섯째, 성공적인 연구개발관리를 위해서는 새로운 기술 및 고객수요의 동향 등에 관한 정보를 수집·가공·제공해 주는 경쟁력 있는 정보 시스템(information system)이 필요하다. 이들 정보는 기업이 고객이 필요로 하는 제품, 공정 등으로 변환시킬 다양한 기술을 자신의 기술개발능력에 근거하여 효과적으로 선정하게 하는 중요한 기초가 된다. 아울러 이 같은 정보 시스템에 도움을 받아 기업은 기술을 자체개발할 것인가 혹은 외부조달할 것인가의 전략적 의사결정을 올바르게 할 수 있다.

마지막으로, 연구개발관리가 성공을 거두기 위해서는 창조성 및 혁신을 소중히 여기는 기업문화(business culture)가 형성되어 있어야 한다. 새로운 기술, 제품, 공정을 시장에 성공적으로 출하하는 기업은 기술혁신활동 및 이와 관련된 의사결정이 비단 연구개발부서나 기술경영부서에서만 제한적으로 이루어지는 것이 아니라 기업의 경영층은 물론 모든 부서 전반에 걸쳐 기술의 개발 및 활용의 중요성이 충분히 확산되어 있는 기업들이다. 이 같은 혁신과 친화적인 기업문화의 풍토 속에서만 효과적인 연구개발활동이 이루어질 수 있다.

사례 8

S전자의 연구개발 대상 기술 도출

연구개발(R&D)은 기업의 성장동력이며 기업의 경쟁력을 강화하는 등 현대 사회의 꼭 필요한 기업의 핵심역량이다. 연구개발활동의 시작은 기업이 미래 경쟁력을 위한 연구개발 대상 기술을 도출해야 한다. 본 사례에서는 S전자의 연구개발 대상 기술 도출 사례로 폴더블 기술을 중점으로 사례분석을 진행한다. 대상 기술의 도출을 위해서는 시장환경 및 기술환경 검토가 필요하며, 분석 및 문서화, 미래 제품과 연계되는 기술이 필요하다. 또한, 응용가능성 및 상업성을 따져야 하며 해당 기술이 핵심 기술인지 보조 기술인지도 결정해야 한다. 본 사례에서는 기술 로드맵 기법을 중심으로 S전자의 폴더블 기술의 진화를 살펴보려 한다.

S전자의 폴더블 기술 개발은 성공 가능성이 매우 낮은 것으로 판단돼 도박으로 여겨지기까지 했다. 하지만 이 전략은 2021년 3분기 유의미한 성과를 도출했다. 3분기 매출은 28조 4,200억 원, 영업이익은 3조 3,600억 원이었다. S전자는 생활가전에서 큰 인기를 끌었던 '비스포크' 생태계를 폴더블 스마트폰에 접목하였다. 비스포크는 소비자 개인 취향에 최적화된 맞춤형 제품을 제공하는 S전자의 제품개발 전략을 의미한다.

S전자는 폴더블 이전의 플렉시블 OLED 개발 흐름을 기술 로드맵(technology roadmap) 기법을 통해 기획한 경험이 있다. 이 회사는 접히는 곡률 디스플레이를 미래의 새로운 먹거리로 선정하고 점진적이고 구체적인 목표를 세운 뒤 실행에 옮겼다. 플렉시블 디스플레이 구현을 위한 핵심 기술에는 플라스틱 윈도우와 터치센서, 박막 봉지층이 존재한다. S전자는 평면 LCD 및 OLED의 강화유리 대체, ITO 대신 탄성이 뛰어난 대체 전극 소재 개발, TFE 기술 개선을 목표로 선정하고 구체적인 계획을 설정했다.

S전자는 과거부터 미래 필요 기술과 제품을 예측하고 기술 로드맵을 바탕으로 이행 목표를 달성해 나갔다. 2021년 당시 이 회사는 이미 곡률 3R까지 기술 구현을 마쳤다. 그러나 경영층은 디스플레이를 종이처럼 접는 수준의 1R 제품을 요구하였다. S전자는 소재에서도 새로운 로드맵을 세웠다. 지금까지의 디스플레이는 평평하고 딱

딱했다. 기존 방식으로는 디스플레이를 절반으로 접는 건 불가능했다. 이 때문에 폴리이미드 필름이 대체재로 부상하였고, 이의 상용화에 성공했다.

이처럼 S전자의 폴더블 기술의 개발은 기술 로드맵의 장점인 ① 동일 사업 분야의 조직간 목표와 전략의 공유, ② 단위과제 수행의 당위성이 확보되어 올바른 과제의 적시 도출, ③ 조직의 비전과 전략에서 계획까지의 일관성 유지, ④ 사업화 계획과 일체화된 연구개발 체계 구축 등을 아우르는 성과를 달성했다.

현재 S전자의 뒤를 한 중국 기업이 바르게 추격하고 있다. 이 중국 기업은 S전자의 제품이 폴드의 틈이 생긴다는 점을 들며 이 제품을 평가절하하고 있다. 이 중국 기업의 제품은 접었을 때 디스플레이가 힌지 안쪽으로 말려 들어가는 일명 물방울 힌지를 채택하면서 틈이 거의 없는 완전히 접히는 구조이다. 하지만 S전자의 경우 기술이 부족해서 해당 기술을 채택하지 않은 것이 아니다. 그 이유는 방수, 방진의 내구성이 문제이다. 즉 완벽하게 접히는 구조가 내구성이 부족하다는 사실을 이미 인지하고 있었기 때문이다. 이는 S전자가 기술 로드맵을 통해서 철저한 기술개발계획을 통해서 우선순위를 설정한 사례라고 볼 수 있다. 이미 S전자는 전술한 중국 기업과 같은 기술의 특허를 보유하고 있음에도 불구하고, 기술과 제품의 최적 조합을 설정하고 추진하고 있다. S전자의 미래 기술 로드맵은 완벽하게 접히며 내구성이 뛰어난 기술이며, 폴더블 사이의 접합부에도 불구하고 사용 가능한 S펜 도입 기술의 개발이다. 앞으로 S전자의 기술 개발을 집중해 보아야 할 이유이다.

세계 휴대폰 시장은 그동안 큰 성장을 경험했다. 개인 이동통신 시대가 열리면서 휴대폰은 폭발적으로 판매됐고, 다시 스마트폰으로 진화하면서 성장세를 이어갔다. 그러나 최근 몇 년 이러한 추세가 꺾이고 있다. 미국 시장조사업체인 SA에 따르면 세계 스마트폰 시장 성장률은 2021년 이미 한 자릿수로 감소했다. S전자의 폴더블 사례는 정체된 디스플레이 시장에 큰 혁신을 가져온 사례이다. 전과는 전혀 다른 형태의 패러다임을 채택하고 벼랑 끝에서 철저한 기술 로드맵을 활용한 혁신으로 돌파구를 마련했다.

자료: 저자의 「R&D관리」 강좌에서 준비·논의된 사례에서 발췌 및 보완

제9장

연구개발 자원관리

··· 제1절   연구개발 자원관리의 중요성 ···

　　기술혁신에 성공하기 위해서는 연구개발자원(R&D resources)이 충분히 조달되고 효율적으로 활용되어야 한다. 연구개발자원은 크게 연구개발투자와 연구개발인력으로 나누어 볼 수 있다. 연구개발투자(R&D investment)는 경영자의 전략적 의사결정에 의해 비교적 단기간에 조달될 수 있으나, 연구개발인력(R&D manpower)은 쉽게 조달되지 못하는 특징을 가지고 있으며 조달된 인력에 대한 중장기적 교육훈련이 필요하다. 그동안 기술혁신의 선형모형(linear model)에 의거하여 많은 기업이 연구개발자원을 증대해 왔다. 기업들은 연구개발자원을 기술혁신의 파이프라인(pipeline)에 더 많이 투입할수록 더 많은 기술혁신의 성과가 창출될 것으로 기대해 왔다. 그 결과 기업들 간 연구개발자원을 증대하는 데 있어서 치열한 경쟁이 이루어져 왔다.

　　기업의 연구개발자원의 증대는 특히 연구개발투자에 있어서 두드러지게 나타났다. 일반적으로 기업의 연구개발투자에 관한 지표는 매출액 대비 연

구개발투자로 정의되는 연구개발강도(R&D intensity)로 표현된다. 연구개발강
도는 산업별, 기업규모별로 차이가 많은데 생명공학, 정밀화학, 제약과 같은
첨단산업에 속해 있는 기업은 높은 연구개발강도를 보이나, 의류, 음식료품,
일반 기계와 같은 전통산업에 속한 기업은 상대적으로 낮은 연구개발강도를
보인다. 아울러 대기업은 중소기업 및 벤처기업보다 많은 연구개발투자를
하며 보다 높은 연구개발강도를 보이는 것이 일반적이다.

연구개발자원의 증대가 기술혁신 성공의 중요한 전제이기는 하지만 절
대적인 요건은 아니다. 기술경제환경이 급변하고 기술 간의 단절(discontinuity)
현상이 빈번히 이루어지고 있는 현 환경 속에서는 연구개발자원은 부족하지
만 새로운 기술능력을 확보하고 있는 중소기업(SMEs)의 성공사례가 많이 창
출되고 있다. 이들 중소기업은 부족한 자원을 효율적으로 활용하고, 선택과
집중의 전략을 바탕으로 기술혁신과 사업화에 성공하여 기존의 대기업들을
경쟁의 무대에서 도태시키기도 한다. 이와 같은 현상은 특히 첨단기술분야
에 많이 발생하고 있다. 실제 우리에게 현재 익숙한 초우량기업인 Apple,
Microsoft, Intel, Amgen, Genentech 등은 대단히 작은 벤처기업으로 출발하
여 기술혁신능력과 이의 효율적 경영을 바탕으로 성공을 한 것이다.

이에 따라, 기업이 기술혁신에 성공하기 위해서는 연구개발자원의 조달
은 물론 조달된 자원에 대한 효율적 관리(effective management)가 필요하다는
것을 알 수 있다. 연구개발활동은 근본적으로 많은 자원이 소요되는 데 비
하여 위험성이 매우 높고 장기간의 회임기간이 필요하다는 점에서 이에 대
한 의사결정은 전략적인 특성을 가진다. 이 점에서 최고경영자는 연구개발
자원의 조달 및 활용에 많은 관심을 가지고 효율적 경영을 통하여 기술혁신
의 성공률을 제고하여야 할 것이다. 이에 따라, 이 장에서는 연구개발자원을
연구개발투자와 연구개발인력으로 나누어 이들의 효율적 관리방안을 살펴보
기로 한다.

··· 제 2 절 연구개발투자의 관리 ···

1. 우리나라 연구개발투자의 현황

기업이 연구개발 프로젝트를 통하여 실질적인 연구개발활동을 수행하기 위해서는 연구개발투자(R&D investment)가 이루어져야 한다. 기술이 기업의 경쟁우위로 핵심적인 역할을 함에 따라 1980년대 이후 전 세계적으로 기업의 연구개발투자가 크게 증가하여 오고 있다. 이와 더불어 궁극적으로 기업의 경쟁우위를 목표로 하는 정부부문의 연구개발투자도 점점 증가하고 있다. 그 결과 연구개발투자에 관한 통계는 국가차원과 기업차원에서 살펴볼 수 있다.

먼저, 국가차원의 연구개발투자를 살펴보면, 대부분의 국가들이 세계화 시대의 급변하는 기술경제환경에 적극적으로 대응하기 위하여 연구개발에 대한 투자를 대폭적으로 증대시켜 오고 있다. 미국, 영국, 독일, 프랑스 등 전통적인 선진국들은 항상 대단히 많은 연구개발투자를 해온 국가들이고, 일본의 경우에도 1970년대 초반부터 연구개발투자를 지속적으로 증대시켜 왔으며, 중국도 1980년대 중반 이후 연구개발투자에서 대단한 증가를 보이고 있다. 우리나라의 경우에도 1980년대 중반 이후 연구개발투자를 대폭적으로 증가해 오고 있다.

<표 9-1>은 주요국의 연구개발투자의 최근 지표를 나타내 준다. 우리나라의 경우에는 2020년 기준 국내총생산(GDP) 대비 4.81%의 연구개발투자를 한 것으로 나타나 OECD 국가들 중 가장 높은 연구개발강도(R&D intensity)를 보이고 있다. 일본은 3.20%(2019년)를 보여 상당히 많은 연구개발 투자를 하고 있으며, 미국의 경우에도 3.07%(2019년), 독일의 경우에는 3.19%(2019년)로 나타났으며, 중국의 경우에는 2.23%(2019년)로 상당한 연구개발투자를 하고 있는 것으로 나타났다. 그러나 이와 같은 각국의 연구개발투자를 절대액으로 비교하면, 미국은 우리나라의 8.3배, 일본은 2.1배, 독일은 1.6배의 투자

를 하고 있는 것으로 나타났으며, 중국의 경우에는 우리나라의 4.1배의 연구
개발투자를 하고 있는 것으로 나타나 매우 많은 연구개발투자를 하고 있는
것으로 나타났다. 이 점에서 우리나라의 연구개발투자 절대액의 지속적 증
대의 필요성이 제기된다.

표 9-1　　주요국의 연구개발투자의 비교

구 분	한국 (2020)	미국 (2019)	중국 (2019)	일본 (2019)	독일 (2019)	프랑스 (2019)	영국 (2019)
국가 총 연구개발비 (10억 달러)	78.9	657.5	320.5	164.7	123.2	59.9	49.7
배율(배)	1	8.3	4.1	2.1	1.6	0.75	0.63
GDP 대비 총 연구개발비(%)	4.81	3.07	2.23	3.20	3.19	2.20	1.76

자료: OECD, Main Science and Technology Indicators 2021－September, 2021

    <표 9-2>는 우리나라 국가 전체의 연구개발비와 산업계 전체의 연구개
발비 추이를 나타낸다. 우리나라의 국가 총연구개발비는 통계가 시작된
1963년의 12억 원에서 2020년의 93조 717억 원으로 눈부신 증가를 보였다.
1970년과 비교하여 2020년의 국가 총연구개발비는 50년 동안 무려 8,864배
나 증가하였다. 그리하여 국내총생산(GDP) 대비 총 연구개발비의 비중은
1963년의 0.23%에서 1980년 0.53%와 2000년 2.13%를 거쳐 2020년 4.81%로
눈부시게 상승하였다. 국가연구개발비 총액은 물론 국내총생산대비 비중이
우리나라 산업경쟁력이 향상하기 시작한 1980년대 이후 크게 증가한 것은
우리나라의 고유한 특징으로 이해할 수 있다. 또한, 우리나라의 국가연구개
발비가 산업화가 크게 진전된 2000년대 이후에도 눈부신 증가를 보인 것은
우리나라가 첨단산업 국가로 발전해 가고 있음을 보이고 있다. 지난 10년간,
즉 2010년에서 2020년 사이의 우리나라 국가 총연구개발비는 무려 112.2%
가 증가하였다.

표 9-2	우리나라 연구개발비의 추이

구 분	1963	1970	1980	1990	2000	2010	2020
국가 총연구개발비 (억 원)	12	105	2,117	32,105	138,485	438,548	930,717
GDP 대비 연구개발비(%)	0.23	0.38	0.53	1.60	2.13	3.32	4.81
산업계 전체 연구개발비 (억 원)	–	417 (1976)	814	23,745	102,547	328,032	735,998

자료: 과학기술정보통신부·한국과학기술기획평가원, 「연구개발활동조사보고서」, 서울, 각년도.

우리나라 산업계 전체의 연구개발비, 즉 전체 기업의 연구개발비는 통계가 시작된 1976년의 417억 원에서 2020년의 73조 5,998억 원으로 무려 1,808배나 증가하였다. 산업계의 연구개발비는 우리나라 산업이 기술능력을 축적하고 세계시장에서 경쟁우위를 확보하기 시작한 1980년대 이후 눈부신 증가세를 보였다. 즉, 이 시기의 우리 기업 전체의 연구개발비는 1980년 814억 원에서 2020년 73조 5,998억 원으로 무려 904배나 증가하였다. 또한, 우리나라 기업들은 2000년대 이후에도 대단한 연구개발비 지출을 해 오고 있는데, 이는 우리나라 기업들이 첨단산업에서 기술역량을 축적하고 있음을 나타내 주는 것이다. 실제로 지난 10년인 2010년에서 2020년 사이 우리나라 기업들은 무려 124.4%의 연구개발비 증가율을 보이고 있다.

<표 9-3>은 우리나라 산업별 연구개발강도(R&D intensity), 즉 매출액 대비 연구개발비를 나타내 주고 있다. 우리나라 제조업 전체의 연구개발강도는 2010년 2.80%에서 2020년 4.60%로 대단한 증가세를 보이고 있다. 이는 우리나라 제조업이 지난 10년간 대단한 연구개발투자의 증대를 해오고 있음을 나타내는 것이다. 2020년 기준, 우리나라에서 가장 높은 연구개발강도를 보이는 산업은 '전자부품, 컴퓨터, 영상, 음향 및 통신장비' 산업으로 무려 9.6%를 보이고 있으며, 이어서 '의료, 정밀, 광학기기 및 시계' 산업(8.4%),

'의료용 물질 및 의약품' 산업(6.4%)이 뒤따르고 있다. 이들은 우리나라를 대표하는 기술집약적 산업임을 보여준다. 그러나 '전자부품, 컴퓨터, 영상, 음향 및 통신장비' 산업은 지난 10년 동안 연구개발강도가 6.18%에서 9.60%로 크게 높아진 반면, '의료, 정밀, 광학기기 및 시계' 산업은 같은 기간 9.34%에서 8.4%로 연구개발 강도가 낮아졌다. '전기장비', '기타 기계 및 장비', '자동차 및 트레일러' 산업도 각각 3.8%의 연구개발강도를 보여 상당한 연구개발투자를 하고 있음을 알 수 있다.

표 9-3　우리나라 산업별 매출액 대비 연구개발투자의 최신 추이(단위: %)

대분류	중분류	2010	2012	2014	2016	2018	2020
농업, 임업과 어업		8.5	7.1	5.7	8.9	11.5	9.6
광업		0.6	3.4	1.8	2.4	2.1	0.9
제조업		2.8	3.1	3.6	4.0	4.3	4.6
	식료품	0.8	1.0	0.9	1.2	1.2	1.2
	음료	0.6	0.5	0.5	0.4	0.4	0.7
	담배	0.7	0.8	1.1	0.8	1.2	1.2
	섬유제품(의복제외)	1.4	1.8	1.7	1.9	1.9	2.0
	의복, 의복액세서리 및 모피제품	1.5	1.2	1.0	1.3	1.2	1.3
	가죽, 가방 및 신발	1.2	0.8	0.7	1.0	0.8	1.3
	목재 및 나무제품 (가구제외)	1.5	1.2	1.1	1.2	1.3	1.5
	펄프, 종이 및 종이제품	0.7	0.8	0.8	0.8	0.8	0.9
	인쇄 및 기록매체 복제	3.1	2.4	2.1	2.1	2.4	2.5
	코크스, 연탄 및 석유정제품	0.2	0.3	0.3	0.4	0.7	0.7
	화합물 및 화학제품 (의약품 제외)	1.5	1.6	1.8	2.1	2.3	2.7
	의료용 물질 및 의약품	5.5	6.4	6.3	6.1	6.0	6.4
	고무 및 프라스틱제품	2.2	2.1	2.4	3.4	2.5	2.7
	비금속 광물제품	1.3	1.8	1.3	1.0	1.2	1.3
	제1차 금속 산업	0.6	0.6	0.7	0.7	0.7	0.8
	금속가공제품 (기계 및 가구 제외)	1.9	2.4	2.3	2.5	2.3	3.0
	전자부품, 컴퓨터, 영상, 음향 및 통신장비	6.2	6.5	8.1	8.8	9.2	9.6
	의료, 정밀, 광학기기 및	9.3	8.7	6.6	6.8	7.5	8.4

	시계						
	전기장비	2.7	2.6	2.6	4.3	3.5	3.8
	기타 기계 및 장비	3.1	3.7	3.8	3.5	3.6	3.8
	자동차 및 트레일러	2.7	2.6	3.0	3.0	3.8	3.8
	기타 운송장비	0.8	1.0	1.1	1.4	2.1	1.9
	가구	1.2	1.8	1.6	2.0	1.1	1.1
	기타 제품	3.9	3.6	3.0	3.1	3.4	3.4
건설업		0.7	0.8	0.8	0.4	0.4	0.4
서비스부문		1.9	1.8	2.0	2.1	1.9	2.5

자료: 과학기술정보통신부·한국과학기술기획평가원, 「연구개발활동조사보고서」, 서울, 각년도.

여러 실증연구에 따르면, 기업의 연구개발투자는 기업의 경쟁우위와 긴밀한 상관관계를 맺고 있다. 이에 따라, 많은 기업이 연구개발투자를 증대해오고 있다. 이와 같은 기업의 연구개발투자 및 연구개발활동은 기업, 산업, 국가에 따라 다르다. 그럼에도 불구하고 기업 연구개발활동의 일반적 특징을 살펴보면 다음과 같다.

① 먼저, 산업계 연구개발활동의 많은 부분은 대기업들(big enterprises)이 담당하고 있다. 어느 나라이건 일부 대기업이 전체 산업계 연구개발투자에서 차지하는 비중은 절대적이다. 특히, 우리나라와 같이 대기업 위주의 산업구조를 가지고 있는 나라는 일부 대기업에 대한 연구개발투자의 집중 현상이 더욱 심하다.
② 비록 산업의 대부분 연구개발활동이 대기업에 의해서 이루어지지만, 상당히 중요한 기술혁신이 중소기업(SMEs) 및 개인에 의해 창출된다. 예를 들어, 복사기, PC 등은 중소기업 및 일부 모험적인 창업자에 의해서 발명되어 새로운 산업이 창출된 대표적 사례이다.
③ 기업이 추진하는 연구개발 프로젝트 중 아주 낮은 비율만이 상업적 성공(commercial success)으로 이어진다. 이에 따라, 기업은 연구개발 및 기술경영에 세심한 노력을 기울여 연구개발 프로젝트의 성공과 경쟁우위 제고에 노력하여야 할 것이다.
④ 기술집약형 중소기업(technology-intensive SMEs)들은 국가의 고용증진에 있어서 많은 역할을 담당하고 있다. 대부분의 국가에서 기술경제환

경의 변화로 대기업들은 구조조정 등을 통하여 고용이 정체되어 있거
나 감소하는 데 비하여 기술집약형 중소기업들과 창업기업들(start-ups)
은 새로운 고용을 상당한 정도로 창출하여 국가경제의 발전에 크게
기여하고 있다.

⑤ 마지막으로, 연구개발(R&D)은 연구(R: research)와 개발(D: development)
로 나누어질 수 있는데, 이 중에서 개발은 연구보다 더 많은 비용이
들어가는 것이 일반적이다. 예를 들어, 정부의 법적 규제, 안정성, 환
경문제 등은 개발비용의 증대를 가져온다. 이에 따라, 기술경영에서는
이와 같은 개발가능성 및 수요자의 수요에 대한 정보를 충분히 반영
하여 세심한 기획을 하여야 할 것이며, 개발 및 산업화의 과정에도 세
심한 경영을 통하여 부족한 자원을 효율적으로 사용하고 나아가 연구
개발 프로젝트의 성공률을 제고하여야 할 것이다.

2. 연구개발투자의 결정

기업이 연구개발활동을 수행하기 위해서는 인적, 물적, 재무적 자원을 필
요로 한다. 그런데 기업의 자원은 한정되어 있기 때문에 연구개발부서는 전통
적인 기능부서들과 자원확보에 대한 경쟁을 하게 된다. 많은 경우 연구개발부
서가 필요한 예산을 순조롭게 조달받기 위해서는 자신의 연구개발활동에 대한
당위성을 보여야 한다. 즉, 연구개발부서는 자신의 연구개발활동이 기업의 경
쟁우위로 변환될 새로운 제품과 서비스의 창출 및 기존제품 및 서비스의 개선
으로 이어진다는 것을 기업 내에서 증명해 보여야 한다.

그러나 연구개발활동은 근본적으로 불확실하고, 실패의 위험이 있으며,
수익을 창출하는 데 많은 시간이 걸리기 때문에 이를 증명하기는 쉽지 않
다. 이에 따라, 많은 기업에서 최고경영자는 연구개발에 대한 투자를 즉각적
인 수익을 창출하지 않는 비용(cost)으로 처리하는 경우가 많다. 그러나 일반
적으로 장기적이고 위험이 높은 연구개발 프로젝트일수록 기업에게 보다 많
은 효익을 제공하는 것으로 인식되고 있다. 많은 선도기업의 사례를 살펴보

면 기업의 연구개발에 대한 지출은 기술혁신, 생산성 제고, 품질개선, 시장 점유율 증대 등에 많은 공헌을 한 것으로 인정되고 있다. 이 점에서 연구개발에 대한 지출은 기업의 미래를 위한 투자(investment)로 인식되어야 할 것이다. 이상에서 간략히 살펴본 바와 같이 기업의 연구개발자원에 대한 의사결정은 일반적으로 비용(cost)으로 간주할 것인가와 투자(investment)로 간주할 것인가의 두 가지 방법에 기초하고 있다(<그림 9-1> 참조).

먼저, 연구개발활동을 비용, 즉 간접비(overhead cost)로 간주하여 지원하는 것이다. 이 경우에는 경영층이 연구개발이 필요하다고 인식하고 있고, 연구개발에 대한 자금지원의 의지도 충분히 있으며, 연구개발활동에 대한 실질적 지원도 이루어진다. 그러나 이 같은 연구개발에 대한 의사결정은 기업의 상황이 좋을 때는 문제가 없지만, 자금사정이 좋지 않을 경우에는 간접비를 증대시킬 수 없고 오히려 이를 비용으로 인식하여 축소할 수 있다는 문제점을 가지고 있다. 중장기적인 측면에서 볼 때 기업이 어려운 시기에 이를 타개하기 위해서는 오히려 연구개발활동을 더욱 촉진시켜야 할 것인데

그림 9-1   연구개발활동의 전략적 목적과 자금지원방법

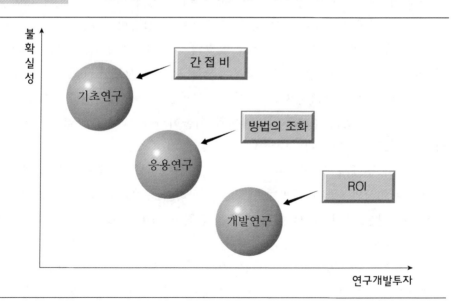

이와 같이 간접비를 바탕으로 연구개발자원의 배분결정이 이루어지면 연구
개발활동에 대한 자원이 축소될 수 있다. 이에 따라, 개별 연구개발 프로젝
트의 측면에서 볼 때 이 방법은 기업의 연구개발 프로젝트 중 기술혁신과정
의 상층부 끝쪽의 탐색연구(exploratory research) 혹은 기초연구(basic research)
프로젝트에 대한 의사결정 방법으로 적절할 것이다. 이를 통하여 기업의 자
금 사정이 좋지 않을 때에는 기초연구에 대한 자원배분을 줄이고 단기적 수
익을 창출할 수 있는 개발연구 및 상업화 연구에 자원을 집중할 수 있으며,
기업의 상황이 좋으면 기초연구 및 탐색연구를 증가하여 기업의 미래 성장
동력의 확보를 모색할 수 있을 것이다.

다음으로는 연구개발활동이 투자(investment)로서 지원되는 것이다. 이 경
우에는 연구개발활동에 대한 자원의 배분이 기업의 투자행위로 인식되어 연
구개발에 대한 투자 여부가 자본예산(capital budgeting)과 같은 전통적인 재무
적 판단기준에 의해 결정된다. 자본예산에서와 마찬가지로 연구개발투자에
대한 가장 일반적인 판단기준은 순현재가치법(NPV: net present value)과 투자
수익률법(ROI: return on investment)이다. 그러나 이들은 근본적으로 미래가 불
확실하고 장기적 성격을 가진 연구개발 프로젝트에 대해서는 부정적인 결정
을 내리게 하는 경향이 많다. 일반적으로 이 방법에 의하면 미래에 대한 수
익이 낮게 추정되고 위험성이 높은 프로젝트는 선정되기 매우 어렵기 때문
에 많은 유망 연구개발 프로젝트가 탈락되게 된다. 그 결과 투자수익률법은
시장이나 재무적 함의를 계량화할 수 있는 개발연구(development research) 및
상업화 프로젝트에 적절하다. 즉, 투자수익률법은 연구개발결과에 대한 불확
실성이 상당한 정도 감소 혹은 제거된 기술혁신과정의 하부 끝쪽의 연구개
발 프로젝트의 정당화에 적합하다.

그러나 위에서 서술한 두 개의 끝의 중간에 위치한 응용연구, 탐색적 개
발연구는 이상의 두 가지 방법이 모두 적합하지 않을 수 있다. 이 분야의 프
로젝트는 많은 자원이 필요하기 때문에 간접비(overhead cost)로 자금지원을 받
을 수는 없으며, 연구과제의 잠재적 영향이 매우 불확실하기 때문에 투자수익
률법(ROI)으로도 정당화하기 어려운 경우가 일반적이다. 그러나 이 분야의 프
로젝트야말로 기업이 전략적 틈새를 가지고 있는 분야이며 기회의 창을 제공

해 줄 수 있다는 점에서 이 분야의 프로젝트의 중요성을 인식하고 그 정당성을 확보할 수 있는 기술경영자의 역할이 중요하다. 이에 따라, 이들 응용연구와 관련된 프로젝트에 대한 의사결정의 경우에는 간접비 및 투자수익률법을 조합하는 의사결정방법의 조합(methods mix)을 활용하여야 할 것이다.

많은 연구개발 프로젝트가 잠재적인 기회는 충분히 존재하나 기업의 자금조달 여력을 넘는 경우가 많은데, 이 같은 과제들은 정부의 자금지원, 다른 기업과의 공동부담, 기술적·재무적·전략적 연계의 구축을 통하여 기업이 수행가능한 영역으로 이동시켜야 한다(<그림 9-2> 참조). 이를 위하여 많은 나라가 과학기술정책(science and technology policy)을 추진하고 있는데, 과학기술정책에서는 연구개발 컨소시엄 및 기타 협력적 사업연계를 촉진하고, 산업계에 대한 대응자금(matching fund)을 제공하며, 대학 및 공공연구부문의 연구개발결과의 폭넓은 확산을 촉진하는 역할을 담당하고 있다(Tisdell, 1981; Meyer-Krahmer & Kuntze, 1992; Chung, 1996; 정선양, 2001, 2006). 아울러 기업들은 다양한 형태의 연구개발협력을 통하여 독자적으로는 수행할 수 없었던 연구개발 프로젝트를 수행해 오고 있다. 이와 같은 기술협력은 협력기업과

그림 9-2 　연구개발 프로젝트의 허용가능 범주로의 이동전략

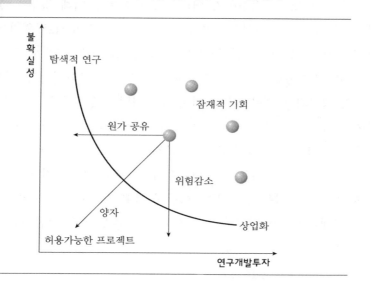

의 보완적 기술활용에 대한 동기도 있지만 많은 경우 기술개발에 있어서 부족한 자원의 문제를 해결하기 위해 이루어진다.[2]

연구개발활동을 수행하는 기업의 입장에서는 정부의 과학기술정책 및 기업 간 연구개발협력을 바탕으로 한 연구개발 프로젝트의 수행은 세 가지 측면에서의 의미가 있다.

첫째, 연구개발활동의 기술적, 상업적 성공에 대한 불확실성으로 인해 독자적으로 추진하지 못하였던 연구개발과제에 있어서 기술적, 상업적 위험(risks)을 공유함으로써 연구개발 프로젝트를 실행가능하게 하는 것이다. 예를 들어, 정부의 특정분야의 연구개발결과에 대한 우선구매정책은 연구개발결과에 대한 상업화와 관련된 불확실성을 감소시킴으로써 이 분야 기업의 연구개발활동을 촉진시킬 수 있다.

둘째, 연구개발 프로젝트에 소요되는 비용이 너무 많아 기업이 감당하기 어려울 때 결국은 정부의 정책적 지원 및 기술협력은 기업으로 하여금 원가(costs)의 공유를 통해 기업의 연구개발활동을 촉진·강화시킬 수 있다. 여기에 기업 간, 기업과 대학 및 공공연구기관과 연구개발협력의 필요성이 대두되는 것이다.

셋째, 기업은 위의 두 가지 방법을 모두 사용하여 연구를 수행할 수 있다. 즉, 독자적으로 수행하기 어려운 프로젝트에 대해 정부의 정책적 지원에 의한 위험감소 및 기업 간 공동투자를 통하여 프로젝트 원가를 공유함으로써 잠재적 프로젝트를 실현가능한 프로젝트로 이동시킬 수 있다.

Tidd 등(2005: 220)은 기술혁신의 근본적인 불확실성과 이에 대한 투자효익의 평가의 어려움으로 인하여 성공적인 경영자들은 투자에 대한 특별한 관행을 가지고 있음을 제시하고 있다. 경영자들은 자원배분에 있어서 점진적 접근을 하거나 자기만의 간단한 규칙을 정해서 사용하며, 프로젝트를 중단하기 위한 기준을 처음부터 명시화하고, 프로젝트의 진행에 있어서 성과에 대한 민감도 분석을 실시하며, 핵심적 불확실성의 감소를 추진하고, 서로 다른 연구개발활동에 대해서는 서로 다른 기준을 적용한다고 한다.

---

2) 이와 같은 연구개발협력의 문제는 제11장 기술협력에서 상세히 다룰 것임.

아울러 이들은 기술혁신활동에 대한 합리적인 투자를 위하여 기술혁신
활동을 지식창출, 전략적 포지셔닝, 사업투자의 세 유형으로 나누고 이에 따
라 서로 다른 자원배분기법을 활용할 것을 강조하고 있다(<표 9-4> 참조).

표 9-4 연구개발 유형별 자원배분 기준과 방법

목 적	기술적 활동	배분기준	의사결정자	시장분석	위험성
지식창출	기본연구, 모니터링	간접비	R&D 부서	없음	적음
전략적 포지셔닝	집중화된 응용연구, 탐색적 개발	옵션 평가	최고경영자 R&D 부서	넓음	중간
사업투자	개발 및 생산 엔지니어링	NPV 분석 ROI 분석	사업부	특정적임	많음

자료: Tidd, J., Bessant, J., and Pavitt, K., *Managing Innovation: Integrating Technological, Market and Organizational Change*, 3rd ed. (Chichester: John Wiley & Sons, 2005)에서 저자의 수정.

1) 지식창출

지식창출(knowledge building) 분야의 프로젝트는 기술혁신과정의 초기단계
의 과제로서 예산이 많이 소요되지 않는 특징을 가지고 있다. 이 유형의 연
구는 기초연구나 새로운 기술의 발전에 대한 모니터링의 목적을 가지고 있
고 시장에 대한 분석은 거의 이루어지지 않는다. 이 경우 연구개발예산은
간접비(overhead cost)로 간주되고 그 의사결정은 연구개발부서에서 이루어지
는 것이 일반적이다. 이 유형의 과제를 수행하기 위해서는 대학 및 공공연
구기관과 같은 외부기관과의 협력이 활발한 것도 특징 중의 하나이다.

2) 전략적 포지셔닝

전략적 포지셔닝(strategic positioning) 분야의 프로젝트는 응용연구개발 혹
은 타당성 조사 등과 같은 프로젝트로서, 기업은 이 프로젝트를 통해 상당

한 수익의 창출을 기대하는 특징을 가지고 있다. 이 유형의 연구개발 프로
젝트에 대한 투자결정은 사업부와 연구개발부서의 상급관리자들이 모여서
결정하는 경향이 큰데, 이 과제는 기업의 미래에 있어 전략적 중요성이 크
기 때문이다. 이 유형의 과제의 규모는 전술한 지식창출을 위한 프로젝트보
다 예산의 규모가 크며, 외부와의 연계도 세심한 관리를 통해 이루어진다.
이 유형의 프로젝트에 대한 자원배분의 기준으로는 실물옵션기법(real options
approach)을 많이 활용한다. 이 기법에 따르면 비교적 폭넓은 범위의 프로젝
트들에 대해 상대적으로 작은 금액을 투자하여 불확실성이 줄어들면 가장
유망한 프로젝트들만 계속 진행하게 된다.

3) 사업투자

사업투자(business investment) 유형의 투자는 새롭고 보다나은 제품과 서
비스의 개발, 생산, 판매를 위한 프로젝트들이다. 이 유형의 과제는 대규모
의 투자가 필요하며, 이에 따라 의사결정의 수단으로 순현재가치법(NPV: net
present value) 및 투자수익율법(ROI: return on investment) 등의 기법이 많이
활용된다. 이를 위한 의사결정은 보통 비용과 효익을 담당할 해당 사업부에
의해 이루어진다. 이 유형의 프로젝트는 시간적 지평이 짧고, 프로젝트의 진
도에 따라 강력한 통제가 이루어지는 것이 보통이다.

3. 연구개발예산의 수립

연구개발예산(R&D budget)의 수립은 일정기간 동안 기업의 연구개발활
동에 필요한 자금의 총액을 결정하고, 이를 세부 프로젝트 및 비목(인건비,
기자재비 등) 등에 배분하는 과정을 의미한다. 기업이 필요로 하는 연구개발
예산의 총액의 결정에는 일반적으로 다음 세 가지 접근방법이 있다
(Brockhoff, 1994; Specht 등, 2002; Gerpott, 1999: 168-170).

1) 하향식 예산수립

하향식 예산수립(top-down budgeting)은 기업이 필요로 하는 연구개발예산의 총액을 추진하고 있는 세부 연구개발과제들의 성공가능성에 대해 충분히 고려하지 않고 기업의 최고경영층에 의해 전략적으로 결정하는 것을 말한다. 이처럼 하향식 연구개발예산의 수립을 하는 데에는 다음 두 가지 방법이 있다.

① 연구개발예산을 일반적인 재무적 기준(financial criteria)을 바탕으로 결정하는 방법이 있다. 여기에서 활용할 수 있는 예산기준으로는 해당 기업 혹은 경쟁기업의 매출액, 자금흐름, 순이익, 연구개발비용, 연구개발인력 등을 들 수 있다. 이들 기준은 과거 일정기간의 실적이라는 점에서 이들을 바탕으로 연구개발예산을 설정하는 것을 '과거지향적 예산수립'(backwards budgeting)이라고 부른다. 이와 같은 예산의 수립방법은 1980년대 후반에 많이 유행하였는데, 특히 기업의 연구개발강도(R&D intensity)라는 개념에 의해 많이 활용되었다. 그러나 이 방법은 연구개발예산이 과거의 기업의 실적을 반영하여 결정된다는 점에서 연구개발예산이 기업의 경영실적에 따라 변화의 폭이 커질 수 있다는 문제점이 있다.

② 기업의 미래 경쟁전략의 측면을 반영하여 전략적 기준(strategic criteria)을 바탕으로 연구개발예산을 결정하는 방법이 있다. 이 방법에서는 기업의 경쟁우위 유지·확대를 위한 제품혁신과 공정혁신의 필요성을 전략적으로 감안하여 연구개발예산의 크기를 결정하는 것이다. 이 방법은 기업의 미래 전략목표 달성을 추구한다는 점에서 '미래지향적 예산수립'(forwards budgeting)이라고 부른다. 세부적으로 이와 같은 예산 설정은 기업의 제품혁신율에 대한 목표, 제품혁신을 통한 기업의 목표 매출액 등을 고려하여 연구개발예산을 결정한다. 이 방법의 장점은 예산의 규모가 최고경영층의 전략적 목표를 달성하기 위하여 결정된다는 점에서 기업의 경영실적과 관계없이 결정될 수

있다는 장점이 있다.

2) 상향식 예산수립

상향식 예산수립(bottom-up budgeting)은 기업이 필요로 하는 연구개발예산의 총액을 개별 연구개발 프로젝트가 필요로 하는 예산의 총합에 의해 결정하는 방법이다. 여기에서 개별 연구개발 프로젝트는 이미 시작되어 있는 프로젝트와 새롭게 시작하는 프로젝트를 모두 포괄한다. 이와 같은 예산수립방법에서는 기존의 프로젝트와 새롭게 시작될 프로젝트가 기술혁신과 관련이 있는 여러 부서들에 의해 종합적으로 평가가 이루어지게 된다. 이에 따라, 기업이 수행하고 있거나 앞으로 수행하여야 할 연구개발 프로젝트에 대해 다각적인 검토가 이루어진다는 점에서 연구개발예산을 효율적으로 사용할 수 있다는 장점이 있다. 그러나 이 예산수립방법은 관련 부서들이 단기적인 연구개발과제를 선호하는 경향이 있다는 점에서 기업의 미래 경쟁력이 달려 있는 중장기적인 연구개발 프로젝트의 수행이 어렵다는 문제점도 있다.

3) 상호작용적 예산수립

상호작용적 예산수립(interactive budgeting)은 연구개발예산의 수립에 있어서 최고경영층으로부터의 정보의 흐름과 개별 연구과제로부터의 정보의 흐름을 모두 반영하여 예산을 결정하는 방법을 말한다. 일반적으로 이 방법에서는 최고경영층이 연구개발예산의 총액과 전체적 구조를 제시하고, 이와 동시에 연구개발부서에서는 필요로 하는 연구개발과제들에 의해 요구되는 예산의 소요량을 결정하여, 이들 두 유형의 정보를 바탕으로 기업이 필요로 하는 전체적 예산을 협의하여 결정하게 된다. 이 방법은 앞에서 서술한 두 가지 방법의 장점을 모두 활용할 수 있다는 점에서 매우 바람직한 예산수립 방법으로 평가된다.

··· 제 3 절 연구개발인력의 관리   ···

1. 우리나라 연구개발인력의 현황

기업의 연구개발활동은 실질적으로 연구개발인력(R&D manpower)에 의해 이루어진다. 이에 따라, 연구개발인력의 관리는 연구개발활동의 생산성 향상 및 전략적 기술경영의 성과 제고에 대단히 중요하다. 그러나 연구개발인력의 관리는 기업의 일상적인 인력관리와 상당한 차이가 있다. 이와 같은 차이는 연구개발영역에 대한 인력구조의 특수성에서 비롯한다. 이와 같은 인력구조의 특수성을 감안하여 연구개발인력관리(R&D manpower management)의 목표와 제반수단들이 도출되어야 한다. 아래에서는 우리나라 연구개발인력의 현황을 살펴보고, 연구개발인력의 구조 및 실제 인력관리방안에 관해 논의하기로 한다.

연구개발활동에 가장 중요한 자원은 연구개발인력(R&D personnel)이다. 연구개발인력은 연구개발투자와 달리 단기간에 확보, 증대가 어렵다는 특징을 가지고 있다. 특히 양질의 연구인력은 더욱 그렇다. 그럼에도 불구하고 우리나라는 산업화 이후 연구개발인력을 빠르게 증가시켜 왔다. 특히 우리나라 기업은 1980년 이후 연구개발인력을 빠르게 증가시켜 왔고, 최근에 와서도 이같은 추세는 지속되고 있다. 이는 우리나라가 기술혁신을 통해 선진국으로 발전하는데 밑거름이 되었다.

연구개발인력 중에서 가장 중요한 인력은 연구개발 활동을 실질적으로 수행하는 연구원(researcher)이다. <표 9-5>는 최근 우리나라의 연구원 수를 상근상당(FTE: full-time equivalent) 연구원 기준으로 주요국들과 비교하여 나타내 주고 있다. 2020년 현재 우리나라의 연구원 수는 446,739명으로 전 세계에서 5위에 위치해 있다. 가장 많은 연구원을 가지고 있는 나라는 2,109,460명을 보유하고 있는 중국이며, 그다음으로 미국이 1,554,900명을 보유하고 있다. 이들 두 나라 뒤로 일본(681,821명)과 독일(450,657명)이 위치하여 우리나라보다 많은 연구원을 가지고 있다.

표 9-5 　주요국의 연구원 수의 비교(상근상당 연구원 기준)

구 분	한국 (2020)	미국 (2018)	중국 (2019)	일본 (2019)	독일 (2019)	러시아 (2019)	영국 (2019)
국가 총연구원수 (명, FTE)	446,739	1,554,900	2,109,460	681,821	450,697	400,663	317,472
배율(배)	1	3.5	4.7	1.5	1.0	0.9	0.7

자료: OECD, Main Science and Technology Indicators 2021－September, 2021

　　<표 9-6>은 우리나라 국가 전체와 산업계 전체의 연구원 수의 증가 추이를 나타내 주고 있다. 우리나라 국가 전체의 연구원은 관련 통계가 집계되기 시작한 1963년에는 불과 1,750명이었으나, 이는 1980년 18,434명과 2000년 159,973명을 거쳐, 2020년 558,045명으로 크게 증가하였다. 2020년의 연구원 수는 1963년과 비교하여 무려 2,537배가 증가하였다. 이들 국가 총 연구원 수는 산업계는 물론 대학 및 공공연구기관에 종사하는 연구원들을 의미하는 것이다. 특히 우리나라 총 연구원 수는 2000년대 이후에 대단한 증가를 하였다. 즉, 2000년~2010년의 기간에는 116.2%, 2010년~2020년의 기간에는 67.3%가 증가하였다. 그리하여 이같은 2000년 이후의 연구원 증가는 우리나라가 첨단산업 국가로 발전해 가고 있음을 나타내는 동시에 이같은 연구원의 증가를 바탕으로 우리나라가 선진국으로 발돋움할 수 있었음을 알려주는 것이다.

　　산업계 연구원 수, 즉 기업에 종사하는 연구원 수를 살펴보면(<표 9-6> 참조), 통계가 집계되기 시작한 1966년에는 불과 220명의 연구원이 산업계에 종사하였으나 그 숫자는 1980년 5,141명과 2000년의 94,333명을 거쳐 2020년 401,116명으로 눈부신 증가세를 보였다. 특히 산업계, 즉 기업에 종사하는 연구원 수도 2000년 이후에 매우 증가하였는데, 2000년~2010년의 기간에는

139.8%의 증가율을, 2010년~2020년의 기간에는 77.3%의 증가율을 보였다. 이는 국가 전체 연구원 수의 증가율보다 훨씬 높은 증가율이며, 이는 우리나라의 기업들이 최근 들어 대단한 연구개발능력을 증강시키며 첨단산업으로 진출하였음을 나타내 주는 것이다.

표 9-6 우리나라 연구원의 증가 추이

구 분	1963	1970	1980	1990	2000	2010	2020
국가 총연구원 수(명)	1,750	5,628	18,434	70,503	159,973	345,912	558,045
산업계 총연구원 수(명)	220 (1966)	1,159	5,141	38,737	94,333	226,168	401,116

자료: 과학기술정보통신부·한국과학기술기획평가원, 「연구개발활동조사보고서」, 서울, 각년도.

<표 9-7>은 우리나라 제조업 연구원의 최신 증가 추이를 업종별로 나타내 준다. 제조업 전체로 보면 2020년 기준 293,784명의 연구원이 종사하고 있는데, 이는 2010년의 178,440명과 비교하여 약 1.6배나 증가한 것이다. 2020년 기준으로 가장 많은 연구원을 고용하고 있는 산업부문은 '전자부품, 컴퓨터, 영상, 음향 및 통신장비' 산업(106,749명)이고, 이와 큰 차이를 두고 '기타 기계 및 장비' 산업(37,132명), '자동차 및 트레일러' 산업(33,258명), '화합물 및 화학제품' 산업(21,835명)이 상대적으로 많은 연구원을 고용하고 있는 것으로 나타났다. 앞은 논의에서 연구개발강도가 상대적으로 대단히 높았던 '의료, 정밀, 광학기기 및 시계' 산업(15,377명), 특히 '의료용 물질 및 의약품' 산업(9,808명)은 상대적으로 연구원의 수가 적어 이들 산업의 연구원 수의 증대가 필요할 것으로 판단된다. 지난 10년간의 증가율을 살펴보면 '기타 기계 및 장비' 산업, '자동차 및 트레일러' 산업, 그리고 '화합물 및 화학제품' 산업이 상대적으로 높은 증가율을 보이고 있다.

| 표 9-7 | 우리나라 제조업의 연구원 증가 추이(단위 : 명) |

구 분	2010	2012	2014	2016	2018	2020
전 산업	226,168	275,986	304,808	321,323	368,237	401,116
제조업	178,440	216,346	236,429	248,169	277,250	293,784
식료품	3,097	4,527	5,120	5,788	7,240	8,112
음료	332	413	428	472	486	484
담배	62	63	100	112	127	143
섬유제품(의복제외)	857	1,284	1,566	1,928	2,045	2,329
의복, 의복액세서리 및 모피제품	969	2,041	2,527	2,779	3,077	3,043
가죽, 가방 및 신발제품	133	304	413	497	553	634
목재 및 나무제품(가구제외)	92	199	224	285	384	433
펄프, 종이 및 종이제품	381	643	763	889	1,067	1,140
인쇄 및 기록매체 복제	228	334	513	893	1,076	1,201
코크스, 연탄 및 석유정제품	655	668	697	738	935	1,021
화합물 및 화학제품(의약품 제외)	12,510	15,689	16,834	19,425	22,952	21,835
의료용 물질 및 의약품	5,120	6,219	6,392	6,978	8,710	9,808
고무 및 프라스틱제품	3,336	4,245	5,225	6,356	7,082	7,874
비금속 광물제품	1,595	2,009	2,071	2,121	2,437	2,517
제1차 금속산업	2,137	3,017	3,021	3,405	3,801	3,918
금속가공제품(기계 및 가구 제외)	3,773	5,236	6,267	7,103	8,287	9,176
전자부품, 컴퓨터, 영상, 음향 및 통신장비	83,803	93,716	99,608	93,061	97,686	106,749
의료, 정밀, 광학기기 및 시계	7,724	9,162	10,079	11,513	13,890	15,377
전기장비	7,285	10,313	11,421	13,626	16,004	17,577
기타 기계 및 장비	15,737	21,098	23,738	25,867	31,101	33,258
자동차 및 트레일러	22,191	27,582	30,842	4,087	38,061	37,132
기타 운송장비	5,373	6,033	6,648	7,116	6,727	6,312
가구	533	557	733	816	860	929
기타 제품	517	994	1,199	2,210	2,515	2,631

자료: 과학기술정보통신부·한국과학기술기획평가원, 「연구개발활동조사보고서」, 서울, 각년도.

2. 연구개발인력의 구조와 관리목표

1) 연구개발분야의 인력구조

연구개발분야는 일반 부서와 다른 인력구조를 가지고 있다. 연구개발부서는 다른 사업부서와 달리 연구원, 기술원, 연구보조원 등의 과학기술분야에 특수한 훈련을 받은 인력으로 구성되어 있다.

연구원(researcher)은 높은 과학기술적 지식을 가진 과학자 및 공학자이다. 이들은 적어도 대학 이상의 고등교육훈련을 받았으며, 많은 경우 석사 및 박사 학위를 가지고 있는 것이 일반적이다. 연구원은 기업이 당면한 다양한 문제의 해결을 위한 창조적 개념을 제공해 준다는 점에서 연구개발부서의 성과는 이들에게 달려 있다.

기술원(technician)은 연구개발활동의 운영업무를 통해 연구원을 기술적으로 보조하는 인력이다. 이들은 실질적 실험을 수행하고, 시제품의 모델 및 프로토타입을 개발하며, 연구개발장비의 개발 및 관리를 담당한다. 이들은 이와 같은 기술적 훈련을 체계적으로 받은 사람들이다.

연구보조원(research assistant)은 이상의 연구원과 기술원에 속하지 않는 모든 집단의 인력으로서, 예를 들면 사무원, 비서, 도서관 사서, 구매담당, 특허담당 인력 등을 들 수 있을 것이다.

일반적으로 연구개발인력의 관리는 연구원의 문제에 집중하는데, 그 이유는 연구개발업무에서 차지하는 연구원의 절대적인 중요성과 비중에서 비롯한다. 그러나 효율적인 연구개발활동을 수행하기 위해서는 양질의 기술원과 연구보조원을 필요로 한다는 점에서 이들의 원활한 조달 및 관리도 매우 중요하다.

2) 연구개발인력관리의 목표

기업의 연구개발활동의 성과는 연구개발활동에 참여하는 인력의 능력,

창의성, 동기부여 여부에 달려 있다. 이에 따라, 연구개발활동의 성공을 위해서는 적절한 프로젝트 책임자 및 구성원의 선발(recruitment), 이들의 연구능력을 유지하기 위한 교육훈련(education and training), 그리고 연구개발인력에 대한 동기부여(motivation)가 중요하다. 이들 문제와 더불어 연구개발인력관리에 대한 대단한 도전은 과학기술적 지식이 점점 빠르게 발전하여 기존의 지식이 쉽게 진부화한다는 점이다. 그 결과 이와 같은 추세에 맞추어 새로운 지식을 가지고 있는 양질의 과학기술인력을 신규로 모집하기가 매우 어렵고 상당히 많은 비용이 들어간다. 또한 기존 연구개발인력의 경우 급속한 기술진보로 인하여 이들의 지식이 진부화되기 때문에 이들에 대한 꾸준한 교육훈련이 필요하고, 경우에 따라서는 일부 기존 연구개발인력을 해고하여야 하는 문제도 대두된다.

연구개발인력관리의 목표(objectives)는 연구개발과제의 수행에 필요한 인력을 안정적으로 확보하는 인력확보(manpower acquisition)의 목표와 각각의 연구개발인력이 기업의 목표 달성에 최대한 공헌할 수 있도록 하는 인력 효과성(manpower effectiveness)의 목표로 나누어 볼 수 있다. 인력확보의 목표는 기업이 경쟁기업과 비교하여 보다 우수한 연구개발인력을 확보하려는 것이다. 인력 효과성 목표는 이미 확보된 연구개발인력을 효과적으로 관리하여 이들로 하여금 성공적인 연구개발활동을 수행하게 하여 기업의 경쟁우위에 공헌하게 하려는 것이다. 그러나 인력관리에 있어서 이와 같은 기업의 목표와 더불어 인력 개개인의 개인적 목표와 사회가 요구하는 사회적 목표도 고려하여야 할 것이다.

또한 이와 같은 연구개발인력관리는 전통적인 연구개발인력의 개발과 더불어 기업의 미래를 이끌어 갈 차세대 리더(next-generation leaders) 육성의 측면을 포함하여야 한다. 이에 따라, 연구개발인력의 관리는 인사부서의 업무일 뿐만 아니라 최고경영층의 업무이기도 하다. 최근 대부분의 선도기업 최고경영층이 기업의 미래를 책임질 차세대 인력의 육성과 개발에 심혈을 기울이고 있음은 이를 나타내 주는 것이다. 기업의 경쟁우위 확보에 있어서 기술이 중요해짐에 따라 이들 선도기업의 경영층은 공학적 배경(engineering background)을 가지고 있는 경향이 많다. 과거에는 기업의 최고경영자가 되기 위해서는 재무

부서나 마케팅부서의 교육과 경험을 가진 인력이 선호되었지만 최근에는 기술
혁신 및 연구개발의 교육과 경험을 가진 경영자가 선호되고 있다. 이와 같은
기술적 배경을 가진 우수한 인력이 경영학적 이론과 실무를 겸비하여 기업을
경영하면 효과적인 기술전략을 수립하고, 기술전략과 경쟁전략의 효과적인 조
화를 달성하며, 기술전략의 효율적인 집행을 할 수 있는 보다 좋은 위치에 있
게 될 것이다. 이에 따라, 사전적 접근으로서 대학 학부과정에서 이공계 대학
생들이 경영학의 여러 과목을 공부하고, 더 나아가 과학기술과 경영을 연계하
는 기술경영교육(MOT education)을 체계적으로 받아야 할 필요성이 대두되는
것이다(정선양, 2006, 2007, 2009; 정선양·김정흠, 2008).

3. 연구개발인력의 관리

연구개발인력관리는 전술한 연구인력 확보의 목표와 효과성의 목표를
효과적으로 달성하여야 할 것이다. Specht 등(2002: 295-325)은 연구개발인력의
관리가 신규 연구개발인력의 모집, 연구개발인력의 업무관리, 연구개발인력
의 성과평가로 이어지는 일련의 과정으로 파악하여야 할 것임을 강조한다
(<그림 9-3> 참조). 아래에서는 이에 관해 자세히 살펴보기로 한다.

1) 신규인력의 모집

연구개발인력관리의 중요한 과제는 새로운 연구개발인력을 모집(recruitment)
하는 것이다. 이 업무영역은 인력수요의 조사, 인력의 모집, 인력의 통합 등 세
단계로 나누어 살펴보아야 한다.

그림 9-3   연구개발인력의 관리영역

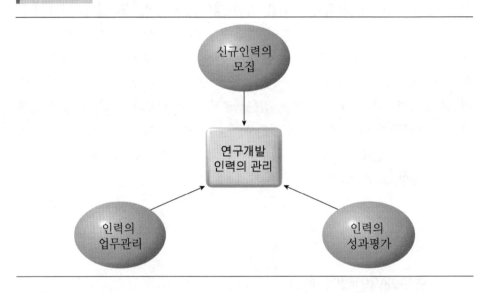

(1) 인력수요조사

연구개발분야에서 필요한 신규인력에 대한 수요조사(demand investigation)
는 연구개발활동을 시간적, 지리적 측면에서 파악하여 기업의 연구개발 활
동 및 프로젝트의 수행에 필요한 인력의 수요를 양적인 측면과 질적인 측면
에서 결정하는 것을 목표로 하고 있다. 현재 그리고 미래 인력의 필요성은
현재 인력과 목표 인력과의 차이로 인하여 발생하는데, 이에 따라 인력의
수요를 장기적으로 예측하는 것이 중요하다. 이를 통하여 인력의 양적, 질적
인 조달에 있어서의 문제점을 인력조달 및 인력개발 분야의 다양한 수단을
통해 해결할 수 있다.

인력수요조사를 통하여 인력 과잉의 문제도 조기에 인식되어야 하는데,
이를 통하여 인력의 고용해지 수단을 적시에 활용할 수 있으며 해당 인력에
게도 충분한 대비의 시간을 제공해 줄 수 있다. 이와 같은 연구개발인력수
요조사(R&D manpower demand survey)의 정확성은 해당 일자리에 대한 세부적
내용과 이에 따른 필요한 인력의 자격에 대한 구체적 제시에 달려 있다. 이
와 관련하여 연구개발부문에서는 연구개발업무 구체화, 연구개발인력의 근

무조건과 업무내용의 빈번한 변화, 전문지식 진부화의 빠른 속도 등 많은 어려움을 해결하여야 한다.

(2) 인력의 조달

연구개발인력의 조달(supply) 단계는 채용공고와 인력선발의 단계로 나누어 볼 수 있다. 인력에 대한 채용공고(recruitment advertisement)는 능력 있는 인력이 해당 업무에 대해 관심을 가지고 지원하도록 하는 데 목적을 두고 있다. 채용공고는 기업 외부와 내부에 모두 할 수 있다. 기업 외부에 대한 외부광고(external advertisement)는 해당 기업에 대해 관심을 가지고 있는 외부의 인력이 지원할 수 있게 하는 것이다. 이와 같은 외부인력의 모집에는 전통적인 언론매체에 대한 광고는 물론 인터넷, 대학과의 접촉, 외부인력의 자문 등 다양한 방법을 활용할 수 있다. 이에 반하여 내부광고(internal advertisement)는 기업 내의 광고를 통하여 기업 내부에서 연구개발업무에 관심을 가지고 열정을 가진 인력을 모집하는 것이다. 이 방법은 단기적인 인력조달에는 적합하지만 일반적으로 많이 활용되지는 않는다.

연구개발인력의 선발(R&D manpower selection)은 인력에 대한 채용광고의 결과 지원한 후보들 중에서 기업이 필요로 하는 가장 적절한 인력을 선발하는 절차를 말한다. 이 단계는 대단히 중요한데 연구개발부문의 인력선발은 연구개발활동 전반에 걸쳐 대단히 중요한 의사결정이기 때문이다. 인력의 잘못된 선발은 연구개발활동 전체의 실패를 가져올 뿐만 아니라 향후 이들에 대한 막대한 교육훈련의 비용도 발생시킨다. 또한 한번 채용한 인력의 해고는 노동관련법상 매우 어렵다는 점에서 세심한 선발이 필요하다. 이에 따라, 양질의 연구개발인력의 선발을 위해서는 기업은 일정한 선발기준을 가져야 할 것이다. 일반적으로 연구개발인력의 선발기준으로는 ① 전문지식, ② 일반적 지식과 창조성, ③ 가치관, ④ 관리능력, ⑤ 팀워크 등을 들 수 있다. 특히, 현대의 연구개발활동이 학문적, 기술적, 제도적 경계를 넘어 이루어지고 있다는 점에서 연구개발인력의 팀워크 능력은 대단히 중요한 기준이 아닐 수 없다.

(3) 인력의 통합

신규 인력의 채용에 이어서 중요한 사항은 새로운 인력을 연구개발부문에 세심하게 통합(integration)하는 것이다. 왜냐하면 새로운 인력은 초기의 적응 여부가 이들의 향후 업무에 대단히 중요한 영향을 미치며 나아가 이직률에도 중요한 영향을 미친다. 새로운 인력을 조직에 통합하는 데 있어서 전형적인 문제점은 이들 인력의 조직에 대한 실망 및 방향성의 상실을 들 수 있다. 이에 따라, 기업은 새로운 인력이 연구개발부문에 쉽게 통합될 수 있는 다양한 조치를 취하여야 한다. 특히, 조직에 대한 초기의 인상을 좋게 할 수 있는 다양한 정보의 제공과 초기 업무를 수행하는 과정에서 기존의 연구인력을 통한 멘토링(mentoring)도 중요한 수단이 될 수 있다. 기업과 연구개발부서는 새로운 인력으로 하여금 기업과 연구개발부서의 문화(culture)에 적응할 수 있는 충분한 시간을 부여해 주어야 할 것이다. 또한 최고경영층이 신규인력과 충분한 대화를 나눔으로써 이들에 대한 효율적인 지도감독을 강화하는 것도 필요하다.

2) 연구개발인력의 업무관리

연구개발인력이 채용되어 업무를 시작하면 이들의 업무활동을 효과적으로 관리하여야 한다. 이와 같은 업무관리에 있어서 중요한 과제는 연구개발인력의 인사관리, 인력개발, 인력의 보상을 들 수 있는데, 이를 통하여 연구개발인력의 업무와 성과에 긍정적인 영향을 미쳐야 할 것이다. 아래에서는 이와 같은 연구개발인력 업무관리의 세부적 수단에 대하여 좀 더 자세히 살펴보기로 한다.

(1) 연구개발인력의 인사관리

연구개발인력의 인사관리(personnel management)는 경영자에 의한 연구개발인력의 업무행위에 직접적인 영향을 행사하는 것을 의미한다. 후술할 인력의 개발 및 보상 수단은 연구개발인력에 대하여 간접적 영향을 미치는 데 비하여 연구개발인력의 인사관리는 인력에 대하여 직접적 영향을 미친다는 특징을 가지고 있다. 연구개발인력의 관리는 연구개발인력의 노력이 기업의 목표를 지향하도록 하는 데 그 목적을 가지고 있다. 이를 위해서는 능력있는 연구개발관리자의 육성이 필요하다. 이에 따라, 연구개발관리자(R&D manager)의 자격, 관리유형, 과제, 목표, 필요사항을 정확하게 분석하고 이를 실무에 옮기는 것이 필요하다. 연구개발관리자는 연구개발인력에 대해 동기를 부여하고 독립적인 연구를 수행할 수 있는 상당한 정도의 자유를 보장하여야 한다. 아울러 연구개발관리자는 소속 연구요원의 경력을 계발하여 주어야 한다. 또한 연구개발관리자는 연구개발인력이 자신의 성과에 대해 정기적으로 보고할 수 있게 하고 이에 따른 보상을 하여야 할 것이다.

신규 연구개발요원은 연구개발활동에 대한 경력이 축적되어감에 따라 연구개발관리자(R&D manager)로 성장하게 된다. 연구개발관리자는 자신의 전공분야에 대한 전문적 지식뿐만 아니라 연구개발업무의 특성과 관련한 경영 및 관리 분야의 충분한 지식을 가지고 있어야 한다. 연구개발관리자의 가장 중요한 요건으로는 학제적 사고, 기업가적 사고, 전략적 사고, 개념적 사고를 잘하고 이들 사고를 실제 행동으로 잘 옮길 수 있는 것이다. 아울러 연구개발관리자는 소속 연구원에 대해 연구개발업무의 비전과 목표를 제시하고 이를 달성할 수 있도록 독려하고 동기를 부여할 수 있어야 한다. 또한 연구개발부문의 각 인력들 간에 협력과 집단적 문제해결의 문화를 창출·유지시켜야 할 것이다.

(2) 연구개발인력의 개발

연구개발인력의 개발은 연구개발인력의 자격을 체계적으로 개선·증진시키는 모든 수단을 의미한다. 연구개발부문에 있어서 인력개발의 과제는 연구개발인력이 연구개발과정에서 스스로의 연구개발활동은 물론 다른 연구개발인력들과의 성공적인 협력에 필요한 자격요건을 제공하는 것이다. 여기에 필요한 자격요건은 전문적 지식뿐만 아니라 경영적, 사회적 능력도 포괄한다. 이와 같은 인력개발(personnel development)의 필요성은 현재 기업이 추진하고 있고 앞으로 추진하려는 연구개발업무에 필요한 자격요건이 현재 인력의 자격요건에 비하여 훨씬 높을 때 특히 필요하다. 최근과 같이 과학기술의 진보가 대단히 빠르고 급변하는 기업환경 속에서는 연구개발인력의 전문성을 제고하는 지속적인 계발이 필요하다. 또한 현대의 기술융합적인 환경 속에서 연구개발업무는 다양한 분야의 인력이 공동으로 노력하여야 한다는 점에서 연구개발활동에 필요한 사회적, 문화적, 협력적 능력의 필요성도 크게 대두된다.

이와 같은 연구개발인력의 개발수단으로는 업무조정, 추가교육, 경력계획을 들 수 있다. 첫째, 업무조정(job structuring)은 기존업무에 대한 자격요건의 확장 및 새로운 도전적 업무를 부여하여 연구개발인력의 잠재력을 향상시키는 것을 의미한다. 대표적인 수단으로 업무순환(job rotation)을 통하여 새로운 업무 및 경영의 경험을 제공할 수 있으며, 업무충실화(job enrichment)를 통하여 보다 도전적인 업무를 수행할 수 있는 능력을 확보하게 할 수 있다. 둘째, 추가교육(further training)은 사내교육(on-the-job training) 및 사외교육 (off-the-job training) 등을 통하여 연구개발인력에게 특정한 지식과 능력을 직접적으로 제공하는 것을 의미한다. 셋째, 경력계획(carrier planning)은 신진 연구인력에게 연구개발관리자로 승진하는 데 필요한 전문적, 비전문적 필요요건을 제시함으로써 이들의 능력 개발을 촉진하는 것이다. 연구개발부문에 있어서는 이와 같은 경력계획이 매우 중요한데, 그 이유는 신진 연구인력이 어느 정도의 시간이 지나면 지속적으로 연구원의 경로로 갈 것인가 아니면 관리자의 경로로 갈 것인가에 대한 선택을 하여야 하기 때문이다.

(3) 인력의 보상

연구개발인력의 보상은 연구개발인력의 성과 제고에 대단히 중요한 영향을 미친다. 이에 따라, 기업은 연구개발인력에 대한 합리적인 보상 시스템 (incentives system)을 준비하여 운용하여야 한다. 연구개발인력에 대한 보상은 프로젝트 자체로부터 유발되는 내생적 보상(intrinsic incentives)과 연구개발인력의 특정한 행동에 대한 물질적, 비물질적 지원인 외생적 보상(extrinsic incentives)으로 나누어 볼 수 있다. 기업은 이들 여러 유형의 보상을 혼합하여 제공하는 합리적인 보상 시스템을 구축하여 연구개발인력이 높은 연구개발성과를 창출할 수 있도록 유도하여야 할 것이다.

첫째, 연구개발 프로젝트(R&D projects)는 연구개발요원에게 그 자체로서 매우 중요한 동기유발요인이다. 이에 따라, 흥미롭고 도전적인 과제를 수행할 수 있는 기회는 연구개발인력에게는 대단히 중요한 보상이 된다. 이와 같은 도전적이고 흥미 있는 과제의 발굴은 연구개발인력의 능력을 제고하고 많은 경우 연구개발인력의 자긍심을 제고시킨다.

둘째, 물질적 보상(material incentives)으로는 연구개발인력에 대한 임금인상 및 성과배분 등을 들 수 있다. 이와 같은 물질적 보상은 연구개발인력을 포함한 모든 인력에게 중요한 인센티브가 된다. 물질적 보상은 인력에 대한 성과평가(performance evaluation)의 결과로서 제공된다.

셋째, 비물질적 보상(non-material incentives)으로는 승진, 교육훈련, 연구의 자율성 등을 들 수 있다. 연구개발인력은 일반 인력과 달리 교육훈련, 연구 자율성, 독자적 연구팀의 구성 등이 중요한 인센티브로 작용할 수 있다. 연구개발업무는 지속적인 교육훈련이 필요하고, 상당한 정도의 자율성을 확보받아야 하며, 여러 연구개발인력이 팀을 이루어 협력을 하여야 한다. 이와 같은 비물질적인 연구개발 여건은 연구개발인력의 동기부여에 매우 중요한 역할을 담당한다.

3) 연구개발인력의 성과평가

연구개발인력의 성과평가(performance evaluation)는 상급자에 의하여 연구개발인력의 성과를 평가하는 것을 의미한다. 일반적으로 인력의 평가는 인력정책적 목적과 경영정책적 목적을 가지고 있다(Specht 등, 2002: 322-323). 인력정책적 목적(personnel policy objectives)은 인력평가를 통하여 피평가대상인 종업원의 발전을 위한 의사결정에 도움을 주는 것이다. 이와 달리 경영정책적 목적(management policy objectives)은 종업원의 성과평가를 통하여 종업원이 성과를 더 많이 창출하여 기업의 목적에 적합한 활동을 할 수 있도록 하는 것이다. 인력의 평가는 정기적으로 이루어져야 하며 공식적이고 표준화된 과정에 따라 이루어져야 한다. 인력의 평가는 대부분의 기업에 있어서는 일상적으로 이루어지고 있으나 연구개발부문에 있어서는 연구개발활동의 복잡성 및 적절한 평가지표의 부족 등으로 인하여 활발하게 이루어지지는 않는다.

　　합리적인 성과평가를 위해서는 평가의 합리적 기준(criteria)이 필요하다. 연구개발인력의 성과평가를 위한 기준으로는 일반적 성과평가에서와 마찬가지로 성과기준, 행위기준으로 나누어 볼 수 있다. 성과기준(performance criteria)의 예로는 연구개발인력의 논문발표 건수, 신제품에 대한 공헌도, 특허의 수 등을 들 수 있을 것이다. 이들 성과기준은 많은 경우 정량화할 수 있다는 점에서 활용이 용이하나 이들은 성과에 대한 정확한 산정이 어렵고 기업의 경제적 목적에 대한 공헌도를 반영하지 못한다는 문제점이 있다. 행위기준(behavioral criteria)으로는 연구개발인력의 연구개발활동 과정에서 나타난 개념적 풍부성, 협력성, 사회성 등을 들 수 있다. 그러나 이들 행위기준은 매우 추상적이고 정성적인 특성을 가지고 있기 때문에 활용에 있어서 평가자의 객관성과 공정성이 필요하다. 연구개발인력의 성과를 효과적으로 평가하려면 이들 성과기준과 행위기준, 정량적 기준과 정성적 기준 등을 혼합하여 활용하여야 할 것이다.

사례 9

우리나라 기업 유형별 연구개발자원의 최근 증가 추이

우리나라 기업들은 1980년대 들어서 연구개발활동을 본격적으로 시작하였다. 우리 기업들은 자체연구소, 즉 기업부설연구소(corporate research institute)를 설립하고 연구개발인력을 적극 고용하며 연구개발투자를 증대시켜 왔다. 이같은 연구개발자원의 증가 추이는 최근에도 계속되고 있다. 이것이 우리 기업들이 세계시장에서 경쟁력을 가지는 근본적 원인이 되고 있다.

〈표 1〉은 우리나라 기업의 연구개발투자(R&D investment)의 최근 추이를 기업 유형별로 나타내고 있다. 2021년 우리나라 산업계 전체의 연구개발비(R&D expenditures)는 80조 8,076억 원으로 조사되었다. 이중 대기업이 49조 1,394억 원을 지출하여 총 60.8%를 차지하고, 중견기업이 11조 4,751억 원으로 14.2%, 중소기업이 8조 5,251억 원으로 10.5%, 벤처기업이 11조 6,681억 원으로 14.4%를 차지하고 있다. 참고로 연구개발비를 사용한 기업 수는 대기업이 333개, 중견기업은 1,657개, 중소기업은 32,574개, 벤처기업은 24,213개로 조사되었다. 대기업이 절대적으로 많은 투자를 하고 있다는 점에서 다른 유형의 기업 특히 중소기업의 연구개발투자 증대가 필요하다. 아울러 벤처기업이 중소기업보다 더 많은 투자를 한 것은 우리나라 벤처기업들이 기술을 바탕으로 창업된 기술벤처들이 많다는 점을 나타내 주는 것이다.

우리나라 기업의 연구개발비 지출의 최근 추이를 살펴보면, 2017년~2021년의 기간 동안 산업계 전체 연구개발비는 2017년 62조 5,635억 원에서 2021년 80조 8,076억 원으로 증가하여 29.1%의 대단히 높은 증가율을 보였다. 같은 기간 동안 대기업은 23.5%, 중견기업은 26.5%, 중소기업은 21.7%, 벤처기업은 74.6%의 증가율을 보였다. 특히 벤처기업이 4년 동안 74.6%의 연구개발비를 증가시킨 것은 대단히 놀라운 것이며, 향후 이들 벤처기업이 지속해서 발전할 것을 기대하게 해준다.

〈표 1〉 기업 유형별 연구개발비 추이(단위: 억 원)

구분	2017	2018	2019	2020	2021
대기업	398,038	438,236	446,658	451,694	491,394
중견기업	90,687	95,954	101,864	103,691	114,751
중소기업	70,069	74,883	80,048	79,341	85,251
벤처기업	66,840	79,272	86,497	101,272	116,681
합계	625,634	688,345	715,067	735,998	808,077

자료: 과학기술정보통신부·한국과학기술기획평가원, 「2021년도 연구개발활동조사보고(안)」, 각 연도.

〈표 2〉는 우리나라 기업 연구원(researchers)의 최근 추이를 기업 유형별로 나타내고 있다. 2021년 우리나라 산업계 전체의 연구원 수는 429,465명으로 조사되었다. 대기업의 연구원 수는 135,092명으로 산업계 전체 연구원의 31.5%를 차지하였고, 중견기업은 64,468명으로 15.0%, 중소기업은 109,581명으로 25.5%, 벤처기업은 120,324명으로 28.0%를 차지하고 있는 것으로 나타났다.

〈표 2〉 기업 유형별 연구원 추이(단위: 명)

구분	2017	2018	2019	2020	2021
대기업	115,791	118,022	123,528	123,787	135,092
중견기업	54,408	55,683	58,867	60,459	64,468
중소기업	92,427	99,748	104,879	104,141	109,581
벤처기업	80,741	94,784	100,174	112,729	120,324
합계	343,367	368,237	387,448	401,116	429,465

자료: 과학기술정보통신부·한국과학기술기획평가원, 「2021년도 연구개발활동조사보고(안)」, 각 연도.

최근 연구원의 증가 추이를 살펴보면, 산업계 전체 연구원 수는 2017년의 343,367명에서 2021년의 429,465명으로 25.1%의 높은 증가율을 보였다. 같은 기간 동안 대기업은 16.7%, 중견기업은 18.5%, 중소기업은 18.6%, 벤처기업은 49.0%의 증가율을 보였다. 지난 4년 동안 중소기업의 연구원 증가율은 상대적으로 낮은 데 비하여, 벤처기업의 연구원 증가율은 대단히 높은 것으로 나타나 벤처기업이 기술역량을 확대하는데 많은 노력을 한 것을 의미한다.

제10장

기술과 조직구조

··· 제1절 조직구조와 전략집행 ···

1. 전략과 조직의 조화

전략의 집행에 있어서 핵심적 요소는 조직화(organizing)이다. 조직화는 수립된 전략 및 계획을 행위지향적으로 변환시킨다. 전략계획이 실제적인 성공으로 이어지기 위해서는 최고경영자는 기업을 적절하게 조직화하여야 할 것이다. 어떠한 형태의 조직구조를 구축한다는 것은 조직에 있어서 어떤 일을 달성하기 위해 많은 활동과 사람을 모으고 조직화하는 것을 의미한다. 일반적으로 기업전략에 있어서의 변화는 조직구조의 변화와 특정 지위에 필요한 기능에 있어서의 변화를 필요로 한다. 많은 전문가는 '환경에 있어서의 변화'는 '기업차원 및 사업차원의 전략에 있어서의 변화'를 통하여 '조직구조에 영향'을 미친다는 점을 강조한다(Chandler, 1962; Wheelen & Hunger, 2006). 그 결과 전략, 구조, 환경은 세심하게 조화·정렬되어야 하며, 그렇지 않으면 기대했던 조직의 성과는 창출되기 어렵거나 기대했던 것보다 훨씬 줄어들기 마련이다. 이에 따라, 전략경영자는 기업의 활동을 완수하는 방법에 어떠한 변화가 이루어져야 하는지를 결정하기 위하여 기업이 조직되는 방법을 면밀하게 검토하여야 한다.

　　일찍이 Chandler(1962)는 미국의 대기업들을 연구하여 기업전략의 변화는 조직구조의 변화로 이어진다고 결론짓고 "구조는 전략을 따른다!!!(Structure follows strategy!!!)"라는 명제를 제시하였다. 즉, 환경에 있어서의 변화는 기업전략에 있어서 변화를 가져오고, 기업전략에 있어서의 변화는 조직구조의 변화를 가져온다는 것이다. 이에 따라 전략, 조직구조, 환경은 긴밀하게 조화를 이루어야 한다. 특히, 기존의 조직구조가 발생시키는 비효율성이 조직의 생존 및 발전에 명백하게 해로울 경우에 구조변화가 필수적이다. Chandler에 따르면, 미국의 대기업들이 과거에는 제한된 제품만을 생산·판매하였기 때문에 이들의 조직구조도 이에 적합한 단순한 기능조직구조를 가지는 경향이 있었으나, 이들이 새로운 제품라인을 추가하고, 새로운 공급원을 매입하며, 독자적 유통경로를 창출하게 됨에 따라 이들은 상당히 복잡하고 매우 집권화된 조직구조를 갖게 되었다. 그 결과 이들 기업이 성공을 하기 위해서는 집권화된 조직구조를 몇 개의 준자율적인 사업부(divisions)로 변환시킬 필요성에 직면하여 다(多) 사업부제 조직구조(multi-divisional structure)를 채택하게 되었다.

　　그동안의 많은 실증연구는 이 같은 Chandler의 명제를 지지하고 있다. 실제로 전략이 변화하면, 이를 뒷받침하는 적절한 조직구조의 신속한 도입은 기업에게 경쟁우위를 제공해 준다. 실증연구에 따르면, 다각화하거나 수직통합을 하는 기업은 기능형 조직구조에서 사업부 조직구조로 변화하며, 또한 이들의 재무적 성과도 개선되는 것으로 나타났다. 또 다른 연구는 사업전략과 사업부의 자율성 간의 조화의 정도는 사업부의 성과에 중요한 영향을 미친다고 주장한다. 특히, 차별화 전략을 따르는 사업부는 저원가 전략을 따르는 사업부보다 중앙으로부터 보다 많은 자유도를 가져야 성공할 수 있다는 주장이 많다.

　　특히, 기술전략의 집행과 관련하여 조직화의 문제는 대단히 중요하다.

기술전략의 집행을 위한 기술혁신활동(innovation activities)의 조직화는 일반적인 전략경영의 조직화 문제와 차이가 있다. 기본적으로 기술혁신활동의 조직화는 기업 전체의 관점과 기술혁신조직의 관점으로 나누어 파악하여야 한다. 기업 전체의 관점에서는 기업이 어느 정도 기술혁신에 우호적인가의 문제가 중요하다. 특히, 여기에서는 기업이 기술혁신에 우호적이고 기술혁신을 용이하게 창출할 수 있는 전체의 조직구조 및 문화의 문제가 중요하게 대두된다. 그러나 기술혁신조직의 문제는 근본적으로 기술혁신활동, 즉 연구개발활동을 담당할 조직구조의 유형에 주안점을 둔다. 여기에서는 기업의 기술전략을 효과적으로 구현할 수 있는 가장 적합한 연구개발조직(R&D organization)의 구축 및 운용에 관심을 가지게 된다. 이에 따라, 이 장에서는 기술혁신에 적합한 기업조직구조, 기술개발조직구조, 기술혁신을 위한 기업문화에 관하여 세부적으로 살펴보기로 한다.

2. 기술혁신과 조직혁신

기술혁신과 조직혁신은 긴밀히 연계를 맺고 있다. 기술혁신(technological innovation)이 잘 촉진되기 위해서는 조직혁신(organizational innovation)이 이루어져야 하고 기술혁신은 조직혁신을 촉발한다. 이 점에서 기술경영은 기술혁신과 조직혁신의 촉발 및 이들 간의 효율적 연계에 주안점을 두어야 할 것이다.

기술혁신과 조직혁신의 관련성에 관해 최초의 주장을 한 사람은 Alfred Chandler이다(Chandler, 1962, 1990). 그는 지난 19세기 중반 이후 미국과 유럽의 성공적인 기업에 대한 심층 분석을 바탕으로 다음 세 가지의 명제(propositions)를 제시하였다. 첫째, 기업의 성공에 있어서 최고경영자(top management)의 중요성을 강조하였다. 지금은 최고경영자와 리더십의 중요성이 충분히 확산되었지만 1960년대에는 이 같은 주장이 대단히 획기적인 일이었다. 둘째, 전술한 '구조는 전략을 따른다'라는 명제이다. 이는 전술한 바로서 기업이 새로운 전략을 수립·추진하면 이에 따른 적절한 조직구조의 도입 혹은 조직혁신이 필요하다는 것이다. 이는 전략혁신과 조직혁신의 조화를 의미한다. 셋째, 기술혁신과 조직혁신은 공진(co-evolution)하여야 한다는 점이다. 그는 성공적인 기업을 분석한 결과 이들 기업의 성공 뒤에는 기술혁신이 있었고 이 같은 기술혁신은 적절한 조직혁신에서 비롯하였음을 웅변하였다. 아울러 기술혁신은 조직혁신에도 대단한 영향을 미쳐왔는데 지난 세기를 살펴보면 대단한 기술의 발전은 이를 효과적으로 창출하기 위한 새로운 조직구조로서의 현대의 경영조직, 예를 들어 사업부제 조직을 탄생시켰다는 것이다. 이에 대한 증거로서 그는 미국과 영국의 경제력의 차이를 설명하고 있다. 20세기의 기술변화에 대응하여 조직혁신을 적극적으로 개발·수용한 미국의 기업과 경제는 눈부신 발전을 이룩한 반면 조직혁신의 수용에 소극적이었던 영국의 기업 및 경제는 경쟁력을 상실하였다는 것이다.

이 같은 Chandler의 주장은 최근에 들어오면서 기술경영분야의 저명한 학자들에 의해 재조명되고 있다. 무엇보다도 Pisano(2006, 2010)는 생명공학의 눈부신 발전을 목도하면서 그 현상을 과학 비즈니스(science business)로 설명하고 있다.[3] 즉, 그는 생명공학분야에서는 과학적 연구의 결과가 바로 제품과 사업으로 변환되고 있는 점을 강조하면서 대표적인 사례로 Genentech와 Amgen을 들고 있다. 실제로 생명공학분야에는 이들 두 기업의 성공에 이어 전 세계적으로 수많은 생명공학기업이 창업·운영되고 있다. 그러나 Pisano는 이들 생명공학기업은 일반적인 기대와 달리 대부분 기업이 수익을 창출하지 못하는 등 매우 실망스러운 성과를 보였으며 이 점에서 생명공학기업은 과학 비즈니스에 성공하지 못한 것으로 결론짓고 있다. 그는 이와 같은 생명공학기업의 실패의 근본적인 원인으로 생명공학의 기술혁신에 부응하는 조직혁신이 이루어지지 않았음을 강조하면서 Chandler의 주장을 재조명하고 있다. 즉, 지난 세기에 성공적인 기업들이 그랬던 것처럼 생명공학의 과학 비즈니스라는 새로운 혁신을 후원할 새로운 조직혁신이 필요하다는 것이다.

동적역량이론(dynamic capabilities theory)을 주장한 Teece(2010)도 Chandler의 선견지명에 박수를 보내고 있다. 즉, 전술한 챈들러의 주장이 기술혁신을

---

3) 과학 비즈니스에 관해서는 이 책의 제12장 제4절을 참조할 것.

통해 미래의 목표를 달성하고 이를 위해 기회를 탐색하며 전략을 선택하고 조직을 변환하여야 한다는 자신의 동적역량이론의 선구라고 찬사를 보내고 있다. 그런데 이 책의 전반부에서도 논의한 것처럼 동적역량이론은 이 책에서 다루는 전략적 기술경영을 나타내는 것으로 파악할 수 있다. 전략적 기술경영은 근본적으로 동적인 측면을 가지는 기술혁신의 창출·활용·확대의 문제를 미래의 목표 달성을 추구하는 전략경영의 측면에서 다루고 있기 때문이다.

이와 같은 Chandler, Teece, Pisano의 주장은 세 가지로 요약할 수 있다. 첫째, 기업의 성공에 있어서 기술혁신이 대단히 중요하다. 둘째, 기술혁신과 조직혁신의 연계가 필요하다. 셋째, 이 같은 기술혁신과 조직혁신에 있어서 최고경영자의 역할이 대단히 중요하다는 것이다. 그런데 최고경영자의 역할이 전략경영을 담당한다는 측면에서 이를 전략혁신(strategic innovation)으로 표현할 수 있다. 이에 따라, 전략적 기술경영(SMT: strategic management of technology)은 <그림 10-1>에서 제시하는 바와 같이 기술혁신, 조직혁신, 전략혁신 간의 공진이 이루어져야 성공을 거둘 수 있을 것이다. 이와 같은 관점에서 파악하면 Alfred Chandler, David Teece, Gary Pisano는 기술경영학자로 이해할 수 있을 것이다.

그림 10-1　전략적 기술경영: 전략혁신, 기술혁신, 조직혁신의 공진

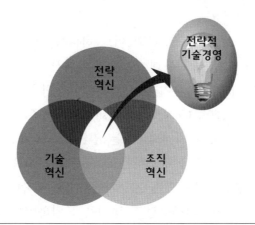

… 제 2 절   기술혁신에 적합한 기업조직구조   …

1. 기업환경과 조직구조

일반적으로 조직화에 있어서 출발점은 기계적 구조(mechanistic structure)를 가질 것인가 아니면 유기적 구조(organic structure)를 가질 것인가이다. Burns & Stalker(1961)의 연구에 따르면, 기계적 구조(mechanistic structure)는 의사결정에 있어서 집권화 및 관료적 규정과 절차를 강조하는데, 이 조직구조는 비교적 안정적인 환경(stable environment)에서 활동하는 조직에게 적합하다. 그러나 계속적으로 변화하는 동적인 환경(dynamic environment) 속에서 활동하는 기업은 – 예를 들어, 전자산업, 항공우주산업 – 분권화된 의사결정 및 유연한 절차를 강조하는 유기적 구조(organic structure)를 가지는 것이 좋다. Lawrence & Lorsch(1969)는 안정적인 환경 속에서 성공한 기업은 최고경영자가 직접 관리하며 문서화된 명령에 의존하는 집권적 위계를 바탕으로 기업활동을 조정하는 데 비하여, 동적인 환경에서 성공적인 기업은 대체적으로 통합적 부서운영, 상시적인 범기능적인 팀(multi-functional team), 수평적 접촉 등 분권적인 위계를 바탕으로 기업활동을 조정하는 경향이 크다고 주장하고 있다.

그러나 이들 두 조직구조 중의 어느 하나를 선택할 것을 강요하는 것은 바람직하지 않다. 일반적으로 대기업들은 기계식 조직구조를 가지고 있는데, 최근 들어 많은 대기업이 유기적 조직구조의 장점을 살리기 위한 노력을 기울이고 있다. 예를 들어, General Motors(GM)는 기존의 조직구조가 급변하는 환경에 대응하기에 너무 기계적이라는 결론을 내리고, 완전히 새로운 조직으로 보다 많은 참여경영을 강조하는 Saturn Division을 설립하였다. 이 조직은 일본기업과 경쟁할 수 있는 자동차를 설계·제작하기 위하여 '자율적인 작업팀'과 '노사 간 공동의사결정'의 방식을 도입하였으며, 이 프로그램의 성공에 힘입어 GM은 이 방식을 다른 공장에도 확산시켰다. 다른 대기업들도 분권화된 의사결정과 보다 얇고 유연한 조직구조를 달성하기 위하여 중간경영자의 수를 감소시킴으로써 새로운 경쟁환경에 보다 효율적으로 적응하기 위해 노력하고 있다.

　기업은 다양한 환경적 상황으로 인해 서로 다른 조직구조를 가지고, 조직구조는 조직의 전략에 영향을 미치기 때문에 모든 기업에게 통용될 최적의 조직구조는 있을 수 없다. 또한 과거의 지배적인 조직구조가 현재에도 적합할 수 없다. 즉, 기업이 성장해 가면서 조직구조도 변화되어야 할 것이다. 그러나 일반적으로 동일한 산업의 기업은 유사한 방식으로 조직을 구조화해 나가고 있다. 예를 들어, 자동차기업들은 GM의 조직구조를 모방하고, 소비재산업에 종사하는 기업들은 Procter & Gamble(P&G)의 선도적인 조직구조를 따르는 경향이 있다. 이에 따라, 일반적으로 유사한 산업에서 유사한 전략을 추구하는 기업들은 유사한 조직구조를 활용하는 경향이 많다.

2. 기업규모와 기술혁신

　1930~1940년대에 Schumpeter(1934)는 기술혁신의 창출에 중소기업보다 대기업이 보다 효과적이라고 주장하면서 반독점법의 지지자들에게 도전하였다. 그는 자본시장은 불완전하여 연구개발 프로젝트를 위한 재무자원의 조달에 대기업(big enterprises)이 훨씬 유리하며, 대량의 매출액을 가지는 대기업들이 연구개발의 고정비용을 효과적으로 조달하여 소규모 매출을 기록하는 중소기업들보다 높은 이익을 창출할 수 있다고 강조하였다. 일반적으로 대기업들이 기술혁신에 필요한 마케팅, 생산, 재무계획 등의 보완자산을 훨씬 많이 가지고 있으며 전 세계적으로 자원을 획득할 수 있는 유리한 위치에 있다. 대기업들의 또 다른 장점으로 기술혁신과 관련한 규모의 학습효과를 들 수 있다. 대기업들이 기술혁신에 더 많은 자원을 투자할수록 이들은 연구개발활동에 있어서 더 많은 규모의 경제와 학습효과를 창출할 수 있다.

　대기업은 그동안의 연구개발활동의 경험을 바탕으로 신제품 개발과정에 있어서 보다 높은 기술적 역량을 확보하고 있다. 이들은 양질의 연구인력과 연구장비를 보유하고 있으며 기술기획에 있어서 상당한 역량을 확보하고 있다. 또한 대기업은 재무적으로 안정되어 있다는 점에서 중소기업에 비하여 위험이 높은 미래지향적 기술혁신활동을 보다 용이하게 추진할 수 있다. 특히, 연구개발비용이 대단히 많이 소요되는 산업(예: 항공우주산업)이나 연구개발결과가 오랜 시간 이후에 나타나는(예: 제약산업) 기술집약적인 산업의 경우에는 대기업이 중소기업에 비하여 훨씬 유리하다.

그러나 기업이 성장하여 규모가 확대될수록 경영통제의 어려움으로 인하여 연구개발활동의 효율성(efficiency)이 저하된다. 즉, 기업의 규모가 커질수록 기업은 기술혁신활동을 관리하고 종업원을 동기부여하는 데 어려움을 겪는다. 아울러 기업의 규모가 커질수록 개별 연구자 및 창업자에게 그들의 노력에 대한 충분한 보상을 제공하기 어려워 이들의 기술혁신을 위한 인센티브는 점차 사라지게 된다. 그 결과 기업이 성장함에 따라 기업 관리체계의 효율성은 감소하게 된다. 대기업은 기업의 규모로 인하여 유연성이 저하되어 변화에 적절한 대응이 어렵다. 대기업은 전형적으로 다양한 계층적 조직구조와 정교한 업무절차로 인하여 관료적 관성을 가지고 있다. 예를 들어, 1970년대 및 1980년대 Xerox의 관료적 조직구조는 기업 내의 기업가 정신을 저하시키고, 신제품 개발과정을 오래 걸리게 하고, 급변하는 환경변화에 적극적인 대응을 못하게 하여 일본의 경쟁기업에 비하여 경쟁우위를 상실하게 하는 결과를 초래하였다.

많은 수의 종업원, 대형 고정자산, 수많은 고객 및 공급자 등도 대기업이 가지고 있는 경직성(rigidity)의 원천이 된다. 종업원 수가 증가하면 의사소통과 기업활동의 조정이 어려워지며 의사결정이 지체되게 된다. 기업이 대규모의 고정자산을 소유하고 있는 경우 큰 변화를 추구하는 위험을 부담하기보다는 기존의 수익원천에 안주하는 것을 선호하게 된다. 기존의 고객 및 공급자에 대한 집중 역시 기업으로 하여금 기존의 사업 및 기술에 얽매이게 하여 새로운 기술변화에 대한 적절한 대응을 어렵게 한다.

일반적으로 중소기업(SMEs)은 대기업보다 유연하고 기업가적이라고 여겨져 왔다. 중소기업은 과도한 계층적 관리, 대규모의 고정자산, 많은 수의 종업원·고객·공급자에 대한 전략적 집중의 폐단에서 벗어날 수 있다는 장점이 있다. 중소기업은 효율적인 관리와 보상체계를 통하여 종업원들의 기술혁신활동을 촉진시키기 용이하다. 또한 중소기업은 기술혁신을 위한 충분한 자원을 가지고 있지 못하기 때문에 연구개발 프로젝트의 선정과 수행에 매우 신중하고 그 결과 연구개발활동의 성공률을 제고시킬 수 있다.

기업의 규모가 커져가면서 효과적인 기술혁신활동을 수행하기 어려운 경우에, 많은 기업이 규모가 작게 느껴질 수 있도록 경영을 하려고 노력한다. 이를 위하여 대기업들은 전체 기업을 몇 개의 작은 단위부서로 나누어 부서 내의 기업가 정신(entrepreneurship)을 촉진시키기 위해 많은 노력을 기울인다. 실제로 기술변화의 속도가 매우 빠른 첨단산업의 경우 기업들은 보다 작고, 전문화되고, 독립적인 사업부의 네트워크로 분화하여 운영되는 경향이 많다. 이와 같은 과정에 있어서 많은 기업이 다양한 기능과 계층을 없애는 등 대규모 다운사이징을 실시하기도 한다. 20세기를 풍미했던 거대기업들은 전략적 제휴, 공급자 관계, 유통계약 등을 통하여 보다 전문화되고 유연하며 느슨하게 연결된 '얇은 기업(lean firm)'으로 대체되어가고 있다. 그 결과 네트워크 조직(network organization), 가상조직(virtual organization)이라는 새로운 조직개념이 탄생하였다.

3. 양손잡이 조직구조

1) 배   경

최근 들어 기술혁신의 중요성이 대두되면서 파괴적 혁신, 불연속적 혁신 등에 대한 논의가 학문적으로나 실무적으로 많이 이루어져 오고 있다. 이들은 기존의 기술혁신과 다르다는 점에서 경영하기가 매우 어렵고, 이에 따라 기술경영의 주안점이 이들 기술혁신의 유형에 보다 많은 주안점이 두어지고 있다. 이는 그동안 <표 10-1>에서 제시한 바와 같이 새로운 유형의 기술혁신이 대두되면서 이에 적극적인 대응을 하지 못한 기업들은 경쟁에서 탈락하는 사례를 너무나 많이 보아왔기 때문이다.

　그러나 기업의 경쟁우위에 필요한 기술혁신은 이들 유형만 중요한 것이 아니다. 전통적이고 기존기술의 개선, 즉 지속적 혁신과 연속적 혁신도 기업에 대단히 중요하다. 특히 기업의 전략은 차별화와 원가우위로 나누어질 수 있으며, 수익의 상당 부분은 원가우위에 의해 창출된다는 점에서 전통적 개념의 기술혁신의 중요성은 매우 크다. 여기에 이들 두 유형의 기술혁신의 효과적인 관리가 필요하다.

표 10-1　혁신성 측면에서의 기술혁신 유형

혁명적 변화	진화론적 변화
파괴적 혁신	지속적 혁신
불연속적 혁신	연속적 혁신
급진적 혁신	점진적 혁신

　Tushman & O'Reilly Ⅲ(1996, 2002)는 이 같은 두 유형의 혁신과 변화를 동시에 경영할 필요성을 제시하면서 이를 위한 조직으로서 양손잡이 조직(ambidextrous organization)이라는 개념을 제시하였다. 이들에 따르면 많은 기업이 기존기술에 대한 효과적인 방어(defence)와 새로운 기술을 통한 효과적인 공격(attack)을 하지 못한다고 강조한다. 그 결과 많은 기업이 새로운 기술혁신의 진전에 따라 실패한 경우가 많다는 것이다. 대표적으로 RCA는 1950년대 진공관에 바탕을 둔 텔레비전 사업의 선도 주자였으나 트랜지스터(transister)라는 기술적 단절성에 대해 토론만 무성했지 실질적이고 적시의 이행을 하지 못하여 경쟁에서 탈락하였다. 스위스의 시계산업도 기계식 시계를 고집하다가 수정(quartz)에 바탕을 둔 새로운 시계의 조류를 따라잡지 못하여 파산하였다. 이들은 모두 기존의 사업과 새로운 사업을 동시에 경영할 수 있는 양손잡이 기술경영에 실패하였던 것이다. 이들 사례는 성공한 기업이 성공의 저주(curse of success)를 받은 것인데, 크나큰 성공에 도취한 나머지 새로운 변화에 적절히 대응하지 못한 것이다. 이를 또 다른 표현으로 성공의 역설(paradox of success)라고 부른다. 이 점에서 성공의 저주 혹은 역설

을 해결하기 위하여 양손잡이 조직 개념의 도입이 필요한 것이다.

2) 문화의 역설

성공한 기업이 새로운 변화와 단절성에 효과적으로 대응하지 못하는 성공의 역설(paradox of success)은 근본적으로 문화의 역설(paradox of culture)에서 찾을 필요가 있다. 기업은 발전해 나감에 따라 나름대로의 독특한 문화를 구축하고, 이 같은 문화는 조직 전체 차원뿐만 아니라 부서차원 및 종업원 개인에게 이르기까지 다양한 차원으로 구성되어 있다. 조직문화는 기업의 성공에 대단히 중요한 영향을 미치는 핵심적인 변수이다. 그러나 조직의 문화는 장기간에 걸쳐 구축되어 온 공통의 신념과 가치관이라는 점에서 이를 단시일 내에 바꾸기가 매우 어렵다는 특징을 가지고 있다.

Tushman & O'Reilly Ⅲ(1996, 2002)는 기업에 대한 경영적 도전(management challenge)은 매우 유사하다고 강조하면서, 이를 "경영자가 현재의 전략을 집행하고 동시에 내일의 경쟁적 수요를 위한 혁신능력을 창출할 수 있는 조직문화(organizational culture)를 어떻게 진단하고 적극적으로 창출할 것인가?"의 문제로 요약하였다. 이는 점진적 변화와 급진적 변화를 동시에 경영할 수 있는 양손잡이 능력으로 풀이할 수 있다.

양손잡이 경영(ambidextrous management)을 할 수 있는 조직문화는 기업의 경쟁우위의 중요한 원천 중의 하나이다. 이같이 조직문화의 특징상 단기적 목표와 중장기적 목표를 동시에 추구하는 것은 쉬운 일은 아니다. 그 이유는 현재의 조직문화는 단기적 성공에 핵심적이기도 하지만 정확하게 경영되지 않으면 장기적 실패의 원천이 되기도 하기 때문이다. 문화는 경쟁우위를 가져다주기도 하지만 성공에 필요한 변화 및 혁신을 도입하는 데 장애물로 작용하기도 한다. 이와 같은 양손잡이 조직으로의 변환을 통하여 경쟁력을 유지한 성공사례와 실패사례가 있다. 따라서 기업을 둘러싼 기술경제환경이 급변한다면 기업조직의 변환이 대단히 필요하며, 이는 조직의 구조와 시스템은 물론 문화와 역량에 있어서 근본적인 변화가 이루어져야 한다. 즉, 근본적인 조직혁신(organizational innovation)이 이루어져야 한다. 이에 따라,

Tushman & O'Reilly Ⅲ(1996, 2002)는 점진적 변화와 불연속적 변화를 동시에 다룰 수 있는 조직문화(organizational culture)를 적극적으로 경영하는 것이야말로 전략적 혁신·변화 경영(management of strategic innovation and change)에 있어서 가장 어려운 문제라고 주장한다.

3) 양손잡이 조직

Tushman & O'Reilly Ⅲ(2002)는 성공의 역설을 극복하기 위해서 양손집이 조직(ambidextrous organization)이 필요하다고 강조한다. 양손잡이 조직은 점진적 혁신과 급진적 혁신, 즉 진화론적 변화와 혁명적 변화를 모두 효율적으로 경영할 수 있는 조직을 의미한다. 이들은 현재의 선도적 기업들인 HP, Johnson & Jonson, ABB 등이 실제로 양손잡이 조직으로 변환하는 데 성공하였음을 강조한다. 이들은 다양한 기업을 분석한 결과 양손잡이 조직을 갖추기 위한 방법을 다음과 같이 제시하고 있다(<그림 10-2> 참조).

그림 10-2   양손잡이 조직의 핵심 구성요소

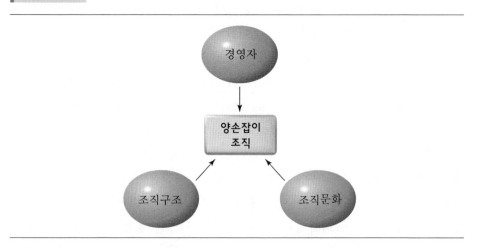

(1) 조직구조
양손잡이 조직을 운영하는 데 성공을 했던 기업들은 대규모 기업들인데

도 불구하고 독립집단(autonomous groups)의 개념을 강조하면서 작은 조직으로 기업을 운영하려는 노력을 기울였다. 이와 같이 작고 독립적인 조직의 운영은 종업원으로 하여금 주인의식을 심어주는 동시에 결과에 대한 책임의식을 심어준다. 이를 통하여 이들 기업은 규모, 자율권, 팀워크, 스피드 등 성공요인에 있어서 절묘한 균형을 유지하고 있다.

(2) 다양한 문화

성공적인 기업들은 다양한 문화(diverse cultures)를 통하여 조직을 경영하고 있다. 기업문화는 폭넓게 공유되고 규범을 강조하지만 공동의 가치가 다양하게 표출된다는 특징을 가지고 있다. 이 점에서 이들 기업의 문화는 견고하기도 하고 유연하기도 하다. 종업원들은 최고경영층의 의지에 반하는 의견을 수시로 표출하기도 한다. 이 같은 문화적 특징은 종업원들을 한데로 묶고 기술혁신을 창출하는데 매우 중요한 역할을 한다. 아울러 이들 기업은 하위조직 모두 자신의 사업분야에 적합하게 다양한 하위문화(sub-cultures)를 가지고 있다는 특징을 가지고 있다. 이와 같은 기업문화의 견고성과 유연성은 양손잡이 조직에 매우 핵심적인 요소인데, 이는 공통의 비전과 다양성을 존중할 줄 아는 최고경영자에 의해 배양·운영된다. 이 같은 문화 속에서 기업은 하위부서들에게 자율성과 위험부담을 지원한다. 그러나 이들 부서는 자율성에 대하여 상응하는 성과를 창출하여야 한다.

(3) 양손잡이 경영자

양손잡이 조직의 핵심 중의 하나는 양손잡이 경영자(ambidextrous managers)이다. 경영자는 조직을 앞에서 지도하기도 하지만 설득하는 역할을 동시에 담당한다. 이 점에서 양손잡이 조직의 경영자는 일반 경영자라기보다 오케스트라 지휘자와 같은 역할을 담당한다. 이들은 자율권, 팀워크, 사업, 책임성, 혁신과 같은 조직의 핵심용어들을 지속적으로 보강하고 실천해 나간다. 아울러 이들은 기술, 제품, 시장, 고객에 관해 직접적으로 관여한다.

이상에서 살펴본 바와 같이 양손잡이 조직의 특징은 조직구조, 조직문화, 조직을 이끌어가는 최고경영층이 새로운 변화를 추구한다는 특징을 가지고 있다. Tushman & O'Reilly Ⅲ(1996)는 양손잡이 조직이 되기 위한 전략적 메커니즘으로서 변화(variation), 선택(selection), 유지(retention)의 단계를 제시하고 있다. 이는 기업이 체계적으로 변화를 추구하여야 할 것임을 강조하는 것이다(<그림 10-3> 참조).

그림 10-3　양손잡이 조직의 달성방안

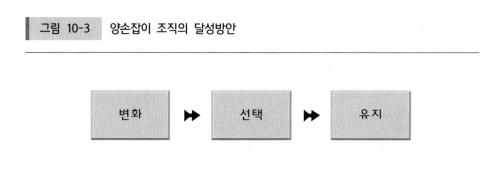

　먼저, 변화(variation)는 분권화의 촉진, 관료주의의 타파, 개별적 자주권과 책임성 제고, 실험과 위험감수에 강력하게 노력함으로써 촉진된다. 그 결과 기업은 제품, 기술, 시장에 있어서 변화를 촉진시킬 수 있다. 둘째, 기술, 제품, 시장에 있어서 최고를 선택(selection)하는 것은 고객과 가까이하며 시장의 신호에 빠르게 대응하고, 필요 없는 제품 및 프로젝트를 중단할 수 있는 명확한 체제를 갖춤으로써 달성될 수 있다. 마지막으로, 선택된 기술, 제품, 시장, 심지어 최고경영층의 유지(retention)는 기업 내부의 핵심 경영진들에 의하여 내부적으로 이루어지는 것이 아니라 시장에 의해 공개적, 외부적으로 이루어져야 한다. 시장은 기술, 제품, 사업부에 대한 투자 여부 및 중단을 결정하는 최종적인 결정지표이다.

4) 시 사 점

　급변하는 환경 속에서 최고경영자는 기존의 사업영역을 효과적으로 운영하여야 할 뿐만 아니라 새로운 사업영역을 확보하여야 한다. 새로운 사업이 대두됨에 따라 필요한 경우에는 기존의 사업을 의도적 구식화(cannibalize)하여야 한다. RCA가 반도체 분야에서 성공을 하지 못한 것은 진공관이라는 기존 사업영역에 대한 자기파괴를 행하지 못하였기 때문이다. 새로운 변화와 사업영역이 대두될 때 이에 대한 적절한 대응의 기회를 놓치면 기업은 쇠퇴할 수밖에 없다. 여기에 양손잡이 조직의 개념이 필요한 것이다.

그동안 기술경제환경이 급변함에 따라 기술혁신경영의 주안점이 전통적인 연속적 혁신, 점진적 혁신에서 불연속적 혁신(discontinuous innovation), 급진적 혁신(radical innovation)의 문제로 옮겨져 와 있다. 양손잡이 조직의 개념은 기업이 어느 한쪽의 변화에 치우치지 않고 기존의 혁신과 새로운 혁신 간에 균형(balance)을 맞출 수 있는 방안을 제시한다는 점에서 큰 의미가 있다.

결국 양손잡이 조직은 조직혁신(organizational innovation)의 문제로서 기술경영의 근본적인 화두인 '기술혁신과 조직혁신의 공진(co-evolution)'의 문제를 해결하는 방안을 제시하는 것이다. 즉, 새로운 변화, 특히 단절적인 변화인 새로운 기술혁신(technological innovation)이 창출되면 이에 대응하는 새로운 조직혁신(organizational innovation)을 통하여 전략, 조직구조, 사람, 문화를 바꾸어야 성공할 수 있다는 점을 강조하는 것이다. 급격한 변화와 단절의 시대에 기업이 성공을 하기 위해서는 새로운 기술변화에 적합한 전략과 조직구조를 도입하여야 할 것이다.

4. 조직변화의 필요성

조직구조는 전략을 집행하는 데 핵심적이다(Wheelen & Hunger, 2006). 이러한 점에서 전략적 기술경영의 집행 측면에서 기술경영을 위한 적절한 조직구조를 확보하는 것은 매우 중요한 과제이다. 즉, 기술경영을 적절하게 하려면 기술혁신을 촉진하고 기술자산을 효율적으로 확보할 수 있는 조직구조(organizational structure)를 필요로 한다. 이와 같은 조직구조는 비단 연구개발 및 기술혁신을 위한 조직구조만을 의미하는 것이 아니라 기업 전반의 조직구조가 어느 정도로 기술혁신을 촉발시킬 수 있는가와 같은 거시적인 관점에서의 접근도 필요하다. 최근과 같이 기업의 기술에 대한 의존도가 증가하는 상황 속에서 기업은 경쟁력을 확보하기 위하여 기술진보의 장점을 적극 활용하여야 할 것이다.

실제로 조직론의 측면에서 현대 기술변화의 속도와 변화율은 현재와 미래의 조직구조에 있어서 패러다임의 변화를 가져오게 하였다. 전통적인 다양한 계층으로 구성된 수직구조는 보다 얇고, 수평적이며, 보다 통합된 조직구조로 바뀌고 있다. 현대의 조직구조는 기술의 사회경제적 영향에 적극적으로 대응하기 위해 보다 유연하고, 환경변화에 기민하며, 빠른 의사결정을 가능하게 하여야 하고, 고객지향적이어야 한다. 이와 같은 특성을 가지는 조직구조들은 기술혁신에 우호적인 조직구조이다.

Khalil(2000)은 이와 같은 다양한 조직구조의 탄생은 기업환경의 변화에 적절하게 대응하기 위한 것이라고 주장한다(<그림 10-4>). 과거 기업의 환경

그림 10-4　　환경의 변화와 조직설계

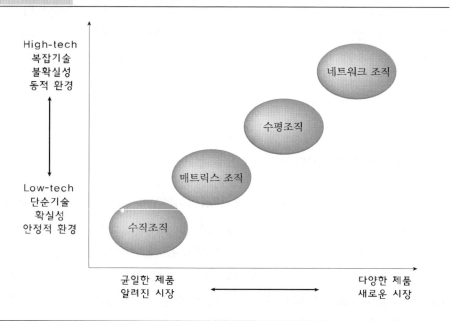

자료: Khalil, T., *Management of Technology: The Key to Competitiveness and Wealth Creation* (Boston: McGraw Hill, 2000), p. 419에서 저자의 보완.

이 급변하지 않았을 시기에는 전통적인 수직형 조직구조가 별다른 문제없이 잘 작동하였다. 과거에는 기술의 진보율이 빠르지 않고 저급기술에 바탕을 두고 기업행위가 이루어졌으며 기업이 생산하는 제품의 수가 많지 않았다. 이 경우에는 기업의 조직구조가 관료적인 위계형 조직구조(hierarchical structure)라도 별 문제가 없다. 그러나 기업이 다루는 제품이 점점 첨단기술에 기반을 둘수록, 기업이 생산하는 제품의 수가 많을수록 기업은 매우 빠르고 유연한 의사결정을 필요로 한다. 이에 따라, 수평적 조직구조(horizontal structure)의 중요성이 대두된 것이다. 이들 중간의 환경에 처해 있는 기업의 경우에는 매트릭스 조직구조(matrix structure)를 통하여 양극단의 장점을 취하기 위한 노력을 기울여야 할 것이다.

최근 들어 첨단산업을 중심으로 핵심기능만 본사에서 수행하고 외부의 공급자, 유통기업, 대학, 공공연구기관과 네트워크를 형성하는 네트워크 조직구조(network structure)가 새롭게 대두되고 있다. 이 유형의 조직구조를 가지고 있는 기업은 부수적인 기능은 외부의 기업 및 관련 기관들에게 위탁하고 본사는 기획, 연구개발과 같은 핵심기능만을 수행하여 부족한 자원을 기업의 핵심역량에 집중하여 급변하는 환경 속에서 경쟁우위를 확보하려고 노력한다.

5. 새로운 조직구조

1) 프로젝트에 기초한 조직구조

최근 많은 기술집약형 기업에 의해 활용되는 개념이 프로젝트에 기초한 조직(project-based organization)인데, 이는 팀에 기초한 조직구조(team-based organization)라고도 부른다. 이들 유형의 조직은 프로젝트 혹은 팀을 중심으로 구축되는데, 여기에서 프로젝트란 특정 최종결과를 달성하기 위한 일련의 활동을 의미하며, 프로젝트의 주요 특징은 목적이 완성되면 종료된다는 점이다. 일반적으로 프로젝트 팀은 다양한 기능부서로부터 전문요원들을 할애받아 구축되기 때문에 프로젝트에 기반한 조직구조는 근본적으로 매트릭스 조직(matrix organization)을 가지게 된다.

프로젝트에 기초한 조직구조는 기업으로 하여금 기업전략을 보다 효율적으로 집행하게 하고, 종업원을 보다 빠르게 학습시키며, 문제해결을 보다 유연하게 하는 조직구조로 간주되고 있다. 프로젝트에 기초한 팀을 창출하는 것은 프로젝트를 수행할 팀을 운용하는 것을 훨씬 넘어 전체 기업의 전면적인 재설계를 필요로 한다. 이는 기업으로 하여금 성과의 발전 추이에 따라 이에 대응하는 데 필요한 팀을 동태적으로 결성·해체할 수 있고, 팀을 개발하고 후원하며, 경력 경로와 보상체제, 정보흐름, 커뮤니케이션, 피드백 기제의 과정을 설계할 수 있는 능력을 필요로 한다. 그 결과 프로젝트에 기초한 팀은 과업(task), 사람(people), 공정(process)의 결합으로써 결성된다.

이같이 프로젝트에 집중하는 조직은 팀에 기초한 전략을 추구할 수 있게 하고, 기존의 조직구조보다 좋은 결과를 창출하며, 보다 높은 유연성을 제공하여 변화하는 기술 및 시장 환경에 보다 잘 대응할 수 있게 해준다. 이에 따라, 그동안 많은 기업이 새로운 사업을 추진할 때에 범기능적인 프로젝트 팀(multi-functional project team)을 구성하여 추진해 오고 있다. 예를 들어, IBM이 1980년대 초반에 PC산업에 참입하여 빠르게 사업을 추진하려고 하였을 때 이 과업을 완수할 새로운 벤처 프로젝트 팀을 설립하였다. Rubbermaid는 신제품으로부터 매출액의 증대를 추진하기 위하여 신제품에 관한 연구를 수행하기 위한 범기능적 팀을 설립하였다.

이와 같은 프로젝트 조직구조는 <그림 10-5>와 같이 나타낼 수 있다. 프로젝트 조직구조에서는 각각의 기능부서에서 전문요원 및 그룹이 차출되어 범기능적인 프로젝트 팀이 구성된다. 그 결과 범기능적 팀의 종업원들은 프로젝트 관리자(project manager)와 기능부서 관리자(functional manager)의 두 명의 상사를 두게 된다. 일반적으로 기능부서들은 영구적인 부서이며, 이들 부서로부터 파견된 사람 및 그룹들은 한 개 혹은 그 이상의 프로젝트에 임시적으로 파견을 나오게 된다. 프로젝트 팀들은 임시적으로나마 사업부(divisions)와 유사한 기능을 하게 된다. 이와 같은 프로젝트 조직구조 혹은 매트릭스 조직구조는 항공산업 등과 같은 첨단산업에서 많이 활용되고 있다.

프로젝트 조직구조는 기능조직의 안정성(stability)과 프로젝트 조직의 유연

| 그림 10-5 | 매트릭스 조직구조 |

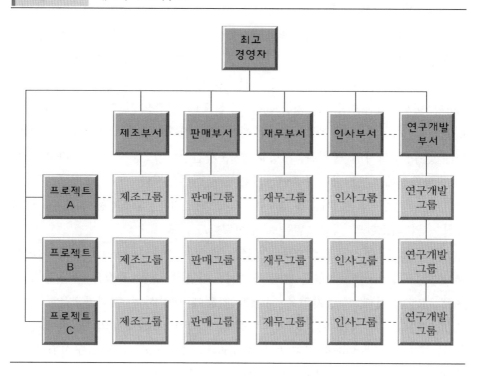

성(flexibility)을 결합할 수 있다는 장점이 있다. 프로젝트 조직구조는 외부환경이 기술적, 시장적 측면에서 대단히 복잡하고 변화가 심할 경우 유용하다. 그러나 이 조직구조는 업무수행의 책임, 권한, 자원배분과 관련하여 갈등(conflicts)의 소지가 많다. 특히, 프로젝트 팀에 소속되는 종업원 및 그룹의 경우에는 기능부서 책임자와 프로젝트 책임자의 두 명의 상사에게 보고를 하게 되어 갈등을 느낄 수 있으며, 프로젝트에 참여하는 종업원 및 그룹의 평가 및 보상에 있어서 문제가 발생할 여지가 있다. 이에 따라, 프로젝트 조직구조는 이 같은 문제점을 충분히 감안하여 운용하여야 할 것이다. 그러나 이 조직구조는 프로젝트의 수행 혹은 제품의 개발에 있어서 기능부서를 포괄하여 아이디어를 상호적으로 심화시킬 필요가 있을 때 유용한 조직구조이다.

2) 수평적 조직구조

최근 기업을 둘러싼 기술경제환경이 급변함에 따라 이 같은 변화를 반영하여 기업들이 기능적, 부서적 영역 및 조직 계층을 축소시키려는 새로운 사고들이 증대되었다. 새롭게 대두되는 조직구조 속에서 업무는 기능(function)이 아닌 핵심공정(core process)을 중심으로 구축되는 다학제적 팀(multidisciplinary team)에 의해 이루어져야 함을 강조한다. 예를 들어, 제품을 개발하는 경우에 디자인 공학자, 시상분석사, 기업전략가, 공정의 관리자로 구성된 핵심과정에 대한 다학제적인 팀에 의해 이루어진다. 모든 조직구조는 수평적이고, 매우 적은 계층을 가지며, 최고경영자와 보조기능 – 재무, 인적자원 – 의 최소한의 핵심요원들로 구성된다.

이와 같은 조직구조를 갖는 기업을 수평적 기업(horizontal corporation)이라고 하는데, 이러한 유형을 가지고 있는 기업의 주요 특징은 다음과 같다(Byrne, 1993). 첫째, 수평기업은 기업이 기능에 대응하여 핵심공정을 중심으로 조직된다는 특징을 가지고 있다. 둘째, 기업이 특정부서의 벽 속에서 근무하는 개인에 대응하여 다학제적 팀(multidisciplinary teams)으로 구성된다. 셋째, 이 유형의 기업은 전통적인 조직구조와 비교하여 경영계층이 매우 적은 가는 조직구조(lean structure)를 가지고 있다. 마지막으로, 최고경영자가 종업원에게 많은 권한을 이양(empowerment)함으로써 종업원의 창의성을 촉진시킨다.

Byrne(1993)은 수평조직구조로 이행하고 있는 사례를 다음과 같이 제시하고 있다. 먼저, AT&T Network Systems Division은 전체 사업을 공정(process)을 중심으로 조직하고 이들 공정별로 예산을 배분하였다. Eastman Kodak은 여러 개의 부사장 직급 – R&D, 제조, 재무 – 을 없애고 1,000여 개의 자율규제적 팀(self-directed team)을 설립하였다. Xerox는 단일공정에서 업무를 수행하는 다학제적 팀을 통하여 새로운 제품을 개발하고 있다. GE도 그동안 전통적인 수직조직구조를 100개 이상의 공정과 프로그램으로 구성된 수평적 조직구조로 바꾸었다.

3) 네트워크 조직구조

최근 들어 각광을 받고 있는 가장 새롭고 급진적인 조직구조가 네트워크 조직구조(network structure)이다(Daft, 1997: 340-343; Wheelen & Hunger, 2006: 228-229). 이 조직구조는 사실상 기업 내부의 여러 기능을 없애버리고 지속적으로 변화하는 비위계적, 군집적 네트워크에 의해 상호 연계된 일련의 프로젝트 집단으로 구성되어 있다는 점에서 가상조직(virtual organization)이라고도 불린다.

네트워크 구조는 현재의 기업환경이 불안정하고 앞으로도 계속적으로 불안정할 것으로 예측될 경우에 매우 유용한 조직구조이다. 일반적으로 이와 같은 환경 속에서 기업은 혁신과 신속한 대응에 대한 수요가 강력하다. 이와 같은 조직구조를 가지는 기업은 정규 종업원을 고용하는 대신 특정한 프로젝트의 수행을 위하여 한시적으로 인력을 고용한다. 그 결과 네트워크 조직구조를 가지는 기업은 연구개발 및 마케팅 등과 같은 핵심기능은 본사에서 담당하고 디자인, 제조, 포장, 광고 등은 외부의 다른 기업들에게 위탁하는 구조를 가지게 된다(<그림 10-6> 참조).

 그림 10-6　　네트워크 조직구조

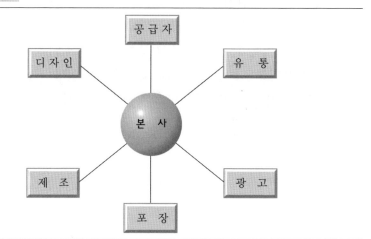

　　이들은 거래비용(transaction costs)의 논리에 따라 과거에는 수직통합을 통하여 자체 조달하여야 했던 서비스들을 공급자와의 장기적인 계약을 맺거나 혹은 전략적 제휴를 통해 조달한다. 이 같은 네트워크 조직의 기능들은 세계적으로 분산되는 경우가 많은데, 대표적으로 전자산업에 속한 기업들을 들 수 있다. 실제로 네트워크 조직구조는 국제적 기업행위를 하는 기업들에게 매우 유용한 조직구조이다. 궁극적으로는 네트워크 조직은 정보시스템의 컴퓨터에 의해 연계된 일련의 독립 기업 혹은 기업기능을 의미한다. NIKE의 경우에도 제한된 의미에서 네트워크 조직을 가지고 있는데, 본사에서는 연구, 개발, 마케팅만을 담당하고, 제품의 생산 및 제조는 세계의 하청업자들에게 위탁하는 형태를 취하고 있으며, Benetton은 제조, 유통, 판매 활동의 95%를 하청을 맡기는 네트워크 조직구조를 가지고 있다.

　　이와 같은 네트워크 조직구조는 급격한 기술변화와 국제무역 및 변화하는 경쟁의 패턴에 대응할 수 있는 유연성과 적응성의 증대를 가져다준다. 이를 통하여 기업이 자체적인 차별역량(distinctive competence)의 배양 및 유지에 집중할 수 있게 해주며, 다른 한편으로는 특정분야에 강점을 가지고 있는 다른 기업들로부터 효율성의 효익을 제공받을 수 있다. 그러나 네트워크 조직구조를 통해 다양한 협력 파트너와 협력하여야 한다는 점은 기업에게 갈등(conflicts)의 소지를 제공한다. 또한 독립적인 공급기업 및 유통기업과의 다양한 활동에 대한 계약관계는 이들 활동의 결합에서 창출될 수 있는 시너지의 확보 및 활용을 저해한다는 단점을 가지고 있다. 아울러 기업이 잘못된 기능을 선택하여 이에 대한 과도한 전문화가 이루어질 경우 기업 전체의 경쟁력을 상실할 위험도 있다. 네트워크 조직구조의 이와 같은 근본적인 불안정성으로 인하여 일부 학자들은 이 조직구조가 일시적으로만 활용될 수 있는 조직구조라고 주장한다.

··· 제 3 절   연구개발 조직구조   ···

1. 연구개발조직의 구축기준: 분권화와 집권화

일반적인 조직구조에서와 마찬가지로 기술혁신을 촉진하고 기술혁신을 담당할 구체적인 조직구조, 즉 연구개발조직(R&D organization)의 구축에 있어서 판단 기준은 이 조직을 분권화할 것인가 아니면 집권화할 것인가의 문제이다. 집권화(centralization)는 기업의 의사결정 권한이 최고경영층에 주어져 있는 것이며, 분권화(decentralization)는 의사결정 권한이 기업의 하층부로 이동된 것을 의미한다. 일반적으로 집권적인 기업은 지리적으로 멀리 떨어져 있는 사업부들에 대한 의사결정 및 권한의 행사도 기업본사(corporate headquarters)에서 직접 수행하게 된다.

특히, 다양한 연구개발활동을 수행하고 있는 대기업(big enterprises)의 경

┃ 그림 10-7   연구개발활동의 집권화와 분권화의 일반적 유형

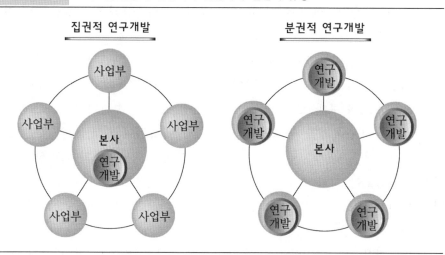

자료: Schilling, M. A., *Strategic Management of Technological Innovation* (New York: McGraw Hill, 2005), p. 197.

우 집권화와 분권화의 문제는 매우 중요한 사항이다. 일반적으로 대기업의 연구개발활동과 관련한 집권화와 분권화는 <그림 10-7>과 같이 나타낼 수 있다. 집권적 연구개발활동(centralized R&D activities)은 연구개발활동을 본사에서 총괄적으로 담당하며 사업부는 일반적인 기업활동만을 수행한다. 이러한 경우 본사는 모든 사업부가 필요로 하는 기술적 연구를 수행할 종합연구소를 독립적으로 운영하는 것이 일반적이다. 이에 반하여 분권적 연구개발활동(decentralized R&D activities)은 모든 사업부가 연구개발기능을 보유하고 있고 본사는 연구개발활동에 관여하지 않는 유형이다.

분권적 연구개발활동(decentralized R&D activities)을 수행하는 기업은 사업부가 자신의 고객의 특정한 수요에 적합한 독자적인 제품 및 공정을 개발할 수 있다. 이들이 개발하는 제품과 공정은 사업부의 운영구조 속에서 창출되며 해당 사업부의 고객수요를 효과적으로 충족시킬 수 있다는 장점이 있다. 또한 분권적 기술혁신조직의 연구개발활동은 사업부가 축적해 온 다양한 지식과 경험을 효과적으로 이용할 수 있다는 장점을 가지고 있다. 그러나 분권적 조직구조는 연구개발활동이 다양한 사업부에서 이루어지기 때문에 연구개발자원의 중복 및 낭비의 위험이 높다. 또한 전사적 측면에서 기술혁신활동의 시너지의 창출이 어렵다. 또한 다양한 연구개발부서를 가지고 있기 때문에 기술혁신활동에 있어서 규모의 경제 및 학습효과의 장점을 활용하는 데 어려움이 있다.

그러나 기업이 연구개발활동을 단일 부서 – 일반적으로 중앙연구소(central research institute) –로 집중화시키면 연구개발활동에 있어서 규모의 경제를 달성하고, 연구개발요원들 간 분업의 정도를 높이며, 다양한 프로젝트의 수행을 통한 학습효과를 극대화시킬 수 있다는 장점이 있다. 이와 같은 조직구조는 중앙연구개발부서로 하여금 기업의 신제품 개발노력의 일관성을 증진시키고 신기술이 기업 전체적 차원에서 충분히 활용되게 하는 등 전사적 차원에서 신기술의 개발 및 활용의 효율성을 증대시킬 수 있다는 장점을 가지고 있다.

이와 같은 기술개발조직에 대한 접근방법은 산업에 따라 다르다. 일반적으로 첨단기술산업의 경우에는 독립연구소를 통한 중앙집권적인 연구개발

방식을 취하는 반면, 소비재산업의 경우에는 지역시장에 적합한 연구개발활동을 강조하며 분권적 연구개발조직을 선호하는 것으로 알려져 있다.

기업 전체적 차원으로 보아 집권화가 기술변화 및 환경변화에 대한 기업의 유연성(flexibility)과 대응성(responsiveness)을 촉진시키는지 혹은 저해하는지에 대한 논란이 많이 있어왔다. 일반적으로 매우 집권적인 기업의 경우에는 강력한 명령통제체계를 통하여 경영층이 기업의 하위부서에게 확고한 지침을 제공해 줄 수 있기 때문에 전체적인 방향에 대한 과감한 변화를 추구하는 데 보다 적합한 것으로 알려져 있다. 분권적 기업의 경우에는 충분한 변화를 위해서 각 부서의 협조를 받는 데 많은 노력이 필요할 수도 있다. 그러나 분권적 기업의 경우에는 하위차원의 종업원들이 변화에 대하여 독립적인 대응을 할 수 있는 권한을 부여받고 있다는 점에서 신속한 대응을 해야 하는 유형의 기술변화에 보다 적합할 수 있다.

2. 연구개발 조직구조의 유형[4]

대부분의 기업은 연구개발 관련 부서가 대단히 관료적인 조직구조 속에서는 제대로 기능을 수행하지 못하는 것을 인식하고 있다. 그 이유는 연구개발활동은 근본적으로 일반 기능부서와 달리 기술혁신과 창조성(creativity)을 다루기 때문이다. 기술혁신에 필요한 창조성은 사람들로 하여금 자신의 관심사를 중심으로 일하게 하고, 비슷한 사람들과 상호작용을 촉진하며, 위험을 감수하고, 실패에 대한 처벌이 없는 환경 속에서 촉발된다.

그러나 기계적 조직구조는 개인의 창조성을 억제하고, 연구집단의 자주성을 제한한다. 이에 따라, 연구개발요원은 대기업의 관료적 조직과 문화로부터 떨어지게 하는 것이 바람직하다. 이것이 많은 기업으로 하여금 독립된 연구집단, 예를 들어 기업연구소(corporate research institute)를 설립·운영하는 이유이다. 많은 기업은 창의적인 사람들로 하여금 자신들의 일에 몰두할 수 있도록 주요 운영부서로부터 떨어진 곳에 비밀작업(skunk-work)의 영역을 만

---

4) 이 부분은 정선양, 「기술과 경영」, 경문사, 2006, 314-319면을 보완하였음.

들어 준다. 최근에는 이와 비슷한 논리가 벤처팀(venture team)의 설립과 위치 확보에도 사용되고 있는데, 벤처팀이란 새로운 벤처를 수행하거나 새로운 프로젝트를 전담할 책임을 가지고 있는 사람들의 집단을 의미한다. 벤처팀은 기업으로 하여금 새로운 기술의 획득을 촉진하거나 프로젝트의 수행을 촉진하는 데 사용될 수 있는 좋은 메커니즘이다.

기술전략을 효율적으로 집행하기 위해서 기업은 어떤 형태로든 연구개발 조직을 운영하여야 한다. 연구개발조직이 기업 전체 조직 내에 편성되는 형태는 일반적인 조직구조의 방법을 따르는데, 크게 기능형 조직(functional organization), 분산형 조직(decentralized organization), 집중형 조직(centralized organization), 혼합형 조직(hybrid organization)으로 분류할 수 있다. 일반적으로 벤처기업이나 중소기업의 경우 기능형 조직을 가지고 있으며, 중견기업 및 대기업이 일반적으로 많이 가지고 있는 사업부 연구소(divisional research institute)의 경우 분산형 조직, 중앙연구소(central research institute)의 경우 집중형 조직이라고 말할 수 있다. 산업을 선도하는 거대기업의 경우 중앙연구소를 갖고 있는 동시에 사업부에서도 독자적인 기술개발을 수행하는 기술개발부서를 갖고 있는 경우가 있는데 이를 혼합형 조직(hybrid organization)이라고 분류할 수 있다. 아래에서는 이들 각 유형의 연구개발 조직구조에 대하여 상세히 살펴보기로 한다.

1) 기능형 연구개발조직

기능형 연구개발조직(functional R&D organization)은 연구개발조직이 일반적인 기능부서와 비슷한 수준에 위치해 있는 형태를 말한다(<그림 10-8> 참조). 이와 같은 조직구조를 가지고 있는 기업은 기술집약형 중소기업의 경우가 일반적이다. 이들 중소기업은 기술혁신의 중요성을 인식하고는 있으나 독립된 중앙연구소를 운영할 수 있는 인적·물적 자원이 부족한 기업들이다. 아울러 기업의 규모상 제품라인의 다양성이 부족하여 사업부를 운영하기에는 영세한 중소기업들이 이 같은 기술개발 조직구조를 가지게 된다.

그림 10-8   기능형 연구개발조직

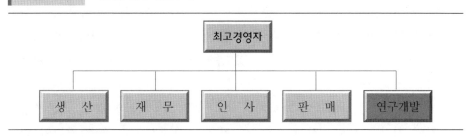

연구개발부서는 제품혁신보다는 공정혁신에, 급진적 혁신보다는 점진적 혁신에, 중장기적 연구보다는 단기적 연구에 주안점을 두게 된다. 이와 같은 유형의 조직구조를 가지고 있는 기업은 일반적으로 성장 초기에 있는 기업으로서 기술개발의 중요성이 기업 내에 충분히 확산되지 않은 경우가 일반적이다. 기업의 경영자는 기술개발에 더 많은 주안점을 두고 연구개발부서와 다른 기능부서와의 효율적인 커뮤니케이션 및 협력에 많은 신경을 써야 성공적인 기술혁신을 바탕으로 기업의 성장을 도모할 수 있다.

2) 분산형 연구개발조직

분산형 연구개발조직(decentralized R&D organization)은 기업의 규모가 커지면서 사업부 조직을 가지고 있는 기업으로 성장하는 경우 사업부별로 기

그림 10-9   분산형 연구개발조직

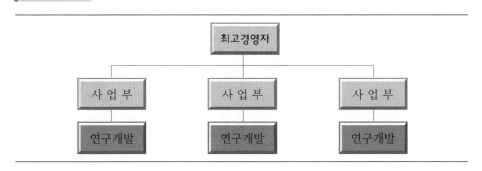

술개발조직을 운영하는 형태이다(<그림 10-9> 참조). 기업이 성장하여 매출액
이 증가하고 생산품목의 수가 증가함에 따라 조직이 사업부형으로 바뀌고
기술개발기능 역시 각 사업부로 분권화되는 경우가 일반적이다. 이 점에서
분산형 연구개발 조직구조는 어느 정도 성장하는 중견기업 이상의 기업이
선호하는 조직형태이다.

  이 경우 해당 사업부의 제품개선 등과 같은 단기성 연구 등 기존제품의
안정적인 시장수요에는 잘 대처할 수 있으나 상대적으로 중·장기적인 연구
개발을 통한 독창적인 제품개발에는 취약한 경향이 있다. 그럼에도 불구하
고 이 유형의 연구개발 조직구조는 기업이 성장하는 데 필요한 기술적 수요
를 효과적으로 충족시켜 기업의 추가적 성장의 토대를 제공할 수 있다. 더
나아가 분산형 연구개발 조직구조는 전사적 측면에서 각 사업부가 가지고
있는 연구개발부서 간의 효율적인 연계를 구축하면서 폭넓은 기술 시너지의
창출을 바탕으로 기업의 미래성장동력을 창출할 수 있다.

3) 집중형 연구개발조직

  집중형 연구개발조직(centralized R&D organization)은 기술혁신을 담당하는
조직이 생산·판매·재무·인사·기술개발 등과 같은 수준 혹은 그 이상의 수
준으로 형성되는 조직으로서, 기업의 기술개발 노력을 한곳으로 집중시켜 독
립된 종합연구소, 즉 중앙연구소(central research institute)를 운영하는 것이다.
기업의 독립된 종합연구소는 기술개발에 대한 필요성이 증가하고 여러 사업

그림 10-10 집중형 연구개발조직

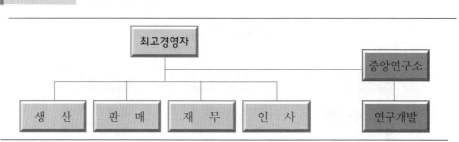

부의 연구개발기능들 간의 시너지 창출의 필요성이 대두됨에 따라 설립된다. 중앙연구소는 종합연구소로서 각 사업부의 기술적 수요에 대한 충족을 지향하고, 단기성 연구뿐만 아니라 중·장기 연구에도 많은 노력을 기울이며, 연구개발조직을 어느 정도 독립적으로 운영할 수 있다. 독립된 중앙연구소의 조직구조 형태는 <그림 10-10>과 같이 나타낼 수 있다.

이 같은 조직구조는 최고경영자가 연구개발의 중요성을 충분히 인식하여 연구개발부서를 전통적인 기능부서의 경직된 문화로부터 분리하여 창조적인 조직구조로 운영하려는 의도에서 만들어진 구조이다. 그 결과 중앙연구소 소장은 최고경영자에게 직접보고를 할 수 있는 독립적인 명령통제체제를 가지고 있다. 집중형 조직구조는 기술개발활동에 있어서 규모의 경제와 시너지 효과가 창출될 수 있다는 장점이 있다. 그러나 중앙연구소는 기능부서로부터의 독립된 운영으로 인하여 시장의 상황에 빠르게 적응하지 못한다는 단점을 가지고 있다.

4) 혼합형 연구개발조직

혼합형 연구개발조직(hybrid R&D organization)은 집중형과 분산형이 섞여 있는 형태이다(<그림 10-11> 참조). 이 유형은 전사적 차원에서 운영되는 중앙연구소(central research institute)가 있고 각 사업부별로 따로 소규모 연구단위

그림 10-11 혼합형 연구개발조직

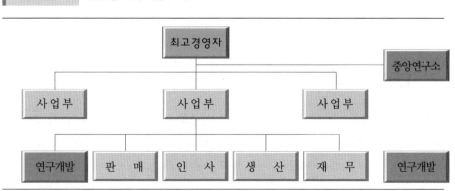

(research units)를 운영하는 형태이다. 이런 경우 사업부의 연구개발조직에서는 단기적 연구 및 시장의 요구에 부응하는 기술개발 등에 중점을 두고, 중·장기 기술개발 및 기초연구 등은 중앙연구소에서 하는 등 역할을 분담하는 경향이 있다. 이 조직구조는 집중형 조직구조와 분산형 조직구조의 장점을 모두 살리려는 목적을 가지고 있다.

혼합형 조직구조를 가지고 있는 기업은 세계시장을 겨냥하고 있는 거대기업(conglomerates)으로서 상당한 정도의 기술능력을 확보하고 있는 기업들이다. 특히, 중앙연구소는 세계시장에서 경쟁력 있는 차세대 제품의 근본이 되는 기술개발에 주안점을 두게 된다. 그 결과 이 유형은 사업부와 중앙연구소의 연구를 통해 기업 전체의 기술 포트폴리오(technology portfolio)의 건전성을 도모하려는 조직구조이다. 우리나라의 대기업들의 경우 이와 같은 조직구조를 가지고 있는 기업들이 많다.

혼합형 조직구조는 연구개발조직의 중복이라는 특징을 가지고 있지만 중앙 집중형과 분산형의 장단점을 상호 보완할 수 있기 때문에 이상적이라고 할 수 있다. 예를 들어, 시급한 제품개발은 사업부 차원에서 담당하고 생산기반기술 혹은 핵심기술의 개발 등은 중앙연구소에서 집중적으로 담당할 수 있기 때문이다. 그러나 혼합형 조직구조에서는 연구개발활동에 있어서 중복가능성이 있고 이로 인한 부족한 자원 낭비의 위험성이 높다. 또한 연구개발조직의 네트워크가 복잡하므로 전체 조직 차원에서 각각의 연구개발조직을 연계하고 조화시켜야 하는 필요성이 매우 크고 이를 제대로 관리하지 못하면 높은 비효율성이 대두된다는 문제점이 있다.

3. 연구개발 조직구조의 비교

기업이 선택할 수 있는 연구개발 조직구조는 다양하다. 그 결과 기업의 입장에서 어떤 연구개발 조직구조가 가장 바람직한가의 의문이 제기될 수 있다. 그러나 이들 다양한 조직구조들은 각각의 장·단점을 가지고 있기 때문에 모든 기업에게 바람직한 조직구조는 있을 수 없다. 기업이 처해 있는 환경(environment)과 최고경영자의 전략적 판단(strategic judgement)에 따라 기업에게 적합한 조직구조를 찾으려는 노력이 필요하다. 그럼에도 불구하고, 앞에서 살펴본 연구개발 조직구조의 다양한 특징을 살펴보면 기업의 전략적 선택에 많은 도움을 얻을 수 있을 것이다. 앞에서 논의한 연구개발조직의 유형별로 세부적인 특징을 살펴보면 <표 10-2>와 같다. 아래에서는 이를 세부적으로 살펴보기로 한다.

표 10-2   연구개발조직의 비교

구분	기능형	분산형	집중형	혼합형
대상기업	중소기업	사업부 형태의 중견기업	사업부 형태가 아닌 대기업	사업부 형태를 가지고 있는 거대기업
연구개발의 목표	기업성장을 위한 점진적 기술혁신의 창출 및 활용	사업부의 경쟁우위 확보를 위한 점진적·급진적 기술혁신 창출	기업 전체의 미래지향적 성장을 위한 첨단기술의 개발 및 활용	선도적 기업을 위한 전사적 미래기술 개발과 사업부 기술능력의 조화
연구개발 활동의 특징	연구부서에서 단기적 연구를 집중적으로 수행	사업부별 단기적 연구를 분산 수행	중앙연구소 차원의 중장기적 연구의 집중 수행	중앙연구소와 사업부 연구단위가 다양한 연구의 상호 보완적 수행
연구개발 인력	기능부서 차원의 충원·관리	사업부별 충원·관리	중앙연구소 차원의 충원	사업부별, 중앙연구소 차원 충원·관리 혼용
연구개발 자금	자금부서에서 관리; 자금부서와 연구개발부서 간 갈등가능성	사업부별 자금관리; 관리·통제가 어려움	중앙연구소 차원에서 자금관리; 자금관리의 효율성	여러 곳에서 자금관리; 자금의 관리·통제에 세심한 노력 필요
연구개발 정보	기술정보가 연구개발부서에 국한됨	기술정보의 분산; 기술정보의 신속한 전달	기술정보의 집중 및 신속 전달; 정보량 과다	기술정보의 분산; 기술정보 확보 및 전달경로 다양
환경변화에 대한 대응	시장변화에 신속한 대응 기술변화에 대한 소극적 대응	시장변화에 신속 대응; 기술변화에 신속 대응	시장변화에 늦게 대응; 기술변화에 신속 대응	시장변화 및 기술변화에 신속한 대응; 원천기술·핵심기술·생산기술 등의 결합능력 강화

첫째, 조직 목표(organizational goals)의 측면에서 살펴보면, 기능형 조직은 상대적으로 경쟁력이 취약한 기업이 성장을 위하여 기술혁신의 개발 및 활용에 목표를 두며, 분권형 조직은 사업부 형태의 중견기업이 경쟁우위를 확보하기 위해 점진적 혁신은 물론 급진적 혁신의 개발 및 활용에 목표를 둔다. 집중형 조직은 사업부 형태를 가지지 않은 대기업이 기업 전체의 미래지향적 발전을 위해 급진적 혁신을 창출·활용하려는 목적을 가지고 있고, 혼합형 조직은 다국적기업과 같은 거대기업이 선도적 기업이 되거나 이를 유지하기 위해 독립연구소는 물론 사업부의 기술능력 향상을 목표로 하고 있다.

둘째, 연구개발의 특징(R&D characteristics)의 측면에서 살펴보면, 기능형 조직은 기능부서인 연구부서에서 단기적 연구개발활동을 수행하고, 분산형 조직은 사업부별 연구부서에서 단기적 연구개발활동을 분산하여 수행한다. 집중형 조직에서는 중앙연구소 차원에서 중장기적 연구개발활동을 수행하며, 혼합형 조직에서는 중앙연구소와 사업부별 연구부서에서 중장기적 연구는 물론 단기적 연구를 병행하는 특징을 가지고 있다.

셋째, 연구개발자원(R&D resources)의 측면에서 살펴보면, 기능형 조직은 연구인력을 기능부서 차원에서 충원·관리하며 연구개발비용도 자금부서에서 관리하여 연구개발부서와 자금 관련 부서와의 갈등의 소지가 많으며, 관련 정보가 연구개발부서에 국한되어 활용된다. 분산형 조직의 경우에 연구인력은 사업부별로 충원하며, 연구개발자금도 사업부별로 관리하여 기업 전체의 차원에서 관리·통제의 어려움이 있다. 기술정보의 경우 사업부별로 수집·활용되어 기업 전체 차원에서 정보공유의 문제점이 있으나 사업부 차원에서는 연구정보의 신속한 전달이 가능하다. 집중형 조직의 경우에는 연구인력을 중앙연구소 차원에서 충원하며, 연구개발자금도 중앙연구소 차원에서 관리하여 자원배분 및 활용의 자율성이 높으며, 정보가 중앙연구소에 집중되고 내부적으로 신속히 전달되지만 정보 집중의 문제가 있을 수 있다. 혼합형 조직의 경우에는 연구인력이 사업부별, 중앙연구소 차원에서 분리되어 충원되며, 연구개발자금이 사업부와 중앙연구소 차원에서 관리되어 기업 전체적으로 자원배분 및 관리에 세심한 노력을 기울여야 하며, 기술정보가 분산되어 수집·관리되는 문제점이 있을 수 있다.

넷째, 연구개발조직의 시장대응(market responsiveness) 능력의 측면에서 살펴보면, 기능형 조직의 경우 시장변화에 신속한 대응을 할 수 있으나 기술변화에는 소극적인 대응을 하며, 분산형 조직의 경우 시장변화 및 기술변화에 신속한 대응을 할 수 있다. 집중형 조직의 경우 기술변화에는 신속한 대응을 할 수 있으나 시장변화에는 상대적으로 늦게 대응하며, 혼합형의 경우에는 시장변화와 기술변화에 신속히, 적극적으로 대응하고, 원천기술, 핵심기술, 생산기술 간의 결합능력이 강화될 수 있다는 특징을 가지고 있다.

다섯째, 이와 같은 특징을 바탕으로 기업의 유형(type of company)의 측면에서 살펴보면, 기능형 조직은 중소기업이나 벤처기업에, 분산형 조직은 사업부 형태를 가지고 있는 중견기업에, 집중형 조직은 사업부 형태가 아닌 중견기업에, 혼합형 조직은 사업부 형태를 가진 대기업 및 거대기업에 적합한 연구개발 조직구조이다. 이 점에서 기업은 성장해 가면서 서로 다른 연구개발 조직구조를 구축하여야 할 것이며, 이 점에서 연구개발 조직구조도 진화해 나가야 함을 알 수 있다.

4. 연구개발조직의 설계

1) 연구개발조직 설계의 영향요인

기업의 연구개발활동은 다른 기업활동과 같이 투입 대비 산출을 극대화할 수 있도록 조직을 설계하는 것이 필요하다. 지식기반사회가 진척됨에 따라 투입 대비 산출의 극대화가 연구개발의 양적인 성과보다는 질적인 성과, 즉 성과의 창의성(creativity)에 점점 더 많이 좌우되기 시작하였다. 그러므로 연구개발 조직구조는 연구개발 성과와 창의성을 극대화할 수 있는 조직으로 설계되어야 할 것이다. 이는 기본적으로 계층구조가 적은 조직, 연구원의 자율성과 책임성 간 균형을 추구하는 조직, 비연구 조직과 구별되는 조직설계와 평가척도가 설정된 조직, 연구개발의 수요자와 끊임없이 의사소통을 하는 조직 등으로 설계하여야 할 것이다. 이 점에서 연구개발 조직구조의 설계는 기업조직의 창의적 구조설계의 일반적 방향을 충분히 반영하여야 할 것이다.

전술한 바와 같이 기업의 연구개발조직을 설치할 때 우선적으로 고려하여야 할 사항은 조직을 "집권화할 것인가?"와 "분권화할 것인가?"의 문제이다. 또한 이 문제를 더욱 넓게 해석하면 집권화 및 분권화에 추가하여 "외부와 협력할 것인가?"의 결정이 중요하게 대두된다. 즉, 최고경영자는 기술혁신조직의 설계와 관련하여 집권화, 분권화, 외부협력의 문제를 심각하게 고민하여야 할 것이다. 기술혁신과 관련하여 중앙연구소를 운영하는 것과 사업부별 연구소를 운영하는 것 사이에 최적의 균형(optimal balance)을 유지하는 방안에 대해서는 어떠한 법칙도 없다. 이에 대한 중요한 이유로는 기업이 외부조직과 기술혁신활동에서 전략적 제휴의 증가로 인해 조직설계가 점점 복잡해지고 있기 때문이다. 그럼에도 Tidd 등(2005: 210-211)은 기술혁신조직의 설치와 관련하여 적당한 균형에 영향을 미치는 다음의 네 가지 요인들을 도출하고 있다.

(1) 주요 기술궤적

기업 주력기술의 궤적은 기술혁신조직에 대한 강력한 방향성을 제시한다. 일반적으로 기술궤적(technological trajectory)은 산업에 따라 다르며, 그 결과 기술혁신조직도 산업에 따라 다르다. 예를 들어, 전사적 차원의 중앙연구소는 화학산업, 제약산업 등에 있어서 매우 중요한데, 그 이유는 이들 산업에 있어서 기초연구의 결과가 종종 직접적으로 상업화할 수 있는 기술개발로 이어지기 때문이다. 그러나 항공산업과 자동차산업에서는 기업차원의 중앙연구소의 중요성이 덜한데, 이러한 산업부문들은 기초연구가 기술개발에 간접적으로 영향을 줄 뿐이며, 연구개발, 디자인, 생산 간의 연계가 매우 핵심적이기 때문이다.

(2) 기술의 성숙도

신흥기술 등과 같이 기술의 성숙도(maturity)가 낮으면 전사적 차원의 중앙연구소의 형태가 적합하며, 기술의 성숙도가 높으면 사업부 단위의 연구개발활동을 수행하는 것이 바람직하다. 생명공학과 같은 첨단기술의 경우에는 기술적 돌파(technological breakthrough)의 출현 이후 시장에서 특수한 기술적 기회가 시작되기 이전에 시행착오 및 학습을 위한 상당한 기간이 필요하다. 이 경우 기존부서나 내부 벤처그룹이 기술적 기회를 시장지향적인 틀 속으로 이전하기 이전인 초기 보육단계 동안 중앙연구소 내에 위치시켜 기존부서의 즉각적인 상업적 압력으로부터 학습과정을 분리하는 장점이 있다. 그러나 기술의 성숙도가 높아갈수록 한 산업 내의 많은 기업은 해당 기술에 대한 기술능력을 상당한 정도로 확보하고 있어 경쟁요인이 제품의 차별성보다는 원가우위 및 시장에 출하하는 시간이라는 점에서 이와 같은 기술에 대한 연구개발은 연구개발결과를 즉시 상업화하고 시장에서 필요로 하는 요건을 연구개발과정에 즉각 반영할 수 있는 사업부 단위의 연구개발 조직구조가 적합하다.

(3) 기업전략의 유형

기업의 전략유형(strategic style)은 기업의 연구개발조직 선택에 영향을 미친다. 기존제품에 주안점을 두고 단기적인 재무성과를 지향하는 전략을 가진 기업에게 중앙연구소는 별로 선호되지 않을 것이다. 이에 반하여 중장기적 지속가능한 성장을 추구하는 기업은 신흥기술과 같은 차세대 기술의 개발 및 활용을 위하여 중앙연구소 형태의 조직구조를 선호할 것이다. 단기의 시장지향적 전략을 추구하는 기업은 사업부 내의 기존제품과 관련된 점진적 혁신에 주안점을 둘 것이다. 그러나 이와 같은 단기적 전략을 추구하는 기업은 급진적이고 새로운 기술들의 개발과 활용으로부터 나타나는 기회를 놓칠 위험이 높다. 실제로 많은 전문가는 1980년대 미국과 영국의 많은 기업이 새로운 기술의 개발 및 활용보다는 단기적 재무성과에 주안점을 두어 기업의 미래지향적 건전성을 해쳐 경쟁력을 상실하였음을 제시하고 있다.

(4) 새로운 과학기반기술과의 연계

새로운 과학기반기술(science-based technologies)과의 연계를 추구하는 기업은 새로운 형태의 연구개발 조직구조를 가진다. 이들은 중앙연구소를 운영하는 경향이 많으나 새로운 지식을 습득하기 위하여 대학 및 공공연구기관과 긴밀한 연계를 맺고 있다. 이와 같은 기초학문과의 연계를 추구하는 기업은 주로 생물학, 나노기술, 정보통신기술과 같은 첨단기술산업에 속한 경우가 일반적이다. 아울러 이들 첨단기술분야에서는 대학 및 공공연구소로부터 새로운 기업이 분리 독립하는 경향도 많은데 이들은 전통적으로 모태조직인 대학 및 공공연구기관과 긴밀한 협력을 하게 된다.

2) 연구개발 조직구조 설계의 방향

이와 같은 대전제하에 효과적인 연구개발 조직구조의 설계방향은 다음과 같다.

첫째, 연구개발 조직구조는 연구원의 창의성(creativity)을 최대한 발휘할 수 있도록 조직화되어야 한다. 즉, 보고와 통제의 단계를 줄인 수평적 조직을 통해서 연구원이 자유로운 분위기에서 창의적 연구에 몰두할 수 있도록 해야 한다.

둘째, 연구개발조직 구성원들의 지식과 기술을 최대한 활용(appropriation)할 수 있는 조직구조를 설계해야 한다. 즉, 연구원 각자의 지식을 최대한 공유하고 상호 전달하여 시너지 효과가 극대화될 수 있도록 조직이 만들어져야 한다. 예를 들어, 연구개발조직은 연구원 각자의 아이디어와 지식을 스스로 공표하고 서로 공유하는 학습지향적 조직문화를 구축·운영하여야 할 것이다.

셋째, 연구개발 조직구조는 연구개발부서 내부의 연구원뿐만 아니라 관련된 외부의 연구기관이나 연구자와의 활발한 협력(collaboration)을 촉진하여 지식의 이전·확산·조합은 물론, 새로운 지식의 습득이 광범위하고 항시적으로 일어날 수 있도록 설계되어야 한다. 지식기반사회로의 진전으로 지식의 생산과 유통이 기술혁신의 가장 중요한 출발점이 되고 있기 때문에 연구원 간의 원활한 의사소통은 더욱더 중요해지고 있다.

넷째, 연구개발 조직구조는 연구개발부서와 기업 내 타 조직, 특히 생산 및 마케팅 조직과의 원활한 연결(interfaces)과 소통이 가능하도록 조직이 설계되어야 한다. 이와 같이 연구개발조직이 다른 기능부서와 효율적으로 연계되어야 연구개발의 효과성 및 효율성이 높아진다. 즉, 이들 관련 부서는 연구개발성과의 일차적 수요자로서, 이들 소비조직과 효율적으로 연계할 수 있는 조직설계가 연구개발조직 성공의 주요한 출발점이다.

다섯째, 연구개발부서 내부의 기자재 및 직간접 관련 자원(resources)을 최대한 활용할 수 있는 조직설계가 필요하다. 즉, 연구개발부서가 가지고 있고 손쉽게 획득할 수 있는 물리적·인적 자원을 최대한 활용할 수 있는 연구개발부서의 범위를 설정하는 것이 중요하다.

마지막으로, 연구개발조직 구성원과 조직 자체의 전문성(expertises)을 지속적으로 유지·강화할 수 있는 조직의 설계가 필요하다. 즉, 연구개발부서의 지속적이고 자발적인 학습조직화가 매우 중요하다. 연구개발조직은 새로운 기술혁신의 창출 및 확산을 주요 업무로 하고 있기 때문에 구성원의 학습 촉진은 물론 양질의 신규인력의 충원이 용이하도록 설계되어야 한다. 따라서 학습조직(learning organization)의 논리와 절차를 반영한 연구개발조직의 설계가 필요하다.

··· 제 4 절 기술혁신을 위한 기업문화 ···

1. 혁신적인 기업문화의 중요성

기업이 만일 기술혁신을 '내부적으로 창출'하려고 결정하였으면, 기업의 조직구조와 문화가 이 전략에 적합한지를 고려하고 연구개발활동이 적절하게 관리되도록 보장하여야 한다. 만약 기업의 문화가 기업가적인 연구개발 프로젝트를 수행하기에 너무 관료적이고 경직되어 있으면, 최고경영층은 기술혁신 프로젝트들의 자유도를 높여주기 위하여 기업조직의 변경을 단행하여야 한다. 즉, 전략적 기술경영에 성공을 하기 위해서는 기업이 보다 혁신적인 기업(innovative corporation)으로 변환되어야 하며, 이를 위해서 최고경영

충은 기업 내 기업가적 문화(entrepreneurial culture)를 개발하여야 한다. 기업은 급변하는 기술경제환경을 감안하여 충분히 유연하여야 하며, 변화를 수용할 수 있어야 하고, 성공으로 가는 길에 발생할 수 있는 제품의 실패를 용인할 수 있는 의지를 가지고 있어야 할 것이다. 이와 같은 혁신적 기업이 추구하는 연구개발활동은 전통적인 방법과 매우 다른데, 종업원들은 전반적인 혁신보다는 특정 프로젝트의 결과의 창출에 헌신하고, 종종 모든 기능적 활동 및 혁신과정의 모든 단계에 적극 참여하고 책임을 가지게 된다. 이는 혁신적 기업이 일반 기업과 다른 기업가적인 문화를 가시고 있음을 나타내 주는 것이다. 이와 관련 McLaughlin 등(1999: 126-146)은 조직의 문화는 기술변화를 창출하는 강력한 수단이라는 점에서 강력한 경영수단(management tools)으로 인식하여야 한다고 주장한다.

혁신적 기업의 종업원들은 정규적인 의무를 수행하는 시간을 쪼개 혁신적인 아이디어에 시간을 소비하는 경향이 많고, 이들 기업은 이와 같은 종업원들의 혁신추구형 행위(innovation-oriented behavior)를 적극 후원한다. 기업은 만약 종업원의 아이디어가 성공할 가능성이 높으면 이를 개발할 수 있는 기업가적 팀(entrepreneurial team)을 만들게 하며, 더 나아가 사내 벤처(internal venture)로 독립시켜, 이들의 독립성을 제고하여 기업 내의 단기적·일상적 압력으로부터 해방하고, 별도의 보상체계를 구축하여 기술혁신의 노력에 대해 충분히 보상하며, 최고경영층 등 핵심 의사결정자에 대한 직접 보고를 가능하게 하여 전사적 후원을 획득할 수 있게 한다. 또한 이들 기업은 성공적인 제품혁신에 대한 장애를 극복하는 방법으로 상당한 자유도를 가지고 프로젝트에 전념할 수 있는 범기능적 팀(multi-functional team)을 구축·운용하는 경향이 많다. 이와 같은 혁신적 기업의 특징을 좀 더 세부적으로 살펴보면 다음과 같다.

2. 혁신적인 기업의 특징

혁신적인 기업은 그렇지 못한 기업들과 비교되는 독특한 문화를 가지고 있다. 이 같은 혁신우호적인 문화(innovation-supportive culture)는 기업의 기술 전략을 효과적으로 추진하게 하여 기업의 기술경쟁력 및 경쟁우위 창출에 큰 공헌을 한다. Stern & Jaberg(2003: 67-81)는 기술혁신에 우호적인 기업문화의 결정요소로서 크게 개방된 의사소통(open communication)과 좋은 사업문화(good business culture)로 구분하고, 전자의 경우에는 지식의 공유와 정보의 개방을, 후자의 경우에는 신뢰 및 안전성 보장과 실패를 기회로 인정하는 문화를 제시하고 있다. Vahs & Burmester(1999)는 혁신적 기업이 가지는 문화로서 ① 기술혁신에 대한 높은 평가, ② 종업원 고용의 안전성, ③ 협력적인 업무문화, ④ 종업원의 강도 높은 교육훈련, ⑤ 기술혁신 관련 챔피언에 대한 존경, ⑥ 실패로부터의 학습을 들고 있다(<그림 10-12> 참조). 아래에서는

그림 10-12 혁신적 기업의 특징

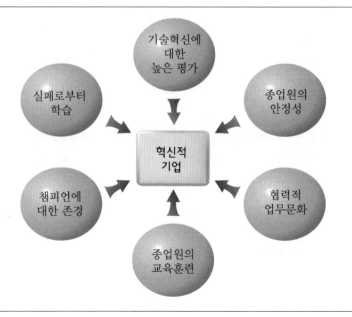

이에 대해 세부적으로 살펴보기로 한다.

1) 기술혁신에 대한 높은 평가

혁신적인 기업은 기업의 모든 구성원이 창조성(creativity)과 기술혁신 (technological innovation)의 중요성에 대하여 충분히 인식을 하고 있으며, 이를 추구하는 열정이 기업의 가치체계 내에 충분하게 반영되어 있다. 이들 기업은 역사적으로 축적된 기업활동을 통해 기술혁신의 중요성을 충분히 인식하고 이 것이 기업의 미션 및 비전 그리고 전략 수립 및 집행에 충분히 반영되어 있다. 그 결과 기술혁신은 기업활동의 근본적 가치로 인식·추구되어진다.

2) 종업원의 안정성

혁신적인 기업들은 종업원들의 업무에 대한 열정이 매우 높고 고용의 안 정성(stability)이 높은 기업들이다. 만약 종업원들의 고용이 불안하면 혁신적인 문화는 구축되기 어려우며 어쩌면 종업원들은 혁신에 대한 적대감을 가지게 될 것이다. 예를 들어, 기업의 새로운 생산기술의 도입은 생산공정을 자동화 시켜 고용을 감축시키는 결과를 초래하는 경향이 있어 종업원들은 새로운 기 술에 대한 적대감을 가지는 경향이 많다. 그러나 자동화된 첨단생산기술은 기업의 경쟁우위에 대단히 중요하여 이들 기술의 도입 지체는 경쟁우위의 상 당한 하락으로 이어지게 된다. 혁신적인 기업은 기술혁신을 창출하기 위하여 새로운 기술혁신을 도입할 경우 종업원의 해고를 가능한 한 회피한다. 또한 이들 기업의 종업원들은 자신의 기업을 평생직장으로 여기면서 기술혁신의 창출 및 활용에 열정적으로 노력한다.

3) 협력적인 업무문화

혁신적인 기업은 종업원들 간의 신뢰의 정도가 높고 협력활동이 활발하 다. 성공적인 기술혁신의 창출 및 활용에 있어서 다양한 종업원 및 부서간

의 신뢰에 바탕을 둔 협력(collaboration)은 필수적이다. 그런데 이 같은 협력
과 신뢰의 문화를 구축하는 데는 오랜 기간이 소요된다. 이에 따라, 혁신적
인 기업은 기업 내 신뢰와 협력의 문화를 확산시키기 위해 많은 노력을 기
울인다. 일반적으로 혁신적인 기업은 전술한 바와 같이 수평조직의 형태를
가지는 경향이 많으며, 종업원들은 솔선수범하며 기업의 업무 및 문제해결
에 적극적으로 참여한다. 아울러 경영자도 종업원들의 경영에 대한 다양한
참여를 적극적으로 독려하는 참여적 경영 및 협력적 경영에 많은 노력을 기
울인다. 혁신적인 기업은 이와 같은 기업 내부의 협력문화를 바탕으로 기업
외부의 대학, 공공연구기관, 관련기업, 더 나아가 경쟁기업과의 외부적 협력
에도 많은 노력을 기울인다.

4) 종업원에 대한 강도 높은 교육훈련

혁신적인 기업은 양질의 종업원이 기업 성공의 핵심이라는 점을 충분히
인식하여 종업원의 교육훈련에 강도 높은 투자를 한다. 아울러 종업원들에
대한 직무순환(job rotation)을 실시하여 이들로 하여금 기업의 다양한 업무를
학습할 수 있게 하여 폭넓은 전문성을 확보할 수 있게 한다. 또한 기업 내
외에 종업원 교육을 위한 다양한 프로그램을 개설하여 종업원들에게 학습
(learning)의 기회를 많이 제공하고 있다. 보다 근본적으로 혁신적인 기업은
기술혁신활동을 직접적으로 담당할 최고의 인재(talents)의 모집에 대단한 노
력을 기울인다. 혁신적인 기업의 인력은 입사 시에도 최고의 수준이지만 급
변하는 기술경제환경에 따라 지속적으로 교육훈련을 받아 기업의 혁신성의
제고에 효율적으로 기여할 수 있다.

5) 챔피언에 대한 존경

혁신적인 기업의 또 다른 특징은 매우 혁신적이고 충분한 동기가 유발
된 종업원, 즉 챔피언(champion)에 대한 높은 존경을 표명한다. 이들 챔피언
은 기술혁신의 추진체 역할을 담당하며 기술혁신 등 기업의 문제해결과정에

있어서 솔선수범을 한다. 이와 같은 챔피언은 새로운 아이디어도 많이 창출할 뿐만 아니라 스스로 아이디어를 구체화하고 실현하는 사람들이다. 근본적으로 기술혁신의 챔피언에 대한 존경은 기업 내 학습 및 지식에 대한 존경을 나타내는 것으로서 이와 같은 문화는 종업원으로 하여금 보다 강도 높은 학습과 지식창출에 매진하게 한다.

6) 실패로부터의 학습

혁신적인 기업은 실패(failures)에 대한 용인과 이로부터 적극적으로 학습(learning)하는 기업들이다. 이와 같은 실패에 대한 용인은 급변하는 첨단기술분야의 경우에 더욱 필요하다. 이들 기술분야의 경우에는 기술혁신 노력에 있어서 실패 확률이 높으며, 그 결과 실험 및 시도의 횟수가 많아야 성공의 확률도 높아지게 된다. 이 경우 실패가 두려워 종업원들이 시도 및 실험을 하지 않는다면 기업의 기술혁신능력은 매우 떨어질 것이다. 이들 기업은 실패를 반드시 부정적으로만 보지 않고 실패로부터 적극적인 학습을 한다는 특징을 가지고 있다.

3. 혁신적인 문화의 창출

1) 문화변경의 필요성

일반적으로 문화는 정적인 것으로 여겨지지만 이는 지속적으로 변화되어야 할 것이다. 기업의 문화가 혁신에 대해서 우호적이지 않다면 기업은 현재의 문화를 혁신우호적으로 변환시켜 나가야 할 것이다. 일반적으로 문화변경(cultural change)의 동인은 새로운 인력의 고용, 새로운 전략의 도입, 시장 및 경쟁 환경의 변화 등을 들 수 있다. 이와 같은 기업 내·외의 환경요인은 기업문화에 상당한 영향을 미친다. 특히, 그동안 기술혁신에 성공적이었던 기업도 시간이 흐름에 따라 혁신성(innovativeness)이 떨어지는 경우가 많다는 점에서 문화변경의 노력을 게을리해서는 안 될 것이다.

그동안 기술혁신에 우호적이지 않았던 기업의 경우에는 어떻게 기존의 문화를 기술혁신적으로 변환할 것인가의 문제가 중요하게 대두된다. 아울러 현재 기술혁신 친화적인 기업도 선도기업으로 성장해 나가기 위하여 기업문화의 지속적 갱신이 필요하다. 이 점에서 기업은 전략(strategy)—구조(structure)—문화(culture) 간의 효과적인 연계가 필요하다. 무엇보다도 기업의 문화가 기업의 전략에 조화를 이루어야 할 것이다. 기업의 새로운 전략 추구는 혁신우호적인 문화를 전제로 한다. 또한 혁신우호적인 문화를 창출하기 위해 전략경영을 할 필요가 있다. 아울러 기업의 조직구조는 혁신우호적 문화와 효율적인 연계를 이루어야 한다. 즉, 기업의 혁신우호적인 조직구조와 문화는 전략경영에 있어서 핵심적 주축을 형성하며, 특히 기술혁신을 직접적으로 다루는 전략적 기술경영에 있어서도 조직과 문화의 연계는 대단히 중요하다. 이와 같은 문화의 변경은 시간이 많이 걸리며, 잘못된 방향으로의 문화변경은 기업에게 위험요인으로도 작용한다는 점에서 세심한 변경이 필요하다.

기업문화의 변경은 급진적, 기계적 방법에 의해 추진되는 것보다는 기존문화의 제반요소 및 의의, 영향의 정도를 감안하여 진화적, 점진적으로 추진되는 것이 훨씬 성공가능성이 높다. 문화변경에는 최고경영자(top management)의 적극적 노력이 필요하다. 최고경영자는 충분한 시간을 가지고 문화변경의 필요성과 방법 등을 구성원들에게 전달하고 모든 구성원의 동참을 독려하여야 할 것이다. 이 점에서 혁신적 기업으로의 문화변경은 단기적으로 추진할 사항이 아니라 장기적으로 세심하게 추진되어야 할 것이다. 특히 구성원 및 부서 간 협력과 상호신뢰가 혁신적 문화의 기초가 될 것이다.

2) 문화변경의 방법

문화의 변경에는 여러 가지 방법이 있다. 기업문화의 변경은 장기간에 걸쳐 이루어져야 하며 최고경영자의 적극적인 후원이 있어야 성공을 거둘 수 있다. 기술혁신에 우호적인 기업문화를 창출하기 위해서는 무엇보다도 다음과 같은 과제를 추진하여야 한다.

첫째, 가장 중요한 것은 기업 내 모든 구성원에게 기업의 미래를 위하여 기술혁신이 중요하다는 인식(recognition)이 확산되어야 한다. 이를 통하여 모든 구성원은 기술혁신활동의 참여자가 되어야 한다. 특히, 이와 같은 노력에 있어서 기술혁신에 대한 최고경영층 스스로의 인식과 관여는 기술혁신에 대한 인식과 중요성의 기업 내 확산에 많은 공헌을 할 수 있을 것이다. 최고경영층 적극적 관여를 바탕으로 기업의 문화는 혁신우호적으로 보다 효과적으로 변환될 수 있을 것이다.

둘째, 기업의 문화를 변경하기 위해서는 기업 내 학습문화(learning culture)를 창출하여야 한다. 기업이 기술혁신을 지속적으로 창출하기 위해서는 모든 구성원이 상호신뢰를 바탕으로 지속적으로 학습하여야 한다. 또한 기업이 창출한 기술혁신의 성공사례는 조직 구성원들 전체에게 확산되어 유사한 사례가 더욱 많이 창출되도록 유도하여야 할 것이다. 기술혁신과정에서 실패하였을 경우 이를 용인하고 실패의 원인에 대해 공개적으로 분석하여 해결하며, 실패로부터 학습하는 문화를 창출하여야 할 것이다.

셋째, 기업 내 신뢰(trust)의 문화를 확산시켜야 한다. 구성원들로 하여금 자신의 능력과 관심분야에서 장기간에 걸쳐 업무를 수행할 수 있게 하고 이들의 일자리의 안정성을 제공하여야 할 것이다. 기업이 혁신적 문화를 가지기 위한 전제조건은 구성원이 기업에 대한 소속감과 행복감을 느끼는 것이다. 이처럼 구성원들이 안정성, 소속감, 행복감을 가질 때 기업에 대한 주인의식 내지 소속의식을 바탕으로 지속적인 기술혁신을 창출할 수 있을 것이다.

넷째, 기업 내의 구성원 간 개방된 의사소통(open communication)이 이루어지도록 노력하여야 한다. 기술혁신과정은 다양한 분야의 지식과 긴밀한 팀워크를 필요로 하는 만큼 구성원 간의 협력적인 문제해결의 노력이 성공을 거두기 위해서는 솔직한 의사소통의 문화가 필요하다. 더 나아가 기업은 종업원들로 하여금 학습 및 기술혁신의 성공과 실패의 경험을 서로 솔직하게 나누게 하여 이를 향후 기술혁신활동에 활용할 수 있게 해야 할 것이다.

다섯째, 기업은 구성원들이 기술혁신활동을 성공적으로 수행하고 혁신의 대열에 동참할 수 있도록 다양한 인센티브(incentives)를 제공하여야 한다.

특히, 혁신적인 아이디어를 제시한 인력에 대한 충분한 보상을 통해 종업원들로 하여금 스스로 변화하여 혁신활동에 깊은 관심을 가지고 업무를 추진할 수 있게 하여야 할 것이다.

사례 10

한국의 기업 연구개발조직의 발전

전 세계의 많은 기업이 기업연구소(corporate research institute), 즉 중앙연구소(central research institute)를 설립 운영해 오고 있다. 그 배경으로는 기업 간의 경쟁이 치열해 짐에 따라, 차별적이고 불연속적인 제품과 서비스를 창출하여야 할 필요성이 대두되었기 때문이다. 기술에 있어서 혁신성이 제고되어야 할 필요성이 대두되었고 그 결과 기술의 영역에 과학의 적용이 활발하게 진행되었는데, 이와 같은 기술에 대한 과학적 지식의 투입 현상을 Betz(1998)는 과학적 기술(scientific technology)이라고 명하고 있다. 과학적 기술의 제도화 필요성으로 인해 중앙연구소가 설립된 것이다.

세계 최초의 중앙연구소는 1867년 연구소를 설립한 독일의 화학회사인 BASF이며, 미국의 최초의 중앙연구소는 1876년 GE에 의해 설립되었다. 초기의 기업연구소들은 전기산업과 화학산업에서 많이 설립되었는데, 초기의 미국의 기업연구소는 듀퐁연구소(DuPont Laboratories), AT&T의 벨연구소(Bell Labs), 다우연구소(Dow Laboratory), GM의 기술센터(Technical Center) 등을 들 수 있다. 유럽에서도 I.G. Farben, Siemens 등 많은 기업이 중앙연구소를 설립하였다. 20세기 들어 기업의 성장 및 경쟁력 확보·유지·발전을 위한 기술혁신의 중요성 확산으로 세계적 기업들이 중앙연구소를 설립·운영해 오고 있다. 중앙연구소는 기업의 중장기적인 성장동력을 창출하는데 이바지해 오고 있다. 특히 중앙연구소는 기업의 기술전략이 사업전략에 효과적으로 통합하는데 중요한 역할을 담당한다.

우리나라도 기업들이 중앙연구소를 활발하게 설립해 오고 있다. 정부는 '기초연구진흥 및 기술개발지원에 관한 법률' 제14조 제1항, 동법 시행령 제16조에 의거하여 1981년부터 기업연구소 설립·신고 제도를 운영해 오고 있다. 이는 일정 요건을 갖춘 기업의 연구개발전담조직을 인정함으로써 기업 내 독립된 연구조직을 육성하고 인정받은 연구소에 대해서는 연구개발활동에 따른 지원 혜택을 부여하여 기업의 연구개발활동을 촉진하는 제도이다. 이렇게 인정받은 연구소를 '기업부설연구소'라고 하며, 최근 들어서는 연구개발전담부서 제도도 도입되었다.

　기업부설연구소의 인정요건은 〈표 1〉과 같이 인적 요건과 물적 요건으로 나누어진다. 인적 요건은 기업의 규모에 따라 다른데, 대기업의 부설연구소는 연구전담요원 10명 이상, 중견기업은 연구전담요원 7명 이상, 중기업은 연구전담요원 5명 이상, 벤처기업은 연구전담요원 2명 이상이다. 대체로 연구전담요원은 기업의 규모에 따라 다르지만 자연계 학사 이상자로서 해당 분야 연구개발활동의 경력이 있어야 하며, 중소기업은 전문학사 혹은 마이스터고 또는 특성화고 졸업생으로 연구개발활동의 경험이 있어야 한다. 물적 요건은 기업의 규모에 관계없이 연구개발활동을 수행해 나가는데 있어서 필수적인 독립된 연구공간과 연구시설을 보유하고 있어야 한다.

　또한, 우리나라는 1991년부터 연구개발전담부서의 설립·인가제도를 시행해 오고 있다. 연구개발전담부서는 기업 규모에 관계없이 연구전담요원 1명 이상을 확보하면 인가를 해주고 있다. 전담조직은 기업의 규모가 작고 기술능력이 축적되지 않은 중소기업과 벤처기업들이 설치하고 있다. 전담조직도 독립적인 연구공간과 연구시설을 보유하고 있어야 하는 것은 부설연구소와 동일하다.

〈표 1〉 우리나라 기업 연구개발조직 설립의 신고요건

구분			신고요건
인적 요건	연구소	벤처기업	연구전담요원 2명 이상
		연구원창업중소기업	
		소기업	연구전담요원 3명 이상 단, 창업일로부터 3년까지는 2명 이상
		중기업	연구전담요원 5명 이상
		국외에 있는 기업연구소(해외연구소)	연구전담요원 5명 이상
		중견기업	연구전담요원 7명 이상
		대기업	연구전담요원 10명 이상
	연구개발 전담부서	기업규모에 관계없이 동등적용	연구전담요원 1명 이상
물적 요건	연구시설 및 공간요건		연구개발활동을 수행해 나가는 데 있어서 필수적인 독립된 연구공간과 연구시설을 보유하고 있을 것

자료: 한국산업기술진흥협회 홈페이지

〈표 2〉는 우리나라 기업 연구개발조직의 발전추이를 부설연구소와 전담조직 그리고 기업의 규모별로 나누어 나타내고 있다. 우선 기업부설연구소를 살펴보면, 우리나라 기업연구소는 1981년 53개에서 1991년 1,201개로 증가하여 2004년에 1만 개를, 2018년에 4만 개를 돌파하였으며, 2016년 37,631개로 증가하였다. 특히 2000년대 이후 중소기업이 연구소 설립에 적극적이어서 2016년말 36,026개의 중소기업 부설연구소가 운영되고 있다. 아울러 대기업도 연구소 설립이 꾸준히 증가하여 2016년말 1,605개의 부설연구소가 운영 중이다.

연구개발전담부서도 빠르게 증가하여 이 제도가 도입된 1991년의 49개에서 2013년에 만개를 2015년에 2만 개를 돌파하여 2016년 23,201개의 전담부서가 운영 중이다. 특히 중소기업이 전담부서를 많이 설치하여 2016년 22,882개의 전담부서가 운영 중에 있다. 이는 이들 대기업은 기업연구소를 설립한 이후 추가적으로 연구개발 전담부서를 설립하는데, 비하여, 이들 중소기업은 연구개발 분야에 최초 진입하여 기업연구소의 설립 이전에 연구개발전담부서를 설립하고 있는 것으로 이해할 수 있을 것이다.

〈표 2〉 우리나라 기업 연구개발조직의 발전 추이(12월 말 기준)

구분	1981	1986	1991	1,996	2001	2006	2011	2016
연구소	53	290	1,201	2,610	9,070	13,324	24,291	37,631
대 기 업	−	−	−	−	853	926	1,415	1,605
중소기업	−	−	−	−	8,217	12,398	22,876	36,026
연구개발 전담부서	−	−	49	255	1,361	3,363	8,884	23,201
대기업	−	−	−	−	120	159	216	319
중소기업	−	−	−	−	1,241	3,204	8,668	22,882
합계	53	290	1,250	2,865	10,431	16,687	33,175	60,832

자료: 한국산업기술진흥협회(각 년도, 내부자료)

〈표 3〉은 우리나라 기업 연구개발조직의 최신 발전 추이를 보다 세부적인 기업분류를 바탕으로 재집계하여 나타내고 있다. 특히 이 표에서는 우리나라의 기업을 대기업,

중견기업, 중기업, 소기업, 벤처기업으로 나누어 살펴보고 있다. 우선 기업부설연구소 전체의 최신설립 추이를 살펴보면 2014년 말 32,167개에서 2021년 말 44,069개로 37%의 증가율을 보였다. 중소기업과 벤처기업은 같은 기간 동안 꾸준한 연구소 설립의 증가를 보이고 있는 데 비하여 대기업의 경우에는 2014년의 1,421개의 연구소에서 2021년 743개의 연구소로 연구소의 수가 거의 절반으로 줄어든 것으로 나타났다. 이는 우리나라 대기업들이 연구소를 폐지한 것이 아니라 2010년대 중반에 우리나라의 통계분류에서 중견기업이라는 개념이 도입되고 일부 대기업이 중견기업으로 분류되었기 때문으로 풀이된다. 그리하여 중견기업의 연구소 수는 2014년의 268개에서 2021년의 1,437개로 대단한 증가가 이루어진 것으로 집계되고 있다.

〈표 3〉 우리나라 기업 연구개발조직의 최근 발전 추이(12월 말 기준)

구분	2014	2015	2017	2019	2021
연구소	32,167	35,288	39,313	40,754	44,069
대 기 업	1,421	1,266	1,026	863	743
중견기업	268	375	591	1,000	1,437
중기업	5,132	5,425	5,677	7,033	7,774
소기업	15,731	18,176	21,177	20,036	20,213
벤처기업	9,615	10,046	10,842	11,822	13,902
연구개발 전담부서	16,349	20,169	25,167	28,367	31,518
대기업	281	271	238	190	147
중견기업	21	45	72	138	231
중기업	1,445	1,712	2,127	2,966	4,074
소기업	13,033	16,413	20,857	22,999	24,361
벤처기업	1,569	1,728	1,873	2,074	2,705
합계	48,513	55,457	64,480	69,121	75,587

자료: 한국산업기술진흥협회(각 년도, 내부자료)

　　연구개발전담부서의 증가 추이를 살펴보면, 전체 전담부서는 2014년 말의 16,349개에서 2021년 말의 31,518개로 증가하여 무려 92.8%의 증가율을 보이고 있다. 기업 유형별로 살펴보면, 특히 중견기업과 중기업의 전담부서가 매우 증가하였다. 중기업의 전담부서는 같은 기간 10배 이상, 중소기업의 경우 거의 3배에 가까운 증가율을 보이고 있다. 이는 이들 유형의 기업들이 연구개발능력을 많이 증가시켰음을 나타내 준다. 이에 반하여 대기업의 연구개발전담부서는 같은 기간 절반으로 줄어든 것으로 나타났는데, 이는 전술한 기업부설연구소의 경우와 마찬가지로 통계적인 재분류로 일부 대기업이 중견기업으로 분류되었기 때문으로 풀이된다.

　　요약하면 2021년 말 현재 우리나라에는 44,069개의 기업부설연구소와 31,518개의 연구개발전담부서가 운영되어 우리나라 산업계에 총 75,587개의 연구개발조직이 운영되고 있다. 이는 전술한 바와 같이 1980년 말 현재 우리나라에 53개의 기업부설연구소만이 운영되었다는 점을 생각하면 정말 눈부신 증가가 아닐 수 없다. 그러나 이와 같은 연구개발조직의 양적 성장도 중요하지만, 이들 연구개발조직이 효율적인 연구개발경영(R&D management)을 수행하고 이들이 속한 기업 전체가 전략적 기술경영을 체계적으로 수행하여 더욱 나은 연구개발결과를 창출하고 이들 새롭고 보다 나은 제품, 서비스, 공정으로 변환하여 기업 경쟁력은 물론 국부 창출에 기여하여야 할 당위성이 있다.

제11장

기술협력

··· 제 1 절 기술협력의 개념과 중요성 ···

1. 기술협력의 개념

최근 전략경영에서는 그동안의 경쟁전략(competitive strategy)에 대한 강조와 더불어 협력전략(cooperation strategy)의 중요성이 강조되고 있다(Wheelen & Hunger, 2006; Afuah, 2003). 특히, 기술경영분야에서 협력전략은 대단히 중요한데, 이는 기술혁신활동과 관련하여 다양한 형태의 전략적 제휴 및 협력이 이루어지고 있기 때문이다(Dussauge & Garrette, 1999). 오늘날과 같이 세계화된 환경 속에서 기업은 무조건적 경쟁만 할 수는 없으며, 세계의 다른 기업, 연구기관, 대학들과의 지속적인 협력관계도 구축하여야 한다. 기술경영의 측면에서 이와 같은 협력의 필요성은 매우 큰데, 이는 기술의 근본적 속성 때문이다. 기술은 근본적으로 동적으로 변화하고, 대단히 복잡하며, 상호 간에 높은 융합성을 가지고 있어서 아무리 거대한 기업이라도 모든 기술분야에 대해 충분한 기술능력을 확보할 수 없으며 또한 이를 독자적으로 확보하는 것도 바람직하지 않다. 기업은 기술협력이 경쟁우위의 확보 및 유지에 도움이 된다면 이를 적극적으로 추진·활용하여야 할 것이다.

　이론적으로 협력(cooperation)은 시장(market)과 위계(hierarchy) 사이에 위치하는 조직의 한 형태로 이해할 수 있다(Specht 등, 2002: 387-388). 협력은 협력 파트너 간의 의도적인 상호의존 및 이에 따른 독립성의 유보라는 특징을 가지고 있다. 이에 따라, 협력은 '시장을 통한 조정'과 동시에 '위계를 통한 통제'라는 두 가지 특징을 가진다. '시장을 통한 조정'은 자체적인 연구개발을 포기하고 시장에서 기술적 지식, 제품, 공정을 구입하는 것으로서 이는 참여기업 간 명확한 거래의 형태를 통해 이루어진다. '위계를 통한 통제'는 기업 내에서 완전히 독자적인 연구개발활동을 수행하고 연구개발과정을 통제하는 것이다.

| 그림 11-1 | 기술협력의 개념

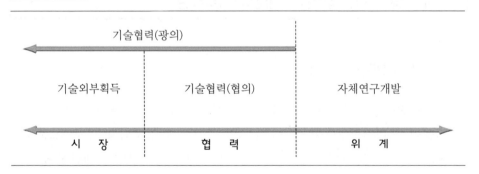

　이와 같은 시장과 위계의 양극단 사이에는 다양한 형태의 협력이 이루어질 수 있다. 일반적으로 기술의 조달과 관련하여 이상과 같이 시장, 위계, 협력의 세 가지 형태의 조정 유형이 있으나, 시장으로부터의 기술조달, 즉 기술구매도 외부 공급자와 협력이 이루어진다는 점에서 넓은 의미에서 기술협력에 포함시킬 수 있을 것이다. 이에 따라, 기술조달(technology sourcing)은 기술협력을 나타내는 외부조달(external sourcing)과 자체연구개발활동을 나타

내는 내부조달(internal sourcing)로 나누어 볼 수 있으며, 이 중 기술의 외부조달을 기술협력의 관점에서 논의할 수 있다(<그림 11-1> 참조).

기술조달 유형의 선택은 각각 유형의 거래비용(transaction costs) 측면에서 살펴보아야 한다. 거래비용은 협력 파트너 간의 협력의 준비 협의·개시·통제·적응 등에 있어서 발생하는 모든 정보 및 의사소통 비용을 포괄한다. 거래비용은 필요한 기술투자의 특별성(speciality), 성과의 전략적 중요성(strategic importance), 성과의 불확실성(uncertainty), 거래의 법적 보호(legal framework) 여부 등에 달려 있다(Gerpott, 1999: 229-230; Specht 등, 2002: 287- 288). 기술조달의 특정성이 적을수록, 성과의 전략적 중요성이 낮을수록, 성과의 불확실성이 낮을수록, 기술협력에 있어서 법적 보호의 정도가 높을수록 기업은 외부와의 협력을 통하여 기술을 조달하는 것이 좋다.

이처럼 기술조달의 거래비용적 분석은 기술의 자체연구개발활동을 통해 조달할 것인가 아니면 외부와의 협력을 통해 조달할 것인가에 대한 보다 합리적인 의사결정(rational decision-making)을 가능하게 하며, 더 나아가 외부와의 기술협력 정도를 제시하여 어떤 형태의 기술협력을 추진할 것인가에 관한 의사결정을 돕는다. 이와 같은 거래비용의 관점은 기술개발의 성격, 중요성, 불확실성, 법적인 환경을 세심하게 고려하여야 함을 강조하고 있다.

2. 기술협력의 이유

1) 경제적 이유

기업이 기술협력을 하는 경제적 이유(economic reasons)는 여러 가지가 있다. 대표적인 경제적 이유로서 ① 기술개발 혹은 시장 진입에 있어서 비용 절감, ② 기술개발 혹은 시장진입에 있어서 위험 감소, ③ 생산에 있어서 규모의 경제 달성, ④ 신제품 개발 및 상업화에 들어가는 시간 단축 등 네 가지로 파악하고 있다. 이는 기본적으로 기술개발 및 상업화에 있어서 원가, 시간, 위험을 절감하기 위해 기업이 다른 기업 및 혁신주체와 협력을 하는 것이다. 이를 좀더 자세히 살펴보면 다음과 같다.

첫째, 기술이 다른 기업이나 조직에 의해 이미 개발되어 있다면 이를 습득함으로써 기업은 보다 전략적으로 중요한 기술의 개발 및 상업화를 위한 시간(time)을 절약할 수 있다. 급변하는 경쟁환경에서는 남보다 앞서 우수한 신기술을 활용하여 새로운 제품과 서비스를 시장에 내놓는 것이 매우 중요하기 때문에 기업이 스스로 기술을 개발하지 않고 협력을 통해 습득할 수 있다면 상당한 정도의 경쟁우위를 확보할 수 있다.

둘째, 기업은 기술협력을 통해 새로운 기술개발에 대한 내부적 자원(internal resources) 소모를 최소화할 수 있다. 기업 내부에서 스스로 기술개발에 나선다면 기술경영자들은 기술개발에 대해 책임감을 가지고 많은 노력을 기울이게 된다. 기술개발에는 상당한 자원이 투입되는데, 이러한 자원투입은 기업의 보다 핵심적인 사업 및 역량에 투입되어야 할 자원을 감소시켜 전략적으로 수지가 맞지 않을 수 있다. 따라서 기술의 외부조달을 통해 부족한 자원을 보다 효율적으로 활용함으로써 기업이 보다 많은 부가가치를 창출할 수 있는 기업활동에 자원을 집중하도록 하기 위해서 기술협력이 필요하다.

셋째, 기술협력은 기술개발에 따른 위험(risks)을 감소시킬 수 있다. 새로운 기술의 개발이나 외부에서 이미 개발된 기술을 내부적으로 다시 창출하기 위해서는 상당한 기간의 학습과 준비가 필요하다. 이 경우 외부에서 해당 기술에 대한 전문적 이해를 지닌 기술 공급자에게 개발을 맡기는 것이 기업의 전략경영의 관점에서 현명한 선택일 수 있다. 또한 외부의 전문가 혹은 기관에게 기술개발을 의뢰하게 되면 경험이나 스킬이 부족한 내부적 개발보다 완성도가 높고 질적으로 우수한 기술을 조속히 습득할 수 있다.

넷째, 기업실무에서 기술협력은 피할 수 없을 때가 있다. 우리 기업이 필요로 하는 중요한 기술은 이미 다른 기업이 특허 등을 통해 배타적으로 확보하고 있다면 그 기술을 가진 기업이나 조직과 협력을 통해 해당 기술을 확보·활용하여야 할 것이다. 다른 기업이 확보하고 있는 기술을 개발하였다고 해도 이 기술은 법적으로 활용할 수 없기 때문에 기업은 미리 기술환경 분석을 통해 자신이 필요한 기술을 다른 기업이 확보하였는지 여부를 검토하고 다른 기업이 이미 확보하였다면 이를 협력을 통해 활용하여야 할 것이다.

2) 기술적 이유

현대의 기술은 속성상 기술개발의 비용, 시간, 위험이 대단히 증가하고 있기 때문에 어느 기업이 모든 기술을 다 개발할 수 없는 기술적인 특성이 있다. 이 같은 환경 속에서 기업은 자원의 보다 합리적인 활용이 필요한데 기술의 자체개발보다 외부에서의 협력을 통한 확보가 유리하다면 이를 적극적으로 활용하는 것이 좋다. 아울러 최근 많은 기업이 전략적 기술경영의 관점에서 기술이 기업에게 '핵심적'이지 않고 '주변적'일 경우 이를 외부에서 획득하고 이를 통해 자신의 핵심영역에 자원을 집중하여야 한다는 인식이 높아지고 있다. 아무리 큰 거대기업이라고 해도 모든 기술에 대해 핵심역량을 확보할 수는 없다. 아울러 최근에는 외부의 기술적 원천(external technology sources)이 기업의 미래사업에 대한 기회의 창(window of opportunities)으로 작용하는 경우가 많고, 특히 기업에 막대한 경쟁우위를 가져다줄 불연속적 혁신(discontinuous innovation)과 파괴적 혁신(disruptive innovation)은 기업 외부의 지식으로부터 창출된다. 이에 따라, 기업은 외부와의 협력을 통하여 새롭게 떠오르는 신흥기술(emerging technologies)에 대해 주시해야 한다. 이와 같은 기술적 이유(technological reasons)를 세부적으로 살펴보면 다음과 같다.

첫째, 기술은 그 자체가 시스템적 특성(systemic characteristics)을 갖기 때문에 기술혁신의 과정에서 다양한 시스템 구성요소가 상호작용을 하게 된다. 그런데 아무리 기술능력이 높은 기업이라 하더라도 구성요소들 모두에 대하여 높은 기술능력을 확보하기는 매우 어렵다. 따라서 기술혁신의 과정에서 기술협력은 불가피하다. 아이디어의 형성, 연구, 개발, 생산, 출하 등 각 과정에서 다양한 지식요소가 투입되는데 이들 지식요소를 보유하고 있는 여러 기술주체와 상호 조화를 이루면서 협력해야 기술혁신을 성공적으로 이끌어 낼 수 있다. 단일 기업이 기술혁신의 모든 단계를 담당하는 것이 아니라 여러 종류의 기업이 각각의 특성에 맞게 각 단계를 담당하고 여러 단계 간에 상호간 피드백 과정을 촉진시키며 다양한 형태의 기업이 상호 협력하여야 한다. 이 같은 상호작용적 협력이 존재할 때 성공적인 기술혁신이 가능하다.

둘째, 기술혁신의 과정에서 생성되는 지식의 암묵성(tacitness) 때문이다. 지식의 암묵성은 기능, 가공, 공정, 설계 등 기술혁신행위를 수행하는 과정에서 복잡한 분석활동을 요구하며, 이를 획득하기 위해 다양한 실험과 시험을 거쳐야 한다는 것을 의미한다. 따라서 암묵지는 연구개발활동을 통하여 쉽게 형식적으로 기록되기 어려우며, 모방도 쉽지 않고, 계약을 통하여 이전되기도 어려운 속성을 지니고 있다. 이 때문에 기업은 기술협력을 통하여 협력 파트너와 함께 토론하고 실습하면서 교정하고 학습하는 행위를 거쳐 암묵지를 획득하여야 한다.

셋째, 기술혁신은 여러 과정을 거쳐 완성되는데 각 과정마다 경쟁력을 가진 여러 기업의 보완적 기술지식, 즉 보완자산(complementary assets)을 효율적으로 활용하기 위해서 기술협력을 하게 된다. 기업은 기술혁신과정의 모든 분야 몇 단계에 높은 기술능력을 확보할 수 없다. 이에 따라, 기술혁신의 과정에서 다른 기업 및 연구기관의 도움을 받아 보다 효율적인 기술혁신활동을 수행하여 기술혁신의 성공률을 제고함으로써 시장에서도 성공할 수 있을 것이다.

··· 제 2 절 기술협력의 유형   ···

1. 기술협력의 유형

일반적으로 기술협력에 있어서 하나의 이상적인 협력 형태가 있는 것은 아니다. 기업 문화나 전략에 따라 협력의 형태가 달라질 수 있다. 기술협력에 있어서 여러 유형이 있을 수 있지만 Specht 등(2002)은 협력의 유형을 기술협력 파트너의 특성에 따라 수평적 협력, 수직적 협력, 대각적 협력으로 나눈다.

수평적 협력(horizontal cooperation)은 동일 산업에 속한 두 개 이상의 기업이 동일한 가치창출단계에서 협력하는 것을 의미한다. 이 점에서 협력 파트너들은 현재의 혹은 잠재적인 경쟁기업들이다. 이 같은 수평적 협력의 장점은 연구개발비용의 절감, 높은 기술적 시너지 효과, 위험의 분산 등을 들 수 있으며, 단점으로는 긴밀한 기술적 연계에 따른 상호의존성, 높은 거래비용, 기술적 지식의 유출가능성 등을 들 수 있다. 일반적으로 수평적 협력은 항공우주산업, 전자산업 등에서 많이 이루어진다.

수직적 협력(vertical cooperation)은 협력 파트너들이 동일 산업에 속해 있기는 하지만 산업가치사슬의 서로 다른 단계에서 활동하는 기업들 간의 협력이다. 그 결과 파트너들 간에는 경쟁관계보다는 수요자-공급자 관계가 형성된다. 이 같은 협력은 파트너들 간의 수요-공급의 직접적인 관계를 갖는 세심하게 정의된 개발 프로젝트의 수행에서 종종 이루어진다. 수직적 협력의 장점으로는 개발시간의 단축을 들 수 있는데, 특히 가치사슬에 있는 여러 기업이 참여한다는 점에서 복잡한 시스템의 개발에 적합하다. 그러나 이 유형의 단점으로는 협력과정에서 기술적 노하우가 유출되어 기술적 선도성을 상실할 위험이 있다. 일반적으로 이 유형의 협력은 자동차산업, 소비재산업 등에서 많이 이루어진다.

대각적 협력(diagonal cooperation)은 산업의 가치사슬에 있어서 직접적 관련이 없는 파트너들 간의 협력을 의미한다. 이러한 협력의 참가자들은 서로 다른 산업에 속한 기업들이거나 혹은 공공연구기관, 대학들이다. 이 유형의 협력은 새로운 기술의 개발에 대단히 중요하지만 기술의 개발에 다양한 영역의 지식이 필요할 때 이루어지며, 이와 같은 협력을 통해 개발된 기술은 다양한 산업부문에서 활용되는 경우가 많다. 이 유형의 협력에 대한 장점은 다양한 협력 참가자들의 지식의 결합을 통한 시너지 효과를 창출할 수 있다는 점이고, 단점으로는 해당 기술을 활용하는 기업의 입장에서 개발된 기술의 실제적 활용에 많은 노력을 기울여야 한다는 것이다. 이와 같은 대각적 협력은 생명공학산업, 정보통신산업과 같은 첨단산업에서 이루어진다.

그러나 일반적으로 기술협력의 유형은 협력에 대한 기술 수요자의 참여와 상호의존성의 정도에 따라 보다 구체적으로 기술구매, 위탁연구개발, 기술라이선스, 연구컨소시엄, 전략적 제휴, 조인트 벤처 등으로 나누는 것이 일반적이다(<그림 11-2> 참조). 아래에서는 이에 관해 상세하게 살펴보기로 한다.

| █ **그림 11-2** | **기술협력의 유형** |

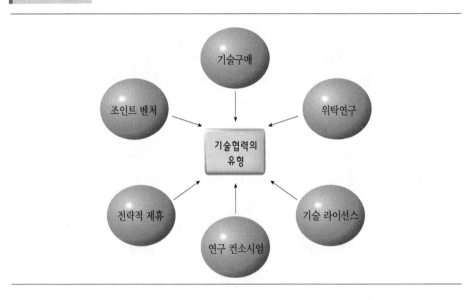

1) 기술구매

기술구매(technology purchase)는 기업이 필요로 하는 기술이 무엇인지를 확인하고 해당 기술을 구매를 통해 확보하는 형태를 말한다. 외부로부터 기술을 습득하는 이러한 형태는 기술이 문서와 경험 그리고 노하우 등에 결합된 형태로 이루어져서 바로 사용할 수 있는 경우가 많다. 따라서 기술을 기업 내 제조환경에 바로 적용해야 하는 상황에서 기술구매는 합리적인 방법이 될 수 있다. 기술구매는 기업이 자체연구개발 혹은 다른 협력활동의 시간적 여유가 없이 해당 기술을 신속하게 활용할 필요성이 있을 때 많이 이용된다.

이러한 형태의 협력이 성공적으로 이루어지기 위해서는 기업이 왜 그 기술을 시급히 원하는지에 대해 그 필요성을 인지하는 것이 매우 중요하며 기술거래 당사자 상호간의 신뢰가 성공적인 협력관계를 달성하는 중요한 요소가 된다. 그럼에도 불구하고 외부에서 구입된 기술은 기업 내 다른 기술적 지식과 통합하는 데 상당한 어려움이 있을 수 있다.

2) 위탁연구

위탁연구(contact research)는 기업이 외부의 다른 기업, 대학, 연구기관에 기술개발을 의뢰하는 형태이다. 기업이 해당 기술을 내부적으로 개발할 능력이 되지 않거나 전략적으로 수지가 맞지 않아 관련 기술에 대한 전문성을 확보하고 있는 곳에 기술개발을 의뢰하는 것이다. 이러한 협력관계는 협력을 통해 기술을 취하게 되는 기술 수요자의 참여나 상호간 의존성이 낮다는 특성을 가지고 있다. 이 같은 위탁연구를 추진하는 기업은 자체 기술혁신능력이 부족한 중소기업 및 벤처기업인 경우가 많다.

기술개발 의뢰를 통한 협력은 상호간 계약을 통해 이루어지는데 계약시 연구개발규모, 예상기간, 연구개발결과를 명시해야 한다. 왜냐하면 외부에 기술개발을 의뢰하는 형태인 이 유형의 협력방법은 기술 수요자의 참여가 낮아 기술을 개발하는 기관과 기술개발을 통해 성과를 달성하려는 기업 간의 시각차가 존재할 수 있기 때문이다. 이에 따라, 기술 수요자는 기술개발기관에게 왜 그러한 기술개발을 의뢰하게 되었는지에 대한 목표와 세부사항 등을 명확하게 제시해 주어야 한다. 기업은 기술개발 의뢰의 초기 단계에서 기술적 요구사항(technological requirements)뿐만 아니라 그 기술이 의도하는 사업적 니즈(business needs)를 설명하는 데 많은 시간을 투자해야 한다. 이러한 형태의 협력에 있어서 수요기업의 균형적인 방향제시가 매우 중요하다. 왜냐하면 소극적인 참여는 프로젝트가 원하는 방향이 아닌 다른 방향으로 진행되게 할 수 있고 지나친 참여는 기술적 선입견으로 인해 실제 기술 개발자의 창조성을 해칠 수도 있기 때문이다.

3) 기술라이선스

기술라이선스(technology licence)란 다른 기업이 가지고 있는 기술을 사용할 권리를 의미하며 기업이 다른 기업의 지식재산(intellectual property)을 일시적으로 소유·활용할 기회를 제공해 준다. 라이선스는 구매자가 창출하는 수익에 대하여 일정 부분 로열티(royalty)를 받는 조건으로 판매한다. 일반적으로 이 같은 기술협력은 다른 업종에 속해 있는 기업들 간에 혹은 같은 업종에 속해 있으나 지리적으로 다른 곳에 위치해 있는 기업들 간에 이루어진다. 예를 들어, 1950년대 일본의 전자회사들은 미국의 전자회사들로부터 트랜지스터 등 다양한 기술의 라이선스 구입을 통해 수많은 제품을 개발하여 시장에 출하하였다.

기술라이선스를 통해 기술을 획득하는 것은 내부의 연구개발을 뛰어넘어 많은 이점을 준다. 특히, 낮은 기술개발 비용과 시장에서 기술개발의 위험부담이 줄어든다. 또한 빠른 제품개발과 시장진입을 가능하게 한다. 그러나 기술라이선스는 일반적으로 라이선스 제공자로부터의 제한조항이 있으며, 가격결정, 생산량, 품질 등과 관련하여 자주성을 확보하기 어렵고, 또한 라이선스 제공자를 찾고 협상하는 데 상당한 거래비용을 수반하는 문제점이 있다. 이 점에서 기술라이선스의 선택은 기술의 성격, 시장전략, 기업의 기술능력에 따라 세심하게 결정하여야 할 것이다.

4) 연구컨소시엄

연구컨소시엄(research consortium)은 일반적으로 잘 정의된 첨단기술 프로젝트에 대해 여러 기업 간의 공동연구(joint research)를 위하여 구성된다. 연구컨소시엄은 연구에 있어서의 비용과 위험을 줄이고 부족한 연구자원과 지식을 공동으로 활용하려는 목적으로 활용된다. 일반적으로 컨소시엄은 동일 업종에 있는 경쟁기업들에 의해 이루어지는데 많은 경우 경쟁 전 단계(pre-competitive phase)의 연구나 산업표준을 설정하기 위한 목적으로도 구성된다.

컨소시엄은 다양한 형태를 가질 수 있는데 참여기업들이 자원을 집중하여 공동의 연구시설을 공동 설립·운영하거나 새로운 벤처(new venture)를 공동으로 설립하고 투자하는 강도 높은 협력을 할 수 있으며, 혹은 느슨한 협력으로서 공동연구(joint research)의 형태로 추진되기도 한다. 이렇게 연구컨소시엄을 통해 기술을 개발하게 되면 연구를 위한 내부시설에 많은 투자를 하지 않아도 되어 기업의 연구개발비를 크게 줄일 수 있다. 일반적으로 컨소시엄은 대형연구개발, 첨단기술개발, 기초연구분야에서 많이 이루어진다.

5) 전략적 제휴

전략적 제휴(strategic alliance)도 신기술 및 신제품을 공동으로 개발하는 데 많이 활용된다. 전술한 연구컨소시엄이 주로 기초연구분야에서 형성되는 데 비하여 전략적 제휴는 개발지향적 프로젝트(development-oriented projects)에서 많이 이루어진다. 전략적 제휴는 비공식적인 성격을 많이 가지는데 특정한 목표와 시간표를 가지고 협력이 이루어진다. 전략적 제휴는 동일한 산업의 경쟁기업들이 핵심기술을 공동으로 개발하려는 노력으로 이루어지는 경우가 많은데 이 같은 제휴를 통하여 시간과 자금을 절약하고 장비와 기능을 공동으로 활용하려는 목적을 가진다.

전략적 제휴는 국경을 초월하여 이루어지는 경우도 많은데, 이 경우 서로 다른 연구문화를 잘 이해하여야 성공가능성이 높아진다. 여러 기업이 전략적 제휴를 하면 사실상 표준(de facto standard)의 설정이 가능하다는 장점도 있다. 그러나 전략적 제휴에 참여하는 기업들은 경쟁기업들이라는 점에서 제휴의 유지 및 해체도 세심하게 하여야 하는 문제점이 있다.

6) 조인트 벤처

조인트 벤처(joint venture)는 두 개 이상의 기업이 매우 잘 정해진 영역에서 상대적으로 장기간에 걸쳐 협력을 하려는 목적으로 새로운 기업을 설립하는 협력의 유형이다. 새로 설립되는 기업의 소유권은 주식의 수에 따라 배분된다. 조인트 벤처가 성공하기 위해서는 협력의 분야를 잘 정의하고, 필요한 자원의 배분에 대해서도 명확한 협의를 하여야 할 것이다. 대표적인 조인트 벤처로 IBM, Motorola, Apple의 power PC chip을 개발하려는 조인트 벤처와 Motorola와 Toshiba의 조인트 벤처를 들 수 있다. 조인트 벤처는 기술, 제품, 시장에 있어서 명확한 인식과 협력 파트너 간의 명확한 분업이 전제되어야 성공을 거둘 수 있다.

2. 기술협력의 장단점

1) 기술협력의 일반적 장단점

기술협력은 기업의 기술능력 확보에 매우 중요한 수단이다. 이는 기업의 내부연구개발활동과 보완적으로 이용되면 많은 효익을 창출할 수 있다. 내부 연구개발활동과 비교하여 기술협력의 장점을 살펴보면 다음과 같다.

첫째, 기술협력을 통한 외부기술에 대한 노출은 기업의 자체연구개발 능력 및 체제에 대한 객관적 검증(objective tests)을 할 수 있게 해준다. 또한 기술협력은 기업이 상당한 정도의 연구개발능력이 확보되어 있을 경우에만 가능하기 때문에 이 같은 협력을 통해서 기업의 기술능력을 객관적으로 검증하고 증진시킬 수 있는 기회를 활용할 수 있는 장점이 있다.

둘째, 기술협력을 통한 외부기술의 확보는 소위 비현지발명(NIH: not invented here)의 문제점을 감소시킬 수 있다. 일반적으로 조직은 외부에서 유입되는 기술 및 지식에 대해 거부반응을 가지게 되며 이 같은 경향은 기업 기술능력의 향상에 부정적인 영향을 미친다. 그러나 긴밀한 기술협력을 통해 기업이 외부기술에 대한 친밀도를 높이면 이와 같은 문제의 상당한 정도를 감소시킬 수 있을 것이다.

셋째, 기술협력은 기업의 연구자에게 도전정신(challenge spirits)을 심어주며 이들의 시야를 넓히게 하는 결과를 가져올 수 있다. 기술이 급변하는 현 환경 속에서 기업 연구자는 외부의 과학기술계에서 어떤 활동이 일어나고 있는가에 대해 세심한 주의를 기울여야 한다. 이 같은 외부에 대한 주시는 기업 연구자에게 새로운 목표를 설정하게 해주고 이를 달성할 수 있는 도전정신을 제공해 주면서 자신의 연구활동에 있어서 새로운 시각을 확보할 수 있게 하는 장점을 가지고 있다.

넷째, 외부와의 기술협력은 기업으로 하여금 대외활동(external activities)의 지평을 넓혀 줄 수 있다는 장점이 있다. 특히, 명망 있는 대학, 공공연구기관,

기업 등과의 기술협력을 활발히 하면 고객 및 정부에게 매우 좋은 이미지를 심어줄 수 있으며 기업의 개방성을 높여 주는 효과를 가져다줄 수 있다.

그러나 기술협력은 기업에게 상당한 문제점을 제공할 수도 있다. 첫째, 근본적으로 기술협력은 쉬운 일이 아니다. 기술협력은 서로 다른 기업 및 연구기관과 협력을 하기 때문에 상호간의 이질성(heterogeneity)으로 인해 충분한 성공을 거두기가 쉽지 않다. 이에 따라, 협력의 관리에 대한 세심한 주의를 기울여야 한다.

둘째, 기술협력을 하는 과정에서 기업의 핵심적 기술정보가 누출(leakage)될 수 있다는 어려움이 있다. 기술은 상호 연관성이 높다는 점에서 기업이 협력에 있어서 충분한 주의를 기울이지 않으면 중요한 기술적 노하우가 협력기업으로 유출될 수 있다는 위험성이 있다.

셋째, 기술협력에 있어서 참여기업 간 갈등(conflicts)의 여지도 많다. 기업은 자신의 기술적, 전략적 위치에 따라 서로 다른 목적을 가지고 협력을 추진하게 되는데, 이 같은 협력의 목적이 일치하지 않을 경우에는 기업 간 갈등의 소지가 높으며 협력은 성공을 거두지 못하고 자원을 낭비할 수 있는 여지가 많다.

2) 기술협력의 유형별 장단점

기술협력의 유형들은 앞에서 살펴본 바와 같이 서로 다른 특징과 장단점을 가지고 있다(<표 11-1> 참조).

첫째, 기술의 획득기간(period of technology acquisition)을 살펴보면, 기술구매는 구매계약의 체결 즉시 기술을 습득할 수 있다는 점에서 가장 신속한 획득방법이다. 기술라이선스의 경우에는 라이선스의 계약기간과 동시에 기술을 활용할 수 있으나 계약기간 동안에만 기술을 활용할 수 있다. 위탁연구의 경우는 상대적으로 단기적인 협력방법인 데 비하여, 연구컨소시엄 및 전략적 제휴는 비교적 중기적인 기간에 걸쳐 안정적인 기술협력을 추진하는 방법이다. 그러나 조인트 벤처는 독립된 연구단위를 설립한다는 점에서 가장 장기에 걸쳐 추진되는 협력방법으로 이해될 수 있다.

둘째, 기술협력의 유형들이 주안점을 두는 기술수명주기(technology life cycle)는 상호 간에 중복은 있을 수 있으나 서로 다른 특징을 가지고 있다. 즉, 기술구매와 기술라이선스는 비교적 기술수명주기의 후기에 속하는 기술을 조달하는 데 활용되며, 위탁연구는 기술수명주기의 중기에 속하는 기술을 중심으로 협력이 이루어진다. 그러나 연구컨소시엄, 전략적 제휴, 조인트 벤처는 기술수명주기의 초기 혹은 경쟁 전 단계의 기술을 중심으로 협력이 이루어지는 특징이 있다.

셋째, 각 기술협력 유형(types of technological collaboration)별 장단점을 살펴보면 다음과 같다. 먼저, 기술구매는 기술을 즉시 습득한다는 장점은 있으나 이 같은 기술은 기업에게 전략적 중요성은 작은 것이 일반적이다. 기술라이선

표 11-1   기술협력의 유형별 장점

협력의 유형	기술 획득 기간	장점	단점	기술 수명 주기	기술의 유형
기술구매	즉시	기술의 즉시 습득	기술의 전략적 중요성이 적음	후기	외부기술
기술라이선스	고정 기간	기술의 빠른 습득	계약비용과 제한	후기	
위탁연구	단기	원가와 위험 감소 시간절약	자체기술능력 축적 부족 및 연구결과의 흡수노력 필요	중기	
연구 컨소시엄	중기	원가와 위험 감소 보완적 기술자산 활용	지식의 누수 컨소시엄의 관리	초기	
전략적 제휴	중기	전문지식, 표준, 자금지원 공유	지식의 누수 제휴의 관리	초기	
조인트 벤처	장기	보완적 기술자산 활용 위탁경영 가능 장기적 협력 가능	전략적 표류 문화적 불일치	초기	차별적 기술

스는 기술을 조기에 활용하고 습득할 수 있으나 라이선스의 계약 및 협상에 있어서 비용이 발생하며 기술의 활용에 있어서 제한이 있다는 단점이 있다. 위탁연구는 기술개발의 원가와 위험을 감소시키고 시간을 절약할 수 있다는 장점은 있으나 자체적인 기술능력의 확보가 부족하고 외부의 연구결과를 흡수하여야 하는 어려움이 있다. 연구컨소시엄의 경우 다양한 협력 참가자들의 기술능력을 보완적으로 활용하고 원가와 위험을 감소할 수는 있으나 협력과정에서 지식의 누수 및 컨소시엄의 관리비용이 발생한다. 전략적 제휴의 경우에도 전문지식, 표준, 자금의 공유를 통해 시너지를 창출할 수 있으나 지식의 누수가 있을 수 있으며 제휴의 관리에 어려움이 있다. 조인트 벤처의 경우 보완적 기술능력을 활용하고 안정적인 협력이 가능하다는 장점이 있으나 문화적 불일치의 문제와 전략적 목표의 통일성 부재라는 어려움이 있을 수 있다.

마지막으로, 이와 같은 기술협력의 특징과 장·단점으로 인해 협력의 대상이 되는 기술에 있어서 차이를 두어야 할 것이다. 먼저, 기술구매나 기술라이선스의 대상이 되는 기술은 기업의 관점에서 외부기술(external technology)의 성격이 많아 기업의 핵심역량의 확보 및 경쟁우위에 그다지 큰 영향을 주지 않는 기술을 대상으로 협력을 추진하여야 할 것이다. 그러나 조인트 벤처, 전략적 제휴의 방향으로 갈수록 기술의 특징은 차별적 기술(distinctive technology)의 성격을 많이 가져야 할 것이다. 이들 기술은 기업의 경쟁우위 확보에 중요한 기술들이나 기업의 비용, 자원, 위험의 입장에서 충분한 능력이 확보되지 않아 외부의 기술혁신주체들과 협력을 수행하는 것이다. 물론 기업의 경쟁우위에 대단히 중요한 기술들은 전술한 자체연구개발활동을 통해 확보하여야 할 것이다.

··· 제 3 절   기술협력의 과정

기술협력이 기업의 경쟁우위 확보에 중요해짐에 따라 이에 대한 세심한 관리가 필요하다. 기업은 기술협력을 일련의 과정으로 나누어 파악하고 이를 전략적으로 경영하여야 할 것이다. 일반적으로 기술협력의 과정(process of technological collaboration)은 <그림 11-3>과 같이 ① 기술협력에 관한 의사결정, ② 기술협력 파트너의 선정, ③ 기술협력 내용의 설계, ④ 기술협력의 수행, ⑤ 기술협력의 종료 등으로 나누어 볼 수 있다(Specht 등, 2002: 391-408). 아래에서는 이에 관해 세부적으로 살펴보기로 한다.

그림 11-3   기술협력의 과정

1. 기술협력에 관한 의사결정

기술협력의 첫 번째 단계는 기술협력을 할 것인가 말 것인가에 대한 의사결정(decision-making)이다. 여기에는 좀 더 세부적으로 기술협력의 초기 환경 분석, 기술협력의 매력도 검토, 기술협력 목표의 설정으로 나누어 볼 수 있다.

1) 기술협력의 초기환경 분석

기술협력 초기환경의 분석(initial environment analysis)은 모든 기술협력 관련 의사결정의 기초가 된다. 이는 기업환경, 기업의 위치, 잠재적 협력과제에 있어서 기업의 능력에 관해 명확하게 인식하는 것을 의미한다. 즉, 이는 기술협력의 장단점을 분석하는 것인데, 기술협력과 관련된 인적·재무적 능력을 면밀하게 분석하여야 한다. 기업환경의 분석에 있어서는 경쟁환경, 해당 기술의 매력도, 사회·문화적 환경, 법적·제도적 환경 등이 대상이 된다. 이들 환경요소에 대한 검토는 쉬운 일이 아니기 때문에 과거의 기술협력의 경험을 바탕으로 체계적으로 분석하여야 할 것이다. 일반적으로 기술협력에 관한 의사결정은 연구개발과 제의 유형과 전략적 중요성에 의존한다. 예를 들어, 장기적인 전략적 제휴와 같은 협력은 포괄적이고도 강도 높은 환경분석이 필요한 데 비하여 공동연구에 관한 의사결정은 상대적으로 단기적이고 프로젝트 차원의 환경분석이 필요할 것이다.

2) 기술협력의 매력도 평가

기술협력의 초기환경 분석에 기초하여 기업은 해당 연구개발활동을 자체적으로 수행할 것인가 외부와의 협력에 의해 추진할 것인가를 결정하여야 한다. 전술한 바와 같이 자체연구개발활동은 기업의 핵심역량(core competence)과 긴밀하게 연계된 연구개발 프로젝트의 경우에 필요하다. 그렇지 않을 경우에는 해당 연구개발 프로젝트를 외부와 협력하여 수행하거나 필요한 기술을 외부로부터 구입하여야 할 것이다. 기술협력은 연구개발비용, 경쟁우위, 시장의 측면에서 자체연구개발활동에 비하여 장·단점을 가지고 있다. 예를 들어, 기술협력은 연구개발비용 감소의 장점이 있지만 협력활동의 조정 및 커뮤니케이션에는 비용이 소요된다. 또한 기술협력은 협력 파트너 간 보완적인 기술능력을 바탕으로 협력하여 시너지 효과를 창출할 수 있지만 자신의 핵심적인 기술능력이 파트너로 이전될 위험이 있다. 이에 따라, 기술협력 및 연구개발협력에 관한 의사결정에 있어서는 다양한 측면에서 협력의 장단점을 면밀하게 분석하여야 할 것이다.

3) 기술협력 목표의 설정

기술협력의 잠재적인 협력 파트너를 탐색하기 전에 협력을 통하여 달성할 것으로 기대되는 목표(objectives)를 명확히 설정하는 것이 필요하다. 모든 협력의 최상위 목표는 당연히 기업 경쟁우위의 확보 및 확장이지만 보다 구체적이고 세부적인 목표의 설정이 필요하다. 기술협력의 세부적 목표설정을 위해서는 협력의 결과로 얻어질 연구개발결과가 무엇이며 이것이 기업에게 언제 필요한가를 자문하여야 할 것이다. 아울러 기술협력이 기업 내부의 연구개발능력을 얼마나 강화시키는지, 연구개발협력에 소요되는 자원은 어느 정도인지도 검토하여야 할 것이다. 물론 이 같은 목표의 설정은 기술협력의 유형에 따라 다르다.

2. 협력 파트너의 선정

협력 파트너(collaboration partners)의 선정은 기술협력과정의 두 번째 단계를 구성한다. 이 단계는 잠재적 협력 파트너의 도출, 매력적인 파트너 후보의 선택, 가장 적합한 협력 파트너의 선정 순으로 추진된다.

1) 잠재적 협력 파트너의 도출

기술협력의 대상 및 목표의 선정과 더불어 중요한 것은 적절한 협력 파트너를 선정하는 것이다. 이를 위해서는 가장 적합한 잠재적 협력 파트너(potential cooperation partners)를 도출하는 것이 중요하다. 기술협력의 파트너는 기업, 대학, 공공연구기관 등으로 구분할 수 있다. 기업의 경우에는 동종업종에 종사하는 경쟁기업 및 관련기업과 이종업종에 종사하는 기업으로 구분된다. 일반적으로 이와 같은 협력 파트너의 선정은 협력대상으로 하는 기술의 특성과 기업의 기술전략에 따라 선택하여야 할 것이다.

전술한 여러 유형의 협력방법 중 하나를 선택하면 이에 따른 협력 파트너 후보들을 선정하기가 용이하다. 협력 파트너 후보를 찾을 때에는 기업이 그동안 구축해 온 네트워크를 활용하거나 새롭게 외부에서 찾는 두 가지 방법이 있다. 전자는 기업 및 종업원의 개인적인 관계 및 장기적인 업무관계를 통하여 협력대상자를 선택하는 것이다. 후자의 경우에는 학회, 박람회, 공공기관, 단체, 자문기구 등을 통하여 협력 파트너를 탐색하는 것이다.

2) 매력적인 파트너 후보의 선정

일련의 잠재적으로 적합한 파트너 후보가 도출되면 이들 중 가장 적합한 파트너 후보를 미리 선정하여야 한다. 이와 같은 예비선정(preliminary selection)은 기업의 입장에서 후보들과의 접촉 및 협상에 있어서의 비용을 절감할 수 있고 기업이 추진하려는 연구개발 프로젝트에 대한 정보의 누출 위험을 줄일 수 있다. Specht 등(2002)은 이 같은 매력적 파트너의 예비선정을 위한 기준으로서 협력 파트너들 간의 근본적 조화, 전략적 조화, 문화적 조화의 세 가지를 제시하고 있다.

첫째, 근본적 조화(fundamental fit)는 잠재적 파트너들이 연구개발협력으로부터 어느 정도 지속적인 효익을 얻을 수 있는가의 문제이다. 협력으로부터 참가자들이 경쟁우위의 높은 증가를 가져온다면 근본적 조화는 충분하다고 말할 수 있다. 이에 따라, 이 측면에서는 여러 명의 협력 후보 중에서 협력으로부터 어떤 효익을 얻을 수 있으며, 어떤 후보가 이를 달성하는 데 가장 많은 공헌을 할 것인가를 분석하여야 한다.

둘째, 전략적 조화(strategic fit)는 연구개발협력과 기업 목표와 조화의 정도를 나타내는 것으로서, 여기에서는 협력이 없었으면 불가능했을 경쟁우위의 증가가 협력에 의해 달성될 것을 강조하는 것이다. 여기에서 잠재적 파트너들의 목표 자체의 내용도 중요하지만 목표의 달성시점도 고려하여 목표달성 여부를 분석하여야 할 것이다.

마지막으로, 문화적 조화(cultural fit)는 기업이 잠재적 협력 파트너의 문화를 어느 정도 받아들이고 협력에 통합할 것인가의 문제이다. 이와 같은 문화적 문제는 기업의 경영 스타일, 의사결정 유형, 기업역량의 배분 등과 관련이 깊다. 그러나 문화적 조화는 기업이 협력 파트너의 문화에 맞추라는 것은 아니다. 오히려 협력 파트너의 다른 문화를 이해하고 이를 수용함으로써 보다 나은 기술혁신을 창출하려고 노력하여야 할 것이다.

3) 협력 파트너의 선정

기술협력에 있어서 적절한 파트너를 선정(selection)하기 위해서는 협력 파트너가 공동의 연구개발과제에 대해 관심을 가져야 한다. 여기에서 중요한 것은 잠재적 파트너들에게 협력의 성공가능성과 장점 및 효익을 확신시켜 주어야 한다는 점이다. 여기에서 파트너들의 기술적 능력, 개인적 접촉, 그동안의 사업관계, 기업의 규모 등이 긍정적으로 작용할 것이다. 이와 같은 관계를 바탕으로 협력을 통해 상호간에 가장 큰 효익을 얻을 것으로 기대되는 잠재적 파트너를 협력 파트너로 선정하여야 한다.

3. 기술협력의 내용 설계

협력 당사자들이 협력에 관심을 가지고 결정이 되면 목표로 하는 협력의 유형(types)과 내용(contents)에 관하여 협상을 하여야 한다. 협력의 주요 내용으로는 협력의 유형, 기간, 자원배분, 공식화의 정도를 들 수 있다.

먼저, 협력의 유형(cooperation type)은 전술한 기술구매, 기술라이선스, 위탁연구, 연구컨소시엄, 전략적 제휴, 조인트 벤처 중에서 협력 당사자들 간에 협상에 의해 그 유형을 정하는 것을 의미한다. 전술한 바와 같이 각각의 협력 유형은 장단점이 있는 만큼 협력 참가자들은 세심한 협상을 하여야 한다.

둘째, 협력의 기간(cooperation period)을 결정하는 것이다. 협력의 기간이 짧으면 협력에 있어서 유연성과 동력성을 높일 수 있다는 장점이 있다. 그러나 이 같은 짧은 협력은 협력 당사자에게는 파트너의 선정, 협상, 협력의 집행 등에 있어서 상대적으로 높은 비용을 수반한다는 단점도 있다. 이와 같은 협력의 기간은 협력 프로젝트의 내용과 파트너들의 전략적 목표에 달려 있다. 아울러 이 같은 협력기간은 산업별, 국가별로 차이가 많다. 일반적으로 일본의 경우에는 미국에 비하여 협력의 기간이 길며, 전자산업의 경우 다른 산업보다 협력기간이 짧은 것으로 알려지고 있다.

셋째, 협력 파트너들 간에 자원의 배분(resources allocation)에 관해 의사결정을 하여야 한다. 일반적으로 협력 파트너들은 자원을 공동으로 투자하여 풀을 만들어 공동으로 활용한다. 이같이 자원을 공동으로 투자하여 결집하는 것은 협력의 높은 투명성을 보여주며 협력사업의 관리에 바람직하다. 이를 통하여 모든 파트너가 그동안 축적해 온 기술적 자원을 쉽게 활용할 수 있다. 그러나 이 같은 자원의 공동결집은 기업의 기술능력을 공개한다는 점에서 기술적 우위를 상실하는 계기가 될 수도 있다는 단점이 있다.

마지막으로, 협력의 내용에 있어서 협력의 공식화(formalization) 정도를 결정하여야 한다. 이는 공동의 연구개발활동을 관리하는 공식적 규정의 운용의 정도를 나타내 주는 것이다. 공식화의 정도가 가장 높은 것은 연구개발 협력을 법적으로 명시하는 것이다. 이는 조인트 벤처 등을 법적으로 설립하는 것을 예로 들 수 있다. 다른 유형의 협력에 있어서도 이 같은 법적 규정은 아니더라도 연구개발협력을 효과적으로 운영·조정·관리할 수 있는 공동의 규정은 필요할 것이다. 이와 같은 공식화는 협력에 참여하는 기업이 상호간에 영향력이 높아지는 것을 의미하며, 그 결과 공식화는 협력의 참여자들로 하여금 협력에 더 많은 노력을 투입하게 하는 역할을 한다. 일반적으로 협력의 기간이 길수록, 자원의 공동투자의 정도가 많을수록 연구개발협력의 공식화 정도가 높아야 할 것이다.

4. 기술협력의 수행

기술협력의 파트너와 협력의 유형과 내용이 결정되면 구체적인 협력을 수행하여야 한다. 이와 같은 기술협력의 수행은 새로운 기술, 제품, 공정을 공동으로 개발하는 과정으로서 외부 연구개발자원의 통합과 협력역량의 유지라는 두 가지의 문제를 창출한다.

1) 외부 연구개발자원의 통합

먼저, 외부 연구개발자원의 통합은 연구개발협력의 결과 외부의 기술적 노하우가 기업 내에 지속적으로 유입됨에 따라 이를 내부의 연구개발활동에 효과적으로 통합(integration)하여야 함을 의미한다. 이에 따라, 기업은 외부 협력 파트너와의 효과적인 연계(interface)체제를 구축하여야 할 것이다. 이를 위하여 협력 파트너들 간의 연구개발자원의 흐름을 효과성 및 효율성의 측면에서 분석·통제·관리하여야 할 것이다. 이와 같은 연계체제의 구축은 비단 협력 연구개발활동의 수행에서뿐만 아니라 기술협력의 계획 당시부터 염두에 두어야 할 것이다. 실제로 협력을 진행하면서 협력 파트너들 간에 역사적, 지리적, 문화적 차이 등으로 인하여 여러 문제가 발생할 수 있기 때문에 이를 다루는 연계관리(interface management)는 매우 중요하다.

아울러, 이와 같은 공동의 연구개발활동 추진에 있어서 의도하지 않은 자원유출(resources leakages)을 막을 수 있도록 세심한 노력을 기울여야 한다. 연구개발협력의 성공을 어렵게 하는 사항 중의 하나가 이 같은 의도하지 않은 자원 및 노하우의 유출이기 때문에 이는 협력의 성공에 매우 중요하다. 그러나 협력의 참가자들은 자체 자원의 과도한 보호노력은 협력 파트너들 간의 신뢰를 떨어뜨리고 결과적으로 협력의 성공을 저해할 수 있다는 점도 명심하여야 할 것이다.

2) 협력역량의 유지

성공적인 연구개발협력의 수행은 협력역량(cooperation capabilities)을 지속적으로 유지하는 데 달려 있다. 이 같은 협력역량으로는 신뢰를 촉진하는 행위, 협력 촉진적 기업문화, 협력 잠재력의 활용 등으로 나누어 볼 수 있다. 신뢰를 촉진시킬 수 있는 행위로는 파트너들 간의 솔직한 커뮤니케이션, 좋은 인적 관계의 유지, 재무적·기술적·인적 자원의 균형적 배분 등을 들 수 있다. 협력을 촉진하는 기업문화는 협력 당사자들의 자체적인 조직운영에 있어서 연구개발협력에 우호적이고 유연한 의사결정을 수행하여야 함을 의미하는 것이다.

아울러 협력 잠재력의 활용은 협력에 참여하는 기업이 기술협력에 있어서 가능한 많은 시너지(synergy)를 창출하고 외부의 노하우를 기업 내부의 기술역량으로 이전할 수 있도록 노력하는 것을 의미한다. 이는 전술한 바 있는 협력 당사자들 간에 근본적, 전략적, 문화적 조화(fit)가 협력의 유지와 추진에 매우 중요함을 나타내 주는 것이다. 결국은 협력의 추진에 있어서 협력 당사자들 간에 신뢰의 문화가 형성·유지되는 것이 매우 중요하다. 이와 같은 협력의 역량은 쉽게 상실되지는 않지만 한번 상실하면 복구하는 데 상당한 시간과 노력이 필요하다는 점에서 세심하게 구축·유지하여야 할 것이다.

5. 기술협력의 종료

기술협력의 종료(termination)는 협력의 마지막 단계로서 그 중요성이 매우 크다. 협력의 종료와 관련하여 적절한 종료 시점의 인식과 적절한 종료 유형의 선정이 중요하다.

1) 적절한 종료 시점의 인식

기술협력은 목표를 완수하는 시점(timing)까지의 협력을 전제로 하고 있다. 그러나 실제 협력에 있어서는 목표의 완수 이외에도 여러 가지 이유로 인해 협력이 종료된다. 예를 들어, 기업의 연구개발전략의 변화로 인하여 이미 추진 중이던 연구개발협력이 불필요하게 될 수도 있으며, 협력의 진행과정에서 예기치 않게 대두된 기술적, 재무적 문제로 인해 협력이 중단될 수 있고, 어떤 협력 파트너가 협력역량을 상실하여 지속적인 협력을 추진할 수 없는 경우도 있다. 또한 여러 다른 이유로 인해 협력 파트너들 간의 협의에 의해 협력을 중단할 수도 있다.

2) 종료 유형의 선정

기술협력의 종료는 협력사업의 인수, 독립화, 중지, 계속 추진의 네 가지 유형(types)을 가질 수 있다. 이와 같은 종료 유형 중 어느 것을 선택할 것인가는 협력이 참가자들에 대한 중요성, 협력 종료시점에 있어서 파트너의 목표 등에 달려 있다.

먼저, 협력의 종료시점에 있어서 어느 한 기업이 협력연구개발과제의 중요성이 매우 높고 자사의 핵심역량과 관련이 상당히 깊다고 판단하면 이 기업은 협력사업에 투입되었던 모든 자원을 인수(undertaking)하게 된다.

둘째, 협력이 협력 파트너들에게 주변적 역량만을 제공하여 향후 그다지 중요하지 않다고 인식되면 협력사업은 독립화할 수 있다. 협력의 독립화는 협력 프로젝트를 추가적으로 수행하기 위한 독립적인 조직(independent organization)을 만드는 것을 의미한다. 그러나 독립화는 참가기업의 입장에서는 핵심역량과 관련이 부족하기 때문에 협력에 참여하였던 연구원들을 중심으로 독립된 조직을 만들어 운영하는 것을 의미한다.

셋째, 그동안의 기술협력에 있어서 협력 참가자 모두가 만족하지 못하였고 자원의 낭비가 많았다고 판단하면 협력은 중단(termination)되고 협력에 투입되었던 자원은 폐기되게 된다. 이는 협력이 실패로 돌아갔을 경우에 해당된다.

마지막으로, 그동안의 협력이 참가자들의 핵심역량에 매우 중요한 관련성을 가지고 공헌을 해왔고 협력 참가자 모두가 이에 대해 관심이 많으면 협력은 계속적으로 추진된다.

··· 제4절   기술협력의 성공요인과 고려사항   ···

1. 기술협력의 성공요인

기술협력의 성공은 다양한 요인에 달려 있다. Weule(2001: 82-88)는 기술협력의 성공요인을 기술협력의 기획과 수행의 단계로 나누어 살피면서 기획단계에서는 협력의 문화, 명확한 목표설정, 적절한 파트너의 선정을, 협력의 수행단계에서는 자원투입 및 협력결과의 배분 규정, 효과적인 협력 조직구조의 구축, 협력결과의 평가 등을 들고 있다. 이를 바탕으로 이 책에서는 여섯 개의 성공요인을 살펴보기로 한다(<그림 11-4> 참조).

그림 11-4 기술협력의 성공요인

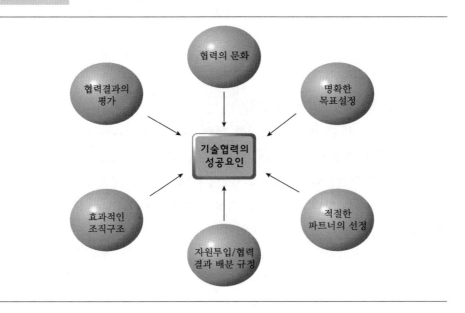

---

1) 협력의 문화

근본적으로 기술협력은 협력 당사자 상호간의 공평한 협력의 분위기가 있어야 가능하며 또한 기업의 문화적 요인(cultural factors)에 의해 많이 좌우된다. 만약 협력 당사자들 중 어느 한 기업에서 협력에 대한 반대의 분위기가 대두되면 기술협력은 성공하기 쉽지 않다. 이와 같은 기업문화 간의 이질성은 서로 다른 국가에서는 물론 동일 국가 내의 기업들 간에도 상당히 많다.

2) 명확한 목표의 설정

기술협력의 명확한 목표설정(goal setting)은 협력 성공의 핵심적 요소이다. 기술협력은 참여하는 기업들이 모두 공동의 목표에 동의하여야만 성공을 거둘 수 있다. 기술협력에서 협력의 목표가 명확하지 않거나, 실무적 차원에서 너무 추상적이거나, 혹은 협력의 참여자들 중 일부가 목표에 동의하지 않거나, 명시된 목표와 실제 목표가 다를 때에는 실패로 이어질 가능성이 높다. 이와 같은 목표를 둘러싼 문제는 향후 협력과정에서 상당한 노력을 기울여야만 해소될 수 있다는 점에서 기술협력의 기획단계에서 명확한 목표의 설정이 필요하다.

3) 적절한 협력 파트너의 선정

기술협력의 많은 연구가 적절한 협력 파트너(collaboration partners)의 선정이 기술협력의 결정적 요소라는 점을 제시하고 있다. 아울러 협력 파트너들 간 서로 다른 기업문화의 조화도 기술협력에 있어서 성공을 가져오기 위한 중요한 요소이다. 협력 파트너의 기술능력(technological capabilities)의 정도는 파트너 선정에 매우 중요한 요소이다. 기술협력의 파트너는 비슷한 수준의 기술능력을 가지고 있거나 상호 보완적인 기술능력을 가지고 있어야 한다. 그러나 무작정 기술능력이 높은 기업을 협력 파트너로 선정하기보다는 서로 신뢰할 수 있고 그동안 성공적 협력의 경험이 있는 파트너와 기술협력을 추진하는 것이 보다 바람직할 것이다.

4) 자원의 투입 및 협력결과 배분의 규정

기술협력에 어느 정도의 자원(resources)을 투자하고 협력의 성과(performance)를 어떻게 배분할 것인가에 관한 사전적 규정(provisions)도 기술협력의 성공에 매우 중요하다. 이 같은 협력성과의 배분은 참가자들이 기술협력 사업에 투자를 한 상대적 비율에 따라 결과도 배분하는 것이 바람직할 것이다. 기술협력의 과정에 이와 같은 투자—수익의 관계를 지속적으로 검토·관리하는 것도 중요하다. 이를 통하여 협력에 있어서 있을 수 있는 불평등한 내용을 수정할 수 있으며 협력과정에 있어서 기술적 노하우의 유출도 방지할 수 있다.

5) 효과적인 조직구조의 구축

기술협력에 있어서 협력조직(collaborative organization)을 어떻게 만드는가
도 중요한 성공요인이다. 특히, 협력 프로젝트의 책임자는 프로젝트의 성공
에 매우 중요한 요소이다. 프로젝트 책임자는 협력의 촉진제 역할을 할 뿐
만 아니라 협력과정에서 발생할 수 있는 갈등의 해결사 역할을 담당한다.
아울러 협력 파트너들 간의 의사소통 및 접촉가능성의 확보 여부도 중요한
성공요인이다. 또한 협력조직이 모기업으로부터 어느 정도의 독립성을 확보
하는 것도 중요하다.

6) 협력결과의 평가

기술협력의 과정에서 그동안의 성과(performance)에 대한 정기적인 평가
(evaluation)가 필요하다. 아울러 협력활동이 종료되었을 때 원래 계획했던 목
표와 비교·분석하는 것이 필요하다. 그 결과 목표와 성과를 비교함으로써
양자 간의 차이가 있을 경우 수정활동(corrective activities)을 할 수 있다. 그러
나 기술협력은 오랜 기간과 자원을 필요로 한다는 점에서 협력사업의 종료
시 결과에 대한 평가보다는 협력의 과정에 있어서 정기적인 중간평가가 더
욱 중요하다. 특히, 기술협력이 장기간에 걸쳐 추진될 때 이 같은 지속적인
평가와 피드백은 매우 중요하다.

2. 기술협력 유형의 결정

기술협력에서 성공을 하기 위해서는 기업에 적합한 협력유형
(collaboration types)을 결정하여야 한다. 기술협력의 유형을 결정하는 데에는
다양한 요소를 고려하여야 한다. Tidd 등(2005)은 이들 요소를 기업의 조직적
특성과 기술적 특성의 두 유형으로 나누고 각각 네 개의 세부요인을 도출하
여 총 여덟 개의 결정요인을 제시하고 있다.

기업의 조직적 특성(organizational characteristics)은 역사적으로 축적된 요인으로서 기업의 조직 내부에 고착화되어 있는 특징을 의미하며, 이에 따라 이들은 기업이 기술을 획득하는 범위를 결정한다. 세부요인으로는 기업의 전략, 기업역량, 기업문화, 대상기술에 대한 경영층의 편안함의 정도를 들 수 있다.

기술적 특성(technological characteristics)으로는 기술의 경쟁우위에 대한 중요성, 복잡성, 코드화 가능성, 신뢰성, 잠재력을 들 수 있다. 이들 결정요인은 기술의 자체개발을 포함한 기술협력의 제반유형의 결정에 반드시 고려하여야 할 사항들이다.

이들 각 변수를 고려하여 기술협력 유형을 포함한 기술획득의 방안은 <표 11-2>에 요약되어 있다.

1) 경쟁적 중요성

기술의 경쟁적 중요성(competitive significance)은 기업이 주어진 기술을 최선으로 획득하는 데 영향을 미치는 가장 중요한 요소이다.

첫째, 신흥기술(emerging technology)의 경우에는 혁신 네트워크를 통하여 대학 및 공공연구기관과 협력을 하는 것이 중요하다. 대학과 공공연구기관은 근본적으로 기초연구를 지향하고 있다. 특히, 대학과의 협력은 중요한데 기업은 대학으로부터 신흥기술에 대하여 쉽게 접근할 수 있고 대학의 전문요원 및 연구요원으로부터의 인적 지원 및 자체연구개발능력의 확장과 같은 도움을 받을 수 있다. 아울러 신흥기술이 기업의 미래 경쟁우위에 핵심적인 역할을 할 것이라는 확신이 들면 이를 자체연구개발을 통해 확보하는 것도 매우 바람직하다.

둘째, 산업의 경쟁을 선도하고 미래의 핵심기술이 될 가능성을 가지고 있는 선도기술(pacing technology)을 획득하는 데는 무엇보다도 자체연구개발활동이 매우 중요하다. 선도기술은 이미 경쟁우위에 미치는 영향이 어느 정도 증명된 기술로서 이는 가능한 한 내부연구개발활동에 의해 확보하여야 할 것이다. 또한 혁신 네트워크를 통하여 대학 및 공공연구기관으로부터 선도기술을 확보할 수도 있다.

표 11-2	기술협력 유형의 결정요인

협력의 결정요인	가장 선호되는 협력 유형	근　　　거
I. 조직적 특성		
1. 기업전략		
– 선도자 전략	– 내부연구개발	– 차별화, 선도자, 전유기술 확보
– 추격자 전략	– 라이선스, 기술구매, 위탁연구	– 저가의 모방
2. 기업역량		
– 강함	– 내부연구개발	– 역량강화의 수단
– 약함	– 위탁연구, 라이선스, 컨소시엄	– 외부기술에 대한 접근
3. 기업문화		
– 외부지향	– 다양한 방법의 활용	– 기술원천에 대한 원가효과성
– 내부지향	– 내부연구개발, 조인트 벤처	– 학습효과
4. 신기술에 대한 편안함		
– 높음	– 내부연구개발	– 높은 위험과 높은 수익성
– 낮음	– 라이선스, 기술구매, 컨소시엄	– 낮은 위험 선택
II. 기술적 특성		
1. 경쟁적 중요성		
– 기반기술	– 라이선스, 위탁연구, 기술구매	– 원천의 효율성
– 핵심기술	– 내부연구개발, 조인트 벤처	– 경쟁우위 극대화
– 선도기술	– 내부연구개발, 혁신 네트워크	– 미래 위치, 학습
– 신흥기술	– 혁신 네트워크, 내부연구개발	– 기술에 대한 주시
2. 기술의 복잡성		
– 높음	– 컨소시엄, 혁신 네트워크, 기술구매	– 지식의 전문화
– 낮음	– 내부연구개발, 위탁연구, 기술구매	– 분업
3. 코드화 가능성		
– 높음	– 라이선스, 위탁연구, 혁신 네트워크	– 기술원천의 효율성
– 낮음	– 내부연구개발, 조인트 벤처	– 학습, 암묵지
4. 신뢰성 잠재력		
– 높음	– 컨소시엄, 혁신 네트워크	– 기술원천의 명성
– 낮음	– 위탁연구, 라이선스	– 기술원천의 효율성

자료: Tidd, J., Bessant, J. and Pavitt, K., *Managing Innovation: Integrating Technological, Market and Organizational Change*, 3rd ed. (Chichester: John Wiley & Sons, 2005), p. 325에서 저자의 수정.

셋째, 핵심기술(key technology)의 경우에도 자체연구개발활동을 통해 확보하여야 할 것이며 가능하면 공동의 관심사를 가지고 있는 기업들 간의 조인트 벤처를 통하여 확보하는 것도 바람직하다. 이를 통하여 기업은 경쟁우위의 극대화를 추구할 수 있다.

넷째, 기반기술(base technology)의 경우에는 기술의 경쟁우위에 대한 중요성이 그다지 높지는 않지만 그래도 기업의 경영에 대단히 필요한 기술이라는 점에서 외부 기술원천 중에서 가장 효율적인 협력수단을 선택할 수 있다. 특히, 라이선스, 위탁연구, 기술구매들 중에서 기업의 특성에 맞게 선택할 수 있을 것이다.

2) 기술의 복잡성

오늘날 기술과 제품에 있어서 다학제적 성격이 지속적으로 증가하여 많은 기술분야에 있어서 어떠한 기업도 이들 기술에 필요한 기능과 지식을 모두 내부적으로 확보하는 것이 어렵다. 이와 같은 기술의 복잡성(complexity) 증가는 많은 기업으로 하여금 핵심기술의 선두에 머물기 위해서 외부의 기술능력을 바탕으로 내부의 기술역량을 제고시키려는 노력을 기울이도록 한다. 예를 들면, 요소기술(component technology)의 필요성이 증가하면 외부기술의 획득에 대한 필요성이 크게 증가한다. 많은 기업은 핵심기술을 내부적으로 개발하지만 기술의 복잡성 때문에 어떤 기업은 다른 외부의 원천으로부터 용이하게 확보할 수 있는 보완적 기술을 활용하려는 노력을 기울이게된다.

그 결과 기술의 복잡성이 증가하면, 기업은 대학, 공공연구기관과의 혁신 네트워크(innovation networks)를 선호하게 되며 외부 공급기업과의 협력도 활발하게 추진하게 된다. 예를 들어, 최근 들어 생명공학기업들이나 제약기업들은 기술집약적인 벤처기업 및 소규모 전문연구개발기업에게 공동연구 프로젝트를 위탁하여 이로부터 창출되는 연구결과를 적극적으로 활용하기도 한다. 그러나 기술의 복잡성이 낮으면 기업은 이들 기술을 내부적으로 자체연구개발을 통해 개발하고, 내부적 기술능력이 없을 경우에는 이들 기술을 위탁연구를 통하여 확보하게 된다.

3) 기술의 성문화

어떠한 기술에 관한 지식이 성문화(codifiability)될수록, 이들은 보다 쉽게 이전되고, 보다 빠르고 광범위하게 확산된다. 그러나 쉽게 성문화되기 어려운 지식은 일반적으로 암묵적 지식(tacit knowledge)이라고 부르는데 이들은 경험과 실제적인 만남을 통해서만 효과적으로 이전되기 때문에 쉽게 획득하기 어렵다. 이에 따라, 성문화된 기술의 경우에는 외부로의 이전이 쉽게 이루어지기 때문에 자체연구개발활동보다는 외부로부터의 라이선스, 위탁연구 등을 통하여 확보하는 것이 바람직하다. 그러나 기술의 암묵성이 높으면 이들 기술은 내부연구개발활동이나 조인트 벤처 등 확실성 높은 확보전략이 필요하다. 이와 같이 보다 확실하게 확보되는 기술은 기업의 경쟁우위의 토대를 형성한다.

4) 신뢰성 잠재력

기술 또는 기술적 자원으로부터 주어지는 신뢰성(crédibility)은 기업이 기술을 획득하는 방법에 영향을 미치는 중요한 요소이다. 기업은 공공연구기관, 대학, 학회, 대기업 등과의 협력을 통해 특정한 가치를 창출할 수 있다. 예를 들어, 기업이 해당 산업분야의 대표적인 공공연구소 및 대기업과의 협력연구를 수행한다는 것은 기업의 기술능력에 높은 가치를 부여한다. 이와 같은 협력은 기업의 대규모 프로젝트의 경영능력을 보여줄 뿐만 아니라, 협력을 통해 다수의 특허와 논문을 창출할 수 있어 기업의 과학적 기반(scientific base)이 진보되고 있다는 것을 외부에 보여줄 수 있다. 따라서 기술협력의 신뢰성이 높을 것으로 보이는 기술의 개발에 있어서는 명망 있는 기업, 대학, 공공연구기관과의 컨소시엄 및 혁신 네트워크를 통하여 기술을 확보하게 된다. 그러나 이와 같은 신뢰성을 제공해 줄 것으로 보이지 않는 기술의 경우에는 단순한 위탁연구 및 라이선스를 통하여 기술을 확보하게 된다.

5) 기업전략

기술의 내부확보와 외부획득 사이의 균형에 영향을 미치는 가장 중요한 요소 중 하나는 기업이 추구하는 기술전략(technology strategy)이다. 일반적으로 기업의 기술전략은 선도자 전략과 추격자 전략으로 나누어진다. 기술선도자(technological leader) 전략을 추구하는 기업은 경쟁기업과의 기술적 차별성을 추구하기 때문에 내부연구개발활동을 추구하는 경향이 높다.

그러나 기술추격자(technological follower) 전략을 추구하는 기업의 경우에는 기술의 외부확보 경향이 높은데, 대표적으로 기술라이선스, 기술구매, 위탁연구를 수행하게 된다. 이들은 이와 같은 기술의 외부적 확보를 바탕으로 선도기업을 모방하고 원가우위 전략을 통해 경쟁우위를 확보하려는 노력을 기울인다.

6) 기업역량

기업의 내부적 기술역량은 주어진 기술을 획득하는 데 많은 영향을 미친다. 기업의 역량(competence)이 약하면 기업은 적어도 단기적으로는 기술을 외부로부터 획득할 수밖에 없다. 대표적으로 선호되는 기술획득 방법은 위탁연구와 라이선스를 들 수 있으나, 기업이 어느 정도의 기술역량을 확보하고 있으면 컨소시엄 및 공동연구 등을 통하여 기술을 획득할 수 있다. 기업이 내부적 기술역량이 강하면 목표로 하는 기술에 대한 폭넓은 통제와 조정의 자유를 활용할 수 있는 자체연구개발을 선호하게 된다. 그러나 기업의 기술적 역량이 높다고 하여도 기술의 빠른 획득이 필요하다면 기술을 외부로부터 획득하는 경우도 많다.

7) 기업문화

모든 기업에는 그 기업만의 독특한 문화가 있는데 이는 기업의 업무방법을 규정하게 된다. 기업문화(corporate culture)는 기업의 종업원들이 공유하고 있는 가치와 신념을 나타내 준다. 기업의 문화는 다양한 측면에서 파악할 수 있지만 기술협력과 관련하여 기업의 문화가 내부지향적인가 외부지향적인가의 문제가 중요하게 대두된다. 기업의 문화가 외부지향적(outward orientation)이라면 기업은 다양한 형태의 기술협력을 효율적으로 수행할 수 있다. 기업의 경영자 및 종업원들은 외부와의 기술협력을 당연한 것으로 받아들인다. 그러나 기업의 문화가 너무 내부지향적(inward orientation)이면 외부와의 기술협력을 꺼리게 되며 일반적으로 자체연구개발에 주안점을 두는 경향이 많다.

어떤 선도기업의 경우에는 최고의 기업(best company)이라는 문화를 가지고 있는 경우가 있다. 이 경우에는 자신의 기술능력을 과신하고 외부로부터의 학습기회를 과소평가하여 외부와의 기술협력을 꺼리는 경향이 있을 수 있다. 그러나 어떤 기업은 중요한 기술개발이 세계의 어디에서나 발생할 수 있다는 점을 강조하기도 한다. 이들 기업은 전 종업원들로 하여금 외부의 기술개발 정보에 대한 수집과 이에 대한 접근가능성에 대해 높은 주안점을 둔다. 심지어 보다 개방적인 기업은 전 세계의 기술자원을 획득하기 위하여 세계의 주요 거점에서 연구개발활동을 수행하는 '연구개발의 세계화'를 추진하는 경우도 많다. 실제로 세계의 선도기업은 전 세계의 기업, 대학, 공공연구기관과 다양한 형태의 기술협력을 추진하며 새로운 기술의 잠재적 원천에 대한 창을 지속적으로 열어놓고 있다.

8) 신기술에 대한 편안함

주어진 기술에 대하여 경영자가 느끼는 편안함(comforts)의 정도는 기술의 획득방법에 중요한 영향을 미친다. 이와 같은 경영자의 기술에 대한 편안함은 ① 경영자의 해당 기술에 대한 친밀도, ② 경영자의 해당 기술에 있어서 성공할 수 있다는 자신감의 정도, ③ 경영자의 위험에 대한 일반적 태도 등 세 가지 요인을 반영하고 있다. 어떤 기술에 대해서 경영자가 편안하게 느낄수록 그 기술은 자체적으로 개발되는 경향이 많다. 많은 경우 기업의 기술능력이 높으면 경영자는 새로운 기술에 대해 편안함과 자신감을 가

지는 경향이 많다. 이와 같은 편안함을 바탕으로 최고경영자는 연구개발요
원에게 해당 기술의 기술능력을 축적할 수 있도록 독려하며, 실질적인 연구
개발활동을 통해 해당 기술을 확보하여 새로운 분야로 사업을 다각화하는
경우가 많다.

⋯ 제5절 새로운 기술협력의 개념과 유형 ⋯

1. 혁신 네트워크의 개념 및 중요성

최근에는 기술혁신을 효과적으로 창출하기 위한 새로운 기술협력의 개
념으로서 혁신 네트워크(innovation network) 대두되고 있다. 혁신 네트워크는
기술의 내부개발 측면에서의 이익을 상당한 정도 제공해 주고 전술한 여러
협력 유형에서 나타나는 여러 문제점이 거의 없기 때문에 많이 활용되고 있
다. 일반적으로 조직론에서는 네트워크는 가상기업(virtual corporation)으로 기
업과 시장을 대체할 수 있는 잠재력을 가진 새로운 복합 조직체로 보는 견
해가 있고, 또한 내부의 위계질서와 외부의 시장 메커니즘 사이에 위치하는
단순하고 일시적인 조직으로 보는 견해도 있다.

혁신 네트워크의 목적이나 방법에 있어서는 합의가 적은 반면 네트워크
가 쌍무적인 관계의 합(合)보다 많다는 것과 네트워크의 구성, 속성, 내용은
추가적인 한계와 기회를 제공한다는 것에는 상당한 합의가 있는 것으로 보
인다. 네트워크(network)는 개인·기업·사업단위·대학·정부·고객이나 다른
주체들과 이들 간의 연계와 상호작용으로 구성되어 있는 것으로 인식되고
있다. 네트워크 관점은 어떻게 이들 혁신주체가 그들이 속해 있는 사회적
환경에 의해 영향을 받는가와 혁신주체들의 활동이 그들의 위치에 의해 얼
마나 영향을 받을 수 있는가에 관한 것이다. 네트워크는 구성주체들의 행위
에 ① 정보의 흐름과 공유, ② 네트워크 내에서의 힘을 나타내는 혁신주체

들의 위치 차이 등 두 가지 방법을 통해 영향을 줄 수 있다. 네트워크 내의 힘의 원천은 기술, 전문지식, 신뢰성, 경제력, 합법성 등이 된다.

혁신 네트워크는 세계적, 국가적, 지역적, 산업적, 조직적, 개인적 차원 등 여러 차원에서 존재할 수 있다. 어떠한 분석 수준에서든 혁신 네트워크의 가장 흥미로운 속성은 혁신주체들 간 상호작용(interaction)의 정도와 유형인데, 이는 네크워크의 역동성을 창출하나 본질적으로 주체들 간 관계의 상태는 불안정한 특징을 가지고 있다. 네트워크는 강하거나 느슨하게 구축될 수 있는데, 이는 상호작용 및 연계의 양, 질, 유형에 달려 있다(Tidd 등, 2005). 여기에서 상호작용의 양은 네트워크에 참여하는 구성원의 수를, 상호작용의 질은 이들 간의 상호작용의 강도를, 상호작용의 유형은 핵심활동에 대한 근접성을 나타낸다. 이와 같은 연계는 개별적 거래 이상의 것이며 시간에 걸쳐 상당한 자원의 투자를 필요로 한다.

네트워크는 구성원들의 상호 전문화(co-specialization), 공동 하부구조의 공유, 표준 및 다른 네트워크 외부성이 네트워크 조직·운영·유지에 들어가는 비용보다 클 때 적합하다. 기술의 구입에 소요되는 거래비용이 매우 높을 때 네트워크 접근은 시장 모델보다 적합할 것이며, 불확실성이 존재하는 경우에는 네트워크는 완전한 통합이나 기술구매보다 적합하다. 역사적으로 네트워크는 장기적인 사업관계로부터 진화해 왔다. 어떤 기업이든 대학, 공급자, 유통업자, 공공연구기관 등과 정기적인 사업관계를 맺어오고 있다. 시간이 흐름에 따라 지속적인 거래, 신뢰의 증가, 거래비용의 감소 등을 통하여 구성원 상호간 이해와 유대가 형성된다. 그러므로 기업은 자신의 네트워크 멤버로부터 기술을 구매하거나 판매하는 경향이 더욱 높으며, 다양한 직·간접적 관계를 통해 넓은 범위의 조직들의 자원에 접근할 수 있다.

네트워크는 미래 관계의 가능성을 증가시키려는 협력주체들의 희망과는 달리 과거 관계에 대한 경로의존적(path-dependent)인 특징을 가지고 있어서 혁신을 제한할 수 있다는 점을 인식하여야 할 것이다. 실제로 네트워크는 근본 속성상 멤버들을 구속하는 경향이 있다. 예를 들면, 네트워크는 공급자와 유통 네트워크를 통제하여 우월한 기술이나 제품의 도입을 방해하기도 한다. 실제로 스위스 시계산업은 소규모 기업들의 오래된 네트워크에 기반하였으나

이로 인해 변화에 능동적으로 대처하지 못하였으며 결과적으로 일본 전자시
계의 위협에 무릎을 꿇게 되었다. 또한 대기업 등의 네트워크에 소속되어 있
는 기업보다 독립적인 기업이 훨씬 높은 기술혁신능력을 보이는 경향이 있다.
이 점에서 혁신 네트워크는 기술혁신을 보다 효율적으로 창출할 수 있도록
지속적으로 개선되어야 할 필요가 있다. 실제로 최적의 네트워크(optimal
network)는 존재할 수 없으며 지속적으로 변화하면서 진화해 나가야 한다. 여
기에 혁신 네트워크들 간의 학습 및 벤치마킹의 필요성이 제기되는 것이다.

Floyd(1997: 123-124)는 이와 같은 혁신 네트워크의 개념이 장기적인 신흥
기술의 개발과 관련하여 이루어진다는 점에서 장기협력(longer-term collabo-
ration)으로 설명하고 있다. 신흥기술은 개발비용이 적게 들고, 기술의 선택의
폭은 크며, 관련성 있는 장점이 명확하지 않고, 오랜 기간이 소요된다는 특
징을 가지고 있다. 이와 같은 기술의 경우 아웃소싱은 중요한 의미를 가지
고 있다. 이와 같은 장기협력은 기업들 간에 이루어지기보다는 기업과 대학
및 공공연구기관 사이에서 이루어진다.

기업이 수십여 개의 신흥기술(emerging technologies)에 관심을 가지고 있
다면 이들을 자체적으로 개발하는 것보다 소규모의 과제로서 대학 및 공공
연구기관에 프로젝트를 제공하여 네트워크를 형성하는 것이 좋을 것이다.
그러나 많은 기업이 이와 같은 장기적 협력활동을 추구하기보다 자체적인
단기적 연구개발에 집중하는 경우가 많다. 이는 기업이 재무자원을 낭비하
지 않으려고 한다는 점에서 이해가 가는 일이지만 근시안적인 태도이다. 이
에 따라, 대부분 국가의 정부는 이 같은 중장기적인 혁신 네트워크의 구축
하고 많은 기업의 참여를 촉진시키기 위해 상당한 재정지원을 하고 있다.

대학 및 공공연구기관과의 혁신 네트워크를 통한 장기간의 연구 아웃소
싱과 신흥기술의 개발은 주의 깊게 잘 관리된다면 기업에 많은 이익을 가져
올 수 있다. Floyd(1997: 123-124)는 혁신 네트워크(innovation network)의 이익을
직접적 이익과 간접적 이익으로 나누어 제시하고 있다.

① 직접적 이익
   • 기업의 과학기술자들이 신흥기술에 대해 더 세밀하게 집중하게 하

며, 더 나은 연구결과를 도출
- 외부의 보완적 기술 및 전문적 설비에 대한 접근을 가능하게 하여 학습시간을 줄이고 실질적 연구결과 도출가능성 제고
- 다른 영역(경쟁자, 대학, 다른 산업영역)에 있는 관련 기술혁신활동을 알게 되어 실질적 연구결과를 창출할 수 있는 기회를 증가시킴
- 연구개발자금의 분담 및 정부의 직접적 자금지원 등을 통한 원가 절감
- 지식과 신뢰의 증가를 통해 표준화의 논의에 큰 영향을 줌

② 간접적 이익
- 대학 내 우수한 인력에 대한 우선적인 접근
- 공급자, 고객, 신입직원의 기업에 대한 신뢰 강화
- 대정부 로비 능력의 증가
- 내부 연구개발요원에 대한 외부로부터 기술도전에 대한 노출 증가

이와 같은 혁신 네트워크에 의한 장기적 기술협력은 그다지 큰 비용 및 어려움이 없이 많은 효과를 창출할 수 있다. 중장기적인 혁신 네트워크에 대한 참여는 무엇보다도 최고경영자가 이와 같은 장기협력의 중요성을 인식하는 것이 필요하다. 실제로 혁신 네트워크로부터 창출되는 효익은 최고경영자가 이에 투입하는 관심과 시간에 비례할 것이다.

2. 혁신 네트워크로서의 국가혁신체제[5)

일반적으로 혁신 네트워크는 기업들 간의 네트워크가 일반적이다. 처음에는 기업과 공급기업 혹은 유통기업과의 네트워크가 형성되어 다양한 협력이 이루어지게 된다. 이와 같은 네트워크의 형성은 초기에는 특정 구성원 개인들 간의 신뢰와 협력으로부터 시작하여 심도 있는 협력으로 발전해 나

---

5) 국가혁신체제에 관한 논의는 정선양, 「환경정책론」, 박영사, 1999, 483-501면을 참조하였음.

간다. 그러나 최근에 와서 기술협력과 관련하여 기업과 대학 및 공공연구기 관과의 네트워크 형성이 중요하게 대두되고 있다. 그 배경에는 기업, 대학, 공공연구기관의 존재 및 이들 간의 네트워크 및 상호작용이 기술혁신의 창 출에 매우 효과적이라는 점이 작용하고 있다. 이것이 이른바 국가혁신체제 (NIS: national innovation system)이다.

특히, 기업이 필요로 하는 미래지향적 성장동력의 원천이 될 미래핵심 기술의 개발에는 기업 외부의 대학과 공공연구기관과의 협력이 매우 중요하 다. 이와 같은 거시적 차원에서의 네트워크는 전국적 차원, 산업적 차원, 지 역적 차원에서 이루어질 수 있다. 이에 따라, 국가혁신체제, 산업혁신체제, 지역혁신체제라는 개념이 대두되었다. 이들 시스템의 효율성이 각 차원의 경쟁력 제고에 핵심이라는 점에서 각 차원에서의 전략적 기술경영의 필요성 이 대두된다(정선양, 2006).

국가혁신체제(NIS)는 혁신과 제도와의 관계, 지식의 사용자-공급자 관 계, 그리고 이들 간의 관계에서 나타나는 상호작용적 학습을 국가적인 차원 에서 살펴본 개념이다. 그동안 이에 관한 여러 학자들의 정의가 있지만, 국 가혁신체제는 '혁신의 창출 및 확산을 둘러싼 국가의 다양한 주체들의 존재 와 이들 간의 상호작용적인 학습 및 유형무형의 상호관계'로 정의될 수 있 다(Chung, 1996, 1998, 2001, 2002; Chung & Lay, 1997). Freeman(1988)은 효율적인 국가혁신체제는 국가의 제한된 자원을 결집시키고 이의 효율적인 사용을 보 장해 줌으로써 국가 경쟁력의 제고에 대단히 중요한 공헌을 하지만 효율적 이지 않은 국가혁신체제는 국가의 제한된 과학기술 및 경제적 자원의 낭비 를 가져와 오히려 국가 경쟁력의 약화로 이어지게 된다고 주장한다. 여기에 효율적인 국가혁신체제의 구축 및 운영의 당위성이 있는 것이다. 한 국가의 혁신체제는 그 나라의 사회적, 정치적, 문화적인 특성을 반영하여 상당히 다 른 모습을 하게 된다.

국가혁신체제의 구성요소는 학자들 간의 의견이 조금씩 다르지만 크게 세 개의 직접적 혁신주체집단(innovation actor groups)과 이들 집단의 혁신행위 를 조정하고 혁신과 관련된 정책결정기관으로서의 정부를 포함하여 네 개의 주체로 구성되어 있는 것으로 파악할 수 있다. 혁신활동에 참가하는 직접적

| 그림 11-5 | 국가혁신체제의 일반 모형 |

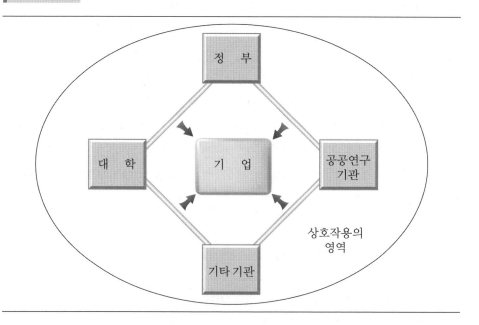

인 주체집단으로는 과학기술인들을 교육시키고 새로운 기초적인 연구를 수행하고 있는 대학부문(academia), 혁신활동의 결과를 상업화시켜 국가 경쟁력의 향상에 직접적인 기여를 하는 수많은 기업들로 구성된 산업부문(industry), 이들의 중간에 위치하여 양자 간의 효율적 연계를 담당하고 다양한 연구기관을 바탕으로 기초연구와 응용연구를 넘나들며 혁신활동을 수행하는 공공연구부문(public research sector)으로 나누어 볼 수 있다.

국가혁신체제를 구성하는 네 번째의 주체는 이들 혁신활동의 주체들을 국가발전의 장기 비전을 가지고 조정·감독하는 정부부문(government)으로서, 이는 중앙정부와 지방정부로 나누어 볼 수 있다. 그 밖에 국가혁신체제에는 기술혁신에 대한 자금을 지원하고 기술혁신을 보조하는 다양한 기타 기관들이 존재할 수 있다. 이들 국가혁신체제 구성요소들의 활동은 기업 기술혁신 능력의 향상을 통한 국가 경쟁력의 강화에 초점이 맞추어지게 된다. 국가혁신체제는 <그림 11-5>와 같이 나타낼 수 있다.

산업계, 대학, 공공연구기관과 같은 직접적인 혁신주체들은 앞에서 설명한 혁신의 생산자(producers)와 사용자(users)의 역할을 담당하며 상호작용적 협력과 학습을 하게 된다. 일반적으로 기초연구와 응용연구를 지향하는 대학 및 공공연구기관은 혁신의 생산자가 되고 산업계의 기업은 혁신의 사용자가 되는 것이 일반적이지만, 최근 기술의 융합현상 및 수명주기 단축의 결과 이들 혁신활동의 구성주체는 혁신의 생산자와 사용자의 역할을 공동으로 담당하는 것이 일반적이다. 여기에 혁신을 둘러싼 다양한 구성주체 간의 쌍방적인 질적 정보의 흐름이 강조되는 것이다. 아울러 효과적인 국가혁신체제의 구축과 운용에는 중앙정부와 지방정부가 중요하며, 특히 주요 사업에 있어서 지방정부들 간의 과도한 경쟁과 갈등이 있을 경우 중앙정부의 조정 역할이 매우 중요하다.

그림 11-6   국가혁신체제의 구성

	지역 A	지역 B	지역 C	⋯⋯	
산업 1	○□◇△▼	○□◇△▼	○□◇△▼	⋯⋯	산업혁신체제 1
산업 2	○□◇△▼	○□◇△▼	○□◇△▼	⋯⋯	산업혁신체제 2
산업 3	○□◇△▼	○□◇△▼	○□◇△▼	⋯⋯	산업혁신체제 3
산업 4	○□◇△▼	○□◇△▼	○□◇△▼	⋯⋯	산업혁신체제 4
⋮	⋮	⋮	⋮	⋯⋯	⋮
	지역혁신체제 A	지역혁신체제 B	지역혁신체제 C	⋯⋯	**국가혁신체제 (NSI)**

주) ○: 대학, □: 산업계, ◇: 공공연구기관, △: 지방정부, ▼: 중앙정부
자료: 정선양, 「환경정책론」, 서울: 박영사, 2001, p. 496.

혁신 네트워크를 바탕으로 한 구성주체들 간의 상호작용 및 연계의 영역
은 비단 국가차원뿐만 아니라 지역차원, 산업차원으로 살펴볼 수 있다. 그 결
과 지역혁신체제, 산업혁신체제가 도출되며, 국가혁신체제는 이들 지역혁신체
제와 산업혁신체제의 총합으로 파악할 수 있다(<그림 11-6> 참조). 전술한 바
와 같이 전략적 기술경영(SMT: strategic management of technology)은 국가, 지역,
산업 등 여러 차원에서 파악할 수 있으며, 이들 여러 차원에서 혁신체제의
개념을 바탕으로 한 효율적인 경영이 매우 필요하다.

제 6 절   개방형 혁신

1. 개방형 혁신의 개념과 배경

1) 개방형 혁신의 개념

개방형 혁신(open innovation)은 Henry Chesbrough에 의해 주창되어 최근
세계 기술경영계에 화두가 되어 있는 내용이다. 이 주장은 기업이 새로운 아
이디어를 창출하여 시장에 내놓는 방법에 대한 근본적인 생각을 바꾸라는 것
이다. 즉, 그동안에는 기술혁신활동을 내부연구개발활동(internal R&D activities)
을 중심으로 추진해 왔으나, 이제는 이와 더불어 외부의 혁신주체들과 협력
하고 외부의 아이디어를 적극적으로 활용하라는 것이다. 과거에는 기술혁신
의 선형모형(linear model)에 근거하여 독립된 연구소를 설립하고 재무적·인적
자원을 보다 많이 확보한 기업이 더 나은, 더 많은 기술혁신을 창출하였다.
이 점에서 과거에는 기술혁신이 대기업에게 유리하였고 사실 대기업의 전유
물이었다.

최근 신기술산업에 있어서 내부연구개발역량을 가지지 않고 외부의 지
식을 적극 활용하는 기업의 경쟁력이 내부의 연구개발에 주안점을 둔 기업
들보다 훨씬 앞서는 현상이 종종 발생하고 있다. 예를 들면, Cisco는 자체연

| 표 11-3 | 개방형 혁신의 성공사례 |

개방형 혁신	폐쇄형 혁신
Pfizer	Merc
Intel	IBM
Cisco	Lucent
Nokia	Motorola/Siemens
Genentech	Merc/Pfizer

구개발역량을 갖추고 있지 않음에도 불구하고 유사 분야의 Lucent를 제치고 이 분야의 강자로 올라섰다. 이와 같은 개방형 혁신을 추구한 기업이 폐쇄형 혁신을 추구한 기업보다 높은 경쟁력을 가지는 사례는 <표 11-3>에서와 같이 많이 있다.

2) 개방형 혁신의 추진 이유

Chesbrough(2003a, 2003b)는 기업이 개방형 혁신(open innovation)을 추구하여야 하는 이유를 다음 세 가지로 제시하고 있다.

먼저, 기술의 복잡성(complexity)이다. 일반적으로 새로운 기술은 매우 복합적인 지식의 활용을 통해 개발된다는 점에서 어느 한 기업이 이 같은 지식 모두를 확보한다는 것은 불가능하다. 이 점에서 기업은 다양한 기업, 대학, 공공연구기관 등과 협력을 하여야 한다.

둘째, 지식 노동자의 수와 이동성(mobility)의 증가이다. 지식기반사회에서 지식을 체화하고 있는 노동자의 수가 증가하고 있으며, 이들은 과거와 달리 새로운 기회를 찾아 이동하는 경향이 있다. 이 점에서 기업은 내부에 축적된 아이디어, 지식, 역량을 통제하기가 어려워졌다.

셋째, 대부분의 나라에서 창업 및 기술의 상업화를 지원하는 제도적 기반(institutional base)이 확충되었다. 기업, 대학, 공공연구기관에 있는 한 개인이 좋은 아이디어를 가지고 있을 때 이를 외부에서 상업화하는 데 필요한 자금을 지원하는 벤처캐피털 등 관련 제도들이 준비되어 있다.

| 그림 11-7 | 개방형 혁신의 모델 |

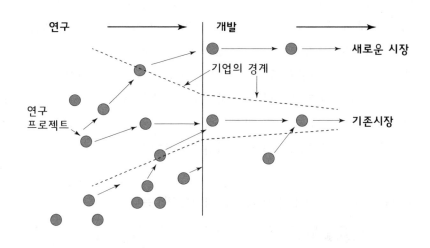

자료: Chesbrough, H., *Open Innovation: The New Imperative for Creating and Profiting from Technology* (Boston, MA: Harvard Business School Press, 2003), p. xxv.

2. 개방형 혁신의 모델과 논리

1) 개방형 혁신의 모델

기업은 지속가능한 경쟁우위를 확보하기 위하여 다양한 연구 프로젝트를 수행하게 된다. 그동안 기업들은 모든 연구개발 프로젝트를 기업 내에서 수행하는 폐쇄형 혁신(closed innovation)을 추구해 왔다.

그러나 개방형 혁신(open innovation)에서는 <그림 11-7>에 제시되어 있는 바와 같이 기업의 혁신활동이 기업의 경계를 넘어서서 이루어진다. 연구개발 및 기술혁신의 전 과정에 걸쳐 기업 내부의 지식이 외부로 나아가 활용되는 것은 물론 기업 외부의 지식이 내부로 들어와 활용된다. 이를 통하여 기업은 부족한 자원을 효율적으로 활용하며, 기술혁신의 과정에 있어서 성공률을 높이고, 기업 외부와 긴밀한 협력관계를 유지할 수 있다.

2) 개방형 혁신의 논리

개방형 혁신은 폐쇄형 혁신과 전혀 다른 원칙(principles)을 적용하여야 한다. 기업은 외부의 전문지식을 적극 활용하여야 하며, 외부의 연구개발활동과 내부 연구개발활동 간의 시너지를 창출하여야 하고, 보다 나은 비즈니스 모델을 만들어야 하며, 내부와 외부의 아이디어를 효율적으로 결합하여야 한다. 아울러 우리가 소유하고 있으나 활용하고 있지 않은 지적재산권을 다른 기업들이 사용하게 하여 이를 통해 라이선싱 수입을 창출하고, 우리도 필요하면 다른 기업들의 지적재산권을 적극 라이선싱하여야 한다(<표 11-4> 참조).

표 11-4 폐쇄형 혁신과 개방형 혁신의 상반되는 논리

폐쇄형 혁신	개방형 혁신
우리 분야의 똑똑한 사람들이 우리를 위해 일을 한다.	모든 똑똑한 사람들이 우리를 위해 일하지는 않기 때문에, 우리는 외부의 현명한 사람들의 지식과 전문성을 찾아 접근하여야 한다.
R&D로부터 수익을 창출하기 위해서 우리는 발견, 개발, 출하를 우리 스스로 모두 하여야 한다.	외부 R&D는 상당한 가치를 창출할 수 있으며, 내부 R&D는 이 가치 중 어느 정도를 확보하기 위하여 필요하다.
우리 스스로 발견하면, 우리는 이를 시장에 처음으로 출하할 수 있다.	수익을 창출하기 위하여 최초의 연구를 우리가 시작할 필요는 없다.
우리가 혁신을 처음으로 상업화하면 우리는 승리할 것이다.	보다 나은 비즈니스 모델을 만드는 것이 시장에 처음으로 출하하는 것보다 좋다.
우리가 산업 내에서 가장 많은, 가장 좋은 아이디어를 창출하면 우리는 승리한다.	우리가 내부와 외부의 아이디어를 가장 잘 활용한다면 우리는 승리한다.
우리는 지적재산권(IP)을 통제하여야 하며, 그 결과 경쟁자들이 우리의 아이디어로부터 수익을 창출하지 못하게 하여야 한다.	우리는 우리의 지적재산권을 다른 기업들이 활용하는 데에서 수익을 창출하여야 하며, 다른 기업의 지적재산권이 우리의 비즈니스 모델을 발전시킨다면 이를 구매하여야 한다.

자료: Chesbrough, H., *Open Innovation: The New Imperative for Creating and Profiting from Technology* (Boston, MA: Harvard Business School Press, 2003), p. xxvi.

3. 개방형 혁신의 유형 및 장단점

1) 개방형 혁신의 유형과 수단

Chesbrough & German(2009)은 개방형 혁신을 내부지향형 개방형 혁신(outside-in open innovation)과 외부지향형 개방형 혁신(inside-out open innovation)으로 나누고 있다. 전자는 외부지식의 내부로의 유입에 주안점을 두는 데 비하여 후자는 내부지식의 외부적 활용으로 특징지어진다. 그동안 개방형 혁신은 전자의 유형에 주안점이 두어졌지만, Chesbrough & Garman(2009)에 따르면 경제가 어려운 시기에는 외부지향형 개방형 혁신도 중요하다고 강조하는데, 그 이유로는 기업으로서는 자원을 절약할 수 있고 외부의 기업 및 기관들과 좋은 관계를 확보·유지할 수 있으며, 혁신적 생태계를 유지할 수 있고, 라이선싱 수입을 벌어들일 수 있기 때문이다.

표 11-5 개방형 혁신의 유형과 수단

내부지향형 개방형 혁신	외부지향형 개방형 혁신
- 사내 창업 - 외부지식의 라이선스 - 혁신 공동체의 구축 및 주도적 운영 - 자사 주도의 공동연구 및 외부 연구원의 참여	- 외부에 기업의 창업 및 지원 - 내부지식의 외부로의 라이선스 - 외부 혁신 공동체에 참여 - 내부 연구원의 외부 프로젝트에 참여 - 타사(기관) 공동연구에 참여

기본적으로 개방형 혁신의 유형에 따라 다양한 수단을 활용할 수 있다.

먼저, 내부지향형 개방형 혁신과 관련해서는 사내 창업을 통하여 외부 인력의 고용, 외부지식이나 지적재산권을 라이선스하는 일, 혁신 공동체의 설립 및 주도적 운영, 자사 주도의 공동연구의 추진 및 외부 인력을 자사 프로젝트에 참여 허용 등을 들 수 있다.

다음으로, 외부 지향형 개방형 혁신의 수단으로는 내부인력에 의한 외부에 기업 창업 및 지원, 내부지식 및 지적재산권을 외부의 기업에게 라이

선스, 외부의 혁신 공동체에 대한 참여, 내부 연구원의 타사 및 타 기관의
공동연구 프로젝트에 참여 등을 들 수 있다.

2) 개방형 혁신의 장단점

일반적으로 개방형 혁신은 여러 가지 장단점을 가지고 있다. 우선 장점
은 다음과 같다.

먼저, 개방형 혁신은 내부의 연구개발역량을 대폭적으로 확보하지 않아
도 된다는 점에서 자원(resources)을 절약할 수 있다.

둘째, 개방형 혁신은 외부의 기술적 지식과 내부의 지식을 결합한다는
점에서 내부연구개발활동에 대한 시너지(synergy)를 창출할 수 있다. 기업은
외부의 지식을 바탕으로 보다 차별화된 제품과 서비스를 창출할 수 있다.

셋째, 기업은 혁신의 기회(innovation opportunities)에 대한 보다 체계적인
접근을 할 수 있다. 기술혁신이 빠르게 진행되는 상황 속에서 외부지식에
대한 신속한 접근은 기업에 혁신의 기회를 높여준다.

넷째, 개방형 혁신은 내부 연구개발 조직 및 인력에게 스스로의 연구개발
및 기술혁신 활동을 되돌아보고 반성(reflection)을 하여 기술혁신능력을 증대시
키는 계기를 제공해 준다. 기업은 꾸준히 새로운 기술발전의 추세를 주시하여
야 하지만 내부의 연구개발활동에 집중하다보면 이는 쉬운 일이 아니다. 기업
외부의 경쟁기업, 대학, 연구기관과의 협력은 기업으로 하여금 자신의 연구개
발 활동과 역량을 되돌아볼 수 있는 기회를 제공해 준다.

그러나 개방형 혁신은 단점도 가지고 있다.

먼저, 개방형 혁신은 체계적으로 추진하지 않으면 협력 파트너에게 자
신의 혁신역량(innovation capabilities)을 넘겨줄 위험이 있다. 특히 기업들 간의
개방형 혁신을 추구할 경우 협력 파트너가 상대방의 핵심역량을 모방할 가
능성이 크다.

둘째, 개방형 혁신은 이에 대한 체계적인 경영이 없으면 실패할 위험이
있다. 특히 협력 상대와의 협력과 협상은 물론 참가자들 간의 업무의 조정
(coordination) 및 조화 등 다양한 인사조직적 문제를 다루어야 한다.

셋째, 협력 당사자들의 고의적인 업무 해태(job laziness)의 위험성이 있다. 개방형 혁신은 기업 내의 기술혁신활동과 달리 본사로부터의 체계적 관리를 받지 않고 협력 당사자들이 자체 혁신활동보다는 업무에 소홀하기 쉬우며, 경우에 따라서는 고의적으로 협력을 등한시하는 경우도 생긴다.

넷째, 개방형 혁신은 자원배분(resources allocation)에 있어서 내부의 기술혁신활동에 비하여 차별적 대우를 받을 수 있다. 경영층은 내부의 연구개발 혁신에 더 많은 관심을 가지는 경향이 많으며, 이에 따라 개방적 혁신은 자원배분에 있어서 불이익을 받을 가능성이 있다. 이는 개방형 혁신에 참가한 조직 및 연구원의 사기를 저하시키는 큰 요인이 된다.

4. 개방형 혁신의 성공방안

개방형 혁신은 자동적으로 이루어지는 것이 아니기에 이에 성공하기 위해서는 이에 대한 체계적 경영(systematic management)이 필요하다. 좀 더 세부적으로 살펴보면 다음과 같다.

첫째, 개방형 혁신이 성공하기 위해서는 최고경영자(top management)의 적극적인 참여가 필요하다. 최고경영자는 기업의 경쟁우위 확보에 있어서 기술혁신의 중요성을 충분히 인식하여야 할 뿐만 아니라 기술혁신에 있어서 외부적 지식의 필요성을 인식하여야 할 것이다. 이를 바탕으로 개방형 혁신에 참여하는 조직 및 인력에 힘을 실어주고 이들과 내부 혁신자들 간의 시너지 창출을 적극 후원하여야 할 것이다.

둘째, 개방형 혁신은 전사적 차원(corporate level)으로 추진되어야 한다. 기업이 혁신능력을 바탕으로 새로운 제품과 서비스를 창출하는 데 필요한 지식은 연구개발부서 혹은 상위 경영자만의 몫은 아니다. P&G에서 잘하고 있는 바와 같이 기업 내의 모든 구성원은 자신의 역량과 네트워크를 바탕으로 다양한 내·외부 지식을 확보·공유하는 전사적인 개방형 혁신이 이루어져야 할 것이다.

셋째, 개방형 혁신은 조직의 관행(routines)으로 정착되어야 한다. 기술혁신활동에 있어서 새로운 지식의 수용 및 학습에는 조직 구성원들의 적극적인 참여가 필요하다. 조직 내에서 외부지식에 대한 비판 및 수용거부의 문화가 있으면 개방형 혁신은 성공하기 어렵다. 이 점에서 성공적인 개방형 혁신을 이루기 위해서는 기업이 학습조직(learning organization)이 되어 외부지식을 적극 수용하여야 할 것이다.

넷째, 개방형 혁신은 외부지식의 내부 활용 및 내부지식의 외부 활용이라는 점에서 조직 구성원 전체가 적절한 네트워크(networks)를 구축·운용하여야 할 것이다. 이에 따라, 기업은 조직 구성원들의 내·외부 네트워크에 대한 참가를 독려하고 필요하다면 새로운 네트워크를 구축·운용하는 것을 지원하여야 할 것이다.

사례 11

LG화학의 개방형 혁신

1. LG화학의 역사와 개관

LG화학은 세계적 거대기업인 LG그룹의 모태기업으로서, 1947년 화장품을 제조하는 '락희화학공업사'라는 이름으로 설립되었다. 이 기업은 눈부신 발전을 하여 오면서 사명이 ㈜럭키로 바뀌었다가 1995년 LG화학이라는 현재의 이름으로 바뀌어 오늘에 이르고 있다. LG화학은 1979년 대덕에 중앙연구소를 설립하는 등 기술혁신을 통하여 성장해 오고 있으며, 2022년 현재 세계 화학업체 중 3위의 브랜드 가치를 차지하였다(1위는 독일 화학회사인 BASF). 이 기업의 홈페이지에 따르면, 주력 사업영역은 석유화학, 첨단소재, 생명과학이며, 3대 신성장동력 분야로서 ① 친환경 소재 중심의 sustainability 비즈니스, ② 전지 소재 중심의 e-mobility 비즈니스, ③ 글로벌 혁신 신약 개발 비즈니스를 설정하고 있다. LG화학의 성장에는 연구개발활동을 통한 기술혁신의 창출이 결정적으로 기여하였는데, 전술한 바와 같이 1979년에는 대덕에 중앙연구소(현재 이름은 기술연구원)를 설립하였고, 2018년에는 서울에 마곡R&D캠퍼스를 설립·운영하고 있다. 2021년 기준 LG화학의 매출액은 42조 7,000억 원이며, R&D 투자는 1조 3,871억 원이고 R&D 인력은 6,300명에 이르고 있다.

창립 당시 화장품 제조회사로 출발한 LG화학은 1952년 국내 최초로 플라스틱 가공 제품을 생산하며 LG의 주력계열사로 성장하였다. 1960년까지 생활제품을 중심으로 몸집을 키운 LG화학은 1970년대와 1980년대 석유화학, 정밀화학, 에너지 등으로, 최근에는 첨단소재, 생명과학 분야까지 사업영역을 확대해 오고 있다. 이 과정에서 LG화학은 연구소와 공장을 적극적으로 설립하고 M&A를 통해 치열한 화학시장에서 도태되지 않고 자신만의 경쟁우위를 구축하였다. LG화학이 락희화학공업사, (주)럭키에서 현재 대한민국의 대표적인 기업으로 성장하기까지 단순히 기술 자체의 개발만으로는 이루어질 수 없었다. 빠르게 변화하던 20세기와 21

세기에서 LG화학이 성공하기 위해서는 자신들이 개발한 기술을 효과적으로 사업
화하며 경쟁우위를 확보, 유지, 발전시켜 왔다.

2. LG화학의 R&D 조직구조와 문화

LG화학은 지속가능한 경쟁우위를 확보하기 위해서 혁신적인 조직문화가 필요하
다는 것을 인지했고 혁신 우호적인 문화를 형성하기 위하여 조직구조를 개편하였
다. 특히 대기업의 관료적이고 기계적인 조직구조는 급변하는 기술환경에 대응할
수 없음을 인지하고 개방형 운영체계를 도입하였다. LG화학은 연구소 내의 조직
구조를 변경하기 위해 조직 내 장벽을 제거함으로써 의사소통, 지식공유를 활성화
하였으며 사업간, 부분 간의 경계를 허물었다. 또한, 연구소에 네트워크 조직구조
인 '가상팀(virtual team)' 제도를 도입하여 하나의 프로젝트가 생기면 각 연구팀
은 강점에 맞춰 새롭게 가상의 조직을 구성해 서로 협력하여 연구개발활동을 수행
하도록 하였다. 이 제도는 아주 새롭고 혁신적인 형태의 내부 혁신 방법으로써 빠
르게 변화하는 환경에 신속한 대응을 가능하게 한다는 이점이 있는데 LG화학은
이를 활용하여 계층적인 조직구조의 단점을 보완하고 연구개발 프로젝트를 신속
하게 수행할 수 있었다.

조직 차원에서는 LG화학 본사의 기술전략 담당 직원들과 기술연구원 전략기획
팀 직원들이 '개방형 혁신(open innovation)' 관련 업무를 전담하고 있으며, 특히
전략기획팀 내에 각각 내부협력, 외부협력, 시스템운영의 업무를 담당할 직원을 지
정하는 등 전사적인 차원에서 개방형 혁신을 추진하고 있다. 아울러 기술연구원의
전략기획팀은 개방형 네트워크를 활용한 외부기술의 탐색에 주된 역할을 담당하
고 있다. 이는 연구개발경영에 기술적 지식을 가진 중간 경영자를 적극 활용한 것
이며 전사적 차원의 직 연구개발관리를 위한 기반을 마련한 것이라고 분석된다.

LG화학은 구성원의 혁신에 대한 부정적 의식을 없애고 혁신 우호적인 문화를
형성하기 위하여 Challenge Solution 공모제도 등을 운영하고 있고 이와 같은 제
도의 정착을 위해 마일리지 포인트와 수백만 원대의 상금 등의 충분한 인센티브
를 제공하고 있다. 이 제도는 연구개발 프로젝트의 기술적 문제에 대한 연구원 내

에서의 해결방안 공모제도이다. 이는 InnoCentive사의 모델을 사내에 적용한 것으로 아이디어 차원의 해결방안인 Paper Solution과 실험결과를 포함하는 해결방안인 Wet Solution을 수백만 원대의 상금을 걸고 공모하여 성공적인 문제해결 시 상금을 지급하는 제도이다. 또한, LG화학은 지식관리시스템(KMS: knowledge management system)의 Q&A를 활용하여 연구원들이 간단한 질문을 통해 본인이 겪고 있는 기술적 문제나 해결방안을 묻고 다른 연구원이 이에 답변하는 방식을 대폭 확대하고 있다. 질문자와 답변자에게는 게시와 동시에 마일리지 포인트를 제공하고 답변의 도움 정도를 질문자가 평가하여 추가적 포인트와 상금을 지급하는 등 제도의 개선을 지속적으로 진행하고 있다. 이 두 가지 제도는 기업의 내부 결속력을 강화하고 창의성과 혁신성을 향상하기 위한 제도이며 구성원에게 혁신의 중요성을 확산시키는 방안이라고 생각된다.

3. LG화학의 개방형 혁신

LG화학는 성장 원동력이었던 석유화학 부문 주요 제품군이 성숙시장에 진입하면서 매출은 꾸준히 증가하였지만, 이익은 지속해서 감소하여 큰 어려움을 겪었다. 또한, R&D 투자와 특허의 등록 건수는 증가하나 기술료는 매번 적자를 기록하는 등 기업 전체적인 차원에서의 혁신이 필요한 시점이었다. 이에 LG화학은 향후 지속적인 경쟁우위를 확보하기 위해서는 혁신과 신제품 개발로 새로운 경쟁우위를 확보할 수 있는 미래 성장 전략의 수립이 필요하다고 판단하였다. LG화학은 시장변화에 대응하고 제품과 기술 경쟁력 강화 그리고 R&D 성과 가속화를 위하여 외부 기술을 적극적으로 활용하는 개방형 혁신을 추진하기로 하였다. LG화학은 2000년대 중반 이후 개방형 혁신을 강조하며 연구 요원의 포럼 참석, 지식공유, 정보교환 등을 적극적으로 후원하고 있다. 또한, 글로벌 네트워크를 보유한 미국기업과 계약을 맺어 지식개발을 활성화하고 있으며 KMS 활성화를 통하여 기술 관련 지식을 체계적으로 관리해 오고 있다. LG화학은 이같은 개방형 혁신을 통해 외부기업, 연구기관과 협력하여 새로운 제품, 시장을 창출하고자 노력하였는데 대표적인 사례로는 2차전지와 차세대 디스플레이 사업에 대한 성공적 진출을 들 수 있는데,

아래에는 이를 설명하기로 한다.

먼저 차세대 디스플레이 시장에 성공적으로 진입하고 경쟁우위를 확보하기 위해 LG화학은 2008년 3월 OLED 유기물질 중 인광 발광층 원천특허를 보유한 미국의 UDC사와 OLED 소자구조 개발과 관련한 상호개발계획을 체결하였다. 또한, 양사 간 공동연구를 통해 고효율 OLED 소자구조를 개발하는 등 개방형 혁신에 박차를 가하였다. 상호개발계약 체결로 LG화학은 OLED 소재 중 강점이 있는 유기공통층을, UDC는 원천특허를 확보한 인광 EML(발광층)을 서로 제공, 상호 테스트를 통해 두 물질 간 최상의 조합을 찾아내고, 궁극적으로 최고 효율을 갖춘 OLED 소자구조를 개발하였다.

아울러 LG화학은 새로운 성장동력의 마련을 위해 외부와 협력하여 신성장 산업으로 기대되는 2차전지 시장에 진출하고자 하였다. 휴대전화, 노트북 등에 널리 쓰이고 있는 2차전지는 한번 쓰고 버리는 1차 전지와 달리 계속 충전할 수 있는 배터리를 일컫는 것으로 하이브리드 자동차용 리튬 폴리머 전지의 시장확대로 시장 전망이 밝은 분야였다. 2차전지의 성장 가능성을 크게 본 LG그룹은 2차전지 개발을 LG금속에 맡겼다가 본격적인 사업 착수를 위해 LG화학으로 사업을 이관하였다. LG화학은 일본 도시바와 니켈수소전지 기술도입 계약을 체결하면서 전지사업을 추진하였다. 이는 새로운 전지사업 분야에서는 LG화학이 후발주자이기 때문에 신속한 경쟁력 확보 차원에서 기술도입을 하게 된 것으로 판단된다. 이를 통해 기술개발 역량을 키워 마침내 리튬이온 전지 개발을 완료하면서 국내 업체 중에서는 최초로 2차전지 사업에 뛰어드는 데 성공했다. LG화학은 캐즘(chasm)을 극복하고 2차전지 시장을 공략하기 위해 교두보(틈새시장)에 3백만 달러를 투자하여 미국의 전지 R&D 법인인 CPI(Compact Power Inc.)를 설립하였다. 이를 바탕으로 세계 최초로 세계 최대 용량인 2400mAn 원통형 리튬 이온 전지를 개발, 양산에 성공하였고, 이와 같은 성과를 바탕으로 일본의 Tokyo Battery Tech Center와 전략적 제휴를 체결하여 2차 전지 기술을 공동 개발함으로써 위험을 감소시켰다. LG화학은 이 같은 전략적 제휴를 통해 신기술 및 신제품을 공동으로 개발하여 시간과 자금을 절약하고자 한 것으로 판단된다.

4. 결론

급변하는 기술환경 속에서 변화의 속도에 적응하는 기업은 살아남고 적응하지 못하는 기업은 도태된다. LG화학은 1940년대부터 현재까지 대한민국의 기술발전 속도에 맞추어 끊임없는 혁신을 이루어 냈다. 먼저 LG화학이 채택한 네트워크 조직 형태는 기업이 전사적 차원에서 기술경영을 수행하기에 알맞은 조직 형태이다. 조직 구성원들은 정해진 자신의 업무만 수행하는 것이 아닌 자신이 속한 다양한 조직에 맞춰 기술혁신을 수행한다. 궁극적으로 LG화학은 종업원을 통해 기술혁신의 전사적 시너지를 창출해 낼 수 있게 되었다.

다음으로 LG화학이 시행한 Challenge Solution 공모제도는 종업원들 간 기술혁신 시너지 창출을 더욱 극대화하는 제도이다. Challenge Solution는 R&D 프로젝트의 기술적 문제에 대한 연구원 내 해결방안 공모제도이다. R&D 부서 내의 기술적 문제를 공론화함으로써 연구개발부서 내에서 수행하고 있는 다양한 프로젝트 간의 연계가 가능해진다. 또한, 연구개발활동에 관여하고 있는 인력은 연구개발의 성공에 대단한 영향을 미치는데, LG화학은 적절한 보상체계를 활용해 구성원의 창의성을 높이고 구성원 간의 상호작용과 관계 또한 증진하였다. 이처럼 LG화학은 자기 기업을 깊게 이해하고 이에 알맞은 기술전략을 사용해 조직 구성원으로 하여금 더 나은 결과를 창출할 수 있도록 노력하였다.

LG화학의 설립 초기의 주요 제품군은 생활용품으로 첨단기술이 산업의 주를 이루는 현대 사회에서는 성숙기에 해당하는 산업이었다. 첨단기술 분야에 기술능력이 상대적으로 부족하였던 LG화학은 이 같은 기업의 어려움을 목표로 하는 다양한 기술 및 산업 분야에서 적극적인 개방형 혁신(open innovation)과 전략적 기술경영(SMT: strategic management of technology)을 통해 극복하였다. 이 과정에서 LG화학은 기업 내부의 연구개발조직에서 축적한 기술능력을 바탕으로 원하는 기업과의 개방형 혁신을 적시에 추진하였다. 최근 LG화학은 '신임교수 대상 연구과제 공모' 및 '글로벌 이노베이션 콘테스트(GIK)' 등 새로운 개방형 혁신방법을 추진하고 있다.

마지막으로 LG화학은 자신들의 기술이 시장에서 우위를 점하지 못하는 상황 속에서 새로운 시장에 빠르게 적응하기 위해 적극적인 개방형 혁신을 추진하였다. 예를 들어, 리튬 전지 산업에서 자신의 내부 기술역량이 충분하지 않다는 점을 인식하고 이 시장에서의 점유율 확보라는 명확한 목표를 설정하고 그에 맞는 적절한 협력파트너를 설정한 후 과감한 자원을 투입하여 리튬 전지 시장으로의 공격적인 진출에 성공하였다.

전체적으로 LG화학은 자신의 기술적 역량을 정확히 파악하고 적극적인 개방형 혁신을 추진하고 시대의 흐름에 맞게 변화를 두려워하지 않으며 조직원 구성원의 역량을 최대한으로 끌어내는 기술경영을 추진하여 오늘날의 세계적인 화학기업이 되었다.

자료: 저자의 「기술전략」 강좌에서 준비·논의된 사례에서 발췌 및 보완

제 5 부

기술경영의
평가와 통제

제12장

기술의 사업화

제1절 기술 사업화의 개념

1. 기술 사업화의 필요성

그동안 과학기술의 사업화(S&T commercialization)에 대한 많은 논의가 이루어져 오고 있다. 전통적인 경영학에서 일반적인 사업화 혹은 상업화에 대한 논의는 오랫동안 진행되어 왔지만 기술의 사업화 및 상업화에 대해서는 최근에 와서야 논의되었다는 점에서 이는 매우 반가운 일이 아닐 수 없다. 그러나 기술 사업화에 대한 논의가 체계적으로 정리되지 않아서 독자, 실무자, 심지어 학자 간에 혼선이 있는 것 또한 사실이다. 여기에 기술을 둘러싼 사업화의 개념과 체계를 제시하고자 한다(<그림 12-1> 참조).

먼저, 사업화와 상업화가 혼동되어 사용되고 있는데, 이들 모두 commercialization에 대한 해석을 나타내 준다. 그러나 사업화라는 영문용어는 없

| 그림 12-1 | 사업화의 관련 개념 |

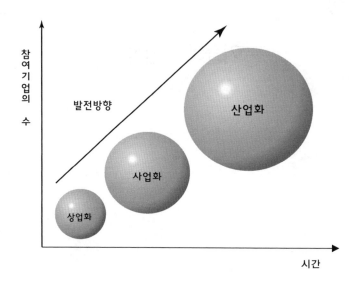

는데 이는 영어의 '사업을 행함(doing business)'을 의미하는 것으로 파악하여야 할 것이다. 이 점에서 상업화는 새로운 제품 및 서비스의 시장으로의 출하를 의미하며, 사업화는 출하된 제품 및 서비스를 바탕으로 하나의 사업(business)이 형성되는 것을 의미하는 것이다. 이에 따라, 상업화는 시간적인 지평이 짧고 단일 제품 및 서비스의 출하를 나타내는 좁은 의미인 데 비하여, 사업화는 시간의 지평이 길고, 다양한 유사 제품 및 서비스의 출하를 통한 사업의 형성을 나타내는 넓은 의미로 파악하여야 할 것이다. 이 점에서 사업화는 전사적 경영이 필요하다. 그 밖에 두 개념은 <표 12-1>에 나타나 있는 바와 같이 많은 차이가 있다.

다음으로 사업화와 유사한 개념으로 산업화(industrialization)의 개념이 있다. 산업(industry)은 유사한 제품과 서비스를 생산하는 기업들의 집합을 나타내는 것으로, 산업화(industrialization)는 이들 기업의 증가 및 이를 통한 새로운 산업으로의 형성과정을 나타내는 것이다. 일반적으로 새로운 산업은 새

표 12-1　사업화와 상업화의 차이

구분	사업화	상업화
개념	다양한 제품의 상업화를 통한 사업의 형성	단일 제품 및 서비스의 시장으로의 출하
범위	넓은 범위	좁은 범위
시간	시간적 지평이 긺	시간적 지평이 짧음
조직	전사적 차원의 지원이 필요	기능부서 차원의 지원이 필요
영향	영향력이 넓음	영향력이 좁음

로운 제품 및 서비스에 바탕을 두고, 새로운 제품 및 서비스는 새로운 과학기술에 바탕을 둔다는 점에서 과학기술(S&T: science and technology)은 산업화의 근본적인 출발점이며, 산업화는 경제적인 측면에서 과학기술혁신의 궁극적인 목표이다. 사업화는 개별 기업의 전략적 대응의 측면에서 바라보는 데 비하여 산업화는 종합적 측면 혹은 정부의 정책적 측면에서 바라본다는 차이점도 있다.

　그동안 다양한 제품과 서비스가 기술집약화되어 가면서 기술의 사업화 및 상업화가 중요하게 대두되고 있다. 기술의 상업화 및 사업화는 기술능력을 바탕으로 한 새로운 제품 및 서비스의 시장으로의 출하 및 이를 바탕으로 한 사업의 창출을 의미하는 것으로 파악할 수 있다. 이와 유사한 개념으로 기술 마케팅(technology marketing)이라는 용어가 대두되고 있는데, 이는 기술 자체를 마케팅한다기보다 기술을 바탕으로 한 제품과 서비스를 시장으로 출하하는 마케팅적 노력을 나타낸다는 점에서 기술 상업화와 유사한 개념으로 파악할 수 있을 것이다.

2. 기술 사업화, 첨단기술 사업화, 과학 사업화

여기에서는 기술의 상업화를 기술 사업화에 포함되는 개념으로 파악하

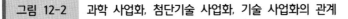

그림 12-2　과학 사업화, 첨단기술 사업화, 기술 사업화의 관계

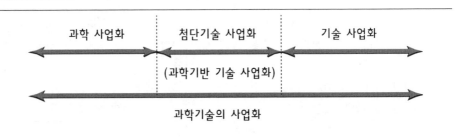

고 이에 관련된 다양한 개념을 논의하기로 한다. 기술 사업화와 유사한 개념으로는 '첨단기술 사업화', '과학 사업화'라는 개념이 있다. 이들에 대해 간략한 정의를 할 필요가 있다. 이들 세 유형의 사업화는 <그림 12-2>에서 제시하고 있는 바와 같이 서로 연계된 개념으로 파악할 수 있다.

먼저, 기술 사업화(technology commercialization)는 전술한 바와 같이 기술역량을 바탕으로 보다 개선된 제품과 서비스를 시장으로 출하하는 것을 의미한다. 그러나 여기에서 필요로 하는 기술역량은 다른 기업들도 확보하고 있는 연속적이고 일상적인 기반기술의 성격을 가지는 경향이 크다.

둘째, 첨단기술 사업화(high-tech commercialization)는 첨단기술역량을 바탕으로 한 새로운 제품과 서비스의 시장으로 출하 및 이를 바탕으로 한 새로운 산업의 창출로 정의할 수 있다. 여기에서 필요로 하는 기술은 시장에 도입되지 않은 기술로서 기존의 기술과 어느 정도의 단절성(discontinuity)이 있는 기술을 의미한다. 아울러 기술의 제품, 시장, 산업에 미치는 영향의 폭이 매우 크다. 첨단기술에 바탕을 둔 제품과 서비스는 기존시장에 새롭거나 새로운 산업 및 사업을 창출한다는 점에서 시장에서 수용이 쉽게 되지 않는다는 특징을 가지고 있다. 이 점에서 첨단기술 사업화는 보다 세심한 경영이 필요한데, 특히 처음 시장에 출하한 뒤에 다가오는 캐즘(chasm)을 건널 수 있는 세심한 노력이 필요하다. 이와 관련하여 Geoffrey Moore는 기술수용주기이론을 제시하면서 각 단계별 적절한 전략적 대응을 할 필요가 있음을 강조하였다(Moore, 1991, 2002). 첨단기술사업화의 대상이 되는 첨단기술은 기존의 기술과 단절성을 가지는데, 이 같은 단절성은 과학(science)에서 비롯한다는 점에서 이 유형의 사업화를 '과학기반 기술 사업화'(science-based business)라고 명명하기도 한다(정선양 등, 2011).

세 번째로, 과학 사업화(science business)는 과학적 지식이 새로운 제품과 서비스로 이어져 전혀 새로운 산업과 사업을 창출하는 것을 의미한다. 이 개념은 Gary Pisano에 의해 제시된 개념으로서, 그는 최근 들어 과학적 지식이 산업화로 이어지는 과학 사업화(science business)가 일상화되고 있다는 점을 강조하면서 이에 대한 대표적인 사례로 생명공학(biotechnology)을 들고 있다(Pisano, 2006). 과학 사업화는 사업화를 하기 위해 많은 장애요인을 극복하여야 하며, 단일 혹은 일부 기업의 노력보다는 정부의 여러 제도적 지원이 필요하다. 실제로 Pisano도 생명공학에 있어서 과학 사업화가 진행되어 왔으나 충분히 성공을 이루지 못한 것은 과학 사업화의 진행에 따른 기업의 조직적 대응과 정부의 제도적 대응이 뒤따르지 못한 데 이유를 들고 있으며, 이에 따라 과학 사업화에 따른 조직적 혁신과 제도적 혁신의 필요성을 강조하고 있다.

3. 효율적 기술 사업화의 방향

과학기술 사업화가 성공을 거두기 위해서는 다음과 같은 요건들이 있다.

첫째, 이상에서 살펴본 사업화의 제반유형(types), 즉 과학 사업화, 기술 사업화, 첨단기술 사업화를 파악하고 이에 대한 효과적 대응 및 경영을 하여야 한다.

둘째, 어떤 유형이든 간에 사업화는 시간(time)에 따른 진행과정으로 파악하고 각 단계에 따른 적절한 전략적 대응을 하여야 할 것이다. 각 단계에 참여하는 기업의 수, 경쟁구도, 필요로 하는 지식의 성격과 양 등을 면밀하게 파악하고 적절한 전략적 대응을 하여야 할 것이다.

셋째, 과학 사업화와 첨단기술 사업화는 새로운 과학적 지식 및 첨단기술의 사업화라는 점에서 기업은 과학적 지식 및 기술혁신 자체에만 몰두할 가능성이 있다. 그러나 이들 첨단과학기술이 사업화되기 위해서는 이에 따른 적절한 조직혁신, 전략적 대응이 필요하다는 점에서 과학기술혁신과 조직혁신과의 효율적인 연계(link)가 필요하다.

넷째, 과학기술의 사업화는 위험성이 매우 높고 시간을 많이 필요로 한다는 점에서 최고경영자(top management)의 적극적인 후원이 필요하다. 특히 과학 사업화 및 첨단기술 사업화의 경우에는 가시화된 제품 및 시장이 존재하지 않는다는 점에서 전사적 차원의 리더십이 필요하다. 즉, 과학기술의 사업화는 전략적 기술혁신경영의 핵심분야로서 다루어져야 할 것이다.

⋯ 제 2 절 기술 사업화 ⋯

1. 중 요 성

최근 들어 기술 사업화(technology commercialization)의 중요성이 크게 대두되고 있다. 전통적 경쟁전략인 차별화와 원가우위만큼이나 기술 사업화의 문제는 기업 경쟁력에서 대단히 중요한 요소가 아닐 수 없다. Nevens 등 (1990)은 신기술을 이용하여 더 많은 제품을, 더욱 빨리, 더 많은 시장에 도입하는 기업들이 경쟁에서 승리한다고 강조하면서, 전 세계의 선도기업들을 분석한 결과, 선도기업들은 ① 비슷한 규모의 경쟁기업보다 신제품 및 신공정의 상업화를 두세 배 많이 도입하고 있고, ② 그들의 제품에 두세 배의 많은 기술을 투입하고 있으며, ③ 두 배나 많은 제품과 세계시장에서 경쟁하고 있다고 주장하고 있다. 이들은 특히 기술의 사업화 능력이 영감에 의한 것이 아니라 땀과 노력에 의한 것이며 매우 정교화된 시스템(highly disciplined system)으로 파악할 것을 강조하고 있다. 즉, 기술의 사업화에 체계화된 접근방법이 필요하다는 점을 강조하였다.

기술의 사업화가 중요한 이유는 여러 가지를 들 수 있다. 먼저, 새로운 기술(new technologies)의 개발 및 확산이 빠르게 진행된다는 점이다. 새로운 기술은 기존의 기술 및 이에 기반을 둔 제품과 서비스의 구식화를 빠르게 진행시킨다. 이에 따라, 기술진보를 따라잡고 이를 사업화하지 않으면 기업은 경쟁에서 뒤질 수밖에 없다.

둘째, 기술개발에 소요되는 비용(costs)이 빠르게 증가하고 있다는 점이다. 기술진보의 비용이 증가한다면 기술에 바탕을 둔 새로운 제품을 많이 개발하고 출하하는 것이 경쟁에 있어서 대단히 중요하다.

셋째, 시장이 점차 분기화(fragmentation)되고 있다는 점이다. 분기화된 시장에서 다양한 고객의 수요를 효율적으로 충족시키기 위해서는 새로운 기술의 도입, 이의 사업화, 그리고 차별적인 제품의 도입은 대단히 중요한 과제가 아닐 수 없다.

그러나 이 같은 기술의 사업화는 쉬운 일이 아니라는 점에서 이를 체계적으로 접근할 필요가 있다. Nevens 등(1990)은 기업의 기술 사업화의 능력이 전통적인 경쟁우위의 원천인 규모, 능력 있는 노동력, 전유기술의 소유, 자본에 대한 접근만큼이나 중요하다는 점을 강조하고 있다.

2. 기술 사업화 능력의 측정

Nevens 등(1990)은 기업이 기술 사업화 능력을 확보하는 것이 중요하다는 점을 강조하면서, 선도기업들은 제품과 공정을 시장에 빠르게 출하하고, 기술을 광범위한 시장에 걸친 제품에 활용하며, 보다 많은 제품을 출시하고, 이들 제품에 다양한 기술을 활용한다는 네 가지의 특징을 가지고 있다고 주장한다. 즉, 이들 네 가지는 기업의 기술 사업화 능력을 구성하는 중요 요소로 파악할 수 있는데, 이를 자세히 살펴보기로 한다.

1) 시장으로의 도입시간

제품과 서비스의 시장으로의 빠른 도입은 기업에게 프리미엄 가격의 책정과 독점 가능성을 제공해 준다. 선도기업은 후발기업이 진입하기 어려운 진입장벽(entry barriers)을 설정하고 막대한 이익을 창출할 수 있다.

2) 시장의 범위

기술을 개발하는 비용이 높고 점차 증가함에 따라 기업은 기술을 가능한 많은 제품과 시장에 활용 및 확산시켜야 한다. 이는 기술혁신 비용을 분산화하는 것으로서 핵심기술역량을 다양한 제품과 시장에 적용하려는 핵심역량이론과도 일맥상통한다.

3) 제품의 범위

시장의 분기화(fragmentation)는 기업에게 기회를 제공한다. 기업은 이 같은 분기화된 시장과 다양한 고객의 수요에 맞게 다양한 제품을 개발하여 출시하여야 하는데 여기에 기술 사업화가 필수적이다. 선도기업은 경쟁기업들에 비해 더 많은 제품을 개발하여 세분화된 시장에 효과적으로 대응할 수 있다.

4) 기술의 범위

현대의 제품들은 다양한 기술적 요소를 포함하고 있다는 점에서 기업은 다양한 기술능력을 확보하고 이를 통합할 수 있는 능력을 보유하여야 한다.

3. 기술 사업화 능력의 구축방안

경쟁이 치열한 현대의 기업환경 속에서는 기업은 기술능력을 바탕으로 적절한 제품을 계속적으로 빠르게 시장에 출시하여야 한다. 이와 같은 기술 사업화의 역량은 학습(learning)될 수 있다. Nevens 등(1990)은 기술 사업화의

선도기업들을 분석한 결과, 기술 사업화 능력을 제고하기 위해서는 ① 최고
경영자가 기술 사업화를 기업경영의 최우선 순위에 넣어야 하며, ② 기술
사업화의 노력에 명확한 목표를 설정하여야 하고, ③ 범기능적 능력을 개발
하여야 하며, ④ 최고경영자를 기술 사업화 과정에 직접 관여하게 할 것을
강조하고 있다. 아래에서는 이를 좀 더 세부적으로 살펴보기로 한다.

1) 최고경영자의 관여

성공적인 기업의 경영자는 기술의 사업화를 기업경영 어젠다의 상층에
명시적으로 제시한다. 기술 사업화가 진정으로 중요하다면 최고경영자(top
management)는 이에 대한 명확한 시그널을 종업원들에게 제시하여야 한다.

2) 목표의 설정 및 벤치마킹

성공적인 기업의 최고경영자는 기술 사업화를 명확한 목표(goals)로 변환
하고 종업원들로 하여금 이를 달성할 인센티브를 제공한다. 대표적인 사례
로 Canon은 개인용 복사기 시장에 진입할 때에, 복사의 품질은 IBM의 사무
실용 복사기의 품질과 비슷하고, IBM의 최저가 모델의 가격이 3,000달러인
데 비해 자사의 제품은 1,500달러보다 낮아야 하며, IBM 복사기의 가장 가
벼운 모델이 35kg인 데 비해 자사의 제품은 20kg 미만이어야 한다는 명확한
목표를 제시하여 성공을 거두었다. 아울러 경쟁기업의 제품을 벤치마킹
(benchmarking)함으로써 기업은 기술의 사업화 과정을 개선할 수 있다.

3) 범기능적 능력의 구축

성공적인 기업들은 개별 기능의 높은 역량에 대한 자부심을 가지고 있
는 것이 아니라 범기능적 능력(cross-functional skills)에 대해 높은 가치를 부여
한다. 이 점에서 기능부서의 능력을 넘어서 이를 통합할 기술경영 및 프로
젝트 경영 능력의 필요성이 대두된다. 그러나 범기능적 능력을 육성한다는

것은 쉬운 일이 아니다. 일반적으로 각 기능부서는 자신의 업무와 역량에 주안점을 두고 있기 때문에 다른 부서들과의 협력에 소극적인 경향이 크다. 최고경영층의 개입 및 후원은 이 같은 범기능적 능력의 구축 및 운용에 대단히 중요한 역할을 담당한다.

4) 직접경영의 촉진

성공적인 기업의 경우에는 기술 사업화의 중요성을 보강하기 위해 최고경영자가 사업화 과정에 직접 개입한다. 이 같은 직접경영(hands-on management)은 사업화와 관련된 구체적 행동과 의사결정을 빠르게 하는 역할을 담당한다. 최고경영자는 기술 로드맵, 기술 사업화의 방향, 기술 사업화 시점·비용·효과 등에 대해 직접 챙겨야 한다.

4. 기술 사업화에 대한 평가

이상에서는 기술 사업화의 중요성과 능력의 구축방안에 관해 살펴보았다. 이상의 논의에 따르면 기술의 사업화는 일반적 경쟁요소(competition factors)인 원가와 차별화만큼 중요하다. 이에 따라, 기업은 다양한 기술을 확보하여 이를 다양한 제품으로 변환시키고 다른 기업보다 빠르게 시장에 출시하는 것이 중요하다. 이를 위하여 최고경영자는 기술 사업화에 대한 우선순위를 높이고, 명확한 목표를 설정하며, 범기능적 역량을 구축하고, 직접적인 경영을 하여야 할 것이다.

이와 같은 기술 사업화의 제반 이슈들은 기술경영의 전반적 측면을 모두 포괄한다. 즉, 다양한 기술능력의 확보를 통한 새로운 제품과 서비스를 많이 창출하여 다양한 시장에 출시하는 것은 기술경영의 기본적인 목표이다. 이를 위해서는 최고경영층의 관여 및 범기능적 능력의 구축이 대단히 필요하다. 이상의 두 측면을 통합하면 전략적 기술경영(SMT: strategic management of technology)을 의미하는 것이다. Nevens 등(1990)이 본 주제를 논의할 당시에는 기술경영이라는 용어가 일반적이지 않았기에 이들은 '기술의 사업화'라는 용어를 사용하였으나, 현대의 시각에서 보면 이는 '전략적 기술경영'을 나타내 주는 것이다. 또한 기술의 사업화는 전략적 기술경영의 중요한 분야임을 나타내 준다.

··· 제 3 절 첨단기술 사업화 ···

1. 기술수용주기이론

그동안 기술혁신경영에 있어서 시장의 반응에 관한 연구가 많이 이루어져 왔다. 이는 혁신적인 제품의 확산 및 수용의 문제로서 가장 대표적인 학자가 Rogers(1962)이다. 그는 혁신적인 제품의 확산에 관해 방대한 연구를 하였는데, 혁신적인 제품의 확산이 정규분포(normal distribution), 즉 종의 모양을

그림 12-3 Rogers의 혁신성에 기초한 수용자의 분류

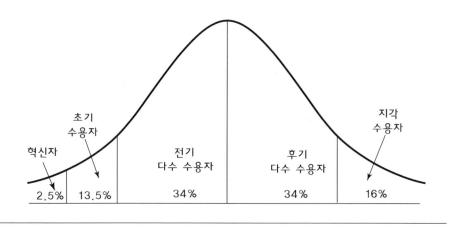

자료: Rogers, E., *Diffusion of Innovation* (New York: The Free Press, 3rd Edition, 1983), p. 248.

그린다고 강조하였는데, 이것이 이른바 기술수용주기론(technology adoption cycle theory)이다. 그는 혁신적인 제품의 수용자를 혁신성(innovativeness)을 바탕으로 구분하고 이들의 특징을 분석하고 전략적으로 대응하여야 성공을 할 수 있다고 강조하였다. 그는 정규분포상의 수용자를 <그림 12-3>과 같이 혁신자(innovators), 초기 수용자(early adopters), 전기 다수 수용자(early majority), 후기 다수 수용자(late majority), 지각 수용자(laggards)로 나누었다(Rogers, 1983: 247). 그는 사회 시스템 내의 잠재적 수용자 전체 중에서 혁신자는 2.5%, 초기 수용자는 13.5%, 전기 다수 수용자는 34%, 후기 다수 수용자가 34%, 지각 수용자가 16%에 이른다고 주장하였다. 그는 또한 이들 수용자의 유형을 특징지어 요약하고 있는데, 혁신자는 모험적인(venturesome) 사람들, 초기 수용자는 존경할 만한(respectable) 사람들, 전기 다수 수용자는 신중한(deliberate) 사람들, 후기 다수 수용자는 회의적인(skeptical) 사람들, 지각 수용자는 전통적인(traditional) 사람들로 표현하고 있다.

Geoffrey Moore(1991, 2002)는 첨단기술 사업화(high-tech commercialization)는 일반 기술의 사업화 혹은 마케팅과 매우 다르다는 점을 강조하였다. 그

| 그림 12-4 | Moore의 수정기술수용주기 모델 |

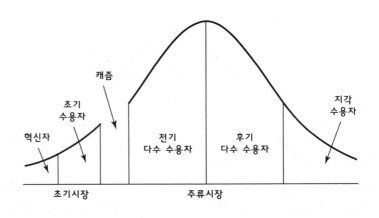

자료: Moore, G. A., *Crossing the Chasm: Marketing and Selling Disruptive Products to Mainstream Customers* (New York: HarperCollins Publishers, 2002), p. 17.

는 이를 설명하기 위하여 Rogers의 기술수용주기 모델을 '수정'하였는데, <그림 12-4>에서 제시한 바와 같이 초기 수용자 집단과 전기 다수 수용자 집단 사이에 큰 틈, 즉 캐즘(chasm)이 존재한다는 점을 밝혀냈다. 그는 여기에서 혁신자와 초기 수용자만 존재하는 시장은 초기시장(early markets)으로, 초기 다수파와 후기 다수파 등 절대 다수의 수용자가 있는 시장을 주류시장 (mainstream markets)으로 구분하였다. Moore에 따르면 첨단기술제품의 경우 이 같은 기술수용주기에 있어서 초기시장과 주류시장 사이의 캐즘(chasm)을 어떻게 건널 것인가가 첨단기술제품의 사업화와 성공에 핵심적이라는 점을 강조였다.

　　Moore는 Rogers와 유사하게 수정된 기술수용주기의 각 단계별 수용자 집단을 특징적으로 표현하고 있는데 혁신자는 기술 열광자(technology enthusiasts), 초기 수용자는 선구자(visionaries), 전기 다수 수용자는 실용주의자(pragmatists), 후기 다수 수용자는 보수주의자(conservatives), 지각 수용자는 회의론자(skeptics)로 표현하고 있다. 아래에서는 기술수용주기론의 각 단계별 특징을 살펴보기로 한다.

1) 혁신자: 기술 열광자

　　혁신자는 첨단기술제품을 열광적으로 수용한다는 점에서 기술 열광자 (technology enthusiasts)이다. 이들은 오랫동안 첨단기술제품이 출시되기를 기다리며 출시되자마자 구입하는 열성적인 팬들이다. 이 집단에 속하는 수용자는 전체 잠재적 수용자의 2.5%에 불과하다. 이들은 기업으로부터의 공식적인 마케팅이 없어도 제품을 구입하며, 초기 제품의 성능 및 사양이 만족스럽지 않아도 개의치 않는다. 이와 같은 기술 열광자는 새로운 기술의 문지기 역할을 담당한다. 기업은 이들로부터 자신 신제품에 대한 조기의 피드백을 받을 수 있고, 이들은 자신의 주변 사람들에게 어느 정도 영향력을 행사할 수 있다. 기업은 최신의, 최고의 기술제품을 창출하면 기술 열광자를 매료시킬 수 있으나 이들의 수는 매우 소수이기 때문에 많은 수익을 창출하기는 어렵다. 이들은 다른 사람들의 구매에 충분한 영향력을 행사할 수는 없으나 초기 제품을 테스트하고 개선하기 위한 교두보(beachhead)의 역할을 한다.

2) 초기 수용자: 선구자

선구자(visionaries)는 기술수용주기의 초기에 위치한 사람들로서 첨단기술제품을 전략적 기회에 활용하려는 사람들이다. 이들은 '꿈'에 의해 매우 큰 동기가 부여되어 있으나 그 꿈은 기술적이라기보다 사업적인 목표를 추구하고 있어 산업에서 도약을 하려는 목표를 가지는 경향이 많다. 여기에 속하는 수용자들은 전체의 13.5%에 해당된다. 이들 선구자는 제품의 개선보다는 자신의 꿈을 실현시킬 수 있는 대단한 혁신을 선호한다는 특징을 가지고 있다. 이들은 기술의 거대한 잠재력을 파악하고 기술의 중요성을 인식하고 있기 때문에 제품의 가격에 크게 민감하지 않다. 그러나 이들에게 제품을 판매하기는 쉽지만 이들은 제품에 대한 기대가 매우 크다는 점에서 만족을 시키기는 어렵다. 이들은 기술수용주기의 조기단계에 존재하면서 상당한 수익을 창출하고 눈에도 많이 띈다는 장점이 있다. 이들이 없으면 첨단제품의 시장창출은 불가능하다.

3) 전기 다수 수용자: 실용주의자

전기 다수 수용자는 실용주의자(pragmatists)로서 막대한 양의 첨단기술제품을 구입한다. 이들은 매우 조심성이 많고 시장의 선도자가 되려 하지 않으며 쉽게 구입에 나서지 않는다. 이들의 구매는 이미 입증된 실용성에 바탕을 둔다. 이 점에서 이들은 다른 사람들의 구매 행위와 결과를 참조하며 이들과의 활발한 관계를 가진다. 여기에 속하는 수용자들은 전체의 34% 정도에 해당된다. 이들은 점진적이고도 측정가능하며 예측가능한 진보와 개선에 관심을 가진다. 그러나 이들은 한번 만족하면 대단히 열성적이며 제품의 표준화에 많은 기여를 한다. 이들은 자신이 구입하는 제품이 기업의 명성, 품질에 미치는 영향에 관심이 많으며 해당 제품을 지원하는 하부구조에 많은 관심을 가진다. 이에 따라, 이들은 시장의 선도자를 살펴보고 제품을 구입하려는 경향이 많다. 이 점에서 첨단제품을 판매하려는 기업의 입장에서는 인내심을 가지고 이들이 원하는 문제의 해결에 노력을 하여야 한다. 이

들은 제품의 표준화에 대단히 중요한 영향을 미친다는 점에서 향후 수익창
출에 대단히 중요한 수용자 집단이다.

4) 후기 다수 수용자: 보수주의자

후기 다수 수용자에 속하는 수용자들은 평균적인 수의 사람들이 첨단기
술제품을 수용한 이후에 수용하는 보수주의자(conservatives)이다. 이들은 경제적
인 필요와 동료 집단들의 압력에 의하여 제품을 수용한다. 여기에 속하는 수
용자들은 전체의 34% 정도에 해당된다. 이들은 일반적으로 불연속적 혁신에
부정적이다. 아울러 이들은 기술에 대해서 약간의 두려움도 가지고 있으며,
첨단기술제품이 많은 사람이 이미 구입하여 상품(commodity)의 형태가 되었을
때 구입을 한다. 또한 이들은 상대적으로 적은 예산을 가지고 구매를 하기 때
문에 개별적으로는 판매기업에게 중요하지는 않다. 그러나 이 집단에 속하는
수용자들이 전체의 34%에 이르는 다수라는 점에서 이들의 수요를 적절하게
충족시킬 수 있다면 많은 수익을 창출할 수 있다. 이 부류에 속하는 수용자들
은 많은 기능들이 포함된 이미 조립된 패키지 상품을 선호한다. 아울러 이들
은 예산이 많지 않기 때문에 할인된 가격으로 제품을 구입하려고 한다.

5) 지각 수용자: 회의론자

지각 수용자는 첨단기술제품 및 변화에 대해 부정적인 생각을 가지는
회의론자(skeptics)이다. 여기에 속하는 수용자들은 전체의 약 16% 정도가 해
당된다. 이들은 첨단제품에 대해 관심이 거의 없으며, 구매의사결정에 있어
서 이미 수용한 사람들을 참조하지 않고 자신의 과거 경험을 고집하는 경향
이 많다. 이들의 재무적 자원은 매우 제한되어 있어서 새로운 제품의 구매
를 매우 꺼리는 경향이 많다. 이들은 제품의 설명과 실제의 기능에 차이가
많다는 주장을 하는 경향이 많고, 이 같은 주장은 종종 제품의 판매에 부정
적인 영향을 미치기도 한다.

2. 캐즘의 발견과 횡단전략

Moore의 첨단기술 마케팅 모델은 기술수용주기가 자연스럽게 이어지는 것이 아니라 각 단계마다 틈새가 있다는 것이다. 일반적으로 기업은 마케팅 노력을 통하여 수용주기의 오른편으로 지속적으로 이동하려고 노력하는데, 이 노력에 있어서 이전 단계의 수용자들은 다음 단계로 넘어가는 데 좋은 참조가 된다. 그러나 첨단기술제품의 경우에는 기술수용주기에서의 이동의 노력에 있어서 앞 단계 수용자들이 준거의 틀로서 별로 도움이 되지 않으며, 각 단계마다 틈새가 있다는 것이다. 즉, 혁신자와 초기 수용자, 초기 수용자와 전기 다수 수용자, 전기 다수 수용자와 후기 다수 수용자, 후기 다수 수용자와 지각 수용자 간에 틈새가 있다는 것이다. 특히 Moore는 초기 수용자와 전기 다수 수용자 사이의 틈새는 대단히 크다는 점을 강조하고 이를 캐즘(chasm)이라고 이름 지었다. 좀 더 포괄적으로 표현하면 혁신자와 초기 수용자가 포함된 초기시장(early markets)과 전기 다수 수용자와 후기 다수 수용자가 포함된 주류시장(mainstream markets) 간에 큰 틈새가 있는데 이를 캐즘이라고 표현한 것이다.

이와 같은 캐즘의 발생 원인은 초기 수용자와 전기 다수 수용자 간의 구매의 동기가 서로 다르기 때문이다. 즉, 초기 수용자는 스스로를 변화의 선도자(change agent)로 생각하며 첨단기술제품의 조기 활용을 통하여 산업을 변화시키고 경쟁에서 리드를 하려고 한다. 이들은 첨단기술제품이 아직 완전하지 않아도 별로 개의치 않으며 문제점을 찾아낼 준비가 되어 있다. 이에 반하여, 전기 다수 수용자는 첨단기술제품의 구매의 동기가 기존사업의 생산성 향상(productivity improvement)을 목표로 한다. 그들은 기존산업의 경쟁력을 강화하기 위하여 기술을 구매하는 것이며 실용주의자들로서 문제점이 없는 제품을 기대한다. 이와 같은 두 집단의 구매동기의 차이로 인하여 초기 수용자는 전기 다수 수용자에 대한 마케팅에 좋은 참조가 되지 않는다. 아울러 전기 다수 수용자는 자신의 조직을 흔드는 것을 좋아하지 않기 때문에 이들의 구매의사결정에는 다른 구매자들에 대한 참조가 매우 중요하다.

첨단기술제품들은 이와 같은 캐즘을 넘지 못하고 실패하는 경우가 대단히 많다. 실제로 많은 첨단기술제품에 있어서 초기시장(early markets), 즉 혁신자와 초기 수용자에게만 제품을 판매하는 것은 절대적인 판매량이 적기 때문에 수익을 창출할 수 없다. 기업이 그동안의 투자를 회수하고 수익을 창출하기 위해서는 가능한 빨리 주류시장(mainstream markets)에 진입하여야 한다. 다시 말해, 첨단기술의 사업화 및 첨단기술제품의 마케팅이 성공을 거두기 위해서는 이같이 넓은 캐즘을 뛰어넘어야 한다. Moore(2004, 2005), Shane (2009: 52-55)에 따르면, 이와 같은 캐즘을 뛰어넘고 주류시장으로 진입하기 위해서는 다음과 같은 노력을 기울여야 한다.

첫째, 캐즘을 넘기 위해서는 자신이 처음부터 지배할 수 있는 아주 특정한 틈새시장(specific niche market)을 목표로 하여야 한다. 이 같은 틈새시장은 우리가 가장 많은 가치를 제공해 줄 수 있는 특정한 고객집단이 될 것이다. 이를 통하여 기업은 향후 주류시장에 접근하는 데 도움이 되고 참조가 될 수 있는 교두보(beachhead)를 확보하여야 한다. 어떤 틈새시장을 선택할 것인가의 결정은 제품원가의 회수기간(payback period)이 가장 짧은 시장이 가장 좋으며 이와 같은 회수기간의 산정이 어려울 경우에는 고객에게 가장 많은 가치(예를 들어, 고객의 원가절감)를 제공하는 시장을 선택하여야 한다.

둘째, 기업은 고객들에게 첨단기술제품을 완전완비제품(whole product)으로 제공하여야 한다. 완전완비제품이란 제품의 기본적 성능의 확보는 물론 고객이 필요로 하는 모든 문제점을 해결해 줄 수 있는 제품을 말한다. 주류시장의 수용자들은 이 같은 완전한 문제해결을 원하기 때문에 이 같은 완전완비제품을 제공하지 못하면 캐즘을 넘기가 어렵다.

셋째, 기업은 단일 산업의 고객에 집중하는 수직 마케팅 전략(vertical marketing strategy)을 추구하여야 한다. 주류시장의 고객들은 제품의 구매에 있어서 자신들이 아는 수용자들을 참조하는 경향이 크다. 이에 따라, 다른 산업의 고객에 집중하는 수평 마케팅 전략(horizontal marketing strategy)은 성공을 거두기 어렵다.

넷째, 캐즘을 넘기 위해서는 시장에 대한 정보가 제한되어 있음을 인정하고 '정보에 바탕을 둔 직관(informed intuition)'을 활용하여야 한다. 초기 수용자 집단은 전체 잠재적 수용자 중에 일부만을 차지하고 있기 때문에 이들의 구성, 구매성향, 태도 등에 관해서는 충분한 정보를 확보할 수 없다. 아울러 목표시장을 시나리오 기법을 통하여 구분할 필요가 있다.

다섯째, 이상의 여러 단계를 거친 후 선택된 틈새시장, 즉 교두보(beachhead)에서는 반드시 성공을 거두어야 한다. 첨단기술제품이 교두보 시장에서 성공을 하지 못하면 캐즘을 건너 주류시장으로 건너갈 수 없다. 이를 위해서는 이 같은 교두보 시장이 너무 크거나 너무 작아서도 안 되며, 기업의 환경에 적합하게 최적의 규모를 가져야 할 것이다.

··· 제4절   과학 사업화 ···

1. 배   경

기초과학의 중요성이 전 세계적으로 점점 중요하게 대두되면서 과학 사업화(science business)의 사례가 더욱 늘어나고 있으며, 그 결과 과학사업화의 중요성이 크게 확대되고 있다. 과학과 산업과의 관계를 가장 명확하게 제시한 학자는 아무래도 Schumpeter(1911, 1934)이다. 그는 자본주의 경제발전에 있어서 과학기술의 역할을 크게 강조하고 있다. 물론 그는 기술혁신의 중요성을 강조하면서 기술혁신을 역사상 최초로 포괄적으로 정의하였지만, 이들 기술혁신의 창출 및 자본주의 경제발전에 있어서 과학(science)의 역할을 크게 인식하고 있었다.

그는 과학은 기술혁신의 군집(cluster)을 창출하여 기존의 산업구조 및 질서를 파괴하는 창조적 파괴(creative destruction)의 광풍(gales)을 가져와 기존의 제품을 생산하는 기존산업을 파괴해 간다고 강조하고 있다. 이 같은 창조적 파괴를 가져오는 기술혁신의 유형은 혁신성이 매우 높은 제품혁신(product inno- vation)으로서 이는 공정혁신과 달리 과학에 기반을 두는 것이 일반적이

다. 슘페터는 제품혁신의 중요성은 자본주의의 속성과 경쟁우위의 확보과정
의 성격을 이해하는 데 근본적인 시사점을 제공해 주기 때문이라고 강조하
면서, 기존의 경제학자들이 '자본주의가 어떻게 기존의 구조(existing structures)
를 관리할 것인가'의 잘못된 문제의식을 가져왔다고 강조하고, 적절한 문제
의식은 '자본주의가 어떻게 기존의 구조를 창조하고 파괴하는가?'라고 강조
하고 있다(Schumpeter, 1943).

이와 같은 슘페터의 주장은 후세 경제학자들에게 대단한 영향을 미쳤는
데, 그 이유는 그가 기술발전과 경제발전의 단절성(discontinuity)을 강조하였
기 때문이며, 이 같은 단절성은 일반적으로 과학(science)으로부터 촉발된다는
점이다. 과학은 기술혁신을 촉진시켜 새로운 산업(new businesses)을 창출하고
새로운 산업의 기존산업의 대체는 자본주의의 발전을 가져온다는 것이다.
여기에서 혁신은 단순한 '기술적' 혁신을 나타내는 제품혁신 및 공정혁신의
범위를 넘어, 새로운 시장의 개척, 원자재의 새로운 원천의 확보, 새로운 시
장의 개척 등을 포괄하고 있다. 슘페터가 최근의 경제학에서 대단히 중요한
의미를 갖는 것은 기술진보(technological progress)가 과거에 대한 주요한 파괴
(major breaks), 즉 거대한 단절 혹은 붕괴(giant discontinuity or disruption)를 가져
온다는 점을 강조하였기 때문이다. 이 같은 거대한 단절성을 창출하는 것은
사업에서 게임의 규칙(rule of games)을 바꾸어 버리는 불연속적 혹은 파괴적
혁신으로부터 창출되며, 이들 혁신은 과학으로부터 창출된다. 즉 과학은 불
연속적 혹은 파괴적 혁신을 가져와 새로운 산업을 창출한다는 것이다. 이렇
게 슘페터는 과학 사업화에 대해서 새로운 시각을 제시하며 연구의 업적을
남겼다.

이러한 과학 사업화는 과학의 요소가 매우 중요한데, 이러한 기초과학
의 중요성에 대해서는 그동안 많은 문헌과 연구가 있었다. Pavitt(1991)는 "무
엇이 기초연구(basic research)를 경제적으로 중요하게 하는가?"의 문제를 체계
적으로 논의하였다. 그에 따르면 기초연구는 기술혁신에 대한 점점 중요한
직접적 투입물을 형성할 뿐만 아니라, 기초연구가 연구훈련 및 기능의 확보
의 측면과 계획되지 않은 응용을 제공해 준다는 점에서 경제적으로 중요하
다고 강조하고 있다. 아울러 Rosenberg(1982)는 일찍이 "과학이 얼마나 경제

성장에 있어서 외생적인가?"의 문제를 과학이 기술을 어떻게 선도하는가의 측면에서 논의하였다. 그는 기술을 경제적 변수의 영역에 포함시키면서 과학과 경제영역 간에 심각한 인과관계의 연결이 되어있음을 강조하고 있다. 그는 과학이 전적으로 외생적이지 않다고 얘기하는 것은 쉽지만 과학과 경제와의 관계를 제시하는 것은 매우 어렵다고 주장하고 있다.

최근 들어 전 세계적으로 과학 사업화(science business)에 대한 논의가 많이 이루어지고 있다. 과학 사업화는 과학적 결과가 사업(business)으로 직접 연결되는 것으로 정의할 수 있으며, 이의 대두는 그동안 여러 과학기술분야에서 이 같은 현상이 두드러지게 나타나고 있음을 반증하는 것이다. 가장 대표적인 과학 사업화의 사례는 생명공학산업이며, 이는 Pisano(2006)에 의해 심층적으로 분석되었다. 실제로 생명공학분야에는 전 세계적으로 새로운 과학적 지식을 가지고 수많은 기업이 창업되었고, 지금도 창업되고 있다. 이젠 실무적으로나 학문적으로 생명공학산업(biotech industry)이라고 부르는 것이 어색하지 않은 시대가 되었다. 생명공학의 과학 사업화가 꽃을 피운 것이다.

Pisano는 생명공학산업이 과학 사업화의 대표적인 산업이라고 주장하면서 지난 30여 년간의 이 산업의 과학 사업화의 노력, 현황, 앞으로의 방향에 관해 논의하였다. 그는 특히 "과학(science)이 사업(business)이 될 수 있을까?"라는 명제에 매달리면서 과학이 사업 및 산업으로 발전하기 위한 제반방안을 제시하고 있다. 이와 같은 생명공학산업의 과학 사업화의 문제는 다른 산업 및 과학기술 분야의 과학사업화의 문제해결에 많은 시사점을 줄 것으로 기대된다. 정선양 등(2011)은 Pisano(2006)의 저서인 *Science Business*를 '과학 비즈니스'로 번역하여 우리나라 독자들에게 내놓았는데, 아래에는 이를 중심으로 살펴보기로 한다.

2. 생명공학의 과학 사업화

1) 생명공학 과학 사업화의 역사

과학 사업화는 과학적 결과가 사업으로 연결되는 것으로 대표적인 사례가 생명공학이다. Pisano(2006, 2010)에 따르면, 생명공학의 과학 사업화, 즉 생명공학산업의 역사는 1976년 최초의 생명공학회사인 Genentech가 설립되면서 시작되었다. 이 회사는 벤처캐피털리스트인 Robert Swanson과 University of California-San Francisco의 교수인 Herbert Boyer에 의해 유전자재조합기술 (recombinant DNA technology)을 가지고 설립되었다.

이 회사는 과학 사업화의 세 구성요소를 잘 나타내 준다(Pisano, 2006). 먼저, 새로운 기술을 창출함으로써 대학으로부터 민간부문으로의 기술이전 (technology transfer)이 있었다. 둘째, 핵심적인 단계마다 자금지원을 하고 창업자에게 위험감수에 대한 보상을 할 수 있는 벤처캐피털(venture capital)과 공모주시장(public equity markets)이 존재하였다. 셋째, 신생기업이 자금지원의 반대급부로 지적재산권을 기존기업들에게 제공할 수 있는 노하우 시장(market for know-how)이 존재하였다. 생명공학의 과학 사업화를 제대로 분석하기 위해서는 이들 세 구성요소를 파악하여야 할 것이다.

Genentech의 성공을 시작으로 전 세계적으로 생명공학분야의 과학 사업화가 크게 진전되었다. 수많은 생명공학자가 자신들의 과학적 지식을 바탕으로 새로운 기업을 창업해 왔다. 1980년대와 1990년대에 이 같은 신규 생명공학기업들은 수없이 많은 신제품을 출시하고 막대한 수익을 창출할 수 있을 것으로 기대되었다. 이들 소규모의 전문화된 생명공학기업은 연구개발활동에 특화되어 수직적으로 통합되고 관료적인 기존의 제약회사(pharmaceutical companies)와 다른 높은 연구개발 생산성을 나타내 줄 것으로 기대되었다. 이에 따라, 일부 학자는 생명공학기업은 연구개발에, 기존의 제약회사는 생산 및 마케팅에 특화하여야 한다는 주장을 펴기까지도 하였다.

그러나 생명공학 과학 사업화의 지난 30년의 역사를 분석한 후 Pisano (2006)는 다음과 같은 날카로운 비판을 하고 있다.

먼저, 그동안의 생명공학기업들 중에 극히 일부분의 기업만이 수익 (profits)을 창출해 왔으며, 대부분의 기업은 긍정적인 현금흐름을 창출하지 못하였다. 대표적으로 수익을 창출한 기업은 Genentech, Amgen 등이었다.

둘째, 생명공학이 기존 제약산업의 연구개발활동의 생산성(productivity)을 혁명적으로 개선하였다는 증거는 없다.

셋째, 생명공학기업들 스스로의 연구개발 생산성(R&D productivity)도 시간이 지남에 따라 개선되었다는 증거도 없다.

넷째, 시간이 지남에 따라 생명공학기업들은 연구개발 스펙트럼(R&D spectrum)의 위험이 높고 급진적 혁신을 창출하는 초기단계의 기초연구에서 후퇴하여 위험이 낮고 빠르게 수익을 창출할 수 있는 스펙트럼의 후기단계에 보다 많은 주안점을 두는 문제점이 도출되었다.

표 12-2 생명공학 과학 사업화의 체계

과학적 풍토의 특징		경제적, 조직적 도전과제		산업의 분석
• 심오하고 지속적인 불확실성		• 위험관리		1. 참여자들의 역할 및 전략: 신규참입기업, 기존기업, 대학, 공공연구기관, 투자자, 규제자 등
• 복잡성과 이질성	⇒	• 통합	⇔	2. 제도적 구성: 사모펀드 시장, 공모펀드 시장, 노하우 시장, 보조금 지급과정 등
• 급격하고도 누적적인 변화		• 학습		3. 거버넌스의 규칙: 지적재산권, 규제, 규범 등

자료: Pisano, G., *Science Business: The Promise, the Reality, and the Future of Biotech* (Boston, MA: Harvard Business School Press, 2006), p. 14; 정선양 등(역), 「과학 비즈니스」, 서울: 경문사, 39쪽.

2) 생명공학 과학 사업화의 주요 이슈와 대응

Pisano(2006, 2009)는 생명공학산업이 수익을 창출하지 못하고 진정한 의

미의 과학 사업화에 성공을 하지 못한 이유를 생명공학산업의 잘못된 구성
(anatomy)에 있다고 강조하고 있다. 그는 산업의 구성과 환경 간의 정합성(fit)
이 산업의 성공을 가져온다고 강조하면서, 생명공학산업이 실리콘밸리의 다
른 첨단산업과 유사한 구성을 가지고 있어서 충분한 성과를 창출하지 못하
였으며, 이에 따라 생명공학 고유의 합리적 구성의 필요성을 강조한다. 그는
생명공학산업의 구성이 불확실성, 통합의 필요성, 학습의 필요성 등 세 가지
측면에서 다른 첨단산업의 구성과 다름을 강조한다(<표 12-2> 참조). 아래에
서는 이들에 관해 살펴보기로 한다.

(1) 심오하고 지속적인 불확실성

생명공학산업은 다른 첨단산업분야에 비해 대단히 높은 불확실성(uncertainty)
을 가지고 있다. 우선 새로운 제품의 연구에서 출하에 이르는 회임기간이 대
단히 길어 10여 년 이상이 걸릴 수도 있다. 아울러 다양한 실험연구에서부터
새로운 제품으로 창출되는 비율이 매우 낮다. 이 같은 불확실성은 연구개발
및 기업경영에 있어서 높은 위험(risk)을 의미하는 것이다. 생명공학산업의 특
징상 벤처캐피털리스트들은 장기간의 투자를 할 수 없으며, 일반 공모주시장
도 생명공학 연구개발에 대한 투자에 적합하지 않다. 따라서 비즈니스로 작
용하려면 생명공학부문은 효율적으로 위험을 관리하고 위험감수(risk taking)를 격
려하고 보상하는 적절한 메커니즘을 필요로 한다. 이런 메커니즘은 다양한 범
위로 나뉜다. 위험은 불확실성(uncertainty)에 나오고, 불확실성은 기본적으로 정
보의 부족(lack of information)을 의미한다. 따라서 관련 정보를 만들고 확산시키
는 메커니즘은 효율적 위험관리(risk management)에 중요한 역할을 한다.

(2) 다양한 학문분야의 통합

생명공학에 관련된 학문분야(disciplines)는 대단히 많은데, 예를 들면 분자
생물학, 세포생물학, 유전학, 생물정보학, 계산화학, 단백질화학, 유전공학 등
정말로 다양하다. 이들 분야는 매우 복잡하고 이질적이다. 이들은 각각 새로
운 기회를 제공해 주기도 하지만 결국은 복잡한 퍼즐의 한 조각 정도만을 알
려줄 뿐이다. 과학적 지식기반이 넓어짐에 따라 관련 조각들을 통합(integration)

하는 도전은 더 어렵고 중요해졌다. 이를 잘해내려면 생명공학 산업부문은 학문분야를 뛰어넘는 재능, 기술, 역량을 한데 모아 적절히 섞어 통합하는 적절한 메커니즘(appropriate mechanisms)을 필요로 한다. 이런 메커니즘은 조직 측면의 구조와 전략 그리고 다양한 형태의 조직(대기업, 소규모 창업기업, 대학 등)이 상호작용하는 방법을 포함한다. 아마 가장 중요한 것은 다양한 과학적 배경과 기능적 배경을 가진 사람들을 적절히 섞어 모아 협력하고 정보를 교환하게 하는 방법을 필요로 한다는 점이다.

(3) 집합적 학습

생명공학분야는 다양한 분야를 포괄하고 있고 이들의 변화는 매우 급격하다. 아울러 이 분야는 전통적 과학기술분야로부터 지속적으로 지식을 축적하여야 한다. 과학기반산업에서 학습(learning)의 중요성은 매우 크다. 생명공학의 심오한 불확실성과 고도의 복잡성으로 인해 실패(failure)가 흔하다는 사실은 놀라운 일이 아니다. 그러나 이 분야에서 실패라는 단어를 조심할 필요가 있는데 그 이유는 다른 어떤 영역보다 이 분야의 모든 프로젝트는 진정한 하나의 실험이라는 점이다. 생명공학에서는 성공보다 실패가 훨씬 일반적이라는 점에서 '실패로부터 학습'이 대단히 중요하다. 이와 같은 학습은 개인, 부서, 시스템, 산업 차원에서 일어나야 한다. 따라서 이 산업부문은 경험으로부터 학습을 얻고 이용하는 메커니즘을 필요로 한다. 생명공학의 발전을 위해 집단지성(collective wisdom)을 배양·활용하여야 한다. 아울러 생명공학과 관련하여 M&A와 같은 단기적 거래를 벗어나 다양한 기업 및 기관과의 장기적 제휴(long-term alliances)를 활성화하여야 한다. 즉, 생명공학기업의 경영에 있어서 기업행위 및 기업거래 등을 통한 단기적 수익창출보다는 기업의 장기적 기술역량의 확보에 주안점을 두어야 할 것이다.

3) 과학 사업화를 위한 새로운 구성

Pisano는 Alfred Chandler의 주장에 동조하면서 과학기술혁신에 대응하여 조직적, 제도적 혁신의 중요성을 강조하면서 기술혁신과 조직혁신과의 공진

(co-evolution)의 필요성을 주장하였다. 여기에서 조직혁신은 포괄적으로는 기업차원과 국가차원 모두를 얘기하지만, 제도혁신(institutional innovation)은 국가차원의 조직혁신을 의미하는 데 비하여 조직혁신(organizational innovation)은 기업차원의 조직혁신을 의미하는 것으로 파악할 수 있다. 이같이 과학기술이 사업화와 산업화로 이어지는 것은 넓은 의미에서 기술혁신경영을 의미한다. Pisano는 생명공학의 발전과 이의 효율적인 경영을 위하여 새로운 제도적 구성을 주장한다. 근본적으로 새로운 구성은 전술한 생명공학분야의 과학사업화의 문제점에 효율적으로 대응하는 새로운 제도적 구성(new institutional settings)을 의미한다. 즉, 생명공학분야의 제도적 구성은 심오한 불확실성을 줄이고, 매우 긴밀하게 연계된 문제해결을 촉진하며, 다양한 학문분야에 걸친 집합적 학습을 촉진시켜야 할 것이다.

이상의 논의를 바탕으로 Pisano는 생명공학분야의 과학 사업화를 촉진시킬 수 있는 제도적 구성으로 다음을 제시하고 있다.

(1) 더 많은 수직통합

생명공학산업에서 수직통합(vertical integration)은 보다 혁신적인 제품의 창출에 매우 중요하다. 수직통합을 통하여 생명공학기업, 특히 기존의 제약회사는 규모의 경제를 달성할 수 있으며, 생명공학분야에서 매우 필요한 통합자(integrators)의 역할을 담당할 수 있다.

(2) 보다 적은, 보다 긴밀한, 보다 장기적인 협력관계

생명공학에 있어서 제휴(alliances)는 내부 연구개발을 보완하는 매우 중요한 전략이다. 기업은 대학, 관련 회사, 공공연구기관과 긴밀한 협력관계를 유지하면서 새로운 지식을 수혈하여야 한다. 그러나 이 같은 협력관계는 너무 많으면 안 되며, 보다 긴밀하고 보다 장기적인 협력관계를 구축하고 이를 통한 기업의 장기적 핵심역량을 확보·유지·발전시켜야 할 것이다.

(3) 보다 적은 독립적 생명공학기업

생명공학분야에서 신생 벤처기업(new start-ups)은 매우 중요한 역할을 담당할 것이다. 그러나 생명공학기업들이 아직은 수익을 창출하지 못한다는 점에서 너무 독립적이며 공개기업으로서의 생명공학기업을 추구해서는 안 될 것이다.

(4) 준공개기업

생명공학산업에서 공개기업이 어렵다면 준공개기업(quasi-public companies)의 도입도 매우 바람직하다. 준공개기업은 기업의 주식이 공개적으로 거래되고 대기업이 장기적으로 해당 기업의 성공에 전략적 관심사를 가지며 과반수의 주식을 소유하는 기업을 의미한다. 이를 통하여 생명공학기업은 상당한 정도의 독립성을 가지고 장기적인 기업경영을 할 수 있으며, 대기업에 의해 강도 높은 지도를 받으며 자금조달의 유리함을 가질 수 있다. 이에 대한 대표적인 사례가 Genentech로서 이 기업은 과반수의 지분을 Roche가 보유하고 있지만 이 기업은 매우 독립적이고 기업가적으로 운영되고 있으며, 기업가적인 문화를 잘 유지하고 있다.

(5) 대학의 새로운 우선순위

대학은 그동안 '대학자본주의(academic capitalism)'의 영향을 받아 과학적 연구결과에 기반한 창업을 통해 지분을 확보하거나 라이선싱 수입을 극대화하는 데 노력해 왔다. 그러나 이것은 대학의 본연의 자세는 아니다. 과학 사업화를 활성화하기 위해서 대학은 과학적 결과를 통해 과학기술계에 최대한의 공헌을 하여야 할 것이다. 이 점에서 대학은 과학적 연구결과에 대한 독점적 라이선스(exclusive license)의 추구 경향에서 벗어나 개방적 라이선스(open license)를 추구하여야 하며 대학의 연구결과에 대한 과학기술계의 접근을 보다 많이 허용하여야 할 것이다. 이를 통하여 대학은 과학기술의 발전에 공헌을 하여야 할 것이다.

(6) 범학문적 대학연구

생명공학과 같은 과학 사업화가 추구되는 분야는 다양한 지식의 통합(integration)이 필요하다. 그러나 그동안의 대학은 학과별로 나누어져 있어서 지식의 분산화가 추구되고 융합적·통합적 지식의 발전을 소홀히 해왔다. 이에 따라, 대학은 융합연구를 활성화시킬 수 있는 조직혁신을 단행하여 학문의 다양한 분야를 통합하여 연구와 교육을 진행하여야 할 것이다. 실제로 일부 대학은 통합적 연구를 추구하는 범학문적 연구기관을 설립·운영해 오고 있다.

(7) 이전연구의 증강

이전연구(translational research)는 기초과학적 연구결과와 개념을 특정한 제품을 만들 수 있는 기회로 이전시키는 연구를 의미한다. 이전연구는 과학의 사업화를 촉진하는 데 큰 공헌을 할 수 있다. 이 같은 이전연구는 정부나 비영리재단 등에 의해 지원될 수 있다. 대표적인 사례로 정부에 의한 목적지향적 기초연구의 지원을 들 수 있다.

3. 과학 사업화를 위한 제언

과학 사업화는 새로운 개념이기는 하지만 기술혁신경영의 측면에서는 그다지 새로운 개념은 아니다. 기술혁신경영은 기술혁신과정(innovation process)의 경영을 의미하고 과학 사업화는 기초연구에서 상업화에 이르는 기술혁신경영의 모든 스펙트럼을 의미하며 기술혁신과정의 관리는 이 같은 과학 사업화를 관리하여야 함을 의미하는 것이다.

표 12-3   효율적 과학 사업화를 위한 혁신의 연계

구 분	기업차원	국가차원
혁신의 내용	기술혁신	과학혁신
제도적 대응	조직혁신	제도혁신
최고경영층의 개입	전략혁신	전략혁신

Pisano가 주장하는 과학 사업화는 과학기술혁신의 전 과정에 대응하여 기업은 조직혁신을, 국가는 제도적 혁신을 이루어야 할 것임을 강조하는 것이다. 이는 Alfred Chandler가 주장하는 기술혁신과 조직혁신의 공진을 나타내 주는 것이다. 그러나 과학 사업화와 관련하여 세 가지를 좀 더 세심하게 고려하여야 할 것이다.

먼저, 기술혁신이라는 의미는 과학기술혁신(S&T innovation)이라는 의미로 확대하여 해석하여야 할 것이다. 기술혁신은 기술의 사업화를 의미하여 상대적으로 좁게 인식되는 만큼 과학 사업화의 대상을 과학기술혁신으로 범위를 확대하여야 할 것이다.

둘째, 조직혁신의 개념을 국가차원과 기업차원으로 나누어 파악하여야 할 것이다. 특히 과학 사업화는 불확실성이 높은 과학의 사업화라는 점에서 정부의 적극적인 개입이 필요하다. 즉, 기업차원에서는 조직혁신(organizational innovation)이 필요하며, 국가차원에서는 제도혁신(institutional innovation)이 필요하다.

셋째, 무엇보다 중요한 것은 과학 사업화와 관련한 전략혁신(strategic innovation)이다. 전략혁신 역시 기업차원과 국가차원에서 살펴볼 수 있는데, 기업차원에서는 최고경영자가 과학 사업화에 적극적으로 개입하여 전략적 방향을 제시하고, 충분한 자원을 투입하며, 지속적인 후원을 하여야 할 것이다. 정부차원에서도 전략혁신이 필요한데, 과학기술 및 산업 관련 부처는 국가 전체차원의 과학 사업화의 청사진을 제시하고 과학 사업화를 활성화하기 위한 범부처사업을 적극 추진하여 국가의 신성장동력 창출에 보다 적극적 노력을 기울여야 할 것이다.

이상의 세 가지 사항을 요약하면 과학 사업화가 활성화되기 위해서는 기업차원과 국가차원이 연계된 '전략적 기술경영(SMT: strategic management of technology)'이 필요함을 강조하는 것이다. 즉, 과학 사업화도 전략경영의 개념이 심층적으로 투영되어야 할 것이다. Pisano도 주장한 바와 같이 이상에서 살펴본 과학 사업화는 생명공학분야뿐만 아니라 나노기술, 신소재, 핵융합 등 새로운 기술분야에서도 활발하게 진행될 것으로 기대된다. 여기에 과학 사업화에 대한 심층적 연구의 필요성이 있는 것이다. 물론 과학 사업화의 출발은 해당 과학분야의 심도있는 이해가 우선되어야 한다.

사례 12

SK케미칼의 성공적인 기술경영

1. 회사의 개요

SK케미칼은 1969년 선경합섬이라는 이름으로 창립된 이후 사업을 확장하면서 1988년 선경인더스트리로 사명을 변경하였다가 1998년 SK케미칼로 변경하여 오늘에 이르고 있다. 이 기업은 초기의 섬유, 석유화학, 화학섬유 등을 바탕으로 사업을 운영하였으나 기술경제환경이 변화함에 따라 현재에는 정밀화학, 소재, 생명공학, Green Chemicals 등의 분야로 진출하여 현재에는 Green Chemicals와 Life Science의 두 분야에 주력하고 있다. Green Chemicals 분야의 대표적인 사업은 화학, 에너지, 바이오 사업이며, Life Science 분야는 제약 및 바이오 등 헬스케어 사업이다. 이 기업은 이들 양대 주력 사업부문을 바탕으로 우리나라의 화학 및 생명과학 분야의 선도기업으로 자리매김하고 있다. SK케미칼이 이처럼 첨단기업으로 발전한 것은 이 기업이 기업연구소를 설립하고 연구개발자원을 확대하는 등 체계적으로 기술혁신역량을 축적하였기 때문이다. 아래에서 SK케미칼의 기술경영활동을 살펴보기로 한다.

한편 2021년은 한국 정부에서 기업연구소 인증제도를 시작한 지 40주년을 맞은 해이다. 1981년 10월 민간 차원에서의 연구개발(R&D)을 촉진하기 위해 만든 이 제도를 바탕으로 우리나라 기업연구소는 1982년 말 기준 53개에서 2021년 말 기준 44,069개로 눈부신 증가를 보였다. 이 제도의 도입 초기에 인증된 기업연구소 중에서 30여 개 기업이 여전히 운영되고 있으며, 그 중 대표적인 기업으로는 삼성전자, LG전자, SK케미칼이 있다.

2021년 11월 2일, SK케미칼은 세계 최초로 화학적 재활용 기술을 적용한 플라스틱 화장품 용기의 개발하여 생산을 시작했다. 그 배경에는 ESG경영이 트렌드로 떠오르며, 전 세계적으로 환경 보존에 대한 논의가 끊이지 않으며, 그중에서도 플라스틱 규제를 강화하는 움직임이 나타났다. SK케미칼에서는 이와 같은 현상을 예측해 3년 전부터 화학적 재활용 플라스틱 소재의 개발과 상업화에 대단한 노력을 기울였다. SK케미칼은 1981년 종합연구소를 설립, 정부로부터 기업부설연구소로 인정받은 후 40년간 활발하게 연구개발(R&D)에 투자했다. 대단히 적극적인 연구개발활동을 통해 기술능력을 축적하고 연구소의 규모도 키웠다. 2021년 현재 SK케미칼의 연구소인 「SK Eco Lab」의 연구개발인력은 120명이며, 연구 예산은 연 300억 원에 달한다. SK케미칼이 바이오 소재 및 친환경 플라스틱 분야에서 독보적인 위치를 차지하게 된 것에 지난 40년간 꾸준히 지속되어 온 연구개발활동과 이를 바탕으로 한 기술능력의 축적에 바탕을 두고 있다.

2. SK케미칼의 기술경영
1) 연구개발조직의 개편

SK케미칼은 석유화학과 화학섬유를 통해 성장한 기업이나, 2009년에 친환경이라는 트렌드에 따라 지구환경과 인류건강의 보호를 사업의 큰 방향으로 삼았다. 이 과정에서 기존에 정밀화학, 석유소재, 생명화학 등 3개의 조직으로 나뉘어 있던 연구개발조직을 Green Chemical, Life Science의 2개 조직으로 개편했다. 그리고 기존 사업에 대한 제품구조의 고도화 전략과 함께 연구개발에 대한 운영 전략을 수정했다. 이는 기업이 기존 사업이나 제품에만 집중하게 되면 시장의 빠른 변화속도를 따라가지 못해 성장하지 못하고 정체하게 될 가능성이 높다는 것을 인식하였기 때문이다.

2) 세심한 연구개발 프로젝트 선정

SK케미칼은 연구개발프로젝트를 관리하는 데 있어 부적절하거나 불필요한 프로젝트를 바르게 인지하고 정리하는 데 노력을 기울여 왔다. SK케미칼은 기존 프로젝트 중에서 유의미한 영향력을 가지기 어려운 과제들을 정리하고, 높은 성장성을 가진 프로젝트들을 대형 프로젝트화 하도록 체제를 갖추었다. 동시에 SK케미칼은 전사적 차원에서 신사업의 대상이 되는 과제의 결정과 이들 과제의 대형 과제화에

대해 합의와 의사결정을 내릴 수 있도록 하였다. 즉, 업무 진행 중에 도출된 사업
아이디어에 대한 체계적 검증절차를 구축하여 운영하였으며, 또한 이들 사업아이디
어의 과제화 및 구체적 추진 여부에 대해서도 면밀하게 검토하는 체제를 구축·운
용하였다. 예를 들어, 2009년 개발된 SK케미칼의 대표적인 친환경 고내열 코폴리
에스터(SK케미칼의 친환경 플라스틱 소재 브랜드 네이밍)인 '에코젠'의 경우 기존
지배적 제품인 폴리카보네이트(PC) 소재를 대체할 제품으로 가격 경쟁력, 강도,
투명도를 실현하고자 하는 목표를 설정하였다. '에코젠'의 개발 및 사업화는 기술
혁신의 정도가 크고 투자해야 할 금액의 규모가 큰 분야였는데 최고경영층이 연구
개발과정에 적극적으로 참여하여 연구개발과 사업화의 과감한 추진과 투자 결정을
내렸다.

3) 직위공모를 통한 연구개발인력의 선발

SK케미칼의 '에코젠' 개발은 기업 내에서도 중요성이 큰 사업이었던 만큼 대규
모 자원이 투입되어야 했다. 최고경영층까지 참여해 과감한 결정을 내렸으나 성공
을 확신할 수 없는 상황이었다. SK케미칼에서 성공 가능성을 높이기 위해 택한 방
법은 프로젝트에 참여 정신이 투철하며 스스로 동기부여가 가능한 핵심적인 연구
인력을 기업 내 직위공모(job posting)를 통해 선발, 투입하였다. 아울러 이를 통
해 확보된 인력 중에서 기업의 전략적 목표와 관련된 연구개발 프로젝트들의 기
획, 초안 작성, 목표설정, 그리고 프로젝트의 진행을 주도할 프로젝트 리더들을
선발하는 과정을 거쳤다.

이 과정을 통해 선발된 프로젝트 리더들은 연구개발계획의 초안을 완성하고,
자신들의 프로젝트를 함께할 연구원들을 자신들이 선정된 동일한 직위공모 방식으
로 선별하는 특이한 방식을 취했다. 이렇게 구성된 프로젝트팀의 구성원들은 자발
적으로 참여한 인력이기 때문에 강제된 인력에 비해 높은 역량을 기대할 수 있다.
실제로 '에코젠'의 개발 과정에서 플라스틱 수지가 투명하지 않고 갈색으로 산출
되는 문제가 발생했는데, 연구원들은 이를 스스로 해결해야 할 문제로 인식하고
다양한 아이디어 회의를 거쳐 문제를 해결해냈다.

4) Gate Review System에 의한 프로젝트 관리

'에코젠' 개발 프로젝트뿐만 아니라, SK케미칼에서 진행되는 연구개발활동은 높은 위험을 내포하고 있다. 따라서 연구개발 프로젝트를 진행할 때 다른 기능부서와의 협력과 통합된 검증체계를 갖추는 것이 필요하다. 이러한 검증과정을 성공적으로 진행하기 위해서는 기업 내에 통일된 검증체계를 갖추는 것이 필요한데, SK케미칼이 선택한 방식은 'Gate Review System'이다. SK케미칼은 연구개발 프로젝트의 진행과정을 연구개발 아이디어가 도출되면 ① 기초탐색연구 → ② 랩/벤치 규모 연구 → ③ 파일럿 연구 → ④ 양산/사업화의 네 단계(stage)로 나누고 각 단계 사이에 통과하여야 할 '게이트(gate)'가 있는 것으로 파악하며 프로젝트 관리를 하였다. 각 게이트에서는 마케팅, 연구개발, 생산, 기획/지원부문의 부서의 부장급 실무자로 구성된 심의체를 두어 다음 단계(stage)로의 진행 여부를 결정하는 방식으로 진행되었으나, 최종 양산화를 위한 투자를 위한 게이트에는 임원들을 중심으로 하는 심의 체계를 운영하였다. 이 시스템을 통해 SK케미칼은 연구개발 활동의 단계별 과제와 목표를 차례대로 검증하면서 진행할 수 있었고, 이는 프로젝트의 위험을 감소시켜줄 수 있었다.

5) 개방형 혁신을 이용한 협력

어떤 기업이든 신사업이나 새로운 제품을 개발하는데 필요한 모든 기술을 자체적으로 개발하는 것은 매우 어려운 일이다. 따라서 외부기술의 활용이 더욱 중요하게 작용하면서 개방형 혁신(open innovation)이 무시할 수 없는 이슈가 되었다. SK케미칼은 이러한 이슈에 대해 다양한 경로를 통한 기술 아웃소싱 활동을 진행하고 있다. 최근 AI 전문업체인 ㈜스탠다임과 개방형 혁신을 통해 신약후보 물질을 발굴 시간을 3년에서 7개월로 단축한 것도 SK케미칼의 성공적인 기술협력의 사례라 할 수 있다. 또 다른 사업화 성공 사례는 새로운 친환경 제품인 PPS(Polyphenylene Sulfide)를 들 수 있는데, 이 제품은 기존의 국내 경쟁사 기술을 사용해서는 사업적, 기술적, 경제적인 측면에서의 가능성이 작아 사업화를 보류한 제품이었으나, 해외 전문가 네트워크 등을 통해 아이디어를 확보하여 차별화된 신기술을 개발할 수 있었다. 이처럼 SK케미칼은 각종 학회지, 대학 학보, 전문가 네트워크, 대외광고 등을 통하여 새로운 아이디어를 확보하는 등 필요한 기술적 니즈를 적극적으로 충족해 오고 있다.

3. 결론

SK케미칼은 기술혁신의 중요성을 일찍 인식하고 1981년 기업연구소를 설립하여 연구개발활동을 지속적으로 추진해 오고 있다. 이는 화학산업이 전통적으로 기술집약적인 산업이라는 특징을 충분히 반영한 것이라 할 것이다. 본 사례에서는 SK케미칼의 기술경영활동을 살펴보았는데, 대표적으로 다음과 같은 특징을 가지고 있다.

먼저, SK케미칼은 최고경영자의 적극적인 참여하여 기술경영 활동을 수행해 오고 있다는 특징을 가지고 있다. 연구소의 설립은 물론 기술경제환경의 변화에 따른 연구개발조직구조의 변경, 연구개발 투자의 증가, 전사적 연구개발 인력의 선발 등에 있어서 최고경영층이 적극적인 참여와 후원을 해 왔다. 연구개발활동은 근본적으로 복잡하고, 위험성이 높으며, 자원이 많이 소요된다는 점에서 연구개발활동은 물론 기술경영의 성공에 있어서 최고경영자의 참여는 대단히 중요하다.

둘째, SK케미칼은 기술경제환경이 변화함에 따라 새로운 제품의 개발과 사업화를 통하여 지속적으로 변화해 왔다. 즉, 이 회사는 전통적으로 석유화학, 화학섬유 등을 바탕으로 창립되었으나, 1980년대 중반 이후에는 급변하는 기술경제환경 변화에 대응하여 화학 및 생명공학 등 첨단기술 분야로 사업을 확대해 왔다. 최근 이 기업의 주력 사업부문은 Green Chemicals와 Life Science로 이 분야에서 국내의 선도기업으로 자리매김을 하였다. SK케미칼이 이와 같이 성공할 수 있었던 것은 기업연구소의 설립 및 운영, 연구개발자원의 확대 등 체계적인 기술경영을 해 왔기 때문이다. 즉, 이 기업은 기술혁신역량을 체계적으로 축적하여 새로운 기술을 사업화하는 데 성공하였다.

셋째, SK케미칼은 다양한 기술경영의 기법을 활용하여 체계적인 기술경영 활동을 수행해 오고 있다. 무엇보다도 핵심 프로젝트의 수행을 위하여 사내의 최고

연구개발인력의 선정을 위한 직위공모제의 도입, Gate Review System에 의한 프로젝트 관리 및 기능부서 및 임원진 참여의 제도화, 개방형 혁신을 통한 기술협력 등은 최근 기술경영 분야에서 강조되고 있는 세부적인 실무들을 적극적으로 도입하였다. 이는 기업의 발전에 있어서 기술경영의 중요성을 나타내주는 것이라 하겠다.

자료: 저자의 「기술전략」 강좌에서 준비·논의된 사례에서 발췌 및 보완

제13장

기술경영의 평가와 통제

··· 제 1 절   기술경영의 평가와 통제의 필요성   ···

1. 기술경영 평가와 통제의 의의

전략적 기술경영의 마지막 단계는 평가와 통제(evaluation and control)이다. 평가와 통제는 기업이 추구하는 목적과 현재 추진 중인 전략이 계획대로 달성되었는지에 대하여 체계적으로 검토하는 것이다. 이러한 평가와 통제의 과정은 현재의 업무달성 정도를 전략실행 이전의 기대치, 즉 목표치와 비교함으로써 차이가 있을 경우 전략의 수정활동을 위한 피드백(feedback)에 공헌한다. 평가와 통제의 목적은 기업이 현재 추진하고 있는 전략의 실행 정도를 파악하고 목표와 성과의 차이에 관한 피드백을 제공하여 잘못된 사안에 대해 수정하는 것이다. 이러한 평가와 통제의 과정은 현재 추진 중인 전략의 실패 가능성을 낮추어 사업을 성공으로 이끄는 데 매우 중요한 역할을 한다. 그렇기 때문에 평가와 통제는 전사적인 차원에서 다루어져야 할 대단히 중요한 사안인 것이다.

이와 같은 평가와 통제는 기술경영의 과정에도 매우 중요하다. 전략적 기술경영에 있어서 평가와 통제의 필요성은 크게 두 가지 측면에서 살펴볼 수 있다.

첫째, 기업의 내부적 측면에서 기술경영의 성과(performance)를 평가하고 통제할 필요가 있다. 그동안의 기술경영 결과를 조직 구성원들에게 알리고 기술경영의 성공요인과 실패요인을 체계적으로 분석하여 보다 나은 기술경영에 대비하여야 할 것이다. 특히, 기술혁신의 과정은 매우 복잡하고, 자원이 매우 많이 소요되며, 높은 위험성을 가지고 있다는 점에서 기업 내에서 당위성을 확보하기가 쉽지 않다. 이에 따라, 기술경영 성과의 측정과 통제를 통하여 기술경영의 성공률을 제고하고 기업 내 기술혁신활동의 당위성 제고에 공헌하여야 할 것이다.

둘째, 산업의 급격한 환경변화(environmental change)에 대응해서 현재의 기술전략을 수정·보완하기 위하여 기술경영의 평가와 통제가 필요하다. 현재의 기술경영이 대단한 성과를 창출하였다 해도 향후 이와 같은 전략적 접근방법이 꼭 성공할 것이라는 기대를 하기는 어렵다. 또한 급변하는 경쟁환경 속에서 체계적인 기술능력의 확보·제고를 통하여 기업의 지속가능한 경쟁우위(SCA: sustainable competitive advantage)를 달성하기 위하여 체계적인 평가와 통제가 필요하다.

전자는 기술전략을 추진하고 있는 기업의 내부적 차원의 문제이고 후자는 기업을 둘러싼 외부환경에 대한 대응의 문제이다. 아무리 훌륭하고 적절한 기술전략을 수립하였다고 하더라도 기술전략을 실행(implementation)하는 데 있어 많은 시행착오가 있을 것이다. 예를 들어, 경영자의 전략에 대한 의도가 직원들에게 제대로 전달되지 않아 잘못된 방향으로 전략이 집행되어 나갈 수 있을 것이고, 계획상으로는 매우 뛰어나지만 현실적으로 실행이 불가능한 전략이 수립되었을 수도 있을 것이다. 아울러 기업 외부적으로는 기업을 둘러싼 환경이 예상치 못하게 급변하여 이에 대한 전략적 대응의 어려움이 있을 수도 있다. 이에 따라, 기업 내·외부적인 차원에서 현재의 기술경영에 대한 평가가 필요한 것이다.

평가와 통제의 핵심적인 요소는 성과의 측정과 수정활동을 통한 벤치마킹 및 학습이다. 특히, 기술경영의 성과측정(performance measurement)은 매우 중요한데 이는 무엇보다도 내부적 측정과 외부적 측정으로 나누어 볼 수 있다. Floyd(1997: 207-227)는 전자를 미시적 측정, 후자를 거시적 측정으로 분류하고 있다. 이와 같은 측정은 기업이 기술경영을 효과적으로 할 수 있는 토대를 마련할 것이다. 이른바 "측정할 수 없다면 개선을 할 수 없다!"라는 명제가 말해 주듯이 기술경영 성과의 측정은 향후 기술경영의 실패율을 낮추고 성공가능성을 증대시키기 위해 현재의 문제점을 수정·보완·개선하는 데 크게 공헌할 것이다.

그러나 기술경영의 성과를 측정하는 것은 매우 어렵다. 성과를 측정하기 위해서는 적절한 척도(measures)를 개발·활용하여야 할 것이고, 객관적인 측정이 이루어져야 할 것이며, 측정 및 평가의 결과에 대하여 기업의 구성원들이 수긍을 하여야 할 것이다. 그럼에도 불구하고 기술경영 성과의 측정 및 평가는 다음과 같은 이유로 대단히 가치 있는 일이 아닐 수 없다.

첫째, 기술경영 성과의 측정은 경영층에게 기술에 대한 투자(investment)가 가치 있는지의 여부를 알려 줄 수 있다. 기술혁신은 대단히 많은 비용이 소요되는데 비해 대단히 높은 위험성을 내포하고 있다. 이 점에서 최고경영층은 이 같은 위험한 투자의 당위성에 많은 관심을 가지는데 성과의 측정은 이러한 경영층의 수요를 만족시킬 수 있다.

둘째, 기술경영 성과의 측정은 기술경영 과정(MOT process)의 문제점을 보완할 수 있게 해준다. 목표성과와 실제성과의 차이는 기술경영의 목표설정 및 기술전략의 실행과정에 상당한 취약점이 있다는 점을 나타내 주며 향후 이 같은 문제점을 해결할 수 있는 기회로 작용할 수 있다.

셋째, 이와 같은 기술경영의 평가는 향후 기술경영에 있어서 보다 나은 자원(resources)의 배분 및 투자를 가능하게 해줄 것이다. 아무리 성공적인 기술경영을 수행하였다 하더라도 선도기업과 비교하여 상당한 정도의 개선의 여지가 있을 것이다. 이에 따라, 과거와 현재의 기술경영 성과의 평가는 향후 더 나은 기술경영을 추진할 수 있는 세부적인 방안을 제시할 수 있을 것이다.

넷째, 기술경영 성과의 평가는 기업의 이해관계자(stakeholders)에게 기술투자에 대한 당위성과 근거를 전달하는 데 활용될 수 있다. 많은 경우 기업 내외의 구성원들은 기술혁신이라는 위험성 높은 투자에 부정적인 경향이 많으며, 이에 따라 기술경영의 성과에 대한 측정과 정보 공개는 이들로 하여금 기술혁신의 중요성을 충분히 인식할 수 있게 해줄 수 있을 것이다.

2. 평가와 통제의 과정

기술경영의 평가와 통제는 기술전략의 수립 못지않게 매우 중요하다. 이 책에서는 기술경영의 과정을 일반적인 전략경영과정인 환경평가, 전략수립, 전략집행, 평가와 통제에 준거하여 '전략적 기술경영(SMT: strategic management of technology)으로 명명하고, 이를 기술지향적 환경평가, 기술전략의 수립, 기술전략의 집행, 기술경영의 평가와 통제의 4단계로 나누어 보았다. 기업이 기술경영을 통하여 산업에서 성공을 거두기 위해서는 전략적 기술경영의 모든 과정에 혼신의 힘을 기울여야 한다.

전략경영(strategic management)의 과정에 있어 평가와 통제는 전체 경영의 과정에 피드백을 주는 역할을 수행함으로써 기대하지 못한 성과(undesired performance)나 부적절한 경영과정에서 발생한 사안들을 빠르게 인지하여 최고경영자뿐만 아니라 중간관리자들과 업무관리자들이 최고경영자의 개입 없이도, 그 활동을 신속히 수정하도록 돕는다. 전략경영에 있어 평가와 통제 과정의 피드백 모델은 <그림 13-1>과 같다.

일반적인 평가와 통제(evaluation and control)는 다음의 여러 단계를 거친다. 첫째 단계는 무엇을 측정할 것인가(what to measure)를 결정하는 것이다. 여기에서 최고경영자와 실무경영자는 무엇을 평가할 것인가에 대하여 실행과정과 결과를 명시하여야 한다. 물론 그 실행과정과 결과는 합리적이고 일관적인 방법으로 측정가능해야 하며, 이 단계에서 가장 주안점은 가장 많은 비용을 발생시키거나 가장 많은 문제를 발생시키는 요소들에 집중하여 다루어져야 한다는 것이다.

| 그림 13-1 | 평가와 통제의 과정 |

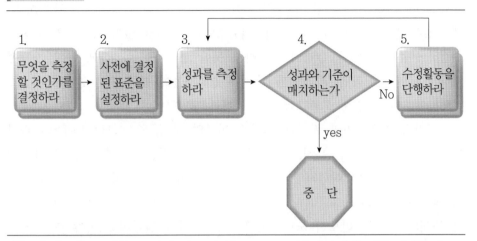

자료: Wheelen, T. L. and Hunger, J. D., *Strategic Management and Business Policy*, 10th ed. (New Jersey: Prentice Hall, 2006), p. 262.

둘째 단계는 성과의 기준(criteria)을 설정하는 것이다. 일반적으로 성과 기준은 기업이 전략경영을 시작할 때 수립하였던 목표를 나타낸다. 성과기준은 모두가 인정가능한 성과결과의 측정이어야 하며, 모든 기준은 허용가능한 범위(tolerance range)를 갖추어야 한다.

셋째 단계는 사전에 결정된 측정대상에 대하여 측정기준을 감안하여 성과를 직접적으로 측정(measurement)하는 단계이다.

넷째 단계는 실제 측정된 성과와 기준을 비교(comparison)하는 것이다. 측정된 결과가 성과의 허용범위 내에 존재한다면 그 통제과정은 수정활동을 거치지 않고 이 단계에서 종료하게 된다. 그러나 만약 측정된 성과가 기준과 허용범위를 벗어난다면 수정활동(corrective actions)을 단행하여야 할 것이다.

마지막 단계는 수정활동(corrective action)을 단행한 후 성과를 재측정하는 과정의 반복이 요구된다. 이 단계에서의 수정활동은 단지 오차를 수정하는 것뿐만 아니라 잘못된 업무에 대한 재발을 방지하는 학습 및 벤치마킹이 이루어져 전략경영 전반에 관한 학습(learning)이 이루어져야 할 것이다.

전략경영의 모델은 평가와 통제의 정보가 전략경영의 전 과정에 피드백되고 동화되는 것을 보여주고 있다. 만약 이 과정에서 기대하지 못한 성과(unde-sired performance)가 전략경영과정의 부적절한 사용에 의해 발생한 것이라면, 업무경영자들은 이를 빨리 인지하여, 최고경영층의 개입 없이 종업원의 활동을 수정하여야 할 것이다. 그러나 기대하지 못한 성과가 전략경영과정 그 자체에 의해 발생한 것이라면, 최고경영자와 업무경영자들이 이를 빨리 인지하고 상호 협의하여 새로운 집행 프로그램 혹은 절차를 개발하여야 한다.

전략적 기술경영의 평가와 통제도 이상의 과정, 즉 <그림 13-1>의 과정을 따라야 할 것이다. 특히, 전략적 기술경영의 대상인 기술혁신(technological innovation)은 기업의 핵심적인 경쟁요인으로서 이에 대한 평가와 통제에 있어서 최고경영자(top management)의 적극적인 관여가 필요하다. 기술경영의 평가와 통제의 정보는 반드시 모니터되고 있는 사안과 관련이 있어야 한다. <그림 13-2>는 집행된 전략의 평가를 예시적으로 나타내 주고 있는데, 여기에서는 전략경영자들에게 기술경영의 평가에 있어서 일련의 질문을 제기하고 있다. 이들 질문에 대해 대답을 하면서 경영자는 어디에서 문제가 시작되었고 이를 해결하기 위하여 무엇을 하여야 할 것인가를 알 수 있다.

이와 같은 기술경영의 평가는 전략적 기술경영 모델(SMT)의 전 과정을 되돌아 파악하는 것이다. 즉, 기술경영의 결과 수립된 기술전략이 기대했던 결과를 창출하였다면, 기술경영의 전체 과정은 성공적인 것으로 파악할 수 있다. 그러나 기술전략이 기대했던 결과를 창출하지 못하였을 경우에는 전략적 기술경영의 모델에 있어서 기술전략의 집행, 기술전략의 수립, 기술지향적 환경분석에 있어서 문제가 있었음을 나타내 주는 것이다.

<그림 13-2>에 따르면, 기술전략이 나쁘게 집행(implementation)되었을 경우에는 기술전략 및 이 요건들이 기업 내에 효과적으로 전달되지 못하였을 경우이거나, 중간경영자 등이 전략을 충분히 숙지하지 못하고 전략의 집행에 충분히 관여하지 못하였거나, 기술전략의 집행결과의 모니터링 및 수정활동의 문제가 있음을 의미하며, 이에 대한 적극적인 대응을 강조한다.

그러나 기술전략이 나쁘게 집행이 되지 않았다면 전략의 수립과정(formulation process)에 있어서 문제점이 있음을 의미하는 것이다. 기술전략의 수립과 관련하여 세부적인 이슈를 살펴보면 기술전략 수립의 기본 가정 및

전제가 적절하였는가의 여부, 대체적인 시나리오가 정의되고 평가되었는가
의 여부, 기업의 환경과 추세가 적절하게 진단되었는가의 여부 등이 있을
것이다. 이들에 있어서 문제점이 있다면 기술전략의 수립과정에서 문제가

그림 13-2 기술경영의 평가

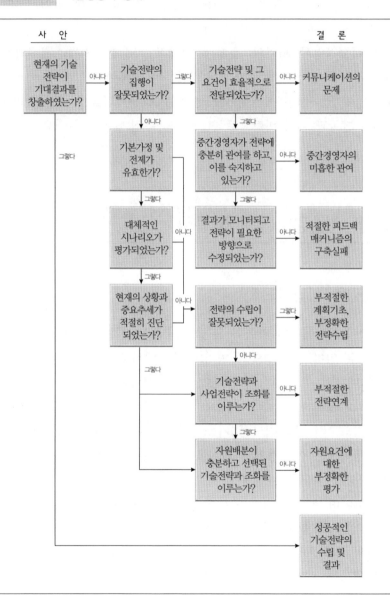

있음을 의미하며 이에 대한 수정활동을 하여야 할 것이다.

그런데 이와 같은 기술전략의 수립과정에 있어서 문제가 없다면 다시금 기술전략 집행(implementation)의 문제로 되돌아간다. 즉, 기술전략의 수립이 적절하였다면 그동안의 기술경영의 실패원인은 기술전략과 사업전략과의 적절한 연계가 이루어지지 않았거나, 기술전략을 추진하는 데 있어서 자원의 부적절한 배분이 이유가 될 수 있을 것이다.

이처럼 기술경영의 평가와 통제는 전략적 기술경영(SMT) 전체의 과정 (whole process)에 대한 심층적 평가와 수정활동이 이루어지게 된다. 따라서 기술경영의 평가에 있어서는 이상에서 도출된 주요 문제점들에 대한 합리적 척도(measures)의 발굴과 이를 바탕으로 한 자료의 수집과 해석이 필요하다.

··· 제2절   기술경영 성과의 측정   ···

1. 기술경영 성과척도

일반적 전략경영에서의 평가와 통제의 과정은 전략적 기술경영에서도 그대로 적용될 수 있다. 기술경영의 평가와 통제에서도 측정의 문제와 벤치마킹의 문제가 대단히 중요하다. 일반적으로 기술경영의 성과측정을 위한 성과척도(performance measures)는 두 가지 차원으로 나누어 볼 수 있다. 먼저, 결과척도와 과정척도로서, 결과척도는 기술경영의 결과에 대하여 측정하기 위한 척도이며 과정척도는 기술경영의 과정을 나타내는 척도이다. 다음으로 정량적 척도와 정성적 척도로 나누어 볼 수 있는데, 정량적 척도는 수치에 의해 표현되는 척도이며 정성적 척도는 추상적으로 표현되는 척도이다. 정량적 척도의 예로는 전체 매출액에서 신제품 매출액이 차지하는 비중을 들 수 있고, 정성적 척도의 예로는 신제품의 기술혁신의 정도 등을 들 수 있다. 그 결과 기술경영의 척도는 <그림 13-3>과 같이 이들 두 차원 척도의 합리적 혼합

그림 13-3　기술경영의 척도

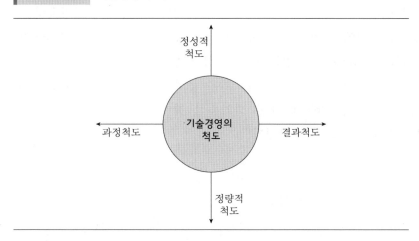

(rational mix)을 통하여 활용하여야 할 것이다.

1) 결과척도와 과정척도

일반적으로 기술경영의 성공척도는 연구개발의 효과성, 효율성, 생산성으로 나타난다. 이들 척도가 높다는 것은 연구개발투자와 대비하여 연구개발의 결과가 매출로의 빠른 전이가 이루어진다는 것을 의미한다. 이 점에서 이 척도는 전략적 기술경영의 결과척도(outcome measures)라고 말한다. 그럼에도 불구하고 연구개발의 효과성, 효율성, 생산성의 측정을 어떻게 할 것인가는 쉽지 않은 문제이다.

일부 기업들은 연구개발 생산성(R&D productivity)을 일정기간 전체 매출액에서 신제품이 차지하는 비중을 가지고 평가하고 있다. 실제로 세계적인 선도기업 – 예를 들어, 3M, HP – 들은 이 같은 척도를 이용하여 연구개발 활동의 효율성 제고는 물론 조직 전체의 혁신성 제고에 많은 성과를 거두고 있다. 일부 기술집약적 기업은 연구개발 생산성을 연구결과가 다른 과학적 업무에서 인용되었는가에 의해 측정하기도 한다. 이는 일부 기술집약형 산업의 선도기업들에게 해당되는데, 이 척도는 공공연구기관 및 대학의 경우에 많이 활용하고 있는 지표이기도 하다.

기술경영의 평가에 있어서 전략적 기술경영의 과정을 평가하기 위하여 과정척도(process measures)를 활용할 수도 있다. 과정척도는 기술혁신활동을 측정한다는 점에서 행위척도(behavioral measures)라고도 부른다. 성공적인 연구개발활동을 수행하는 기업들의 과정척도로는 ① 연구개발로부터 사업부 단위로의 기술이전, ② 새로운 제품 혹은 공정의 시장도입시간(time-to-market)의 단축, ③ 연구개발활동에 대한 범기능적 참여의 제도화 등의 척도를 많이 활용하고 있는 것으로 나타났다.

2) 정량적 척도와 정성적 척도

기업의 기술경영 성과를 측정하는 척도로 정량적 척도와 정성적 척도를 활용할 수 있다. 이와 같은 분류는 결과척도와 과정척도에 모두 적용될 수 있다. 정량적 척도(quantitative measures)는 수치로 표현될 수 있는 측정치로서, 과정척도와 관련해서는 기술경영의 효율성, 신제품 도입시간, 연구개발비, 연구개발시간 등을 들 수 있을 것이며, 결과척도와 관련해서는 전체 매출액에서 신제품이 차지하는 비율, 전체 수익에서 신제품이 차지하는 비율, 시장점유율 등 다양한 척도를 활용할 수 있을 것이다.

정성적 척도(qualitative measures)는 이와 달리 경영자의 주관적 평가에 의한 척도이다. 최고경영자 및 기술경영자는 기업의 기술경영의 과정 및 결과에 대해 평가를 하게 된다. 예를 들어, 기술경영과정의 효율성, 기술경영 결과에 대하여 주관적인 평가를 수행하게 되는데 이들 정성적 평가는 정량적 평가를 잘 보충해 준다. 일반적으로 정성적 척도는 수치화되지 않고 객관성이 부족하다는 점 등 여러 문제점이 지적되고는 있으나 경험이 많은 경영자의 주관적 판단은 기술경영 관련 의사결정에 대단히 중요하다는 점에서 많이 활용되는 척도이다.

2. 기술경영 결과의 측정

기술경영의 과정은 매우 창조적이고 비일상적인 과정이며, 위험성이 매우 높고, 결과도 장기간에 걸쳐 나타나는 경향이 있다. 이와 같은 기술경영의 특징을 감안하면, 기술경영의 결과 측정은 내부적 측정(internal measurement)과 외부적 측정(external measurement)으로 나누어 볼 수 있을 것이다. 즉, 기술경영의 고객은 기업내부의 다양한 부서 및 구성원은 물론 외부의 고객 및 시장을 들 수 있을 것이다. 기술경영은 이처럼 기업 내·외부의 다양한 고객들의 수요를 충족시켜야 할 것이다. 만약 고객의 기대치와 기술경영의 실제 결과가 차이가 있다면 수정활동이 필요하고 그 과정에서 학습을 하여야 할 것이다. 이와 같은 내부적 평가는 외부적 평가와 긴밀하게 연계되어 있다.

그 결과 여기에서는 기술경영 성과의 대표적인 척도를 내부척도(internal measures)와 외부척도(external measures)로 나누어 볼 수 있다. 그동안 전략경영의 평가와 통제에서는 과정척도(process measures)와 결과척도(output measures)로 나누는 것이 일반적인데 내부척도는 과정척도를, 외부척도는 결과척도를 나타내는 것으로 파악할 수 있을 것이다. 이와 같은 기술경영 성과를 측정하기 위한 내부척도와 외부척도는 <표 13-1>과 같이 다양하게 제시할 수 있다.

표 13-1 기술경영 평가를 위한 내부척도와 외부척도

내부척도	외부척도
제조 용이성	신제품의 수
안정적 디자인	매출액에 대한 공헌도
제품의 적시 제공	수익에 대한 공헌도
제품의 콘텐츠	시장점유율
연구개발비/연구개발시간	손익분기점
연구개발의 효율성	연구개발의 효과성

1) 내부적 측정

기업의 내부적 고객은 대표적으로 제조부서, 마케팅부서, 최고경영층을 들 수 있다. 기술경영은 먼저 이들 내부고객(internal customers)을 만족시켜야 그 당위성을 인정받을 수 있을 것이다. 이에 따라, 전략적 기술경영의 과정이 이들 내부의 고객을 만족시켰는지를 평가하여야 할 것이다. 기업의 내부고객들은 기술혁신부서에게 특별한 수요를 가지고 있는데 이를 살펴보면 다음과 같다.

첫째, 제조부서(manufacturing department)는 기술개발부서에 대해 기술개발의 결과가 제조부서에서 제조가능하여야 하거나 제조하기 용이할 것을 요구하고, 제품의 디자인에 있어서 안정적이고 지속적인 디자인을 원하며, 제조과정에서 문제가 있을 경우 기술개발부서에서 이에 대한 신속한 해결을 원한다. 기술경영의 결과는 이와 같은 제조부서의 수요에 충분하게 대응을 해주어야 할 것이다.

둘째, 기술경영의 또 다른 내부고객은 마케팅부서(marketing department)이다. 마케팅부서는 기술개발 및 제조의 결과 제품이 적시에 공급되어 시장에 판매할 수 있기를 바라며 제품의 성과가 매우 높아 시장에서 좋은 반응을 보여주기를 희망한다. 기술경영부서는 이 같은 마케팅부서의 수요에 충분하게 대응하고 협력하여 시장에서 원하는 제품을 만들어야 할 것이다.

셋째, 최고경영자(top management)는 기술경영의 중요한 내부고객이다. 이들은 기술경영의 결과 어느 정도로 좋은 제품을 개발하여 시장에서 성공할 것인가에 깊은 관심을 가진다. 이 점에서 최고경영자는 기술경영의 결과가 시장에 미치는 최종 성과에 관심을 가지며 후술할 외부적 측정 전반에 대해 관심을 가지는 것이 일반적이다. 그럼에도 불구하고, 최고경영자는 기술경영의 중요한 내부고객인데, 이들은 내부고객으로서 비용과 시간의 측면에서 기술개발의 효율성(efficiency)에 대해 깊은 관심을 가진다. 좀 더 세부적으로 최고경영층은 기술개발에 들어간 비용과 시간에 대해 관심을 가진다. 이에 따라, 기술경영부서는 최적의 자원 배분 및 활용을 통하여 우수한 제품을 개발하였다는 점을 보고할 수 있어야 할 것이다.

이처럼 기업 내부의 고객들은 기술경영에 대해 서로 다른 수요를 가지고 있다. 이들은 <표 13-1>에 나타나 있는 바와 같이 기술경영의 내부척도(internal measures)를 구성한다. 제조부서의 경우에는 기술개발 결과의 제조 용이성, 안정적인 디자인 척도에 관심이 많으며, 마케팅부서의 경우에는 기술개발 결과인 제품 제공의 적시성, 제품의 콘텐츠 척도에 관심이 많다. 최고경영층은 연구개발비, 연구개발시간, 그리고 연구개발과정의 효율성에 깊은 관심을 가지고 있다. 이 점에서 기술경영자는 이들 척도를 통해 측정된 기술경영의 과정 및 결과가 이들 내부 관계자들의 수요를 충족시키고 있는지를 측정·평가하고 만약 충족시키지 못할 경우에는 수정활동 및 심층적인 학습을 하여야 할 것이다.

2) 외부적 측정

기술경영의 결과는 외부환경에 비추어 측정하여야 할 것이다. 여기에서 외부환경으로는 다양한 구성요소가 있을 것이나, 이는 기업이 속해 있는 산업(industry) 및 시장(market)을 중심으로 파악하여야 할 것이다. 기술경영의 결과 새로운 제품과 서비스는 이 같은 시장에서 고객의 수요를 어느 정도 충족시켰는가에 따라 최종적으로 평가된다. 시장에서의 성공에 중요한 영향을 미치는 요소는 매우 다양하지만, 크게 분류하면 비용절감, 제품의 성능향상, 적시성의 세 가지 측면을 들 수 있다. 이들은 이 책의 제 2 장에서 제시한 경쟁요소를 나타내 준다. 기술혁신의 결과로 비용을 절감하거나, 더 나은 제품을 출하하거나, 경쟁사들보다 더 빠르게 개발을 완료하여 시장에 진입하는 것은 사업 성공을 위한 핵심적인 사안이다. 비용의 절감은 수익의 증대로 이어질 것이고, 보다 나은 제품은 시장점유율의 확대를 가능하게 하며, 경쟁사들보다 빠른 개발은 시장에서 선점자 이익을 제공해 줄 것이기 때문이다. 그러나 이와 같은 경쟁요소의 상대적인 중요성은 산업에 따라 많은 차이가 있을 것이다. 예를 들어, 소비재의 경우 비용의 절감과 더 빠른 개발보다 더 좋은 제품을 소비자에게 제공하는 것이 수익에 있어 더 큰 영향력을 줄 수 있다.

이와 같은 기업의 전략적 기술경영 결과가 기업 외부환경에 미치는 영향요인은 <표 13-1>에서 나타낸 바와 같이 다양한 외부척도(external measures)를 구성한다. 대표적으로 신제품의 수, 신제품의 전체 매출액 및 수익에서 차지하는 비중, 신제품의 시장점유율, 손익분기점, 연구개발의 효과성을 들 수 있을 것이다. 그 밖에도 수익률의 증가, 부가가치의 증대, 고객만족, 새로운 아이디어의 수 등과 같은 다양한 지표를 활용할 수 있을 것이다.

기술경영의 평가와 통제는 이와 같은 다양한 척도(diverse measures)를 가지고 정보를 수집·측정하여 이들 척도에 의해 측정된 정보를 기술혁신의 과정 및 기술경영의 과정에 피드백(feedback)하여 활용하여야 할 것이다.

··· 제3절   기술경영의 통제 ···

기업은 기술경영의 성과를 측정하고 선도기업의 기술경영의 관행을 벤치마킹하여 보다 나은 기술경영능력을 확보하기 위하여 효율적인 통제(control)를 하여야 한다. 근본적으로 이와 같은 기술경영의 통제는 기술전략(technology strategy)을 따라야 할 것이다. 즉, 기술경영의 통제가 기업의 경쟁우위를 확보·유지·확대하는 데 필요한 기술전략의 적절한 수립과 집행을 보장하지 않으면 오히려 기업의 기술경영능력에 해가 되는 역기능적인 효과가 발생할 수 있다. 이에 따라, 기술경영의 통제는 세심하게 이루어져야 할 것이며 이를 위한 몇 가지의 지침(guidelines)을 다음과 같이 제시할 수 있다.

첫째, 기술경영의 통제는 최소한의 정보에 바탕을 두고, 최소한 통제(minimum control)에 그쳐야 할 것이다. 기업이 너무 많은 정보에 바탕을 두고 과도한 통제를 추진하면 기술경영의 과정에 많은 혼란과 문제를 발생시킬 수 있으며, 조직 구성원들의 사기를 저하시킬 수 있다.

둘째, 기술경영의 통제는 기술경영의 성과 및 과정의 측정을 바탕으로 의미 있는(meaningful) 활동과 결과만을 통제하여야 할 것이다. 일반적으로 통제의 필요성이 대두되는 기술경영의 활동 및 결과는 기업의 기술경영능력 및 경쟁우위의 제고에 많은 공헌을 할 수 있는 영역이다. 아울러 기술경영의 전반적인 성과를 하락시키는 활동의 경우에도 통제의 주요 대상이 될 것이다.

셋째, 기술경영의 통제는 적시에 이루어져 수정활동(corrective action)이 늦지 않게 이루어져야 할 것이다. 가능하다면 통제는 문제가 발생하기 이전에 사전적으로 문제를 예방할 수 있는 방향으로 이루어져야 할 것이다.

넷째, 기술경영의 통제는 단기적 측면뿐만 아니라 장기적 측면도 고려하여야 할 것이다. 이에 따라, 통제에서는 기업의 원가절감을 위한 점진적 혁신(incremental innovation)은 물론 기업의 중장기적 성과의 달성에 핵심적인 급진적 혁신(radical innovation)의 창출 및 활용의 여부를 면밀하게 검토하여야 할 것이다. 이를 위해 기업은 기술경영의 성과를 측정하기 위한 단기척도와 중장기 척도 간의 균형을 유지하여야 할 것이다.

다섯째, 기술경영의 통제는 사전에 정해 놓은 허용가능한 범위(tolerance range)를 벗어난 활동 혹은 결과를 지적·도출해 내야 할 것이다. 이를 통하여 통제가 기술경영의 일상적인 활동에 지장을 초래하는 것을 방지하여야 할 것이다.

여섯째, 기술경영의 통제는 목표를 달성하지 못한 데 대하여 처벌을 하기보다는 향후 목표를 달성할 수 있게 유도하고 목표의 달성 혹은 초과에 대한 보상(compensation)을 하는 방향으로 이루어져야 할 것이다. 이를 바탕으로 기업은 기술경영능력의 전반적 향상을 추구할 수 있을 것이다.

일반적으로 기술경영의 선도기업들은 기술경영의 공식적인 통제절차(formal control procedures)가 거의 없다. 대부분의 선도기업은 기술경영의 핵심적 성공요인의 측정에 집중하고 기업문화(corporate culture)를 통하여 기술경영을 통제하고 있다. 기업이 전체적으로 혁신우호적인 문화를 가지고 있다면 기업의 모든 구성요소가 기술경영활동을 지원할 것이며, 효과적인 기술전략의 수립 및 집행을 가능하게 할 것이다. 이와 같은 문화 속에서는 기업은 기술경영의 공식적 통제 시스템을 필요로 하지 않을 것이다. Peters & Waterman(1982)은 기업의 문화가 더욱 강하고, 문화가 더욱더 시장을 지향할수록 기업은 정책매뉴얼, 조직도, 세부절차, 규칙 등의 필요성이 적어진다고 주장하면서 초우량기업(excellent company)들의 기업문화를 다음과 같이 제시하고 있다.

① 최고(the best)라는 믿음
② 세부적 실행(execution)의 중요성에 대한 믿음
③ 개인으로서 인적자원(human resources)의 중요성에 대한 믿음
④ 최고의 품질과 서비스의 중요성에 대한 믿음
⑤ 조직의 구성원들이 혁신자(innovators)가 되어야 하며 실패를 후원할 수 있다는 믿음
⑥ 커뮤니케이션(communication)을 향상시키기 위한 비공식성(informality)의 중요성에 대한 믿음
⑦ 경제적 성장과 이익(profit)의 중요성에 대한 인식과 명시적 믿음

이와 같이 기업의 문화가 혁신적이라면 기업의 기술경영능력은 크게 제고될 수 있을 것이다. 기업의 기술경영을 직접 담당하고 있는 부서들과 구성원들은 기술경영활동에 있어서의 수월성을 추구하고 자신의 업무에 최선을 다해야 할 것이다. 아울러 기업의 다른 부서들 및 구성원들도 기업의 기술혁신능력의 제고를 위해 기술혁신 관련 부서와 매우 생산적인 협력관계를 유지해야 할 것이다. 이는 기업의 기술경영의 성공에는 비단 기술혁신(technological innovation)만 필요한 것이 아니라 조직혁신(organizational innovation)이 필요함을 나타내 주는 것이다. 기업은 기술경영능력을 제고하기 위해 꾸준히 공부하는 학습조직(learning organization)이 되어야 할 것이다. 기업이 학습조직으로 변환되면 조직의 모든 구성원이 기술혁신의 중요성을 폭넓게 인식하고 전략적 기술경영능력이 제고되고 궁극적으로는 기업의 경쟁우위가 제고되어 막대한 경쟁우위와 부를 창출할 수 있을 것이다.

··· 제4절 기술경영의 학습 ···

1. 학습의 필요성

Tidd & Bessant(2013)가 기술혁신의 과정을 여행이라고 한 것처럼 기술경영은 여행(journey)과 같다. 특히 전략적 기술경영은 기업 전체 차원에서 기술경영을 수행한다는 점에서 그동안의 여행으로부터 학습하고, 지식을 축적하며, 새로운 여행을 지속적으로 준비하여야 할 것이다. 모든 기업이 전략적 기술경영에서 성공하는 것은 아니다. 이 점에서 실패(failures)로부터 학습을 하여야 할 것이다. 그러나 학습이 쉬운 일은 아니며 매우 체계적인 학습이 필요하다. 이 점에서 학습(learning)의 문제는 전략적 기술경영의 중요한 부분이 아닐 수 없다.

특히 전략적 기술경영의 일상화(routinization)가 이루어져서 기업의 조직구조 및 경영과정에 체화되어, 향후 지속가능한 추진이 이루어져야 할 것이다. 실제로 루틴(routines)은 매우 기업 특정적이기 때문에 모방하기 어렵다 Tidd & Bessant(2013)에 따르면 기술경영은 효율적 루틴(effective routines)을 찾는 것이며, 이 점에서 기술경영은 효과적인 루틴으로 향한 학습과정(learning process)의 경영에 관한 것이다. 이들은 성공적 기술혁신은 ① 전략(strategy)에 기반하고 있고, ② 기업 내·외부와 효과적 연계(effective linkages)에 의존하며, ③ 변화를 일어나게 하는 효과적인 작동기제(effective enabling mechanisms)를 필요로 하며, ④ 강력한 후원적 조직(supporting organization) 환경 속에서만 발생한다고 주장하면서, 이와 같은 요인들이 기업의 루틴으로 변환되고 체화되어야 한다는 점을 강조한다. 이들 네 요소는 이 책에서 강조하는 전략적 기술경영(SMT: strategic management of technology)의 주요요소를 강조하는 것이다. 즉, 전략에 기반한다는 것은 효과적인 기술전략의 수립이 필요하며, 내·외부 연계의 문제는 내·외부 환경 분석은 물론 개방형 혁신의 중요성을 강조하는 것이며, 효율적 작동기제는 기술경영의 실행(implementation)을 의미하여 연구개발활동과 기술협력의 중요성을 강조하는 것이며, 후원적 조직구조는 기술전략을 집행할 조직구조와 문화의 중요성을 강조하는 것이다.

전략적 기술경영에 있어서 학습은 균형적 접근방법(balanced approach)을 바탕으로 추진되어야 할 것이다. 기업은 점진적 혁신과 급진적 혁신, 연속적 혁신과 불연속적 혁신, 지속가능한 혁신과 파괴적 혁신, 진화론적 변화와 혁명적인 변화 모두를 균형 있게 잘 경영하는 법을 배워야 할 것이다. 여기에서 전략적 기술경영의 학습은 양손잡이 접근방법(ambidextrous approach)을 추구하여야 할 것이다.

2. 기술경영감사

전략적 기술경영의 학습에 있어서 가장 많이 이용되는 방법 중의 하나가 기술경영감사이다. 기술경영감사(TMA: technology management audit)는 기업의 기술경영활동에 대한 질문들의 체크리스트(check list)들을 통해 이루어진다. Tidd & Bessant(2013)는 성공적인 혁신경영을 위한 혁신감사(innovation audit)를 제안하면서, 감사는 포상과 상벌을 지향하는 부정적인 측면보다 구조화된 반성(structured reflections)을 통하여 효율적인 학습 사이클(learning cycle)의 작동을 가능하게 한다는 장점을 가지고 있다고 강조한다. 즉, 감사는 단

그림 13-4   전략적 기술경영감사의 단계

순한 자료의 수집이 아니라 기술경영의 과정을 개선하는 것이다.

기술경영감사는 전략적 기술경영의 전반적 과정에 대해서 이루어 질 수 있다. 이 책에서는 전략적 기술경영을 크게 기술지향적 환경분석, 기술전략의 수립, 기술전략의 집행, 기술경영의 평가와 통제로 구성되는 것으로 파악하였다. 이 점에서 기술경영감사는 전략적 기술경영감사(STMA: strategic technology management audit)라고 말할 수 있으며, 이는 이 책에서 제시하는 전략적 기술경영의 이들 4분야를 중심으로, 10개의 세부분야, 그리고 10개 분야에 대한 세부적 활동을 분석하는 3단계로 이루어 질 수 있을 것이다(<그림 13-4> 참조). 이에 따라, 전략적 기술경영 4개 분야에 바탕을 둔 두 번째 단계로서 10개의 세부분야(detailed areas)에 대한 다음과 같은 질문을 할 수 있을 것이다.

1) 기술지향적 환경분석

① 우리는 기술환경을 체계적으로 모니터링하고 있는가?
② 우리는 기술혁신의 관점에서 외부환경을 효과적으로 평가하고 있나?
③ 우리는 기술혁신역량의 배양 및 활용을 잘 하고 있는가?

2) 기술전략의 수립

④ 우리는 명확한 기술전략을 가지고 있으며, 이것이 조직 전체에 잘 소통되고 있는가?
⑤ 우리는 기술전략의 수립 및 집행을 위해 효율적인 기술기획을 하고 있는가?

3) 기술전략의 집행

⑥ 우리는 유능한 연구개발조직을 가지고 있고 효율적인 연구개발활동을 수행하고 있는가?
⑦ 우리는 충분한 연구개발자원을 투자하고 적정하게 배분하고 있는가?

⑧ 우리는 기술혁신활동과 관련하여 외부와의 연계를 잘 구축하고 경영하고 있는가?

4) 기술경영의 평가와 통제

⑨ 우리는 기술혁신활동의 결과를 잘 상업화하고 있는가?

⑩ 우리는 보다 효과적인 전략적 기술경영을 위하여 체계적인 학습을 잘 하고 있는가?

전략적 기술경영감사의 세 번째 단계는 이들 10개의 세부분야에 따라 세부적 활동(detailed activities)에 대한 3~5개의 질문을 하여 평가하는 것이다. 여기에서 세부 활동에 대한 질문의 수는 기업이 추구하고자 하는 전략적 기술경영감사의 폭과 강도에 따라 달라질 수 있을 것이다. 세부활동들에 대한 감사결과는 세부분야에 대한 감사결과로 종합되고, 세부분야들의 감사결과는 전략적 기술경영의 4대 분야의 감사결과로 종합되어 기업의 전략적 기술경영 역량 전체를 파악할 수 있게 될 것이다.

⋯ 제5절   기술경영의 벤치마킹과 체화 ⋯

1. 벤치마킹의 개념

벤치마킹(benchmarking)은 '가장 경쟁력 있는 기업 혹은 산업계 리더로 인식되는 기업들을 대상으로 제품, 서비스, 관행을 측정하는 계속적인 과정'으로 정의된다(Wheelen & Hunger, 2006). 벤치마킹은 자사보다 시장에서의 보다나은 경쟁적 위치 혹은 뛰어난 역량을 가진 선도기업(advanced companies)의 기술혁신능력과 업무수행 프로세스에 대해 공개적인 학습(learning)을 하는 것이다. 벤치마킹은 선도기업을 단순히 모방하는 것이 아니기 때문에 모든 기업이 따라할 수는 없다.

기술혁신을 경영한다는 것은 매우 복잡하고 다면적인 업무수행이므로 어떤 기업보다 더 뛰어난 기업에 대해서 많은 것을 배운다는 것은 매우 바람직한 것이다. 벤치마킹은 단순한 비교의 도구가 아니다. 장기적인 연구를 관리하는 것부터 제품개발과 출시에 이르기까지 선도기업에 대해 벤치마킹 하는 것은 기술경영 및 기술혁신 활동의 구조(structure)와 과정(process)의 실행에 가치 있는 통찰력을 제공해 줄 수 있다. 그 결과 최근 많은 학자가 선도기업의 최고의 사례로부터 기술혁신 및 기술경영의 과정을 벤치마킹하고 학습하여야 할 것을 강조하고 있다(Floyd, 1997: 223-227; Tidd 등, 2005: 374-376). 특히, Tidd 등(2005: 374)은 기술경영을 기술혁신과 관련된 핵심적 과정과 행위를 개발하고 이를 기업 내의 효과적인 관행(routines)으로 통합하는 일련의 과정이라고 전제하면서 기술경영에 있어서 학습(learning)의 중요성을 강조하고 있다.

2. 벤치마킹의 과정

기술경영의 학습(learning)에서 가장 좋은 방법은 선도기업에 대한 벤치마킹이다. 일반적으로 선도기업에 대한 벤치마킹은 기업이 가볍게 여길 수 없는 문제점을 제시해 줌으로써 기업의 관행을 변화시킬 수 있는 강력한 동인을 제공한다. 아울러 벤치마킹은 기업이 기술경영의 핵심과정을 어떻게 차별적으로 수행하고 개선할 것인가에 대한 매우 가치 있는 시사점을 제공해 준다. 어떤 기업이 벤치마킹을 한다는 것은 보다 뛰어난 기업에게 배움을 얻음으로써 핵심역량을 쌓고 경쟁력을 높이기 위해 노력한다는 것이다. 한 기업이 선진기업을 벤치마킹한다는 것은 매우 바람직한 것이라고 할 수 있다. 일반적으로 성공적인 벤치마킹(successful benchmarking)은 다음과 같은 여섯 단계로 나누어 볼 수 있다.

첫째, 벤치마킹의 출발점은 바로 자신의 기업을 정확히 파악하는 것이다. 자사에 대한 철저한 평가 후 우리에게 무엇이 필요한가를 정확하게 알아야 할 필요가 있다. 우리 기업이 전략적 기술경영의 과정에서 무엇이 필요하고, 벤치마킹 대상기업으로부터 무엇을 배워야 하는지에 대한 구체적인 목적을 가진 후 벤치마킹을 추진해야 할 것이다. 이는 전략적 기술경영의 과정 중 기업이 원하는 벤치마킹의 대상이 되는 공정(processes) 및 영역(areas)을 도출하는 것을 의미한다. 일반적으로 이와 같은 벤치마킹의 대상이 되는 공정 및 영역은 기업의 기술경영의 성과를 가장 크게 증대시킬 수 있는 분야이다. 이를 역으로 말하면 기업의 기술경영과정에서 가장 문제가 되는 활동, 영역, 공정 등이 벤치마킹의 대상이 된다. 이러한 과정이 선행되지 못한 상태라면 제대로 된 벤치마킹은 이루어 질 수 없다.

둘째, 기업의 전략적 기술경영의 과정에서 학습이 필요한 영역 또는 공정의 도출이 완료되었다면, 이를 측정할 다양한 척도(measures)를 결정하여야 한다. 여기에서는 전술한 바와 같은 행위척도, 결과척도, 정성적 척도, 정량적 척도, 내부척도, 외부척도 등 다양한 척도를 결정하여야 할 것이다. 이와 같은 척도의 선택은 기업이 선도기업으로부터 무엇을 벤치마킹할 것인가를 구체적으로 결정하였음을 나타내는 것이다. 이처럼 기업이 무엇을 학습해야 하는가에 대하여 파악하였다면 벤치마킹을 위한 준비과정을 마친 것이라고 할 수 있다.

셋째, 벤치마킹을 위한 최적의 선도기업(advanced companies)을 선택하고 미리 선정한 척도로써 벤치마킹할 기업에 대해 성과를 측정(measurement)하는 과정이 요구된다. 여기에서 벤치마킹을 할 대상기업은 해당 산업의 선도기업 혹은 경쟁기업들이 일반적이지만 전혀 다른 산업에서 비슷한 활동을 하는 성공적인 기업들도 벤치마킹의 대상이 될 수 있다.

넷째, 다양한 척도를 통해 벤치마킹 대상기업들에 대해 측정된 성과를 우리 기업의 성과와 비교(comparison)를 통하여 어떤 차이가 있고 그 원인이 무엇인가에 대하여 세심하게 파악한다.

다섯째, 우리 기업과 벤치마킹 대상 기업과의 성과 차이에 대한 원인이 도출되었다면 이러한 성과 차이를 줄일 수 있는 세심한 전략적, 전술적 프로그램을 개발해야 할 것이다.

마지막으로, 이와 같은 프로그램을 실행한 후 성과를 재측정(re-measurement)하여 우리 기업과 벤치마킹 대상 기업과의 비교를 통해 어떠한 차이가 있는가를 재분석하고 학습(learning)하여야 한다. 이러한 일련의 과정을 통한 철저한 분석과 대응만이 벤치마킹 대상기업의 선도적인 기술경영의 관행으로부터 창조적인 학습을 가능하게 하고 기업의 기술경영의 관행을 변화시킬 수 있는 보다 합리적인 해답을 제시할 수 있을 것이다.

3. 벤치마킹의 유형

일반적으로 기술경영의 벤치마킹은 기술경영의 성과를 중심으로 벤치마킹하는 성과 벤치마킹(outcome benchmarking)과 기술경영의 과정을 중심으로 벤치마킹하는 과정 벤치마킹(process benchmarking)으로 나누어 살펴볼 수 있다(<그림 13-5> 참조). 일반적으로 성과 벤치마킹은 전술한 외부척도를 중심으로 측정하고, 과정 벤치마킹은 내부척도를 중심으로 측정한다. 이들 두 벤치마킹은 서로 긴밀하게 연계를 맺고 있다. 기술경영 성과의 피드백 및 벤치마킹은 우선적으로 기술경영 및 기술혁신의 과정에 대한 피드백을 통하여 기술경영의 효율성을 제고함으로써 기술경영의 성과를 제고하려는 목적을 가지고 있다. 이 점에서 선도기업에 대한 기술경영의 벤치마킹에서는 과정에 있어서의 벤치마킹이 더욱 중요하게 대두된다.

그림 13-5 기술경영 벤치마킹의 유형

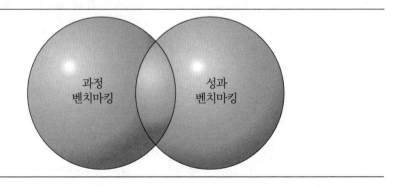

1) 성과 벤치마킹

성과 벤치마킹(outcome benchmarking)은 선도기업의 기술경영 성과를 학습하는 것으로서 벤치마킹의 가장 분명한 형태라고 할 수 있다. 성과 벤치마킹의 목적은 경쟁자들과 비교하여 어떻게 기술경영을 잘할 것인가를 결정하는 것이다. 이에 필요한 자료는 경쟁기업에 관한 이미 발표된 자료를 활용하지만 필요할 경우 심층적인 조사를 추진할 수 있다. 일반적으로 성과의 벤치마킹은 동일한 산업의 경쟁기업 혹은 선도기업을 대상으로 하지만 필요한 경우 시야를 넓혀 관련 산업 및 유사 산업의 기업에 대하여 벤치마킹을 할 수 있다.

벤치마킹은 기업이 경쟁에 대처할 수 있는 자사와 산업에 대한 깊은 통찰력을 제공할 수 있다. 이와 같은 성과 벤치마킹에는 정성적 벤치마킹(qualitative benchmarking)과 정량적 벤치마킹(quantitative benchmarking)으로 나누어 볼 수 있다. 일반적으로 정량적 벤치마킹은 자료의 명확성으로 인해 많이 선호되나 정량적 자료의 획득이 어려워 이를 실무에 적용하기에는 상당한 어려움이 있다. 그럼에도 불구하고, 정량적 벤치마킹은 선도기업과 자기 기업 간의 핵심적 차이를 명확히 도출하여 문제해결을 위한 논의를 촉발시키는 중요한 역할을 할 수 있다.

그러나 공개된 자료에 대한 분석으로 어떤 기업이 필요로 하는 개선점을 도출한다는 것은 다소 무리가 있다. 게다가 분석에 활용된 자료는 엄격하게 비교할 수 없고 정확성 또한 충분히 확신할 수 없는 경우도 많다. 그럼에도 불구하고 이러한 벤치마킹은 적어도 논의를 위한 출발점 역할을 수행하여 기업이 기술경영업무의 개선을 위한 변화의 핵심요인들을 도출하는 데 도움을 준다.

2) 과정 벤치마킹

과정 벤치마킹(process benchmarking)은 선도기업의 기술경영과정을 학습하는 것이다. 벤치마킹의 진정한 장점은 기술경영과정에 있어서 학습할 수 있다는 점이다. 기업이 기술경영 및 기술혁신의 과정에서 경쟁기업에 뒤쳐

질 경우 경쟁기업이 어떻게 기술경영을 하는지에 대한 정보를 확보함으로써
학습할 수 있는 기회를 제공해 준다.

　기술경영과정에 대한 과정벤치마킹은 첫째, 자사의 기술혁신 프로세스
에 대하여 충분히 이해하고 체크리스트(check lists)를 만드는 것이 필요하다.
둘째, 기업이 기술경영업무를 어떻게 운영하는지 충분히 인지하고 있다면,
다른 경쟁기업이 어떻게 운영하는가를 평가한다. 이를 위해서는 이용가능한
모든 경로를 통하여 최대한 많은 정보(information)를 수집하고 분석하여야 한
다. 셋째, 우리 기업과 비교하여 벤치마킹 대상 기업이 개별 프로세스 요소
(process factors)들을 관리하는 방법의 차이점과 장단점을 파악한다. 마지막
으로, 경쟁기업 및 선도기업이 어떻게 그들의 기술경영업무를 실질적으로
진행하는가를 배우는 것이 필요하다.

　이와 같이 선도기업의 기술경영과정을 벤치마킹하는 것은 다음과 같은
장점(advantages)을 가지고 있다. 먼저, 벤치마킹을 위해 우리 기업의 기술경영
과정을 문서화하는 것만으로도 가치가 있다. 이 과정에서 종종 벤치마킹 시
작 이전에 우리 기업의 기술경영과정의 개선가능성을 도출하기도 한다. 또
다른 장점은 다른 기업의 성공적인 기술경영의 관행을 체계적으로 학습하고
피드백할 수 있다는 점이다.

　그러나 기술경영의 과정에 대한 벤치마킹은 쉽지 않다. 근본적으로 한
기업의 성공적인 기술경영 관행(MOT routines)을 다른 기업이 이전(transfer)받
기는 상당히 어렵다. 그 이유로는 벤치마킹은 매우 복잡한 과정으로서 상당
한 비용이 수반되고, 기업의 고유한 문화적 특성이 중요한 역할을 한다. 기업
마다 서로 다른 문화를 가졌다는 것은 똑같은 프로그램을 실행하더라도 어떤
기업에서는 잘 활용되어 성공으로 이어질 수 있지만 다른 기업에서는 실패로
이어질 수도 있다는 것을 의미한다. 다시 말해, 벤치마킹 대상기업에서 잘
운영되는 시스템을 그대로 모방한다고 하더라도 그것이 우리 기업에서의 성
공을 보장하는 것은 아니다. 특히, 기술경영의 과정은 기업의 전반적인 문화
및 기술개발 문화와 연계되어 있다. 이에 따라, 기업은 벤치마킹의 실행단계
이전에 이러한 소프트웨어적인 측면을 적극 고려하는 것이 필요하다.

　그럼에도 불구하고, 기술경영의 벤치마킹은 기업이 기술경영을 위한 아이

디어를 제공해 줄 수 있고, 기업 내에서 기술경영관행의 개선을 위한 논의를 촉발시킬 수 있으며, 더 나아가 구체적인 해결책도 제시해 줄 수 있다는 점에서 기업의 전략적 기술경영에 매우 중요한 공헌을 할 수 있을 것이다. 선도기업의 기술경영 관행의 벤치마킹이 쉽지 않다는 것은 벤치마킹을 하는 기업의 입장에서 세심한 학습의 노력이 필요함을 나타내 준다. 여기에 기술경영과 관련한 학습조직(learning organization)의 필요성이 대두된다고 하겠다.

4. 벤치마킹의 주요 이슈[1]

기업의 기술경영 결과를 평가한 후 이를 바탕으로 보다 나은 기술경영을 위하여 통제의 과정이 필요하다. 특히, 기술경영의 성과가 높지 않다고 평가될 경우에 이 같은 통제(control) 및 피드백(feedback)의 과정은 더욱 필요하다. 이 책에서는 통제에 있어서 준거의 틀이 될 수 있는 효과적 기술경영 관행(effective MOT routines)이 무엇인가를 설정하고 이를 학습하여야 할 것임을 강조한다. 기업의 최적 관행에 준거하여 기업의 기술경영 관행을 객관적으로 평가하고 이 같은 관행을 효과적으로 추진하는 선도기업으로부터 벤치마킹을 하여야 할 것이다. 이 같은 효과적 기술경영의 관행은 기업의 전략적 기술경영의 과정 전반에 걸쳐 살펴볼 수 있다는 점에서 많은 이슈(issues)를 도출할 수 있을 것이다. 그중 몇 가지 중요한 이슈를 살펴보면 다음과 같다.

첫째, 전략(strategy)의 측면에서, 기업전략, 사업전략, 기술전략이 잘 정의되고 이들이 조직 내에 잘 전달되었는가를 검토하여야 할 것이다. 특히, 이들 세 가지 차원의 전략이 상호간에 얼마나 연계가 잘 이루어지고 있는가를 면밀하게 살펴보아야 할 것이다.

둘째, 전략수립의 결과 기업의 핵심기술(core technologies)이 정의되고 연구개발부서로 전달되는가를 검토하여야 할 것이다. 핵심기술은 기업의 주력 제품을 지탱하는 기술로서 기업 성장의 토대가 된다는 점에서 이에 대한 효

---

1) 이 내용은 정선양, 「기술과 경영」, 경문사, 2006, 322-323면을 참조하였음.

과적인 정의와 연구개발부서로의 명확한 전달 및 이를 바탕으로 한 효율적인 연구개발활동은 기술경영 및 기업경영의 성과에 핵심적이다.

셋째, 효과적인 기술경영을 하는 기업은 균형적인 연구개발 포트폴리오 (R&D portfolio)를 가지고 있는지를 파악하여야 한다. 기업은 중장기적으로 경쟁우위를 보장하기 위한 기초연구는 물론 연구개발 결과를 빠르게 창출할 수 있는 단기적 측면의 응용연구 및 개발연구에 대해 균형적인 자원배분을 하여야 할 것이다. 어느 하나에 대한 치우친 투자는 기업의 경쟁우위에 부정적인 영향을 미친다.

넷째, 성공적인 기술경영을 위해서는 기초, 응용, 개발 프로젝트를 위하여 공식적이고 범기능적 팀(multi-functional team)이 구성되어 어떻게 운영되는지를 검토하여야 할 것이다. 기업의 각 기능부서에서 핵심적인 인력들로 구성된 범기능적 팀은 최고경영자의 전폭적인 신뢰를 받을 뿐만 아니라 해당 기능부서에서도 충분한 신뢰를 받아야 할 것이다. 이들은 기업의 경쟁우위 확보를 위하여 긴밀하게 협력하며 원래 소속 기능부서에게 기술개발업무의 중요성에 대한 인식의 확산은 물론 기능부서의 연구개발부서에 대한 희망 및 요청을 효과적으로 전달하는 기능을 담당한다. 이 같은 공식적인 범기능적 팀은 기술개발업무와 관련된 부서 간의 갈등의 가능성을 없애준다는 점에서 기술경영 성공의 핵심적인 요소가 아닐 수 없다.

다섯째, 연구개발의 결과가 사업부로 잘 이전(transfer)되는가를 평가하여야 할 것이다. 기술혁신을 통하여 기업의 경쟁우위를 확보하기 위해서는 연구개발활동이 새로운 제품과 서비스로 이어져야 할 것인데, 이는 연구개발 결과의 사업부로의 순조로운 이전을 전제로 한다. 이를 위해서는 전술한 기술전략과 사업전략과의 연계, 범기능적인 팀의 구축 및 운용 등이 잘 이루어져야 할 것이다.

여섯째, 기업이 기술혁신활동과 관련하여 외부의 기술혁신주체들과 얼마나 효율적인 협력(collaboration)과 연계활동을 하고 있는가를 평가하여야 할 것이다. 기술의 융합화 및 급변성을 감안할 때 기업은 모든 기술을 독자적으로 개발하기에는 한계가 있다. 이 점에서 기업은 외부의 대학, 공공연구기관, 다른 기업과의 긴밀한 협력을 통하여 자신의 기술역량을 극대화하여야 할 것이다. 특히, 새롭게 떠오르는 신흥기술(emerging technologies)의 경우에는 일반적으로 대학 및 공공연구기관에서 선도적으로 개발된다는 점에서 이들과의 협력을 통해 새로운 기술에 대한 준비를 철저히 할 필요가 있다. 이와 같은 협력은 공동연구뿐만 아니라 인력의 훈련 및 교류, 기술 마케팅 등 다양한 차원에서 이루어져야 할 것이다.

Pisano(2015)는 기업의 기술혁신의 창출에 있어서 조직역량의 중요성을 강조하며 이를 혁신체제(innovation system)로 명명하고 있다. 이것은 기술혁신을 성공적으로 창출하고 수익을 창출하게 하는 일련의 상호의존적 과정과 구조를 의미한다. 그는 또한 다른 기업의 혁신체제를 단순 모방해서는 안되며 스스로의 독창적 체제를 구축할 것을 강조한다. 여기에 창조적 모방과 학습의 필요성이 있는 것이다.

5. 기술경영의 확산과 체화

전략적 기술경영은 복잡한 기술경제 환경 속에서 기업의 경쟁우위를 확보할 수 있는 중요한 경영실무의 분야가 아닐 수 없다. 이 점에서 전략적 기술경영은 기업 모두에게 확산되는 '혁명(revolution)의 완수'가 이루어져야 할 것이다. 이를 위하여 다음 사항을 제시할 수 있다.[2]

먼저, 전략적 기술경영은 본원적 과정(generic process)으로서 기업의 규모, 업종, 국적을 떠나 모든 유형의 기업들이 이를 학습하고, 실천하여야 할 것이다. 이 책에서 제시한 내용은 전략적 기술경영의 핵심적인 내용만을 제시한 것으로 기업들은 자신들이 속해있는 환경에 따라 자신들의 전략적 기술경영의 관행을 학습·구축·체화하여야 할 것이다. 실제로 유수한 기업들의 실패는 전략적 기술경영에 대한 포괄적이고도 지속적인 학습을 게을리 하였

---

2) 이 주장은 Honda Effect-Revisited에서 전략에 대한 접근방법에 관한 논쟁을 불러일으킨 Richard Pascale이 Honda의 성공관행이 확산되지 않아 혁명이 완수되지 않았다는 점에서 '부분적 혁명(partical revolution)'이라고 주장(Minzberg 등, 1996)한 데서 착안한 것이다. 본 저자는 Honda의 성공관행이 기술혁신과 최고경영자의 리더십이라는 두 측면에서 파악하고 이것이 바로 '전략적 기술경영'임을 강조하였다(이 책의 제6장 제2절 참조). 그리하여 여기에서는 '전략적 기술경영'의 모든 기업의 확산을 '혁명의 완수'로 파악한 것이다.

기 때문이다.

둘째, 전략적 기술경영은 전략경영의 핵심이 되어야 할 것이다. 전략경영은 기업이 경쟁우위를 어떻게 확보·유지·발전시킬 것인가에 관한 실무적·학문적 분야이다. 전략경영은 지난 수십 년 전부터 기업을 둘러싼 기술경제환경이 급변하고 복잡해져 감에 따라 모든 기업이 적용하는 실무적 분야이다. 기업의 경쟁우위에 기술혁신이 중요하다면 전략경영의 핵심은 전략적 기술경영(SMT: strategic management of technology)가 되어야 할 것이다.

셋째, 전략적 기술경영의 실천에 있어서 폭넓은 시각을 가져야 할 것이다. 무엇보다도 전략적 기술경영은 ① 지리적인 측면에서 글로벌 시각을 가져야 할 것이며, ② 혁신의 정도에 있어서의 점진적 혁신과 급진적 혁신 간의 균형, ③ 시간적 관점에서 정태적(연속적) 기술경영과 동태적(불연속적) 기술경영 등 세 가지 측면에서의 균형이 필요하다. 이는 기술경영이 성공하기 위해서는 최고경영자의 의지와 리더십이 필요함을 나타내 주는 것이며, 이는 거꾸로 기술경영은 전략적 기술경영(SMT: strategic management of technology)이 되어야 함을 강조하는 것이다.

사례 13

전략적 기술경영의 학습 및 체화

 전략적 기술경영은 기술혁신의 창출을 목표로 한다는 점에서 기술혁신의 과정과 동일하다고 할 수 있다. 기술혁신의 과정, 즉 전략적 기술경영의 과정은 일과성의 과정이 아니라 지속적인 과정이다. 일반적으로 말하는 기술혁신에 관한 은유는 "혁신은 여행 (journey)이다!!!"라는 것이다. 즉, 기술혁신은 잘못된 출발, 잘못된 방향, 알 수 없는 길, 예상치 못한 문제를 포함하는 불확실한 영역으로의 복잡하고 변덕스러운 여행이다. 성공적 혁신은 이와 같은 위험한 모험의 완성을 의미하며, 새로운 아이디어를 제품, 서비스, 공정에 폭넓게 적용·확산함으로써 원래의 투자로부터 가치 있는 수익을 창출하는 행복한 결말을 맞이하는 것이다.

 그런데 이같은 여행은 여행에 대한 계획 및 검토와 종종 어려운 경험을 통하여 지식을 축적할 기회를 제공한다. 이와 같은 검토로부터 얻어진 지식은 다음의 혁신여행 (innovation journey)를 하는데 매우 도움이 되는 소중한 자원을 제공해 준다.

 여기에서 성공한 혁신뿐만 아니라 실패한 혁신으로부터의 학습(learning)의 가치도 매우 크다. 기술적 차원에서의 실패, 특정한 시장에서의 실패 등에서의 학습은 이어지는 모험 및 여행을 기획하는데 매우 중요한 정보를 제공한다. 경험(experiences)은 아주 훌륭한 선생님이다. 그러나 경험으로부터의 교훈은 이로부터 학습하려 하는 체계적이고 적극적인 시도가 있어야만 가치가 있다.

 Tidd & Bessant(2013)는 「혁신경영론(*Managing Innovation*)」 제5판의 마지막 챕터에서 "기술혁신경영으로부터 무엇을 배울 것인가?"에 관해 논의하고 있는데 아래에는 이를 소개하려고 한다. 이들은 기술혁신경영으로부터 학습할 핵심주제를 간략하게 요약하고 있는데, 이는 다음과 같다.

- 근본적으로 불확실한 미래에 있어서 학습(learning)과 적응(adaptation)은 핵심적이다. 그리하여 혁신(innovation)은 필수적이다.
- 혁신은 기술, 시장, 조직 간의 상호작용에 관한 것이다.
- 혁신은 모든 조직이 스스로 길을 찾아내야 하는 본원적 과정(generic process)과 연결될 수 있다.
- 루틴(routines)은 시간을 통하여 구조(structures)와 절차(procedures)에 체화된 학습된 행동의 패턴이다. 그리하여 이는 모방하기 어렵고 대단히 기업특정적이다.
- 기술혁신경영은 효과적 루틴(effective routines)을 탐색하는 것이다. 다시 말해, 이것은 기술혁신과정의 도전에 대응하기 위하여 보다 효과적 루틴을 찾기 위한 학습과정(learning process)의 경영에 관한 것이다.

기술혁신경영은 '한두 가지를 잘하는' 문제가 아니라 '모든 것을 잘하는' 것에 관한 것이다. 단일의 간단한 '마법의 총알'은 존재하지 않으며 일련의 학습된 행위가 중요하다. 특히 이들 저자는 자신들이 특별히 중요한 루틴을 나타낸다고 생각하는 다음 네 가지 행위의 군집을 제시하고 있다. 즉, 성공적인 혁신(successful innovation)은:
- 전략(strategy)에 기반하고 있다.
- 효율적인 내·외부 연계(linkages)에 달려있다.
- 변화를 발생시키는 효과적 작동 메커니즘(enabling mechanisms)을 필요로 한다.
- 오직 지원적 조직 환경(supporting organizational context) 속에서만 창출된다.

그리하여 Tidd & Bessant는 이들 네 가지 요소를 더 설명하고 있다. 우선, 전략(strategy)과 관련하여, 이들은 성공을 위한 단순한 처방전은 없으며 경험으로부터 학습하는 역량이 필요하며 분석이 필수적임을 강조한다. 이들은 기술혁신전략과 관련하여 다음 세 가지의 핵심요소를 제시한다.

1) 기업의 위치(position): 이는 기업의 제품, 공정, 기술, 그리고 기업이 속해 있는 국가혁신체제(NIS: national innovation system)를 통해 나타난다.

2) 기술적 경로(paths): 이는 기업의 축적된 역량 아래에 기업에 놓인 기술적 경로를 의미한다. 기업은 기술적 경로를 따르는데, 이들 각각의 경로는 기술혁신의 독특한 원천 및 방향이 되며 전략의 핵심과제를 정의한다.

3) 조직적 과정(processes): 이는 기업이 전략적 학습을 기능부서 및 사업부를 넘어서 통합하기 위하여 기업이 따라야 하는 과정을 의미한다.

둘째, 연계(linkages)와 관련하여, 기업이 시장, 기술 공급자, 다른 조직적 역할자와의 긴밀하고 풍부한 상호작용을 개발하는 것은 대단히 중요하다. 연계는 고객 및 선도사용자, 경쟁기업, 전략적 연계, 다른 시각 등으로부터 학습을 할 기회를 제공한다. 그리하여 '개방형 혁신(open innovation)'의 중요성이 크게 대두되었다.

셋째, 기술혁신경영에서 성공하기 위해서 기업은 기술혁신을 아이디어 혹은 기회의 단계로부터 현실로 이동시킬 수 있는 효과적 집행 메커니즘(effective im-plementation mechanism)을 필요로 한다. 이 과정은 체계적 문제해결과 명료한 의사결정의 틀 속에서 최선으로 업무를 수행하는 것을 포함한다. 여기에는 불확실성 속에서의 프로젝트 관리 및 통제, 기술과 시장의 흐름 속에서의 연구개발업무의 진행, 필요할 경우 프로젝트의 중단 혹은 계속 등의 업무를 포함한다.

마지막으로, 성공적인 기술혁신은 창조적 아이디어가 창출되어 효과적으로 전개될 수 있는 지원적 조직 환경(supporting organizational context)을 필요로 한다. 이와 같은 조직환경을 구축·유지하는 것은 기술혁신경영에 핵심적 사안이다. 구체적으로 조직구조, 업무환경, 교육훈련, 보상 및 포상 시스템, 커뮤니케이션 등을 들 수 있다. 무엇보다도, 기업은 문제의 도출과 해결을 공동으로 하고 기술과 혁신과정의 경영에 관한 학습을 획득하고 축적할 수 있게 하는 학습조직(learning organization)이 작동할 수 있는 환경을 만들어야 할 것이다.

자료: Tidd, J. and Bessant, J., *Managing Innovation: Integrating Technological, Market and Organizational Change*, 5th ed. (Chichester, John Wiley & Sons, 2013), pp.623-625에서 발췌 및 보완

참고문헌

교육과학기술부·한국과학기술기획평가원, 「2010 연구개발활동조사보고서」, 서울: 2010.

과학기술부·한국과학기술기획평가원, 「과학기술연구개발활동조사보고」, 서울: 각 연도.

과학기술정보통신부·한국과학기술기획평가원, 「연구개발활동조사보고서」, 서울, 각 연도

김일용·정선양·임덕순, 「민간기업의 효율적 연구관리시스템 구축에 관한 연구」, 서
        울: 과학기술정책연구소, 1991.

미래창조과학부·한국과학기술기획평가원, 「연구개발활동조사보고」, 서울: 각 연도.

박준용, 「전략경영: 이론과 실제」, 서울: 청람, 2004.

손수현, "왜 4 세대 R&D인가?," 「기술관리」, 5월호, 한국산업기술진흥협회, 2001, 45~
        47면.

손 욱, "기업기술혁신역량의 강화," 「과학기술정책」, 1·2월호, 과학기술정책연구원,
        2000, 121~128면.

송종국·이정원·이달환·김명관, 「기업의 기술전략 변화와 정책 시사점」, 서울: 과학
        기술정책연구원, 2002.

슘페터, 조지프, 「경제발전의 이론」, 정선양 옮김, 서울: 시대가치, 2020.

안영옥, "기술과 기업의 경쟁력," 「과학기술정책」, 3월호, 1997, 32~41면.

유충식, "기업의 생명력," 「기술관리」, 3월호, 2000, 2~3면.

윤석철, 「과학과 기술의 경영학」, 서울: 경문사, 1994.

이원영, "국가기술경쟁력 평가의 방법론과 응용," 「과학기술정책」, 5·6월호, 과학기술
        정책연구원, 2001, 53~63면.

이종옥·이규현·정선양·조성복·윤진효, 「R&D 관리」, 서울: 경문사, 2005.

장세진, 「글로벌경쟁시대의 경영전략」, 서울: 박영사, 1999.

정선양, 「연구개발경영론」, 시대가치: 서울, 2021.

정선양. "슘페터와 기술혁신: 「경제발전의 이론」 독일어판 제1판의 주요 내용과 현대

에 대한 시사점”, 「기술혁신학회지」, 제23권, 제2호, 2020, 181~208면.

정선양, 「기술과 경영」, 서울: 경문사, 제1판, 제2판, 제3판, 2006, 2012, 2018.

정선양, 「기술경영 인력의 수요와 공급에 관한 연구」, 서울: 기술경영경제학회, 2009.

정선양, 「미국의 기술경영 교육 프로그램의 심층 분석」, 서울: 세종대학교 기술혁신연구소, 2007.

정선양, 「유럽의 기술경영 교육 프로그램의 심층 분석」, 대전: 세종대학교 기술혁신연구소, 2007.

정선양, “전략적 기술경영,” 「TECHTIMES」, 2월호, 한국중소기업진흥공단, 1998.

정선양, 「환경정책론」, 서울: 박영사, 2001.

정선양·김경희, 「경쟁우위의 종말」, 서울: 경문사, 2015(번역서).

정선양·김경희·조성복, 「과학 비즈니스」, 서울: 경문사, 2011(번역서).

정선양·김정흠, “미국 실리콘 밸리의 기술경영 교육,” 「혁신클러스터학회지」, 창간호, 2008, 1~14면.

정선양·박동현, “독일의 중소기업 기술혁신체제,” 「중소기업연구」, 제19권 제2호, 한국중소기업학회, 1997, 153~178면.

정선양·박동현, 「중소기업의 기술혁신체제」, 서울: 과학기술정책관리연구소, 1997.

정선양·조성복·유승삼 등, 「국가핵융합연구소 과학사업화 전략의 Grand Design 연구」, 국가핵융합연구소, 2010.

정선양·조형례·조성복, “과학사업화의 전략적 경영방안에 대한 연구: 핵융합 과학사업화와 기술사업화의 비교연구를 중심으로,” 「제 39 회 기술경영경제학회 동계학술대회」, 2011. 2. 18.

조동성, 「21세기를 위한 전략경영」, 서울: 서울경제경영, 1999.

조현대·정성철, 「산업·기업 구조조정과 연구개발 변화: 외환위기 이후를 중심으로」, 서울: 과학기술정책연구원, 2001.

한국개발연구원, 「한국경제 반세기: 역사적 평가와 21세기 비전」, 서울, 1995.

한국과학기술기획평가원, “과학기술활동 국제비교,” 「과학기술연구개발활동조사보고 통계 DB」, 서울, 2006.

한국산업기술진흥협회, 「2000년 기업연구소 R&D관리실태 및 애로조사연구」, 2월호, 서울, 2001.

한국산업기술진흥협회, 「산업기술백서」, 서울, 각 연도.

한국산업기술진흥협회, 「선택과 집중의 기술경영전략」, 서울: 한국산업기술진흥협회, 2003.

허현회, “2001년 기업의 연구활동 전망 및 과제,” 「과학기술정책」, 2월호, 2001, 29~ 45면.

Afuah, A., *Innovation Management: Strategies, Implementation and Profits*, 2nd ed. (New York, Oxford University Press, 2003).

Albach, H., "Innovationsstrategien zur Verbesserung der Wettbewerbsfähigkeit," *Zeitschrift für Betriebslehre* (ZfB), 59 Jg., Nr. 12, 1989, pp. 1338-1352.

Albers, S., Brockhoff, K., and Hauschildt, J., eds., *Technologie - und Innovationsmanagement* (Wiesbaden: Deutscher Universitäts-Verlag, 2001).

Alexander, M., Campbell, A., and Goold, M. (1995), "A New Model for Reforming the Planning Review Process", *Planning Review,* January and February.

Allen, T. and Fusfeld, A., "Design for Communication in the Research & Development Lab," *Technology Review* (May 1976).

Anderson, T. J., "Strategic Planning, Autonomous Actions and Corporate Performance," *Long Range Planning* (April 2000), pp. 184-200.

Ansoff, H. I. and Stewart, J. M., "Strategies for a Technology-Based Business," *Harvard Business Review,* Vol. 45, No. 6, 1967, pp. 71-83.

Ansoff, H. I., "Critique of Henry Minzberg's 'The Design School: Reconsidering the Basic Premises of Strategic Management'," *Strategic Management Journal,* Vol. 12, No. 6, 1991.

Arthur, D. Little, ed., *Management von Innovations und Wachstum* (Wiesbaden: Gabler, 1997).

Badawy, M. K. (1988), "Technology Management Education: Alternative Models", *California Management Review,* Vol. 40. No.4, 1988, pp.94-116.

Barney, J. B. and Clark, D. N., *Resource -Based Theory* (Oxford: Oxford University Press, 2007).

Barney, J., "Firm Resources and Sustained Competitive Advantages," *Journal of Management* (March 1991), pp. 99-120.

Berman, E. M. and Khalil, T., "Technological Competitiveness in the Global Economy: A Survey," *International Journal of Technology Management,* Vol. 7, Nos. 4/5, 1992, pp. 347-358.

Bessant, J., *Managing Advanced Manufacturing Technology: The Challenge of the Fifth Wave* (Manchester & Oxford: NCC Blackwell, 1991).

Betz, F., *Managing Technological Innovation: Competitive Advantage from Change* (New York: John Wiley & Sons, 1998).

Bhalla, S. K., *The Effective Management of Technology* (Battelle Press: Columbus, OH, 1987).

Bierfelder, W. H., *Innovationsmanagement*, 2. Auflage (München: Oldenbourg, 1989).

Boer, F. P., *Technology Valuation Solutions* (New Jersey: John Wiley & Sons, 2004).

Boston Consulting Group (BCG), *Strategy Alternatives for the British Motorcycle Industry* (London: Her Majesty's Stationery Office, 1975).

Bower, J. L. and Christensen, C. M., "Disruptive Technologies: Catching the Wave," *Harvard Business Review*, January–February 1995.

Brockhoff, K. et al., "Managing Interfaces," in: Gaynor, G. I., ed., 1996, *Handbook of Technology Management*, Chapter 27 (New York: McGraw-Hill, 1996).

Brockhoff, K., *Forschung und Entwicklung*, 4. Auflage (München: Oldenbourg, 1994).

Brockhoff, K., *Schnittstellen-Management: Abstimmungsprobleme zwischen Marketing und Forschung und Entwicklung* (Stutgart: Poeschel, 1989).

Bullinger, H. J., *Einführung in das Technologiemanagement: Modelle, Methoden, Praxis-beispiele* (Stuttgart: Teubner, 1994).

Burns, T. and Stalker, G. M., *The Management of Innovation* (London: Tavistock, 1961).

Byrne, J. A.,"The Horizontal Corporation," *Business Week* (December 20, 1993), pp. 76-81.

Campbell, A., Goold, M., and Alexander, M., *Corporate-Level Strategy: Creating Value in Multi-business Company* (New York: John Wiley & Sons, 1994).

Chandler, A. D., "Enduring Logic of Industrial Success," *Harvard Business Review* (March–April 1990), pp. 130-140.

Chandler, A. D., *Strategy and Structure* (Cambridge, MA: The MIT Press, 1962).

Chandler, A., "The Functions of the HQ Unit in the Multi-business Firm," *Strategic Management Journal*, Vol. 12, 1991, pp. 31-50.

Chandler, A., *Scale and Scope* (Cambridge, MA: The Belknap Press of Harvard University Press, 1990).

Chesbrough, H. and Garman, A., "How Open Innovation Can Help You Cope in Lean Times," *Harvard Business Review*, December 2010, pp. 1-10.

Chesbrough, H. W., "The Era of Open Innovation", *MIT Sloan Management Review*, Vol.44, No.3, 2003, pp.35-41.

Chesbrough, H., *Open Innovation: The New Imperative for Creating and Profiting from Technology* (Boston, MA: Harvard Business School Press, 2003).

Christensen, C. M., Craig, T., and Hart, T., "The Great Disruption," *Foreign Affairs* (March–April 2001), pp. 80-95.

Christensen, C. M., *The Innovator's Dilemma* (New York: HarperBusiness, 2000).

Christensen, C. M., *The Innovator's Dilemma: When New Technologies Cause Great Firms to Fail* (Boston, MA: Harvard Business School Press, 1997).

Christensen, C. M., *The Innovator's Solution: Creating and Sustaining Successful Growth* (Boston, MA: Harvard Business School Press, 2003).

Chung, S. and Kim, J., "Top Management's Role in R&D Capabilities of Korean Electronic Parts Companies," Presented at *the R&D Management Conference 2004*, Sesimbra, Portugal (July 6-9, 2004).

Chung, S. and Kim, J., "Volume vs. Efficiency: R&D Management Capabilities of Korean Electronic Parts Firms," *Portland International Conference of Engineering and Technology (PICMET) 2004* (Seoul, Korea, 2004).

Chung, S. and Lay, G., "Technology Policy between "Diversity" and "One Best Practice" – A Comparison of Korean and German Promotion Schemes for New Production Technologies," *Technovation* (November–December 1997), pp. 675-693.

Chung, S., "Building a National Innovation System through Regional Innovation Systems," *Technovation*, Vol. 22, No. 8, 2002, pp. 485-491.

Chung, S., "R&D Management Capabilities of Korean Enterprises," Presented at *the 12th International Conference on Management of Technology* (IAMOT, 2003), Nancy, France (May 2003), pp. 13-15.

Chung, S., "Towards a 'Sustainable' National System of Innovations: Theory and Korean Perspectives," in: Lefebvre, L. A., Mason, R. M., Khalil, T., eds., *Management of Technology, Sustainable Development and Eco-Efficiency* (Amsterdam & New York: Elsevier), 1998, pp. 321-330.

Chung, S., "Unification of South and North Korean Innovation Systems," *Technovation*, Vol. 21, No. 2, 2001, pp. 99-107.

Chung, S., *Technologiepolitik für neue Produktionstechnologien in Korea und Deutschland* (Heidelberg: Physica-Verlag, 1996).

Cohen W., and Levinthal, D., "Absorptive Capacity: A New Perspective on Learning and Innovation," *Administrative Science Quarterly*, Vol. 35, No. 1, 1990, pp. 128-152.

Collins, J., *How the Mighty Fall* (New York: HarperCollins, 2009).

Daft, R. L., *Management*, 4th ed., Forth Worth (Texas: The Dryden Press, 1997).

Disselkamp, M., *Innovationsmanagement: Instrumente und Methoden zur Umsetzung im*

Unternehmen (Wiesbaden: Springer Gabler, 2012).

Dold, E. and Gentsch, P., eds., *Innovationsmanagement: Handbuch für mittelständische Unternehmen* (Kriftel: Luchterhand, 2000).

Dosi, G., Freeman, C., Nelson, R., Silverberg, G. and Soete, L., *Technical Change and Economic Theory* (London and New York: Pinter Publisher, 1988).

Drucker, P. F., "Modern Prophet: Schumpeter or Keynes?", Chapter 12, in Drucker, P. F., *The Frontiers of Management* (Boston, MA: Harvard Business Publishing Co., 1986).

Drucker, P. F., *Innovation and Entrepreneurship* (New York: Harper & Low, 1985).

Drucker, P. F., *Management: Tasks, Responsibilities, Practices* (New York: Harper & Low, 1974).

Drucker, P. F., "Modern Prophets: Schumpeter or Keynes?," Chapter 12, in: Drucker, P., *The Frontiers of Management* (Boston, MA: Harvard Business Press, 1986).

Duggan, W., *Strategic Intuition: The Creative Spark in Human Achievement* (New York: Columbia University Press, 2007)

Dussauge, P. and Garrette, B., *Cooperative Strategy: Competing Successfully through Strategic Alliances* (Chichester: John Wiley & Sons, 1999).

Dussauge, P., Hart, S., and Ramanantsoa, B., *Strategic Technology Management* (Chichester: John Wiley & Sons, 1992).

Ettlie, J. E., *Managing Technological Innovation* (Chichester: John Wiley & Sons, 2000).

Floyd, C., *Managing Technology for Corporate Success* (Aldershot & Hampshire: Gower, 1997).

Forbes, N. and Wield, D., "Managing R&D in Technology-Followers," *Research Policy* 29, 2000, pp. 1095-1109.

Ford, D. and Ryan, C., "Taking Technology to Market," *Harvard Business Review* (March–April 1981), pp. 117-126.

Ford, D., "Develop Your Technology Strategy," *Long Range Planning* (October 1988), pp. 85-94.

Foster, R. N., *Innovation: Die technologische Offensive* (Wiesbaden, 1986).

Frauenfelder, P., *Strategisches Management von Technologie und Innovation: Tools Principles* (Zürich: Verlag Industrielle Organisation, 2000).

Freeman, C., "Japan: A New National System of Innovation?," in: Dosi, G. et al., eds., *Technical Change and Economic Theory* (London & New York: Pinter

Publishers, 1988), pp. 330-348.

Freeman, C., *Technology Policy and Economic Performance: Lessons from Japan*, (London & New York: Pinter Publishers, 1987).

Freeman, C., *The Economics of Industrial Innovation* (Cambridge, MA: The MIT Press, 1982).

Fusfeld, A., "How to Put Technology into Corporate Planning," *Technology Review* (May 1978).

Garvin, D., "Building a Learning Organization," *Harvard Business Review* (July–August 1993).

Gaynor, G. I., ed., *Handbook of Technology Management* (New York: McGraw-Hill, 1996).

Gerpott, T. J., *Strategisches Technologie - und Innovationsmanagement* (Stuttgart: Schäffer-Poeschel, 1999).

Gerybadze, A., *Technologie - Analyse und Technologische Vorschau*, Vorlesungsunterlagen Technologie-Management I, Teil 2 (St. Gallen: Hochschulverlag der HSG, 1995).

Goold, M. and Campbell, A., *Strategies and Styles: The Role of Centre in Managing Diversified Corporations* (Oxford: Blackwell, 1987).

Goold, M., "Design, Learning and Planning: A Further Observation on the Design School Debate," *California Management Review*, Vol. 38, No. 4, 1996, pp. 94-95.

Goold, M., "Learning, Planning, and Strategy: Extra Time," *California Management Review*, Vol. 38, No. 4, 1996, pp. 100-102.

Goold, M., Campbell, A., and Alexander, M., "Corporate Strategy and Parenting Theory," *Long Range Planning* (April 1998), pp. 308-318.

Grant, R. M., "The Resource-Based Theory of Competitive Advantage: Implication for Strategy Formulation," *California Management Review* (Spring 1991), pp. 114-135.

Hamel, G. and Prahalad, C. K., "Strategic Intent", *Harvard Business Review*, May–June, 1989.

Hartschen, M., *Strategische Analyse zur Formulierung von Technologie - Strategien* (Zürich: Dissertation Nr. 13194, ETH Zürich).

Hauschildt, J., *Innovationsmanagement* (München: Franz Vahlen, 1993).

Hayes, R. H. and Abernathy, W. J., "Managing Our Way to Economic Decline," *Harvard Business Review*, Vol. 58, No. 4, 1980, pp. 67-77.

Helfat, C. E., Finkelstein, S., Mitchell, W., Peteraf, M. A., Singh, H., Teece, D. J., and

Winter, S. G., *Dynamic Capabilities* (Malden, MA: Blackwell Publishing, 2007).

Hübner, H., *Integratives Innovationsmanagement: Nachhaltigkeit als Herausforderung für ganzheitliche Erneuerungsprozesse* (Berlin: Erich Schmidt, 2002).

Hunger, J. D. and Wheelen, T. L., *Strategic Management*, 5th ed. (New York: Addison-Wesley, 1996), pp. 339-340.

Huston, L. and Sakkab, N., "Connect and Develop: Inside Proctor & Gamble's New Model for Innovation," *Harvard Business Review*, March 2006.

International Institute for Management Development (IMD), *The World Competitiveness Report* (Lausanne. 1996−2001).

Jain, R. K. and Triandis, H. C., *Management of Research and Development Organizations: Managing the Unmanageable*, 3rd ed. (New York: John Wiley & Sons, 2010).

Kanter, R., *The Change Masters* (Unwin: London, 1984).

Kaplan, R. S., "Must CIM be Justified by Faith Alone?," *Harvard Business Review* (March-April 1986), pp. 87-95.

Khalil, T., *Management of Technology: The Key to Competitiveness and Wealth Creation* (Boston, MA: McGraw Hill, 2000).

Kiechel III, W., "The Management Century", *Harvard Business Review*, November, 2012, pp.62-75.

Kim, L., *Imitation to Innovation: The Dynamics of Korea's Technological Learning* (Boston, MA: Harvard Business School Press, 1997).

Kline, S. J. and Rosenberg, N., "An Overview of Innovation," in: Landau, R. and Rosenberg, N., eds., *The Positive Sum Strategy: Harnessing Technology for Economic Growth* (Washington, D. C.: National Academy Press, 1986), pp. 275-305.

Krubasik, E., "Technologie: Strategische Waffe," *Wirtschaftswoche*, Vol. 36, No. 35, 1982, pp. 28-33.

Lawrence, P. R. and Lorsch, J. W., *Organization and Environment* (Homewood, Ill.: Irwin, 1969).

Leonard-Barton, D., "Core Capabilities and Core Rigidities: A Paradox in Managing New Product Development," *Strategic Management Journal* (Summer, 1992), pp. 111-125.

Leonard-Barton, D., *Wellsprings of Knowledge: Building and Sustaining the Sources of Innovation* (Boston, MA: Harvard Business School Press, 1995).

Lundvall, B. A. (Ed.), *National Systems of Innovation: Towards a Theory of Innovation and Interactive Learning* (London: Pinter Publishers, 1992)

Maidique, M. A. and Patch, P., "Corporate Strategy and Technological Policy," in: Tushman, M. L. and Moore, W. L., 1982, *Readings in Management of Innovation* (London & Cambridge, MA, 1982), pp. 273-285.

Maidique, M., *Strategic Management of Technology and Innovation* (Homewood: Irwin Florida International University, 1988).

Mazzoleni, R. and Nelson, R. R., "Public Research Institutions and Economic Catch-up," *Research policy*, 2007, pp. 1512-1528.

McGrath, G. R., "Transient Advantage," *Harvard Business Review* (June 2013) pp. 62-70.

McGrath, G. R., *The End of Competitive Advantage* (Boston, MA: Harvard Business School Press, 2013).

McGraw, T. K., *Prophet of Innovation: Joseph Schumpeter and Creative Destruction* (Cambridge, MA: The Belknap Press of Harvard University Press, 2007).

McLaughlin, J. Rosen, P., Skinner, D., and Webster, A., *Valuing Technology: Organizations, Culture and Change* (London & New York: Routledge, 1999).

Menzies, G., *1421: The Year China Discovered America* (New York: HarperCollins, 2004).

Meyer-Krahmer, F. and Kuntze, U., "Bestandsaufnahme der Forschungs- und Technologiepolitik," in: Grimmer, K., Häusler, J., Kuhlmann, S., and Simonis, G., *Politische Techniksteuerung* (Opladen: Leske und Budrich, 1992), pp. 95-118.

Michel, K., *Technologie im strategischen Management* (Berlin, 1987), pp. 190-232.

Miller, C. C. and Cardinal, L. B., "Strategic Planning and Firm Performance: A Synthesis of More than Two Decades of Research," *Academy of Management Journal* (December 1994), pp. 1649-1665.

Miller, W. L. and Morris, L., *4th Generation R&D* (New York: John Willey & Sons, 1999).

Minzberg, H., "The Design School: Reconsidering the Basic Premises of Strategic Management", *Strategic Management Journal*, Vol. 11, No. 6, 1990.

Minzberg, H., Pascale, R. T., Goold, M., and Rumelt, R. P., "CMR Forum: The 'Honda Effect' Revisited", *California Management Review*, Vol. 38, No. 4, Summer 1996.

Mitchell G. R., "A New Approach for the Strategic Management of Technology," *Technology in Society*, Vol. 7, 1985, pp. 227-239.

Mitchell, G. R., "The Changing Agenda of Research Management," *Research–Technology Management* (September–October 1992), pp. 13-21.

Möhrle, M. G. and Isenmann, R., *Technologie - Roadmapping: Zukunftsstrategie für Technologieunternehmen* (Berlin: Springer, 2002).

Moore, G. A., "Darwin and the Demon: Innovating within Established Enterprises," *Harvard Business Review,* July–August, 2004.

Moore, G. A., *Crossing the Chasm: Marketing and Selling Disruptive Products to Mainstream Customers* (New York: HarperCollins Publishers, 2002).

Moore, G. A., *Inside the Tornado: Strategies for Developing, Leveraging, and Surviving Hypergrowth Markets* (New York: HarperCollins Publishers, 1991, 2004).

Mowery, C. and Rosenberg, N., "The Influence of Market Demand upon Innovation: A Critical Review of Some Recent Empirical Studies," in: Rosenberg, N., eds., *Inside the Black Box* (Cambridge: Cambridge University Press, 1982), pp. 193-244.

Nambisan, S. and Wilemon, D., "A Global Study of Graduate Management of Technology Programs", *Technovation* 23, 2003, pp.949-962.

National Research Council (NRC), *Management of Technology: The Hidden Competitive Advantage* (Washington, D. C.: National Academy Press, 1987).

Nelson, R. R. (Ed.), *National Innovation Systems: A Comparative Analysis* (New York & Oxford: Oxford University Press, 1993).

Nelson R. R. and Winter, S., *An Evolutionary Theory of Economic Change* (Cambridge, MA: Harvard University Press, 1982), pp. 39-41.

Nelson, R. R. and Winter, S. G., "In Search of Useful Theory of Innovation", *Research Policy* 6, 1977, pp.36-76.

Nevens, M., Summe, G. L., and Uttal, B., "Commercializing Technology: What Best Companies Do", *Harvard Business Review,* May-June, 1990, pp.154-163.

Organization for Economic Co-operation and Development (OECD), *Main Science and Technology Indicators 2021* (Paris: OECD, September 2021).

Organization for Economic Co-operation and Development (OECD), *Main Science and Technology Indicators* (Paris: OECD, 2010).

Organization for Economic Co-operation and Development (OECD), *Managing National Innovation Systems* (Paris: OECD, 1999).

Pascale, R. T., "Perspectives on Strategy: The Real Story Behind Honda's Success," *California Management Review,* Vol. 26, No. 3, Spring 1984.

Pavitt, K., "What Makes Basic Research Economically Useful?," *Research Policy*, Vol. 20, 1991, pp. 109-119.

Pekar, Jr. P. and Abraham, S., "Is Strategic Management Living Up to Its Promise?," *Long Range Planning* (October 1995), pp. 32-44.

Pepels, W., *Innovationsmanagement* (Berlin: Cornelsen Girardet, 1999).

Peritsch, M., *Wissenbasiertes Innovationsmanagement: Analyse - Gestaltung - Implementierung* (Wiesbaden: Deutscher Universitäts-Verlag, 2000)..

Peters, T. J. and Waterman, Jr, R. H., *In Search of Excellence: Lessons from America's Best—Run Companies* (New York: Harper & Row, 1982).

Pfeiffer, W., Schneider, W., and Dögel, R., "Technologie-Portfolio-Management," in: Staudt, E., ed., *Das Management von Innovationen* (Frankfurt, 1986), pp. 107-124.

Piore, M. J. and Sabel, C. F., *The Second Industrial Divide: Possibilities for Prosperity* (New York, 1984).

Pisano, G., "Can Science be a Business?: Lessons from Biotech," *Harvard Business Review*, October, 2006, pp. 114-125.

Pisano, G., "The Evolution of Science-Based Business: Innovating How We Innovate," *Industrial and Corporate Change*, Vol. 19, No. 2, 2010, pp. 465-482.

Pisano, G., *Science Business: The Promise, the Reality, and the Future of Biotech*, (Boston, MA: Harvard Business School Press, 2006).

Pitts, R. A. and Lei, D., *Strategic Management: Building and Sustaining Competitive Advantage*, 2nd ed. (Cincinnati: Southwestern College Publishing, 2000).

Pleschak, F. and Sabisch, H., *Innovationsmanagement* (Stuttgart: Schäffer-Poeschel, 1996).

Porter, A. L., Cunningham, S. W., Banks, J., Roper, A. T., Mason, T. W., and Rossini, F. A., *Forecasting and Management of Technology* (New York: Wiley, 1991).

Porter, A. et al., *Competitive Advantage: Creating and Sustaining Superior Performance* (New York: The Free Press, 1985).

Porter, M. E., *Competitive Strategy: Techniques for Analyzing Industries and Competitors* (New York: The Free Press, 1980).

Porter, M. E., *The Competitive Advantage of Nations* (New York: The Free Press, 1990).

Prahalad, C. K. and Hamel, G., "The Core Competence of the Corporation," *Harvard Business Review* (May—June 1990), pp. 79-91.

Quinn, J. B., "The Intelligent Enterprise: A New Paradigm," *Academy of Management*

Executive (November 1992), pp. 48-63.

Rastogi, P. N. *Management of Technology and Innovation: Competing through Technological Excellence* (New Delhi: Sage Publications, 1995).

Reger, G. and von Wickert-Nick, D., "A Learning Organization for R&D Management," *International Journal of Technology Management, Special Issue on R&D Management*, Vol. 13, Nos. 7/8, 1997, pp. 796-817.

Rogers, E., *Diffusion of Innovation* (New York: The Free Press, 1962, 1983).

Rosenberg, N., "Why Do Firm Basic Research with Their Own Money," *Research Policy*, Vol. 19, 1990, pp. 165-174.

Rosenberg, N., *Inside the Black Box: Technology and Economics* (Cambridge: Cambridge University Press, 1982).

Rosenberg, N., *Perspectives on Technology* (Cambridge: Cambridge University Press, 1976), pp. 267-268.

Rothwell, R., "Successful Industrial Innovation: Critical Success Factors for the 1990s," *R&D Management*, Vol. 22, No. 3, 1992, pp. 221-239.

Roussel, P. A., Saad, K. N., and Erickson, T. J., *Third Generation R&D: Managing the Link to Corporate Strategy* (Boston, MA: Harvard Business School Press, 1991).

Rubenstein, A. H., *Managing Technology in the Decentralized Firm* (New York: John Wiley & Sons, 1989).

Rumelt, R. P., "The Many Faces of Honda," *California Management Review*, Vol. 38, No. 4, 1996, pp. 103-111.

Saloner, G., Shepard, A., and Podolny, J., *Strategic Management* (New York: John Wiley & Sons, 2001).

Schilling, M. A., *Strategic Management of Technological Innovation* (New York: McGraw Hill, 2005).

Schmitt, R. W., "Successful Corporate R&D", *Harvard Business Review*, Vol.63, No.3, 1985, pp.124-128.

Schmookler, J., *Invention and Economic Growth* (Cambridge, MA: Harvard University Press, 1966).

Schumpeter, J. A., *Capitalism, Socialism and Democracy* (New York: Harper and Row, 1943).

Schumpeter, J. A., *The Theory of Economic Development* (Cambridge, MA: Harvard University Press, 1934).

Schumpeter, J. A., *Theorie der wirtschaftlichen Entwicklung*, 1. Auflage (Leipzig, 1911).

Shane, S., *Technology Strategy for Managers and Entrepreneurs* (New Jersey: Pearson Education Inc., 2009).

Simon, H., "Lessons from Germany's Midsize Giants", *Harvard Business Review* (March −April 1992), pp. 115-123.

Simon, H., *Hidden Champion: Lessons from 500 of the World's Best Unknown Companies* (Boston, MA: Harvard Business School Press, 1996).

Specht, G. and Beckmann, C., *F&E - Management* (Stuttgart: Schäffer-Poeschel, 1996).

Specht, G., Beckmann, C., and Amelingmeyer, J., *F&E - Management: Kompetenz im Innovationsmanagement* (Stuttgart: Schäffer-Poeschel, 2002), pp. 76-79.

Stalk, G. and Hout, T., *Competing against Time: How Time - based Competition is Reshaping Global Markets* (New York: The Free Press, 1990).

Stalk, G., "Time − The Next Source of Competitive Advantage," *Harvard Business Review* (July−August 1988), pp. 41-51.

Staudt, E. and Schmeisser, W., "Der Betrieb als Objekt der Technologiepolitik," in: Staudt, E., ed., *Das Management von Innovation* (Frankfurt: Frankfurter Allgemeine Zeitung, 1986), p. 188.

Stern, T. and Jaberg, H., *Erfolgreiches Innovationsmanagement: Erfolgsfaktoren −Grundmuster− Fallbeispiele* (Wiesbaden: Gabler, 2003), pp. 67-81.

Stoneman, P., *The Economic Analysis of Technology Policy* (New York: Oxford University Press, 1987).

Teece, D. and Pisano, G., "The Dynamic Capabilities of Firms: An Introduction," *Industrial and Corporate Change*, Vol. 3., 1994, pp. 537-556.

Teece, D. J., "Alfred Chandler and "Capabilities" Theory of Strategy and Management," *Industrial and Corporate Change*, Vol. 19, No. 2, 2010, pp. 297-316.

Teece, D. J., "Profiting from Technological Innovation: Implications for Integration, Collaboration, Licensing and Public Policy," *Research Policy*, Vol. 15, 1986, pp. 286-305.

Teece, D. J., *Dynamic Capabilities and Strategic Management* (Oxford: Oxford University Press, 2009).

Thurow, L. C., "A Weakness in Process Technology," *Science*, Vol. 238, Issue 4834, 1987, pp. 1659-1663.

Thurow, L. C., *Head to Head: The Coming Economic Battle among Japan, Europe, and*

America (New York: William Morrow & Co, 1992).

Tidd, J. and Bessant, J., *Managing Innovation: Integrating Technological, Market and Organizational Change*, 4th ed. (Chichester: John Wiley & Sons, 2009).

Tidd, J., Bessant, J., and Pavitt, K., *Managing Innovation: Integrating Technological, Market and Organizational Change*, 3rd ed. (Chichester, John Wiley & Sons, 2005).

Tintelnot, C., Meißner, D., and Steinmeier, I., eds., *Innovationsmanagment* (Berlin: Springer, 1999).

Tisdell, C. A., *Science and Technology Policy: Priorities of Government* (London & New York: Chapman and Hall, 1981).

Tucker, R. B., *Driving Growth through Innovation: How Leading Firms are Transforming Their Futures* (San Francisco: Berrett-Koehler Publishers, 2002).

Tushman, M. L. and Anderson, P., "Technological Discontinuities and Organizational Environments," *Administrative Science Quarterly*, Vol. 31, 1986, pp. 439-465.

Tushman, M. L. and O'Reilly Ⅲ, C. A., "Ambidextrous Organizations: Managing Evolutionary and Revolutionary Change," *California Management Review*, Vol. 38, No. 4, 1996, pp. 8-30.

Tushman, M. L. and O'Reilly Ⅲ, C. A., *Winning through Innovation: A Practical Guide to Leading Organizational Change and Renewal* (Boston, MA: Harvard Business Press, 2002).

Twiss, B. and Gooldridge, M. , *Managing Technology for Competitive Advantage: Integrating Technological and Organisational Development : From Strategy to Action* (Pitman: London, 1989).

Urban, G. L. and von Hippel, E. "Lead User Analyses for the Development of New Industrial Products," *Management Science* , Vol.34, No.5, 1988, pp.569-582.

Utterback, J. M. and Abernathy, W. J., "A Dynamic Model of Product and Process Innovation," *Omega,* Vol. 3, No. 6, 1975, pp. 639-656.

Utterback, J. M., *Mastering the Dynamics of Innovation* (Boston, MA: Harvard Business School Press, 1997).

Vahs, D. and Burmester, R., *Innovationsmanagement: Von der Produktidee zur erfolgreichen Vermarktung* (Stuttgart: Schäffer-Poeschel, 1999).

von Hippel, E., *The Sources of Innovation* (New York & Oxford, Oxford University Press, 1988).

Weule, H., *Integrates Forschungs - und Entwicklungsmanagement* (München: Hanser,

2001).

Wheelen, T. L. and Hunger, J. D., *Strategic Management and Business Policy*, 9th · 10th ed. (New Jersey: Prentice Hall, 2004, 2006).

Wilson, I., "Strategic Planning Isn't Dead − It Changed," *Long Lange Planning* (August 1994), p. 20.

Wolfrum, B., *Strategisches Technologiemanagement* (Wiesbaden: Gabler, 1991).

Zahn, E., "Gegenstand und Zweck des Technologiemanagements," in: Zahn, E., ed., *Handbuch Technologiemanagement* (Stuttgart: Schäffer-Poeschel Verlag, 1995), pp. 3-32.

Zahn, E., "Innovations- und Technologiemanagement," in: Zahn, E., ed., *Technologie - und Innovationsmanagement* (Berlin and München, 1986), pp. 9-48.

Zahn, E., ed., *Handbuch Technologiemanagement* (Stuttgart: Schäffer-Poeschel Verlag, 1995).

Zook, C. and Allen, J., *Profit from the Core: Growth Strategy in an Era of Turbulence* (Boston, MA: Harvard Business School Press, 2001).

Zook, C., *Beyond the Core: Expanding Your Market without Abandoning Your Roots* (Boston, MA: Harvard Business School Press, 2003).

Zörgiebel, W. W., *Technologie in der Wettbewerbsstrategie* (Berlin, 1983).

색 인

[저자약력]

정 선 양

현직
- 건국대학교 경영대학 기술경영학과 교수
- 한국과학기술한림원 정책학부 정회원
- 한국과학기술한림원 정책연구소 소장

학력
- 서울대학교 농공학과 공학사 (경영학 부전공)
- 서울대학교 경영대학 경영학 석사 (회계학 전공)
- 독일 슈투트가르트대학교 (Universität Stuttgart) 기술경영·정책학 박사

주요 경력
- 과학기술정책연구원(STEPI) 책임연구원, 연구위원
- 한국과학기술한림원(KAST) 준회원, 정회원, 정책학부 부학부장(2회), 학부장, 정책연구센터 소장 (3회)
- 독일 '프라운호퍼 기술혁신연구소(FhG－ISI: Fraunhofer Institut für System－ und Innovationsforschung)' 연구원
- 독일 '막스플랑크 사회연구소(MPIfG: Max Planck Institut für Gesellschaftsforschung)' 방문 연구원
- 미국 '캘리포니아주립대학교－버클리캠퍼스 하스경영대학(University of California－Berkeley, Haas School of Business)' 석학방문교수(Distinguished Visiting Professor)
- 미국 '스탠포드대학교 경영대학원(Stanford University, Graduate School of Business)' 석학 방문교수(Distinguished Visiting Professor)
- 독일 '프라운호퍼 기술혁신연구소(FhG－ISI: Fraunhofer Institut für System－ und Innovationsforschung)' 방문교수
- 건국대학교 '밀러MOT스쿨' 설립 및 초대원장

주요 저역서

- *Technologiepolitik für neue Produktionstechnologien in Korea und Deutschland* (1996, 독일 Physica 출판사)
- 환경정책론 (1999, 박영사)
- R&D관리론 (2005, 경문사)
- 기술과경영 (2006, 경문사)
- 전략적 기술경영 (2007, 박영사)
- 과학비즈니스 (번역서, 2011, 경문사) (원저: Pisano, G., *Science Business: The Promise, the Reality, and the Future of Biotech*, Boston, MA: Harvard Business School Press, 2006)
- 생명공학기술경영 (번역서, 2013, 경문사) (원저: Hine, D. & Kaperleris, J., *Innovation and Entrepreneurship in Biotechnology, An International Perspective, Concepts, Theories and Cases*, Edward Elgar, Cheltenham: UK & Northampton, MA, USA, 2011)
- 경쟁우위의 종말 (번역서, 2014, 경문사) (원저: McGrath, G. R., *The End of Competitive Advantage*, Boston, MA: Harvard Business School Press, 2013)
- 경제발전의 이론 (번역서, 2020, 시대가치) (원저: Schumpeter, J. A., *Theorie der wirt－schaftlichen Entwicklung*, 1. Auflage, Leipzig, 1911)
- 연구개발경영론 (2021, 시대가치)

※ 그 외 300여 권의 연구보고서 연구책임자로서 책임집필 및 발간, 그리고 50여 편의 국제학술논문과 100여 편의 국내학술논문 발간

제 5 판
전략적 기술경영

초판발행	2007년 1월 10일
제 2 판발행	2008년 3월 30일
제 3 판발행	2011년 3월 20일
제 4 판발행	2016년 2월 22일
제 5 판발행	2023년 3월 10일

지은이	정선양
펴낸이	안종만·안상준
편 집	배근하
기획/마케팅	손준호
표지디자인	BEN STORY
제 작	고철민·조영환

펴낸곳	(주) **박영사**
	서울특별시 금천구 가산디지털2로 53, 210호(가산동, 한라시그마밸리)
	등록 1959. 3. 11. 제300-1959-1호(倫)
전 화	02)733-6771
f a x	02)736-4818
e-mail	pys@pybook.co.kr
homepage	www.pybook.co.kr
ISBN	979-11-303-1742-7 93320

* 파본은 구입하신 곳에서 교환해 드립니다. 본서의 무단복제행위를 금합니다.
* 저자와 협의하여 인지첩부를 생략합니다.

정 가   33,000원